Ewald Gläßer, Rolf Lindemann
und Jörg-Friedhelm Venzke

Nordeuropa

Westermann Schulbuchverlag, Braunschweig

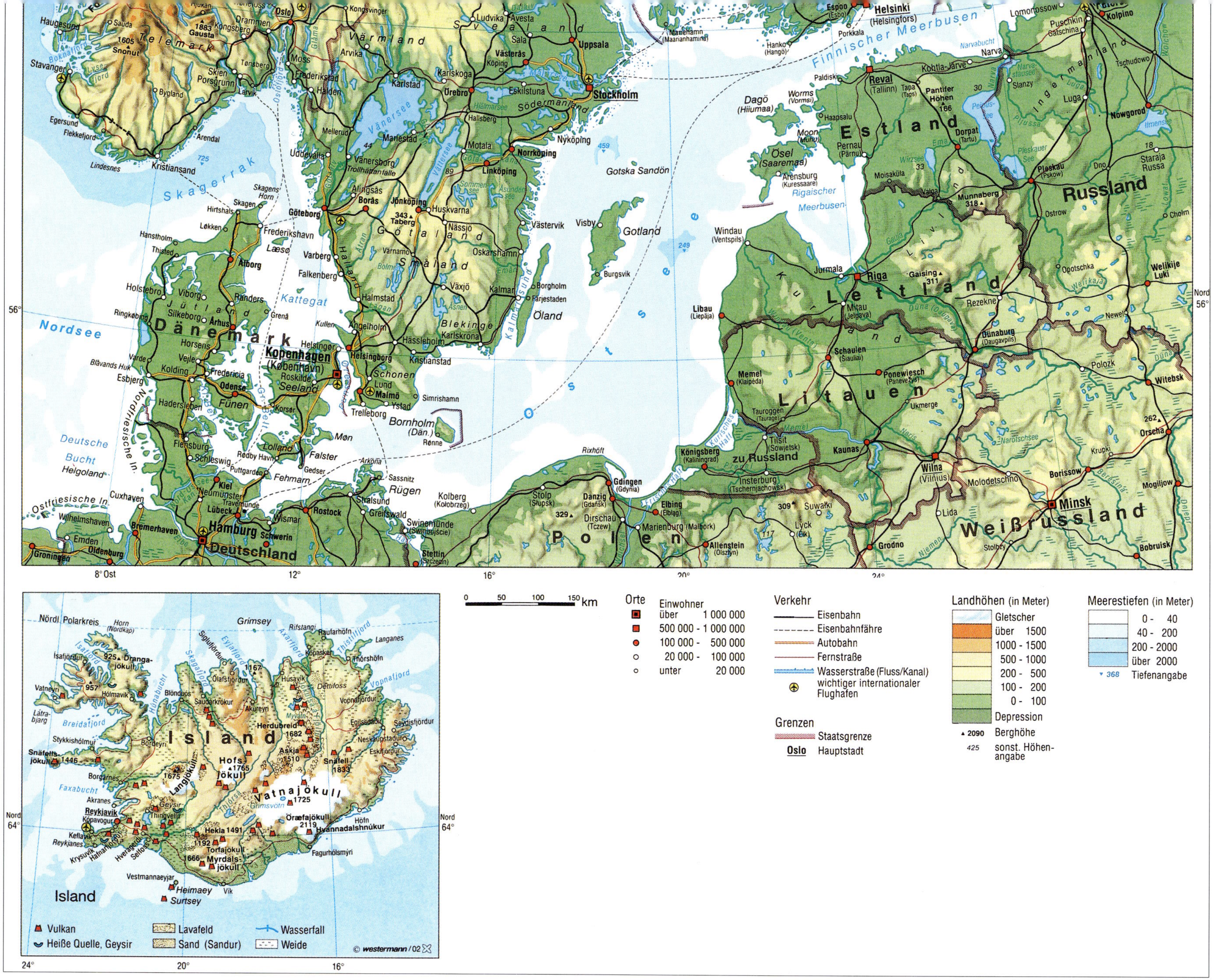

Topographische Karte von Nordeuropa

Wissenschaftliche Länderkunden

Wissenschaftliche Buchgesellschaft
Darmstadt

Nordeuropa

Ewald Gläßer, Rolf Lindemann
u. Jörg-Friedhelm Venzke

Unter Mitarbeit von
Jürgen Aring
Axel Priebs
Martin W. Schmied
Johann Schwackenberg
Axel Seidel

Mit 86 Abbildungen,
75 Bildern und 29 Tabellen

Wissenschaftliche Buchgesellschaft
Darmstadt

Die Deutsche Bibliothek verzeichnet diese Publikation
in der Deutschen Nationalbibliografie;
detaillierte bibliographische Daten sind im Internet über
http://www.dnb.ddb.de abrufbar.

Bestellnummer 14782-0

Gedruckt auf säurefreiem und alterungsbeständigem Bilderdruckpapier
Layout, Satz und Prepress: schreiberVIS, Seeheim
Gesamtfertigung: Wissenschaftliche Buchgesellschaft, Darmstadt
Printed in Germany
Schrift: Trade

ISSN 0174-0725
ISBN 3-534-14782-0

Inhaltsverzeichnis

Verzeichnis der Abbildungen

Agrarwirtschaft und ländliche Siedlungen

Wald- und Forstwirtschaft

Nordeuropa als Industriestandort

Nordeuropa als Dienstleistungsstandort

Raumentwicklung und Verkehrserschließung

Fremdenverkehr und Freizeit

Regionalentwicklung an Beispielen

Einheit und Vielfalt der Nordischen Länder

Einblicke

Verzeichnis der Bilder

Landesgeschichte Nordeuropas

Die Bevölkerung

Städte und städtische Siedlungen

Der Naturraum

Die Fischwirtschaft

Agrarwirtschaft und ländliche Siedlungen

Wald- und Forstwirtschaft

Nordeuropa als Industriestandort

Nordeuropa als Dienstleistungsstandort

Raumentwicklung und Verkehrserschließung

Fremdenverkehr und Freizeit

Regionalentwicklung an Beispielen

Einheit und Vielfalt der Nordischen Länder

Verzeichnis der Tabellen

Vorwort

Die Nordischen Länder – Dänemark, Finnland, Island, Norwegen und Schweden – haben in den vergangenen zwanzig Jahren mehrfach regionalgeographische Behandlungen erfahren. Dabei handelte es sich entweder um Länderkunden im klassischen Sinn, die sich nur einem Staat zuwandten, z. B. die Wissenschaftlichen Länderkunden 'Norwegen' und 'Island', oder um Darstellungen, die sich mit Nordeuropa zwar in seiner Gesamtheit und geographisch-sektoral befassten, bei genauerem Hinschauen dann aber doch in die Präsentation und Erörterung der länderspezifischen Ausprägungen der Phänomene verfielen. Mit der hier vorgelegten Wissenschaftlichen Länderkunde 'Nordeuropa' wird sehr bewusst der Weg verfolgt, diesen Großraum staatsgrenzenübergreifend als Ganzes zu behandeln. Dies fällt nicht immer einfach, und die Herausgeber und Autoren haben lange Diskussionen über verbindende und trennende Elemente, über Einheit und Vielfalt im Norden Europas geführt und diesem Thema ein eigenes Kapitel gewidmet. Bekannterweise entzündet sich eine derartige Debatte bereits an der Definition und räumlichen Abgrenzung des Nordens.

Ob die Nordischen Länder eine Einheit bilden oder ob das Individuelle das Gemeinsame überwiegt, hängt davon ab, auf welcher Ebene man Nordeuropa betrachtet, ob physiogeographisch oder wirtschafts- und sozialgeographisch. Der Vergleich dieser Ebenen bietet damit auch einen reizvollen neuen Zugang zur Darstellung dieses europäischen Großraumes.

Da für das Vorhaben, Nordeuropa als überstaatlichen Großraum zu bearbeiten, reichhaltige Forschungserfahrungen und eine Breite der Betrachtungsweisen nötig sind, zeichnen für diese Länderkunde drei „Hauptautoren" verantwortlich, die zusammen mit fünf weiteren Autoren die Texte verfasst und aufeinander abgestimmt haben.

Die vertrauensvolle Zusammenarbeit aller Beteiligten hatte zwei Wurzeln: Zum einen kennen sich die Autoren über eine langjährige Mitwirkung an den Aktivitäten des Arbeitskreises Norden („Arbeitskreis für geographische Nordeuropaforschung in der Deutschen Gesellschaft für Geographie"), zum anderen führte die Koordination der Texte und der Kartographie im Wirtschafts- und Sozialgeographischen Institut der Universität zu Köln die Autoren zusammen. In diesem Kontext sei vor allem Frau Regina Dionisius und Herrn Stephan Pohl (beide Universität zu Köln) herzlich gedankt.

Etliche Karten wurden von Herrn Matthias Scheibner (Universität Bremen) erstellt; auch ihm gebührt dafür großer Dank. Herrn Harald Vogel, Verlagslektor der WBG, danken die Herausgeber sehr für seine kompetente Beratung, seine Aufgeschlossenheit und seine Geduld.

In dieses Buch flossen die Erfahrungen und Erkenntnisse von etlichen Forschungsaufenthalten in Nordeuropa sowie universitären Lehrveranstaltungen, besonders auch Studentenexkursionen, ein. Dabei waren die fachwissenschaftlichen Ansätze der Einzelnen naturgemäß unterschiedlich. Jedoch wird von allen die Geographie als integrative Disziplin mit ganzheitlicher Betrachtungsweise verstanden und dies als besondere Stärke und auch Chance gesehen, in einer Zeit zunehmender Spezialisierung bei gleichzeitiger Globalisierung das Augenmerk auf Grundsätzliches zu lenken.

Köln, Münster, Bremen im Frühjahr 2003

Ewald Gläßer
Rolf Lindemann
Jörg-Friedhelm Venzke

Einführung

von Ewald Gläßer

Die Länder und Regionen Nordeuropas werden in der geowissenschaftlichen Literatur unter verschiedenen Bezeichnungen geführt, von denen „Skandinavien“, „Fennoskandien“, „Die Nordischen Länder“ oder einfach „Der Norden“ die geläufigsten sind. Gewöhnlich versteht man unter dem Namen Skandinavien nur die Staaten Dänemark, Norwegen und Schweden, also nicht auch Finnland, Island oder die teilautonomen Färöer und Grönland sowie ebenfalls nicht die norwegischen Besitzanteile bzw. Hoheitsgebiete in der Arktis und Antarktis. In diese Länderkunde sollen jene Gebiete jedoch mit einbezogen werden.

Der Begriff „Skandinavien“ war bereits in antiker Zeit bekannt; er tritt erstmals als „Scatinavia“ bzw. „Scadinavia“ in der berühmten Schrift 'Historia naturalis' von Plinius dem Älteren (um 23 bis 79 n. Chr.) auf. Plinius selbst bezieht sich auf die Entdeckungsfahrten des griechischen Seefahrers Pytheas von Massilia (dem heutigen Marseille), der zur Zeit Alexanders des Großen wenigstens Teile Nordeuropas bereist haben muss. Die Deutung des Begriffes „Skandinavien“ ist bis heute umstritten. Einigkeit scheint darüber zu bestehen, dass „Scatinavia“ ein zusammengesetztes Wort nordischen Ursprungs ist. So wird der zweite Teil auf -avia bzw. -auia von dem altnordischen -ey abgeleitet, was so viel wie Insel bedeutet. Weniger einheitlich sind die Begriffsbestimmmungen von „scadin“, wobei die Form „Skandi“ wohl auf einen Schreibfehler zurückgeht. Sprachwissenschaftler haben diesbezüglich die Ansicht vertreten, dass „scadin“ von dem altnordischen „skað“ (= Dunkelheit, Nebel) abstamme. Demzufolge hätte im Altertum Skandinavien so viel wie Insel der Dunkelheit oder Nebelinsel bedeutet, was dem mediterranen Menschen auf seinen Nordlandfahrten auch durchaus so erscheinen mochte. Möglich ist aber auch eine Ableitung vom Vorgänger des deutschen Wortes „Schaden“, was auf die gefährlichen Fahrwasser im Westen von Schonen (schwed. Skåne) beim heutigen Städtchen Skanör hindeuten würde (Svennung 1963).

Der Terminus „Fennoskandien“ wurde 1900 von dem finnischen Geologen Wilhelm Ramsay geprägt. Und zwar verstand er darunter ein geologisch-geographisches Gebilde, nämlich jene Nordregion Europas, die mit Mittel- und Osteuropa nur durch die Landengen zwischen dem Finnischen Meerbusen, dem Ladoga- und Onegasee sowie dem Weißen Meer verbunden sind. Ramsay fasste unter Fennoskandien also Norwegen, Schweden und Finnland mit der heute zu Russland gehörenden Kola-Halbinsel, dem Onega-Seegebiet und Russisch-Karelien; nicht jedoch Dänemark und das südschwedische Schonen mit ihrer geologisch ganz andersartigen Gestaltung. Im Grunde handelt es sich also um jenen Großraum, der im Westen von den Skanden (Teil des Kaledonischen Gebirges) und im Osten vom präkambrischen Baltischen Schild mit seinen kristallinen Gesteinen geprägt wird.

Nach dem Ersten Weltkrieg wurden die Bezeichnungen „Die Nordischen Länder“ oder einfach „Der Norden“ für alle fünf Nationalstaaten, also Dänemark, Norwegen, Schweden, Finnland und Island, gebräuchlich. Die lange gemeinsame, aber keineswegs immer von Friedenszeiten gekennzeichnete Geschichte sowie die mit Ausnahme des Finnischen nah verwandten Sprachen haben hier einheitsbildend gewirkt. Besonders Historiker fassen deshalb den Begriff „Norden“ entsprechend dem Verlauf der nordischen Geschichte sehr weit. Sie verstehen darunter den gesamten zirkumbaltischen Raum einschließlich der Länder Estland, Lettland und Litauen, des alten Russlands und selbst Teile der südlichen Ostseeküste. Im Zuge der Diskussionen in puncto eines „Europas der Regionen“ sind in den letzten Jahren von sozio-ökonomischer und geopolitischer Seite mögliche Einteilungen des nordeuropäischen Raumes vorgestellt worden. Hierbei wird der Norden zumeist in vier Regionen aufgeteilt, wie sie sich in ihrer räumlichen Differenzierung in Abb. 1 niederschlagen.

Verändert nach Norwegisches Außenministerium, Nordeuropa-Forum 1992.

Abb. 1: Eine denkbare Einteilung Nordeuropas in Regionen.

Zu den nordischen Sprachen sei angemerkt, dass man das heutige Dänisch, Norwegisch und Schwedisch zumindest lesen kann, wenn man eine der skandinavischen Sprachen halbwegs beherrscht. Durch die periphere Lage der Vulkaninsel Island haben das Isländische wie auch das Färingische eine abweichende Entwicklung erfahren und gelten als eigenständige nordische Sprachen. Weiterhin haben sich in den einzelnen Regionen bzw. Landesteilen Nordeuropas charakteristische Dialekte herausgebildet. Das Finnische weist dagegen keinerlei Verwandtschaft mit den skandinavischen Sprachen auf, denn die Finnen gehören zur finnougrischen Volks- und Sprachgruppe, deren Hauptvertreter in linguistischer Sicht das Finnische, Estnische und

Ungarische sind, die nicht zu den indogermanischen Sprachen zählen. Andererseits gibt es gemeinsame Wurzeln zwischen dem Finnischen und den Dialekten der samischen Bevölkerungsminorität in den Nordprovinzen Norwegens, Schwedens und Finnlands.

Ebenfalls völlig aus dem nordgermanischen (Sprach-)Rahmen fällt natürlich das Grönländische. Es ist ganz weitgehend mit dem Inuit identisch, dessen östlichsten Zweig es darstellt. Offiziell ist Grönland heute zweisprachig, wobei die frühere Amtssprache Dänisch auf den zweiten Rang verwiesen wurde. Alle Ortsnamen werden zuerst in ihrer grönländischen Form angegeben.

Unter dem Terminus „Nordeuropa" sollen also auch hier im engeren Sinne die Staaten Dänemark, Norwegen, Schweden, Finnland und Island verstanden werden, die besonders in kulturhistorischer sowie geo- und wirtschaftspolitischer Sicht zahlreiche Gemeinsamkeiten aufweisen und heute in vielfältiger Art eng zusammenarbeiten, so z. B. innerhalb des schon 1952 gegründeten „Nordischen Rates". Diese Tatsache scheint umso erstaunlicher, wenn man sich vor Augen hält, dass z. B. Dänemark jahrhundertelang zugleich eine Brückenfunktion zwischen Mittel- und Nordeuropa eingenommen hat, oder Finnland ein wichtiges Bindeglied zwischen West und Ost, d. h. zwischen dem westlichen Europa und Russland, war und ist. Weiterhin gilt in diesem Kontext das Faktum hervorzuheben, dass Dänemark 1973, Schweden und Finnland seit 1995 EU-Mitglieder sind, was für Norwegen und Island bislang nicht zutrifft, und dass Grönland, da es damals noch ein Teil Dänemarks war, 1973 zwar bei-, aber 1985 wieder austrat.

Die politisch-territorialen Grenzen der Nordischen Länder sind trotz der frühen Staatsgründungen relativ jungen Alters. So stammt die norwegisch-schwedische Grenze entlang der weiten inneren Waldmarken erst aus der Mitte des 18. Jh.s. Die knapp 200 km lange, vom Varangerfjord nach Süden ziehende Grenze zwischen Norwegen und Russland kam 1826 zustande. Am häufigsten ist wohl der Grenzverlauf zwischen Finnland und Russland dem Wechsel der politischen Geschichte unterworfen gewesen; die heutige, seit 1947 existierende Grenze misst 1269 km. Schließlich stammt die deutsch-dänische Grenze aus dem Jahr 1920, nachdem – entsprechend dem Versailler Vertrag – in Schleswig eine Volksabstimmung stattgefunden hatte, bei der sich die Bevölkerung nördlich der heutigen Staatsgrenze mehrheitlich für den Wiederanschluss an Dänemark entschied.

Topographisch-geographische Kennzeichen

Dänemark wird häufig als nordeuropäisches Inselreich bezeichnet, denn außer Jütland bzw. der Cimbrischen Halbinsel umschließen seine Grenzen insgesamt 406 mit Namen bezeichnete Inseln, von denen nur gut 80 bewohnt sind. Der küstenfernste Ort liegt nicht mehr als 50 km landeinwärts, was die traditionelle Meeresorientierung des Landes verdeutlicht. Dänemark ist – wenn man von den auswärtigen Inselbesitzungen absieht – mit gut 43 000 km^2 das kleinste, aber mit 5,4 Mio. Einwohnern das am dichtesten besiedelte Land Nordeuropas. Immerhin beträgt die Bevölkerungsdichte 125 Einwohner/km^2, während die Statistik für Schweden knapp 20, Finnland gut 15, Norwegen 14 und für Island lediglich 2,8 Menschen pro km^2 verzeichnet. Diese Durchschnittswerte sagen jedoch wenig aus, wenn man sich die tatsächliche Bevölkerungsverteilung in den einzelnen Landesteilen bzw. Regionen vor Augen hält. So leben z. B. im Großraum Kopenhagen ca. 1,8 Mio. Einwohner, was knapp 34 % der dänischen Bevölkerung entspricht. Für den Großraum Reykjavík in Island lässt sich der entsprechende Wert sogar auf über 60 % beziffern.

Im Zuge des modernen Tourismus wird Dänemark häufig mit dem Attribut „Tor zum Norden" versehen, womit man dem Reiseland Dänemark sicher nur zu einem Teil gerecht wird, vor allem unter dem Aspekt der oft zitierten Transitfunktionen nach Norwegen und Schweden. Andererseits fördern natürlich die großen Verkehrsbauten (etwa die gigantische Öresundquerung) jene Transitfunktionen, wenn man z. B. an die Hauptverkehrsachse Hamburg–Kopenhagen–Stockholm denkt.

In Norwegen konzentrieren sich etwa 22 % der 4,4 Mio. Einwohner auf den Großraum Oslo. Weiterhin wohnen über 80 % der norwegischen Bevölkerung in weniger als 15 km Abstand zur Küste. Abgesehen von Spitzbergen (Svalbard) sowie einigen anderen Territorien in der Arktis (Jan Mayen) und Antarktis (Peter-I.-Insel, Bouvetinsel, Königin-Maud-Land) nimmt das so genannte Festland-Norwegen eine Fläche von rd. 324 000 km^2 ein. Es ist damit das fünftgrößte europäische Land mit einer äußerst kleinen Bevölkerungszahl sowie – nach Island – der geringsten Bevölkerungsdichte in Europa. Das Staatsgebiet selbst kennzeichnet eine außerordentlich lange Küstenlinie, die von ungezählten Buchten, Holmen und Fjordmündungen gegliedert wird. Von den etwa 150 000 vorgelagerten Inseln (meist Schärengruppen) sind nur rd. 2000 bewohnt. Während der grobe Küstenumriss mit ca. 2700 km Länge angegeben wird, schätzt man die genauere festländische Uferlinie auf 20 000 km, was etwa der Hälfte des Erdumfangs entspricht. Einschließlich der Inseln soll die gesamte Uferlinie nach neuen Messungen sogar über 80 000 km betragen. Mit einer Ausdehnung über nahezu 14 Breitengrade, vom Kap Lindesnes im Süden bei gut 57° N bis zum Nordkap bei 71° N, ist Norwegen das europäische Land mit der größten Nord-Süd-Erstreckung. Immerhin ist das Kap Lindesnes vom Nordkap genauso weit entfernt wie von Rom oder Moskau. Norwegens hohe Breitenlage (über ein Drittel des Landes erstreckt sich jenseits des Polarkreises) sowie der überwiegende Gebirgscharakter waren seit jeher gravierende Hindernisse in der Verkehrserschließung und der Wirtschaftsraumentwicklung.

Das große Wasserkraftpotenzial sowie die Öl- und Gasvorkommen im Offshore-Bereich haben Norwegen zu einem äußerst energiereichen Land gemacht. Man kann durchaus die Auffassung vertreten, dass die Öl- und Gasfunde für die sozioökonomische Entwicklung des Landes im 20. Jh. das wichtigste Ereignis waren. Seit der Entdeckung des Ekofisk-Feldes 1969 und dem Förderbeginn 1971 ist Norwegen ein Erdöl- und Erdgasland, das heute zu den größten Rohöl- und Gasexporteuren der Welt gehört.

Norwegens Nachbarland Schweden ist sowohl nach der Flächenausdehnung (ca. 450 000 km^2) wie nach der Bevölkerungszahl (8,9 Mio. Einw.) das größte der Nordischen Länder. Es ist in Europa (ohne die Nachfolgestaaten der Sowjetunion) nach Frankreich und Spanien der drittgrößte Staat und um rd. ein Viertel größer als Deutschland. Der Durchschnittswert der Bevölkerungsdichte von gut 20 Einw./km^2 ist wenig aussagekräftig. So leben in den Gunsträumen wie in Schonen (Skåne) oder der Mittelschwedischen Senke mit den Eckpfeilern Göteborg und Stockholm über 70 Einw./km^2, während es in Norrbotten nur noch 3 Einw./km^2 sind.

Auch für Schweden mit seinen unterschiedlichen Landschaftstypen ist die gewaltige Süd-Nord-Ausdehnung charakteristisch. Der Abstand von Trelleborg (südlichste Stadt Schwedens bei gut 55° N) bis zum nördlichsten Punkt, dem Dreireichsgrenzstein zwischen Norwegen, Schweden und Finnland bei rd. 69° N, entspricht der Entfernung von Trelleborg nach Neapel. Schweden gilt traditionell als eines der Länder mit besonders hohem Lebensstandard. Wertvolle Naturschätze (Erze, Holz u. a.), eine hoch entwickelte Industrie, aber auch eine lange ununterbrochene Friedenszeit seit 1815 sowie das Fehlen ernsthafter sozialer Probleme sind die Hauptgrundlagen für den hohen materiellen Lebensstandard. Allerdings hat sich in den letzten Jahren das Entwicklungsmodell des „sozialen Wohlfahrtsstaates“ – ähnlich wie in den anderen nordischen Nachbarstaaten – wenigstens in volkswirtschaftlicher Sicht als keineswegs unproblematisch gezeigt. Getragen wurde und wird das so genannte „Schwedische Modell“, häufig auch als „Mittelweg zwischen Kapitalismus und Sozialismus“ umschrieben, von einer solidarischen Lohn- und einer restriktiven Steuerpolitik. Lange Zeit ging diese Entwicklung gut. Aber mit der zunehmenden Staatsverschuldung aufgrund der enormen Aufwendungen für den öffentlichen Sektor zeigen sich immer tiefere Risse im System, denen man seit der zweiten Hälfte der 1990er-Jahre mit einschneidenden Sparmaßnahmen seitens der Regierung entgegentritt.

Finnlands heutige Landesfläche, die sich vom südlichsten Punkt Hankoniemi bei gut 59° N bis in den Raum Utsjoki bei 70° N erstreckt, umfasst 338 000 km^2 und ist somit größer als Italien oder England und Irland zusammen. Die über 60 000 finnischen Seen bedecken allein 31 600 km^2 der Staatsfläche. Von den 5,2 Mio. Einwohnern leben allein 23 % im Großraum Helsinki. Weitere Verdichtungsräume sind die Region Turku-Tampere sowie Teile von Österbotten entlang des Bottnischen Meerbusens. Demgegenüber zählt Finnisch-Lappland (Provinz Lappi) mit 100 000 km^2 heute unter 200 000 Bewohner. Andererseits hat kein Staat der Erde in dieser hohen Breitenlage ein so relativ dicht besiedeltes Gebiet wie Finnland. In Alaska, Grönland und im nördlichen Sibirien sind jene Breitenlagen fast unbewohnt, während man in Finnland jenseits von 65° N noch bedeutende zentrale Orte wie Oulu, Kemi und Rovaniemi findet. Ein Hauptgrund für diese bessere Erschließung und dichtere Besiedlung Nordfinnlands liegt einfach darin, dass die Finnen zu derartigen Kulturlandschaftserschließungen schon aufgrund der Landverluste an die damalige Sowjetunion gezwungen waren. Der Pioniergeist hat demzufolge in Finnland eine lange Tradition. Im Gegensatz zu Norwegen und Schweden sind in Finnland die landschaftlichen Unterschiede viel weniger scharf ausgeprägt. Kennzeichnend sind weite Ebenheiten mit ihren riesigen Nadel- und zum Teil auch Birkenwäldern, die von Seen und Mooren sowie hier und da von Siedlungsinseln durchsetzt werden, wobei jene Waldmarken zugleich eine wichtige Wirtschaftsressource darstellen.

Sehr waldarm präsentiert sich – zumindest heute – Island mit seinem rauen Gebirgscharakter. Die zum großen Teil unbewohnte Vulkaninsel (nur 15 % des Landes sind derzeit besiedelt) erstreckt sich mit einer Breitenlage zwischen 63° und 66° N unmittelbar südlich des Polarkreises, vergleichbar mit dem mittleren Norwegen und dem südlichen Grönland. Von der norwegischen Küste, der Heimat der ersten Siedlergruppen, liegt Island rd. 1000 km entfernt, von Schottland ca. 800 km, den Färöern etwa 420 km, aber von Grönland nur 300 km. Der Inselstaat mit einer Gesamtfläche von 103 000 km^2 zählt nur 283 000 Einwohner, von denen über 60 % im Hauptstadtbereich Reykjavíks an der Südwestküste leben. Relativ dicht besiedelt sind daneben einige weitere, von Buchten und Fjorden gegliederte Küstensäume und Tieflandregionen unter 200 m Höhe, während das innere Plateauland größtenteils als Sub- und Anökumene zu bezeichnen ist. Aufgrund seiner ganz andersartigen physiogeographischen bzw. geologischen Struktur (vor allem bezüglich des jungen Vulkanismus) wäre Island kaum zu den nordeuropäischen Ländern zu rechnen. Das verbindende Element liegt jedoch in der Kulturgeschichte, die besonders starke Verknüpfungen mit Norwegen und Dänemark aufweist.

Ähnliches gilt auch für die Färöer. Auch sie wurden durch den Vulkanismus geprägt, doch sind die Basalte hier fossil, sie stammen aus dem Tertiär. Ihre Besiedlung durch eine Wikingerbevölkerung, ihre Zugehörigkeit zu Norwegen im Mittelalter und dann zu Dänemark bis heute rechtfertigen es, diese Inselgruppe mit zu Nordeuropa zu zählen.

Ob man Grönland ebenfalls zu Nordeuropa zählen sollte, ist zumindest zweifelhaft. Naturgeographisch ist es sicher ein Teil Nordamerikas. Die Bevölkerung geht mehrheitlich auf Inuitstämme zurück, die aus dem nördlichen Kanada eingewandert sind. Zwar gab es im Mittelalter eine Kolonisation durch Wikinger, die aber nach jahrhundertelanger

Existenz unter immer noch rätselhaften Umständen verschwanden. Seit 1723 nimmt nun der dänische Staat in Grönland Herrschaftsrechte wahr, die – modifiziert durch eine Teilautonomie seit 1979 – bis heute bestehen. Die 57 000 Einwohner (2002) der mit 2 415 100 km^2 größten Insel der Welt siedeln ganz überwiegend an der klimatisch begünstigten Westseite der Insel. Bezogen nur auf das eisfreie Land (384 850 km^2) ergibt sich immer noch eine Bevölkerungsdichte von 0,1 Einw./km^2. In der Bevölkerung gibt es zwar starke Kräfte, die auf eine völlige Unabhängigkeit von Dänemark drängen, doch hängt das grönländische Gemeinwesen sehr deutlich am finanziellen Tropf Dänemarks.

Zusammenarbeit in Nordeuropa

Die Nordischen Länder zählen heute insgesamt nur 24 Mio. Menschen. Entsprechend ihren Anteilen am Welthandel, der Weltindustrie und der Schifffahrt oder ihres politischen Engagements auf internationaler Ebene (Entwicklungshilfe, UN-Friedenstruppen, Vermittler bei internationalen Konflikten) spielen sie aber eine wichtige Rolle im globalen Geschehen. Beispielsweise lag ihr Anteil am Welthandel in den 1990er-Jahren bei immerhin 5 %. Aufgrund ihrer gemeinsamen, durchaus nicht immer konfliktfreien Geschichte sowie der gerade heute bestehenden gemeinsamen Interessen und Probleme haben die Nordischen Staaten enge Formen der Zusammenarbeit entwickelt. So wurden nach dem Zweiten Weltkrieg zunächst die Rechtssysteme koordiniert, was sich besonders im Handelsrecht niederschlug. Dann entstand 1954 ein gemeinsamer nordischer Arbeitsmarkt, und gleichzeitig wurde die Passfreiheit für nordeuropäische Bürger eingeführt. Zurzeit gewinnen diese Verflechtungen auch mit den südlichen Ostseeanrainerstaaten, insbesondere mit Russland und den Baltischen Ländern, wieder an Bedeutung.

Die innernordische Zusammenarbeit zeigt sich u. a. auch in der Verkehrspolitik. So gelten im Eisenbahnverkehr bereits seit 1964 weitgehend Einheitstarife. Weiterhin sind zur Regelung des Schiffsverkehrs zahlreiche gemeinsame Schritte unternommen worden. Eines der bekanntesten nordischen Gemeinschaftsprojekte ist die Fluggesellschaft SAS, die den Linienverkehr zwischen den Nordischen Ländern und auf internationalen Strecken betreibt. Enge Zusammenarbeit gibt es auch auf dem Energiesektor. Schließlich gibt es schon seit Jahren eine intensive Kooperation in den High-Tech-Branchen, die ihren Ausdruck in einem nordischen Aktionsprogramm für die Computertechnologie findet. Die nordische Institution „Nordforsk“ koordiniert den größten Teil der technischen Forschungs- und Entwicklungsarbeit.

Als Dachorganisation der grenzüberschreitenden Zusammenarbeit in Nordeuropa sind in erster Linie der 1952 gegründete Nordische Rat und der 1971 ins Leben gerufene Nordische Ministerrat zu nennen. Der Nordische Rat, dem sich 1984 auch Grönland angeschlossen hat, ist eine beratende Versammlung, die Empfehlungen und Erklärungen an den Ministerrat und die einzelnen Regierungen gibt. Die öffentliche kulturelle Zusammenarbeit basiert auf einem Abkommen von 1971, das den gemeinsamen Einsatz u. a. für Ausbildung und Forschung zum Gegenstand hat. Selbstverständlich umfasst die kulturelle Zusammenarbeit auch die Bereiche Literatur, Musik, Theater sowie Kunst und Film. Insgesamt gesehen ist die Vorbildwirkung der Nordischen Länder für die Integration anderer Staatengruppen nicht zu unterschätzen, und zwar auch deshalb, weil sie für die Beteiligten noch genügend Spielraum nach außen zulässt, wie sich dies z. B. an den unterschiedlichen Bindungen in puncto EU und NATO zeigt.

Landesgeschichte Nordeuropas

Bild 1: *Eisenzeitliche Steinsetzung am „Oldtidsveien" bei Borge in Østfold, Norwegen (E. Gläßer).*

Überblick

- Der landesgeschichtliche Abriss dient primär dem Bemühen, Züge der gegenwärtigen Kulturlandschaften bzw. Wirtschaftsräume in ihrer historischen Bedingtheit zu analysieren. Diesbezüglich kommen besonders die Interdependenzen zwischen Nordeuropa und dem kontinentaleuropäischen Raum zum Tragen. Frühe und zugleich markante Abschnitte bilden die Wikingerexpansionen von ca. 800 n. Chr. bis Mitte des 11. Jh.s, die Christianisierung Nordeuropas sowie die Einflüsse der Hanse auf das Wirtschafts- und Siedlungsbild.
- Die Epoche von der frühen Neuzeit bis zum 19. Jh. lässt sich im Rahmen der Verflechtungen zwischen Mittel- und Nordeuropa vor allem auf zwei Fragenkreise zuschneiden. Diese sind zum einen die planmäßig angelegten Städte sowie zum anderen die staatlich gelenkten Bergbauaktivitäten mit den damit verbundenen gewerblichen und siedlungsgeschichtlichen Prozessen.
- Bei den jüngeren Zeitabschnitten seit dem 19. Jh. handelt es sich vorwiegend um kurzfristige, aber auch vielgestaltige Verbindungen zwischen Mittel- und Nordeuropa, die jedoch schwer zu fassen und nach der Quellenlage auch nur sehr lückenhaft darzustellen sind. Das 20. Jh. führte in Nordeuropa zur Bildung von fünf unabhängigen Nationalstaaten, die trotz aller innernordischen Zusammenarbeit unterschiedliche Beziehungsgefüge zum mittel- und westeuropäischen Raum entwickelten. In jüngerer Zeit sind dann mit der fortschreitenden EU-Integration gerade die wirtschaftsgeographischen Verflechtungen in eine neue Dimension getreten.

Einführung

von Ewald Gläßer

Jahrhundertelang ist die Geschichte der Nordischen Länder geprägt worden durch individuelle, d. h. landesspezifische Züge und damit national ausgerichtete Blickwinkel. Auch die Außenbeziehungen und Verflechtungen – man denke nur an die Dänemarks mit Mitteleuropa oder die Finnlands mit Russland – waren und sind wenigstens teilweise noch sehr unterschiedlicher Natur. Dennoch gibt es eine Reihe von gemeinsamen, interregional prägenden Merkmalen in der landesgeschichtlichen Entwicklung Nordeuropas, die im Folgenden beispielhaft zur Darstellung kommen.

Ohne eine gewisse Kenntnis der Landesgeschichte ist der nordeuropäische Raum in seiner heutigen Gestalt und Struktur nicht zu verstehen. Deshalb dient der landesgeschichtliche Abriss keinem Selbstzweck, sondern dem Bemühen, Züge der gegenwärtigen Kulturlandschaften bzw. Siedlungs- und Wirtschaftsräume in ihrer historischen Bedingtheit zu erklären. Hierbei wird auf die vorgeschichtliche Dimension, d. h. auf die Zeit vor 800 n. Chr., höchstens stichwortartig hin und wieder verwiesen. Im Vordergrund stehen vielmehr wichtige Epochen des Mittelalters und der Neuzeit, und zwar auch unter dem Aspekt der wechselseitigen Verflechtungen zwischen Nordeuropa und dem west-, mittel- und osteuropäischen Raum.

Der Einfluss der Wikingerexpansion auf die Siedlungs- und Handelsaktivitäten

Kurz vor 800 n. Chr., d. h. gegen Ende der vorgeschichtlichen Zeit in Nordeuropa, setzten die Wikingerzüge ein, die die nordische Welt, und zwar oft auf düstere Weise, erstmals deutlich in das kontinental-europäische Bewusstsein brachten. Bis um die Mitte des 11. Jh.s dauerte die so genannte Wikingerzeit, die für Dänen, Norweger und Schweden eine Phase der Expansion darstellte. Eine der Ursachen jener kühnen und viel beschriebenen Expeditionen, die die Wikinger über West- und Mitteleuropa bis weit in den mediterranen und südrussischen Raum sowie über Island, Grönland bis an die Ostküste Nordamerikas gebracht haben (Abb. 2), mag man in der Übervölkerung des damaligen Siedlungs- und Wirtschaftsraumes in Skandinavien sehen.

Hinzu kamen die vielen Feindseligkeiten innerhalb der nun entstehenden nordischen Königreiche sowie die reichen Beutemöglichkeiten in den kontinentaleuropäischen Handelsplätzen oder an den entsprechenden Handelswegen etwa entlang der Ostsee- und Nordseeküste. Beispielsweise sei nur erwähnt, dass – wie Adam von Bremen berichtet – dänische Wikingerscharen im Jahre 845 Hamburg (Hammaburg) verbrannten und 882 mehrere rheinische Stadtsiedlungen in Schutt und Asche legten.

Den ersten Wikingervorstößen gegen das friesische Gebiet um 810 n. Chr. müssen entsprechende Züge des Dänenkönigs Göttrik gegen slawische Stämme in Ostholstein und Mecklenburg vorausgegangen sein. So wird in den Fränkischen Annalen der slawische Hafenplatz Reric genannt, der seinerzeit dem Dänenkönig tributpflichtig wurde. Später wandten sich vornehmlich schwedische Wikinger, auch Waräger genannt, bis weit in den osteuropäischen bzw. südrussischen Raum. Vorzugsweise waren es Handelsreisen, die die Schweden über die großen Flusssysteme zum Schwarzen und Kaspischen Meer und weiter in den Orient brachten. Holmgardr (Nowgorod) und Känugardr (Kiew) waren damals bedeutende Stütz- und Handelspunkte der Schweden. Die Slawen nannten die fremden Händler und Siedler Rus, wovon sich der Name Russland ableiten soll.

Die Wikingerzüge waren also keineswegs nur kriegerischer und räuberischer Natur, wie dieses oft sehr einseitig herausgestellt wird, sondern Handelsaktivitäten und Siedlungsprozesse spielten ebenfalls eine entscheidende Rolle. Als Folge bzw. Voraussetzung jener Handels- und Siedlungsprozesse, an denen auch der so genannte „friesische Händler“ einen erheblichen Anteil hatte, ist das Entstehen von Ansiedlungen stadtartigen Charakters zu sehen, von denen hier besonders Dorestad im Fränkischen Reich nahe dem heutigen Utrecht, Haithabu an der Schlei, Kaupang (Skiringsal) am Oslofjord und Birka (auf der Insel Björkö ca. 30 km westlich von Stockholm im Mälarsee) hervorgehoben seien. Andere wikingerzeitliche Siedlungs- und Handelsplätze im Ostseebereich waren neben denen auf Gotland sowie zahlreichen vergessenen auch Trelleborg auf Seeland, die Jomsburg (wahrscheinlich das heutige Wollin an der Pommerschen Bucht), Grobin bei Libau, Daugmale bei Riga, Koivisto bzw. Björkö bei Wyborg am Finnischen Meerbusen oder Pirkkala beim südwestfinnischen Tampere.

Schon die Vielzahl der arabischen, oströmischen, angelsächsischen und fränkischen Münzen, und zwar etwa 100 000, die auf Gotland gefunden wurden, spricht für die besondere Rolle der Ostseeinsel als Handelszentrum zur Wikingerzeit. Man muss heute davon ausgehen, dass gerade die Waräger über das von ihnen beherrschte innerrussische Flusssystem enge Handelskontakte mit Konstantinopel, Bagdad und Damaskus pflegten, womit sie praktisch schon zu jener Zeit den Osten an den Westen anschlossen. Die Distribution der Waren (wozu sicher auch der Sklavenhandel zählte) erfolgte in Plätzen auf Gotland, aber auch in Birka am Mälarsee, Haithabu an der Schlei und Kaupang am Oslofjord.

Daneben war vor allem der Fernhandel zwischen dem Fränkischen Reich und dem Norden ein entscheidender Impuls für das Entstehen stadtartiger

Verändert nach Ingstad in Ahlmann 1976 sowie nach Imber u. Tietze 1978.

***Abb. 2:** Züge der Wikinger (800–1050 n. Chr.).*

Siedlungen. Wichtige Handelswaren aus dem kontinentalen Europa waren das „friesische Tuch" und Salz, weiterhin Waffen, Schmuck, Gläser, Keramik, Basalt für Mühlsteine usw. Die wesentlichen Handelsgüter aus dem Norden waren organische Produkte wie Pelze, Häute, Fische und wahrscheinlich Wolle sowie in geringerem Umfang auch Bernstein. Als wichtiger Exportartikel für Norwegen ist zusätzlich der schneidbare Speckstein zu nennen, der in großen Mengen z. B. in Haithabu gefunden wurde.

Im 9. Jh. ist Birka der wichtigste Pelzmarktplatz im Ostseeraum. Ihre internationale Bedeutung erhielt die „Stadt", in deren unmittelbarer Nachbarschaft noch heute über 2000 Grabhügel nachweisbar sind, durch die Transitfunktionen im Handel zwischen Ost und West. Mehrfach ist die nicht unbegründete Vermutung ausgesprochen worden, dass auch über Birka ein großer Teil der orientalischen Waren in das Frankenreich gelangte (so genannte „Baltische Brücke" zwischen Mitteleuropa und den südrussischen Flusssystemen). Birkas Blütezeit ist auf das 9. und 10. Jh. zu datieren; danach gingen Funktionen auf das ebenfalls am Rande des Mälarsees gelegene Sigtuna und vor allem auf Haithabu über.

Die international bedeutenden Handelssiedlungen jener Zeit treten uns hauptsächlich in zwei unterschiedlichen Grundrisstypen entgegen, einmal als so genannte Einstraßenanlagen und zum anderen als halbkreisförmige Gruppensiedlungen, die von einem entsprechenden Wall umgeben waren. Der erstgenannte Siedlungstyp verkörpert eine direkt hinter den Hafenanlagen aufgereihte, meist von Händlern bewohnte Siedlung, wie sie in Skandinavien besonders in dem um 1000 n. Chr. entstandenen Sigtuna, weiterhin in dem Vorgänger der „Deutschen Brücke" im westnorwegischen Bergen (Björgvin) oder sogar in dem nordisländischen Handelsplatz Gásar auftreten (vgl. u. a. Ellmers 1972, S. 21ff.).

Als bedeutend älter sind derartige Einstraßenanlagen für Teile Mitteleuropas (z. B. Mainz, Dorestad und Hamburg) nachgewiesen worden, so dass ein durch Kaufleute bedingter Transfer dieses Siedlungstyps in den nordeuropäischen Raum nicht auszuschließen ist. Im Übrigen hat das Prinzip der Einstraßenanlagen in Nordeuropa auch noch in späteren Jahrhunderten Anwendung gefunden. Genannt seien nur die ersten Entwicklungsstadien der isländischen Landeshauptstadt im 18. und 19. Jh., die ebenfalls das Bild einer parallel zu den Hafenanlagen verlaufenden Einstraßensiedlung mit Handelshäusern vorwiegend dänischer sowie z. T. englischer und deutscher Kaufleute zeigen.

Den zweiten städtischen bzw. stadtähnlichen Siedlungstyp bilden die mit einem Halbkreiswall umwehrten Hafensiedlungen, wie er besonders eindrucksvoll in Haithabu ausgeprägt ist. Auch das ebenfalls berühmte schwedische Birka mit seinem halbkreisförmigen „Stadtwall" ist maßgeblich von Haithabu beeinflusst worden. Für den Niedergang Birkas gegen Ende des 10. Jh.s werden verschiedene Ursachen verantwortlich gemacht. Zum einen soll eine Versandung des Fahrwassers bei Södertälje derart erfolgt sein (Landhebungsprozesse im postglazialen Nordeuropa), dass es für größere Schiffe nicht mehr passierbar war und sich demnach die Handels- und Siedlungsaktivitäten auf Sigtuna sowie auf das spätere Stockholm verlagerten. Und zum anderen werden Gründe für den Niedergang mit Schwierigkeiten im Russland- und Orienthandel sowie auch mit inneren Spannungen und Auseinandersetzungen der Stadtbewohner Birkas erklärt. Um das Jahr 1060 soll der Bischof von Sigtuna Birka besucht haben, um dort das Grab des Erzbischofs Unni von Bremen (einigen Quellen zufolge 936 in Birka gestorben) aufzusuchen. Damals seien jedoch die Spuren der „Stadt" bereits so verwischt gewesen, dass er das Grab nicht mehr habe finden können.

Die Christianisierung Nordeuropas

Während die wikingerzeitlichen Einflüsse auf den kontinentaleuropäischen Raum doch mehr einen punktuellen Charakter hatten, erfolgte eine dauerhafte Verknüpfung von Nord- mit Mittel- und Westeuropa erst am Ende der Wikingerepoche, als nationalstaatliche und vor allem kirchliche Wirkungen sich im 10. und 11. Jh. nach Nordeuropa verschoben. Die ersten Christianisierungsbestrebungen in Skandinavien sind eng mit dem Corveyer Benediktinermönch Ansgar (801–865) verbunden, dessen Leben und Werk Rimbert (Vita Anskarii, verfasst gegen Ende des 9. Jh.s) und Adam von Bremen (Gesta Hamburgensis ecclesiae pontificum, 2. Hälfte des 11. Jh.s) ausführlich beschreiben.

Unter Kaiser Otto I. wurden die Bistümer in Dänemark, nämlich Schleswig (Haithabu, Haddeby), Ribe und Århus (dieses bestand allerdings nur kurze Zeit), dem Erzbistum Hamburg bzw. Bremen-Hamburg kirchlich unterstellt.

Ribe, das alte Handels- und Kirchzentrum in Südwestjütland, wird seinerzeit charakterisiert als eine „Stadt, die von einem anderen Gewässer umgeben ist, das vom Weltmeer hereinströmt und auf dem man nach Friesland oder sogar nach England und nach unserem Sachsenland segelt" (Adam von Bremen, neu bearbeitet von Steinberg 1926, S. 206f.). Weiterhin berichtet Adam von Bremen, dass Erzbischof Adalbert (1045–1072) neun Bischöfe in Dänemark, nämlich in den Städten Schleswig, auf Helgoland, Fünen, Seeland und in Schonen (Lund), eingesetzt habe; darüber hinaus sechs Bischöfe in Schweden (Sigtuna, Uppsala und in Götaland sowie bei den „Skritefinnen und auf den Inseln des Baltischen Meeres"), zwei Bischöfe in Norwegen (gemeint sind wohl Nidaros/Trondheim und Björgvin/Bergen) und schließlich je einen Bischof auf den Orkneys und auf Island (gemeint ist Skálholt im südwestlichen Landesteil).

Im Jahre 1104 wurden dann die nordischen Reiche aus der kirchlichen Abhängigkeit von Bremen-Hamburg gelöst; sie waren zunächst für kurze Zeit dem neu errichteten dänischen Erzbistum Lund unterstellt, um dann landeseigene Metropolen zu werden, wie z. B. Nidaros (Trondheim) 1152 und Uppsala 1164. Um 1200 war die kirchliche Organisation Nordeuropas im Wesentlichen abgeschlossen.

Es versteht sich beinahe von selbst, dass mit der Christianisierung in Nordeuropa nicht nur siedlungs- und wirtschaftsgeographische Elemente aus Mittel- und Westeuropa ihren Einzug hielten, sondern sich darüber hinaus vor allem im ländlich-agraren Bereich grundlegende sozioökonomische Wandlungen vollzogen. Zunächst wären die zahlreichen Dom- und Klosterkirchen in den alten Stadtzentren Skandinaviens hervorzuheben, die in ihrem romanischen oder gotischen bzw. romanisch-gotischen Mischstil deutliche Anklänge an mittel- und westeuropäische und sogar lombardische Vorbilder zeigen. Genannt seien nur die Domkirchen von Ribe, Roskilde und Viborg in Dänemark, von Lund und Uppsala in Schweden oder Trondheim, Bergen und Stavanger in Norwegen. Im Raum Dänemark und Südschweden ist zudem der Einfluss der norddeutschen Backsteingotik nicht zu übersehen. Eine große Rolle vor allem im ländlich-agraren Lebensbereich Nordeuropas spielten wenigstens bis zur Reformationszeit die zahlreichen Klöster, wie sie besonders von Benediktinern, Zisterziensern und Augustinern in Dänemark, Norwegen und Schweden, aber auch in Island und Südfinnland seit dem 12./13. Jh. verstärkt gegründet wurden.

Mit der Geschichte der nordischen Klöster ist u. a. die Entwicklung der Landwirtschaft, des Garten- und Obstanbaus in vielen Teilen Nordeuropas eng verbunden. Der noch heute einzigartige und gewerblich betriebene Obstanbau an den inneren Fjordrändern im norwegischen Vestland, besonders in Hardanger, ist z. B. auf entsprechende Tätigkeiten von Mönchsorden im hohen Mittelalter zurückzuführen. Die Mönche brachten aus ihren Heimatländern, also aus dem mittel- und westeuropäischen Raum, zahlreiche Kulturpflanzen und Tiere mit nach Nordeuropa (teilweise bis nach Island), wo sie bislang mehr oder minder unbekannt waren. Schübeler schreibt diesbezüglich in seiner Abhandlung über

Bild 2: *Die Festung Savonlinna (Olavinlinna) im Saimagebiet, Finnland (E. Gläßer).*

die Kulturpflanzen Norwegens (1862, S. 164): „Die Mönche brachten Obstbäume, Wurzeln, Kräuter und Blumen vom Auslande mit, um sie auf norwegischem Boden zu versuchen. Noch jetzt stehen die Obstgärten von Lysekloster, Halsnö, Utstein, Grimsö und Fragsmag sowie Værnö in verdientem Ansehen. Auf Opedal im Kirchspiele Ullensvang in Hardanger, früher dem Lysekloster angehörend, befindet sich noch gegenwärtig der ausgedehnteste, unter eine Menge Bauern verteilte Obstgarten Norwegens. Die Früchte desselben, besonders Äpfel und Kirschen, bilden einen wichtigen Gegenstand der Ausfuhr und die bedeutendste Einnahme des Gehöfts. Dass dieser Garten dem Lysekloster seine Entwicklung verdankt, ist außer Zweifel, und ebenso ausgemacht ist es, dass der Distrikt Hardanger den Mönchen von Lysekloster und Halsnö für den wichtigsten Nahrungszweig seines heutigen Obstbaues verpflichtet ist."

Die Christianisierung des Nordens brachte für die einzelnen Teilräume nicht nur einen Ausbau der damaligen zentralen Orte durch die Missionsbischöfe, Klöster usw. mit sich, sondern zugleich die Besiedlung und Kultivierung weiter Landstriche. Beispielsweise wirkte die schwedische Krone bei der Urbarmachung bislang unbebauten Landes insofern mit, als sie den um die Mitte des 12. Jh.s ins Land kommenden Zisterziensern Land zur Rodung überließ. In Norwegen wird das nicht anders gewesen sein.

Ein weiteres Beispiel für die enge Verflechtung zwischen Besiedlungsgeschichte und Christianisierung sind die schwedische Expansion nach Südfinnland und die Kolonisierung des südwestlichen Landesteiles unter dem Vorwand der Christianisierung. Gegen die heidnischen Finnen unternahmen die Schweden seit der Mitte des 12. Jh.s regelrechte „Kreuzzüge". Im Jahre 1276 entstand ein Bischofssitz in Åbo/Turku, der alten „Hauptstadt" Finnlands, die von den Schweden mit einer Domkirche und einer mächtigen Burg ausgestattet wurde. Der Festigung der schwedischen Macht in Südfinnland diente die Errichtung weiterer Burgsiedlungen, wie vor allem Hämeenlinna (Tavastehus) 1249, Viipurinlinna (Wyborg) 1293 und schließlich Savonlinna (Olavinlinna bzw. Olofsborg, Bild 2) 1475, wobei Letztere mit ihrer Lage im Seengebiet des Saimaa schon als Bollwerk gegen den Osten konzipiert war.

Eine weitere Folge der Christianisierung Nordeuropas waren jene sozioökonomischen Umstrukturierungsprozesse, die vor allem den ländlich-agraren Raum erfassten. Mit der Gründung bzw. dem Ausbau von Kirchorten (man denke nur an die berühm-

ten Stabkirchen in den norwegischen Bauerntälern oder die Wehrkirchen in Süd- und Mittelschweden) entstand nun ein neues zentralörtliches Beziehungssystem im ländlichen Raum, das über Jahrhunderte hindurch Bestand haben sollte (Bild 3).

Mit der Einführung des Zehnten und anderer kirchlicher Abgaben erwuchs zugleich eine Art geistlicher Feudalismus, wenn auch nicht in dem Maße wie im kontinentalen Europa. Nur in Dänemark sollen sich nach Nielsen (1933) wenigstens zu Beginn des 16. Jh.s rd. drei Viertel des gesamten Bodens im Besitz geistlicher und weltlicher Grundherrschaften befunden haben. So gehörten dem Bischof von Roskilde 1370 z. B. 30 Herren- und 2600 Bauernhöfe. Bei der Reformation war jeder vierte Hof in Dänemark Eigentum des Bischofs von Roskilde. Kennzeichnend war dieses Faktum der Grundherrschaften besonders für die so genannte Unionszeit (1397–1523), in der die Nordischen Staaten Dänemark, Schweden und Norwegen in dänischer Hand vereinigt waren. Insgesamt gesehen hat sich mit der Etablierung der geistlichen und weltlichen Grundherrschaft in den meisten Teilen Nordeuropas aber ein Feudalismus wie in Mitteleuropa nicht auszubilden vermocht. Formen der Leibeigenschaft und Hörigkeit oder andere grundherrschaftliche Auflagen waren weitestgehend unbekannt, so dass eine „Bauernbefreiung" wie etwa in Deutschland auch nicht notwendig war.

Bild 3: *Die Stabkirche von Borgund aus den Jahren um 1150, Sogn og Fjordane, Westnorwegen (J. Schwackenberg).*

Der Einfluss der Hanse auf den nordeuropäischen Raum

Über die Hanse als Wirtschaftsorganisation, die auch den nordeuropäischen Raum sozioökonomisch längere Zeit entscheidend geprägt hat, ist sehr viel von mitteleuropäischer wie skandinavischer Seite, und zwar oft kontrovers, geschrieben worden. Hier seien nur einige speziellere Beiträge genannt, die sich konkret mit dem nordeuropäischen Raum und den Wechselbeziehungen zwischen der Hanse und dem Norden befassen. Da wären vor allem die Untersuchungen von Kumlien, Ekre, Redin und Svahnström über Schweden oder von Schreiner, Blom, Lunden und Helle über Norwegen zu nennen. Überhaupt ist gerade auf norwegischer und schwedischer Seite intensiv über die Beziehungen zwischen dem Norden und der Hanse gearbeitet worden.

Die Ergebnisse jener Untersuchungen zeigen deutlich, dass jedes der Nordischen Länder bis hin zum peripheren Island eigengeprägte Beziehungen zur Hanse hatte, die sich demnach auch auf spezifische Art und Weise in den einzelnen Siedlungs- und Wirtschaftsräumen niederschlagen mussten. Allerdings ist die Eingliederung des Ostsee- und Nordseeraumes in das hansische Wirtschaftssystem trotz aller Stadtgründungen und -ausbauten nicht – so wie es manche Fehldeutungen implizieren – als eine Siedlungs- bzw. Kolonisationsbewegung im neuzeitlichen Sinne zu verstehen, sondern als eine von wirtschaftlichen Momenten geprägte Expansion.

Die durch Heinrich den Löwen in den Jahren 1158/59 vollendete Gründung Lübecks war der Ausgangspunkt für zahlreiche Kaufleute, den Handel im Ostseeraum zu forcieren. Schon 1161 entstand die „Genossenschaft der Gotland besuchenden deutschen Kaufleute", deren Mitglieder in Lübeck zusammenkamen, um dort u. a. ihren Vorsteher (Oldermann) zu wählen. Gotland, praktisch eine Art Mittelpunkt der Ostsee, war ja schon in der Wikingerzeit ein bedeutendes Zentrum des Ostseehandels gewesen, wo neben mittel- und nordeuropäischen vor allem russische Waren umgeschlagen wurden. Eine Reihe von deutschen Fernkaufleuten ließ sich bald auf Gotland nieder, und es entstand auf ihre Initiative hin jene berühmte Stadt Visby, die rasch neben Lübeck die Hauptstütze des Ostseehandels wurde. Zwar wird Visby erst 1225 urkundlich genannt, jedoch muss diese städtische Siedlung bedeutend älter sein. Die Genossenschaft der Gotlandfahrer, die ja nichts anderes darstellt als eine Vorform der späteren Kaufmanns- und Städtehanse, vermochte in einem Jahrhundert zahlreiche Handelsorte und -städte im Ostseeraum zu gründen bzw. auszubauen, insbesondere an der südlichen Ostseeküste mit ihrem Hinterland (hier zweifellos mitbegünstigt durch die Ostkolonisation). Visby selbst mit seinen vielen kathedralartigen Kirchen mitteleuropäischer Provenienz und der heute noch erhaltenen Stadtmauer soll zu Anfang des 16. Jh.s etwa 6000 Einwohner gezählt haben.

Besonders markant waren die siedlungsgeschichtlichen Einflüsse der Kaufmannsorganisationen der Gotlandfahrer bzw. des nachfolgenden Hansebundes auf das festländische Schweden. So hat z. B. der schwedische Historiker Kumlien mehrfach zum Ausdruck gebracht, dass bedeutende Städte bzw. Handelsplätze in Schweden erst im Zusammenhang mit den Hanseaktivitäten entstanden seien, im Gegensatz etwa zu Dänemark und Norwegen. Die Einwanderung von deutschen Kaufleuten, Handwerkern und später auch besonders von Bergleuten nach Schweden begann allem Anschein nach von Gotland aus, wobei zuerst, und zwar in den Jahren um 1200, in Kalmar deutsche Niederlassungen festzustellen sind, was wohl vornehmlich auf die Anziehungskraft des Kalmarer Eisens zurückzuführen ist. Auch die Gründung Stockholms um die Mitte des 13. Jh.s durch Birger Jarl scheint maßgeblich unter dem Einfluss deutscher Kaufleute und Handwerkergruppen vonstatten gegangen zu sein. Beispielsweise entspricht die erste Marktanlage Stockholms genau der des kurz vorher gegründeten Stralsund. Ob Stockholm und andere Städte des schwedischen Festlandes nun im eigentlichen Sinne Hansestädte – wie Visby auf Gotland – gewesen sind, ist nicht klar nachzuweisen. Unter anderem hat Kumlien (1953, S. 149ff.) zu belegen versucht, dass wenigstens um die Mitte des 14. Jh.s nicht nur Stockholm, sondern auch andere schwedische Städte zur Hanse gezählt wurden. Allerdings schied Stockholm schon um 1390 aufgrund politischer Umwälzungen in Schweden aus der hansischen Gemeinschaft aus.

Die wirtschafts- und siedlungsgeschichtlichen Auswirkungen der Kaufmanns- und Städtehanse auf Dänemark sind wesentlich anders und weniger markant als die auf Schweden und auch Norwegen gewesen. Neben rein politischen Momenten, d. h. den seinerzeit ständigen Auseinandersetzungen zwischen dem stark gefestigten dänischen Königtum und der Hanse, ist dieses Faktum vor allem auf die handelsmäßig weniger große Ergiebigkeit Dänemarks zurückzuführen. Denn Dänemark verfügte weder über so wichtige Metalle wie Kupfer und Eisen, noch über Holzprodukte, Pelze u. a. m., wie das in den nordischen Nachbarstaaten der Fall war. Eine Ausnahme bildete das damals noch dänische Schonen, vor dessen Küsten im späten Mittelalter die wichtigsten Heringsgründe (auch im Vergleich zu Westnorwegen) lagen. Das hatte zur Folge, dass vor allem in Skanör und Falsterbo, zeitweise auch an der Bohuslänküste mit dem Zentrum Marstrand, Hansefaktoreien entstanden, von wo aus der norddeutsche Kaufmann – gestützt auf Privilegien der dänischen Krone – den gesalzenen Hering nach Mitteleuropa exportierte. Ähnlich große deutsche Kaufmannskolonien bzw. -siedlungen wie in Schweden und Norwegen haben sich aber in Dänemark, so auch in Kopenhagen, nicht zu bilden vermocht.

Was die deutschen Kaufleute zumindest seit Ende des 12. Jh.s zur damals wichtigsten und größten Stadt Norwegens, nämlich Bergen, führte, war ähnlich wie bei Schonen der Fisch, in diesem Falle aber der aus Kabeljau (Dorsch) hergestellte Stockfisch.

Allerdings war der alte Siedlungsplatz Björgvin (= Bergen), der um 1070 n. Chr. von Olaf Kyrre mit Stadtrechten versehen und kurz darauf zur Residenzstadt der norwegischen Könige erkoren worden war, schon vor der Hanse eine Art internationaler Handelsplatz. In einem Bericht dänischer Kaufleute über Bergen im Jahre 1191 (zit. n. Carstensen 1973, S. 39) heißt es diesbezüglich u. a.: „Die Stadt ist sehr volkreich und hat Klöster von Mönchen und Nonnen. Sie ist reich und hat Überfluss an vielen Hilfsquellen. An getrocknetem Fisch, der Skrei (der bei den Lofoten laichende Kabeljau, Anm. d. Autors) genannt wird, besteht eine solche Menge, dass es Zahl und Maß überschreitet. Man erlebt den Zustrom von Schiffen und Leuten aus allen Gegenden, Isländer, Grönländer, Engländer, Deutsche, Dänen, Schweden und Gotländer und andere, die gar nicht aufzuzählen sind. Es gibt eine große Menge Wein, Weizen, gute Kleidung, Silber und andere Handelsware, und man hat die Möglichkeit, von allem zu kaufen."

Der Stockfischexport und der seit dem 13. Jh. für Norwegen immer notwendiger werdende Getreideimport waren wohl der entscheidende Anlass für die Lübecker bzw. hansischen Kaufleute, im damaligen Zentrum des norwegischen Reiches Fuß zu fassen, obwohl das norwegische Königtum – anders als die schwedische Krone – dem Eindringen der deutschen Kaufleute und später auch Handwerkergruppen gegenüber zunächst eine abwehrende Haltung einnahm. Verschiedene Verträge und Friedensbündnisse zwischen Lübeck und der norwegischen Krone bezeugen dies.

In der zweiten Hälfte des 13. Jh.s begannen einzelne deutsche Kaufleute damit, sich ganzjährig (sog. „Wintersitzer") in Bergen niederzulassen. Am Rande der alten Hafenbucht Vågen entstand nun nach und nach durch das Mieten oder späteres Aufkaufen norwegischer Stadthöfe die „Deutsche Brücke" („Tyskebryggen", heute meist „Bryggen" genannt, Bild 4), deren „Höfe" (*gardar*) in Form von hochgiebeligen Kaufmannshäusern mit rückwärts anschließenden Lagerhäusern noch heute ein Wahrzeichen Bergens sind.

Ein weiteres Symbol des einstigen Machtfaktors und Reichtums der Kaufleute im Hanseatischen

***Bild 4:** Bergen mit dem einstigen Hansequartier Bryggen (E. Gläßer).*

Kontor ist die benachbarte, romanisch-gotische Marienkirche, die von den Bergenfahrern als „S. Marien. Der Teutschen Kaufleut Kirch“ bezeichnet wurde.

Das Hansekontor in Bergen war ungefähr ab Mitte des 14. Jh.s voll organisiert. Die im Kontor zusammengeschlossenen und nach strengen Regeln lebenden Kaufleute nahmen neben Bryggen bald auch benachbarte Stadtviertel ein, so dass Bergen in wenigen Jahren neben den Kontoren in London, Brügge und Nowgorod zu den vier großen ausländischen Niederlassungen der Hanse zählte. In der Blütezeit des hansischen Kontors, d. h. von etwa 1350 bis 1500, sollen sich nach Helle (1973, S. 148) ca. 2000 Deutsche bei einer Einwohnerzahl von insgesamt ca. 10 000 Menschen in Bergen aufgehalten haben. Für den Zeitraum um 1370 beziffert Lunden (1967, S. 124) die Einwohnerzahl Bergens auf ca. 7000, davon rd. ein Zehntel Deutsche, die direkt mit dem Kontor verbunden waren.

Ein Verzeichnis von 1615 (vgl. Schreiner 1963, S. 294) umfasst 119 „Hansestuben“ (*kontorske stuer*) in Bergen, die sich auf folgende Hansestädte verteilten: Bremen (43), Lübeck (36), Hamburg (26), Deventer (10), Rostock (3) und Wismar (1). 1668 waren es noch 88 Niederlassungen, von denen 43 auf Bremen, 24 auf Lübeck und 16 auf Hamburg entfielen. Überhaupt spielte die 1550 gegründete Bremer Kompagnie der Bergenfahrer schon in der zweiten Hälfte des 16. Jh.s neben Lübeck eine dominierende Rolle im Handelsgeschäft mit West- und Nordnorwegen.

Ab Mitte des 18. Jh.s, nachdem das hansische Kontor (*Det tyske kontor*) praktisch aufgehört hatte zu bestehen, wurden viele „*stuer*“ von Deutschen, die sich in Bergen niedergelassen und eingebürgert hatten, gekauft und als Import-Export-Geschäfte weitergeführt. An die Stelle des deutschen Hansekontors in Bergen trat nun ein ihm nachgebildetes norwegisches Unternehmen, das „Nordische Handels-Comtoir zu Bergen in Norwegen“, welches längere Zeit von gebürtigen Deutschen mit norwegischem Bürgerrecht getragen und noch bis ins 19. Jh. hinein vielfach von norddeutschen Kaufmannslehrlingen aufgesucht wurde (vgl. Gerhardt und Hubatsch 1977, S. 214).

Über die vielfältigen Einflüsse der Hanse gerade auf Norwegen, wie sie sich ja auch im siedlungsgeographischen Bild niedergeschlagen haben, sind sehr konträre Auffassungen vorgetragen worden. So hat z. B. der bekannte norwegische Historiker Schreiner (u. a. 1941) die Meinung vertreten, dass die Hansekaufleute das damalige norwegische Fischer-Bauerntum z. B. durch Preisfestlegungen bei den Haupthandelswaren Mehl und Stockfisch regelrecht ausgebeutet und damit entscheidend zum wirtschaftlichen Niedergang im spätmittelalterlichen Norwegen (verbunden u. a. mit großen Wüstungsprozessen) beigetragen hätten. Dieser Aussage ist von mehreren Autoren, auch von norwegischer Seite, widersprochen worden. Häufig wird vielmehr eine gegenteilige Position bezogen, indem man hervorhebt, dass der Warenaustausch, und zwar vornehmlich der Getreideimport, für viele Teile Norwegens lebensnotwendig war und dass speziell die ständige Besiedlung Nordnorwegens bis zu den reichen Fischgründen im Lofotenbereich ohne die deutsche Getreidezufuhr überhaupt nicht denkbar gewesen sei (vgl. z. B. Pagel 1965). Gerhardt und Hubatsch (1977, S. 59) bringen zum Ausdruck, „dass nur die Hanseaten für eine regelmäßige Versorgung der nordnorwegischen Fischerbevölkerung aufzukommen in der Lage waren und dass sie durch ihre Förderung des Fischhandels zugleich die im nationalen Interesse liegende norwegische Besiedlung in Finnmarken erheblich stärkten“.

Auch auf den südöstlichen Landesteil (Östlandet), d. h. vor allem auf Oslo und Tønsberg, haben die deutschen Hansekaufleute und in ihrem Gefolge zahlreiche Handwerkergruppen einen starken Einfluss ausgeübt, wenn sich dieser hier auch nicht in dem Maße wie in Bergen als der wichtigsten norwegischen Handelsstadt im Mittelalter auswirkte. Im Gegensatz zu Bergen mit der lange Zeit währenden Vormachtstellung der Lübecker waren es vor allem Rostocker und z. T. auch Wismarer, Greifswalder und Stralsunder Kaufleute, die im südöstlichen Norwegen dominierten. Durch Schutz- und Privilegienbriefe seitens der dänisch-norwegischen Krone konnten die Rostocker Kaufleute schon im 14. Jh. in den ostnorwegischen Siedlungen und Hafenplätzen mehr oder minder frei schalten, obwohl sie hier niemals eine ähnliche Monopolstellung besaßen wie die Lübecker in Bergen. Außerdem waren Oslo und Tønsberg keine Stapelstädte; auch Kontore konnten sich weder in Oslo noch in Tønsberg entwickeln, sondern lediglich Faktoreien. Exportiert wurden aus den ostnorwegischen Agrarlandschaften mit ihren relativ günstigen landwirtschaftlichen Voraussetzungen insbesondere Tierhäute und -felle, Butter, Schlachtvieh sowie auch Teer und andere Holzprodukte; hinzu kamen die Heringsfänge vor der damals noch norwegischen Bohuslänküste.

Eine Skizzierung des Hanseeinflusses auf Nordeuropa sollte auch das ferne Island nicht außer Acht lassen. Schon in der ersten Hälfte des 15. Jh.s treten in den isländischen Handelsplätzen, d. h. vornehmlich in dem dichter besiedelten südwestlichen Landesteil, und zwar in Hafnarfjörður, Grindavík und auf den Vestmannaeyjar, neben Engländern auch deutsche Hansekaufleute auf (vgl. u. a. Thorláksson 1977, S. 26ff.). Kaufleute aus Hamburg werden 1420 erstmals genannt sowie Kaufleute aus Danzig 1432. Diese Kaufmannsgruppen traten somit in eine Konkurrenz zu den Lübeckern in Bergen, da eben auf Island eine billigere Möglichkeit bestand, den begehrten Stockfisch einzukaufen. Um 1475 entstand in Hafnarfjörður ein Depot der Hanse; zugleich wurde dieser alte Handelsplatz in Nachbarschaft der heutigen Landeshauptstadt Reykjavík der Haupthafen der ausländischen Kaufleute.

Welche Bedeutung der Islandhandel wenigstens zeitweise für Hamburg hatte, mag man schon daraus ersehen, dass hier zu Anfang des 16. Jh.s eine diesbezügliche Gesellschaft „Sunte Annen Broderscop der Islandesvarer“ gegründet wurde. Diese hatte also ihre Hauptniederlassung in Hafnarfjörður, das sich seinerzeit zu einer für isländische Verhältnisse bedeutenden Siedlung entwickelte. Dagegen handelten vor allem Bremer Kaufleute in Buðir und anderen Plätzen an der westisländischen Küste. 1521 wird im Raum Reykjavík erstmals ein Handelsplatz namens Hólmurinn genannt, wo ebenfalls Bremer Kaufleute, später auch Engländer und Holländer handelten. Gegen das Hauptprodukt Stockfisch tauschte man in Island vorwiegend Mehl und Bier ein. Mit der Errichtung des dänischen Handelsmonopols im Jahre 1602 wurden die Kontakte zwischen Island und den norddeutschen Hansestädten dann schlagartig vernichtet.

Das Zeitalter der Reformation

Die vor allem in den zwanziger und dreißiger Jahren des 16. Jh.s in Nordeuropa sich vollziehende Reformation und kirchliche Neugestaltung sollen hier primär unter kirchenpolitischen Gesichtspunkten gesehen werden, da diese zugleich beträchtliche Auswirkungen auf das Kulturlandschafts- und damit auch auf das Siedlungs- und Wirtschaftsbild gehabt haben. Am Vorabend der Reformation war Nordeuropa kirchlich folgendermaßen gegliedert:

1. die dänische Kirchenprovinz Lund mit dem Erzbistum Lund und den Suffraganbistümern Schleswig, Ribe, Roskilde, Viborg, Århus, Børglum und Odense;
2. die norwegische Kirchenprovinz Nidaros/Trondheim mit dem gleichnamigen Erzbistum und den Suffraganbistümern Bergen, Stavanger, Hamar und Oslo. Hinzu kamen noch die beiden isländischen Bischofssitze Skálholt und Hólar, das Bistum Kirkebø (Kirkjubær) auf den Färöern sowie das schon im Spätmittelalter wieder untergegangene Bistum Garðar an der südwestgrönländischen Küste. Ursprünglich hatten auch die Orkney-Inseln kirchlich zu Nidaros gehört;
3. die schwedische Kirchenprovinz Uppsala mit dem Erzbistum Uppsala und den Suffraganbistümern Skara, Linköping, Strängnäs, Västerås und Växjö sowie dem Bistum Åbo (Turku) für Finnland.

Im Laufe der Zeit hatten die Kirchen und Klöster große Besitztümer an sich bringen und somit einen starken Einfluss vor allem auf den ländlich-agraren Raum ausüben können. Rein physiognomisch zeigte sich diese Macht in Burgen und Schlössern der Bischöfe, in mächtigen Kathedralkirchen und in zahlreichen stattlichen Klöstern. Eine Reihe von Wallfahrtsorten – man denke nur an Nidaros mit dem Grab des hl. Olav – erlebte zugleich eine wirtschaftliche Blütezeit.

Die Handelsverbindungen mit den Hansestädten waren richtungsweisend dafür, dass die Reformationsbewegung gerade in den nordeuropäischen Handelszentren, zunächst in Dänemark und Schweden sowie anschließend in Norwegen und Island, ihre wichtigsten Wurzeln hatte. Somit gilt für ganz Nordeuropa, „dass belebte Handelsstädte mit starkem deutschen Einschlag von der reformatorischen Bewegung früher erfasst wurden als die übrigen“ (Johannesson 1960, S. 55f.). Die mit der kirchlichen Neuordnung eng verbundenen politischen Auseinandersetzungen in den Reichen Dänemark-Norwegen-Island einerseits sowie Schweden-Finnland andererseits hatten neben den Wandlungen im Sozialgefüge natürlich auch Veränderungen im Siedlungsbild zur Folge. So entstanden schlossartige Festungswerke nicht nur im schwedischen Vasa-Reich, sondern auch in Norwegen, wie es das Beispiel der starken Festung Steinviksholm am Trondheimsfjord (1525 vom Nidaros-Erzbischof gegen den Dänenkönig errichtet) zeigt. Umgekehrt wurden zahlreiche Kirchen und Klöster verwüstet, so u. a. 1531 das alte Zisterzienserkloster auf der Insel Hovedøy vor Oslo oder um die Mitte des 16. Jh.s die romanische Domkirche zu Hamar.

Im Einzelnen lassen sich die kirchliche Neugestaltung in Nordeuropa und die daraus resultierenden Umstrukturierungen im Siedlungs- und Wirtschaftsraum wie folgt skizzieren: In Schweden-Finnland verteilte der König die Besitztümer der Klöster zunächst als Verwaltungslehen und nach Auflösung der Klosterkonvente als Staatslehen. Nach den Reichstagsbeschlüssen von Västerås (1527) hatte die Krone zudem ein Verfügungsrecht über Schlösser und Burgen der Bischöfe, was der König allerdings bald zum Anlass nahm, auch den

Besitz der Pfarrer und Pfarrkirchen zu konfiszieren. Damit gingen der Krone ca. 11 600 Güter und Hofstellen zu.

Auch in Finnland wurden Bischofs-, Kapitel- und Klosterbesitzungen eingezogen; der Ertrag scheint jedoch – wie Johannesson (1960, S. 74) betont – zum großen Teil im Lande selbst verwaltet und verwendet worden zu sein. Was Dänemark-Norwegen betrifft, so erhielten hier königliche Vögte und andere Vertrauensleute in den 1530er-Jahren die Anordnung, Schlösser, Häuser und anderes Eigentum der Bischöfe zu übernehmen und zu inventarisieren. So übernahm die Krone in wenigen Jahren das gesamte Vermögen der norwegischen Bischöfe, deren Gutshöfe oder Burgen entweder niedergerissen oder Residenzen königlicher Lehensleute wurden. Auch die Klostergüter wurden meist zu kleineren Lehen zusammengelegt. In Orten, die sehr stark von der Kirche abhängig waren, machte sich die Reformation verheerend bemerkbar. Ein Beispiel dafür ist Roskilde in Dänemark, das seine weltliche Zentralfunktion schon vor der Reformation an Kopenhagen verloren hatte. Doch hatte die Stadt neben dem Dom mit 36 Kanonikern und 200 Geistlichen zwölf Gemeindekirchen und fünf Klöster. Bis auf eine Kirche wurden nun alle abgerissen. Zudem ging der Superintendent, der Nachfolger des katholischen Bischofs, nach Kopenhagen. Roskilde wurde zur Kleinstadt, dem Dom blieb nur die Funktion als Grabeskirche der dänischen Könige.

Planmäßige Stadtanlagen im 17. und 18. Jahrhundert

Die Epoche von der frühen Neuzeit bis zum 19. Jahrhundert, die zumindest in ihrer ersten Phase eng mit dem Ringen Dänemarks und Schwedens um die Vorherrschaft im Ostseebereich verbunden ist, ist im Rahmen der siedlungs- und wirtschaftsgeographischen Beziehungen zwischen Mittel- und Nordeuropa durch zwei Aspekte gekennzeichnet, die im Folgenden ausführlicher behandelt werden:

1. die planmäßig angelegten Städte, wie sie im 17. und 18. Jh. in Dänemark-Norwegen und insbesondere im schwedischen Ostseereich realisiert wurden, und
2. die staatlich gelenkten Bergbauaktivitäten mit den damit zugleich verbundenen gewerblich-industriellen und siedlungsgeschichtlichen Prozessen.

Eine systematisch betriebene zentralisierte Staatsverwaltung und die infolge kriegerischer Auseinandersetzungen (u. a. Nordischer Krieg von 1700–1721) vielerorts errichteten Festungsbauten sowie das Gedankengut des Merkantilismus mit der damit verbundenen Förderung des Handels und der gewerblich-industriellen Zentren führten in den beiden nordischen Reichen Dänemark und Schweden zu einer intensiven Stadtplanungstätigkeit. Für die Obrigkeit bzw. Krone wurde die Stadt, wie Sandblad (1949, S. 278) es formuliert, praktisch „ein Glied in der staatlichen Organisation“, in der jede Bevölkerungsschicht ihren ordentlichen Platz haben sollte. Damit war zugleich auch das Bestreben verbunden, die Bevölkerung kleinerer Orte bzw. ländlich-agrarer Siedlungen in den neuen Stadtanlagen zusammenzufassen, was wiederum mit größeren Wüstungsprozessen verbunden war.

Zweifellos sind die Vorstellungen einer Idealstadt der Renaissance und des Barock, wie sie sich vor allem im Radial- und Schachbrettmuster niedergeschlagen haben, vom kontinentaleuropäischen Raum nach Nordeuropa vorgedrungen. Das zeigen nicht nur die einzelnen Planungen und deren Realisierung, sondern auch eine ganze Reihe von Baumeistern aus dem mittel-, west- und südeuropäischen Raum, die in Nordeuropa (mit Ausnahme Islands) vor allem im 17. und 18. Jh. wirkten. In diesem Zusammenhang muss man sich vor Augen halten, dass lediglich Dänemarks Städte zu ca. 80 % mittelalterlichen Ursprungs sind, dagegen in Schweden nur rd. 38 %, in Norwegen 24 % und in Finnland 17 %. Allein auf die Zeit von 1580 bis 1700 entfallen 34 % der Gründungsdaten aller norwegischen wie finnischen Städte; in Schweden sind es 25 % (nach Enequist in Sömme 1974, S. 78).

Die neuen und meist nach kontinentaleuropäischen Vorbildern im Königreich Dänemark planmäßig angelegten Städte sind besonders mit den Namen Christian IV. und Frederik III. verbunden. Aufgrund des Rivalitätsverhältnisses zwischen der dänischen und schwedischen Krone entstand auf Initiative Christians IV. 1600 als erste planmäßige „Renaissancestadt“ des Nordens Kristianopel in Blekinge. Die stark befestigte Bastionsstadt auf einer schmalen Insel am Kalmarsund wurde von Hans Steenwinkel d. Ä. angelegt, wobei gleichzeitig drei benachbarte alte Handelsstädte, nämlich Avaskær, Lykå und Elleholm, aufgelassen und deren Bewohner in die neue Stadt umgesiedelt wurden (vgl. Degn 1977, S. 14f.).

Überhaupt waren es die Grenzprovinzen Schonen, Halland und Blekinge, in denen der Dänenkönig Christian IV. zuerst die neuen Stadtbauideen, freilich verbunden mit umfangreichen Fortifikationsmaßnahmen, realisieren ließ. Genannt seien nur die planmäßigen Anlagen von Ny-Varberg (1613) oder Kristianstad (1615). Hinsichtlich Kristianstad interpretiert Eimer (1961, S. 154ff.) einen seinerzeitigen Stadtplan mit holländischen Bezeichnungen, die die genaue Grundstückseinteilung für die Bebauung angeben. Zugleich wurden in jenen Jahrzehnten die bereits bestehenden Orte mit repräsentativen Gebäuden oder neuen Stadtteilen meist nach kontinentalem Vorbild versehen. Insbesondere ist hierbei Kopenhagen hervorzuheben; man denke nur an das Schloss Rosenborg, die im niederländischen Renaissancestil erbaute Börse oder die nördlich der Altstadt gelegene Zitadelle (Kastellet) sowie vor allem an die neuen,

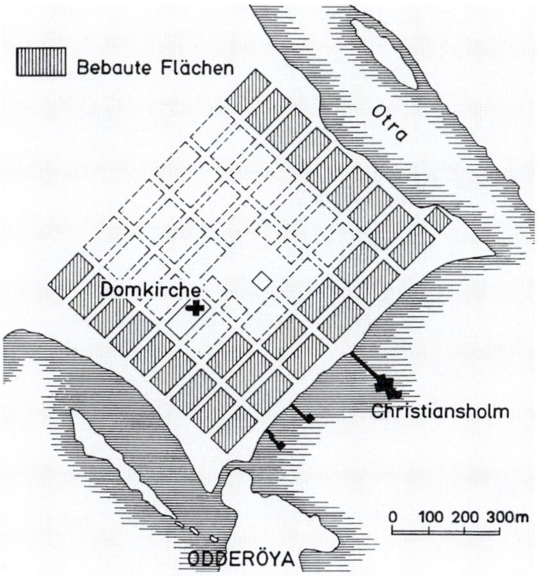

Quelle: Gläßer, E. 1992.

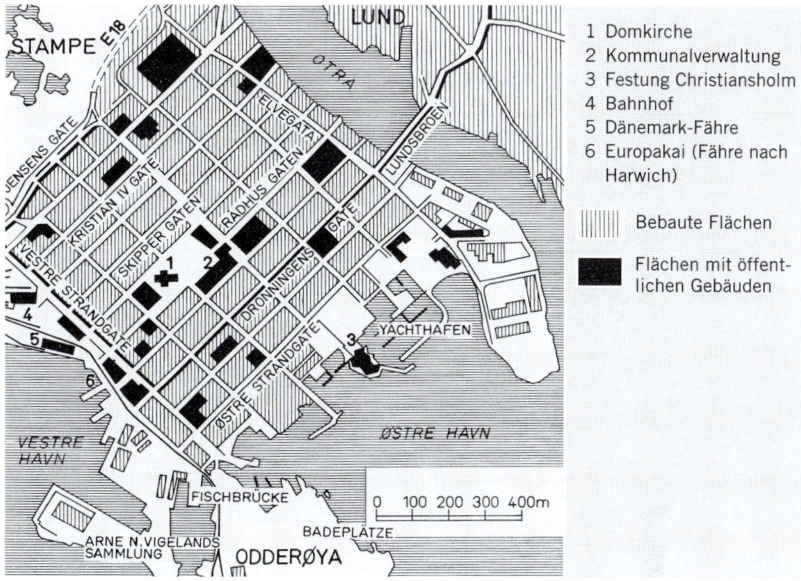

Quelle: Vereinfacht nach Stadtplänen der Gemeinde Kristiansand.

Abb. 3: *Kristiansand in der zweiten Hälfte des 17. Jahrhunderts.*

Abb. 4: *Die Innenstadt Kristiansands 1985.*

durch planmäßigen Rechteckgrundriss gekennzeichneten Stadtviertel Nyboder und das auf der Insel Amager gelegene Christianshavn.

Ein weiteres bekanntes Stadtbauprojekt unter Christian IV. ist Glückstadt an der Elbe, ebenfalls Festung und Handelsstadt, die als Konkurrenz für den Hamburger Handel gedacht war. Der Stadtgrundriss entspricht einem Halbradial, dessen Entwürfe von deutschen und französischen Ingenieuren stammen sollen. Um 1624 wurden dann auch an der Nordperipherie des dänischen Reiches die Vorarbeiten für das neue Christiania in Angriff genommen, das das mittelalterliche, durch Brand zerstörte Oslo ersetzen sollte. Nordwestlich der mittelalterlichen Anlage und in unmittelbarer Nachbarschaft der Festung Akershus entstand nun die regelmäßige, schachbrettförmige Stadt, deren Züge sich auch noch im heutigen Kern Oslos deutlich widerspiegeln.

In reinster Form manifestierte sich das damalige Stadtbauideal jedoch im südnorwegischen Kristiansand, das 1641 ebenfalls auf Geheiß des Dänenkönigs entstand, und zwar mathematisch exakt mit einem quadratischen Zentralplatz und darum aufgereihten, langrechteckigen Quartieren. Diese Struktur ist auch heute noch charakteristisch für die Innenstadt (Abb. 3 u. 4).

Sehr bemerkenswert ist für Kristiansand die Besonderheit, dass hier – wie verschiedene Pläne des 17. Jh.s zeigen (vgl. Eimer 1961, S. 160) – von der Peripherie aus bebaut wurde, also nicht vom Marktplatz, dessen in der Regel ja begehrte Anliegerstücke lange unbebaut blieben. Da sich die neue Stadt Kristiansand an drei Seiten dem Wasser zuwandte, waren ihre Baumeister allem Anschein nach bestrebt, zuerst die regelmäßige Stadtkontur hervortreten zu lassen, während das Innere lange unbewohnt blieb.

Das Schachbrettmuster prägt auch heute noch im Wesentlichen unverändert die Innenstadt Kristiansands (Abb. 4 u. Bild 5).

Auch nach Christian IV. lassen sich im dänischen Herrschaftsbereich weitere Stadtgründungen mit planmäßigem Grundriss verfolgen. Hervorgehoben sei das im Zeitraum 1644–48 unter Fredrik III. als Festungsstadt am Kleinen Belt errichtete Fredericia, dessen regelmäßiger Stadtgrundriss mit geraden, rechtwinkligen Straßen heute ebenfalls noch klar zutage tritt.

Bild 5: *Die Innenstadt Kristiansands mit ihrem schematischen Schachbrettgrundriss (Fjellanger Widerøe AS).*

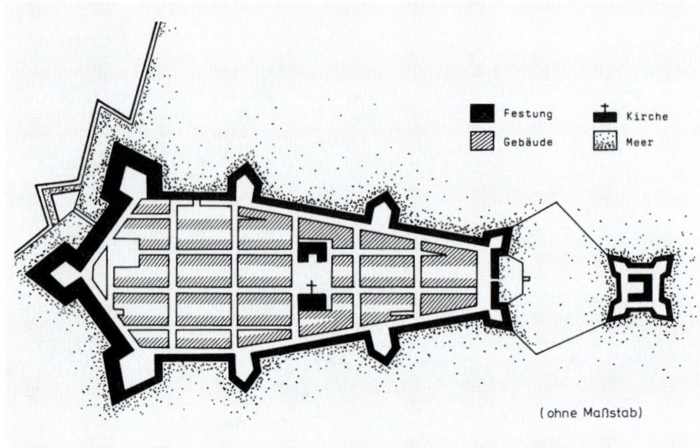

Abb. 5: *Kalmar, Aufmessung von O. H. Örnehufvud 1636.*

Abb. 6: *Nicodemus Tessins Stadtplan von Kalmar um 1650.*

In ähnlicher Weise trifft dieses für das alte geistliche und städtische Zentrum Trondheim (Nidaros) zu, das nach einer Brandkatastrophe im Jahre 1681 auf Geheiß Christians V. als „Grenzstadt" gegen Schweden und Nordnorwegen streng schematisch neu aufgebaut wurde. Der Baumeister des neuen Trondheim war der luxemburgische General J. C. von Cicignon, dessen mathematisch exakte Planung von einer Süd-Nord-Achse, d. h. von der Domkirche zu der im Trondheimsfjord vorgelagerten Insel Munkholmen, ausging. Auch die kontinentaleuropäisch anmutende Christiansten-Festung am Rande des Stadtkerns wurde von Cicignon geplant und in den 1680er-Jahren errichtet.

Besonders regelmäßig sind die Städte im einstigen schwedischen Ostseereich, wo vor allem in der ersten Hälfte des 17. Jh.s die planmäßigen Neuanlagen und strengen Korrekturen der bereits bestehenden Bausubstanz nahezu jeder schwedischen Stadt ihren Stempel aufgedrückt haben. Verständlich wird diese Tatsache nur vor dem Hintergrund der schwedischen Großmachtpolitik, die vor allem in Städtegründungen eine der wichtigsten Stützen ihrer Macht sah. Die einzelnen Stadtplanungsprojekte konzentrierten sich nicht nur auf das Gebiet des heutigen Nationalstaates, sondern selbstverständlich auf das gesamte schwedische Territorium, d. h. u. a. auch auf Finnland und die Baltischen Länder; immerhin war Riga seinerseits die größte Stadt im schwedischen Ostseereich.

Bereits gegen Ende des 16. Jh.s waren unter der Leitung niederländischer Architekten erste Pläne für den Bau der Stadt „Gothenburg" (Göteborg) entworfen worden, und zwar für eine Handelsstadt, die sich nicht dem Öresundzoll zu unterwerfen brauchte und einen Zugang Schwedens zur Nordsee ermöglichte. Der niederländische Grundriss in dieser ausdehnungsmäßig größten Stadtgründung Schwedens manifestierte sich vor allem im regelmäßigen Kanalnetz (Hafenkanal, Querkanäle und Grachten), das

Bild 6: *Schloss Kalmar (16. Jh.) mit den typischen Ecktürmen aller Vasa-Schlösser (E. Gläßer).*

noch bis um die Mitte des 19. Jh.s das Zentrum der heute zweitgrößten Stadt Schwedens bestimmte. Deutlich zeigt sich der starke niederländische Einfluss auch darin, dass Göteborg eine Stadtverfassung nach Amsterdamer Muster erhielt (vgl. u. a. Treue 1948, S. 175). Als ursprüngliche Handels- und Handwerkerstadt mit einem starken Einschlag niederländischer, deutscher und schottischer Einwanderer entwickelte sich Göteborg dann besonders im 18. und 19. Jh. aufgrund des Eisenerzexportes sowie des generell zunehmenden schwedischen Nordseehandels. Die stark unter niederländischem Einfluss stehenden Anfänge der schwedischen Stadtplanung um 1600 zeigen sich beispielsweise auch in dem Radialplan Kalmars (nicht zu verwechseln mit der nach dem Brand von 1647 neu errichteten „Renaissancestadt", Abb. 5 u. 6) und in dem an der damaligen Landesgrenze zu Dänemark liegenden Jönköping.

Einer der ersten und bedeutendsten Stadtbaumeister der Vasa-Zeit war der vermutlich aus Westpreußen stammende Heinrich Thomé, der 1625 einen Entwurf für den Wiederaufbau der Stockholmer Altstadtinsel lieferte sowie auch planerische Vorstellungen für die zeitweise zum schwedischen Ostseereich zählenden Städte Elbing, Memel, Pillau u. a. m. entwickelte. Bei Letzteren ging es vor allem darum, Vor- bzw. Neustädte in Anlehnung an die mittelalterlichen Stadtkerne zu entwerfen und in das Bastionssystem einzubeziehen. Mit den unter Gustav II. Adolf um 1630 angeordneten Planungs- und Erweiterungsarbeiten von Stettin kristallisierte sich dann nach und nach eine Phase eigener schwedischer Stadtplanung (so genanntes schwedisches Barock) heraus, die weit über das eigentliche Schweden in den Ostseebereich hinausstrahlte und u. a. den Ruhm der schwedischen Fortifikationsweise begründete. Die Neuplanung der bedeutenden Bergbaustadt Falun mit ihren breiten, quadratischen Wohnvierteln oder von Norrköping sowie die Errichtung der stark befestigten Stadt Vänersborg und der Wiederaufbau Kalmars (Bild 6) auf der Insel Kvarnholmen nordöstlich des charakteristischen „Vasa-Schlosses" sind hierfür bekannte Beispiele.

Für die damaligen schwedischen Ostprovinzen, d. h. Südfinnland und die Baltischen Länder, sind in diesem Zusammenhang neben gänzlichen Neuanlagen als entsprechende Regulierungen bzw. Stadterweiterungen vor allem Wyborg, Helsingfors (Helsinki), Åbo (Turku) und Hamina/Fredrikshamn („nördlichste Barockstadt der Welt", Bild 7) sowie Riga, Reval (Tallin) und Narva zu nennen.

Bild 7: *Hamina (schwed. Fredrikshamn, einstige Grenzfestung in Südfinnland) mit dem charakteristischen sternförmigen Stadtgrundriss (E. Gläßer).*

Einer der damals bekanntesten Stadtplaner und Baumeister im schwedischen Ostseereich war der aus Stralsund stammende Nikodemus Tessin, dessen Werk von seinem Sohn (man denke hier nur an die Umgestaltung Stockholms zu Beginn des 18. Jh.s) fortgesetzt wurde. Tessin d. Ä. war neben den oben genannten Projekten im südlichen Schweden und Finnland auch maßgeblich an dem Auf- und Ausbau der nördlicheren, durch ihre Metall- und Holzwirtschaft bedeutenden Seestädte (u. a. Gävle, Sundsvall und Hudiksvall) beteiligt. Schließlich sei noch die Planung von Karlskrona hervorgehoben, die gegen Ende des 17. Jh.s nach dem Vorbild der Stadtanlage von Versailles durchgeführt wurde und die – wie Eimer (1961, S. 509) es formuliert – den Abschluss einer wichtigen Epoche in der Geschichte der Stadtplanung Nordeuropas darstellt.

Bergbau und Bergbaustädte bis zum 19. Jahrhundert

Bei der folgenden Skizzierung geht es nicht um die uralte Rasen- bzw. Mooreisengewinnung und -verhüttung, wie sie auch in Nordeuropa schon in vorgeschichtlicher Zeit bestens bekannt war. Vielmehr liegt der Schwerpunkt auf dem organisierten, kommerziellen Erzbergbau und den entsprechenden Verhüttungsformen, die vor allem im spätmittelalterlichen Norwegen und Schweden, verbunden mit siedlungsgeschichtlichen Vorgängen, fassbar werden.

Inwieweit derartige Bergbauaktivitäten schon im Zuge der kirchlichen Durchorganisierung und der Hanseniederlassungen in Gang gekommen waren, ist nicht klar nachzuweisen. Schwedische Untersuchungen gehen jedenfalls davon aus, dass z. B. der traditionsreiche Bergbau bei Stora Kopparberget bereits im 11. Jh. mit einheimischen Methoden begonnen haben kann. Es erscheint ziemlich sicher, dass die Entwicklung der berühmten Glashütten im süd-

Bild 8: *Die traditionsreiche Bergbaustadt Røros im südöstlichen Trøndelag, Norwegen (E. Gläßer).*

ostschwedischen Småland und die damit dichtere Besiedlung eines bisherigen Ungunstraumes starke Einflüsse aus dem mitteleuropäischen Raum zeigen, wo jenes Kunsthandwerk wenigstens in verschiedenen Mittelgebirgsräumen eine sehr alte Tradition hat. So wurden vor allem in der Vasazeit zusammen mit anderen Handwerkergruppen Glasmacher aus Deutschland ins Land gerufen. Aus dem beginnenden 16. Jh. stammen auch die ältesten Hinweise über schwedische Glashütten; die erste ihrer Art war wohl die von Kopparhaga bei Taxinge-Næsby, welche bis gegen Ende des 17. Jh.s existierte.

Besonders markant war der mitteleuropäische Einfluss auf die Bergbaugeschichte Norwegens. Bereits zu Beginn des 16. Jh.s stand bei dem Bischof von Oslo ein deutscher „Berckmeister" in Diensten. Die in den folgenden Jahren einwandernden Bergleute kamen großenteils aus den sächsischen Bergbaubetrieben. In Sachsen hatte der Erzbergbau damals eine hohe technologische Entwicklungsstufe erreicht, ähnlich wie die Stahlherstellung in Nordfrankreich und Belgien, von wo zahlreiche „Wallonenschmiede" nach Schweden gewandert sind. Christian IV. ließ nach den ersten Silberfunden im Jahre 1624 das Bergwerk „Konningsberg", das heutige Kongsberg im südöstlichen Norwegen, gründen, womit zugleich die Entwicklung einer neuen Stadt verbunden war. Um die Mitte des 18. Jh.s soll der dortige Silberbergbau ca. 4000 Menschen beschäftigt haben, und mit rd. 10 000 Menschen war Kongsberg damals die zweitgrößte Stadt Norwegens (vgl. Bergwitz 1924). Der Anteil deutscher Bergleute vor allem aus dem sächsischen Raum war so groß, dass über Jahrzehnte hinaus Deutsche sogar den Bürgermeister der Stadt stellten. Deutsche Einwanderer waren es auch, die längere Zeit die Leitung der Kongsberger Bergbauakademie (sie wurde 1757 von dem Bergarzt Heinrich Becker gegründet und gilt als die älteste der Welt) innehatten. Die Einstellung des Silberbergbaus in Kongsberg erfolgte erst im Jahre 1957.

Ein anderes berühmtes Beispiel ist die Bergbaustadt Røros im östlichen Trøndelag in der Nähe der schwedischen Grenze, die 1646 im Rahmen der merkantilistischen Wirtschaftspolitik Christians IV. gegründet wurde (Bild 8).

Mit Kongsberg gemeinsam hat Røros zum einen die binnenländische Lage (bis in das 19. Jh. hinein lagen nahezu alle norwegischen Städte an der Küste) und zum anderen die rechtliche Stellung als „bergstad". Für die Gründung von Røros waren die benachbarten Kupferminen entscheidend, die im 17. und 18. Jh. in ganz Europa bekannt waren. Viele sächsische Bergleute arbeiteten seinerzeit in den dortigen Bergwerken und Schmelzhütten, deren Leitung nach sächsischem Bergrecht längere Zeit ebenfalls in deutschen Händen lag. Die heute unter Denkmalschutz stehende Stadtanlage (sie steht auf der „World Heritage List" der UNESCO) mit ihrem z. T. regulierten Grundriss weist trotz ihrer Holzhäuser im Blockbaustil deutlich mitteleuropäische Züge auf; genannt sei nur die für Norwegen fremd anmutende barocke Steinkirche aus den Jahren um 1780 (Abb. 7).

Teilhaber an den Kupfergruben in Røros und anderen Orten (z. B. Løkken und Folldal) waren vor allem die in Trondheim ansässigen „Flensburger". Im 17. und 18. Jh. hatten sich zahlreiche Kaufleute mit ihren Familien aus Schleswig-Holstein, das damals noch zu Dänemark gehörte, in Trondheim angesiedelt, wo sie z. T. große Besitztümer erwarben und einen maßgeblichen Anteil an dem Import-Export-Handel in Mittel- und Nordnorwegen hatten. Namen wie Angell, Hornemann, Schöller, Puls, Lorentz usw. haben zu jener Zeit eine große Rolle im Leben Trondheims gespielt. In der norwegischen Literatur (vgl. z. B. Sogner 1962, S. 228ff.) tritt für jene Kaufmanns- und Unternehmerfamilien die Bezeichnung „Gründer“ auf, und die zweite Hälfte des 17. Jh.s wird in der Geschichte Trøndelags als „Gründertid“ bezeichnet. Die wohlhabenden Familien, die nach und nach das Bürgerrecht erwarben, kauften u. a. Landgüter, Sägewerke, Grubenanteile usw. bis weit in das Innere von Trøndelag, was sich natürlich zugleich auf das Siedlungsmuster jener Waldlandschaften auswirkte.

Die Kaufmannsfamilien Helmer, Meincke und Möllmann ließen im Raum Trondheim in der zweiten Hälfte des 18. Jh.s zahlreiche andere Unternehmen errichten, u. a. Zuckerraffinerien, Pulvermühlen, Ziegeleien und Eisenwerke. Der Name der Familie Angell ist durch die gleichnamige Stiftung für die Trondheimer noch heute von Bedeutung. Thomas Angell hinterließ nämlich nach seinem Tode 1767 sein ganzes Vermögen, d. h. ca. 300 000 Reichstaler oder drei Tonnen Gold (vgl. Sprauten 1981), den Armen der Stadt, womit der Bau von Schulen, Waisenhäusern, Wohnungen, Arbeitsanstalten und einem Wasserwerk finanziert wurde. Der Angell-Hof existiert wie andere Patrizierhäuser Trondheims noch heute.

Quelle: Gläßer, E. 1992.

Abb. 7: *Røros um 1800.*

Die Beziehungen Mittel- und Nordeuropas im Zeitalter der Industrialisierung

Die wechselseitigen Beziehungen zwischen Mittel- und Nordeuropa vom 19. Jh. bis heute sind sehr schwer zu fassen und nach der Quellenlage auch nur äußerst lückenhaft darzustellen. Im Gegensatz zu früheren Epochen, angefangen von der Wikingerexpansion über die Hanseaktivitäten bis zur schwedischen Großmachtzeit mit ihren Auswirkungen vornehmlich im so genannten Dominium Maris Baltici, handelt es sich bei den jüngsten Zeitabschnitten zumeist um sehr kurzfristige, aber auch vielgestaltige Beziehungsgefüge. Diese wurden zunächst durch die Auseinandersetzung um Schleswig-Holstein (Dänemark musste 1864 nach der Niederlage gegen die Truppen des Deutschen Bundes Schleswig, Holstein und Lauenburg aufgeben) sowie später vor allem durch die beiden Weltkriege und ihre Folgen nachhaltig geprägt.

Grob gesehen setzten in den Nordischen Ländern die Großindustrialisierung und damit die nun beginnende Bevölkerungsumverteilung vom ländlich-agraren in den städtischen Lebensbereich erst nach der Mitte des 19. Jh.s ein, d. h. etwas später als in den meisten west- und mitteleuropäischen Industrienationen. Das förderte zum einen den Transfer von Technologien, zum anderen aber auch die Rohstoffexploration und -ausfuhr aus dem Norden, obwohl in Schweden noch bis 1875 ein Exportverbot von Eisenerz und Roheisen bestand. Die Entwicklung der nordschwedischen Erzbergbaubetriebe und die damit verbundene Besiedlung von Räumen jenseits des Polarkreises (genannt sei nur der eisfreie Exporthafen Narvik in Nordnorwegen, der schon 1902 einen Bahnanschluss nach Kiruna erhielt) wären ohne die wachsende Rohstoffnachfrage der mitteleuropäischen Schwerindustriegebiete kaum denkbar gewesen. Aber auch in den Jahrzehnten davor waren im Zuge der gewerblich-industriellen Expansion zahlreiche Verbindungen zwischen Mittel- und Nordeuropa geknüpft worden.

Das 20. Jh. führte in Nordeuropa zur Bildung von fünf unabhängigen Nationalstaaten, die trotz aller innernordischen Zusammenarbeit (genannt sei nur der schon 1952 ins Leben gerufene Nordische Rat) unterschiedliche Beziehungsgefüge zum mittel- und westeuropäischen Raum entwickelten. Zunächst etablierte sich Norwegen 1905 nach vielhundertjähriger Bindung an Dänemark (1380–1814) und zum Schluss an Schweden (1814–1905) wiederum als ein vollständig unabhängiger Nationalstaat; 1917 konnte sich Finnland von Russland lösen und schließlich 1944 Island von Dänemark.

Geprägt wurden die sozioökonomischen Verflechtungen zwischen Mittel- und Nordeuropa im vorigen Jahrhundert durch die beiden Weltkriege. Aus dem

Kriegsgeschehen des Ersten Weltkrieges konnten sich die skandinavischen Staaten Dänemark, Norwegen und Schweden infolge ihrer Neutralitätserklärungen weitgehend heraushalten. Der U-Boot-Krieg und die Handelsblockaden führten u. a. zu einem wachsenden innerskandinavischen Warenaustausch, was besonders zu einer Ausweitung der dänischen Agrarproduktion, der schwedischen Eisen- und Stahlveredlung sowie der norwegischen Fischereiwirtschaft und Chemieindustrie führte. Eine der territorialen Veränderungen infolge des Ersten Weltkrieges und des Versailler Vertragswerkes bewirkte die Volksabstimmung in Schleswig von 1920, in der Nordschleswig bis zur heutigen deutsch-dänischen Grenze mit 75 % aller Stimmen für den Anschluss an Dänemark stimmte und die südlichere Zone mit dem Schwerpunkt Flensburg mit 80 % für den Verbleib bei Deutschland votierte.

Im Gegensatz zum Ersten Weltkrieg wurde Nordeuropa im Zweiten Weltkrieg ebenfalls zum Kriegsschauplatz. So erfuhren Dänemark und Norwegen im April 1940 eine Besetzung durch Hitler-Deutschland, und erst im Mai 1945 erfolgte ihre Befreiung nach der deutschen Kapitulation. Kriegsverwüstungen erlitt vor allem Nordnorwegen, wo beim Rückzug der deutschen Truppen aus Finnland die leidvolle Taktik der „verbrannten Erde" angewandt wurde, indem die ländlichen und städtischen Siedlungen (man denke nur an die vielen Hafen- und Handelsplätze wie Hammerfest oder Kirkenes) zerstört wurden, um ein erwartetes Nachstoßen des russischen Gegners zu erschweren. Das heutige Siedlungsbild der nordnorwegischen Provinz Finnmark und großer Teile von Troms ist altersmäßig somit im Wesentlichen auf die Zeit nach 1945 zurückzuführen. Vor ähnlichen Wiederaufbaumaßnahmen stand Finnland in seiner Nordprovinz Lappi, wo zudem ein Großteil der ca. 500 000 finnischen Flüchtlinge aus den an die UdSSR abgetretenen Gebieten (vor allem Teile Kareliens mit der alten Stadt Wyborg und der Raum Petsamo) systematisch in zumeist geschlossenen Dorfverbänden angesiedelt wurde. Dieses Faktum ist ein Hauptgrund für die interessante Tatsache, dass die Siedlungsgrenzen in Finnland noch weit in die Nachkriegszeit hinein nach Norden vorgeschoben wurden, während in den Nachbarländern Schweden und Norwegen längst der Bevölkerungsexodus zu den südlichen Landesteilen hin eingesetzt hatte.

Deutschland und Nordeuropa in der zweiten Hälfte des 20. Jahrhunderts

Sozioökonomische Interdependenzen zwischen Nordeuropa und Deutschland nach dem Zweiten Weltkrieg sind meist nur punktuell fassbar. Direkte siedlungsgeographische Einflüsse sind vor allem von nordischen Architekten auf die nachkriegszeitliche Bauentwicklung in der Bundesrepublik Deutschland ausgegangen. Man denke etwa an die modernen Vor- bzw. Trabantenstädte im Großraum Stockholm oder Helsinki, deren Planungskonzeptionen auch in Deutschland Eingang gefunden haben. Auch städtebauliche Leitbilder, wie der berühmte „Fingerplan" Kopenhagens, wurden in Deutschland stark beachtet und in Abänderung adaptiert (z. B. in Hamburg). Ein weiteres Beispiel ist die nordische Holzarchitektur, wie sie gerade während der letzten Jahrzehnte in der Freizeithausbebauung auch in Deutschland häufig Anwendung gefunden hat.

Die wirtschaftsgeographischen Verflechtungen zwischen Deutschland und Nordeuropa während der letzten Jahrzehnte zeigen sich sehr komplex und vielschichtig. Sie sind zunächst mit der fortschreitenden EU-Integration und dann gerade in jüngerer Zeit im Zuge der umwälzenden politischen Ereignisse in Mittel- und Osteuropa in eine neue Dimension getreten. Deutlich offenbarte sich dieses Faktum in der Diskussion auf schwedischer, finnischer und norwegischer Seite in puncto EU-Mitgliedschaft, die Dänemark bereits seit 1973 besitzt. Schweden und Finnland sind seit dem 1. 1. 1995 EU-Länder, nachdem sich dort 1994 52 % bzw. 57 % der Wähler für eine Mitgliedschaft entschieden hatten. Besonders heftig wurde und wird ein eventueller EU-Beitritt in Norwegen diskutiert. Ende November 1994 sprach sich die norwegische Bevölkerung mit 52,2 % zum zweiten Mal nach 1972 gegen den Beitritt ihres Landes zur EU aus. Das überwiegend emotional, aber durchaus auch rational motivierte Abstimmungsverhalten wurde bestimmt durch den Gegensatz zwischen Zentrum und Peripherie bzw. zwischen Stadt und Land. Während Oslo, Bergen und andere Stadtgemeinden mit „Ja" stimmten, votierten die ländlichen Regionen mit ihren enorm subventionierten primären Wirtschaftszweigen (vor allem Landwirtschaft und Fischerei) gegen die EU, und zwar vor allem die nordnorwegischen Provinzen Nordland, Troms und Finnmark. Aber auch in Schweden und Finnland gab es eine Ja-Mehrheit nur in den zentralen Gebieten, während in der Peripherie, insbesondere in den nördlichen zwei Dritteln dieser Länder, die Nein-Stimmen überwogen.

Mit der EU-Norderweiterung haben sich zeitgleich neue Chancen für den Ostseeraum ergeben. Die nachkriegszeitliche Aufteilung in Militär- und Wirtschaftsblöcke hat ihre festzementierten Strukturen verloren, so dass nun die jahrhundertealten wirtschaftlichen und kulturellen Beziehungen wieder ins Leben gerufen werden können. Aufgebaut werden kann hierbei auf bereits bestehenden Aktivitäten und Planungen, wie sie schon seit einiger Zeit zwischen Schleswig-Holstein, Dänemark, Norwegen, Schweden und Finnland existieren und nun auf den gesamten Ostseeraum Ausdehnung finden. Unter der Idee eines integrierten Ostseeraums oder dem Schlagwort „Neue Hanse" firmiert, so Aring (1991, S. 11), „die Vision einer wirtschaftlich starken Region mit engen kulturellen und sozialen Bindungen".

Die Bevölkerung

Bild 9: *Straßenfest in Tórshavn am Sankt-Olafs-Tag (29. Juli), dem färöischen Nationalfeiertag (J. Schwackenberg).*

Überblick

- Die Nordischen Länder sind im Vergleich mit dem übrigen Europa sehr dünn besiedelt. Sie weisen zudem noch innerhalb ihrer Grenzen Räume mit sehr unterschiedlichen Bevölkerungsdichten auf. Besonders die Nordgebiete sind extrem dünn besiedelt.
- In den letzten Jahrzehnten hat sich der Prozess der Bevölkerungskonzentration noch verstärkt, auch wenn er in den 1970er-Jahren zeitweise durch eine Dekonzentration in Form der Counterurbanisation unterbrochen wurde.
- In der Bevölkerungsweise (Geburtlichkeit, Sterblichkeit und Wanderungsverhalten) unterscheiden sich die Nordischen Länder nur wenig von den anderen hoch entwickelten Ländern Europas. Lediglich Grönland bildet dabei eine Ausnahme.
- Alle Nordischen Länder weisen eine ethnisch sehr homogene Bevölkerung auf. Die Minderheiten haben, wenn auch wie etwa die Samen erst nach langen Kämpfen, heute ein hohes Maß an Autonomie erreicht.
- Die Nordischen Staaten sind heute Einwanderungsländer. Der Ausländeranteil ist sehr unterschiedlich, erreicht aber in keinem Land die mitteleuropäischen Werte.

Bevölkerungsverteilung und -konzentration

von Rolf Lindemann
und
Martin W. Schmied

Unter den Staaten der Erde gehören die nordeuropäischen Länder einer kleinen Gruppe an, deren hoch entwickelte Gesellschaftsstruktur folgende Merkmale zeigt:

1. ein insgesamt gesehen geringes natürliches Bevölkerungswachstum, das in mehreren Regionen bereits negative Werte angenommen hat,
2. ein hoher Lebens- und Ausbildungsstandard mit zunehmender Freizeit,
3. weiter sinkende Anteile der Erwerbstätigen im Primären Sektor,
4. eine anhaltend starke Urbanisierung und damit verbunden eine weiter zunehmende Konzentration von Arbeits- und Wohnstätten auf kleine und verdichtete Räume.

Diese Merkmale, die sich erst seit dem Zweiten Weltkrieg signifikant entwickelt haben, sind die gleichen, die auch die meisten Länder West- und Mitteleuropas kennzeichnen. Eine wichtige Besonderheit Nordeuropas liegt aber darin, dass der Norden sehr dünn besiedelt ist. Während Nordeuropa (ohne Grönland) 21 % der Fläche Europas (ohne Russland) einnimmt, leben hier nur 4 % aller Europäer.

Innerhalb Nordeuropas bestehen erhebliche Unterschiede zwischen den einzelnen Ländern (Tab. 1). Während Dänemark sich mitteleuropäischen Werten annähert (die Einwohnerdichte Dänemarks entspricht der Tschechiens), stellt Island das dünnstbesiedelte Land Europas dar und Norwegen hält diese Position für das festländische Europa.

Land	Fläche (km^2)	Einwohner (1000)	Dichte (E/km^2)
Dänemark	43 094	5 330	123,3
Norwegen	323 759	4 478	15,0
Schweden	449 964	8 861	21,5
Finnland	338 145	5 186	16,9
Island	103 300	283	2,7
Färöer	1 399	46	33,0
Grönland	384 850[1]	56	0,1

[1] Bei Grönland wird die eisfreie Fläche angegeben. Die Gesamtfläche beträgt 2 415 100 km^2. Die Dichte bezieht sich auf die eisfreie Fläche.

Tab. 1: Die Nordischen Länder nach Fläche, Einwohnerzahl und Bevölkerungsdichte 2001.

Quelle: Statistics across borders 2000

Anschaulicher kommt die dünne Besiedlung statt durch die Einwohnerdichte durch die Abstandszahl zum Ausdruck, die die Entfernung in Meter angibt, die ein Einwohner eines Landes zu seinem Nachbarn hätte, wenn sich alle Bewohner des Landes gleichmäßig über die Fläche verteilen würden. Es wird deutlich, dass Raum und Besiedlung in Nordeuropa – gesamteuropäisch gesehen – in einem Missverhältnis stehen (Tab. 2). Für Schweden hat man übrigens solche Abstandszahlen auch auf Gemeindebasis berechnet (Öberg & Springfeldt 1991, S. 15). Es ergeben sich Unterschiede zwischen 17 m in Stockholm und 1979 m im nordschwedischen Arjeplog.

Land	Abstandszahl (m)
Dänemark	97
Norwegen	289
Schweden	242
Finnland	274
Island	649
Färöer	187
Grönland	2817
Zum Vergleich: Deutschland	70

[1] Gedachte Entfernung (in Meter) zwischen den Einwohnern eines Landes, wenn sich alle Bewohner gleichmäßig über die gesamte Landesfläche verteilen

Tab. 2: Abstandszahlen[1] für die Nordischen Länder und für Deutschland.

Eigene Berechnung (Berechnungsmethode: Esenwein-Rothe1982, S. 44)

Untersuchungen und Darstellungen dazu leiden darunter, dass ihnen normative Regionen (Gemeinden, Provinzen etc.) zugrunde liegen. Es gibt jedoch inzwischen auch Arbeiten, die ein von den administrativen Gliederungen unabhängiges Gitternetz benutzen, etwa ein Raster mit einer Maschenweite von 1 × 1 km. Eine Auszählung (zit. n. Hanell, T. et al. 2002, S. 28ff.) zeigte, dass in Norwegen 81 %, in Schweden 71 % und in Finnland 66 % dieser Zellen völlig unbesiedelt sind. In allen drei Ländern umfassen solche Zellen, die weniger dicht als im EU-Durchschnitt besiedelt sind, mehr als 95 % des Territoriums.

Eine ähnliche Untersuchung (Rusanen et al. 1999) ergab, dass in Schweden 1995 gut 500 000 Personen (= 5,7 % der Gesamtbevölkerung) weiter als 20 km vom nächsten Bevölkerungsdichtepunkt entfernt wohnten (Luftlinie). Mehr als 3 Mio. Schweden (= 34,5 %) lebten in einer Entfernung von 6 bis 20 km zu einem solchen Punkt, ein Abstand, der im schwedischen Winter sicherlich manchmal bedenklich erscheint.

In Norwegen, Schweden und Finnland ist der Bevölkerungsschwerpunkt gegenüber dem geographischen Mittelpunkt des Landes erheblich nach Süden verschoben. Für Schweden hat man diese Divergenz mit 350 km berechnet, für Norwegen gar mit 390 km. Ein weiterer Indikator, der das Überwiegen des Südens gegenüber dem Norden in Norwegen, Schweden und Finnland verdeutlicht, ist die Diskrepanz zwischen dem Flächen- und dem Bevölkerungsanteil des Nordens: In den beiden nördlichsten Provinzen Schwedens, Västerbotten und Norrbotten, leben 5,8 % aller Schweden auf 37,6 % der Landesfläche. In Norwegen umfasst Nord-Norge (die drei nördlichsten Provinzen [Fylker] Nordland, Troms und Finnmark) 35,0 % der Landesfläche; dort wohnen aber nur 10,4 der norwegischen Bevölkerung. In Finnland ist dies Missverhältnis besonders krass: In der Nordprovinz (lääni) Lappland leben 3,8 % der Bevölkerung auf 30,5 % der Fläche Finnlands (alle Zahlen für 2000).

***Bild 10:** Dünn besiedelte Küstenebene auf Island. Auf Island ist nur ein schmaler Saum entlang der Küste besiedelt. Der landwirtschaftlich genutzte Küstenstreifen wird auf diesem Bild zum Inneren der Insel hin durch einen subglazial entstandenen Tafelberg und den dahinter liegenden großen Gletscher Mýrdálsjökull begrenzt (R. Lindemann).*

Ein weiteres Charakteristikum der Bevölkerungsverteilung Nordeuropas ist die stark ausgeprägte Küstenständigkeit. Das ist bei Dänemark selbstverständlich; denn aufgrund der Gestalt des Landes mit einer langen und schmalen Halbinsel und etwa 500 oft durch Einbuchtungen und Landzungen gegliederten Inseln ist kein Punkt des Landes weiter als 50 km vom Meer entfernt. In Island steht die im Südwesten stark, ansonsten aber nur dünn besiedelte Küstenebene in krassem Kontrast zum zentralen Hochland, das unbesiedelt ist und auch im Sommer nur mit geländegängigen Fahrzeugen gequert werden kann (Bild 10).

In Norwegen leben 80 % der Bevölkerung nicht weiter als 15 km und 90 % nicht weiter als 50 km von der Küste entfernt. Das stark gebirgige Land besitzt an der Westküste zwischen Stavanger und Hammerfest die bis zu 40 km breite Strandplatte, eine Verebnung etwa im Meeresniveau (zwischen –50 m und +50 m NN), die mit ihren unzähligen Inseln und Schären, Sunden und geschützten Wasserflächen einer von Landwirtschaft kombiniert mit Fischfang lebenden Bevölkerung schon früh Ansiedlungsmöglichkeiten bot (Bild 11). Diese aus der historischen Wirtschaftsweise heraus bedingte Siedlungsweise ist bis heute für die Küstenständigkeit der Bevölkerung verantwortlich, zumal auch die weitaus meisten Städte Norwegens als Hafenstädte am Meer liegen.

Auch in Schweden und Finnland hat das Meer eine entscheidende Rolle für die heutige Verteilung der Bevölkerung gespielt. Zwar sind die Siedlungen nicht so stark wie in Norwegen an die Küste gebunden, aber die postglazialen Meerestransgressionen der Ostsee haben für die Ablagerung fruchtbarer Blautone gesorgt. Diese wiederum waren und sind die Vorzugsgebiete der Landwirtschaft. Ihr Siedlungsbild lässt sich auch heute noch an der Bevölkerungsverteilung erkennen.

***Bild 11:** Strandflate in Norwegen. Für die Siedlungsverteilung in Norwegen ist die Strandplatte wichtig, eine etwa in Meereshöhe gelegene Fläche. Sie bietet Raum für landwirtschaftliche Betriebe, aber auch für ganze Städte, wie Ålesund, einen Zentralort an der Mündung des Romsdals, der im Kern etwa 18 000 Einwohner aufweist (R. Lindemann).*

Die Ausführungen zur landesgeschichtlichen Entwicklung haben bereits die Zusammenhänge zwischen den naturräumlichen Gegebenheiten, der daraus folgenden Ernährungssituation und der Siedlungsentwicklung sowie den politischen Rahmenbedingungen aufgezeigt. Im Folgenden soll daher chronologisch nur auf diejenigen historischen Aspekte eingegangen werden, die einen direkten Einfluss auf die demographische Entwicklung Nordeuropas hatten.

Die vorindustrielle Phase

Erstaunlich rasch nach dem Rückzug des Eises tauchen die ersten steinzeitlichen Menschen in Nordeuropa auf, wobei die älteste Kultur im äußersten Norden, bei Alta (Komsa-Kultur, 9000 bis 4000 v. Chr.) nachgewiesen wurde. Diese und die folgenden Kulturstufen mussten sich als Jäger in einer Umwelt behaupten, die mit der von Spitzbergen oder Ostgrönland heute verglichen werden kann. Sie waren deutlich küstenständig und rückten erst langsam bei sich bessernden klimatischen Verhältnissen ins Binnenland vor, bevorzugten aber auch dort, wegen des Fischfangs, die Flüsse und Binnengewässer. Sie haben neben Jagdgeräten eine Vielzahl von Felsritzungen (schwed. *Hällristningar*) hinterlassen, die Beutetiere zeigen. Es handelt sich dabei um Bilder, die in vom Eis glatt geschliffene Felsflächen mit Steinen eingeritzt oder eingeschlagen und farbig ausgestaltet wurden. Felsen mit solchen Darstellungen wurden oft über lange Zeiträume als Heiligtum genutzt; die Hunderte von Einzeldarstellungen – u. a. auch ein Skiläufer – im größten Felsritzungsfeld Skandinaviens in Alta in Nordnorwegen, das heute als Weltkulturerbe eingestuft ist, hat man auf den Zeitraum von 6200 bis 2500 v. Chr. datiert.

Woher diese Menschen kamen, ist unbekannt. In der Jungsteinzeit, etwa ab 3000 v. Chr., dringt die Kenntnis von Ackerbau und Viehhaltung nach Skandinavien ein, wohl verbunden mit einer Einwanderungswelle der sog. Bootaxtleute, die aus dem Südosten kamen und in denen viele Forscher Indogermanen sehen wollen. Ab diesem Zeitraum bis zum Ende des Mittelalters können wir eine Zweiteilung Skandinaviens feststellen: Einem ackerbaulich geprägten Süden steht der von nomadischen Völkern genutzte Norden gegenüber.

Während der Bronzezeit (etwa 1500–500 v. Chr.) verschmolzen die beiden Kulturen im Bereich der dänischen Inseln und Südschwedens zu einer Einheit, die wir als Germanen kennen. Das Klima war in dieser Zeit sehr günstig; die auch weiterhin angefertigten Felsritzungen zeigen eine völlig andere Formensprache: Sonnen- und Fruchtbarkeitssymbole, Pflugszenen, Pferde und vor allem Boote zeigen Reichtum und weitreichende Handelsbeziehungen, die u. a. zum Import der Bronze nötig waren. In den Norden Skandinaviens ist die Bronze nicht gelangt.

Diese ruhige Wohlstandsepoche wurde um 500 v. Chr. durch eine drastische Klimaverschlechterung beendet. Die Funde werden spärlich, setzen oft ganz aus. Die Agrargesellschaft Südskandinaviens geriet in eine ernsthafte Krise, die sich auch durch die Einführung des Eisens nur wenig abmildern ließ. Eisen konnte im Land selbst hergestellt werden (Nutzung des Raseneisenerzes). Die Folge war bis zum Ende der Völkerwanderungszeit die periodische Abwanderung großer Bevölkerungsteile in den Süden (Kimbern und Teutonen, Goten, Vandalen u. a.), die im Süden Angst und Schrecken verbreiteten.

In den Jahrhunderten um Christi Geburt wanderten in das heutige Finnland von Süden und Osten aus finnische Volksstämme ein, darunter die eigentlichen Finnen, die Hämer, Tavaster u. a. Sie stammten nach überwiegender, aber nicht einhelliger Meinung der Forscher aus dem Uralbereich und sprachen eine nicht-indoeuropäische Sprache der Sprachfamilie des Finnougrischen.

Noch größere Probleme bereitet der Forschung die Frage nach der Herkunft der Samen. Sie sprechen eine dem Finnischen verwandte Sprache, haben aber erwiesenermaßen die Urfinnen auf ihrem Zug vom Ural nach Nordeuropa nicht begleitet. Andererseits gibt es im heutigen Samischen Reste einer ganz anders gearteten Sprache. Zudem deuten Lehnwörter aus dem Urnordischen (vor 600 n. Chr.) auf engen Kulturkontakt mit den Germanen hin. Will man die Samen als direkte Nachkommen der Komsa-Leute ansehen, so müssten sie irgendwann ihre finnougrische Sprache übernommen haben, was angesichts ihrer jägernomadischen Lebensweise schwer vorstellbar ist. Auf jeden Fall sind sie seit etwa Christi Geburt im heutigen Nordnorwegen nachweisbar. In Finnland sind sie seit dem Mittelalter immer weiter nach Norden verdrängt worden. Ortsnamen wie Lappeenranta oder Lappjärvi deuten auf ihre frühere Verbreitung weit im Süden hin.

Die Völkerwanderungszeit war auch in Nordeuropa sehr unruhig. Davon zeugen viele Fluchtburgen. In der Vendelzeit (ca. 550 – ca. 800 n. Chr.), benannt nach den Schmuckfunden im Ort Vendel (nordöstlich von Uppsala), entstand eine hierarchische Gesellschaftsordnung, in der Einzelne zu Macht und Reichtum aufsteigen konnten. Daraus entstanden die Kleinkönigreiche der Wikingerzeit, aus denen sich nach vielen Streitigkeiten und Kriegen schließlich die Vorläufer der heutigen Staaten Nordeuropas bildeten.

Bevölkerungsgeschichtlich ist die Wikingerzeit durch Bevölkerungsexplosion und -expansion gekennzeichnet. Am bekanntesten ist dabei die skandinavische Expansion nach außen, sind die Raub- und Handelszüge der Wikinger von Neufundland im Westen bis in den Mittelmeerraum im Süden. Nie wieder im Laufe der Geschichte hat Nordeuropa einen so starken Einfluss auf Mitteleuropa ausgeübt. Während die skandinavischen Siedler dort, wo sie auf eine schon vorhandene Bevölkerung trafen (Irland, Schottland, Normandie, Russland), mehr oder weniger rasch assimiliert wurden, gelang es ihnen in Island und auf den Färöern Reiche zu errichten, die bis heute überdauern. Auf Island kam es im Zeitraum 870 bis 930 zu einer Masseneinwanderung von Wikingern vor allem aus Westnorwegen, oft in einer Art Kettenwanderung über Irland. Nach ca. drei Generationen war alles nutzbare Land auf der Insel vergeben. Auf Grönland bestand ein blühendes Gemeinwesen skandinavischer Siedler mit Häuptlingshöfen und Klöstern, das nach 500 Jahren unter immer noch ungeklärten, aber viel diskutierten Umständen um 1500 unterging.

Neben die Expansion nach außen trat eine Expansion in Skandinavien selbst: In Nordnorwegen wurden die Inseln und Küstenvorsprünge von wikingischen Häuptlingen in Besitz genommen, die Samen wurden auf das Fjordinnere und auf die Hochflächen abgedrängt. Zugleich setzte in allen skandinavischen Ländern eine kräftige Binnenkolonisation ein. Der Landhunger ließ die Neusiedler auch ökologisch ungünstige Lagen roden (Feuchtgebiete, Höhenbereiche der Gebirge). Ansatzpunkte erster Bevölkerungsverdichtungen bildeten die jetzt entstehenden ersten Städte und die nach der Christianisierung (Dänemark 9. Jh., Island im Jahre 1000, Norwegen im 11. und Schweden im 12. Jh.) zahlreich entstehenden Klöster.

Aber immer noch umfassten die entstehenden Nationalstaaten nicht ihr heutiges Territorium; Schwedens Nordgrenze lag noch bis zur Neuzeit am „Limes Norrlandicus". Allerdings griff Schweden nach Osten aus: 1249 eroberte der Jarl (Herzog) Birger in einem so genannten „Kreuzzug" große Teile des heidnischen Finnlands, 1276 wurde das Bistum Åbo/Turku gegründet, 1293 in Vyborg/Viipuri auf der karelischen Landenge eine Burg gebaut. Zur Sicherung seiner Eroberung siedelte Birger schwedische Bauern aus Uppland an, die Vorväter der heutigen schwedischsprachigen Minderheit in Finnland.

Die gewaltige Kraftanstrengung der nordeuropäischen Völker in der Wikingerzeit, hervorgerufen durch eine in ihren Ursachen noch ungeklärte Bevölkerungsexplosion, ebbte nach 1150 langsam ab. Die Eroberungszüge wurden seltener, da die angegriffenen Länder sich besser organisierten, vielleicht auch, weil das Christentum sich durchsetzte. Auch die interne Bevölkerungs- und Siedlungsexpansion lief aus. Anfang des 14. Jh.s kam es wohl schon zu ersten Wüstungen. Verheerend wirkte dann die Große Pest der Jahre 1349–50, bei der (ungenauen) Schätzungen zufolge ein Drittel der Bevölkerung Schwedens und bis zu der Hälfte derjenigen Norwegens starben. Die überlebende Bevölkerung zog sich auf die Zentren der Siedlungskammern zurück und ließ die Höfe in der Peripherie wüst fallen. So zeigt etwa eine Detailuntersuchung in der Gemeinde Lom im Ottatal in Ostnorwegen (Gjermundsen 1975, S. 138), dass dort von den Höfen der niedrigsten Stufe, solchen zwischen 300 und 400 m ü. NN, „nur" 30 % wüst fielen, in der Stufe zwischen 600 und 700 m Seehöhe schon 86 % und schließlich in der höchsten Stufe (oberhalb 700 m) alle Höfe.

Diese Siedlungs- und Bevölkerungskontraktion war erheblich gravierender als das, was seit dem Zweiten Weltkrieg in Nordeuropa geschah. Eigenartig ist, dass Norwegen und auch Teile Schwedens (Jämtland und Härjedalen) 200 Jahre brauchten, bis die Bevölkerungsverluste ausgeglichen waren.

Die Zeit vom Mittelalter bis etwa um 1800 ist im gesamten Norden mit Ausnahme von Island und Grönland durch ein relativ langsames Bevölkerungswachstum gekennzeichnet. So stieg die Bevölkerungszahl Norwegens von etwa 450 000 unmittelbar vor der Großen Pest auf 880 000 im Jahre 1801, verdoppelte sich also nur knapp (Lindemann 1986, S. 56).

Die Entwicklung der Bevölkerung wird in dieser Zeit in Nordeuropa durch das Entstehen vieler neuer Städte charakterisiert. Ihr Anteil an der Gesamtbevölkerung veränderte sich jedoch nur wenig (vgl. Mead 1981, S. 65). Sie blieben klein. Größere Bedeutung erreichten sie aber dadurch, dass sie als Ansatzpunkte für eine agrarbäuerliche Durchdringung ihres Hinterlandes dienten. Hier sind vor allem die von den schwedischen Herrschern gegründeten Städte zu beiden Seiten des Bottnischen Meerbusens zu nennen (Hudiksvall, Sundsvall, Härnösand, Umeå, Luleå, Vaasa, Oulu, Tornio). Von ihnen aus drangen schwedische Siedler entlang der Flüsse ins Binnenland ein, verbreiteten sich in Generationswellen dann auch in die Wälder zwischen den Flüssen. Sie nutzten für die Anlage ihrer Höfe kleinste lokalklimatische Gunstfaktoren aus und drängten die Samen immer weiter ins Binnenland (Bylund, 1960; 1968). Staatliche Verordnungen, wie das Lappmarksplakat von 1673, erneuert 1695, versuchten, das Miteinander von Samen und Neusiedlern zu regeln, lockten aber zugleich mit der Gewährung von Steuerfreijahren und der Befreiung vom Militärdienst neue Siedler an.

Ferner wird dieser lange Zeitraum durch Einwanderung gekennzeichnet. Es handelte sich um Mittel- und Westeuropäer, die der – zumeist städtischen – Oberschicht angehörten, außerdem um „Technologie-Spezialisten". Zu den ersten zählten zum Beispiel die Hansekaufleute, die sich bald in das städtische Leben integrierten (Stockholm, Visby) oder aber in abgeschotteten Stadtquartieren lebten (Bergen). Auch für sie galt, dass die indirekten Wirkungen dieses Bevölkerungsschubes größer waren als die direkten: Dadurch dass sie für den Export von Landesprodukten sorgten, förderten sie die Erschließung und Besiedlung von bisher peripheren Räumen mit einer bäuerlichen Bevölkerung. Hierfür mag die Inselgruppe der Lofoten als Beispiel dienen, wo sich eine norwegische Bevölkerung niederließ, die karge Landwirtschaft mit dem Fang des Kabeljaus kombinierte, dessen Vermarktung dann die Hansekaufleute in Bergen übernahmen. Später, nach dem Niedergang der Hanse, erfüllten niederländische, englische, schottische und vor allem schleswig-holsteinische Kaufleute diese Rolle als Organisatoren und Initiatoren des Exportes von Landesprodukten. Sie stellten dann Ende des 19. Jh.s das Kapital bereit, das für die Industrialisierung Nordeuropas benötigt wurde.

Eine weitere einwandernde Gruppe waren die „Technologie-Spezialisten". In vielem waren Mittel- und Westeuropa in der frühen Neuzeit dem Norden voraus. Nordeuropa stellte also für sie ein lohnendes Ziel dar. Die Bandbreite ihrer Gewerbe reichte von Steinmetzen aus England, die Dome in Lund und Trondheim errichteten, über Bergleute aus Deutschland (vor allem dem Harz) in Falun wie später in Røros, über Schmiede aus Belgien (Wallonien) in

Bergslagen bis hin zu Glasmachern. Dazu kam die große Schar jener, die ein städtisches Gewerbe ausübten und mit ihrer Einwanderung auf den Bedarf der städtischen Bevölkerung und einer wachsenden Oberschicht reagierten.

Allen diesen Gruppen ist gemeinsam, dass sie zahlenmäßig gering waren, sich nur gelegentlich in Agglomerationen ballten und dass sie – wenn sie nicht zurückwanderten – nach einer oder zwei Generationen assimiliert waren. Nur die ausländischen Namen verraten die Herkunft ihrer heutigen Nachfahren.

Langsamer wurden finnische Neusiedler in die Agrargesellschaften Mittelschwedens und Ostnorwegens integriert, die aufgrund von Hungersnöten in Finnland dort im 17. Jh. auswanderten und mithilfe von Brandrodungswirtschaft (svedjebruk) die bis dahin ungenutzten Wälder in Landwirtschaftsflächen verwandelten. Nach einigen Generationen waren ihre Siedlungsgebiete nur noch an Ortsnamen (Finnskogene im norwegischen Østerdal) und ländlichen Siedlungsformen (ungeordnete Höfe statt der vorherrschenden Vierseiter) zu erkennen.

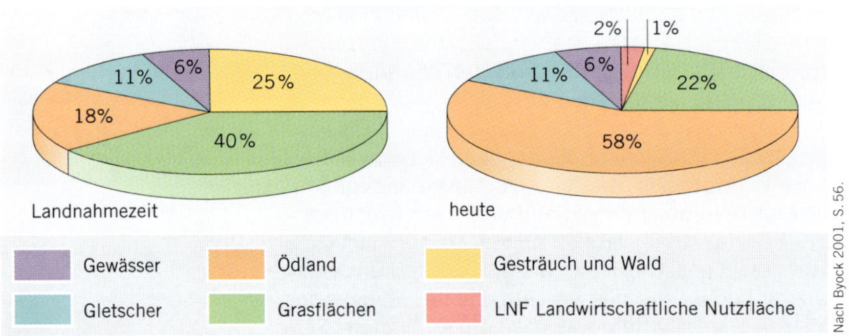

Abb. 8: *Landdegradation auf Island (in %).*

In Island verlief die Bevölkerungsentwicklung dieses Zeitraums deutlich anders als im übrigen Nordeuropa. War die Insel durch die Einführung des Christentums im Jahre 1000 unter die kirchliche Oberherrschaft des Erzbischofs von Trondheim geraten, so erfolgte 1262 nach starken inneren Streitigkeiten die freiwillige Unterstellung unter den König von Norwegen, damit die politische Abhängigkeit. Die Zeit bis 1918 (Rückerlangung der Souveränität, doch bis 1944 noch Personalunion mit Dänemark) wird durch eine immer stärker werdende wirtschaftliche Abhängigkeit von Norwegen und ab der Kalmarer Union von Dänemark gekennzeichnet, die das Land auf den Status einer ausgebeuteten Kolonie absinken ließ. Verheerende Epidemien und Naturkatastrophen mit der Folge von Weidezerstörung und Hungersnöten kamen hinzu. Allein die gewaltige Eruption der Laki-Spalte 1783 kostete 10 000 Menschen das Leben. Zwar floss die Lava in unbewohntes Gebiet ab, doch es wurden auch Fluorgase emittiert, die die Vegetation im weiten Umkreis vergifteten, so dass die Schafe, die Lebensgrundlage der isländischen Bevölkerung, starben. Die dänische Regierung soll damals ernstlich erwogen haben, die gesamte isländische Bevölkerung zu evakuieren und in Jütland wieder anzusiedeln.

Zur Reduzierung der isländischen Bevölkerung trug aber auch die der Subarktis nicht angepasste Wirtschaftsform der extensiven Schafhaltung bei, die in weiten Teilen des Landes die Grasdecke zerstörte (Abb. 8).

In Finnland, bis 1809 Provinz Schwedens, legte sich eine schwedischsprachige Oberschicht über eine bäuerliche finnische Bevölkerung, die langsam nach Norden und Osten vordrang. Sehr unsichere Bevölkerungsschätzungen, die Militz (2002, S. 108f.) zitiert, gehen von 50 000 Bewohnern um 1200 und von einer Einwohnerzahl von 300 000 um 1560 aus. Um 1850 sollen es dann 430 000 gewesen sein.

Eine neue Qualität erlangte das Bevölkerungswachstum zu Anfang des 19. Jh.s. War die Bevölkerungsvermehrung bis dahin durch ruhiges, wenn auch immer wieder durch Rückschläge und Epidemien unterbrochenes Wachstum gekennzeichnet, so gerieten nun zunächst Norwegen und Schweden in die entscheidende Phase der demographischen Transformation. Ihr Beginn lässt sich für diese beiden Länder dank ausgezeichneter Quellenlage ziemlich genau auf das Jahr 1814 festlegen. Die Geburtlichkeit stieg leicht an, die Sterblichkeit sank rapide. Als Gründe werden verbesserte Hygiene und medizinische Versorgung (Einführung der Pockenschutzimpfung), die nach den napoleonischen Kriegen einsetzende Friedenszeit (Schweden hat seither keinen Krieg mehr geführt) und die Verbreitung der Kartoffel als billiges, energiereiches Massennahrungsmittel angeführt. Die Folge war eine Bevölkerungsexplosion, die allerdings zeitlich gestreckter verlief als wir es nach dem Zweiten Weltkrieg in den Entwicklungsländern erlebt haben. Die norwegische Bevölkerung verdoppelte sich von 1815 bis 1865 (Semmingsen 1960, S. 151), die jährliche Wachstumsrate stieg von 3 bis 4 ‰ im 18. Jh. auf 12,9 ‰ 1835. Für Norwegen ist für große Zeitabschnitte des 19. Jh.s die höchste Bevölkerungszuwachsrate Europas nachgewiesen worden (Lieberman 1970, S. 28). In Schweden stieg die Bevölkerung von 1810 bis 1865 um 1 718 000 Personen, das sind 70 % (Torbrand 1978, S. 70).

Anders als in West- und Mitteleuropa konnte diese zusätzliche Bevölkerung nicht in die Städte und vor allem die Industrie abwandern, da die Industrialisierung in diesen beiden Ländern erst weit in der zweiten Hälfte des 19. Jh.s einsetzte. Auch 1860 lebten noch 88,7 % aller Schweden auf dem Land, 1865 81,4 % aller Norweger.

Dadurch kam es zu einem immensen „Druck auf das Land", der durch technische Innovationen nicht aufgefangen werden konnte und zu einer Proletarisierung weiter ländlicher Bevölkerungsgruppen führte. In beiden Ländern bot sich lediglich die Kolonisation des Nordens an, in Norwegen dazu die stärkere Einbeziehung des Fischfangs in die Ernährung. Während sich die Einwohnerzahl Norwegens von 1801 bis 1900 um den Faktor 2,5 vergrößerte, stieg die des nördlichsten Fylke Finnmark um den Faktor 4,3 an. In Schweden erhöhte sich der Anteil des nördlichen Landesteils (Norrland) an der Einwohner-

Bild 12: *Kopenhagen: Nyhavn mit seinen Bürgerhäusern aus dem 17. und 18. Jahrhundert (R. Lindemann).*

zahl des gesamten Landes von 10,0 % (1795) auf 13,8 % (1880) (Öberg & Springfeldt 1991, S. 38).

Der wichtigste Ausweg, der sich aus der Bevölkerungsklemme bot, war die Emigration. Zwischen 1840 und 1914 wanderten 1,1 Mio. Schweden aus, vor allem nach Nordamerika. Bezogen auf die Einwohnerzahl ist diese Rate höher als in Deutschland. Zwischen 1864 und 1914 emigrierten 25 % des Bevölkerungszuwachses; wären alle Emigranten in Schweden verblieben, so hätte das Land 1930 nicht 6,1 Mio., sondern 8,5 Mio. Einwohner gehabt.

Noch gravierender war die Emigration aus Norwegen, wo 1865 die Massenemigration begann, auch dort fast ausschließlich in die USA. In 50 Jahren haben mit etwa 600 000 Menschen mehr als 60 % des natürlichen Bevölkerungszuwachses das Land verlassen. Nach Irland und – nach 1890 – Italien hatte Norwegen die höchste Auswanderungsrate Europas.

Die Auswanderung aus Dänemark (Pedersen 1985) war mit rd. 300 000 Personen im Zeitraum 1860 bis 1920 geringer als die aus Norwegen und Schweden und umfasste nur rund ein Zehntel des Geburtenüberschusses dieses Zeitraums. Zwar hatte auch Dänemark im 19. Jh. einen sehr großen Bevölkerungszuwachs, doch konnte er einmal dadurch aufgefangen werden, dass der Urbanisierungsgrad hier doppelt so hoch war wie in Norwegen oder Schweden (Bild 12).

Schon 1801 lebten 11 % aller Dänen in Kopenhagen, bis 1901 stieg dieser Anteil auf 20 %. Zudem entstanden in der zweiten Hälfte des 19. Jh.s die für Dänemark typischen „Bahnhofsstädte" (stationsbyer), kleine Zentralorte im ländlichen Umland, die Beschäftigungsmöglichkeiten im sekundären und tertiären Sektor boten. Außerdem nahm die dänische Heidegesellschaft ab 1870 die stark devastierten Heidelandschaften vor allem Jütlands in Kultur und errichtete zahlreiche Kleinbauernstellen. Allein zwischen 1850 und 1885 wurden 50 000 solcher Kleinstellen geschaffen.

Auch aus Finnland war die Auswanderung relativ gering. Hier setzte die demographische Transformation erst um 1870 ein (Militz 2002, S. 109). Dadurch konnte ein Großteil der neu hinzugekommenen Bevölkerung durch eine inzwischen deutlich produktivere Landwirtschaft beschäftigt und ernährt werden. Außerdem bot die seit 1860 aufblühende Holzindustrie Beschäftigungsmöglichkeiten und machte durch die nun aufkommende Waldarbeit auch kleine landwirtschaftliche Betriebe lohnend. In Finnland gab es die Schere zwischen Bevölkerungswachstum und spät einsetzender Industrialisierung also nicht.

Industrialisierung und postindustrielle Gesellschaft

Im Gegensatz zu Mittel- und Westeuropa trug die Industrialisierung Nordeuropas nicht zu einer Konzentration der Bevölkerung bei, jedenfalls nicht, wenn man diesen Prozess landesweit sieht. Es gab – und gibt – ja in Nordeuropa keine hochverdichteten Industriegebiete vom Typ Mittelenglands oder des Ruhrgebiets. In Schweden z. B. wurden im Zuge der ersten Industrialisierungsphase vor allem Sägewerke an der Küste und Bergwerke im Inneren Norrlands eingerichtet. Dies trug zu einer Nordwanderung der Arbeitskräfte bei. Zugleich wurde den Bauern des nordschwedischen Binnenlandes durch die Waldar-

Land	Geburtenrate (‰ pro Jahr 1999)	Sterberate	Zuwachsrate	Anteil der >65-Jährigen 1999	Prognose 2030
Dänemark	12,5	11,0	3,5	14,9	20,3
Färöer	14,1	8,5	12,5	13,7	17,9
Grönland	17,6[1]	8,3[1]	0,2[2]	4,9	k. A.
Finnland	11,1	9,6	2,2	14,7	25,7
Island	15,3	6,7	11,9	11,6	18,8
Norwegen	13,2	10,0	6,3	15,5	21,3
Schweden	10,1	10,5	0,7	17,4	24,2

[1] 1998 [2] 1997/1998

Tab. 3: *Demographische Indikatoren der Nordischen Länder.*

Eigene Berechnungen nach Statistics across borders 2000.

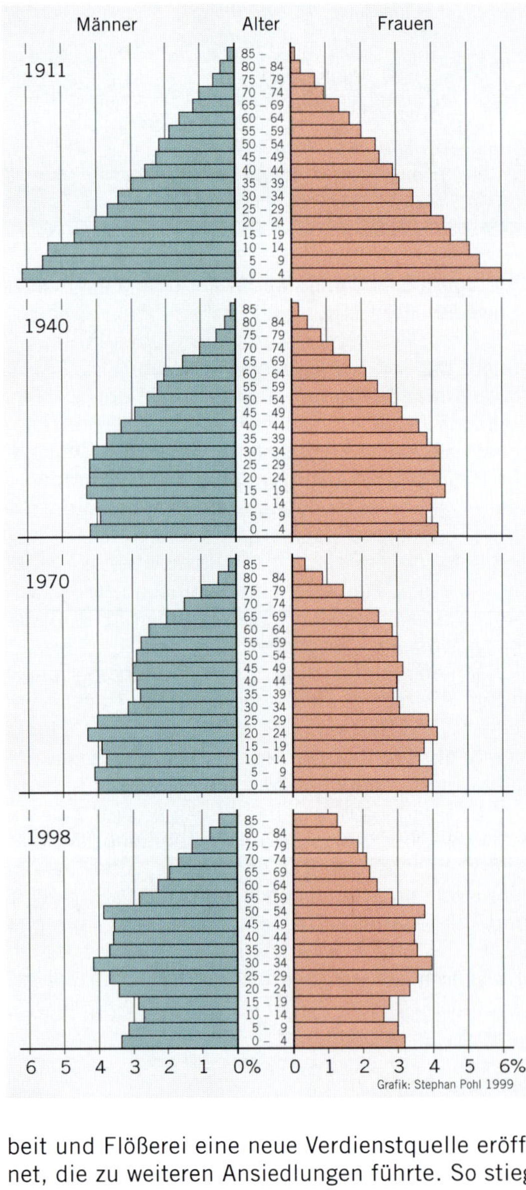

Abb. 9: *Die Bevölkerung Dänemarks verteilt nach Geschlecht und Alter in den Jahren 1911, 1940, 1970 und 1998.*

Verändert nach Levevilkår i Danmark, Statistisk oversigt 1976, Danmark Statistik und Statistisk Årbog 1998.

beit und Flößerei eine neue Verdienstquelle eröffnet, die zu weiteren Ansiedlungen führte. So stieg der Anteil Norrlands an der schwedischen Bevölkerung bis 1930 auf 17,9 % an. Er lag 2000 bei 13,3 %, war also immer noch fast so hoch wie 1880. Man kann demnach für das Industriezeitalter in Schweden – für die anderen Länder Nordeuropas gilt Ähnliches – eher von einer Bevölkerungsdispersion sprechen. Noch 1990 war der Konzentrationsgrad der schwedischen Bevölkerung geringer als im Jahre 1800 (Borgegård et al. 1995, S. 33).

Erst ab 1930, verstärkt aber nach dem Ende des Zweiten Weltkriegs erleben wir ein Zeitalter starker Bevölkerungskonzentration. Eine Ausnahme ist hier Finnland, das nach dem Zweiten Weltkrieg rasch etwa 500 000 Flüchtlinge und Vertriebene aus den an Russland abgetretenen Gebieten ansiedeln musste. Dies geschah vor allem in der Nordprovinz Lappi. Dadurch wurden in Finnland die Siedlungsgrenzen bis etwa 1970 noch in den Norden vorgeschoben, während wir gleichzeitig in Norwegen, Schweden und Island deutliche Phänomene der Bevölkerungskontraktion erkennen.

Zu den Push-Faktoren zählen Rationalisierungs- und Effektivierungsmaßnahmen in der Land- und Forstwirtschaft, die immer mehr Arbeitskräfte freisetzen und zur Abwanderung aus diesen traditionell in der Peripherie lokalisierten Wirtschaftszweigen und in die Städte zwingen. Dies gilt inzwischen auch für Teile der Industrie, vor allem für den Bergbau. Die Beschäftigtenzahlen in den gerade erwähnten Zweigen sind in Nordeuropa heute nur noch Marginalgrößen.

Pull-Faktoren sind sicherlich die in den Städten angebotenen vielfältigeren Ausbildungs- und Arbeitsmöglichkeiten. Dass nicht noch mehr Menschen in den Städten (und im schwedischen, finnischen und norwegischen Süden) leben, ist einmal dem hohen Mobilitätsgrad der Bevölkerung zu verdanken (tägliches oder wöchentliches Pendeln) und zum anderen einer starken Heimatverbundenheit sowie den in allen drei Ländern deutlich ausgeprägten mentalen Vorbehalten gegenüber dem Wohnen in der Stadt. Dennoch sind die Nordischen Länder im weltweiten Maßstab sehr stark urbanisiert. 1998 wohnten in Dänemark und Schweden 85 % der Bevölkerung in Städten, in Norwegen 73 % und in Finnland 65 %. Dabei muss aber beachtet werden, dass der Stadtbegriff durchaus unterschiedlich definiert sein kann.

In den Nachkriegsjahren haben alle Nordischen Länder die demographische Transformation durchlaufen, bis auf Grönland, das die posttransformative Phase noch nicht ganz erreicht hat. Tab. 3 listet einige wichtige Parameter der heutigen Bevölkerung der Nordischen Länder auf. Zwar sind sie, was Geburten- und Sterberate angeht, inzwischen auf dem Stand hoch entwickelter Dienstleistungsgesellschaften angelangt, doch sind die Unterschiede zwischen den Ländern bemerkenswert. Die Inselstaaten im Westen Nordeuropas weisen noch erstaunlich hohe Geburtlichkeiten auf. Die Zuwachsraten lassen erkennen, dass für das Wachstum der derzeitigen Bevölkerungen den natürlichen Parametern Geburten- und Sterberate nur eine geringe Rolle zukommt, vielmehr sind die Außenwanderungen entscheidend. Auch dies ist ja typisch für Staaten der posttransformativen Phase. Für Grönland war 1998 ein Jahr mit starker Emigration nach Dänemark, für die Färöer

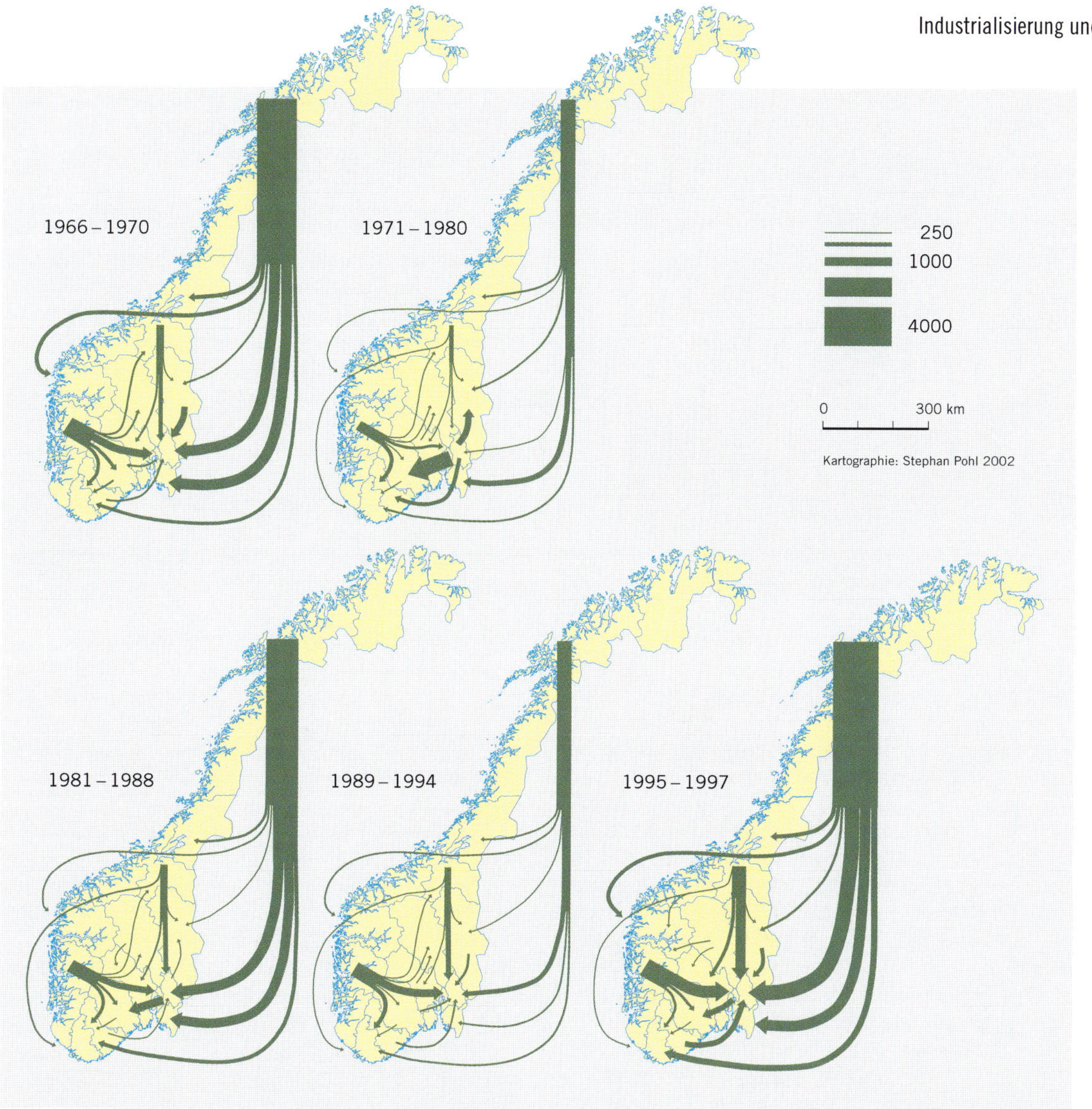

***Abb. 10:** Jährliche Nettowanderungsströme zwischen norwegischen Landesteilen 1966 – 1997.*

1999 ein solches mit starker Rückwanderung, nachdem wegen der schlechten wirtschaftlichen Lage Anfang der 90er-Jahre viele Färinger ihren Inseln den Rücken gekehrt hatten. Schon diese Beispiele zeigen, dass Bevölkerungsprognosen auch für hoch entwickelte Staaten mit einem sehr guten Statistikwesen nur mit großer Vorsicht betrachtet werden sollten.

Als hoch entwickelte Staaten Europas zeigen alle Länder Nordeuropas mit der allerdings erheblichen Ausnahme Grönlands derzeit schon einen sehr hohen Anteil alter Menschen. Dieser Anteil wird bis 2030 in allen Ländern noch erheblich steigen, wobei der Anteil der sehr alten Menschen überproportional wachsen wird. Abb. 9 zeigt am Beispiel Dänemarks, wie sich die Überalterung der Bevölkerung und der Rückgang der Geburtlichkeit im Altersaufbau niederschlagen.

Beim Indikator „Lebenserwartung von Neugeborenen" (Tab. 4) gehören die Nordischen Länder – auch hier wieder mit Ausnahme Grönlands – zu den in der Welt führenden Nationen. Diese Werte spiegeln zugleich auch den Zustand des Gesundheitswesens und das Gesundheitsbewusstsein der Bevölkerung wider.

Bei der Betrachtung der räumlichen Bevölkerungsverteilung hatte man sich in der Nachkriegszeit daran gewöhnt, die zunehmende Konzentration geradezu als Naturgesetz anzusehen. Umso überraschter waren alle Beobachter, als sich in den 1970er-Jahren dann die räumlichen Trends plötzlich umkehrten (Abb. 10): Statt von der Peripherie ins Zentrum wanderten die Menschen plötzlich vom Zen-

Land	Jungen		Mädchen	
	1990	1998	1990	1998
Dänemark	72,0	73,7	77,7	78,6
Norwegen	73,4	75,5	79,8	81,3
Schweden	74,8	76,9	80,4	82,1
Finnland	70,9	73,5	78,9	80,8
Island	75,0	76,9	80,1	81,3
Grönland	60,7	62,8	68,4	68,0

***Tab. 4:** Lebenserwartung von Neugeborenen 1990 und 1998.*

Quelle: Nordisk statistisk årsbok 1998, S. 22–23 u. Statistics across borders 2000.

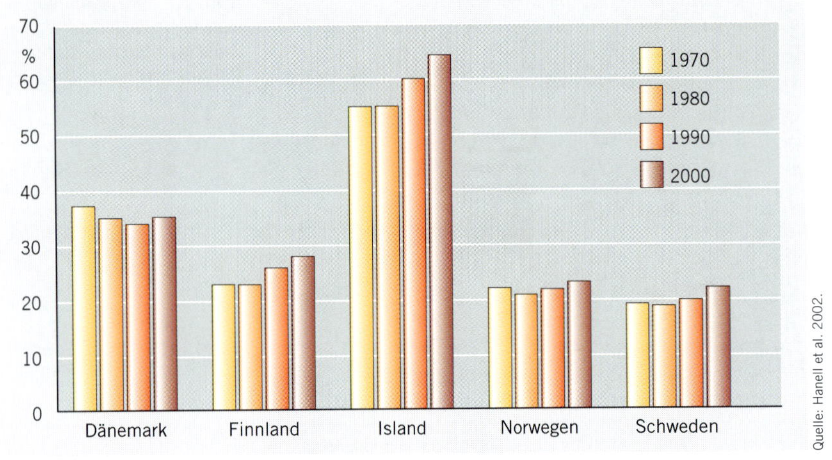

Abb. 11: *Der Anteil der Hauptstadtregionen an der Gesamtbevölkerung der Nordischen Länder 1970–2000.*

trum fort und ließen sich in der Peripherie nieder. Und statt dass die kleinen Orte Einwohner an die großen Städte abgaben und diese dann wieder an die Hauptstädte, vollzog sich nun eine umgekehrte Wanderung. Aus den USA, wo dieser Vorgang ebenfalls wie auch in vielen anderen Ländern beobachtet wurde, übernahm man den Begriff „Counterurbanisation". In Schweden sprach man auch von der „Grünen Welle" (*gröna vågen*). Dies drückt aus, dass es sich nicht, oder nicht nur, um Suburbanisationserscheinungen handelte, wie sie natürlich auch bei den nordischen Großstädten zu beobachten waren.

Für die Counterurbanisation Skandinaviens spielt ein starker Ausbau des Dienstleistungssektors in diesen Jahren eine wesentliche Rolle. Gesundheitswesen, Bildungseinrichtungen, Verkehrswesen wurden vor allem in der Peripherie stark ausgebaut. Dadurch entstanden dort neue Arbeitsplätze, vor allem auch Teilzeitarbeitsplätze. Sie wurden vor allem von Frauen besetzt, die bis dahin in der in der Peripherie noch starken Landwirtschaft tätig waren, dort aber aufgrund von Rationalisierungen im landwirtschaftlichen Betrieb als Arbeitskräfte überflüssig waren. Nun kam ihr neues Einkommen auch den landwirtschaftlichen Betrieben der Ehemänner zugute, insgesamt verbreitete sich in der Peripherie Zukunftszuversicht. Die Abwanderungen hörten auf, durch Zuwanderung von Ärzten, Lehrern und Krankenschwestern in die Peripherie stellten sich positive Wanderungssalden ein.

Die Euphorie währte aber nur einige Jahre. Dann wiesen die großen Städte in den entscheidenden Gremien nachdrücklich darauf hin, dass sie hinsichtlich des Gesundheitswesens und der Bildungseinrichtungen unterausgestattet seien, und konnten durchsetzen, dass die entsprechenden staatlichen Zuschüsse wieder stärker auf die Zentren gelenkt wurden. Die Folge war, dass sich das alte Wanderungsmuster wieder einstellte. Es wird allerdings heute bedrohlicher als früher, weil inzwischen auch in der Peripherie die Geburtenraten gesunken sind. Konnten früher die Wanderungsverluste durch positive natürliche Bevölkerungsbilanzen kompensiert werden, so hat jetzt die Abwanderung echte Bevölkerungsrückgänge zur Folge. Die Bevölkerungszahl der nördlichsten norwegischen Provinz Finnmark sank im Zeitraum von 1996 bis 2001 um 3,1 %.

Vergleicht man die Nordischen Staaten untereinander, zeigt sich, dass in Norwegen, Schweden und Finnland der Konzentrationsgrad im letzten Jahrzehnt sehr stark zugenommen hat, während in die frühen 1980er-Jahre noch die Wirkungen der Counterurbanisation hineinreichen.

In Dänemark ist die Entwicklung dagegen anders verlaufen. Das Land ist klein und verkehrsmäßig gut erschlossen, zugleich ist der Motorisierungsgrad der Bevölkerung so hoch, dass ein Arbeitsplatzwechsel keinen Wohnortswechsel mit sich bringen muss.

In allen Nordischen Ländern nimmt die Hauptstadtregion eine sehr dominierende Rolle ein. Es handelt sich ja um recht zentralistisch und nicht föderativ organisierte Staaten. Abb. 11 zeigt, dass die Bevölkerungsballung in den Hauptstadtregionen in den letzten 30 Jahren noch gravierender geworden ist. Besonders ausgeprägt ist sie in Kopenhagen, wo inzwischen 34 % aller Dänen leben, und vor allem in Reykjavík, wo heute 62 % aller Isländer wohnen. Versuche der isländischen Politik, das Bevölkerungswachstum auf regionale Zentren zu lenken, haben vor diesem Hintergrund geradezu etwas Rührendes.

Minderheiten in Nordeuropa

Im europäischen Vergleich zeichnen sich die Nordischen Länder durch ein ungewöhnlich hohes Maß an ethnischer und kultureller Homogenität aus. Ferner ist bezeichnend, dass zwar oft starke mentale Vorbehalte und auch Vorurteile gegenüber den Minderheiten bestehen, dass sich diese aber sehr selten in physischer Gewalt äußern. Es gibt nur wenige und zahlenmäßig nicht sehr bedeutende Minderheiten. Nach ihrer Lage im Raum lassen sie sich wie folgt differenzieren:

So gibt es Minderheiten, die durch Grenzziehungen von ihrer „Mutterbevölkerung" getrennt wurden, aber mit dieser kulturell verbunden bleiben. Dazu zählen beispielsweise die Deutschen in Nordschleswig, die finnischsprachigen Schweden im Tornedal und die Finnländer in Finnland.

Andere Minderheiten leben in einem geschlossenen Siedlungsgebiet innerhalb des Staatsgebietes einer oder mehrerer Mehrheitsbevölkerungen. Zu nennen sind in diesem Zusammenhang insbesondere die Samen.

Darüber hinaus gibt es Minderheiten, vor allem Ausländer unterschiedlichster Herkunftsländer, die in den Nordischen Ländern verstreut leben.

Diese drei Gruppen werden im Folgenden ausführlicher dargestellt.

Minderheiten durch neue Grenzziehungen

Als 1809 im Frieden von Hamina/Fredrikshamn Russland Finnland zugesprochen wurde, mussten die Grenzen zwischen dem nun russischen Großfürstentum Finnland und Schweden neu gezogen werden. Man einigte sich auf den Verlauf des Torneälv. Dadurch verblieb eine finnischsprachige Gruppe von Menschen, die zwischen Torneälv und Kalixälv wohnte, bei Schweden. Heute wird die Zahl ihrer Nachkommen auf etwa 25 000 geschätzt (Öberg & Springfeldt 1991, S. 147). Sie nimmt jedoch ab, weil viele Menschen aus diesen Periphergebieten nach Südschweden abwandern oder die Kinder aus einer Verbindung mit einem schwedischsprachigen Partner die Sprache der Mehrheitsbevölkerung annehmen.

Auch die Zahl der Schwedischsprachigen in Finnland (Finnäs, 2001; Militz 2002, S. 115f.) ist stark rückläufig. 1815 machten sie noch 14,6 % der Bevölkerung Finnlands aus, selbst 1880 noch 14,3 %, aber 1999 nur noch 5,7 % (insgesamt 292 400 Personen). Sie werden im Gegensatz zu den Finnen als „Finnländer" bezeichnet. Ihre Vorfahren wanderten in verschiedenen Wellen seit dem 12. Jh. aus Schweden ein, als Bauern ebenso wie als Geistliche und Verwaltungsbeamte der schwedischen Krone. Bis ins 19. Jh. war Schwedisch die einzige Amtssprache in Finnland, dann setzte sich das Finnische nicht ohne erhebliche Widerstände durch, doch ist heute noch Schwedisch die zweite amtliche Sprache des Landes, steht also nicht auf dem Stand einer Minoritätssprache. Eine Ausnahme bilden die Åland-Inseln: Sie sind rein schwedischsprachig. Diesen Status haben sie durch eine Entscheidung des Völkerbundes zusammen mit weiteren teilautonomen Rechten erhalten. Die Åland-Inseln wollten sich nach der finnischen Selbständigkeit 1917 Schweden anschließen, verblieben aber aufgrund der Entscheidung des internationalen Gerichtshofes bei Finnland (vgl. Militz 2001).

Die Siedlungsgebiete der Finnländer sind die Gebiete um Vaasa, um Turku und ein Gebiet östlich von Helsinki. „Statistisch gesehen waren von den 452 Gemeinden 389 rein finnischsprachig, 20 bilingual mit finnischer Mehrheit, 22 bilingual mit schwedischer Mehrheit und 21 rein schwedischsprachig, davon 16 auf den Åland-Inseln" (Militz 2002, S. 116). Neben der Schrumpfung (ähnliche Gründe wie bei den Finnischsprachigen in Nordschweden) werden die Finnländer durch einen hohen Grad der Überalterung charakterisiert. Dies geht auf die Abwanderung junger Leute in die Ballungsräume und nach Schweden zurück.

Nach dem preußisch-österreichischen Sieg über Dänemark 1864 wurde als Grenze die Nordgrenze des alten Herzogtums Schleswig festgesetzt (Kongeå/Königsau), doch wurde die alte dänische Stadt Ribe durch Eingreifen Bismarcks bei Dänemark belassen. Die im Vertrag vorgesehene Volksabstimmung über die nationale Zugehörigkeit Nordschleswigs wurde von Preußen nicht durchgeführt. Erst 1920, nach dem Ersten Weltkrieg, kam es zu dieser Volksabstimmung, bei der in Nordschleswig 75 % für den Anschluss an Dänemark stimmten. Die Grenze erhielt ihren heutigen Verlauf, der zum Teil recht kurios ist: So verläuft er bei Rudböl mitten auf der Straße und an einer anderen Stelle durch ein Grundstück – das Wohnhaus gehört zu Deutschland, der Garten zu Dänemark. Sprachgrenzen und ethnische Zuordnung gehen oft quer durch Familien.

Nachdem es nach dem Zweiten Weltkrieg noch einmal Auseinandersetzungen um den Grenzverlauf gegeben hatte, herrscht heute, nachdem den Deutschen in Dänemark und den Dänen in Deutschland weitreichende kulturelle Autonomie gewährt wurde, Ruhe und Einvernehmen.

Die Samen

Die Abb. 12 zeigt das heutige geschlossene Verbreitungsgebiet der Samen. Die alte Bezeichnung „Lappen" wird von den Samen als diskriminierend empfunden und sollte vermieden werden. Innerhalb dieses Verbreitungsgebietes (samisch: Sápmi) bilden sie jedoch nur in den Gemeinden Kautokeino, Karasjok, Porsanger, Tana und Nesseby in Norwegen, Utsjoki in Finnland und in Teilen von Kiruna in

Abb. 12: *Die Verbreitung der Samen in Nordeuropa.*

Eigene Darstellung.

Nordschweden eine Mehrheit. Viele Samen leben außerhalb des gezeigten Gebietes. In Schweden schätzt man ihren Anteil auf 20 %. In Norwegen wird Oslo als größte Samensiedlung angesehen.

Die Samen bilden eine autochthone Minderheit, eine Gruppe von Menschen, in deren Wohngebiet eine Mehrheitsbevölkerung eingedrungen ist, wobei diese Minderheit auf ein Restgebiet in Randlage zusammengedrängt wurde. Da sie außerdem grenzüberschreitend in den nördlichen Gebieten der vier Länder Norwegen, Schweden, Finnland und Russland beheimatet sind, unterscheiden sie sich schon kategorial grundlegend von den anderen Minderheiten Nordeuropas.

Bild 13: *Traditionelle farbenfrohe Tracht der Samen.*

Bild 14: *Traditionelles Treffen der samischen Bevölkerung.*

Es ist außerordentlich schwierig, die Gesamtzahl der Samen zu bestimmen. Brauchbare Schätzwerte sprechen von einer Gesamtzahl von rd. 50 000, davon 25–30 000 in Norwegen, ca. 15 000 in Schweden, rd. 5000 in Finnland und etwa 2000 in Russland. Genauere Zahlen sind deswegen so schwierig zu ermitteln, weil die Kriterien dessen, was einen Menschen zu einem Samen macht, in den betreffenden Ländern und im zeitlichen Verlauf sehr unterschiedlich waren und sind. Nimmt man dagegen das Kriterium der Selbstzuschreibung, so stößt man auf die Schwierigkeit, dass viele Samen aufgrund langer Unterdrückung eine „Underdog-Mentalität" entwickelt haben und sich nicht trauen, sich als Samen zu bekennen (Bild 13 u. 14). Noch 1989 urteilte der Ethnosoziologe Eidheim: „Lappisch-Sein trägt das Stigma der Minderwertigkeit, die durch Lächerlichmachung, Beleidigung und Ausgrenzung verstärkt wird" (Eidheim 1989, S. 40).

Lediglich etwa 10 % der Samen Skandinaviens betreiben die traditionelle Rentierwirtschaft, über deren wirtschaftliche Bedeutung an anderer Stelle berichtet wird. In Nordnorwegen und Nordschweden ist sie den Samen vorbehalten, in Nordfinnland kann sie von jedermann ausgeübt werden. Sie wird durch wachsende Raumansprüche der Majoritätsbevölkerung immer mehr eingeschränkt, was zu Überweidung und entsprechenden Schäden führt.

Diese außerordentlich enge Anpassung der Lebens- und Wirtschaftsform an das Rentier entstand wohl erst im 17. Jh., als in Nordskandinavien das Wildren durch die Einführung der Feuerwaffen ausstarb und die Samen gezwungen waren, ihr Dasein als Jäger aufzugeben. Andererseits scheint die Haltung von gezähmten Renen zur Milchversorgung schon früher bekannt gewesen zu sein, wie frühe Lehnwörter dieses Tätigkeitsbereiches aus dem Urnordischen beweisen. Viel höher als die wirtschaftliche ist aber die kulturelle Bedeutung der Rentierhaltung für die Samen, denn sie definieren ihre soziokulturelle Identität gerade über die Rentierhaltung. So bedeutete die Katastrophe von Tschernobyl, nach der eine Wolke mit radioaktiven Niederschlägen in das Siedlungsgebiet der Samen gelangte und dort die Weidegrundlage für die Rentiere nachhaltig schädigte, nicht nur eine wirtschaftliche, sondern auch und vor allem eine kulturelle Existenzbedrohung (Hemmer 1987, 1989).

1970 sah Küng für die Zukunft der Samen nur zwei Möglichkeiten: „*välfärd till döds*" (Unterstützung durch die Majorität bis zum völligen Identitätsverlust) oder „*kulturellt folkmord*" (bewusste Diskriminierung durch die Majorität). Inzwischen scheinen die Samen einen dritten Weg gefunden zu haben. Sie machen die Mehrheitsbevölkerung und ihre Medien auf sich und ihre Probleme aufmerksam, z. T. durch spektakuläre, aber stets gewaltfreie

Aktionen. Sie organisieren samische Parlamente – die allerdings nur beratende Funktion haben –, und sie schließen sich mit anderen Urbevölkerungen zusammen, um in internationalen Organisationen an Einfluss zu gewinnen und auf diesem Wege Druck auf ihre Majoritätsbevölkerung auszuüben. Sie setzen dabei auf das in allen Nordischen Ländern stark ausgeprägte Solidaritätsgefühl mit den Unterdrückten und versuchen der Majoritätsbevölkerung deutlich zu machen, dass Unterdrückungsmechanismen nicht nur in fernen Ländern, sondern durchaus auch in Nordeuropa vorkommen. Erfolge dieser Politik sind durchaus spürbar: Nachdem jahrzehntelang der Gebrauch des Samischen in den norwegischen Schulen verboten war, haben seit 1991 samische Kinder in Norwegen das Recht, in ihrer Muttersprache unterrichtet zu werden. Jeder Same hat seither auch das Recht, in allen Kontakten mit Behörden seine Muttersprache zu benutzen.

Ausländische Bevölkerung

Wie bereits beschrieben wurde, hat die Einwanderung von Ausländern aus den unterschiedlichsten Herkunftsländern in Nordeuropa eine lange Tradition. Sie nahm allerdings nach dem Zweiten Weltkrieg mengenmäßig eine völlig neue Qualität an. Die Einwanderung lässt sich in verschiedene recht unterschiedliche Phasen unterteilen. Am Anfang steht die Aufnahme und Einbürgerung von Ausländern, die vor dem nazistischen Regime in Deutschland in den dreißiger und vierziger Jahren des 20. Jh.s vor allem nach Schweden flohen. Bei ihnen handelte es sich um aus rassistischen oder politischen Gründen Verfolgte. Dieses Land nahm dann nach dem Zweiten Weltkrieg zahlreiche Flüchtlinge aus den Baltischen Ländern auf, allein 24 000 aus Estland. Schätzungsweise 30 000 Balten blieben in Schweden. Auch dies waren politisch Verfolgte, dazu aber auch Angehörige der im Baltikum seit der schwedischen Großmachtzeit ansässigen und vielfach noch schwedischsprachigen Oberschicht. Sie wurden ab den fünfziger Jahren abgelöst von Gastarbeitern aus dem Süden Europas, die als Arbeitskräfte von der Industrie Mittel-, West- und Nordeuropas benötigt wurden. Sie strömten vor allem nach Schweden und Dänemark, nur in geringem Maße nach Norwegen, das damals konjunkturell noch hinter den Nachbarländern zurücklag. Eine Besonderheit in Schweden ist der starke Zustrom von Gastarbeitern aus Finnland. Etwa eine halbe Million Menschen sind damals aus dem wirtschaftlich schwachen Finnland nach Schweden gezogen, von denen etwa die Hälfte wieder zurückkehrte, als auch in Finnland sich die konjunkturelle Lage besserte. Für die Finnen war es sehr einfach, eine Arbeit in Schweden aufzunehmen, da damals bereits der gemeinsame nordische Arbeitsmarkt eingerichtet war. Bei diesen Gastarbeitern handelte es sich zumeist um wenig ausgebildete Arbeitskräfte. Die Männer kamen vor allem in der Industrie unter, die Frauen in sozialen Berufen.

Nach dem Ölschock und dem entsprechenden Konjunktureinbruch verhängten die Länder West- und Mitteleuropas einen Anwerbestopp, dem sich die Nordischen Länder anschlossen. Doch ging der Zufluss von Menschen aus den südeuropäischen Ländern noch bis etwa 1984 aufgrund von Familienzusammenführungen u. dgl. weiter, allerdings in stark vermindertem Umfang. Er wurde dann zunehmend überlagert vom Strom politischer Flüchtlinge, die bis heute die Mehrheit der Einwanderer stellen. Nach dem Sturz der Regierung Allende in Chile 1973 nahmen Norwegen und Schweden z. B. zahlreiche Chilenen auf. Schweden gewährte auch US-Soldaten, die vor der Einberufung nach Vietnam flüchteten, als politischen Flüchtlingen Zuflucht und handelte sich damit erhebliche Verstimmungen im Verhältnis zu den USA ein.

Die Herkunftsländer der Ausländer in den Nordischen Staaten werden zur Gegenwart hin immer mehr und die einwandernden Gruppen immer unterschiedlicher (Tab. 5).

Bei alledem muss erwähnt werden, dass der Ausländeranteil der Nordischen Staaten im Vergleich zu den Ländern Mittel- und Westeuropas immer noch relativ gering ist. Vor allem Finnland scheint kein von Ausländern bevorzugtes Einwanderungsland zu sein. Als Erklärung werden die Faktoren Klima und Sprache genannt. Zudem sind in ganz Nordeuropa Ausländer aus den nordischen Nachbarländern und aus dem sonstigen Europa in der überwiegenden Mehrheit.

Die Einwanderer konzentrieren sich sehr stark in den Städten. Dies gilt insbesondere für Immigranten aus der Dritten Welt. Norwegen hatte 2000 einen Ausländeranteil von 6,3 %, der zu 4,2 % aus der Dritten Welt und zu 2,1 % aus dem „Westen" (Europa und Nordamerika) stammte. In Oslo waren

Land	Ausländer		Herkunft der Ausländer (%)					
	absolut	in %	Norden	Sonst. Europa	Nord-amerika	Sonst. Amerika	Afrika	Asien
Dänemark	256 276	4,8	12	50	2	1	9	21
Finnland	85 060	1,6	10	55	3	1	10	17
Island	6 521	2,4	25	46	10	2	2	14
Norwegen	165 070	3,7	32	34	6	3	6	19
Schweden	499 931	5,6	32	33	2	4	6	20

***Tab. 5:** Ausländeranteil der Bevölkerung und Herkunft der ausländischen Bevölkerung 1999.*

Eigene Berechnungen nach Statistics across borders 2000.

aber 14,3 % der Einwohner Menschen aus den Ländern Afrikas und Asiens; 4,4 % kamen aus dem „Westen". In Bergen lagen die entsprechenden Werte bei 4,1 % und 2,0 %, also unter dem norwegischen Durchschnitt. In Schweden konzentrieren sich 50 % der im Ausland geborenen Einwohner in nur 18 der insgesamt 288 Gemeinden des Landes, ein Wert, der seit 15 Jahren unverändert ist (Andersson 1998, S. 403). Eine großangelegte Aktion, die die Einwanderer nach einem Quotensystem auf alle Gemeinden des Landes verteilen wollte, ist gescheitert und wurde eingestellt.

Eine Detailuntersuchung in Oslo (Blom 1999) hat ergeben, dass der Konzentrationsgrad der Einwanderer umso höher ist, je stärker ihre Kultur von der der Einheimischen divergiert (höchste Werte bei den Pakistani). Diese Konzentration lässt sich weniger mit einem ethnischen Zusammengehörigkeitsgefühl begründen als vielmehr mit ökonomischen Zwängen. Für Stockholm haben Murdie & Borgegård (1998) vergleichbare Ergebnisse ermittelt. Zu etwas anderen Resultaten kommt Andersson (1998; 2000). Zwar hat, wie Öberg & Springfeldt (1991, S. 149) belegen, die Ablehnung von Ausländern in Schweden stark abgenommen (1969 erklärten nur 27 % der Befragten, sie hätten keine negative Haltung gegenüber Ausländern, 1987 bereits 60 %), doch geben die jüngsten Wahlerfolge rechtspopulistischer, mehr oder weniger offen ausländerfeindlicher Parteien in Norwegen und Dänemark Anlass zur Sorge.

Städte und städtische Siedlungen

Bild 15: *Die norwegische Metropole Oslo Anfang der 1990er-Jahre (E. Gläßer).*

Überblick

- Die nordeuropäischen Städte unterscheiden sich – mit Ausnahme vieler dänischer Städte und vielleicht der nordischen Metropolen – in mehrfacher Hinsicht vom mittel- bzw. westeuropäischen Stadttypus. Vor allem ist es das relativ junge Alter, das die Mehrzahl der nordeuropäischen Stadtsiedlungen von denen Kontinentaleuropas abhebt. Weiterhin sollte man gerade in Nordeuropa differenzieren nach einer „Stadt" im rechtlich-administrativen Sinn und städtischen Orten allgemein, wobei Letztere oft eine viel höhere Zentralität besitzen als Siedlungen mit Stadtrecht.
- Schon die Tatsache, dass die fünf nordischen Hauptstädte lange Zeit zugleich wichtige Hafenfunktionen erfüllten, unterstreicht die Bedeutung der Küstenlage für das nordeuropäische Städtesystem. Nach der Mitte des 19. Jh.s wurde die Errichtung des Eisenbahnnetzes zur wichtigsten Determinante für die Gründung bzw. den Ausbau städtischer Siedlungen.
- Nach generellen stadtgeographischen Kennzeichen Nordeuropas werden im Folgenden die nordischen Hauptstädte in historisch-genetischer und funktionaler Sicht vorgestellt, woran sich eine Skizzierung ausgewählter Landesteilzentren anschließt, die sich auf Odense und Ålborg, Trondheim und Tromsø, Göteborg und Malmö sowie auf das finnische Turku und das isländische Akureyri bezieht.

Einführung

von Ewald Gläßer

Die meisten nordeuropäischen Städte, vielleicht mit Ausnahme der dänischen Städte und der nordischen Metropolen, sind nicht mit Maßstäben zu messen, die gewöhnlich an den mittel-, west- oder südeuropäischen Stadttypus angelegt werden, und das weder in formal-physiognomischer noch in funktional-struktureller und historisch-genetischer Sicht. Insbesondere ist es das relativ junge Alter, das die Mehrzahl der nordeuropäischen Stadtsiedlungen von denen Kontinentaleuropas unterscheidet. Nur die dänischen Städte sind bis zu 80 % mittelalterlichen Ursprungs. Hiermit hebt sich Dänemark von den benachbarten nordeuropäischen Staaten ab, indem in Schweden 38 %, in Norwegen 24 % und in Finnland nur 17 % aller Städte auf die Zeit vor 1580 zurückgehen (Abb. 13).

Abb. 13: Städtegründungen in Nordeuropa.

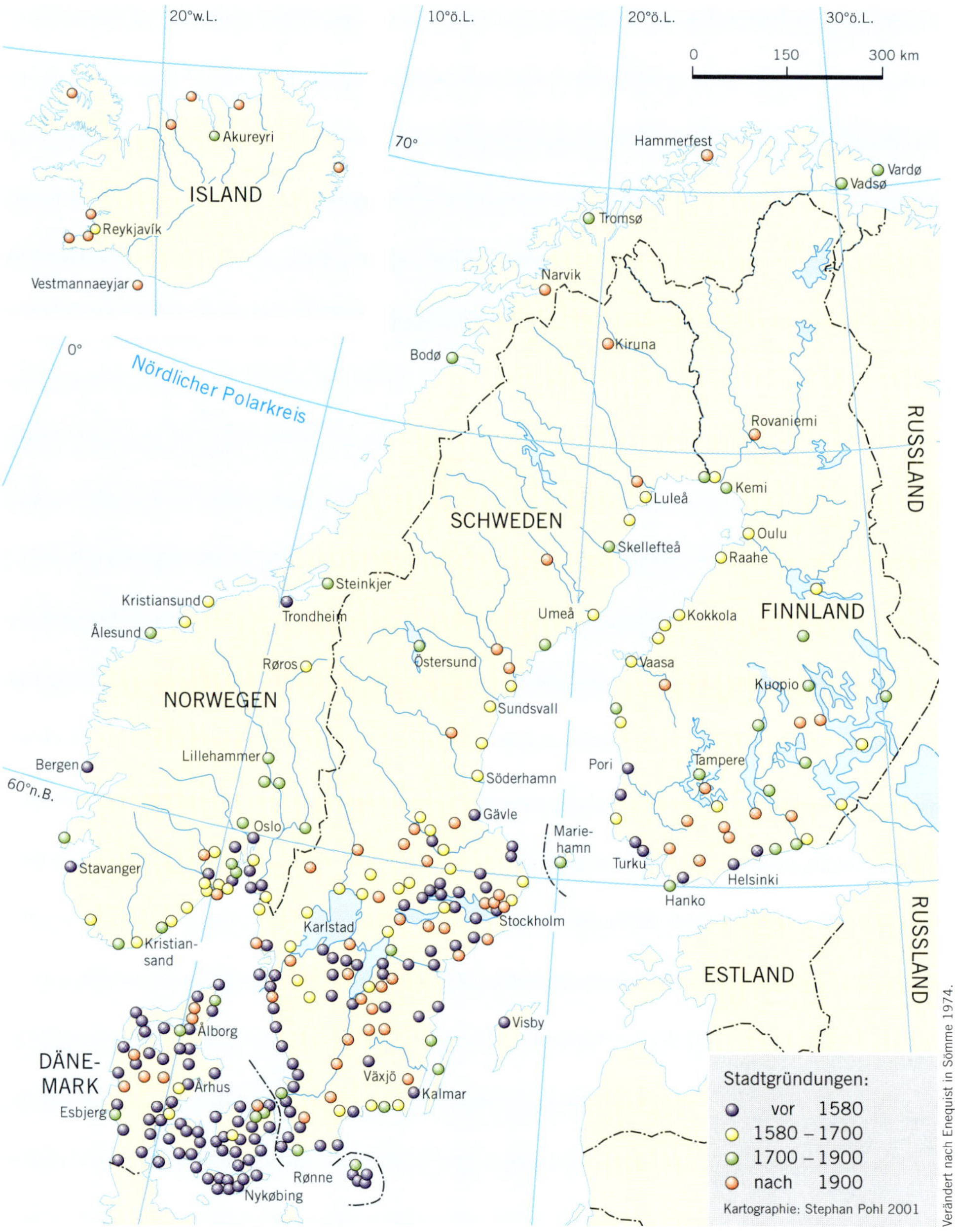

Schon vor 1700 erfolgten unter dem Einfluss des Absolutismus und Merkantilismus zahlreiche neue Stadtgründungen, und zwar weiter in den nördlichen Küstenregionen, insbesondere beiderseits des Bottnischen Meerbusens. Beispiele sind Söderhamn, Hudiksvall, Sundsvall, Härnösand, Umeå und Luleå in Schweden sowie Vaasa, Oulu und Tornio in Finnland. Zu dieser Zeit wurde auch Reykjavík als Stadt an der südwestisländischen Fjordküste gegründet. Im 18. und 19. Jh. stieg, und zwar besonders in Norwegen und Finnland, die Städteanzahl weiter an. Die neu gegründeten Handelsstädte lagen nunmehr auch weiter im Landesinnern, so Hamar, Gjøvik und Lillehammer im östlichen Norwegen oder einige Städte auf der finnischen Seenplatte. Jenseits des Polarkreises entstanden die Hafenstädte Bodø, Tromsø, Vadsø und Vardø auf der Varanger-Halbinsel in Ost-Finnmark. Auf Island konnte sich bis 1900 neben Reykjavík nur Akureyri an der Nordküste zur Stadt entwickeln. Schließlich erfolgte nach 1900 mit dem verstärkten Industrialisierungsprozess und den zunehmenden Binnenwanderungen eine relativ große Zahl von Stadtneugründungen.

Gerade in Nordeuropa sollte man differenzieren zwischen einer „Stadt" im rechtlich-administrativen Sinn und zentralen Orten bzw. städtischen Siedlungen allgemein (norw. *tettsted*, schwed. *tätort*, in etwa zu umschreiben mit „Dichtort"). Unter einem tettsted bzw. Dichtort sind nach einer Festlegung der Statistiker der Nordischen Staaten Siedlungen zu verstehen, die mindestens 200 Einwohner zählen und deren Häuser nicht mehr als 200 m Abstand haben (in Norwegen 50 m). Die ursprüngliche Forderung, es dürften nur maximal 25 % primärwirtschaftlich tätig sein, wurde später aufgegeben. Man unterscheidet also heute in Nordeuropa zwischen einer Gemeinde und dem Dichtort. Dabei kann eine Gemeinde mehrere Dichtorte haben, aber sich ein Dichtort auch über Gemeindegrenzen hinweg erstrecken. Oslo hatte z. B. 2000 innerhalb seiner Gemeindegrenzen 507 467 Einwohner; der Dichtort Oslo umfasste dagegen 761 259 Menschen. Der rechtlich-administrative Stadtstatus ist in Nordeuropa rein historischer Natur (Verleihung der Stadtrechte); nach der heutigen Zentralität oder nach der Einwohnerzahl wird er nicht bemessen. Somit kann die Mindestgrenze der Einwohnerzahl für die meisten nordischen Städte keineswegs als ein maßgebliches Kriterium zur Kennzeichnung einer Stadt herangezogen werden. Ein weiterer Unterschied zum mitteleuropäischen Raum besteht darin, dass die meisten zentralen Orte Nordeuropas ein enorm großes Um- bzw. Hinterland und damit eine entsprechende funktionale Bedeutung haben. Beispielsweise besitzt Stavanger als viertgrößte Stadt Norwegens mit etwa 109 000 Einwohnern (2000) für sein Umland zumindest die gleiche funktionale Bedeutung wie Bremen mit rund 540 000 (1999) Einwohnern für seinen Einzugsbereich.

Schon die Tatsache, dass die fünf Hauptstädte der Nordischen Länder lange Zeit zugleich dominierende Hafenstandorte waren, unterstreicht die Bedeutung der Küstenlage für das städtische Siedlungssystem in Nordeuropa. Wenn heute jene Hafenfunktionen stark an Bedeutung verloren haben, so darf deren wirtschaftliche und landespolitische Rolle bis weit ins 20. Jh. hinein nicht unterschätzt werden. Viele Hafenstädte Nordeuropas sind aus sog. Ladeplätzen (norw. *ladesteder*, schwed. *köping*) hervorgegangen. Diese entwickelten sich mit zunehmendem Handelsaufkommen besonders im 19. Jh. zu eigenen Städten mit Hafenfunktionen. Ein treffendes Beispiel hierfür ist die südnorwegische Küste zwischen der Landeshauptstadt Oslo und der heutigen Ölmetropole Stavanger.

Nach der Mitte des 19. Jh.s wurde auch in Nordeuropa der Bau des Eisenbahnnetzes zur wichtigsten Determinante für die Gründung bzw. den Ausbau städtischer Siedlungen. Es entstanden die gerade für Dänemark, Schweden und Norwegen typischen „Stationsstädte" entlang der Eisenbahnlinien. Da die meisten Bahnstrecken in reichlicher Entfernung zur Küste verliefen, schuf man Stichbahnen zu den alten, meerorientierten Hafenstädten, und an den Eisenbahnknotenpunkten etablierten sich nun zwangsläufig neue Umschlagplätze und damit städtische Siedlungen. Nach einer über hundertjährigen Blütezeit der Stationsstädte ist deren zentralörtliche Bedeutung in den letzten Jahrzehnten, d. h. in Folge der Aufgabe zahlreicher Bahnstrecken vor allem in Dänemark und Schweden, zumindest teilweise zurückgegangen.

Größenordnungen und Verteilungsmuster

Von den rd. 5,3 Mio. Einwohnern Dänemarks (2000) leben heute über 30 % in der Region Kopenhagen. Die übrigen Großstädte über 100 000 Einwohner, nämlich Århus mit rd. 285 000, Odense 184 000 und Ålborg 161 000 (2000), bleiben weit hinter Kopenhagen zurück. Kopenhagen als Haupt- und Residenzstadt sowie als wichtigster Handels- und Industrieplatz Dänemarks liegt zwar für Jütland peripher, für den gesamten Ostseeraum und speziell für die heute als „Kraftzentrum des Nordens" titulierte Öresundregion jedoch sehr zentral. Der gesamte Raum zwischen Kopenhagen, Malmö, Helsingör und Helsingborg (Planungsregion Öresund seit 1964) hat in den letzten Jahrzehnten eine enorme Entwicklung erfahren. In der Öresundregion sind über 10 % der Gesamtbevölkerung Nordeuropas ansässig. Der hier in städtischen Siedlungen lebende Anteil der Bevölkerung beträgt über 90 %, wobei im dänischen Teil, schon bedingt durch den Großraum Kopenhagen, der Urbanisierungsprozess stärker ausgeprägt ist als im benachbarten Schonen. Etwa 30 km westlich Kopenhagen liegt die alte Bischofsstadt Roskilde, die wie Ribe, Viborg und Odense zu den ältesten und – historisch gesehen – bedeutendsten zentralen Orten Dänemarks zählt.

Nach ihrer heutigen Funktion sind die meisten dänischen Städte Handels- und Verkehrszentren, wobei insbesondere die Hafen- und speziell die ostjütischen Fördenstädte, wie z. B. Randers, Vejle und Kolding, zu nennen sind. Neben diesen alten Hafenstädten haben sich dann im Zuge der Industrialisierung auch sog. Fährstädte (teilweise verbunden mit Fischereiaktivitäten) entwickelt, so vor allem Helsingör, Hirtshals und Frederikshavn in Nordjütland oder Esbjerg an der südjütischen Küste sowie Nyborg und Korsör zwischen Fünen und Seeland.

In Norwegen sind die städtischen Siedlungen rund um den Oslograben die am stärksten wachsende Siedlungsverdichtung. Daneben gibt es städtische Entwicklungsachsen entlang der Sörlandküste mit dem Oberzentrum Kristiansand sowie von Stavanger über Haugesund bis Bergen, wobei Stavanger vor allem von dem Ölboom im Offshore-Bereich profitiert hat. Trondheim, das berühmte alte Nidaros und heute nach Oslo und Bergen mit rd. 150 000 Einwohnern drittgrößte Stadt Norwegens und einem weit in das innere Trøndelag reichenden Hinterland, vermittelt seit jeher zwischen Süd- und Nordnorwegen. Dort ist Tromsø (59 100 Einwohner 2000) das übergeordnete Handels-, Dienstleistungs- und Bildungszentrum mit den wohl stärksten Wachstumstendenzen aller tettsteder jenseits des Polarkreises. Insgesamt gesehen ist jedoch das Netz der zentralen Orte in der sog. Nordkalotte – ähnlich wie in Nordschweden und Nordfinnland – bedeutend weitmaschiger als im dichter besiedelten Süden.

Weit über 80 % der schwedischen Bevölkerung leben heute in Städten oder stadtähnlichen Siedlungen; 1930 waren es nur 32 %. In räumlicher Sicht konzentrieren sich die größeren Städte vor allem auf die Mittelschwedische Senke mit den Eckpfeilern Stockholm und Göteborg sowie auf das südwestliche Schonen. Während der 1970er-Jahre haben vor allem in Schweden im Zuge der Counterurbanisation die großen Zentren, d. h. Stockholm (2000 rd. 744 000 Einwohner), Göteborg (462 000) und Malmö (258 000), Bevölkerungsverluste erlitten, die jedoch in den 1980er-Jahren zum Stillstand kamen.

Die mittelalterlichen Städte als Markt-, Hafen- oder Bischofszentren, z. B. Lund und Uppsala, heben sich in ihren unregelmäßigen Grundrissformen ab von den planmäßigen Stadtgründungen nach 1600, wie z. B. der schachbrettförmigen Anlage von Göteborg. Mit der Industrialisierung und Verkehrserschließung entstanden auch die besonders für Schweden wie für Dänemark charakteristischen „Stationsstädte" praktisch wie Perlen an einer Schnur entlang der Eisenbahnlinien.

In den Nachkriegsjahrzehnten gewann dann im Zuge der Suburbanisierung die Konzeption der sog. Gartenstadt in den Randbereichen der Ballungs- und Verdichtungszonen eine große Bedeutung. Hiermit in Verbindung stehen die modernen Trabantenstädte wie etwa Vällingby bei Stockholm als weltweit beachtetes Beispiel schwedischer Stadtplanung.

Auch in Finnland leben mittlerweile über 70 % der Bevölkerung in städtischen Siedlungen. Allerdings verfügt das Land nur über wenige zentrale Orte mit über 100 000 Einwohnern, so Helsinki mit 551 100 (2000), das industriell geprägte Tampere mit 193 200, Turku mit 172 100 sowie die zum Großraum Helsinki zählenden Städte Espoo und Vaanta mit 210 000 bzw. 180 000 Menschen. Ein relativ großes Wachstum haben auch einige nordfinnische Städte, besonders Oulu mit knapp 118 000 Einwohnern, erfahren. Insgesamt gesehen ist Finnland arm an historisch gewachsenen Städten. Nur fünf reichen in die Zeit vor 1500 zurück, nämlich Turku (Åbo) als älteste Stadt des Landes, Porvoo (Borgå), Pori (Björneborg), Rauma (Raumo) und Naantali (Nådendal). Sie liegen als ursprüngliche Handels- und Hafenplätze alle an der Südküste. Jüngere städtische Siedlungen entwickelten sich dann weiter im Hinterland, zunächst an wichtigen Binnenwasserstraßen, später auch an Eisenbahnknotenpunkten. Zugleich entstanden einige Industrie- und Handelszentren auch im nördlichen Landesteil, z. B. das am Polarkreis liegende Rovaniemi, dessen zentrale Bedeutung weit größer ist, als die Einwohnerzahl (36 000; mit Landgemeinde allerdings 48 000) vermuten lässt.

Island verzeichnet gerade in den letzten Jahrzehnten ähnlich hohe Urbanisierungstendenzen wie die anderen nordischen Nationalstaaten. So lebten im Großraum Reykjavík, dem weitaus dominierenden Verdichtungsraum Islands, 2000 ca. 169 000 Menschen bzw. 61 % der damaligen isländischen Bevölkerung; davon rd. 108 000 in Reykjavík selbst und der Rest in den benachbarten Städten Kópavogur und Hafnarfjörður. Noch um die Mitte des 19. Jh.s waren in Reykjavík nur 1200 Menschen wohnhaft. An der hafengünstigen Fjordküste des Nordens liegt der wichtigste zentrale Ort Akureyri mit über 15 000 Einwohnern. Mit der wachsenden Zentralität dieser „Hauptstadt des Norðurlandes" hatte Akureyri, das 1787 und dann erneut 1862 Stadtrechte erhielt, schon im letzten Jahrhundert ständig steigende Einwohnerzahlen zu verzeichnen.

In der isländischen Administration unterscheidet man innerhalb der städtischen Siedlungen zwischen den sog. kaupstaðir und den kauptún. Erstere sind zentrale Orte mit Stadtrecht, während unter kauptún mehr oder minder geschlossene Siedlungen mit mindestens 300 Einwohnern verstanden werden, die kein Stadtrecht besitzen. Allerdings erscheint jene Differenzierung in kaupstaðir und kauptún nach heutigen zentralörtlichen Gesichtspunkten recht willkürlich. Denn die kaupstaðir mit verbrieften Stadtrechten implizieren keineswegs immer eine höhere Zentralität als die kauptún ohne Stadtrecht. Somit ist es auch in diesem Fall (vgl. die angeführten Beispiele Norwegen und Schweden) schwierig, den traditionellen Begriff „Stadt" auf isländische Verhältnisse zu übertragen.

Hauptstädte und Hauptstadtregionen

In der stadtgeographischen Betrachtung der nordeuropäischen Landesmetropolen sollen hier besonders die historisch-genetischen Entwicklungszüge sowie die aktuellen funktionalen Aspekte und Planungsstrategien zum Tragen kommen. Diesbezüglich bietet sich in methodischer Sicht zum einen die vergleichende Betrachtungsweise an, etwa die Fokussierung auf die gemeinsame historische Dimension, z. B. den raum-zeitlichen Wandel der Hafenfunktionen (frühe Handelsschwerpunkte, heute Revitalisierungsprozesse in alten Hafenvierteln), oder die demographische Dynamik der letzten Jahrzehnte im Zuge der Suburbanisierung, Counterurbanisation besonders in den 1970er-Jahren und der gegenwärtigen Reurbanisierung. Zum anderen lässt sich für die hier angesprochenen Metropolen, d. h. Kopenhagen, Oslo, Stockholm, Helsinki und Reykjavík, eine Reihe von individuellen Kennzeichen und Entwicklungstendenzen herausstellen, die auch eine jeweils eigene Betrachtungsweise rechtfertigen, der im Folgenden – ohne auf vergleichende Aspekte zu verzichten – nachgegangen werden soll.

Die Hauptstadtregion Kopenhagen

Mit einer Fläche von nahezu 2870 km² umfasst der Großraum Kopenhagen (Tab. 6 und Abb. 14) den nordöstlichen Teil von Seeland mit den Kreisen Kopenhagen, Frederiksborg und Roskilde sowie die beiden zentralen und kreisfreien Stadtgemeinden Kopenhagen und Frederiksberg.

Wie schon bereits angemerkt, leben in der so abgegrenzten Hauptstadtregion ca. 1,8 Mio. Menschen bzw. etwa ein Drittel der dänischen Bevölkerung. Die Zentralität des Hauptstadtbereichs Kopenhagen spiegelt sich auch in ihrer Bedeutung für die gesamte Öresundregion wider, des am dichtesten besiedelten Raumes in Skandinavien, dessen Herz die dänische Hauptstadt sowie Schwedens drittgrößte

Stadt Malmö und das alte Universitätszentrum Lund verkörpern.

Schon rein physiognomisch lassen sich anhand eines heutigen Stadtplanes oder einer großmaßstäblichen Karte die einzelnen Viertel des mittelalterlichen und neuzeitlichen Kopenhagen ausgliedern. Innerhalb der kanalumgebenen Schlossinsel (Slotsholmen), dort wo die seeländische Küste und die vorgelagerte Insel Amager eine Meeresenge innerhalb des Öresundes bilden, bestand zumindest schon im 11. Jh. eine Handels- und Fischersiedlung, die 1043 als „Havn" beurkundet wird. Einen bedeutenden Aufschwung erhielt der Ort ab 1167, nachdem der Bischof Absalon von Roskilde hier eine Schutzburg errichten ließ, um den Schiffsverkehr nach Schonen und vor allem zum dortigen Bischofssitz Lund zu sichern. Das heutige Schloss Christiansborg steht auf den Ruinen dieser bischöflichen Schutzburg. Auch die Stadtwälle (vgl. Verlauf der heutigen, mehrfach unterteilten Voldgade), die nahezu 500 Jahre das mittelalterliche Kopenhagen umgeben sollten, wurden zu jener Zeit errichtet. Die im Schutze der Festung wachsende Kaufmanns- und Fischersiedlung erhielt den Namen „Köbmanne Havn" (Kaufmannshafen); sie soll bereits um 1300 ca. 4000 Einwohner gezählt haben. Beeinflusst wurde diese Entwicklung von den norddeutschen Hansestädten, auch im negativen Sinn, denn Kopenhagen wurde 1368 von der Hanse zerstört. Aber schon im 15. Jh. wurde Kopenhagen wieder ein wichtiger Handelsplatz im Ostseeraum, vor allem nachdem er 1443 Hauptstadt und königliche Residenz und somit innerhalb der Kalmarer Union eine Art nordische Metropole geworden war. Mit der Gründung der Universität gegen Ende des 15. Jh.s wurde zudem der Grundstein zum „Kulturzentrum" Kopenhagen gelegt.

Von großer Bedeutung für die städtebauliche Entwicklung Kopenhagens war die Zeit Christians IV.

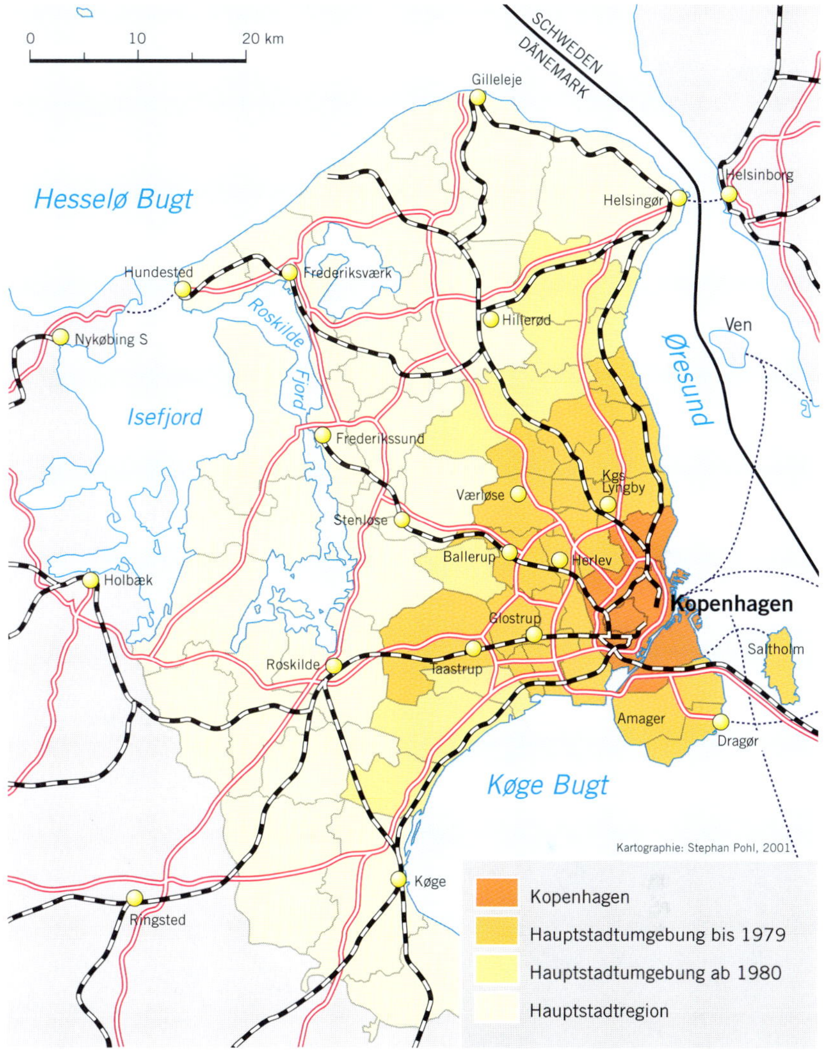

Abb. 14: *Der Raum Kopenhagen.*

Hauptstadtregionen	Bevölkerung (1000) 1980	1990	2000	Anteil an der Gesamtbevölkerung des Landes (%) 1980	1990	2000
Großraum Kopenhagen[1]	1746	1711	1791	34,1	33,3	33,6
Kopenhagen[2]	499	467	494	9,7	9,1	9,3
Großraum Helsinki[3]	930	1034	1184	19,5	20,8	22,9
Helsinki	484	491	551	10,1	9,9	10,6
Großraum Reykjavík[4]	122	146	169*	53,1	57,1	61,1*
Reykjavík	84	98	108*	36,5	38,2	39,3*
Großraum Oslo[5]	822	873	956	20,1	20,6	21,6
Oslo	455	458	504	11,2	10,8	11,4
Großraum Stockholm[6]	1384	1482	1625*	16,7	17,4	18,4*
Stockholm	649	672	745	7,8	7,9	8,4

*Daten aus dem Jahr 1999
[1] einschließlich Kopenhagen, Fredriksberg und 48 Vorortsgemeinden
[2] einschließlich Kopenhagen, Fredriksberg, Gentofte und sechs Vorortsgemeinden
[3] einschließlich Helsinki und 11 Vorortsgemeinden
[4] einschließlich Reykjavík und 9 Vorortsgemeinden
[5] einschließlich Oslo, Akershus fylke und 22 Vorortsgemeinden
[6] einschließlich Stockholm und 21 Gemeinden aus dem län Stockholm

Quellen: Stat. Jahrbücher der Länder, versch. Jahrg.; Statistics across Borders 2000.

Tab. 6: *Die Bevölkerung in den nordischen Hauptstadtregionen 1980–2000.*

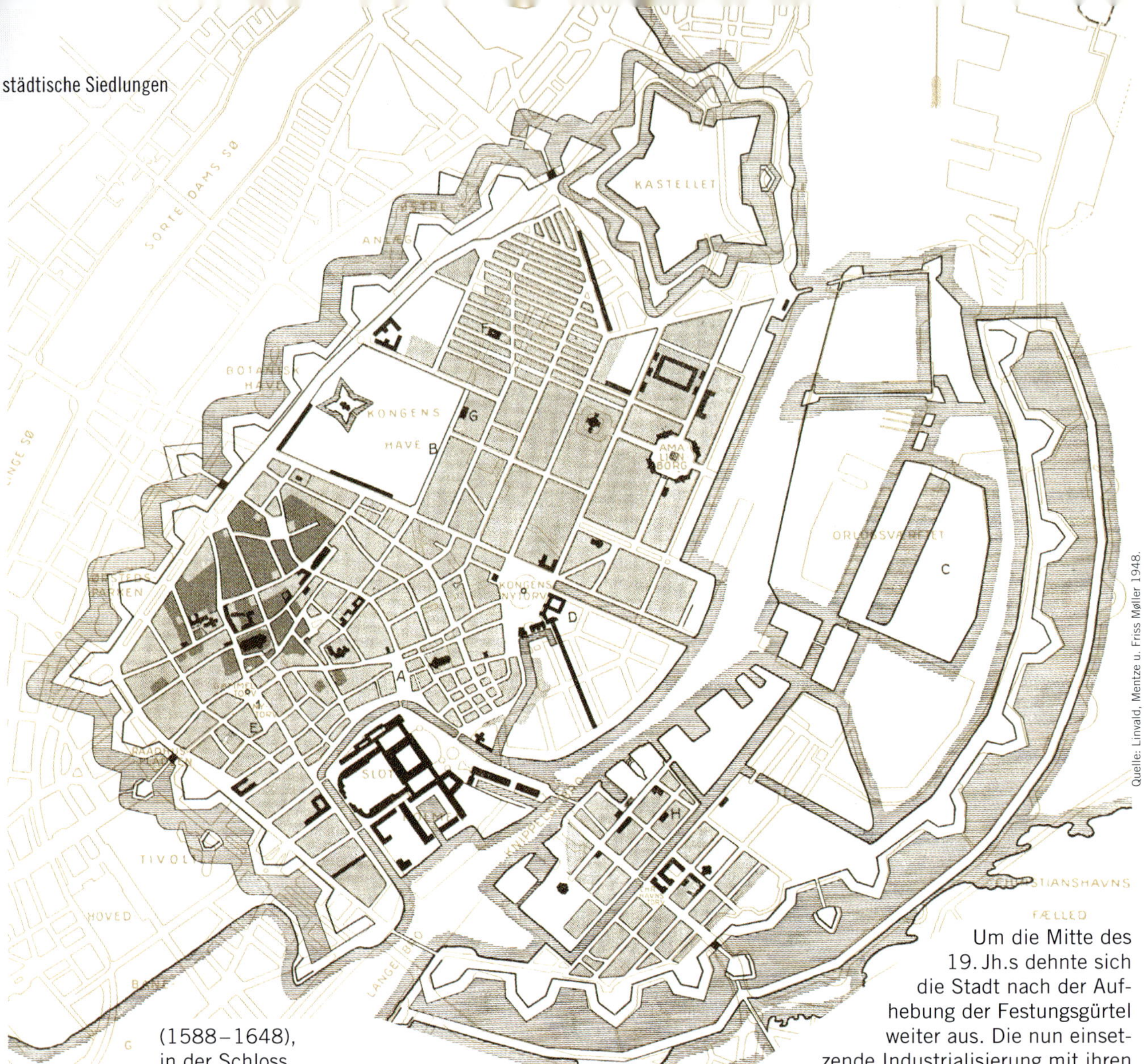

Quelle: Linvald, Mentze u. Friss Møller 1948.

Abb. 15:
Kopenhagen um 1800.

(1588–1648), in der Schloss Rosenborg, die im niederländischen Renaissancestil erbaute Börse, die am Nordrand der Altstadt gelegene Zitadelle (Kastellet), der Runde Turm (Rundetårn) mit der Trinitatiskirche, das Zeughaus und viele andere repräsentative Gebäude mehr errichtet wurden. Kopenhagens Bevölkerung war inzwischen auf ca. 30 000 Menschen angewachsen, so dass wiederum eine Stadterweiterung erforderlich wurde. So entstanden im 17. Jh. die Viertel Nyboder und auf Amager das Stadtviertel Christianshavn (Abb. 15). Beide Stadtteile lassen durch ihre schematische, rechtwinklige Straßenführung noch heute den planmäßigen Grundriss erkennen.

Auch Kopenhagen ist – ähnlich wie die anderen Metropolen oder Landesteilzentren Nordeuropas – in seinem Wachstum mehrfach unterbrochen worden, so infolge kriegerischer Auseinandersetzungen (z. B. verlor Dänemark mit dem Friedensvertrag von Roskilde 1658 seine Besitzungen im benachbarten Südwestschweden), weiterhin durch Pestepidemien und Großbrände (1795 versank fast die gesamte Altstadt im Feuer); aber um 1800 zählte die Stadt schon um die 100 000 Bewohner.

Um die Mitte des 19. Jh.s dehnte sich die Stadt nach der Aufhebung der Festungsgürtel weiter aus. Die nun einsetzende Industrialisierung mit ihren neuen Produktionsmitteln, Transportmöglichkeiten und Energiequellen veränderte auch das Stadtbild Kopenhagens in sehr kurzer Zeit. Industrialisierung (zunächst vor allem Lebensmittel- und Werftindustrie) und damit verbundene Urbanisierung führten zu einer neuen Situation. Zugleich profitierte der Kopenhagener Hafen von der Abschaffung der Sundzölle im Jahre 1857. Der 1894 errichtete Freihafen gab dem Wirtschaftsleben des Hauptstadtbereiches zusätzliche Impulse. 1911 zählte Kopenhagen bereits 462 000 Einwohner, mit Frederiksberg und Gentofte sogar 585 000. Durch Eingemeindungen wurde die Stadtfläche um das Dreifache vergrößert. Neue Dimensionen setzte zudem der 1924 eröffnete Großflughafen Kastrup auf Amager. Bis Ende der 1950er-Jahre bildete die Hauptstadtregion Kopenhagen auch den industriellen Schwerpunkt des Landes; danach vollzog sich eine kontinuierliche Verlagerung der industriellen Aktivitäten hin zum westlichen Landesteil, insbesondere zu den ostjütischen Fördenstädten. Mitte der 1990er-Jahre zählte die Hauptstadtregion noch rd. 25 % der dänischen Industriebeschäftigten; Anfang der 1970er-Jahre waren es knapp 38 %. Andererseits nimmt der Hauptstadtbereich die Spitzenposition bei den hochrangigen tertiären Arbeitsplätzen ein. Dieser Strukturwandel schlägt sich natürlich auch im städtebaulichen Geschehen nieder. Als konkretes Beispiel sei nur die Umstrukturierung bzw. Revitalisierung älterer Hafenbereiche genannt, etwa das Neubauviertel mit Büros und Wohnungen im südlichen Freihafen (Priebs 1992; Aring u. Priebs 1996).

Die durch zahlreiche Wohnvororte immer weiter ausufernde Agglomeration Kopenhagen stellt die Regionalplanung naturgemäß vor große Probleme. Längere Zeit hatte für das Einzugsgebiet der Hauptstadt der bereits 1947 aufgestellte so genannte „Fingerplan" (Ausbau des städtischen Siedlungsgebietes in Form der fünf Finger einer Hand) Gültigkeit, bis dieser dann von dem „Zonenplan" abgelöst wurde. Letzterer schließt auch weitere Nachbarstädte, z. B. Roskilde und Hilleröd sowie andere Zentren im Öresundgebiet, mit ein. Das ehrgeizigste Stadtentwicklungsprojekt innerhalb der Hauptstadtregion ist wohl die so genannte „Örestad" auf Amager. Hier soll in den nächsten drei Jahrzehnten auf einer 310 ha großen Fläche ein neuer Stadtteil („Bürostadt") mit etwa 50 000 Arbeitsplätzen entstehen. Das ökonomisch und ökologisch viel diskutierte Projekt zeichnet sich rein standortmäßig durch eine optimale Lage direkt südlich des Kopenhagener Zentrums aus, weiterhin durch die Nähe zum Flughafen sowie zur neuen Autobahn- und Schienenverbindung über den Sund nach Schweden.

Die Hauptstadtregion Oslo

Am nördlichen Ende des Oslofjords, dort wo der wirtschaftshistorisch so wichtige Fluss Akerselv mündet, liegt die Haupt- und Residenzstadt Norwegens mit rund 504 000 Einwohnern (2000). Oslo hat wie kaum eine andere europäische Metropole gerade in den letzten Jahren eine enorme Entwicklung erfahren, die noch längst nicht abgeschlossen ist. Die Osloregion ist seit langem der bedeutendste Verdichtungsraum Norwegens, der eine große Anziehungskraft auf alle anderen Landesteile ausübt. Der Trend in Richtung einer monozentrischen Struktur hat zu einer Bedeutungseinbuße zahlreicher städtischer Siedlungen rund um den Oslograben geführt, seien es mehr Dienstleistungsorte wie Horten, Sandefjord, Tønsberg oder mehr industriell geprägte Städte wie Drammen, Moss, Sarpsborg, Fredrikstad und Halden.

Nicht immer gab es diese Vorrangstellung Oslos, zumindest nicht in hochmittelalterlicher Zeit, als die „Hauptstadtfunktionen" zunächst auf Trondheim und dann auf Bergen konzentriert waren. Die heutige Hauptstadt ist nicht nur das führende Wirtschafts- und Verkehrszentrum, sondern auch das wichtigste Administrationszentrum des Landes mit Sitz der Regierung und des Parlaments (Storting), des Königshauses, der obersten Reichsbehörden und zahlreicher anderer Institutionen.

Oslo ist in der einzigartigen Situation, über große Freiflächen zu verfügen, die der Naherholung und anderen Funktionen (z. B. Trinkwassergewinnung) vorbehalten sind. Da diese aber erhalten bleiben sollen, leidet die Stadt mittlerweile unter Baulandmangel. Zum Stadtgebiet gehören nicht nur die meisten Schären nördlich der Halbinsel Nesodden, sondern auch weite Wald- und Seenflächen, die sich von Westen nach Osten halbkreisförmig um das sog. Oslobecken erstrecken. Die bekanntesten dieser Erholungsgebiete sowohl für den Sommer- wie Wintertourismus sind die Nordmarka, Lillomarka und Östmarka in einer Höhenlage zwischen 300 und 500 m. Auch der bekannte Holmenkollen gehört hierzu.

Stadtrechte wurden Oslo, dessen Namensherkunft umstritten ist, allem Anschein nach bereits im Jahre 1050 verliehen. Aber schon vorher existierte im Osten, am Fuße des Ekeberges, d. h. im Eisenbahngelände des heutigen Zentrums, ein alter Siedlungs- und Handelsplatz. Nachdem dieser Ort von Olav Kyrre höchstwahrscheinlich 1062 zum Bischofssitz erhoben worden war, blieb Oslo für längere Zeit der kirchlich-geistliche Mittelpunkt des Landes, während die Könige weiter in Bergen residierten, bis dann Håkon V. um 1300 seine Residenz nach Oslo verlegte (Abb. 16 u. 17).

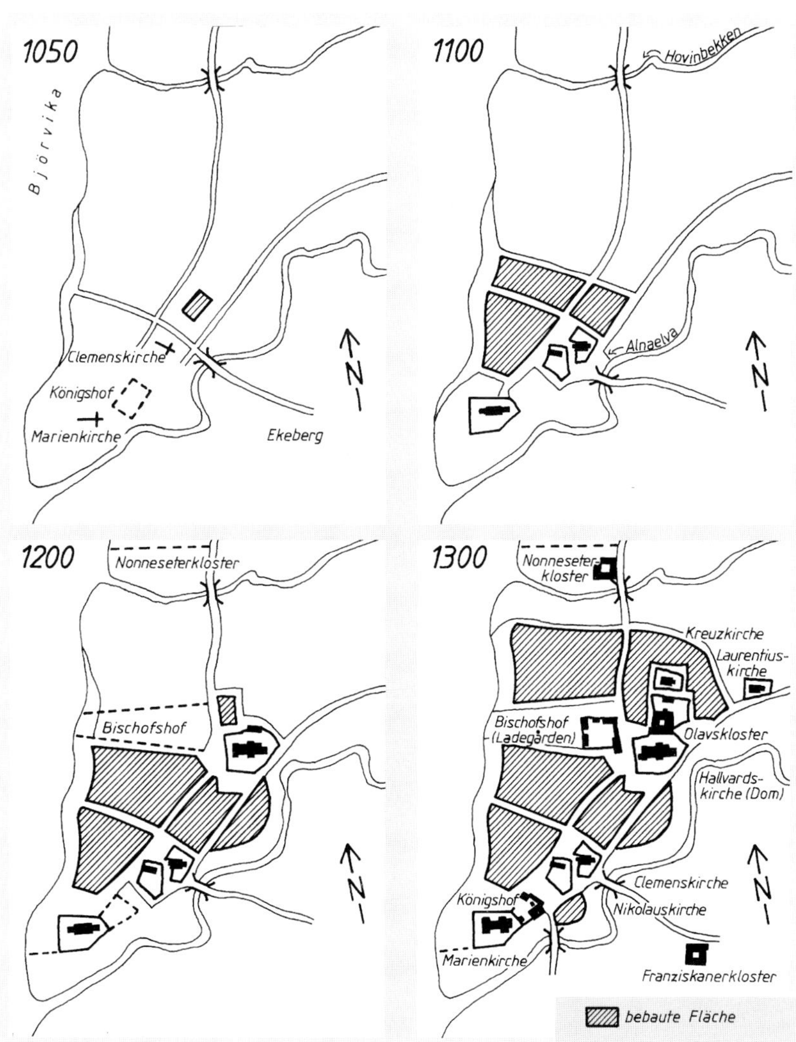

Quelle: Gläßer, E. 1993.

Abb. 16: *Die Entwicklung Oslos von 1050 bis ca. 1300.*

Abb. 17: *Oslo (Christiania) um 1840.*

Bild 16: *Das neue Einkaufs- und Bürozentrum Aker Brygge in Oslo – ein international bekanntes Beispiel für die Revitalisierung alter Hafenlandschaften (E. Gläßer).*

Für die Jahre um 1300 schätzt man die Einwohnerzahl auf 2500 bis 3000 Menschen. Seinerzeit wurde auch mit dem Bau der Festung Akershus auf einem Bergrücken westlich der alten Stadt (Gamlebyen) begonnen.

Stark beeinträchtigt wurde die Blüte des mittelalterlichen Oslo zum einen durch die verheerende Pest im 14. Jh., zum anderen durch den Verlust der politischen Selbständigkeit des Landes sowie nicht zuletzt durch die Konkurrenz der norddeutschen Hansekaufleute. Gegen Ende des 15. Jh.s erhielt die Stadt einen neuen wirtschaftlichen Auftrieb, u. a. durch den nun beginnenden Holzhandel mit den west- und mitteleuropäischen Staaten. Nach dem großen Stadtbrand von 1624 ließ Christian IV. die „Neue Stadt" westlich von Gamlebyen im Schutze der weiter ausgebauten Festung Akershus errichten und gab ihr den Namen Christiania (Kristiania). Diese schachbrettartige Planstadt nach dem absolutistisch-merkantilistischen Vorbild bestimmt – wenigstens auf die Straßenführung bezogen – noch heute das innere Zentrum Oslos.

Eine nächste Ausbauphase begann 1814 nach der Loslösung Norwegens von Dänemark, als Kristiania – erst 1925 erhielt die Stadt wieder den alten Namen Oslo – erneut Haupt- und Residenzstadt des Landes wurde. Inzwischen hatte im Zuge der Industrialisierung auch ein gravierender wirtschaftlicher Umstrukturierungsprozess begonnen. Schiffsbau und Metall verarbeitende Betriebe, Textil-, Nahrungs- und Genussmittelfabriken ließen sich zunächst entlang des Akerselva nieder und nach der Elektrifizierung auch in anderen Stadtteilen. Der höchste Industrialisierungsgrad lag und liegt noch heute im Osten der Stadt, während sich die Hauptstadtfunktionen auf den Westteil verschoben. Die Bevölkerungszahl Oslos stieg von knapp 32 000 in 1855 auf rd. 228 000 im Jahre 1900. Dem Bevölkerungsdruck entsprechend vollzog sich die bauliche Entwicklung u. a. in düsteren Mietshausvierteln. Ein solch trostloses Wohngebiet der „Armeleuteschicht" lag z. B. im heutigen Osloer Rathausdistrikt, bis es dann 1931 dem Rathausbau weichen musste. Andererseits hatte seit etwa 1930 in den Randgebieten Oslos eine Wohnhausbebauung eingesetzt, die sich unter dem Einfluss der Gartenstadtbewegung von der dicht gedrängten Bauweise der Innenstadt abhob. Teilweise entstanden regelrechte Villenvororte, meist in Holzbauweise, die heute – so vor allem der Holmenkollenhang – zu den attraktivsten und teuersten Wohnvierteln Oslos gehören.

Nach dem Zweiten Weltkrieg verlagerte sich das städtische Wachstum vor allem nach Osten bzw. Nordosten entlang der Hauptverkehrsachsen, besonders der E 6. Durch Schnellbahnen und ein gut ausgebautes Straßennetz wurden die neuen Satellitenstädte mit dem Zentrum verbunden. Ein für Groß-Oslo schon vor Jahrzehnten aufgestellter Entwicklungsplan nach konzentrischem Prinzip ist zugunsten einer Dezentralisierung aufgegeben worden, was die Gründung weiterer Satellitenstädte zur Folge hatte. Zeitlich parallel erfolgte seit den 1980er-Jahren ein Stadtumbau im inneren Oslo. Dessen Kernstück bilden in erster Linie die frühzeitliche, schachbrettförmige Planstadt, die Festung Akershus, die Karl Johans gate mit ihren Repräsentativbauten sowie das moderne Hauptbahnhofsgelände (alter Ostbahnhof). Auch die grundlegend umgestaltete Fjordseite des Osloer Zentrums mit ihren Hafenanlagen (u. a. Bootsverbindungen mit den vorgelagerten Inseln und der Museumshalbinsel Bygdøy), weiter-

hin der wuchtige Rathausbau sowie das neue Einkaufs- und Bürozentrum Aker Brygge gehören hierzu. Aker Brygge, das auf dem Gelände der früheren Aker Werft errichtet wurde, gehört mittlerweile zu den international herausragenden Revitalisierungsprojekten in alten Hafenlandschaften (Bild 16).

Heute befinden sich auf Aker Brygge neben 5000 Büroarbeitsplätzen und mehreren hundert Komfortwohnungen zahlreiche elegante Geschäfte, eine Reihe von Kulturangeboten sowie eine vielseitige Gastronomie. Eine neue Oper, die auf einer künstlichen Insel südlich des Bahnhofs in den Fjord gebaut werden soll, wird auch dieses Viertel aufwerten. Die Pläne für den kühnen Bau sind nicht unumstritten.

Der Großraum Stockholm

2000 lebten im Großraum Stockholm, der sich aus der Stadtgemeinde und aus der Provinz (län) Stockholm zusammensetzt, über 1,6 Mio. Menschen. Das größte Wachstum hatte die Hauptstadtregion zwischen 1960 und 1970 infolge einer starken Zuwanderung aus allen Teilen des Landes erfahren. Seinerzeit verzeichneten im Zuge der Suburbanisierung allerdings die ländlichen Gemeinden im Großraum Stockholm die höchsten Zunahmen, während die Hauptstadt selbst an Einwohnerzahl abnahm. Dann kehrte sich ab Anfang der 1980er-Jahre – ähnlich wie in anderen westeuropäischen Großstadtregionen – der Trend um, so dass die Kernstadt Stockholm (Innere Stadt, Abb. 18) wiederum eine Bevölkerungszunahme, seit 1993 sogar eine überdurchschnittliche erfährt.

Heute zählt die knapp 220 km^2 große Stadtgemeinde Stockholm ca. 745 000 Einwohner, von denen über 250 000 in einem Radius von 1,5 km um die Altstadt wohnen. Das neuerliche Bevölkerungswachstum im Innenstadtbereich ist vor allem auf die Arbeits- und Ausbildungswanderung jüngerer Menschen zurückzuführen (vgl. Matuschewski 1997).

Die Entwicklung Stockholms seit hochmittelalterlicher Zeit ist aufs Engste mit dem Naturraumgeschehen an der Nahtstelle zwischen Mälaren und Ostsee verbunden. Schon um 800 n. Chr. existierten am inneren Mälarsee bedeutende Handelsplätze, so die alten Siedlungen Birka und Sigtuna. Durch die postglazialen Landhebungen wurde dann den Handelsschiffen das Einfahren in den Mälaren praktisch unmöglich, so dass die Waren an der Stromschnelle zwischen Mälaren und Ostsee umgeladen werden mussten. An diesem Umschlagplatz bildete sich eine Siedlung, die heutige Gamla Stan bzw. Altstadt Stockholm. Einen weiteren naturräumlichen Gunstfaktor bildete der hier in Nord-Süd-Richtung verlaufende Kiessandrücken (Os bzw. Esker), der trockenen Baugrund und Verkehrsleitlinien ins Umland bot. Die erste urkundliche Überlieferung des Namens Stockholm stammt aus einem Brief des Regenten Birger Jarl von 1252, weshalb dieses Jahr auch als Gründungsjahr der späteren Hauptstadt gilt. Seinerzeit wurden die drei heutigen Altstadtinseln, d. h. Stadsholmen, Helgeandsholmen und Riddarholmen,

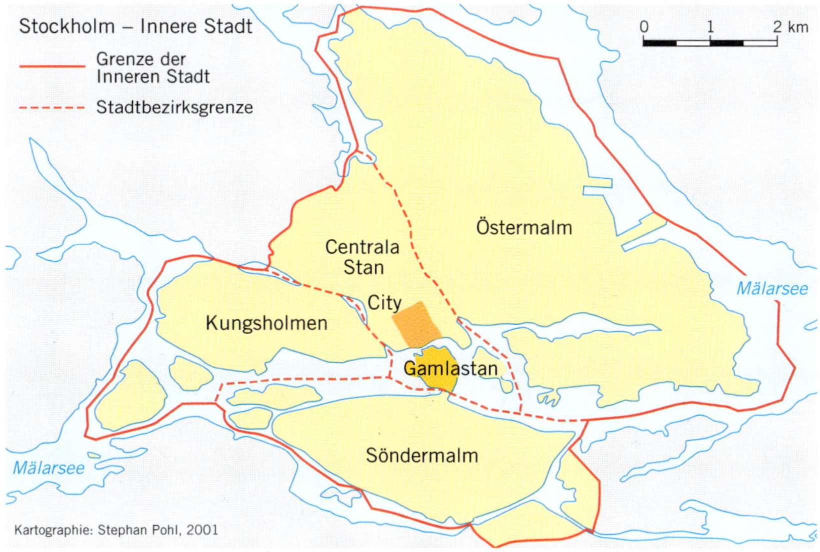

Quelle: Matuschewski 1997.

Abb. 18: *Stockholm – Innere Stadt. Stadtbezirke und Lage der City.*

befestigt. Ende des 13. Jh.s entstand an der Nordflanke von Staden, auf dem Gelände des heutigen Königlichen Schlosses, eine Burg- bzw. Fortifikationsanlage mit dem Namen „Tre Kronur" („Drei Kronen"), was die drei vereinigten Königreiche Svealand, Götaland und Norrland symbolisieren sollte. Noch heute bilden jene drei Kronen das schwedische Staatswappen.

Lange Zeit blieb die bauliche Entwicklung Stockholms auf die genannten Altstadtinseln beschränkt; nur allmählich wuchs die „Stadt zwischen den Brücken" („Staden mellan broarna") auch auf das nördliche und südliche Festland hinaus (Bild 17).

Erst 1436 wurde Stockholm Landeshauptstadt, die um 1600 ca. 8000 Einwohner gezählt haben soll. Zwischenzeitlich, und zwar ab etwa 1300, hatte auch die Hanse einen großen Einfluss auf die sozioökonomische Entwicklung der Stadt genommen, wurde doch über Stockholm der Export von Eisen und Kupfer aus den Gruben in Bergslagen abgewickelt. Beispielsweise erinnert der das mittelalterliche Stockholm beherrschende Große Markt (Stortorget) mit den ihn flankierenden profanen und sakralen Bauten sehr an Lübeck. Nach dem Niedergang der Hanse gewann der schwedische Adel während der schwedischen Großmachtzeit einen nachhaltigen Einfluss, was sich auch in Stockholm z. B. im Bau zahlreicher Stadtpaläste, vor allem auf Riddarholmen, niederschlug. Eine regelrechte Blütezeit setzte im 17. Jh. ein, als sich Stockholm mit etwa 60 000 Einwohnern um 1660 zum politischen und kulturellen Zentrum des schwedischen Ostseereiches etablierte.

Die nächsten Entwicklungsimpulse erhielt Stockholm – ähnlich wie im Falle Kopenhagens oder Oslos – mit der in Schweden relativ spät, d. h. nach 1860 einsetzenden Industrialisierung. Mit der Errichtung des Hauptbahnhofes (Centralen) im Stadtteil Norrmalm nördlich von Stadsholmen war der erste Schritt zur Verlagerung des Geschäftszentrums aus der Altstadt getan. Heute ist Norrmalm das Regie-

Bild 17: *Der historische Kern Stockholms – die Stadt zwischen den Brücken (J. Aring).*

rungs-, Finanz- und Wirtschaftszentrum des Landes. Die historische Altstadt selbst geriet durch diesen Verlagerungsprozess nahezu in eine Abseitsposition, und mehrere Vorschläge für eine Totalsanierung hatten den Abriss der alten Bausubstanz zugunsten eines „modernen" Stadtviertels zum Gegenstand. Jedoch konnte der völlige Abbruch von Gamla Stan glücklicherweise verhindert werden. Ein 1978 verabschiedeter Bauleitplan bildete die Grundlage zur Erhaltung der alten Bausubstanz. Nach aufwendigen Sanierungen bietet sich die heutige Stockholmer Altstadt wiederum als Einkaufs- sowie Touristen- und Vergnügungszentrum an.

Eine stadtgeographische Skizze der schwedischen Metropole sollte nicht die so genannten New Towns außer Acht lassen, zumal diese Vorstädte bzw. Vororte oder Trabantensiedlungen schon seit den 1950er-Jahren für Stadtplaner in aller Welt etwas Besonderes verkörpern. Infolge der Massenzuwanderung nach dem Zweiten Weltkrieg versuchte man in Stockholm Wohnviertel zu schaffen, „die durch Geschäfte, Dienstleistungen, kulturelle Einrichtungen und Arbeitsplätze ein inneres Gefüge erhielten, das in kleinem Maßstab das Stadtzentrum widerspiegelte" (Lundén in 'Luftbildatlas Nordischer Länder' 1981, S. 183). Das radiale U-Bahn-Netz, dessen einzelne Zweige bis zu 15 km vom Stockholmer Stadtzentrum ins Umland reichen, bildete den entscheidenden Standortfaktor für die Anlage der bis zu 10 000 Einwohner zählenden New Towns. Das erste größere Projekt dieser Art war das nordwestlich vom Zentrum, nahe dem Mälaren gelegene Vällingby. Insgesamt gesehen kann das Beispiel als erfolgreich angesehen werden. So musste das Zentrum von Vällingby mit seinen Geschäfts- und Wohnvierteln mehrfach erweitert werden. Nach dem Vorbild von Vällingby folgten andere Vorstädte, von denen besonders Hässelby Strand, Skärholmen und Kista bekannt geworden sind. Eine der jüngsten Stockholmer Trabantenstädte ist das ca. 8 km südlich des Zentrums gelegene Skarpnäck, dessen letzter Bauabschnitt 1991 fertig gestellt wurde (vgl. Aring 1995).

Das rd. 10 000 Einwohner zählende Skarpnäck zeichnet sich vor allem durch einen unregelmäßigen Straßengrundriss und nur geringe Hochhausbebauung aus. Durchweg tritt eine vier- bis fünfgeschossige Bauweise entgegen. Damit wollte man wenigstens einige Mängel der New Towns der 1950er- bis 70er-Jahre mit der damals vorherrschenden Hochhausbebauung abstellen, ohne allerdings das insgesamt gelungene Vorstadt-Konzept ganz aufzugeben.

Helsinki und die finnische Hauptstadtregion

Helsinki (schwed. Helsingfors, Bild 18) liegt seeorientiert im Zentrum der südfinnischen Küstenlandschaft, und zwar auf einer in den Finnischen Meerbusen vorspringenden buchtenreichen Halbinsel, die von zahlreichen Inseln bzw. Schären umgeben ist.

Noch um die Mitte des 19. Jh.s zählte Helsinki nicht mehr als 20 000 Menschen; heute sind es über 550 000 und in der gesamten Hauptstadtregion einschließlich Espoo und Vantaa ca. 1,2 Mio. Menschen. Etwa die Hälfte der 3700 km² großen Hauptstadtregion ist Waldland und ein Fünftel wird von Binnenseen eingenommen. Dennoch zählt die Region mit ca. 1,2 Mio. Menschen rd. 25 % von Finnlands Gesamtbevölkerung. Prognosen gehen von einem Bevölkerungsanstieg im Großraum Helsinki von 60 000 Personen bis zum Jahr 2005 aus.

Helsinki wurde erst 1550 auf Geheiß des schwedischen Königs Gustav Vasa gegründet, der damit den Russlandhandel forcieren und zugleich ein Gegengewicht zum wirtschaftlich starken Reval (Tallin) auf der gegenüberliegenden Seite des Finnischen Meerbusens schaffen wollte. Der neue Handelsplatz lag zunächst 6 km nördlich des jetzigen Stadtzentrums an der Mündung des Vantaanjoki, wurde aber dann 1640 an die heutige Stelle mit deren besseren Standort- und Hafenvoraussetzungen verlegt. Damals erhielt die Neugründung ihren planmäßigen, rechtwinkligen Grundriss. Ein bedeutender Beitrag zur zukünftigen Entwicklung der Stadt war die Errichtung der Seefestung Suomenlinna (schwed. Sveaborg; ab 1748), die – auf einem Archipel vor dem Hafen gelegen – heute zu den bedeutendsten Sehenswürdigkeiten der Hauptstadt zählt.

Allerdings verlief in den Jahren nach 1640 die Entwicklung Helsinkis nur in bescheidenem Maße, bis 1812 der russische Zar die Hauptstadtfunktionen seines Großfürstentums von Turku nach Helsinki verlegte. Mit dem wirtschaftlichen Aufblühen der Stadt war zugleich eine Reihe von Baumaßnahmen verbunden. Die Baumeister Ehrenström und Engel gaben Helsinki ein neoklassizistisches Gesicht. Es entstand am Hafen, am Markt und um den Senatsplatz die sog. „Weiße Stadt", wie sie heute noch fast unverändert entgegentritt.

Wachstumsimpulse gingen neben den Hafenfunktionen auch vom Eisenbahnbau aus; 1862 wurde die Linie nach St. Petersburg und einige Jahre später die über Hämeenlinna nach Tampere fertig gestellt. Damit waren große Teile des Helsinkier Hinterlandes erschlossen, was dem Handel und der nun einsetzenden Industrialisierung maßgeblich zugute kam. Die Folge war natürlich, dass Helsinki (seit 1918 Hauptstadt der selbständigen Republik Finnland) rasch über seinen neoklassizistischen Kern hinauswuchs, zunächst die gesamte Halbinsel in Anspruch nahm, dann über verschiedene Inseln und schließlich weit in das Umland expandierte, wo die Hauptstadt nach dem Zweiten Weltkrieg mit den Nachbarstädten und -gemeinden, besonders Espoo und Vantaa, verschmolz.

Aufgrund der topographisch-geographischen Gegebenheiten erfolgte die erste Urbanisierungswelle in Richtung Norden. Erst als Brücken über die zahlreichen Buchten errichtet wurden, konnte sich die Stadt auch nach Westen und Osten ausdehnen. Hier entstanden nun mehrere Arbeiterviertel, während die wohlhabenden Bevölkerungsschichten lange Zeit im Zentrum verblieben. Schon in den 1920er-Jahren hatte sich Helsinki über seine administrativen Grenzen ausgedehnt. Dies hatte zur Folge, dass schon vor dem Zweiten Weltkrieg Eingemeindungen durchgeführt wurden, die dann nach 1945 ihre Fortsetzung fanden und schließlich zur heutigen Stadtfläche von 135 km² führten. Trotz der Suburbanisierungs- und gegenwärtigen Reurbanisierungsprozesse sollen auch in Zukunft mindestens 30 % des städtischen Areals unbebaut als Grünflächen erhalten bleiben.

Noch in den 1970er-Jahren entfielen rd. 25 % der Erwerbstätigen Helsinkis auf den gewerblich-

Bild 18: *Der Stadtkern von Helsinki mit der 1872 fertig gestellten Domkirche (E. Gläßer).*

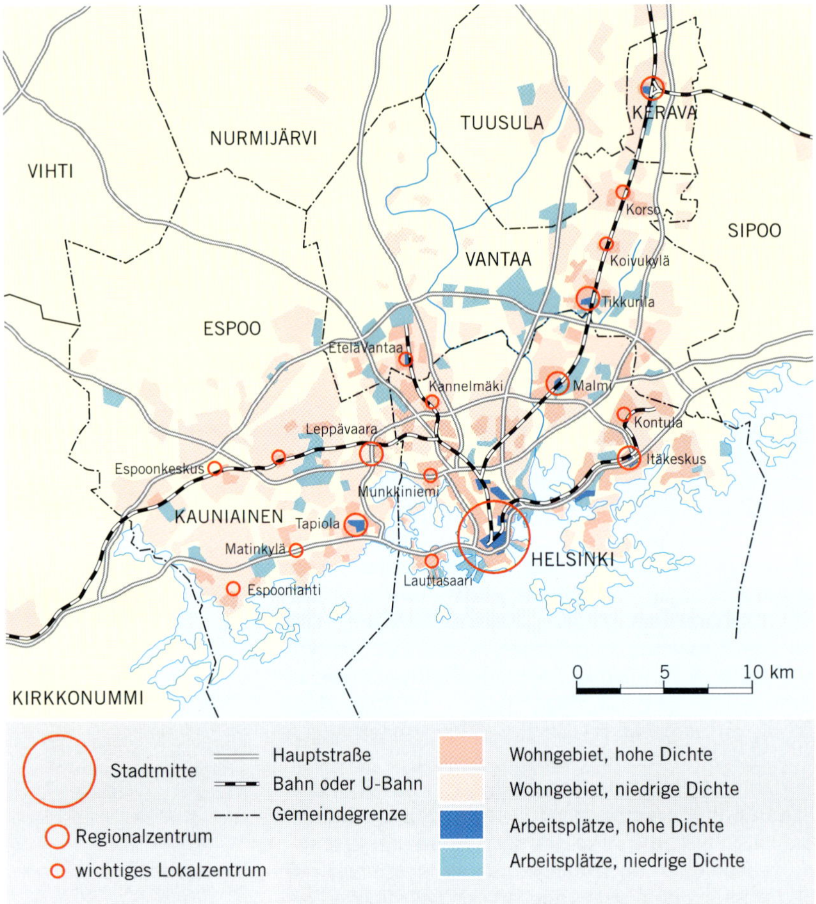

Verändert nach Stadtplanungsamt Helsinki.

Abb. 19: *Die Regionalstruktur im Großraum Helsinki nach 1980.*

industriellen Sektor, während es heute nicht mehr als 10 % sind. Dienstleistungsbetriebe, so die des Finanz- und Bankwesens sowie zahlreiche andere Dienstleistungen, bestimmen mittlerweile das Wirtschaftsleben der Metropole. Beispielsweise verfügt der Großraum Helsinki über eine bilinguale Universität sowie über weitere sechs andere Hochschulen, u. a. die Technische Universität Espoo.

Auch in Helsinki haben in jüngerer Zeit, ähnlich wie in den benachbarten nordischen Metropolen, Revitalisierungsmaßnahmen insbesondere im alten Hafengelände stattgefunden. Ein treffendes Beispiel ist diesbezüglich für Helsinki die Halbinsel Katajanokka, die heute zum Zentrum der Hauptstadt gehört. Bis Ende der 1970er-Jahre waren hier östlich der Uspenski-Kathedrale neben den Hafenanlagen alte Marinekasernen, gründerzeitliche Wohnblocks und Werftanlagen lokalisiert. Pläne zur Neubebauung des Hafengeländes wurden in den 1970er-Jahren konzipiert und in der Hauptsache bis 1987 realisiert (vgl. Militz 1996). Die Marinekasernen und die gründerzeitlichen Wohnblocks wurden saniert und damit den modernen Ansprüchen angepasst. Weiterhin erfuhren die alten Hafenanlagen eine grundlegende Umstellung auf die Erfordernisse der heutigen großen Auto- und Personenfähren (besonders Viking Line und Finnjet-Terminal). Schließlich wurde im ehemaligen Werftgebiet am Ostende von Katajanokka ein neues Wohngebiet auf einer Fläche von über 90 000 m² errichtet, das zusammen mit den anderen, oben genannten Maßnahmen der Uferfront im Zentrum Helsinkis ein neues Gesicht gab.

Zur Hauptstadtregion Helsinki zählen besonders die beiden jungen Städte Espoo (schwed. Esbo) und Vantaa (schwed. Vanda), die erst Anfang der 1970er-Jahre nach dem Zusammenschluss mehrerer Gemeinden Stadtrechte erhielten (Abb. 19).

Immerhin ist Espoo mit rd. 210 000 Einwohnern (1999) Finnlands zweitgrößte Stadt. Espoos Charakterisierung als „Schlafstadt" Helsinkis ist längst nicht mehr zutreffend. Vielmehr spielt die einstige Trabantenstadt im heutigen Wirtschaftsleben Finnlands eine sehr bedeutende Rolle als Wissenschafts- und Forschungszentrum, was durch die Technische Universität und vor allem durch die Ansiedlung mehrerer hundert Firmen aus den IT-Branchen dokumentiert wird. Espoo trägt demzufolge auch den Beinamen „Finnisches Silicon Valley".

Die nördlich von Helsinki gelegene Stadtgemeinde Vantaa mit heute rund 190 000 Einwohnern verzeichnet eine ähnliche Entwicklungsgeschichte wie die westliche Nachbarstadt Espoo. Obwohl Vantaa als Ortschaft schon in spätmittelalterlicher Zeit beurkundet wird, spielte die Siedlung lange Zeit nur eine sehr unbedeutende Rolle, die sich dann mit den Suburbanisierungsprozessen im Hauptstadtbereich seit den 1960er-Jahren ins Gegenteil verkehrte. Einen internationalen Bekanntheitsgrad erhielt Vantaa durch seinen Flughafen Helsinki-Vantaa, der von über 30 Airlines angeflogen wird und etwa 8000 Arbeitsplätze bietet. Als meistfrequentierte Attraktion der Stadt Vantaa gilt das 1989 eingeweihte Wissenschaftszentrum Heureka. Das Außergewöhnliche dieses Zentrums ist die Zielsetzung, nicht so genannte trockene Wissenschaft zu vermitteln, sondern zur Eigenaktivität aufzufordern, d. h. den Besucher in über 100 technischen Experimenten dazu anzuregen, selbst zu probieren, zu entdecken und zu erkennen. Heureka war das erste Zentrum dieser Art in ganz Nordeuropa und ist bis heute auch das wichtigste geblieben.

Reykjavík und sein Umland

Am Südrand der Meeresbucht Faxaflói liegt Reykjavík als so genannte nördlichste Hauptstadt der Welt, die zugleich als die kleinste und größte aller Hauptstädte tituliert wird. Mit einer Bevölkerungszahl von rd. 108 000 Menschen ist sie sicher eine recht kleine „Metropole", jedoch die größte Hauptstadt im Verhältnis zur Gesamteinwohnerzahl des Inselstaates. Während in der Hauptstadtregion (Reykjavík und mehrere benachbarte Stadtsiedlungen) 1980 rd. 53 % der isländischen Bevölkerung lebten, waren es 1998 bereits 61 %. Nachdem die zweite Hälfte der 1970er-Jahre durch eine Stagnation der Siedlungsaktivitäten in der Hauptstadtregion in Folge der schon an früherer Stelle angesprochenen Counterurbanisation geprägt war, hat sie seit den 1980er-Jahren stets Wanderungsgewinne auf Kosten der ländlichen Gebiete zu verzeichnen, die die räum-

Bild 19: *Die Innenstadt von Reykjavík in den 1980er-Jahren (E. Gläßer).*

lichen Disparitäten in Island zunehmend verschärfen (vgl. Priebs 1999).

Der Name „Reykjavík", der so viel wie „Rauchbucht" oder „rauchende Bucht" bedeutet, ist auf die Landnahmezeit um 800 n. Chr. zurückzuführen, als die ersten Siedler die Dämpfe der heißen Quellen erblickten. Die Bucht um Reykjavík liegt insofern günstig, als sie ganzjährig eisfrei ist, was sich für die späteren Funktionen des Hafenortes in seiner Mittellage zwischen den Hauptfischfanggründen im Nordwesten und Südosten positiv auswirken musste. Von einer raschen Siedlungsentwicklung im Raum Reykjavík nach der Landnahmezeit kann jedoch keine Rede sein. So sollen hier im späten Mittelalter nur drei Hofstellen (Reykjavík selbst sowie Nes und Laugarnes) existiert haben, deren dominierender Erwerbszweig die Landwirtschaft war. Erst um 1700 erlangte die Küstenfischerei eine größere Bedeutung, so dass von nun an die Bildung einer dorfartigen Siedlung gegeben war.

Die nächsten Ansätze einer gewerblichen Entwicklung fallen in die Mitte des 18. Jh.s. Damals entstand in Reykjavík nach der Lockerung des dänischen Handelsmonopols eine Manufaktur auf der Basis der Woll- und Fellverarbeitung. 1786 erhielt Reykjavík durch einen königlichen Bescheid aus Kopenhagen das Stadtrecht. Seinerzeit zählte der Ort nur rd. 300 Einwohner. Einen entscheidenden Zentralitätszuwachs erfuhr die junge Stadt dann in den folgenden Jahren, indem das Althing, der Bischofs- und Landvogtsitz hierhin verlegt wurden. Nach der endgültigen Aufhebung des dänischen Handelsmonopols im Jahre 1855 erfuhren auch die Handelsaktivitäten und damit zugleich die gewerblich-industriellen Betriebe einen beachtlichen Aufschwung.

Auffällig ist die Konzentration der Ortschaft auf den Bereich zwischen Meeresbucht bzw. dem Hafengelände und dem Tjørnin-Teich, also auf jenes Areal, das im Wesentlichen mit der heutigen City gleichzusetzen ist (Bild 19).

Obwohl Reykjavík mit einer Reihe von Kaufmannshäusern und mehreren öffentlichen Einrichtungen ausgestattet war, fällt es schwer, von einem „Stadtbild" im mitteleuropäischen Sinne zu sprechen. Die wirtschaftliche und demographische Situation Reykjavíks änderte sich grundlegend ab 1900, als die Schleppnetzfischerei aufkam und die Stadt sich nun zu einem wichtigen Hafen für die Kabeljaufischer entwickelte. Für das Jahr 1910 wird die Einwohnerzahl bereits mit 11 600 angegeben. Als sehr günstig für die industrielle Entwicklung der Stadt erwies sich auch die 1914 erfolgte Gründung der isländischen Dampfschifffahrtsgesellschaft, die von nun an die wichtigsten Verbindungen mit dem Ausland betrieb. Weitere Wachstumsimpulse gingen von der 1911 gegründeten Universität sowie anderen Dienstleistungsunternehmen aus. Auch während des Zweiten Weltkriegs, als Reykjavík von britischen und später von nordamerikanischen Streitkräften besetzt war, erfuhr dieser Wachstumsprozess keine wesentliche Unterbrechung. Mit der Unabhängigkeitserklärung am 17. Juni 1944 und der damit erfolgten Gründung der Isländischen Republik wurde Reykjavík Hauptstadt des Landes. Nun vollzog sich eine nahezu explosionsartige Entwicklung in Reykjavík und seinen Nachbargemeinden (Kópavogur, Haf-

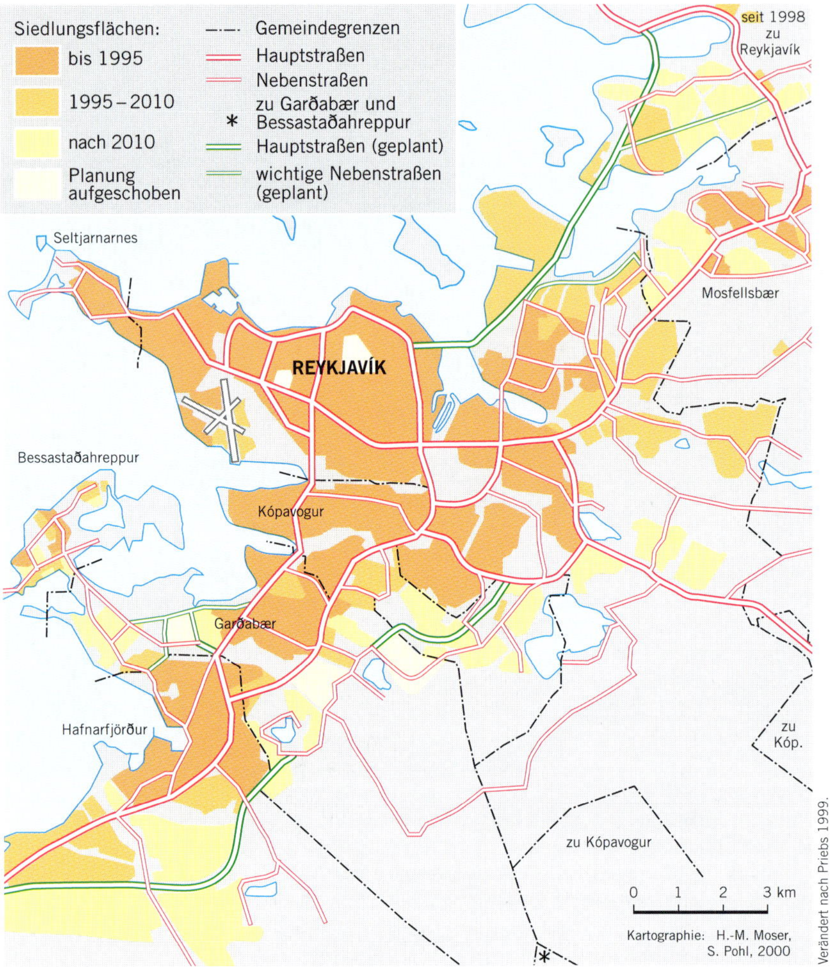

narfjörður, Seltjarnanes und Garðabær), die sich in den Bevölkerungszunahmen, dem Ausbau der gewerblich-industriellen Produktion und modernen Hafenanlagen, im Bau neuer Wohnviertel und breiter Ausfallstraßen niederschlug.

Im heutigen Stadtbild lassen sich die einzelnen Ausbauphasen der letzten Jahrzehnte deutlich erkennen. Dem auswärtigen Besucher fällt zunächst ein mannigfaltiges Häuserbild auf, das sich aus Einfamilien- und Reihenhäusern, Wohnblocks und Hochhäusern zusammensetzt. Das häufige Nebeneinander von Alt und Neu wirkt nicht immer harmonisch. Allerdings weisen die meisten Stadtteile in der Region Reykjavík, also in der Peripherie bzw. außerhalb der Kernstadt, durchaus eine städtebauliche Planung auf. Die intensive Bebauung in den letzten Jahrzehnten hat die einstige Siedlungsstruktur massiv verändert. Während längere Zeit eine West-Ost-Richtung der Kernstadt dominierte, führten die jungen Neubaugebiete innerhalb Reykjavíks sowie in den angrenzenden Gemeinden Kópavogur und Garðabær zu einer Veränderung in Richtung einer so genannten Bandstadt mit Nord-Süd-Ausdehnung (Abb. 20).

Diese Tendenz spiegelt sich auch in den zukünftigen Erweiterungsabsichten der Stadt Reykjavík wider. Im Zusammenhang mit der weiteren Expansion des isländischen Hauptstadtbereichs sollten hier auch jene planerischen Überlegungen genannt werden, die den Bau einer elektrischen Schnellbahn vom Zentrum Reykjavíks zum ca. 50 km entfernten internationalen Flughafen Keflavík vorsehen.

Abb. 20: *Geplante Siedlungsentwicklung in der Stadtregion von Reykjavík.*

Ausgewählte Landesteilzentren der Nordischen Länder

Im Zuge der wachsenden Disparitäten zwischen Stadt und Land bzw. zwischen Zentrum und Peripherie erfahren besonders in den dünn besiedelten nordischen Flächenstaaten die jeweiligen Landesteilzentren eine zunehmende Bedeutung. Dieses Faktum trifft sowohl für die südlichen und mittleren Landesteile als auch für eine Reihe von zentralen Orten in der so genannten Nordkalotte jenseits des Polarkreises zu. Im Folgenden seien einige Landesteilzentren in stadtgeographischer Sicht kurz vorgestellt, wobei es sich hier nur um eine sehr lückenhafte Skizzierung handeln kann. Für Dänemark, das weniger stark von den genannten räumlichen Disparitäten geprägt wird als seine nordischen Nachbarstaaten, werden die Beispiele Odense und Ålborg, für Norwegen Trondheim und Tromsø, für Schweden Göteborg und Malmö, für Finnland Turku sowie für Island das Beispiel Akureyri herangezogen.

Odense und Ålborg (Dänemark)

Traditionelles Zentrum der für Dänemark wirtschafts- und verkehrsgeographisch so bedeutsamen Insel Fünen ist Odense, nach Kopenhagen und Århus die drittgrößte Stadt des Landes mit rd. 184 000 (2000) Einwohnern. Ihrer Genese nach gilt die Stadt als eine der ältesten Siedlungen Dänemarks. Als Marktflecken wird der Ort bereits um 987 n. Chr. urkundlich erwähnt. Aber schon lange vorher muss hier ein überregional bedeutender Kult- und Handelsplatz gewesen sein. Bereits 1950 zählte das alte Markt- und Industriezentrum Odense weit über 100 000 Bewohner. Zur Region Odense rechnet man heute das gesamte Fünen mit seinen insgesamt 26 Gemeinden.

Vor der Anlage eines Schifffahrtskanals zu einer nahe gelegenen Meeresbucht (eine Boddenbildung mit Namen „Odense Fjord“) zu Beginn des 19. Jh.s konnte Odense nur von kleinen Schiffen angelaufen werden. Dieses Hindernis hatte die Odenser Kaufleute schon im 16. und 17. Jh. dazu veranlasst, den östlich benachbarten alten Handelsort Kerteminde am Großen Belt als Stapelplatz zu verwenden. Nach wiederholten Um- und Ausbauten des genannten Schifffahrtskanals entwickelte sich Odense dann im 19. Jh. zu einer der wichtigsten Industriestädte Dänemarks. Zunächst erlangten in der industriellen Herstellung die Produktionsmittel für die intensive Agrarwirtschaft Fünens und darüber hinaus eine führende Position. Gleichzeitig etablierten sich zahlreiche Industriezweige, die die Agrarprodukte der Umgebung verarbeiteten, z. B. Zucker- und Konservenfabriken, Großschlachtereien u. a. m. Als umfangreichster Industriezweig sind jedoch die Metall verarbeitenden Branchen zu nennen, insbesondere der Schiffbau und die damit verbundenen Zulieferbetriebe. Da die Werftanlagen im unmittelbaren Stadtgebiet nur Schiffe bis zu 23 000 Tonnen bauen konnten, erfolgte bereits Ende der 1950er-Jahre eine Standortverlagerung zu dem etwa 15 km entfernten Ort Munkebo. Insgesamt gesehen vollzog und vollzieht sich auch in Odense eine räumliche Verlagerung des ehemals dominierenden Sekundären Sektors u. a. in die Nachbargemeinden. Umgekehrt hat der Tertiäre Sektor enorm an Bedeutung gewonnen. Beispielsweise verfügt Odense bereits seit 1966 über eine eigene Universität, die mit einer Reihe weiterer Hochschulen die Stadt neben Kopenhagen und Århus zu einer zentralen Ausbildungsstätte des Landes hat werden lassen. Mittlerweile arbeiten über zwei Drittel aller Beschäftigten in Odense im Tertiären Sektor, d. h. in öffentlichen und privaten Dienstleistungsbranchen.

Nach Kopenhagen, Århus und Odense ist das nordjütische Ålborg mit 161 000 Einwohnern (2000) das vierte große Stadtzentrum Dänemarks, das ebenfalls auf eine lange Geschichte zurückblicken kann. Zur Region Ålborg zählt man mittlerweile die gesamte Provinz (Amt) Nord-Jütland mit den beiden Landschaften Vendsyssel und Himmerland. Wichtige Standortfaktoren für das Wachstum der Nachbarorte Ålborg und Nörresundby sind einmal der alte Schiffsübergang über den Limfjord und zum anderen die oberflächennah anstehenden Kreidekalke, die in großen Tagebauen gewonnen werden und eine bedeutende Zementindustrie haben entstehen lassen. Das Zentrum Ålborgs am Südufer des Limfjords ist mit dem historisch gleichfalls bedeutsamen Nörresundby (hier liegt auf Lindholm Høje das größte wikingerzeitliche Gräberfeld Nordeuropas) durch Brücken und durch einen 550 m langen Tunnel unter dem Limfjord verbunden.

Die mittelalterliche Kaufmannsstadt Ålborg erhielt 1342 Stadtrechte. Als Seefahrts- und Handelsplatz wird der Ort allerdings schon von Adam von Bremen (gest. 1081) beschrieben. Am Rande der Kaufmannssiedlung ließen die dänischen Könige eine Burg errichten, und zwar wahrscheinlich dort, wo sich im heutigen Stadtkern das Ålborg-Schloss (Ålborg Slot aus dem 16. Jh.) befindet. Von dem Reichtum der damaligen Ålborger Kaufleute zeugt zum Beispiel das an der Österågade gelegene Jens Bang stenhus, ein mächtiger Bau im niederländischen Renaissancestil aus dem beginnenden 17. Jh. Gegen Ende des 17. Jh.s soll Ålborg – wie seinerzeit Århus – etwa 4000 Einwohner gezählt haben. Ein Wachstumsschub erfolgte auch hier ab ca. 1850 mit dem Einzug der modernen Verkehrsmittel und der Industrialisierung, indem nun neben der Zementproduktion die Textil-, Tabak- und Spirituosenherstellung (Aquavit) das Wirtschaftsleben der Stadt bestimmten. Markt- und Industriefunktionen haben auch im heutigen Groß-Ålborg einen markanten Stellenwert. Gleiches gilt für eine Fülle an Dienstleistungsfunktionen, die sich z. B. in dem Status einer Universitätsstadt widerspiegeln.

Trondheim und Tromsø (Norwegen)

Das alte und ehrwürdige Trondheim, ursprünglich Nidaros und später Trondhjem genannt, gilt bevölkerungsmäßig als drittgrößte Stadt Norwegens mit rd. 150 000 Einwohnern (1999). Gelegen am inneren Trondheimsfjord, inmitten einer anbau- und verkehrsgünstigen, altbesiedelten Kulturlandschaft, ist die Stadt nicht nur der Verwaltungssitz der Provinz Sør-Trøndelag, sondern auch das vergangene und gegenwärtige Zentrum ganz Trøndelags. Sie ist weiterhin Bischofssitz (Stift Nidaros) und Standort einer international angesehenen Technischen Hochschule bzw. Universität. Der historische Stadtkern liegt im Mündungsbereich des Nidelva in den Trondheimsfjord, und zwar auf der Halbinsel Øra, die nur im Westen durch eine schmale Landenge mit dem Festland verbunden ist (Abb. 21).

Zahlreiche Vororte mit modernen Wohnvierteln sowie Industrie- und Dienstleistungsbranchen sind besonders entlang der E 6 südlich und östlich des Stadtzentrums aufgereiht. Somit lassen sich in der Region Trondheim (Trondheim und sechs Nachbargemeinden) ähnliche Verdichtungsprozesse verfolgen, wie sie in dieser Größenordnung für Oslo und Bergen oder auch für Stavanger und Kristiansand kennzeichnend sind.

Der Überlieferung nach gilt als Gründer der Stadt Trondheim Olav Tryggvason (Olav I.), dessen Standbild auf dem Marktplatz (Torget) weithin sichtbar ist. Schon vor der Errichtung des Königshofs Nidarnes und einer Kirche auf der Halbinsel Öra im Jahre 997 n. Chr. existierten hier ein Handelsplatz und eine überregional bedeutende Thingstätte, die um 940 zur Halbinsel Frosta verlegt wurde. Olav Tryggvasons Nachfolger, Olav II. (in der Geschichte besser bekannt als Olav der Heilige), förderte die Entwicklung der Siedlung Nidaros im besonderen Maße. Bis zu Anfang des 13. Jh.s war Nidaros die wichtigste Residenz der norwegischen Könige.

Eine erste große Wachstumsphase der Stadt fällt in die Zeit nach dem Tode Olavs des Heiligen (Schlacht bei Stiklestad 1030), als Nidaros/Trondheim durch den Totenschrein des heilig gesprochenen Königs zu einem weit über die Landesgrenzen hinaus bekannten Wallfahrtsort und damit auch zur größten und reichsten Stadt des Landes wurde. 1152 wurde Trondheim Sitz des Erzbischofs, der von hier aus über sieben Bistümer bis hin nach Island und Grönland gebot. Zugleich entwickelte sich die Stadt zum Ausgangspunkt für den Handel mit Nordnorwegen und den Inseln im Nordatlantik. Durch die Union mit Dänemark ab 1380 geriet Trondheim in eine Abseitslage, zumal nun die Handelsprivilegien mehr und mehr den hanseatischen Kaufleuten in Bergen übertragen wurden. Ein weiterer Einschnitt in der Stadtgeschichte war mit der Reformation verbunden, die Norwegen 1535 erreichte. Das Ende des Erzbistums und eine Feuersbrunst in den 1530er-Jahren besiegelten den Niedergang Trondheims im 16. Jh.

Nach 1681, nach einem erneuten Brand, wurde von General Johan Caspar de Cicignon, der auch den Stadtplan von Fredrikstad (Östland) entworfen hat, eine neue Konzeption ausgearbeitet, und zwar jenes quadratähnliche Muster, das noch heute das Stadtzentrum prägt. Um 1700 begann zugleich eine neue wirtschaftliche Blütezeit, die u. a. mit dem Bergbau vor allem in Røros in Verbindung zu bringen ist. Der Handel lag damals zum großen Teil in ausländischer Hand. Teilweise waren es Kaufleute aus Schleswig-Holstein, die sog. „Flensburger", teilweise auch Engländer und Schotten. Aus jener Zeit stammt eine Reihe vornehmer Kaufmannshäuser, so etwa der Stiftsgården, der heute der königlichen Familie während ihres Aufenthaltes in Trondheim als Residenz dient; weiterhin der Hornemannsgården und die Palais der Familien Schöller und Möllmann.

Gemäß der ersten Volkszählung nach 1800 lebten in Trondheim mit rd. 10 000 Einwohnern mehr Menschen als in Oslo. Mit der Industrialisierung seit der zweiten Hälfte des 19. Jh.s begann eine neue Wachstumsphase. Eine Grundvoraussetzung dafür war der Verkehrsausbau. So wurde 1880 die Dampfschifffahrtslinie zwischen Trondheim und Oslo eröffnet, etwa zur gleichen Zeit erfolgte die Fertigstellung der Eisenbahnlinie nach Oslo (Rørosbahn) sowie der Meråkerbahn nach Schweden. 1910 konnten dann die Strecke zum nördlichen Trondheimsfjord (später als Nordlandbahn bis Bodø ausgebaut) und 1921 die Dovrebahn in Betrieb genommen werden. Anfang der 1880er-Jahre entstanden zudem die neuen Hafenanlagen an der Fjordseite nördlich des Stadtkerns. Die alten Anlegestellen, der Øvre und Nedre Elvehavn, lagen dagegen im Flussmündungsbereich, wo man noch heute eine Reihe von Lagerhäusern aus vorindustrieller Zeit findet.

Die gewerblich-industrielle Struktur Trondheims war von Anfang an recht vielseitig. In den letzten Jahrzehnten lagen die Schwerpunkte in der Eisen- und Metallverarbeitung, der Elektrotechnik, im Nahrungsmittelsektor und in der Holzverarbeitung. Mittlerweile gewinnt aber auch die Öl- und Gaswirtschaft vor der mittelnorwegischen Küste einen immer größeren Einfluss auf das Erwerbsleben im Raum Trondheim. Trotz allem präsentiert sich aber auch das heutige Trondheim in der Hauptsache als eine Handels-, Verwaltungs- und Schulstadt.

Die Stadt Tromsø, bei nahezu 70° n. Br. gelegen, gilt als das bedeutendste und größte Wachstumszentrum Nordnorwegens sowie wahrscheinlich ganz Skandinaviens jenseits des Polarkreises. Tromsø mit rd. 59 200 Einwohnern (1999) liegt, umgeben von mehreren Fjellhöhen zwischen 500 und 1000 m ü. NN, auf der kleinen Insel Tromsøya, die bereits 1960 durch eine Hochbrücke mit dem Festland verbunden wurde (Bild 20).

Mit über 2500 km² besitzt die Provinzhauptstadt von Troms die größte Stadtfläche Norwegens. Das städtisch bebaute Areal nimmt allerdings nur unter 10 km² ein. Während 1950 im heutigen Stadtgebiet knapp 26 000 Menschen lebten, waren es Anfang

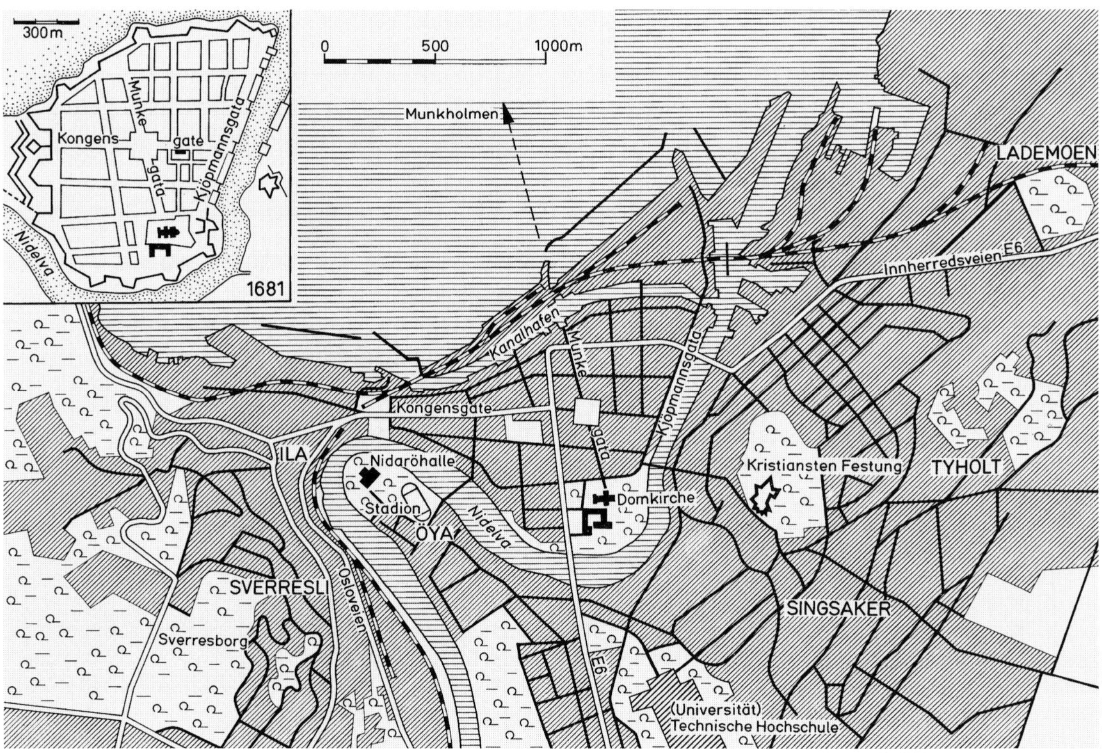

Abb. 21: *Trondheim (heutiger Stadtgrundriss) und Stadtplan von 1681.*

Quelle: Gläßer, E. 1993.

Bild 20: Die Provinzhauptstadt Tromsø bei nahezu 70° n. Br. (E. Gläßer).

der 1970er-Jahre schon 40000. Zurückzuführen ist dieses relativ starke Bevölkerungswachstum in erster Linie auf die Zuwanderung, d. h. auf den Zuzug aus der Peripherie der gesamten norwegischen Nordkalotte. Ein besonderer Entwicklungsschwerpunkt für die Stadt und ihr weites Einzugsgebiet war mit der Gründung der Universität Tromsø 1969 gegeben.

Tromsø erhielt erst 1794 Stadtrechte, nachdem Bergen und Trondheim ihre Privilegien für den Nordnorwegenhandel verloren hatten. Für die Anlage eines überregional bedeutenden Handels- und Schifffahrtszentrums eignete sich Tromsø besonders gut, weil hier günstige Naturraumvoraussetzungen und ein Schnittpunkt verschiedener Wasserwege entlang der Küste vorlagen. Zahlreiche Bodendenkmäler aus vor- und frühgeschichtlicher Zeit, so z. B. auf der vorgelagerten Insel Kvaløy, sprechen für die lange Siedlungstradition in der Tromsøregion. Beispielsweise soll der Stammesführer Ottar von Hålogaland, der in der zweiten Hälfte des 9. Jh.s den viel zitierten Bericht über Nordnorwegen verfasst hat, seinen Wohnsitz auf Hillesøy am Ausgang des Malangenfjordes gehabt haben.

Tromsøs Rolle als „Tor zur Arktis“ begann in der Neuzeit, und zwar vor allem seit dem 18. Jh., als der Hafenplatz zu einem wichtigen Stützpunkt für Wal- und Robbenfänger im Nördlichen Eismeer wurde. Später sind mehrere berühmte Arktisexpeditionen von Tromsø ausgegangen, so auch die von Fridtjof Nansen und Roald Amundsen. Zugleich etablierte sich die Stadt als ein bedeutender Umschlagplatz für zahlreiche Waren aus dem Süden und Norden, z. B. auch für Erzeugnisse aus dem nordrussischen Raum.

Tromsø ist eine der wenigen städtischen Siedlungen in Nordnorwegen, die im Zweiten Weltkrieg nicht zerstört wurden, so dass noch manches vom älteren Stadtbild erhalten ist. Entlang der Hauptstraßen findet man neben modernen Verwaltungsgebäuden zahlreiche ältere Holzhäuser, die die Physiognomie der Hafen-, Handels- und Fischereistadt lange Zeit geprägt haben. Neuere Wohnviertel sind in den letzten Jahren sowohl auf der Festlandseite wie auf der Insel Kvaløy entstanden. Mit den schon in den 1980er-Jahren entdeckten Erdgasfeldern vor der Tromsküste verbindet man die Hoffnung, in Zukunft stärker am Öl- und Gasboom partizipieren zu können. Jedenfalls sind schon heute mehrere Unternehmen im Raum Tromsø direkt oder indirekt mit den Offshore-Aktivitäten verknüpft.

Göteborg und Malmö (Schweden)

Mit 462000 Einwohnern (2000) ist Göteborg Schwedens zweitgrößte Stadt, verkehrsgeographisch äußerst günstig gelegen an der Mündung des Götaälv in den Schärenhof der Skagerrakküste. Der handelspolitische Standort Göteborgs, in dessen Großraum heute über 700000 Menschen leben, hatte schon lange vor der Stadtgründung eine grundlegende Bedeutung für das gesamte Västergötland und darüber hinaus. Denn bis 1658 war Schweden durch den zur dänisch-norwegischen Krone gehörenden Küstensaum vom Meereszugang nach Westen hin praktisch abgeschlossen, mit Ausnahme der Götaälvmündung. Der Götaälv selbst bildete schon in früher Zeit die Haupteingangspforte zur Mittelschwedischen Senke. Mehrere alte Handelsplätze, die weiter flussaufwärts lagen und als Vorgänger Göteborgs anzusehen sind (z. B. Lilla Edet und Gamla Lödöse), bezeugen diese Lagegunst.

1603 ließ König Karl IX. die erste städtische Siedlung Göteborg anlegen, die aber nach wenigen Jahren im Krieg gegen Dänemark wieder zerstört wurde. Unter Gustav II. Adolf erfolgte eine Neugründung an Ort und Stelle (Stadtrechtsverleihung 1621). Vor allem waren es Niederländer, die nach holländischem Stil eine Kanalstadt auf dem marschähnlichen Standort errichteten. Heute repräsentiert den letzten Rest des einstigen Kanalsystems der Große Hafenkanal (Stora Hamnkanal), der mitten durch das historische Stadtzentrum verläuft. Es entstand eine stark befestigte Handels- und Hafenstadt, die nicht dem Öresundzoll unterworfen war.

Entscheidend für die Entwicklung Göteborgs im 18. und 19. Jh. war der Erzexport. Dieser war vorher fast ausschließlich über Stockholm gegangen. Mit der 1832 vollendeten Kanalisierung des Götaälv und mit der Fertigstellung der Schleusen von Trollhättan wurde nun das berühmte Eisenerz- und Verhüttungsgebiet Bergslagen von der Nordsee her zugänglich gemacht. Auch der Ausbau des schwedischen Eisenbahnnetzes und die Forcierung des Schiffsverkehrs nach 1850 erhöhten den Zentralitätszuwachs Göteborgs. Im 20. Jh. etablierte sich Göteborg dann zu einer international bekannten Industriestadt mit Firmen von Weltruf. Genannt seien nur die Schiffswerften Eriksberg, Lindholmen und Götavärken auf Hisingen nordwestlich der Altstadt, die schwedischen Kugellagerfabriken SKF und der Automobilkonzern Volvo als größtes schwedisches Industrieunternehmen (heutiger Standort in Torslanda). Die industrielle Wachstumsphase vor allem zwischen 1950 und 1970, bezogen auf den Schiff- und Fahrzeugbau, führte zu beträchtlichen Stadt- und Hafenerweiterungen, u. a. zum Bau von stereotypen Vororten mit großen Wohnblocks.

Seit den 1970er-Jahren wird Göteborg erneut von Wandlungsprozessen erfasst, die von der einst großindustriell geprägten Stadt hin zu einem Handels- und Verwaltungszentrum verlaufen. Der weltweite Strukturwandel in der Seeschifffahrt und im Schiffsbau hat auch in Göteborg – ähnlich wie an den Beispielen Kopenhagen und Oslo skizziert – zu tiefgreifenden Veränderungen der Flächennutzung an der „Waterfront" geführt. Für den Schiffsbau ist der Standort Göteborg heute praktisch bedeutungslos, da im Zuge einer konsequenten, staatlich gelenkten Umstrukturierungspolitik seit der zweiten Hälfte der 1970er-Jahre die Werftkapazitäten bis auf eine Reparaturwerft vollständig abgebaut wurden. Dadurch wurden große Flächen am Nordufer des Götaälv für neue Nutzungen frei, und zwar für citytypische Funktionen wie Büroflächen, Geschäftszentren und exklusive Wohnviertel. Als Beispiel sei nur das Gelände der 1976 geschlossenen Großwerft Lindholmen genannt, auf dem sich heute ein „Wissenszentrum" mit Forschungs- und Ausbildungseinrichtungen befindet. In keiner anderen europäischen Stadt sollen die Werftkrisen so tiefgreifende Folgen für diesen Industriezweig ausgelöst haben wie in Göteborg. Führte die Stadt noch Mitte der 1970er-Jahre den schmückenden Titel der größten Schiffsbaustadt der Welt, wurden die Neubaukapazitäten bis 1981 restlos abgebaut (vgl. Priebs 1993, S. 148).

Dessen ungeachtet spielt der Göteborger Hafen, der sich über gut 10 km West-Ost-Länge entlang des Götaälv erstreckt (1983 waren es noch rd. 20 km), eine dominante Rolle als Handels- und Fährhafen (Fährverbindungen nach Kiel und zum dänischen Fredrikshavn). Die gute Verkehrslage und der ganzjährige Zugang waren und sind die Hauptvoraussetzungen dafür, dass Göteborg wenigstens Mitte der 1990er-Jahre mit rd. 30 Mio. t Umschlag/Jahr den größten Hafen Nordeuropas besaß.

Als drittgrößte Stadt Schwedens bildet Malmö mit rd. 258 000 Einwohnern (2000) das wirtschaftliche Zentrum des südlichen Landesteiles mit dem Verwaltungssitz der Provinz Schonen (Skåne). Auf die Stadtregion Malmö entfallen sogar 500 000 Einwohner. Schon seit einer Reihe von Jahren verzeichnet die Region Malmö überdurchschnittlich hohe Wachstumsraten, die sich in jüngster Zeit u. a. infolge der Fertigstellung der festen Öresundverbindung noch verstärkt haben. In seiner historischen Tradition kann Malmö zwar nicht mit dem benachbarten Lund (bereits Anfang des 12. Jh.s Sitz des dänischen Erzbischofs) konkurrieren, wenn es auch eine erste Blütezeit im 14. Jh. als wichtiger Handelsplatz am Öresund erlebte. Im 15. Jh. wuchs Malmö sogar zur zweitgrößten Stadt des damaligen dänischen Königreiches heran. Seinerzeit ließ der Unionskönig Erik von Pommern die Burgfestung Malmöhus bauen, um die Handelsstadt vor Übergriffen der Hanse schützen zu können. Die mit dem Friedensvertrag von Roskilde 1658 erfolgte Angliederung Schonens an Schweden beendete vorerst die wirtschaftliche Blütezeit Malmös, zumal die Stadt vorher ganz auf den dänischen Markt ausgerichtet war. Erst Ende des 18. Jh.s vollzog sich ein wirtschaftlicher Wiederaufstieg.

Der berühmte Forscher Carl von Linné beschreibt die Stadt des 18. Jh.s folgendermaßen (zit. n. Rosberg 2001, S. 50): „Der Stapelplatz Malmö liegt am westlichen Meeresufer der Ebene von Schonen, Kopenhagen gegenüber, wovon die Entfernung vier Meilen beträgt. Malmö ist eine der ansehnlichsten Städte des Reiches. Sie beherbergt große Häuser, meist aus Fachwerk und mit Ziegeldächern, außer 40 gemauerten Häusern, und besitzt breite Straßen. Der Marktplatz gehört zu den größten des Reiches. Er ist 200 Schritte lang und gleich breit, allerseits mit hohen Linden, Rosskastanien und Nussbäumen bepflanzt."

Bild 21: *Turku (Åbo) mit seiner mittelalterlichen Burg (im Hintergrund) – lange Zeit die eigentliche Hauptstadt Finnlands (E. Gläßer).*

Um die Mitte des 19. Jh.s wurde auch Malmö von der Industrialisierung erfasst. So bildete die bis Ende der 1980er-Jahre existierende Kockums-Werft das wirtschaftliche Rückgrat der Stadt. Hinzu kamen die Textil-, Stein- und Zementindustrie. Allein zwischen 1900 und 1920 wuchs die Einwohnerzahl von 60 000 auf 113 000. Längst vorher hatten sich Stadterweiterungen, so der Bau der schachbrettartigen Neustadt, vollzogen. Umgeben wird die heutige Altstadt Malmös von einem durchgehenden Wassergraben, der im 19. Jh. entstand, als die Stadtbefestigungen geschleift und die Wallgräben mit Wasser aufgefüllt wurden. Eingebunden in dieses Wassergrabensystem ist das westlich der Altstadt gelegene Schloss Malmöhus, das in seiner jetzigen Gestalt um 1540 erbaut, nach einem Brand 1870 restauriert wurde und heute als Museum dient.

Im Kontext mit der Gesamtentwicklung in der Öresundregion befindet sich Malmö heute einmal mehr in einer Umbruch- und Übergangszeit. Nach den Revitalisierungsprozessen im Stadtzentrum und im Hafengelände (u. a. Errichtung eines IT-Centers im Westhafen) befindet sich derzeit ein weiteres Stadtbauprojekt (Brostaden bzw. Brückenstadt) in der Planungsphase. Brostaden besteht eigentlich aus vier neuen Stadtteilen, die sich durch unterschiedliche Profile und Identitäten auszeichnen sollen.

Turku (Finnland)

Turku (Åbo), die ehemalige Hauptstadt Finnlands mit derzeit rd. 170 000 Einwohnern, repräsentiert das wichtigste Stadtzentrum im südwestlichen, altbesiedelten Finnland. Der finnische Name „Turku" lässt sich von dem Wort „torg" (= Markt) ableiten und verdeutlicht damit die handels- und verkehrsgünstige Lage des Siedlungsplatzes im Mündungsbereich des Aurajoki in den weitflächigen Schärenhof Südwestfinnlands. Wenn auch im heutigen Stadtbild eine historische, mittelalterliche Prägung kaum auszumachen ist, dann bedeutet das keineswegs, dass Turku bzw. Åbo keine lange Geschichte zu verzeichnen hätte. Immerhin wurde hier schon in vor- und frühgeschichtlicher Zeit ein lebhafter Handel getrieben, was dann in der ersten Hälfte des 13. Jh.s zu einer Stadtgründung führte, nachdem vor allem seitens deutscher Kaufleute eine Handelsniederlassung erfolgt war. Um 1230 wird Turku vom Papst als Bischofssitz bestätigt, und um 1280 ließ der schwedische König eine Burganlage zur Sicherung der Stadt und ihrer Hafenanlagen errichten. Burg und Domkirche sollten in der Folgezeit zu den wichtigsten Zeugen der wechselvollen politischen und kulturellen Geschichte Finnlands werden (Bild 21). In diesem Zusammenhang sei auch erwähnt, dass bereits im 17. Jh. auf Anordnung des Gouverneurs Per Brahe hier die erste finnische Universität gegründet wurde.

Ein verheerender Schicksalsschlag für Turku war mit der Annektion Finnlands durch Russland 1809 und mit der Wahl Helsinkis 1812 zum Sitz des Gouverneurs verbunden. Turku verlor damit seine einstige Bedeutung. Eine Feuersbrunst 1827 und die ein Jahr danach erfolgte Verlegung der Universität nach Helsinki taten ein Übriges. Mit dem Wiederaufbau der Stadt wurde Carl Ludwig Engel beauftragt, der schon im Falle Helsinkis eine streng planmäßige, in Quadrate gegliederte Stadt entworfen hatte.

Im späteren 19. und vor allem im 20. Jh. wurde Turku dann vom Industrialisierungsprozess erfasst. Zugleich schuf die Verlegung des Hafens direkt an die Mündung des Aurajoki den Grundstein für den Aufbau einer lange Zeit florierenden Werftindustrie. Beispielsweise liefen bereits Ende des 19. Jh.s in

Turku die ersten Eisbrecher vom Stapel. Mit den erneuten Wachstumsprozessen kehrte auch das geistig-kulturelle Leben in die Stadt zurück, indem 1919 die Åbo Akademi (die einzige schwedischsprachige Universität des Landes) und 1922 die finnischsprachige Hochschule Turon Yliopisto ihren Lehr- und Forschungsbetrieb aufnahmen. Heute arbeiten drei anerkannte Hochschulen (die beiden genannten Universitäten und die Handelshochschule) mit zahlreichen, in der Region Turku ansässigen Unternehmen in mehreren Technologiezentren eng zusammen.

Akureyri (Island)

Das bedeutendste städtische Zentrum in Nordisland ist zweifellos Akureyri am Südende des Eyjafjörðurs, der hier etwa 60 km weit ins Land reicht. Mit der wachsenden Zentralität dieser „Hauptstadt" des Norðurlandes hat Akureyri seit über 100 Jahren ständig steigende Einwohnerzahlen (2000 ca. 15 200) zu verzeichnen. Akureyri, das zunächst 1787 und dann erneut 1862 Stadtrechte erhielt, hat seine bedeutende Hafen- und Handelsfunktionen von einem benachbarten alten Anlegeplatz, nämlich Gásar, übernommen. Letzterer war im Mittelalter allem Anschein nach der Haupthandelsplatz in Nordisland, bis dessen Aufgaben dann vermutlich kurz nach 1400 zu der Halbinsel Oddeyri, heute ein Stadtteil von Akureyri, verlegt wurden. Eine permanente Besiedlung des neuen Handelsplatzes und damit die Entwicklung zu einem kauptún (Handelsplatz ohne Stadtrecht) haben wahrscheinlich erst nach 1700 eingesetzt. Für die zweite Hälfte des 19. Jh.s beschreibt Winkler (1861, S. 273) den kauptún folgendermaßen: „Akureyri zählt vierzehn Häuser; dieselben sind in einer Reihe von Zwischenräumen nahe an dem Strand hingebaut ... In Akureyri befinden sich sieben Handelsetablissements. Es ist Sitz der Regierung des Nordlandes, der Amtsapotheke, eines Sysselmannes und einer Zeitungsredaktion." Die große Handelsbedeutung des damals kleinen Ortes Akureyri mag man auch aus einer weiteren zeitgenössischen Schilderung von Preyer und Zirkel (1862, S. 165f.) entnehmen, in der es heißt: „In Akureyri (Getreidehafen) herrscht ziemlich reger Verkehr, es ist neben Húsavik der wichtigste Handelsplatz am Eismeer für die Ausfuhr isländischer Produkte (rohe und verarbeitete Wolle, Fische, Fuchspelze, Eiderdaunen, Talk und Thran) und ein bedeutender Marktort für importierte dänische Waren ... Jeder Bauer, er mag noch so tief im Innern wohnen, besucht wenigstens einmal im Jahr den Hafenort."

Neben den Handelsfunktionen, die auch heute noch eine tragende Kraft im Wirtschaftsleben der Stadt sind, spielten schon früh der Fischfang und die Fischverarbeitung eine wesentliche Rolle. Vor allem der küstennahe Heringsfang gab in den Jahrzehnten der Industrialisierung den Impuls für die Errichtung der ersten modernen Fischmehl- und -ölfabrik Islands in dem einige Kilometer nördlich des Stadtzentrums gelegenen Krossanes. Heute konzentriert sich die Fischwirtschaft auf den östlichen Stadtteil, auf die Halbinsel Oddeyri. Allerdings repräsentiert die Fischwirtschaft nur noch eine Seite im Wirtschaftsleben Akureyris. Zahlreiche andere gewerblich-industrielle Aktivitäten haben Akureyri neben seinen Verwaltungs- und Dienstleistungsfunktionen zu einem der wichtigsten zentralen Orte in Island heranwachsen lassen.

Die Stadt ist längst über die älteren Ortsteile Akureyri („Alt-Akureyri") und Oðereyri hinausgewachsen. Auf den höher gelegenen Terrassen entlang des Eyjafjörðurs sind halbkreisförmig um den Stadtkern mit seinem Geschäftszentrum rund um die Hafnarstræti moderne Wohnviertel entstanden. Akureyri selbst hat glücklicherweise noch eine größere Anzahl älterer, baugeschichtlich interessanter Holzhäuser aufzuweisen. Mehrere kleine Parkanlagen (erwähnt sei hier nur die für isländische Verhältnisse recht üppige Vegetation u. a. mit Gehölzgruppen aus Birken, Weiden und Ebereschen) verleihen der Stadt einen liebenswerten Zug, der sich auch für die Tourismusbranche positiv auswirkt. Das von Akureyri aus gut zu erreichende, einzigartige Myvatngebiet bringt weitere fremdenverkehrswirtschaftliche Impulse.

Der Naturraum

Bild 22: *Blick auf den Eyjafjörður, Nordisland (K. Steinecke).*

Überblick

- In der geologischen Entwicklung Nordeuropas existiert eine gewaltige zeitliche Kluft zwischen den sehr alten Gesteinen des Präkambriums und Paläozoikums einerseits und den direkt auflagernden glazialen Sedimenten des Quartärs. Auf den atlantischen Inseln treten känozoische Vulkanite zu Tage; Island ist durch rezenten Vulkanismus geprägt.
- Die eiszeitliche Gestaltung des Raumes hat sowohl glaziale Erosionsformen wie die imposanten Fjordlandschaften als auch ausgedehnte Gebiete mit Moränenablagerungen hinterlassen. Die heutige Vergletscherung stammt überwiegend aus dem Jungholozän.
- Die klimatischen Verhältnisse mit ihrer meist großen Saisonalität werden im Wesentlichen durch die planetarisch differenzierte Einstrahlung, den Transport von Feuchtigkeit und latenter Wärme vom Atlantik und die nach Osten zunehmende Kontinentalität bestimmt.
- Während die südskandinavischen Landschaften der temperaten Zone in ihren Leistungspotenzialen mit mitteleuropäischen vergleichbar sind, zeichnen sich die borealen, alpinen und arktischen Ökosysteme des Raumes nördlich des *Limes norrlandicus* durch geringere Stoffumsätze, lange Regenerationszeiten und Artenarmut und demzufolge eine hohe Störungsanfälligkeit aus.

Geologisch-tektonische Entwicklung

von
Jörg-Friedhelm Venzke

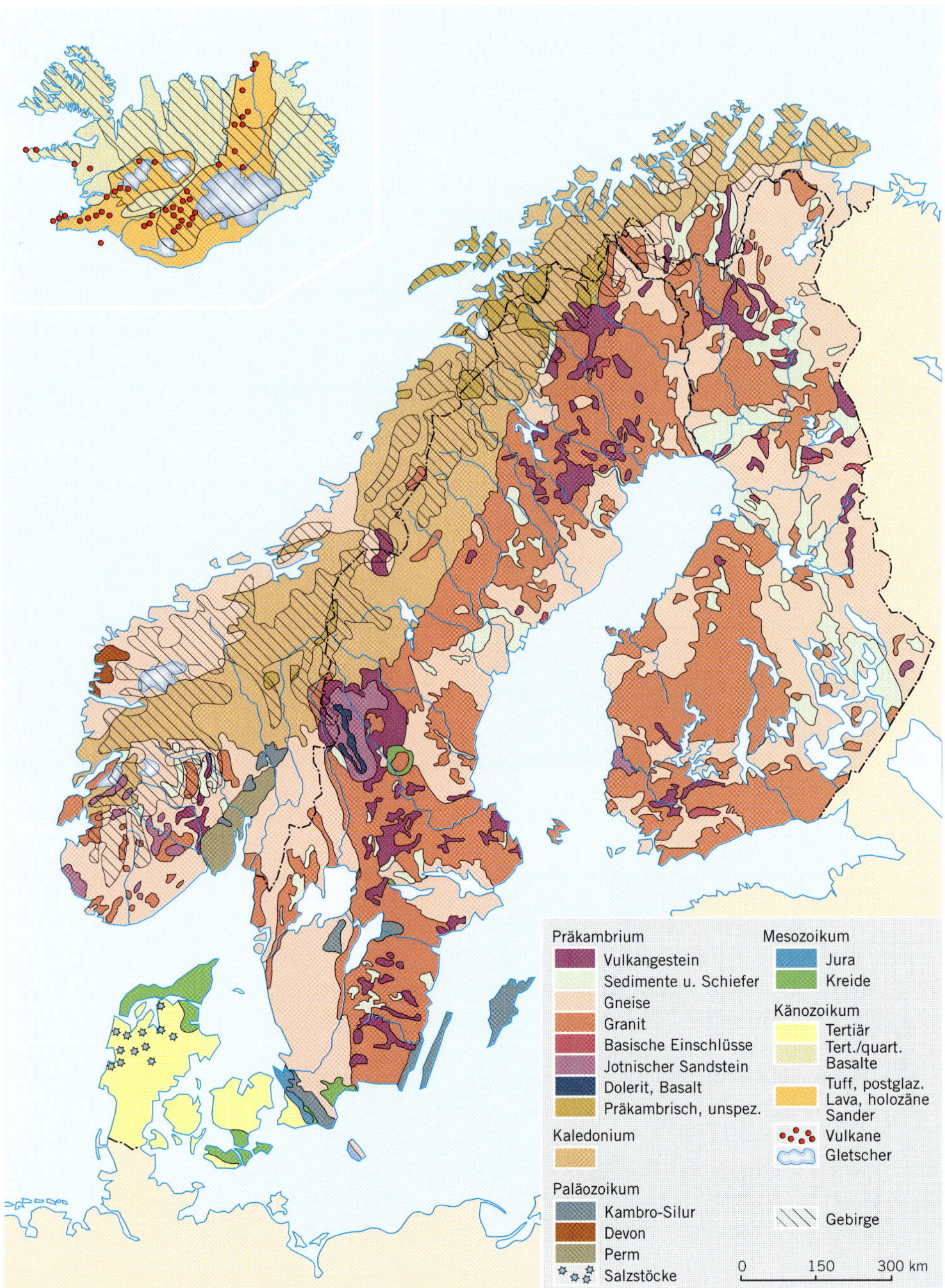

Eigene Darstellung.

Abb. 22: *Geologische Verhältnisse in Nordeuropa. Die Gesteine, die durch die kaledonische Gebirgsbildung im Silur betroffen waren, sind besonders hervorgehoben.*

Die geologischen Verhältnisse Nordeuropas sind überwiegend geprägt durch sehr alte Gesteinsbildungen und tektonische Vorgänge des Präkambriums und Paläozoikums einerseits und durch känozoische glaziale und vulkanische Prozesse andererseits. Die Kluft zwischen diesen beiden Ären ist im Bereich des Baltischen Schildes mit z. T. ca. 600 Mio. Jahren weltweit eine der längsten in der Erdgeschichte. Im Folgenden werden die Grundzüge der geologisch-tektonischen Entwicklung des alten Untergrundes Fennoskandiens bis zum Tertiär erläutert (Abb. 22).

Der Baltische Schild (dafür oft synonym ‚Grundgebirge' oder *urberg*) stellt das Relikt des präkambrischen nordhemisphärischen Urkontinents Laurasia dar und erstreckt sich von der russischen Kola-Halbinsel und dem Weißen Meer über Finnland und Russisch-Karelien sowie weite Bereiche Schwedens bis nach Südnorwegen und zum dänischen Bornholm. Petrographisch besteht er überwiegend aus Graniten, Gneisen und Schiefern, die im nördlichen und östlichen Finnland nach radiometrischen Daten ihr höchstes Alter mit 2,6 bis 2,8 Mrd. Jahren aufweisen. Auf der nordöstlichen Kola-Halbinsel existieren sogar 3,5 Mrd. Jahre alte Gesteine, die somit zu den ältesten der Erde zählen. An dieses Grundgebirge schließen sich in Südfinnland und Nord- und Mittelschweden etwas jüngere Gesteine an, die während der Svekofennischen und der Gotischen Gebirgsbildung (vor ca. 2 Mrd. bzw. 1,6 bis 1,8 Mrd. Jahren) tektonisch beansprucht und stark metamorphisiert wurden. Noch weiter im Südwesten treten mit 1,3 bis 1,7 Mrd. (Südwestschweden) bzw. 900 Mio. Jahre (Südostnorwegen) alten Gesteinen der Dalslandischen bzw. Telemarkischen Orogenese die jüngsten Teile des Baltischen Schildes zu Tage. Sie zeigen damit an, dass der Urkontinent über einen ca. 2 Mrd. Jahre langen Zeitraum hinweg von Nordosten nach Südwesten gewachsen ist. Den verschiedenen Gebirgsbildungsphasen, die regional mit vulkanischen Aktivitäten verbunden waren oder in Dalarna, auf den Åland-Inseln und in Südfinnland zu magmatischen Intrusionen führten (z. B. Rapakivi-Granite), folgten Denudationszyklen, die gegen Ende des Präkambriums die flächenhafte Einebnung des Baltischen Schildes zur Folge hatten. Diese subkambrische Peneplain liegt heute z. B. noch in der auf ca. 1000 m ü. d. M. gelegenen norwegischen Hardangervidda und im schwedischen Småland und Uppland bei unter 200 m ü. d. M. an der Erdoberfläche vor. Verschiedentlich sind verhältnismäßig wenig resistente terrestrische Sedimentgesteine, die als korrelate Ablagerungen zu den Flächendenudationen zu sehen sind, erhalten geblieben, z. B. unter permischen Doleriten in Västergötland, in der ringförmigen, auf einen Meteoriteneinschlag zurückzuführenden Struktur des Siljan-Sees oder unter kaledonischen Überschiebungsdecken (s. u.). Am Ende des Präkambriums kam es vor ca. 600 Mio. Jahren zu einer Vereisungsphase, der so genannten Varanger-Eiszeit, aus der Tillite in Südnorwegen und Nordlappland stammen. Während des frühen Paläozoikums geriet der südliche Teil des Baltischen Schildes nach Absenkung z. T. unter Flachmeerbedingungen, so dass sich – überwiegend im heutigen Bereich der mittleren Ostsee – fossilienhaltige marine Sedimente über der sich weitflächig durchziehenden Rumpfebene des ausgehenden Präkambriums ablagerten. Davon zeugen u. a. auf Öland ordovizische Orthocerenkalke und auf Gotland silurische Seelilien- und Korallenkalke. Sie fallen nach Südosten ein und bilden nordwestexponierte Schichtstufen.

Vor ca. 400 Mio. Jahren – im Silur – kollidierte bei der Schließung des so genannten Iapetus-Ozeans der zumindest in seinen Randbereichen mit Sedimenten des frühen Paläozoikums bedeckte Baltische Schild in seinem Westen mit dem Grönländischen Schild. Im Zuge dieser so genannten Kaledonischen Orogenese, die von Subduktionsvulkanismus, aber besonders auch von Metamorphisierungen, Faltungen, Überschiebungen und Hebungen begleitet war, fand die Bildung des Kaledonischen Gebirges (lat.: *Caledonia* = Schottland) statt. Dieses gewaltige Faltengebirge mit vermutlich über 5000 m hohen Bergen wurde im Verlauf der folgenden ca. 100 Mio. Jahre wieder weitgehend abgetragen und eingerumpft. Die korrelaten Sedimente finden sich z. T. in devonischen Gesteinen wie z. B. an der norwegischen Westküste zwischen Nord- und Sognefjord. Erst viel später – mit dem Beginn des Tertiärs vor ca. 60 Mio. Jahren – wird es durch die Wiederöffnung des Atlantischen Ozeans zerrissen und erneut angehoben. Während der östliche Teil der Kaledoniden heute die mittel- und nordnorwegischen Gebirge ausmacht, sind andere eingerumpfte Relikte dieses silurischen Hochgebirges in Spitzbergen und Schottland, aber auch in Ostgrönland, Neufundland und den amerikanischen Appalachen zu finden. Innerhalb der Skanden werden, besonders entlang der meist strukturell angelegten, tief eingeschnittenen Fjorde, die große petrographische Vielfalt und ihr komplizierter geologischer Bau deutlich (Bild 23).

Die Südgrenze der kaledonischen Faltung verläuft in Norwegen etwa von Stavanger bis Särna an der schwedischen Grenze. Stellenweise sind Gesteinspakete weit über die subkambrische Peneplain von Nordwesten nach Südosten geschoben worden, so z. B. in Jotunheimen und Rondane. Diese Überschiebungsdecken stellen vom Hallingskarvet in Südnorwegen bis nach Schwedisch-Lappland eine markante Geländestufe dar.

Weitere bedeutende tektonische Prozesse, die den südlichen Teil Nordeuropas betrafen, fanden vor ca. 250 Mio. Jahren statt, als sich – ausgehend von der Variszischen Gebirgsbildung in Mitteleuropa – zwei verschiedene permische Bruchsysteme entwickelten. Die Skåne-Bruchzone verläuft in nordwest-südöstlicher Richtung von der südnorwegischen Küste durch Skagerrak und Kattegat sowie Schonen nach Bornholm. Entlang tiefer Bruchlinien sind in Schonen präkambrische Gneise horstartig gehoben und durch Gräben getrennt. Dazu gehören z. B. Hallandsåsen und Kullen, aber auch die Insel Bornholm. Diese Bruchzone kreuzt im Skagerrak die etwa gleich alte Grabenbruchstruktur des Oslo-Grabens mit dem sich nördlich anschließenden Mjösa-See. An dessen Flanken sind Vulkanite und Tiefengesteine aufgedrungen bzw. später aufgeschlossen worden. Einige dieser tektonischen Leitlinien sind später – z. B. durch jurassischen Vulkanismus in Schonen – reaktiviert worden.

***Bild 23:** Blick vom 597 m hohen Prekestolen auf den Lysefjord, Südnorwegen (R. Lindemann).*

An der südlichen Peripherie des Baltischen Schildes sind im Mesozoikum auf dem Grundgebirge triassische und jurassische terrestrische und kretazische marine Sedimente abgelagert worden, die heute in Südschweden und im nordöstlichen Dänemark teilweise aufgeschlossen sind. Dazu gehören z. B. die Feuerstein führenden Kreidekalke der Insel Møn. Wie weit diese mesozoischen Ablagerungen ursprünglich nach Norden reichten, ist unklar, da die spätere tertiäre Einrumpfung und besonders die quartäre Glazialerosion zu einer ausgeprägten Ausräumung geführt haben. In Dänemark liegen den dort über 1000 m mächtigen mesozoischen Gesteinen im Untergrund tertiäre Sedimente auf; beide sind regional begrenzt in Jütland durch halokinetische Vorgänge relativ weit zur Erdoberfläche aufgepresst worden.

Auch auf Svalbard unterlagen die proterozoischen bis altpaläozoischen Gesteine mehrfachen Gebirgsbildungen, besonders der kaledonischen im Silur und der variskischen im Oberdevon, mit anschließenden Einrumpfungen. Seit dem Unteren Karbon haben sich hier verschiedenartige Sedimentite gebildet. Dazu gehören die Kohlebildungen des Kulm und marine Ablagerungen aus dem gesamten Mesozoikum und Tertiär, im dem es u. a. auch zur erneuten Schaffung von Kohleflözen mit einer hohen Inkohlung gekommen ist.

Im Zuge der tertiären Hebungen in Nordeuropa, die als Folge der Rift-Prozesse im Nordatlantik zu verstehen sind und bei denen der Baltische Schild nach Osten geneigt worden ist, und unter feucht-warmen Klimabedingungen entwickelte sich ein System von unterschiedlich hoch liegenden Rumpfebenen mit Insel- und Härtlingsbergen, die als „alte Oberfläche" („paleic surface") bezeichnet werden. Mit großer Wahrscheinlichkeit sind diese tertiären Peneplains auch in die Ausbildung einer Küstenplattform, der so genannten Strandflate, mit eingegangen, die weite Bereiche der südwest- und nordnorwegischen Küste prägt. Während des Tertiärs wurde das im Perm angelegte Bruchliniensystem reaktiviert. Beispielsweise konnte im Kreuzungsbereich zwischen Oslo-Grabenbruch und Skåne-Lineament im Skagerrak vor ca. 55 Mio. Jahren der so genannte Kristianssand-Vulkan entstehen, dessen Aschen auf den Inseln Mors und Fur im dänischen Limfjord zu finden sind.

Somit sind durch tektonische Prozesse und Gesteinsbildungen, die bis in die geologische Urzeit unseres Planeten zurückverfolgt werden können und die z. T. bis in die Gegenwart reichen, die Strukturen des geologischen Untergrundes geschaffen worden, auf denen sich während der letzten 2 Mio. Jahre im Quartär durch umfangreiche glazialmorphologische Prozesse das heutige Erscheinungsbild der nordeuropäischen Landschaften herausbilden konnte.

Mineralische Rohstoffe und fossile Energieträger

In Zusammenhang mit den gesteinsbildenden Prozessen des Präkambriums und Paläozoikums ist auch die Entstehung von Erzlagerstätten zu sehen, die regional und national von großer wirtschaftlicher Bedeutung waren und es z. T. noch sind.

Besondere Ressourcen sind die Eisenerz- und Pyritvorkommen, die sich – mit Ausnahme der schwedischen Bergslagen-Region – vor allem im Norden befinden. In Bergslagen, zwischen den Orten Grängesberg und Norberg, werden die überwiegend phosphorarmen Eisenerz-Reserven auf 975 Mio. Tonnen geschätzt (John 1984). Der bedeutendste Lagerstättenkomplex befindet sich allerdings im Bereich der norrbottischen Orte Gällivare, Malmberget und Kiruna, wo das Erz mit 60 bis 70 % Eisengehalt überaus reichhaltig ist, allerdings auch einen relativ hohen Schwefel- und Phosphorgehalt aufweist. Die Eisenerz-Reserven werden hier auf ca. 1,6 Mrd. t (Kiruna) bzw. 0,4 Mrd. t (Gällivare) geschätzt! Im nordnorwegischen Sør-Varanger kommen Magnetite mit Eisengehalten von 33 bis 36 % vor. Weitere norwegische Eisenerzlagerstätten sind die am Ranafjord mit Hämatit-Magnetiten, deren Eisengehalte 30 bis 35 % betragen, und die bei Malm am Beitstadfjord. Bei Sokndal in Rogaland befindet sich das größte europäische Vorkommen von Ilmenit, einem Titaneisenerz. Die finnischen Eisenerzvorkommen bei Rautavaara und Mustavaara sind z. T. mit Vanadium assoziiert, dies gilt in besonderem Maße für die Magnetit-Vanadium-Lagerstätte bei Otanmäki. Nicht unerwähnt bleiben sollten die Vorkommen von abbauwürdigem Eisenerz auf der russischen Kola-Halbinsel besonders bei Kovdor.

In präkambrischen vulkanogenen oder magmatogenen Lagerstätten der Zone sulfidischer Erze in Mittelfinnland und Nordschweden finden sich vielfältige Bunt- und Edelmetallvorkommen, die häufig mit Pyritlagerstätten vergesellschaftet sind. Sie sind im Wesentlichen an die Gebiete der Svekofennischen Gebirgsbildung gebunden. Hierzu gehören z. B. die Kupfer-Nickel-Erze des südostfinnischen Outukumpu-Distrikts mit Kupfergehalten von 58 % sowie die Kupfer-, Zink-, Blei-, Nickel- und Kobaltvorkommen des Vihanti- und Kotalahti-Distrikts bzw. im norrbottnischen Skellefteå-Distrikt mit dem Zentrum Boliden. Auch auf der russischen Kola-Halbinsel existieren Kupfer- und Nickelvorkommen, die allerdings nicht mehr abbauwürdig sind. Die finnischen Kupferreserven gelten als die bedeutendsten in Nordeuropa. Auch innerhalb der Skanden kommen Buntmetall-Lagerstätten vor; das wichtigste norwegische Vorkommen von Gelbkupfererz findet sich bei Sulitjelma in Nordland. Des Weiteren sind die nicht mehr abbauwürdigen, jedoch historisch überaus bedeutsamen Kupfererze bei Røros in Norwegen und Falun in Mittelschweden zu nennen. Stellenweise treten in Verbindung mit den nichtedlen Buntmetallen Gold und Silber auf, so z. B. im schwedischen Skellefteå-Distrikt. In Bergslagen, speziell in Falun, sind im 16. und 17. Jh. insgesamt 440 000 t Kupfer, 20 000 t Silber und 2300 t Gold gefördert worden. In Mittel- und Nordschweden befinden sich darüber hinaus Uranerzlagerstätten, die ca. 15 % der Weltreserven darstellen.

Während das kristalline festländische Nordeuropa reich an unterschiedlichen Erzen ist, weist es kaum fossile Energieträger auf (wenn man von den immensen im Holozän entstandenen Torflagerstätten absieht; s. u.), weil sich keine organogene Sedimentite bilden konnten oder sich ihre Kohlenwasserstoffe bei den verschiedenen Metamorphosen verflüchtigt haben. Ihre Vorkommen sind auf die Gebiete beschränkt, die im Laufe der Erdgeschichte überwiegend Sedimentationsbereich waren. So findet sich auf Svalbard sowohl unterkarbonische als auch tertiäre Kohle.

Am bedeutsamsten sind allerdings die überaus ergiebigen Erdöl- und Erdgasvorkommen in der Nordsee. Sie verdanken ihre Entstehung den geosynklinalen, im Allgemeinen sauerstoffarmen submarinen Verhältnissen zwischen Baltischem Schild und dem eingerumpften Sockel des Variskischen Gebirges in Mitteleuropa seit dem Perm, besonders jedoch in der Jurazeit, sowie den bis zu 10 000 m mächtigen mesozoischen Speichergesteinen. Besondere Bedeutung haben dabei die seit der Trias aufgestiegenen Diapire aus Zechsteinsalz, die als „Fangstrukturen" für aufdringendes Öl und Gas fungieren. Ähnliche geologische Verhältnisse liegen im Übrigen auch bei den Erdöl- und Erdgasvorkommen im Schelfbereich der Barentssee zwischen Nordnorwegen, Svalbard und Nowaja Semlja vor. Die bekannten Vorkommen und vermuteten Ressourcen an Erdöl und Erdgas belaufen sich in den norwegischen Offshore-Regionen auf ca. 5,4 Mrd. Standard-Kubikmeter (Öläquivalent) (Sm^3 oe) im norwegischen Anteil der Nordsee, 2,1 Mrd. Sm^3 oe in der Norwegensee vor Mittelnorwegen und 1,1 Mrd. Sm^3 oe in der Barentssee (Gläßer, Kolb & Schwackenberg 1996). Dabei entspricht 1 Sm^3 oe 1000 Standard-Kubikmetern Gas.

Vulkanismus im Nordatlantik

Wie bereits erwähnt, begann sich der Nordatlantik vor über 60 Mio. Jahren durch ein bis in die Gegenwart anhaltendes Rift-Ereignis zu öffnen. Bei diesem plattentektonischen Prozess dringt basaltisches Magma aus der Asthenosphäre entlang des Mittelatlantischen Rückens auf und bildet neuen Ozeanboden. Die aus dem unteren Tertiär stammenden, terrestrischen so genannten Thule-Basalte in Westschottland und Nordirland, auf den Färöer-Inseln und in Ostgrönland dokumentieren dies ebenso wie die zur heutigen Riftzone hin immer jünger werdenden und zu ihr streifenförmig-parallel angeordneten, abwechselnd normal und revers magnetisierten Vulkanite des Meeresbodens. Vor ca. 25 Mio. Jahren erfolgte eine Westverlagerung der aktiven Riftzone; die ursprüngliche, der heute erloschene so genannte Ægir-Rücken, liegt ca. 500 km westlich der norwegischen Küste.

Damit einhergehend begann im Neogen durch die überdurchschnittlich starke Magmaförderung über einem *hot spot*, der im Bereich der neuen Förderzone liegt, die Entstehung Islands als der heute größten Vulkaninsel der Erde. Hier können besser als irgendwo sonst die geologisch-tektonischen Strukturen und Prozesse von Mittelozeanischen Rücken studiert werden.

Die ältesten tertiären Plateaubasalte Islands befinden sich in den nordwestlichen und östlichen Landesteilen und weisen Alter von ca. 14 Mio. Jahren auf. Diese geschichteten und im Allgemeinen zur heute aktiven Neovulkanischen Zone einfallenden Basalte sind über etwa 3000 m durch Erosion aufgeschlossen bzw. durch Bohrungen erkundet; ihre Mächtigkeit dürfte jedoch insgesamt bei ca. 10 km liegen.

Die Neovulkanische Zone durchzieht die Insel von Nordosten nach Südwesten und spaltet sich zum Süden hin in zwei Äste auf (vgl. Abb. 23). Die Riftgeschwindigkeiten des *seafloor spreading* in diesem über dem Meeresspiegel gelegenen Teil des Mittelatlantischen Rückens liegen bei 2 cm/J in Nord- und bei 4,5 cm/J in Südwestisland (Schäfer 1972). Bei einzelnen Eruptionszyklen – so z. B. bei dem der Krafla 1975 bis 1984 – können Spreizungen von bis zu 7 bis 8 m gemessen werden (Einarsson 1994). Diese Beträge lassen sich sowohl durch direkte geodätische Messungen über offenen Spaltensystemen bestimmen als auch durch radiometrische Gesteinsdatierungen rekonstruieren. Im Westen der Insel existiert mit der Halbinsel Snæfellsnes ein weiteres Areal des rezenten Vulkanismus, das von der vulkanischen Hauptzone abgetrennt worden ist.

Die Förderung der basaltischen, heißen und dünnflüssigen Laven, der so genannten *helluhraun*, erfolgt überwiegend effusiv aus punkthaft vorkommenden Schloten oder besonders entlang von Spaltensystemen, die entsprechend der Riftzone orientiert sind (Bild 24). So haben sich Schildvulkane mit einer im Verhältnis zum Basisdurchmesser relativ geringen Höhe und einer Hangneigung von ca. 5° wie z. B. der 1060 m hohe Skjaldbreiður gebildet. Der größte Schildvulkan ist die 1460 m hohe Trölladyngja mit einer Basisfläche von 465 km² im Nordosten der Insel. Einzelne Ausbrüche können dabei gewaltige Dimensionen annehmen: Nach der Öffnung der weltweit größten Eruptionsspalte, der Eldgjá, bei der ca. 4 km³ Asche in die Atmosphäre geschleudert wurden, ergossen sich um 930 n. Chr. ca. 10 km³ Lava über eine Fläche von ca. 700 km². Und während des Lavaausflusses aus den Lakagígar wurden 1783/84 über acht Monate hinweg insgesamt nahezu 15 km³ Lava gefördert, die sich über 565 km² ausbreiteten und die Skaftáreldahraun in Südisland schufen (Tab. 7)! Großflächige holozäne Lavadecken existie-

Abb. 23: *Vulkanische Erscheinungen auf Island.*

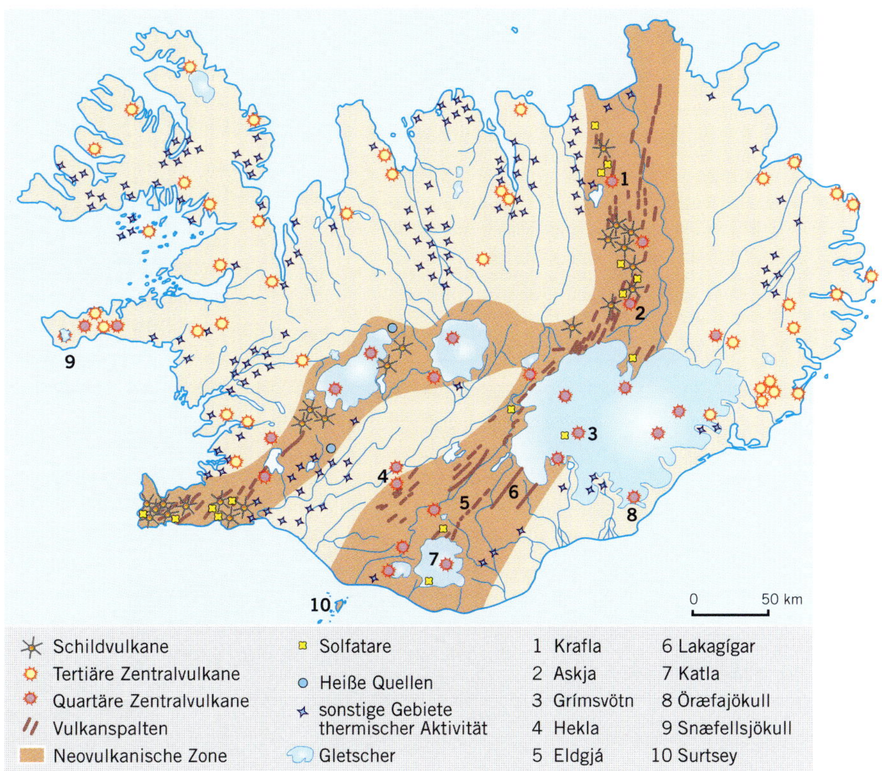

Eigene Darstellung.

Bild 24: *Vulkanausbruch am Leirhnjúkur, Nordostisland, im Juli 1980 (J. F. Venzke).*

ren heute auf der Halbinsel Reykjanes und in der so genannten Missetäterlava, der Ódáðahraun, im Nordosten des Landes (Bild 65). In den tertiären Regionen machen derartig entstandene Basalte ca. 80 % aller Vulkanite aus.

Daneben treten allerdings auch Zentralvulkane mit sauren bis intermediären und basaltischen Magmen auf, die als kegelförmige, wegen der Höhe oft vergletscherte Stratovulkane wie der 1446 m hohe Snæfellsjökull oder der mit 2119 m höchste Berg Islands, der Öræfajökull, oder als rückenförmige Vulkanbauten wie die 1447 m hohe Hekla, des bekanntesten Vulkans des Landes, ausgebildet sind. Besonders die nicht-basaltischen Vulkane neigen zu explosiver, z. T. großer Materialförderung, die sich sowohl in Island selbst als auch durch Ferntransport je nach Windrichtung vom grönländischen Inlandeis bis zu finnischen Mooren wieder finden lassen. So hat sich z. B. am 29. März 1875 im Askja-Massiv durch einen mehrstündigen Ausbruch das Maar Víti gebildet, bei dem ca. 2,5 km^3 Bimsstein über Nordostisland geworfen worden sind. Das Auswurfmaterial, die so genannte Tephra, lässt sich als Leithorizont zur Datierung von anderen Sedimenten und damit zur Rekonstruktion der Landschaftsgeschichte nutzen. Dem Isländer Sigurður þórarinsson gebührt das Verdienst, die Tephrochronologie als geowissenschaftliche Methode entwickelt zu haben (vgl. u. a. þórarinsson 1944 und 1979). Wichtige holozäne Leittephren stammen von Eruptionen der Katla, der Hekla (H 5 von 6600 BP, H 4 von 4000 BP, H 3 von 2800 BP und H 1 von 1104 n. Chr.) und des Öræfajökull von 1362 (Guðmundsson 1996; Einarsson 1994, S. 264ff.).

Vulkanische Region	Zeit	Bemerkungen
Krafla/Mývatn	2600–2800 BP	Entstehung des Hverfjall
	1724–1729	so genannte *Mývatn-Feuer*
	1975–1984	neun Spalteneruptionen
Grímsvötn	905–1996	43 Vulkaneruptionen mit 19 Gletscherläufen der Skeiðará und zehn anderen Gletscherläufen
Surtsey	1963–1967	Entstehung einer neuen Insel
Heimaey	1973	Lavastrom des Helgafell bedroht den Hafen, die Stadt wird evakuiert
Katla	seit 900	20 Eruptionen
	1755	120 Tage Förderung von insgesamt 1,5 km^3 Tephra
	1918	Gletscherlauf aus Kötlu-/Mýrdalsjökull
Askja	1875	Förderung von 2,5 km^3 Tephra, Bildung der Caldera mit Öskjuvatn und Maar Víti
Hekla	ca. 7000 BP	Aschelage Hekla 5 (H 5)
	ca. 4500 BP	Aschelage Hekla 4 (H 4)
	ca. 2900 BP	Aschelage Hekla 3 (H 3), ca. 12 km^3 Tephra (größter holozäner Vulkanausbruch Islands)
	1104	Aschelage Hekla 1 (H 1), ca. 2,5 km^3 Tephra
	1947	
	1991	
Öræfajökull	1362	Förderung von ca. 10 km^3 Tephra
	1727	
Laki		1783–1785 weltgrößte *historische* Eruption; 14 bis 15 km^3 Lava und Tephra
	1784	Erdbeben, 7,5 bis 8,0 Richter-Skala
Ältere þjórsárhraun	ca. 9000 BP	
Jüngere þjórsárhraun	ca. 7000 BP	Förderung von 13,5 km^3 Lava (= 614 km^2; weltweit größter holozäner Lavastrom)
Eldgjá	934	Förderung von 4 km^3 Tephra und 10 km^3 Lava

Tab. 7: *Ausgewählte vulkanotektonische Ereignisse auf Island.*

Quellen: Guðmundsson 1996; Einarsson 1994; Schutzbach 1985.

Während der quartären Vereisungen der Inseln hat der subglaziale Vulkanismus zur Entstehung charakteristischer Gesteine, der so genannten Hyaloklastite oder Palagonite (isländ.: *móberg*), und Vulkanformen, z. B. Tafelbergen wie der Herðubreið, geführt. Im Holozän sind etwa 200 Vulkane auf Island tätig gewesen, in historischer Zeit – d. h. seit dem späten 9. Jh. – immerhin noch etwa 40. Manche der Vulkanbauten sind durch Deckeneinbrüche nach den Magmaausflüssen zu Calderen, wie z. B. die Askja, umgestaltet worden.

In jüngerer Vergangenheit haben z. B. die Vulkanausbrüche der Hekla 1947/48, 1970, 1980 und 1991, der Grímsvötn im westlichen Teil des Vatnajökull und mit einem gewaltigen Gletscherlauf (isländ.: *jökulhlaup*) unter dem Gletscher Skeiðarárjökull 1996 mit Abflussspitzen bis zu 45 000 m^3/sec, aber auch die Entstehung der im Südwesten vorgelagerten Insel Surtsey 1963 bis 1967 und die Bedrohung des Hafens von Heimaey auf der größten Insel der Vestmannaeyjar durch den Lavastrom des Eldfell 1973 für besondere Aufmerksamkeit gesorgt (Bild 25).

Mit den Rift-Ereignissen, die nicht immer zu Vulkanausbrüchen führen müssen, ist im Allgemeinen seismische Aktivität – allerdings von meist geringer Stärke – verbunden. Dabei liegen die Epizentren der Erdbeben nicht nur unter dem isländischen Festland, sondern auch submarin im Bereich des Reykjanes- und des Kolbeinsey-Rückens südlich bzw. nördlich der Insel.

Neben dem Vulkanismus auf Island mit seinem lehrbuchartig ausgebildeten und sehr gut untersuchten vulkanischen Formenschatz existiert – viel weniger bekannt – auf der norwegischen Insel Jan Mayen, die ca. 700 km nordöstlich von Island auch auf dem Mittelatlantischen Rücken liegt, mit dem 2277 m hohen, vergletscherten Beerenberg ein ebenfalls rezent aktiver Vulkan.

***Bild 25:** Hafen von Heimaey, Südisland. Der Hafen wurde durch den Lavastrom des Ausbruchs des Eldfell im Januar 1973 fast verschlossen (J. F. Venzke).*

Geothermal-Energieressourcen auf Island

Aufgrund des vulkanischen Charakters der Insel existiert auf Island ein verstärkter aufwärts gerichteter Transport von Erdwärme und damit ein sehr viel höherer geothermischer Gradient als normal. In Geothermalgebieten wird versickertes Niederschlagswasser in der Tiefe erhitzt und dringt – z. T. nach vielen Kilometern horizontaler Bewegung – wieder an die Erdoberfläche auf. Man unterscheidet Hochtemperatur- und Niedrigtemperaturgebiete; dabei liegt der Trennwert bei einer Grundwassertemperatur von 150 °C in 1000 m Tiefe. In den 21 isländischen Hochtemperaturgebieten, die alle in der Neovulkanischen Zone liegen, tritt aufdringendes Grundwasser mit über 100 °C als Wasserdampf an der Erdoberfläche aus. An der Krafla in Nordisland und bei Nesjavellir in Südwestisland wurden in 2000 m Tiefe 340 bzw. 380 °C gemessen. Die viel häufiger auftretenden Niedrigtemperaturgebiete – es werden ca. 250 Areale mit 600 bis 700 nennenswerten Quellen angegeben – sind häufig an Spalten in den etwas von der Neovulkanischen Zone abgesetzten tertiären Basaltregionen gebunden. Die Temperatur des austretenden Wassers liegt hier im Mittel bei 75 °C. Unter Reykjavík beträgt die Grundwassertemperatur in 1000 m Tiefe 100 °C und in 3000 m Tiefe noch 160 °C.

Weltweit bekanntestes Phänomen von Niedrigtemperaturgebieten sind die periodisch fördernden Springquellen, deren isländische Bezeichnung *geysir* internationale Anwendung findet. Darüber hinaus werden in Island Thermalquellen mit Wasseraustrittstemperaturen von 70 bis 100 °C als *hver* (= Quelle) von kühleren mit Temperaturen von 20 bis 70 °C als *laugar* (= Bad) unterschieden. Diese Begriffe weisen ebenso wie *reyk* (= Rauch) in isländischen Lokalitätennamen auf hydrothermale Phänomene hin.

Die diesen Warm- und Heißwasser oder Wasserdampf fördernden Quellen innewohnende Energie ist schon seit der wikingischen Landnahme vom Menschen zu Bade- und Waschzwecken genutzt worden. 1928 wurde erstmals in Reykjavík nach heißem Wasser gebohrt, 1943 nahmen die dortigen Heißwasserwerke, die die Stadt mit Heizenergie versorgten, ihren Betrieb auf. Heute werden im Großraum der Hauptstadt ca. 150 000 Personen mit ca. 1500 l heißem Wasser/sec, bei winterlicher Spitzennachfrage mit 3000 l/sec versorgt. Dabei schätzten Gläßer & Schnütgen (1986) die Schüttung der natürlichen Heißwasserquellen des ganzen Landes auf ca. 1800 l/sek. Insgesamt sind heute 85 % der isländischen Bevölkerung und etliche Gewächshausbetriebe an die Heißwasserversorgung aus Geothermalgebieten angeschlossen (Einarsson 1994, S. 88). Aber auch die Gewinnung von elektrischem Strom aus geothermaler Energie spielt für die isländische Energiewirtschaft eine wichtige Rolle. Das Potenzial der geothermalen Elektrizitätserzeugung wird auf ca. 20 000 GWh/J geschätzt; gegenwärtig (1998) werden durch vier Geothermal-Kraftwerke lediglich 655 GWh/J produziert. Dabei sind die Kraftwerke Krafla und Nesjavellir mit einer Leistung von jeweils 60 MW die größten (Bothe & Gläßer 2001). Probleme bei der Nutzung von heißem Grundwasser stellen deren oft sehr hohe Mineralgehalte (besonders Kieselsäure, kaum Kalzium oder Magnesium), die zur Versinterung der Quellen (und Rohrleitungen) führen, und die Gefahr von Dislokationen der Bohrlöcher durch Erdbebentätigkeit dar.

Quartäre glaziale Reliefgestaltung

Während des Quartärs, d. h. mindestens der letzten 2 Mio. Jahre, war Nordeuropa von mehreren ausgedehnten Vereisungen betroffen. Die genaue Anzahl ist unklar. Nach den Befunden in den mitteleuropäischen Randbereichen der skandinavischen Inlandeise sind mindestens drei nachweisbar (Elster-, Saale- und Weichsel-Glazial im nördlichen Mitteleuropa, Dnjepr-, Moskva- und Waldai-Glazial in Russland); Bohrkernanalysen von Meeressedimenten des Nordatlantik lassen viel mehr wahrscheinlich sein. Auch wenn der Ursachenkomplex für Kaltzeiten nach wie vor nicht eindeutig geklärt ist, müssen das Zusammenspiel von allgemeiner Temperaturerniedrigung und damit verbundener Absenkung der Schneegrenze in den nordeuropäischen Gebirgen und der fortgesetzt ausreichenden Niederschlagversorgung vom Nordatlantik her zum kontinuierlichen Aufbau einer beträchtlichen, zunächst noch auf die Skanden beschränkten Gebirgsvergletscherung geführt haben (Abb. 24).

Mit zunehmender Eisakkumulation wanderte das Zentrum der Vergletscherung und damit die Eisscheide des bis zu 3000 m mächtigen Inlandeises nach Osten über das Gebiet des heutigen Bottnischen Meerbusen. Das daraus ausfließende Eis lief im Süden und Osten in flachem Festland aus und hinterließ dort die bekannten Staffeln von unterschiedlich alten Endmoränenzügen (s. u.). Im Westen und Norden strömte das Eis vom relativ hohen und steilen Gebirgsrelief hinunter zum Meer; hier konnten sich vermutlich immer einzelne kleinere eisfreie Gebiete halten, die als Refugien für eine arktisch geprägte Flora und Fauna dienen konnten. Die Relikte von hochglazialen Eisrandlagen, die heute im Allgemeinen unter dem Meeresspiegel liegen, sind hier wesentlich spärlicher. Im südwestlichen Sektor drang das skandinavische Inlandeis, das in seiner weichselzeitlichen Ausdehnung auf ca. 3,1 Mio. km^2 geschätzt wird (Liedtke 1992), bei einem um bis zu 130 m eustatisch erniedrigten Meeresspiegel bis weit nach Westen in den Bereich der heutigen Nordsee vor und geriet in Kontakt mit der schottisch-britischen Eiskappe. Im Nordosten ging die nordeuropäische Vergletscherung auf dem Schelfbereich der Barentssee in den so genannten Barents-Eiskomplex über. Gegen Ende der jeweiligen Vereisung rückte mit der Auflösung des Eisschildes die Eisscheide wieder in das Gebiet der Skanden, wobei die höchsten Regionen eisfrei wurden. Sich kreuzende Gletscherschrammen an etlichen Lokalitäten in Westnorwegen zeugen noch heute von den wechselnden Eisfließrichtungen während der letzten Eiszeit.

Die Rekonstruktion des präglazialen Reliefs, das während des Quartärs von den skandinavischen Inlandeisen weiter gestaltet worden ist, ist außerordentlich schwierig, da präglaziale Referenzoberflächen fehlen. Somit gibt es keine allgemein akzeptierte Antwort auf die Frage des schwedischen Geomorphologen Sten Rudberg: „Was ist *[im heutigen Relief]* präglazial und was ist glazial?" (Rudberg in Varjo & Tietze 1987, S. 56).

Es ist allerdings unbestritten, dass die Glazialerosion – zumindest regional – eine beträchtliche, allerdings durch die Petrovarianz differenzierte Abtragsleistung besessen und das prä-

Nach Liedtke und Smed & Ehlers 1994.

Abb. 24: *Vereisung Nordeuropas während des Weichselglazials. Es sind zusätzlich die Herkunftsorte und Streufächer wichtiger Leitgeschiebe dargestellt, die allerdings während aller Eiszeiten verbreitet worden sind. Es bedeuten:*
1 = Rhombenporphyr,
2 = Dala-Porphyre,
3 = Brauner Ostsee-quarzporphyr,
4 = Roter Ostsee-quarzporphyr,
5 = Åland-Geschiebe,
6 = Perniö-Granit,
7 = Wiborg-Rapakivi,
8 = Ladoga-Rapakivi,
9 = Nephelinsyenit von Umptek.

glaziale Relief in charakteristischer Weise überformt hat. Dabei kann in den Phasen des Auf- und Abbaus der Eisschilde eine mehr linienhafte Glazialerosion, die den bereits existierenden fluvial angelegten Talsystemen und tektonisch-strukturellen Schwächelinien folgte, von einer dem Relief überlagerten, mehr flächenhaften Abtragung in den Hochphasen der Glaziale unterschieden werden. Auffälligste glaziale Erosionsform sind die Muster von trogförmigen, tief eingeschnittenen Haupttälern und zahlreichen, nicht auf das Talniveau des Haupttales ausgerichteten Hängetälern. An der norwegischen Küste laufen diese Trogtäler in Fjorden aus, in denen das Meer bis zu 200 km weit ins Land hineingreift. Die bedeutendsten Fjordsysteme in Westnorwegen sind die des Nord-, Sogne-, Hardanger- und Boknafjordes. Aufgrund eines Charakteristikums der Glazialerosion, nämlich die stärkste Erosionsleistung dort aufzuweisen, wo die Eismächtigkeiten am größten sind, wurden die Fjorde in ihrem inneren Teil am tiefsten ausgeschürft und erreichen im Sognefjord eine maximale Wassertiefe von 1308 m. Küstennahe Süßwasserseen wie z. B. der 514 m tiefe Horningdalsvatn nördlich des Nordfjordes in Westnorwegen oder der 112 m tiefe Lögurinn in Ostisland reichen wegen der glazialen Übertiefung mit ihrer Sohle weit unter den Meeresspiegel.

Im Stockwerkaufbau des glazial geprägten Gebirgsreliefs der Skanden ist weiterhin das Vorkommen von die Hochebenen überragenden schroffen Karlingen (norweg.: *tindur*) auffällig, die – zumindest in der Abbauphase der Vergletscherung – als Nunatakker das Inlandeis überragt haben. Sie sind überwiegend durch eine eigene Karvergletscherung und periglaziale Morphodynamik geprägt worden, so z. B. im westlichen Bereich von Jotunheimen oder an der nordnorwegischen Küste und auf den äußeren Lofoten und Vesterålen. Die flacheren Reliefbereiche in jeder Höhenlage – hoch gelegene Fjellgebiete, aber auch die küstennahe Strandflate und die ausgedehnten Gebiete des nordostskandinavischen Baltischen Schildes – weisen ein oft ausgeprägtes Rundhöckerrelief mit dazwischen liegenden, ins anstehende Gestein glazial erodierten Seen auf. In den östlichen Randgebieten der Skanden sind dafür im schwedischen Väster- und Norrbotten die bis 100 m relative Höhe erreichenden so genannten *flyggbergs* typisch.

Das erodierte Material ist durch den Eisfluss der Inlandeise bis weit in die Peripherie Nordeuropas transportiert und z. T. mehrere hundert Meter mächtig in Norddeutschland, Nordpolen, Russland und dem Baltikum abgelagert worden. Dabei lassen sich bekannterweise die drei letzten Hauptvereisungen sedimentologisch und z. T. auch morphologisch voneinander unterscheiden (Liedtke 1981) und aufgrund der Leitgeschiebe die meist süd- und mittelskandinavischen Herkunftsorte des Moränenmaterials bestimmen (Smed & Ehlers 1994) (Abb. 24).

Die Endmoränen, die die weichselzeitlichen Hochglazialstände anzeigen – vom Brandenburger Stadium vor ca. 20 000 Jahren bis zum Nordostmecklenburgischen Stadium vor ca. 12 800 Jahren –, liegen überwiegend außerhalb Nordeuropas, müssen

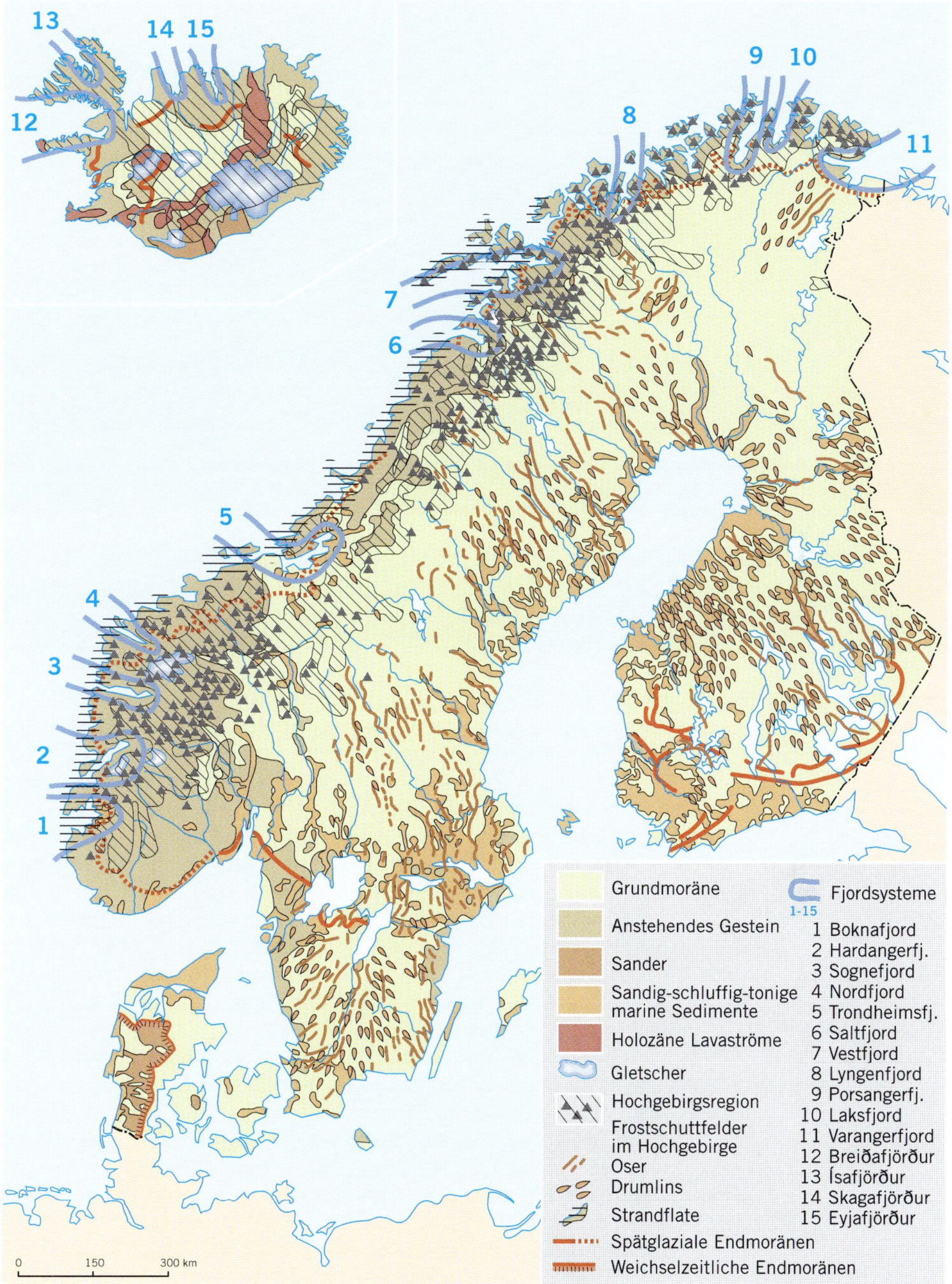

Eigene Darstellung.

Abb. 25: *Glazialmorphologische Erscheinungen in Nordeuropa.*

Bild 26: *Seenlandschaft südlich von Jyväskylä, Südfinnland (E. Militz).*

allerdings hier aus morphogenetischen Gründen im Zusammenhang mit den Vereisungen Nordeuropas Erwähnung finden. Lediglich auf der jütländischen Halbinsel kommen markante Endmoränenzüge mit der höchsten dänischen Erhebung, der 173 m hohen Yding Skovhöj, und den assoziierten Phänomenen der glazialen Serie, die dem Hochstand der Weichseleiszeit zuzuordnen sind, vor. Westlich dieser Jungmoränenlandschaft bis zur von der Nordsee geprägten Küstenregion findet sich saalezeitliches Altmoränenland, das z. T. stark von weichselzeitlicher Schmelzwassererosion und Sanderüberlagerung überformt ist (Krüger 1983).

Während des rapiden Eisrückzuges im Spätglazial kam es zu verschiedenen klimatisch bedingten Stillstandsphasen. Sie sind besonders in der ca. 800 Jahre dauernden Jüngeren Dryas vor ca. 10 300 Jahren, die in Nordeuropa durch die Moränenstaffeln des über 600 km langen südfinnischen *Salpausselkä*- und des *Ra*-Komplexes in Süd-, West- und Nordnorwegen sowie den zentralschwedischen Moränen in Dalsland und Västergötland belegt. Die dortige Deglaziationsgeschichte ist grundsätzlich bereits 1912 durch die richtungweisenden warvenchronologischen Untersuchungen des Schweden Gerard De Geer geklärt worden (De Geer 1912).

In weiten Bereichen Nordeuropas (mit Ausnahme von Dänemark) ist die Auflage von glazialem und fluvioglazialem Material auf der glazial-erodierten präkambrisch-paläozoischen Festgesteinsoberfläche sehr gering. Die Grundmoränendecke überschreitet nur selten eine Mächtigkeit von 10 m. In den Skanden liegt sie häufig unter 50 cm. Lediglich im südlichen und mittleren Finnland und Schweden sind glaziale Ablagerungen so mächtig und differenziert, dass das flache Relief im Wesentlichen glazial- und fluvioglazial-akkumulativ gestaltet ist. In den dortigen Grundmoränenbereichen werden durch orientierte Drumlin-Felder und etliche Kilometer lange Oser, aber auch durch die Orientierung der zahllosen Seen in den flachen Senken zwischen den glazialen und fluvioglazialen Vollformen die Eisfließrichtungen, so z. B. im finnischen Seengebiet zwischen Kuopio und Mikkeli und in der Umgebung des Inarisees in Finnisch-Lappland sowie im schwedischen Småland und Södermanland, deutlich (Bild 26).

Island ist – wie die Färöer-Inseln – während der letzten Eiszeit ebenfalls nahezu vollständig von einer eigenständigen plateauartigen Inselvereisung bedeckt gewesen. Sie reichte unterschiedlich weit über die heutige Küstenlinie hinaus und umfasste vermutlich insgesamt eine Fläche von ca. 200 000 km^2, was etwa dem Doppelten der heutigen Inselfläche entspricht. Durch sie wurden die in den tertiären Basaltregionen des Nordwestens und Ostens strukturell angelegten Fjorde geschnitten (Bild 22). Darüber hinaus entstanden durch subglaziale vulkanische Aktivitäten so genannte Tafelberge wie z. B. die Herðubreið (s. o.), deren Plateaus aus subaerisch gebildeten Basalten die jeweilige Mächtigkeit des Inlandeises, nämlich ca. 1100 m in zentralen Landesteilen und auf ca. 200 m im nordöstlichen Küstenbereich abnehmend, anzeigen. Die Enteisung im Spätglazial erfolgte wie im festländischen Nordeuropa phasenweise mit Stillstandskomplexen in der Älteren und Jüngeren Dryas (so genanntes *Álftanes*- bzw. *Búði*-Stadium) und im Präboreal sowie einer Trennung von Hochlandsvergletscherung mit weit reichenden Auslassgletschern von einer eher punkthaften Kar- und Talvergletscherung im Norden der Insel, z. B. auf der Halbinsel Tröllaskagi (Stötter 1991; Wastl, Stötter & Venzke 2001).

Das Gewicht des im Zentrum ca. 3000 m mächtigen weichselzeitlichen skandinavischen Inlandeises hat die Erdkruste schätzungsweise ca. 650 m eingedrückt. Nach der Enteisung begann ein isostatischer Aufstieg der Erdoberfläche, der im Bereich des mittleren Bottnischen Meerbusens bislang bis zu 290 m ausgemacht hat und zurzeit in dieser Region bei Luleå, Skellefteå und Oulu mit Maximalwerten von ca. 9 mm/J und bei Stockholm mit ca. 5 mm/J noch immer anhält. Es gibt allerdings durchaus auch die Auffassung, dass der isostatische Aufstieg bereits abgeschlossen und die gegenwärtige Hebung tektonischer Natur sei (Mörner in Liedtke 1992). Gegenwärtig ist keine isostatische Bewegung in Nordjütland, Nordseeland und Südschonen festzustellen; südlich dieser Linie senkt sich das Land dagegen geringfügig mit ca. 1 mm/J. Auch Island erfuhr eine isostatische Absenkung im Hochglazial und einen entsprechenden, regional differenzierten Wiederaufstieg seit dem Spätglazial.

Holozäne Landschaftsentwicklung

Die Klimaverbesserung, die nach den kurzfristigen Kältephasen und ihren markanten Gletschervorstößen der Älteren und Jüngeren Dryas im Spätglazial mit einer Temperaturzunahme im Holozän von ca. 5 bis 10 K einsetzte, hatte vielfältige geomorphologische, hydrologische und landschaftsökologische Konsequenzen.

Gletscherdynamik

Sowohl im festländischen Nordeuropa als auch auf Island schmolzen die Gletscher so stark ab, dass spätestens im Atlantikum, dem holozänen Klimaoptimum, d. h. vor ca. 9000 bis 6000 Jahren, die Reste des weichselzeitlichen Eises bis auf wenige kleine Relikte verschwunden waren. Auf Island blieb vermutlich lediglich der Öræfajökull, der höchste Berg, vergletschert. Zu dieser Zeit wies das mittlere und nördliche Skandinavien um etwa 2 bis 3 K höhere Temperaturen gegenüber heute auf. Vor etwa 5000 Jahren begann der Neuaufbau der nordeuropäischen Gletscher, die besonders mit dem wieder kühler und feuchter werdenden Klima im Subatlantikum vor etwa 2500 Jahren einen ersten holozänen Hochstand erreichten. So wuchs auf Island aus sechs einzelnen, sich vergrößernden Gebirgsvergletscherungen der Vatnajökull etwa zu seiner gegenwärtigen Fläche zusammen. Die komplexe holozäne Landschafts- und Klimageschichte und damit auch die Gletschergeschichte Nordislands wird von Stötter & Wastl (1999) dargestellt. Auch der westnorwegische Plateaugletscher Jostedalsbre entstand in seiner heutigen Form.

Das holozäne Maximum erreichten die nordeuropäischen Gletscher nach einer mittelalterlichen wärmeren Klimaphase – regional differenziert – etwa zwischen 1600 und 1920, einem Zeitabschnitt, der wegen seiner Temperaturdepression von etwa 3 bis 4 K gegenüber dem Klimaoptimum im Atlantikum auch oft als *Kleine Eiszeit* bezeichnet wird. Auf der nordwestisländischen Glámahalbinsel bildete sich sogar eine mittlerweile wieder verschwundene Eiskappe, die um 1844 ihre Maximalausdehnung besaß. Bei den Gletschervorstößen dieser Phase, die in den Jahren 1740 bis 1750 und 1850 bis 1895 besonders ausgeprägt waren und oft etliche Kilometer ausmachten, wurden besonders in Westnorwegen – aber auch auf Island – Kulturland und sogar Siedlungen zerstört. Bekanntestes Beispiel dafür ist die Vernichtung der Höfe der Siedlung Nigard 1743 durch den vorrückenden Nigardsbre, einem südlichen Auslassgletscher des Jostedalsbre (Abb. 26).

Die noch relativ frisch wirkenden Endmoränen der *Kleinen Eiszeit* sind im Vorfeld vieler Gletscher zu finden. Seit Mitte des 20. Jh.s ist vielerorts ein beachtlicher Gletscherrückgang festzustellen.

Entwicklung der Ostsee und der Küstenregionen

Große Bedeutung für die holozäne Landschaftsgestaltung besaß (und besitzt in eingeschränktem Maße immer noch) die Entwicklung der küstennahen Regionen im differenzierten Zusammenspiel von isostatischer Landhebung und eustatischem Meeresspiegelanstieg (Liedtke 1992). Sehr gut untersucht und dargestellt ist dies im Einzugsbereich der heutigen Ostsee (Abb. 27):

Während der spätglazialen Stillstandsphase hatte sich südlich und östlich der Restvergletscherung als erster Vorläufer der Ostsee ein ausgedehnter aus Süßwasser bestehender Eisstausee gebildet, der im Südwesten durch die hochglazialen Ablagerungen in Jütland gestaut wurde und der Abflüsse zum noch deutlich tiefer liegenden Weltmeer über die Sundregion, aber auch in Nordkarelien zum Weißen Meer besaß. Mit zunehmendem Schmelzwasseranfall kam es vor ca. 10 200 Jahren zum vermutlich katastrophenartigen Überfließen im Bereich des Berges Billingen zwischen Väner- und Vättersee in Mittelschweden und bei eustatisch steigendem Weltmeeresspiegel zur anschließenden Transgression von Meerwasser in den südlichen Ostsee-Bereich. Mit dem Salzwasser drang eine Kaltwasser liebende Fauna ein, nach der dieses mit ca. 800 Jahren dauernde Ostsee-Stadium, das *Yoldia*-Meer (nach der Muschel *Yoldia arctica*), benannt ist. Mit dem isostatischen Anstieg Süd- und Mittelschwedens wurde vor ca. 9300 Jahren die Verbindung zum Weltmeer wieder unterbunden und das etwa 2000 Jahre währende Stadium des langsam aussüßenden *Ancylus*-Sees (nach der Brackwasserschnecke *Ancylus fluviatilis*) eingeleitet; der Abfluss erfolgte lediglich über das Svea-, Vänersee- und Göta-System in Mittelschweden sowie das Dana-System durch die spätere Große-Belt-Region. Als vor ca. 7500 Jahren der eustatische Meeresspiegelanstieg die isostatische Landhebung im dänisch-südschwedischen Bereich eingeholt hatte, drang erneut Meerwasser über Sund und Belte in das Ostsee-Becken ein. Dieses ca. 3000 Jahre existierende *Littorina*-Meer (nach der Strandschnecke *Littorina littorea*) war während des klimatischen Optimums etwas wärmer und salziger als heute und hatte besonders im Bereich des Bottnischen und Finnischen Meerbusens wechselhafte Küstenverläufe. Mit zunehmend feuchterem Klima und geringerem Wasseraustausch über Belte und Sund wurden die meeresökologischen Verhältnisse der Ostsee wieder brackisch; *Littorina littorea* verschwand, und die Süßwasserschnecke *Limnaea ovata* gilt als Leitfossil des *Limnaea*-Meeres, das

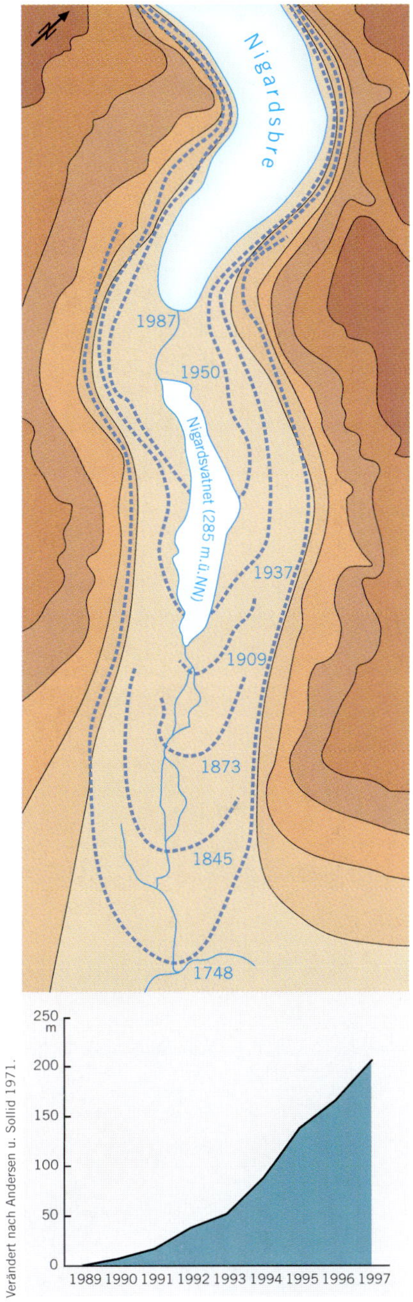

Abb. 26: *Gletschervorstöße und -rückzüge am Nigardsbre, einem östlichen Auslassgletscher des Jostedalsbre.*

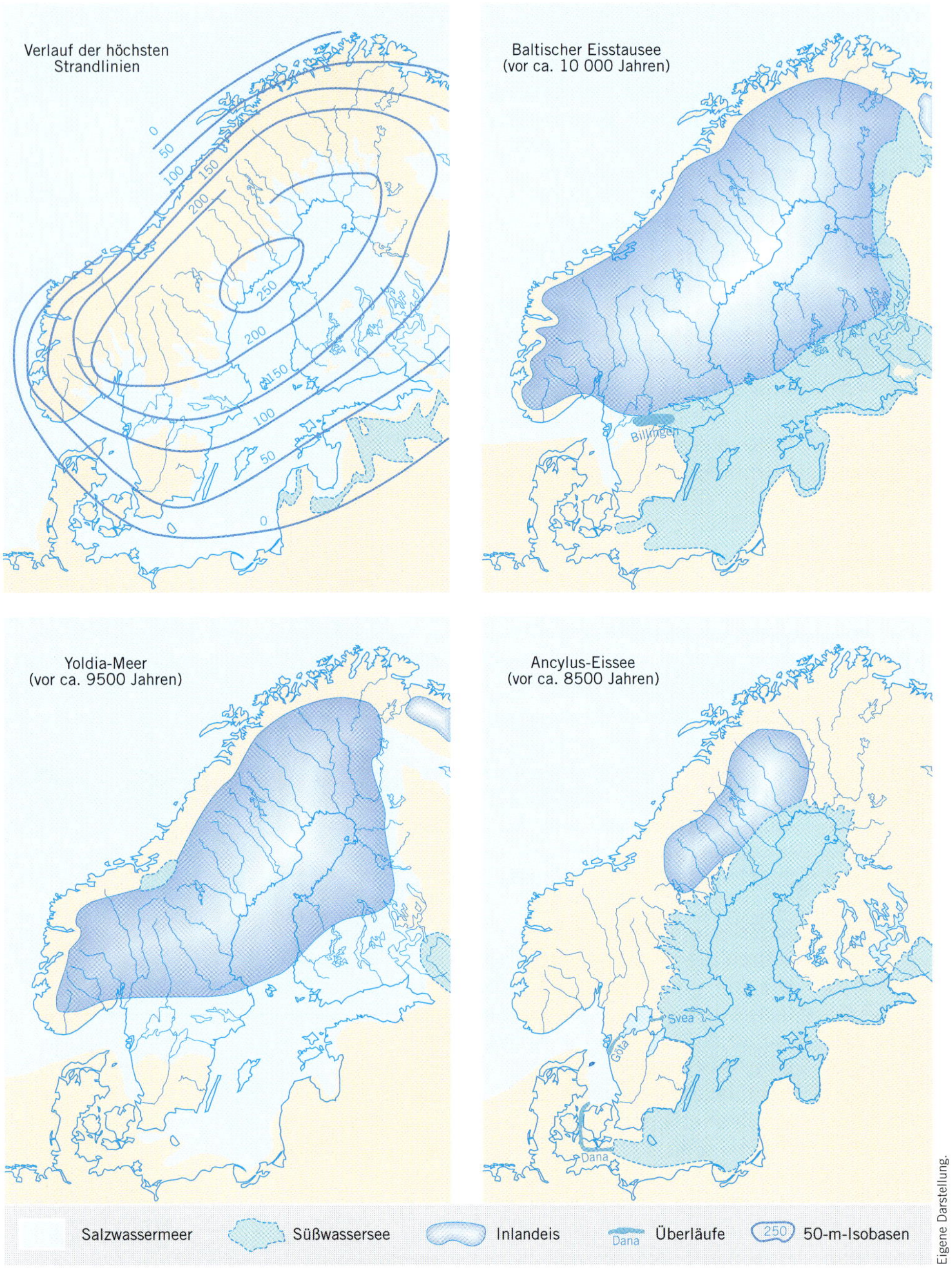

Abb. 27: *Isostatische Landhebung und spätglazial-holozäne Entwicklungsgeschichte der Ostsee.*

ähnlich wie das folgende *Mya*-Meer (nach der Muschel *Mya arenaria*) ökologisch und topographisch im Wesentlichen der heutigen Ostsee entspricht.

Durch die in den verschiedenen Entwicklungsphasen der Ostsee z. T. wesentlich ausgedehnteren Überflutungsflächen als in der Gegenwart sind in weiten Bereichen schluffig-tonige marine Sedimente zur Ablagerung gekommen, die durch die isostatische Landhebung in Positionen bis z. T. über 200 m ü. d. M. gelangt sind. Dies gilt besonders für die mittelschwedische Senke und die küstennahen Bereiche in Nordschweden und Mittelfinnland. Aber auch Gebiete im norwegischen Küstensaum, besonders im Oslo- und Trondheimsfjord sowie in Jæren, tragen einen marinen Sedimentschleier, der aufgrund der Textur und des Nährstoffgehaltes agrare Gunststandorte darstellt.

An der westdänischen Nordseeküste, die außerhalb des Einflusses weichselzeitlicher Gletscher lag, entwickelte sich mit der Einstellung des Meeresspiegels etwa auf dem gegenwärtigen Niveau ein tidebeeinflusster Watt- und Salzwiesen- sowie – nach der mittelalterlichen Eindeichung – Marschenbereich. Ihm sind mit Fanø, Mandø und Rømø Düneninseln vorgelagert, die als südliche Verlängerung der an der Jammerbucht beginnenden dünenbesetzten Ausgleichsküste zu sehen sind.

Entwicklung der Fluss- und Talsysteme

Die holozäne Weiterentwicklung der Fluss- und Talsysteme ist in Nordeuropa im Wesentlichen durch zwei Umstände geprägt:

Zum einen trägt das von den weichselzeitlichen Gletschern verlassene Relief einen überaus unausgeglichenen Charakter, zu dem v.a. die unterschiedlich starke Glazialerosion in Haupt- und Neben-(Hänge-)Tälern geführt hatte. Wasserläufe, die diesen glazial geprägten Talsystemen folgen, haben deshalb häufig beachtliche Gefällssprünge zu überwinden. Dies erklärt den großen Reichtum an Wasserfällen und Stromschnellen. Durch rückschreitende Erosion von erosionsstärkeren Flüssen hat es dabei in den norwegischen Skanden etliche Talanzapfungen gegeben. So griffen z. B. die Orkla und der Sunndalselv in das System der Glomma und die Rauma in das des Gudbrandsdalslågen in Südnorwegen ein, und der Målselv zapfte in Nordnorwegen Flüsse, die zur Ostsee dränierten, an (Gjessing in Varjo & Tietze 1987). Zur nacheiszeitlichen Talgestaltung gehört vielerorts der frühholozäne Abgang von Bergstürzen nach glazialer Hangübersteilung und Permafrostauflösung, die zu Flussaufstauungen oder -verlagerungen geführt haben. Dies ist besonders gut für die Trogtalgebiete Nordislands dokumentiert (Whalley, Douglas & Jónsson 1983). Der bei Vatnsdalshólar gelegene ist mit einer Masse von ca. 120 Mio. m^3 der bedeutendste der insgesamt ca. 300 isländischen Bergstürze.

Zum anderen haben Flüsse in den Bereichen der stärksten isostatischen Landhebung ihre Fließrichtung geändert. Bekanntestes Beispiel dafür ist das südfinnische Seengebiet, das nach der Deglaziation zunächst nach Nordwesten zum Bottnischen Meerbusen entwässerte und ab ca. 5000 Jahren vor heute die Abflussrichtung nach Südosten durch die Salpausselkä-Moränen orientierte. In Ostrobothnia zeugen noch heute breite Täler, die von relativ kleinen Flüssen benutzt werden, von der ehemaligen Entwässerung. Heute fließen z. B. der Päijänne über den Kymijoki und das Saimaa-Seesystem über den Vuoksi, den russischen Ladogasee und die Newa in den Finnischen Meerbusen ab.

Vegetationsentwicklung

Die pleistozänen Vergletscherungen Nordeuropas haben zu einer Verdrängung und auch in nicht unbeträchtlichem Maße zur Verarmung der Flora geführt. Bei der Entwicklung der Vegetation im Holozän spielten nicht nur die sich verbessernden Klimabedingungen – längere Vegetationsperioden mit höheren Temperaturen bei ausreichender Feuchteversorgung – eine Rolle, sondern auch die Ferne der Herkunftsgebiete und die Einwanderungsgeschwindigkeiten der einzelnen Pflanzenarten (vgl. Fries 1965 u. Dierßen 1996).

Mit großer Wahrscheinlichkeit konnten sich während der letzten Eiszeit verschiedene Refugialgebiete arktischer Florenelemente an der west- und nordnorwegischen Küste halten, von wo aus sie – den abschmelzenden Gletschern folgend – in den Skanden Areale oberhalb der Baumgrenze besiedeln konnten.

Andere thermophilere Arten, besonders der borealen und nemoralen Vegetationszone, mussten im Holozän von Süden und Osten nach Skandinavien zurückwandern. Die Moorbirke (*Betula pubescens*) war die erste Baumart, die bereits in der Jüngeren Dryas in Südschweden auftrat, dort vor 9500 Jahren erste Wälder bildete und vor 8200 Jahren die Tundravegetation Finnisch-Lapplands zu verdrängen begann. Die Birkenwälder wurden im weiteren Verlauf des Boreals durch die von Süden und Südosten, in Lappland auch von Nordosten einwandernde Kiefer (*Pinus sylvestris*) durch- und später ersetzt. In Schonen und Südfinnland trat zu dieser Zeit erstmals die Hasel (*Corylus avellana*) in der Waldvegetation auf. Mit der deutlichen Klimaverbesserung im Atlantikum veränderte sich etwa ab 6000 Jahren vor heute in Süd- und Mittelskandinavien das Baumartenspektrum der bis dahin boreal geprägten Wälder durch die Invasion thermophilerer Laubbäume wie der Schwarzerle (*Alnus glutinosa*), Bergulme (*Ulmus glabra*), Stieleiche (*Quercus robur*), Winterlinde (*Tilia cordata*), Gemeinen Esche (*Fraxinus excelsior*) und dem Spitzahorn (*Acer platanoides*) nachhaltig. Im kontinentalen Nordfinnland erreichte die Kiefer unter Zurückdrängung der Birke ihre maximale Ausdehnung, im ozeanischen Nordwestnorwegen gelang ihr dies erst etwa 1000 Jahre später. In Südnorwegen stieg die Kiefernwaldgrenze auf 1300 m ü. d. M. und die Obergrenze der Birkenwälder auf 1400 bis 1450 m ü. d. M. Als Indikator der wärmeliebenderen Vegetation und ihrer weiteren Ausdehnung nach Norden gilt u. a. das in Sedimenten des mittelschwedischen Väner- und Mälarseesystems belegte Vorkommen der heute wieder ausgestorbenen Wassernuss (*Trapa natans*). Mit der ab 5000 Jahre vor heute einsetzenden Klimaverschlechterung zogen sich auch die Arealgrenzen etlicher anderer Pflanzen wieder zurück. Allerdings begann in dieser Zeit aus dem karelischen Bereich die Fichte (*Picea abies*) nach Nordeuropa einzuwandern, um vor 2500 Jahren ihre nördliche Ausbreitungsgrenze in Finnisch-Lappland und erst vor etwa 1000 Jahren in der Region des Trondheims- und Oslofjords die Küste des Atlantiks zu erreichen. Erst im kühleren Subatlantikum drangen die Rotbuche (*Fagus sylvatica*) und die Hainbuche (*Carpinus betulus*) nach Dänemark und ins südliche Schonen bis an ihre heutige Arealgrenze vor. Fichte und Buche dürften allerdings nicht wegen der klimatischen Verhältnisse erst so spät nach Nordeuropa gekommen sein, sondern weil sie aufgrund ihrer verhältnismäßig geringen Ausbreitungsgeschwindigkeit eine deutlich längere Zeit benötigten und – im Falle der Buche – erst durch die Aktivitäten des siedelnden Menschen in der Verbreitung gefördert wurden.

Im Verlauf der holozänen Vegetationsentwicklung hat sich auf Island in Höhenlagen bis zu ca. 400 m ü. d. M. lediglich ein aus *Betula pubescens* gebildeter Birkenwald eingestellt. Etwa die Hälfte der die heutige Flora ausmachenden Arten hat die Kaltzeiten, die eine enorme Verarmung der Lebewelt verursacht hatten, in Refugialgebieten überdauert; die Neueinwanderung erfolgte in überwiegendem Maße von Nordeuropa aus (Steinðórsson 1962). Die Einwanderungsbarriere der 800 bis 1000 km großen Distanz zu Schottland bzw. Norwegen verhinderte allerdings die Reetablierung vieler Arten wie z. B. borealer Koniferen, die aus klimatischen Gründen im küstennahen Island durchaus vorkommen könnten.

In weiten Bereichen Nordeuropas führten die holozäne Klimaverbesserung und der Anstieg des Grundwasserspiegels zu ausgedehnten Vermoorungen. Nach der Anlage von initialen wurzelechten Mooren oder mesotrophen Verlandungsmooren schon bald nach der Deglaziation stellten die feuchteren Zeiträume von 8000 bis 7000 Jahren vor heute und besonders seit 4500 Jahren Phasen verstärkten Wachstums von ombrotrophen Hochmooren durch verschiedene Torfmoose (besonders *Sphagnum magellanicum* in feuchteren und *Sph. fuscum* in trockeneren Abschnitten), die z. T. auch den Wald zurückdrängten, dar. Die meisten der riesigen finnischen Moore hatten bereits vor ca. 3000 Jahren in etwa ihre heutige Ausdehnung erreicht (Korhola & Tolonen 1996).

Bodenentwicklung und periglaziale Dynamik

Die Entwicklung von Böden hatte verständlicherweise erst nach dem Eisfreiwerden der jeweiligen Region stattfinden können. Somit sind alle nordeuropäischen Böden relativ junge Bildungen. Mit der Etablierung borealer Vegetation in weiten Bereichen Skandinaviens, der Bildung schwer abbaubarer Rohhumusdecken und einem hohen Anfall an organischen Säuren sowie unter Einwirkung des kühl-humiden Klimas begann eine beachtliche Azidifizierung der Substrate und die Ausbildung von Podsolen als dem boreal-zonalen Bodentyp. Davon waren die Areale mit gering puffernden, sauren Gesteinen besonders stark betroffen. In etlichen borealen Gebieten entstanden Moore (s. o.) mit mächtigen Torfdecken, die mit Raten zwischen 0,2 bis maximal 4,0 mm/J gewachsen sind (Korhola & Tolonen 1996) und eine beachtliche Festlegung von organisch gebundenem Kohlenstoff darstellen.

In den temperierten Gebieten Dänemarks und des südlichen Norwegens, Schwedens und Finnlands entstanden unter der sich einstellenden Laubwaldvegetation durch Verbraunung und stellenweise Lessivierung mehr oder weniger nährstoffreiche Braun- bzw. gelegentlich Parabraunerden, die z. T. seit dem Subatlantikum durch die anthropogene Vegetationsveränderung durch Podsolierung gekennzeichnet sind. Auf kalkreichen Moränen kommen oft auch nur Rendzinen vor.

In den nordeuropäischen Gebieten oberhalb der sich allmählich einstellenden Waldgrenze entwickelte sich nach der Deglaziation unter den noch immer kalten Bedingungen des frühen Holozäns diskontinuierlicher bis sporadischer Permafrost (s. u.) mit assoziierten Oberflächenformen wie z. B. Blockgletschern, Eiskeilpolygonen und Palsas, die in der kalten Phase der Kleinen Eiszeit eine Wiederbelebung erfuhren und gegenwärtig z. T. inaktiv bzw. fossil sind. Besonders gut ist die periglaziale Formung der alpinen und subalpinen Höhenstufe, zu der natürlich auch die nicht an Dauerfrostbodenbedingungen geknüpfte frostdynamische Gestaltung gehört, für die nordnorwegische Finnmarksvidda und Varanger-Halbinsel (Meier 1991b und 1996) und das isländische Hochland (Schunke 1975) dokumentiert.

Der Dauerfrostboden auf Svalbard ist außerhalb der rezenten Gletschergebiete nahezu flächendeckend ausgebildet, wobei ein „kalter" Permafrost im Inland mit Tiefen von bis zu 500 m vom küstennahen „warmen" Permafrost, der nicht mächtiger als 100 m ist, unterschieden werden kann. Dieser in der Tiefe dauernd gefrorene Untergrund taut in der kurzen Sommerzeit – standörtlich sehr differenziert – zwischen 10 und 20 cm bis 120 und 250 cm auf. An kontinuierlichen Permafrost sind charakteristische Oberfächenformen wie rezent aktive Eiskeilpolygone und Pingos des „geschlossenen Systems", an diskontinuierlichen Permafrost Palsas, Blockgletscher und Pingos des „offenen Systems" gebunden (Meier 1991a).

Die nordischen Meere

Die Meere, die Nordeuropa umgeben, haben eine vielfältige Bedeutung für die klimatischen und bioökologischen sowie die sozioökonomischen Verhältnisse des Festlandes. Hier sollen im Folgenden die wichtigen ozeanographischen Strukturen und Prozesse des nördlichen Atlantiks, der Nordsee und der Ostsee skizziert werden.

Der sich im tropischen mittleren Atlantik und östlich der Karibik entwickelnde und dort kräftig erwärmte Golfstrom transportiert – überwiegend zwischen den Shetland-Inseln und Färöern hindurch – Wassermassen mit einer vertikalen Ausdehnung von 400 bis 500 m sowie Temperaturen von 6 bis 9 °C und Salzgehalten von über 35 ‰ in einer Größenordnung von ca. 3 Mio. m^3/sec in den nördlichen Nordatlantik. Zuvor hat sich der Island im Uhrzeigersinn umfließende Irmingerstrom mit einer fast ebenso großen Förderleistung abgespalten. Nördlich von Nordnorwegen reicht der Barentsstrom mit im Sommer immer noch bis 4 bis 6 °C warmem Wasser weit in die Barentssee hinein, während sich der Hauptstrom mit ähnlichen Temperaturen entlang der Schelfkante in die Gewässer westlich von Spitzbergen bewegt.

Die durch diese Meeresströmungen – und über das aus ihren Wasserkörpern verdunstete Wasser (s. u.) – nach Nordeuropa transportierte Energie kann in ihrer landschaftsökologischen Bedeutung kaum überschätzt werden! Im Bereich des Nordpolarmeeres kühlt sich das atlantische Oberflächenwasser schließlich bis unter den Gefrierpunkt ab. Diese Temperaturerniedrigung, besonders jedoch die Entstehung von nahezu salzfreiem Meereis und die damit verbundene Erhöhung des Salzgehaltes im unter der Meereisdecke liegenden Wasser verursachen ein Absinken des kalten, salzreichen und deshalb schwereren Oberflächenwassers und dadurch die Bildung von kaltem Tiefenwasser. Dieses strömt aus dem Nordpolarbecken – z. T. beträchtlich durch die submarine, im Allgemeinen weniger als 500 m tiefe Island-Färöer-Schwelle behindert – in der Tiefe in den Atlantik ab und wird als so genanntes *globales Förderband* in die weltweite Zirkulation mit einer Kreislaufzeit von ca. 1000 Jahren eingebunden. Oberflächlich als Ostgrönlandstrom nach Süden abströmendes Kaltwasser wird durch Gletscherschmelzwasser des grönländischen Inlandeises im Salzgehalt auf 34,5 ‰, z. T. auf unter 32 ‰ reduziert und deshalb an der Meeresoberfläche gehalten. Über diese Meeresströmungen dringt aus dem Nordpolarmeer Treibeis bis weit nach Süden vor und umschließt mit dem Ostislandstrom im Winter gelegentlich Nord- und Ostisland. Südwestlich von Svalbard existiert mit dem Jan-Mayen-Strom ein entgegen dem Uhrzeigersinn sich drehender Wirbel, in dem sich Wassermassen atlantischen und polaren Ursprungs mischen. Aufgrund des milden, nach Nordosten gerichteten Barentsstroms, der südöstlich von Svalbard an der marinen Polarfront auf den polaren Bäreninsel- und Ostspitzbergenstrom stößt, bleibt die Barentssee und damit die nordnorwegische Küste eisfrei. Lediglich das relativ isolierte und von Landmasssen umschlossene Weiße Meer friert im Winter zu. Die sommerliche Treibeisgrenze, die heute im Bereich von Nordspitzbergen liegt und sich im Winter maximal bis zur Bäreninsel ausdehnen kann, reichte zur Zeit der *Kleinen Eiszeit* viel weiter nach Süden.

Atlantikwasser strömt auf verschiedenen Wegen in die Nordsee ein. Der mit Abstand größte Teil erreicht dieses atlantische Randmeer zwischen Schottland und Norwegen. Aufgrund der Kontinentnähe mit dem Eintrag saisonal schwankender terrestrischer Süßwasserabflüsse sinkt der Salzgehalt auf ca. 34 ‰. In der östlichen Nordsee und im Skagerrak liegt die Salinität sogar meist unter 33,5 ‰. Vor der westnorwegischen Küste wird das meiste Wasser aus der Nordsee, vermengt mit dem Abstrom aus der Ostsee und als dessen Resultat mit einem Salzgehalt von nur 25 bis 30 ‰ (s. u.), als Norwegischer Küstenstrom abgeführt. Zwischen den Shetland-Inseln und Südwestnorwegen sowie durch den Ärmelkanal dringt auch die Gezeitenwelle vom Atlantik in die Nordsee ein. An der dänischen Nordseeküste wandert die dem Uhrzeigersinn entgegengesetzt verlaufende Tidewelle nordwärts; der Tidenhub nimmt dort von ca. 2 m an der deutsch-dänischen Grenze auf 0,25 m in der Jammerbucht und an der südnorwegischen Küste ab (Abb. 28).

Bei in den Wintermonaten länger anhaltenden Westwindwetterlagen, die schwallartig viel atlantisches Wasser in das Skagerrak und das im Allgemeinen nur 23 m tiefe Kattegat drücken, kommt es gelegentlich zum Eindringen von salzhaltigem, sauerstoffreichem Nordseewasser durch die nur 18 m tiefe Beltsee und über die nur 7 m tiefe Drogden-Schwelle im Öresund in die nahezu tidefreie Ostsee. Das originäre Ostseewasser wird sehr stark vom Süßwassereintrag durch Niederschlag (ca. 230 km³/J) und besonders den terrestrischen Abfluss (ca. 430 km³/J; Matthäus 1992) geprägt. Daraus ergibt sich ein kontinuierlich von den dänischen Ostseezugängen bis zum Finnischen und Bottnischen Busen abnehmender Salzgehalt des Oberflächenwassers von ca. 14 ‰ am Großen Belt bis zu 3 ‰ vor St. Petersburg und 1 ‰ beim nordfinnischen Kemi. Da das gelegentlich in die Ostsee gedrückte atlantische Wasser aufgrund seines Salzgehaltes schwerer ist als das Oberflächenwasser, legt es sich in der Tiefe ab und dringt nur langsam – die submarinen Schwellen, besonders die nur 18 m tiefe Darßer Schwelle, mehr oder weniger gut überwindend – in die Becken der mittleren Ostsee (Bornholmtief, Gotlandtief) vor. Bei der Alterung dieser Tiefwasserkörper treten allmählich durch die Sauerstoffzehrung bei der Oxidation organischer Sinkstoffe anaerobe Verhältnisse auf, die sich erst bei erneutem Salzwassereintrag auflösen.

Aufgrund dieser Verhältnisse und der relativ starken sommerlichen Erwärmung des Oberflächenwassers bis zu 17 °C in den polnischen, baltischen und russischen Küstengewässern und bis zu 14 °C im nördlichen Bottnischen Busen entwickeln sich in der Ostsee zwei Sprungschichten, die unterschiedliche geschichtete Wasserkörper voneinander trennen und einen horizontalen Wasseraustausch verhindern: Die eine trennt das salzarme Oberflächen- vom salzigeren, dichteren Tiefenwasser, die andere ist im Sommer als thermische Trennschicht zwischen warmem Deckschicht- und kälterem Zwischenwasser in Tiefen von 20 bis 30 m ausgebildet (Matthäus 1992). Im Winter frieren weite Bereiche der Ostsee zu. Allerdings kann die Eisbedeckung zwischen milden Wintern mit Eisverschluss vom nördlichen Bottnischen und östlichen Finnischen Busen und strengen Wintern mit einer Festeisgrenze von Öland über Gotland bis südlich des Rigaischen Busens sowie Treibeisvorkommen an der südschwedischen, dänisch-deutschen und polnischen Küste schwanken.

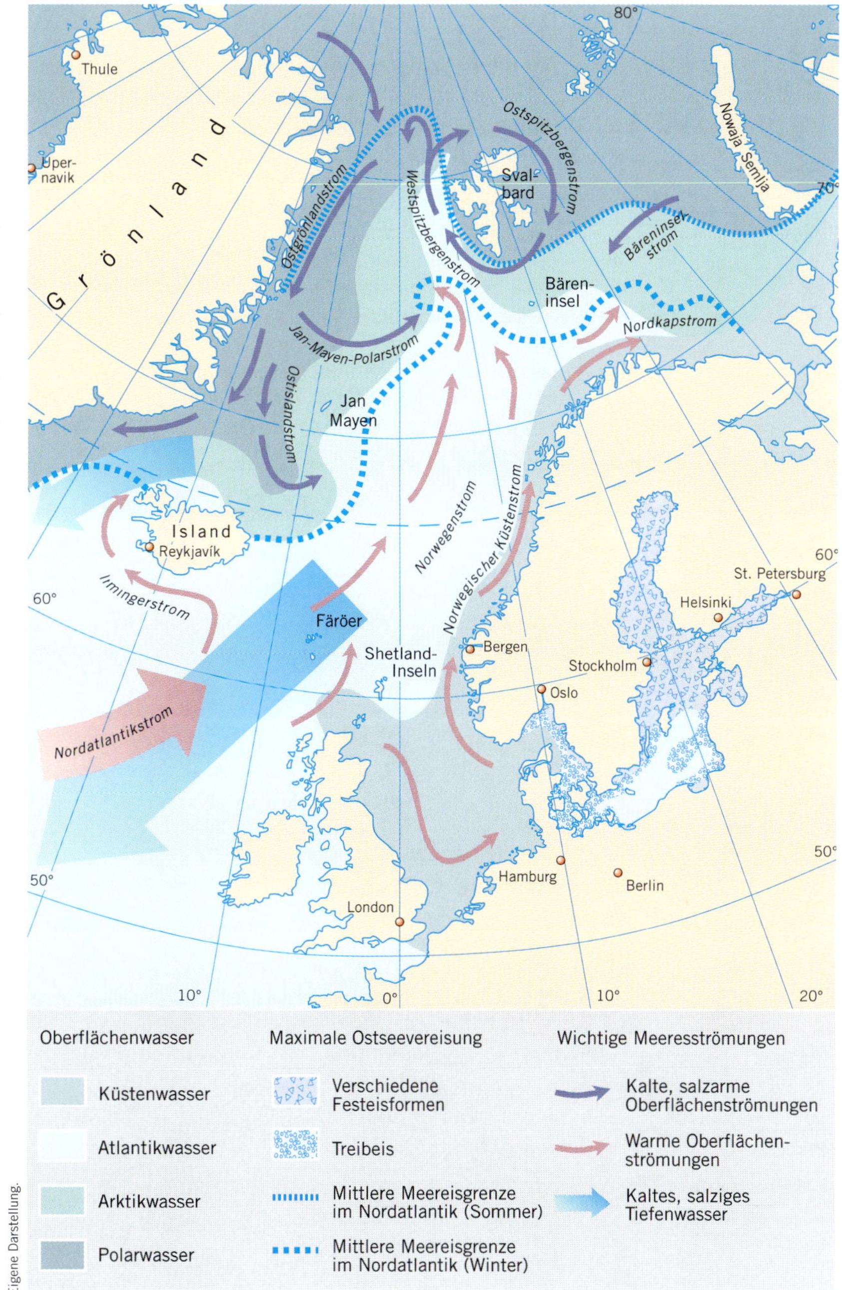

***Abb. 28:** Ozeanographische Verhältnisse im Nordatlantik und in der Nord- und Ostsee.*

Klima

Für die klimatischen Verhältnisse Nordeuropas sind die zonal und jahreszeitlich differenzierte Einstrahlung und die damit verbundene direkte solare Energieversorgung, die allerdings erheblich durch den advektiven Eintrag von latenter Wärme vom Atlantik her modifiziert wird, sehr bestimmend. Somit stellt sich prinzipiell sowohl ein planetarischer als auch ein ozeanisch-kontinentaler Wandel in der Ausprägung der Klimaelemente ein (Abb. 30).

Der west-östliche Gradient wird dabei durch das mehr oder weniger meridional verlaufende skandinavische Gebirge verstärkt. Darüber hinaus spielen der hypsometrische Wandel, die Reliefgestaltung sowie der Einfluss der Ostsee und größerer Seenflächen eine große modifizierende Rolle.

Abb. 29: *Jahresniederschläge in Nordeuropa.*

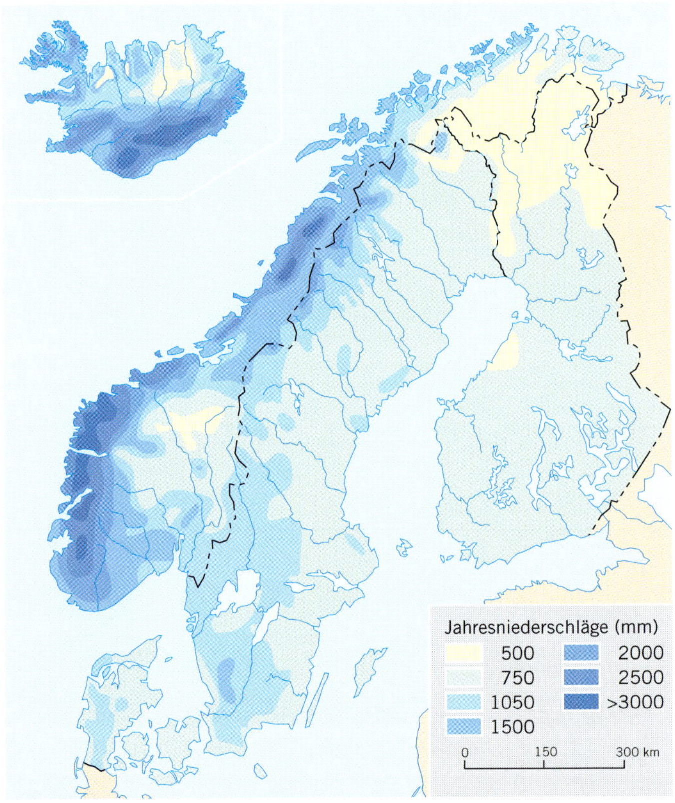

Stadt	Lage	Minimum	Maximum	Jahr
Tromsø	69°36'N	0 (Dez.)	226 (Juli)	1246
Sodankylä	67°22'N	<1 (Dez.)	278 (Juli)	1532
Akureyri	65°41'N	0 (Dez.)	168 (Juni)	973
Reykjavík	64°80'N	9 (Dez.)	182 (Mai u. Juni)	1258
Trondheim	63°25'N	8 (Dez.)	204 (Mai)	1321
Kuopio	62°54'N	8 (Dez.)	259 (Juni)	1518
Kristiansand	58°10'N	31 (Dez.)	285 (Juni)	1849
Visby	57°39'N	22 (Dez.)	317 (Juni)	1932
Kopenhagen	55°41'N	19 (Dez.)	245 (Mai u. Juni)	1603

Tab. 8: *Sonnenscheindauer in Nordeuropa (in Stunden).*

Quelle: Müller 1996.

Aufgrund der beträchtlichen Nord-Süd-Erstreckung von ca. 55° N im südlichen Dänemark und der südlichen Ostsee bis ca. 71° N im nördlichsten Norwegen bzw. sogar 80° N im nördlichen Spitzbergen sind die jahreszeitlichen Tageslängen und die damit verbundenen Einstrahlungsraten und Strahlungsbilanzen sehr unterschiedlich. Während zur Zeit der Wintersonnenwende auf 55° N noch eine Tageslänge (ohne Dämmerung) von etwas mehr als sieben Stunden erreicht wird, überschreitet dann die Sonne auf 70° N den Horizont zu keiner Zeit des Tages; die Dämmerung beläuft sich hier auf lediglich gut vier Stunden. Zur Zeit der Sommersonnenwende wird es auf 55° N für fünfeinhalb Stunden dunkel, nördlich des Polarkreises überhaupt nicht. Die Sonnenscheindauer wird jedoch auch von der Bewölkung und damit dem Grad der Ozeanität mitbeeinflusst, so dass sich Werte ergeben, die beispielhaft der Tab. 8 zu entnehmen sind.

Die Unterschiede in Bezug auf die Globalstrahlung sind wegen des nach Norden immer geringer werdenden Einstrahlungswinkels noch größer; so erhält Tromsø z. B. nur 63 % und Sodankylä nur 78 % der jährlichen Globalstrahlung von Kopenhagen. Da allerdings die winterliche Ausstrahlung mit zunehmender geographischer Breite den jährlichen Einstrahlungsgenuss nahezu kompensiert, werden in der jährlichen Strahlungsbilanz z. B. in Tromsø lediglich 3 % des Wertes von Kopenhagen erreicht (Johannessen 1970).

Entscheidend für den Transport von Luft mit ihrer fühlbaren Wärme und Luftfeuchte und damit latenter Wärme vom Nordatlantik sowie darüber hinausgehend für das allgemeine Witterungsgeschehen ist die Verwirbelung von subtropisch-warmen und polar-kalten Luftmassen, oft verstärkt durch Fallwinde vom grönländischen Inlandeis, im Bereich der Polarfront besonders über dem Seegebiet südlich von Grönland und Island. In dieser Region hoher zyklogenetischer Dynamik entstehen im Abstand von etwa drei bis fünf Tagen die Tiefdruckwirbel (so genanntes Island-Tief), die – nach Osten ziehend – je nach Jahreszeit in unterschiedlicher geographischer Breite auf die skandinavische Halbinsel treffen; oftmals sind sie bereits okkludiert.

In diesem Zusammenhang ist der Transport von relativ warmem Meerwasser durch den Golfstrom aus dem westlichen Mittelatlantik bis vor die Westküste von Spitzbergen weit im Nordatlantik von großer Bedeutung, dessen Energiepotenzial nach Verdunstung und späterer Kondensation vom Meer in die festländischen nordeuropäischen Ökosysteme transferiert wird. Bereits Mosby (in Sömme 1974, S. 31) stellt fest, dass etwa zwei Drittel der in den nordatlantischen Raum importierten Wärme durch die Meeresströmungen und nur etwa ein Drittel durch Einstrahlung geschehen. Durch diesen Prozess wird das zonentypisch niedrige, durch nur gering positive oder sogar negative jährliche Strahlungsbilanzen verursachte Energieniveau nicht nur kompensiert, sondern eine der weltweit bedeutendsten positiven

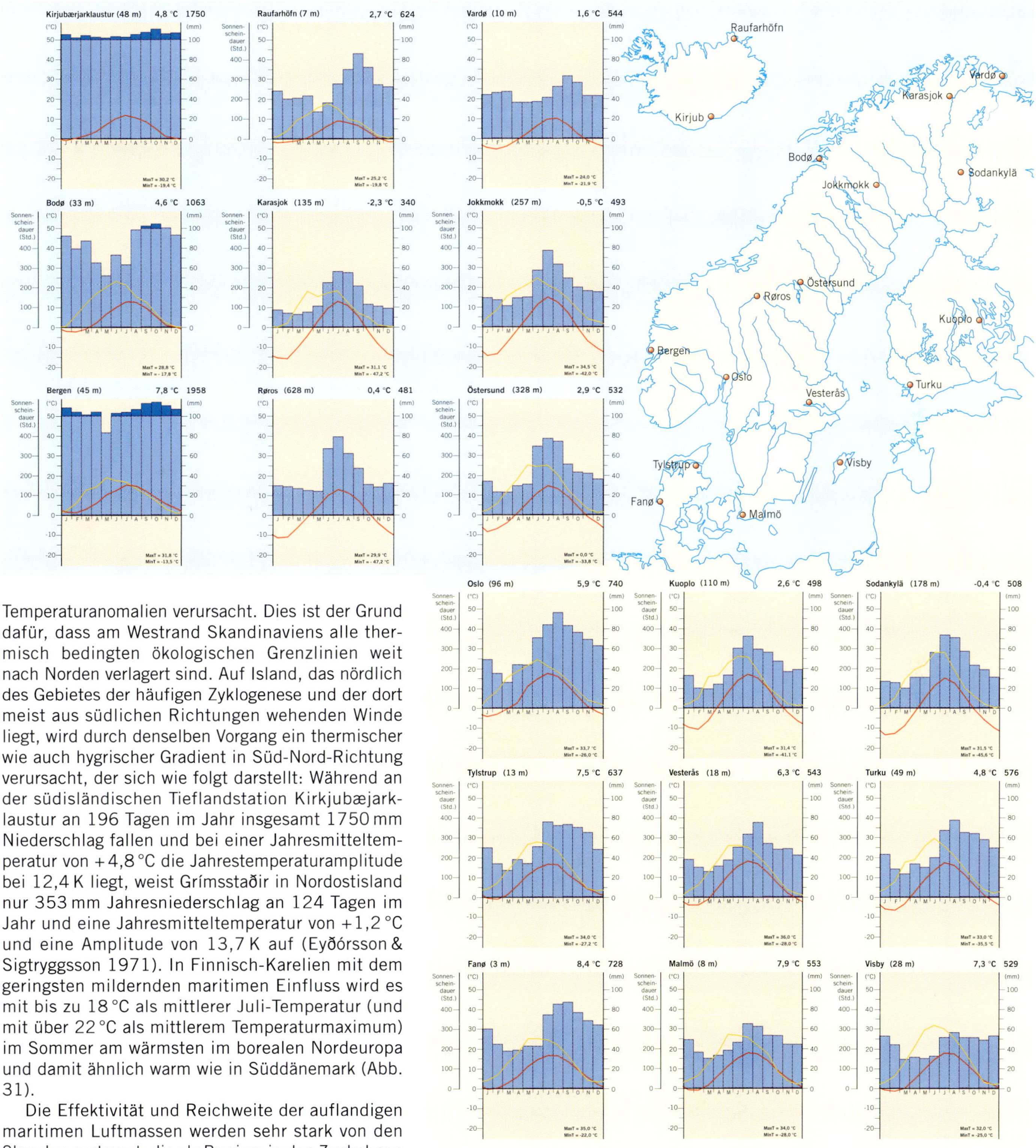

Eigene Darstellung.

Temperaturanomalien verursacht. Dies ist der Grund dafür, dass am Westrand Skandinaviens alle thermisch bedingten ökologischen Grenzlinien weit nach Norden verlagert sind. Auf Island, das nördlich des Gebietes der häufigen Zyklogenese und der dort meist aus südlichen Richtungen wehenden Winde liegt, wird durch denselben Vorgang ein thermischer wie auch hygrischer Gradient in Süd-Nord-Richtung verursacht, der sich wie folgt darstellt: Während an der südisländischen Tieflandstation Kirkjubæjarklaustur an 196 Tagen im Jahr insgesamt 1750 mm Niederschlag fallen und bei einer Jahresmitteltemperatur von +4,8 °C die Jahrestemperaturamplitude bei 12,4 K liegt, weist Grímsstaðir in Nordostisland nur 353 mm Jahresniederschlag an 124 Tagen im Jahr und eine Jahresmitteltemperatur von +1,2 °C und eine Amplitude von 13,7 K auf (Eyðórsson & Sigtryggsson 1971). In Finnisch-Karelien mit dem geringsten mildernden maritimen Einfluss wird es mit bis zu 18 °C als mittlerer Juli-Temperatur (und mit über 22 °C als mittlerem Temperaturmaximum) im Sommer am wärmsten im borealen Nordeuropa und damit ähnlich warm wie in Süddänemark (Abb. 31).

Die Effektivität und Reichweite der auflandigen maritimen Luftmassen werden sehr stark von den Skanden gesteuert, die als Barriere in den Zugbahnen der Zyklonen liegen. So sind z. B. die starke Bewölkung und die z. T. extrem hohen Niederschläge an den Luvseiten, aber auch der Regenschatten durch Föhneffekte mit Wolkenauflösung auf den östlichen Leeseiten zu erklären. In Bergen fallen beispielsweise bei 239 Niederschlagstagen im Mittel 1958 mm im Jahr und in höheren Gebirgsbereichen mit bis zu 4000 mm weitaus mehr, im oberen Gudbrandsdal im Lee von Jotunheimen dagegen bei etwa 100 Regentagen weniger nur um 400 mm (409 mm/Jahr in Dombås). Auch in Finnisch- und Norwegisch-Lapp-

Abb. 30: *Klimatische Verhältnisse in Nordeuropa.*

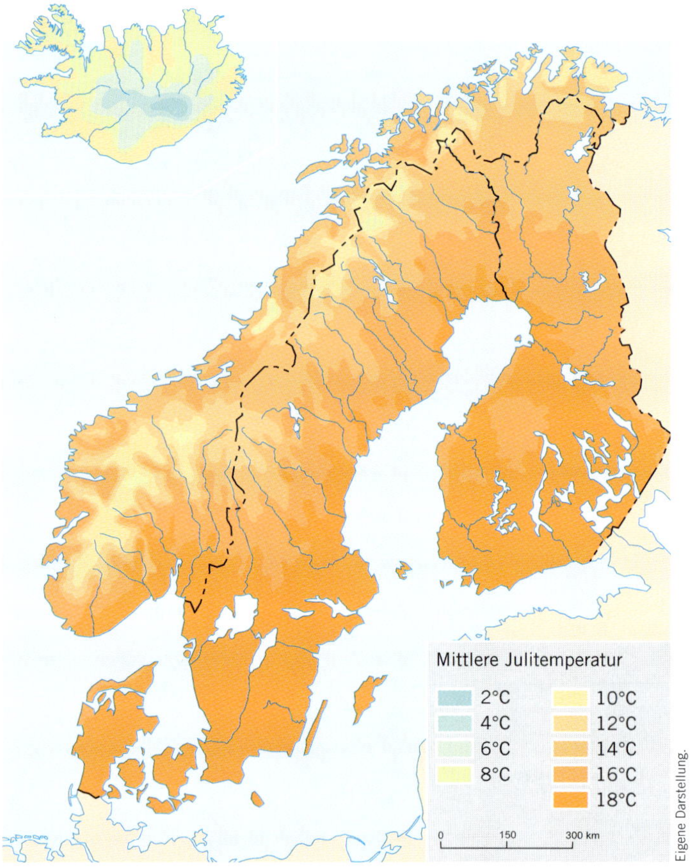

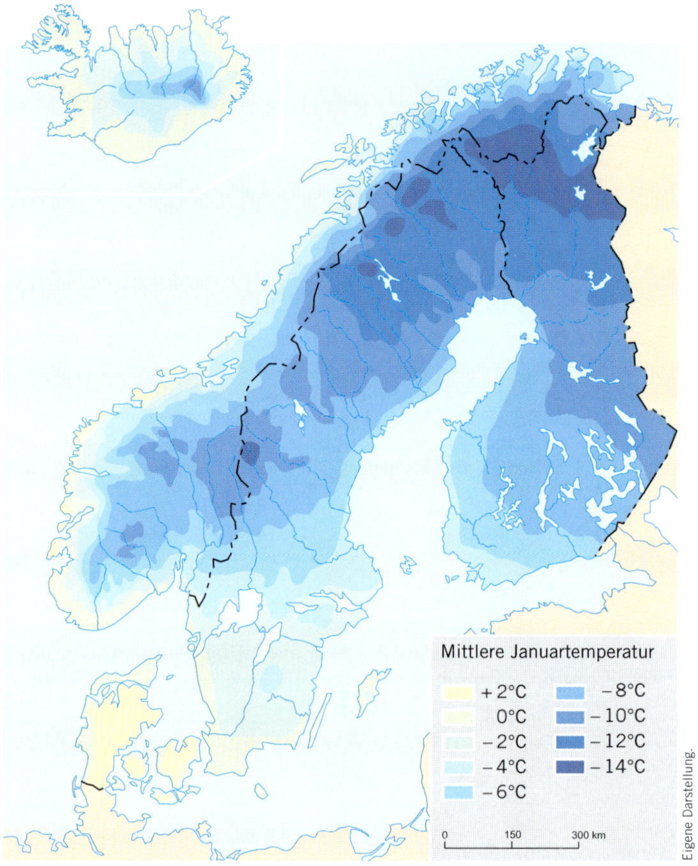

***Abb. 31:** Mittlere Julitemperaturen in Nordeuropa.*

***Abb. 32:** Mittlere Januartemperaturen in Nordeuropa.*

land im Regenschatten der Küstengebirge erreichen die jährlichen Niederschläge meist nur ca. 500 mm. In Bereichen niedrigerer Scheitelhöhen des Gebirges, z. B. im Bereich der Jämtländischen Senke, reicht der ozeanische Einfluss deutlicher weiter nach Osten. Darüber hinaus ist die verhältnismäßig starke sommerliche Erwärmung in Osteuropa mit niedrigen Luftdrucken förderlich für das weitere Vordringen maritimer Luftmassen, so dass östlich der Skanden die Jahresniederschlagsmaxima im Sommer bzw. Spätsommer und Frühherbst liegen. Die sommerlichen Regenfälle sind häufig konvektioneller Natur und können mit Gewittertätigkeit einhergehen und höhere Intensitäten erreichen. Westlich der Gebirgskette – im hochozeanischen Bereich – fallen die meisten Niederschläge im Winter, wenn die zyklonale Aktivität am stärksten ist. In Bergen z. B. liegen die Monatsniederschläge von September bis Dezember über 200 mm.

Im Winter blockiert das sich über Russland und dem nördlichen Nordeuropa ausbildende Kältehoch, verstärkt durch die im Hoch- und Spätwinter zugefrorene nördliche Ostsee und das Weiße Meer, das Eindringen maritimer Luftmassen. Unter diesen Bedingungen sind nördlich des Polarkreises Temperaturen im monatlichen Mittel von unter −16 °C die Regel, in Extremfällen von unter −45 °C (−45,6 °C in Sodankylä) möglich (Abb. 32). Lediglich Dänemark, Südschweden und der südöstliche Bereich der Ostsee erfahren im Winter regelmäßig das Eindringen von Zyklonen, die gelegentlich auch bis nach Mittelfinnland vordringen können. Dies sind im Übrigen die Luftmassen, die über Mitteleuropa aufgenommene Schadstoffe bis nach Nordeuropa transportieren. Besonders Schwefeldioxid lässt den Säuregehalt in den Niederschlägen über Südnorwegen auf pH 4,4 bis 4,6 und im südlichen Schweden bis auf pH 4,2 bis 4,3 sinken (Bernes & Grundsten 1991).

Die winterlichen Niederschläge fallen überwiegend als Schnee. In den nördlichen borealen Regionen kann es von Anfang Oktober bis zum Mai schneien und die geschlossene Schneedecke auch etwa so lange existieren. In den Gebirgsregionen Schwedisch-Lapplands hält sich die Schneedecke über 220 Tage. Dabei gibt es auch bei diesem für Nordeuropa charakteristischen Klimaphänomen einen planetarischen und ozeanisch-kontinentalen Gradienten mit Werten von wenigen bis zu durchschnittlich 130 Schneefalltagen im Jahr im nordnorwegischen Vardø (Johannessen 1970).

Aufgrund der im Allgemeinen relativ niedrigen Temperaturen und der ausreichenden bis sehr hohen Niederschläge herrschen ganzjährig humide Verhältnisse. Die potenzielle Verdunstung erreicht mit über 600 mm/Jahr ihre höchsten Werte auf Gotland und Bornholm. Östlich der Skanden, aber auch in Südnorwegen und den klimatisch begünstigten westnorwegischen Fjorden, liegen die Werte meist über 400 mm/Jahr. Somit können gelegentlich in den niederschlagsarmen südnorwegischen Tälern kurzfristig sommerliche Wasserdargebotsdefizite auftreten.

Die ökologisch bedeutsame Vegetationsperiode, definiert durch die Anzahl der Tage pro Jahr mit

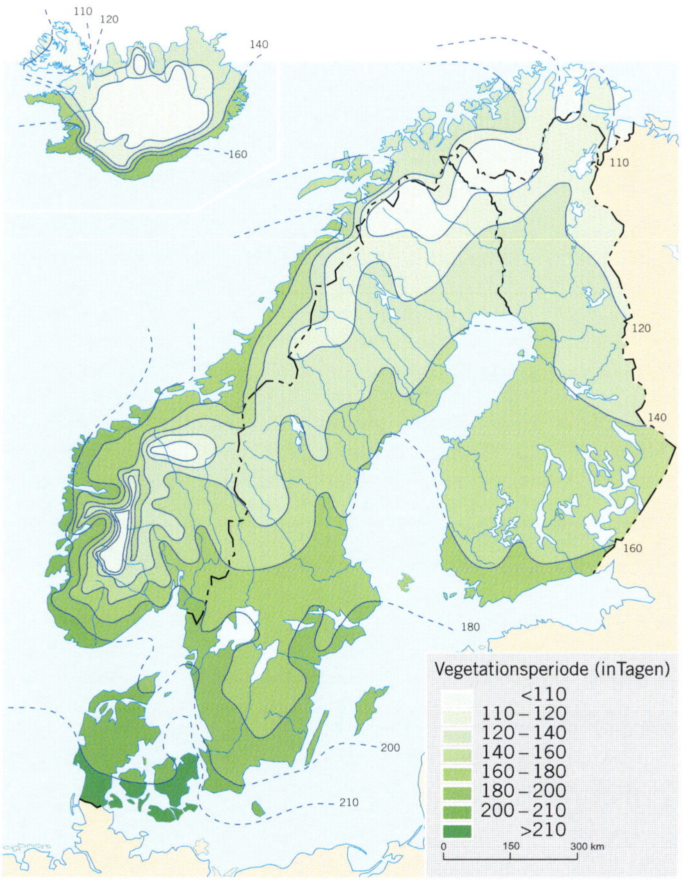

Eigene Darstellung.

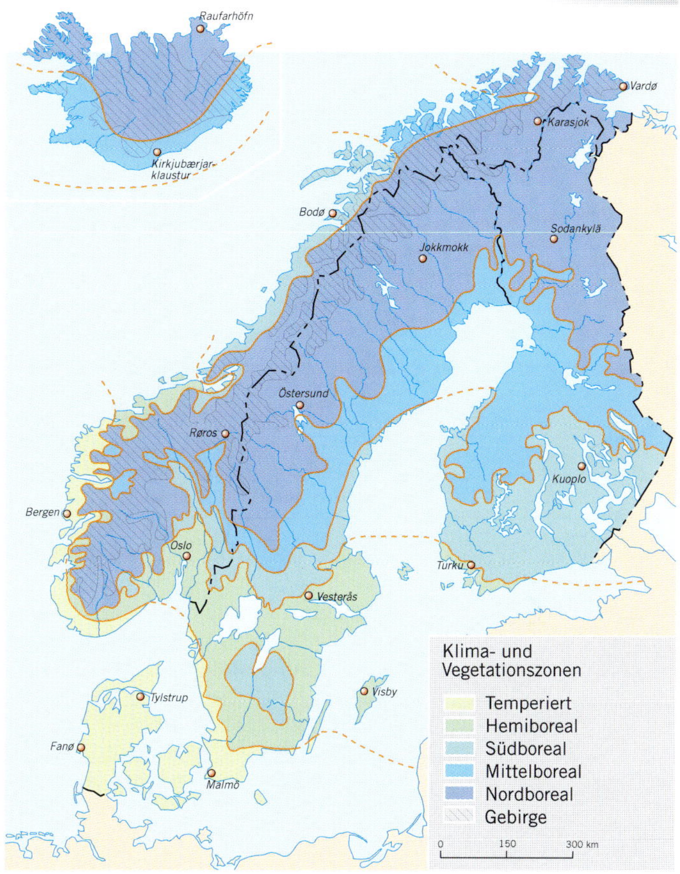

Eigene Darstellung.

***Abb. 33:** Vegetationsperiode in Nordeuropa.*

***Abb. 34:** Vegetationszonen in Nordeuropa. Sie sind definiert durch eine Biotemperatur (jahresmittlere positive Tagestemperatur) von >7,5 °C (temperiert), 7,5–6,25 °C (hemiboreal), 6,25–5,25 °C (südboreal), 5,25–4,25 °C (mittelboreal), 4,25–3,25 °C (nordboreal) (nach Tuhkanen 1984).*

Tagesmitteltemperaturen über 6 °C (Johannessen 1970), dauert in der nordnorwegischen Finnmarksvidda weniger als 110 Tage. Das gilt auch für die westnorwegischen Hochgebirgsregionen der Hardangervidda und Jotunheimen. In Finnland und Mittel- und Nordschweden nimmt die Vegetationsperiode nach Süden hin kontinuierlich an Dauer zu und erreicht in Südfinnland ca. 170 Tage. Dabei begünstigt der mildernde Einfluss der Ostsee erkennbar die küstennäheren Gebiete. Aufgrund der klimatischen Gunst an der norwegischen Küste sind die Linien gleicher Vegetationsperiodendauer deutlich weiter nach Norden verschoben (Abb. 33); im Sognefjord beträgt sie noch ca. 190 Tage, ein Wert, der in Nordeuropa sonst auf Jütland, im küstennahen Südschweden sowie auf Öland und Gotland erreicht wird. Auf den süddänischen Inseln kommen die längsten Vegetationsperioden mit über 210 Tagen vor. – Auf Island variiert die Vegetationsperiode in den küstennahen Tieflandsregionen zwischen ca. 160 Tagen im Süden und unter 120 Tagen im Norden (Venzke 1986).

Nordeuropa lässt sich nach Troll & Paffen (1964; vgl. auch Tuhkanen 1984) klimaklassifikatorisch im äußersten Norden des festländischen Bereichs – nördlich der 10°C-Juli-Isotherme – dem subarktischen Tundrenklima und südlich davon in weiten Bereichen dem kontinentalen Borealklima mit Jahrestemperaturamplituden von 20 bis 40 K bzw. dem ozeanischen Borealklima mit Jahrestemperaturamplituden von 13 bis 19 K im nordwestlichen Norwegen zuordnen. Die sich südlich daran anschließenden kühlgemäßigten Klimate sind durch höhere Jahresmitteltemperaturen – in der Regel über 8 °C – gekennzeichnet. Sie lassen sich – besonders entsprechend der von Westen nach Osten größer werdenden Jahrestemperaturamplitude – in eine ozeanische Variante in Westnorwegen, eine subozeanische Variante in Südnorwegen, Südschweden und Dänemark sowie in eine subkontinentale Variante in Mittelschweden und Südfinnland untergliedern. Island gehört im Norden und in den zentralen Landesteilen zum subarktischen Tundrenklima sowie im Süden und Westen zum hochozeanischen Subpolarklima mit geringer Jahrestemperaturschwankung von meist unter 10 K. Spitzbergen und Jan Mayen weisen polare Klimaverhältnisse mit Mitteltemperaturen des wärmsten Monats von unter 6 °C auf. Die Grenzen der Klimazonen sind der Abb. 34 zu entnehmen.

Das Klima der Zukunft wird aufgrund der anthropogenen Beeinflussung vermutlich durch eine regional differenzierte Erwärmung gekennzeichnet sein. Für Skandinavien wird ein Temperaturanstieg von ca. 0,045 K/J in den kontinentalen Bereichen Nordschwedens, Finnisch-Lapplands und Südostfinnlands prognostiziert. Deutlich geringer wird der Effekt der globalen Erwärmung mit der für Nordeuropa besonders bedeutsamen Abschwächung des Golfstroms an der Südwestküste Norwegens und in Jütland sein, wo ein Temperaturanstieg von ca. 0,03 K/J erwartet wird (Jónsson et al. in Wahlström, Hallanaro & Manninen 1996).

Hydrologie

Aufgrund der skizzierten klimatisch-humiden Verhältnisse weisen alle Regionen Nordeuropas eine positive Wasserbilanz auf. In den hochozeanischen Gebieten Westnorwegens und Südislands mit hohen Niederschlags- und geringen Evapotranspirationswerten liegen die jährlichen Abflussspenden der Flüsse und Bäche z. T. bei über 3000 mm. Im niederschlagsarmen und verdunstungsstarken Südwestschweden und in der südlichen finnischen Seenplatte können sie dagegen auf unter 200 mm fallen.

Dabei wird die jährliche Abflussdynamik stark vom Jahresgang der Temperatur und damit der längeren Festlegung der Niederschläge in Form von Schnee bzw. Gletschereis und deren Freisetzung in der Zeit der Schnee- bzw. Gletscherschmelze bestimmt. Die allermeisten nordeuropäischen Flüsse gehören somit zum nivalen Abflussregimetyp, bei dem einem mehrmonatigen winterlichen Minimalabfluss, im Allgemeinen unter einer geschlossenen Flusseisdecke und gespeist aus dem nicht gefrorenen Grundwasserspeicher, in der recht kurzen Schneeschmelzperiode der Maximalabfluss folgt. In diesen ein bis zwei Wochen kann über ein Drittel des gesamten Jahresabflusses durch die Gerinne geführt werden. Dabei werden die in der Schneedecke zeitweilig festgelegten Schadstoffe schlagartig freigesetzt und verursachen einen gefährlichen Säureschub in den limnischen Ökosystemen. Durch den dauernden Schwefelsäureeintrag sind die pH-Werte in den südskandinavischen Seen, wie z. B. beim Gårdsjö in Bohuslän, von ca. pH 6,0 im Jahre 1950 auf unter pH 4,5 im Jahre 1979 gefallen.

Die Eintrittszeiten der Schneeschmelze folgen sowohl der geographischen Breite als auch der Höhenlage. Die Vereisungsdauer der Flüsse im küstennahen Norrbotten beträgt z. B. ca. 200 Tage und endet Mitte Mai, in der norrbottnischen Fußregion der Skanden dauert der Eisverschluss ca. 10 Tage länger bei etwa gleichem Eintritt der Vereisung gegen Ende Oktober (Samel 1938). In den Sommermonaten geht der Abfluss trotz der erhöhten Niederschläge wegen der verstärkt einsetzenden Evapotranspiration deutlich zurück. Es kann in den kontinentaleren Regionen lediglich in kleineren Einzugsgebieten zu kurzfristigen Abflussspitzen nach Konvektionsniederschlägen kommen, die sich allerdings wegen des räumlich begrenzten Charakters der Regenfälle meist nicht auf die größeren übergeordneten Flusssysteme übertragen. Dennoch beträgt der Sommeranteil des Jahresabflusses z. B. im borealen Väster- und Norrbotten über 80 % und erst ab Mittelschweden ca. 50 % (Samel 1938).

Die Zonalität der Hydrodynamik drückt sich auch in den mittleren Gefrier- und Auftaudaten z. B. finnischer Seen aus: Während der Inarisee in Lappland bereits vor Ende Oktober zufriert und bis Abfang Juni vereist bleibt, bricht das Eis in der südfinnischen Seenplatte, das sich dort erst nach Ende November bildet, bereits Anfang Mai auf (Laasanen 1982).

In den hochozeanischen westnorwegischen Einzugsgebieten mit den dort aufgrund der Reliefverhältnisse relativ kurzen Flüssen liegen die Abflussspitzen im Spätherbst und Frühwinter, wenn die Regenniederschläge nicht mehr von der Gebietsverdunstung kompensiert werden. Diese Dynamik ähnelt bereits der des dänischen und südschwedischen pluvialen Abflussregimetyps, bei dem die winterliche Festlegung der Niederschläge in der Schneedecke nur noch eine untergeordnete Rolle spielt und der

Bild 27: *Der Gullfoss – Islands „schönster" Wasserfall. Die Hvítá fällt über zwei an Schwächelinien herauspräparierte harte Basaltlagen in eine enge Schlucht (K. Steinecke).*

Abfluss überwiegend der Bilanz aus Regenniederschlag und Verdunstung folgend im Winter seine Höchstwerte erreicht.

Die Flüsse und Bäche, in deren Einzugsgebiet größere Gletscherareale vorkommen, gehören dem glazialen Abflussregimetyp an und weisen neben dem frühjährlichen Schneeschmelz-Abflussmaximum noch ein spätsommerliches Maximum auf, da die Gletscherschmelze dem jährlichen Temperaturmaximum erst mehrere Wochen später folgt.

Diese klimatisch bedingten Abflussmuster werden natürlich durch die Speicherstrukturen der Einzugsgebiete modifiziert. Seen in Depressionen und im Flachland wie z. B. in Südfinnland puffern Abflussspitzen ebenso ab wie die verhältnismäßig mächtigen Lockermaterialauflagen Dänemarks und Südschwedens mit ihren oberflächennahen Grundwasserspeichern. In den Gebieten mit wasserundurchlässigem kristallinem Grundgebirge und steilem Relief ist das Abflussgeschehen demgegenüber sehr viel unmittelbarer.

Für Island unterscheidet Rist (1956) drei Abflussregimetypen: Die Einzugsgebiete von Wildwasserflüssen (isländ.: *dragár*) haben in den tertiären Basaltgebieten kaum Speicherraum und reagieren deshalb kurzfristig auf alle Niederschlagsereignisse (Bild 27). So genannte Quellflüsse (isländ.: *lindár*) beziehen ihr Wasser aus den Grundwasserspeichern der recht durchlässigen quartären Lava- und Palagonitgesteine, so dass ihr Abfluss das ganze Jahr über sehr ausgeglichen ist. Die Gletscherflüsse (isländ.: *jökulsár*) weisen die bereits erläuterte Dynamik des glazialen Abflussregimetyps auf. Ihr Abflussgeschehen ist überwiegend durch die energetischen, weniger durch die Niederschlagsverhältnisse geprägt, so dass thermische Klimaveränderungen beträchtlichen Einfluss auf das Wasserdargebot in den periglazialen Einzugsgebieten haben (Richter 1981; Kiel 1989) (Abb. 35).

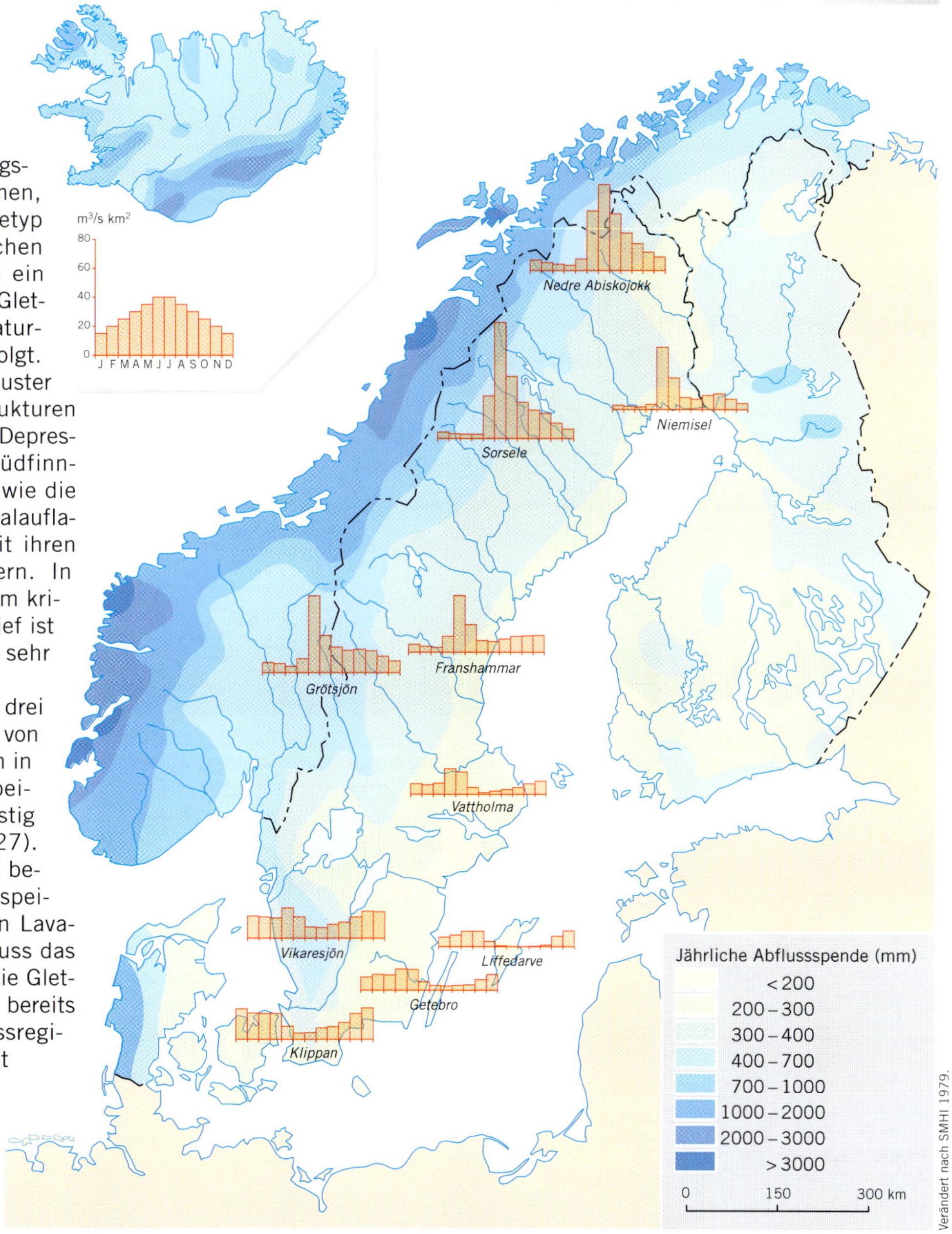

Abb. 35: *Jährliche Abflussspenden in Nordeuropa und Abflussspendenjahresgänge ausgewählter schwedischer Flüsse.*

Gegenwärtige Vergletscherung und ihre Dynamik

Nachdem während des holozänen Klimaoptimums nahezu alle Eismassen in Nordeuropa abgeschmolzen waren, entwickelten sich seit etwa 5000 Jahren die Vergletscherungen, die heute für verschiedene Regionen Norwegens und Schwedens und besonders für Island charakteristisch sind (s. o.). Dies gilt auch in überwiegendem Maße für die rezenten Vergletscherungen auf Spitzbergen, nicht jedoch für das riesige grönländische Inlandeis (s. u.).

In der west- und zentralnorwegischen Gletscherprovinz befinden sich die größten Eismassen des europäischen Festlandes. Dabei handelt es sich hauptsächlich um Plateaugletscher, von denen der ca. 490 km² große Jostedalsbre, der zwischen den Fjordsystemen des Nord- und Sognefjords in Westnorwegen liegt, mit ca. 70 km³ Wasseräquivalent der bedeutendste ist. Das gesamte Jostedalsbre-Gebiet umfasst etwa 1000 km² Eis- und Firnflächen. Sein bis zu 600 m mächtiger Eiskörper wird stellenweise von Nunatakkern überragt. Etliche seiner Auslassgletscher transportieren das Eis von den 1900 bis 1700 m hoch gelegenen, höchsten Bereichen der

Bild 28: *Gletscherfront des Nigardsbre, eines östlichen Auslassgletschers des Jostedalsbre in Westnorwegen (K. Steinecke).*

Nährgebiete bis hinab auf Lagen von 600 bis 150 m in den tiefen peripheren Trogtälern. Zu dieser Gletscherprovinz gehören auch die südlicher gelegenen großen Gletscher Folgefonna (ca. 225 km^2), Hardangerjøkulen (ca. 120 km^2), der kleinere küstennahe Ålfotbre sowie ca. 300 noch kleinere alpine Kargletscher in Jotunheimen. Die Schnee- bzw. Firngrenze in dieser Gletscherprovinz steigt in einem west-östlichen Gradient von ca. 1250 m ü. d. M. am Ålfotbre und ca. 1400 m im Bereich des Folgefonna über 1600 m am Jostedalsbre bis auf 2200 m im östlichen Jotunheimen.

In der nordnorwegischen Gletscherprovinz finden sich ab etwa 65° N verschiedene kleinere Plateaugletscher wie z. B. Okstindan, das Blåmannsis, Sulitelma, Giccecokka, Frostis sowie vor allem das unmittelbar am Polarkreis gelegene Svartis, das mit 370 km^2 der größte Gletscher der Region und der zweitgrößte Norwegens ist. Mit etlichen alpinen Kar- und Talgletschern macht die eisbedeckte Fläche in Nordland von ca. 1100 km^2 etwa die Hälfte der norwegischen Gletscherfläche aus. Zu dieser Gletscherprovinz werden die im küstennahen Bereich der Finnmark wie Øksfjord-, Langfjord-, Seilands- und Nordmannsfjordjøkulen sowie diejenigen auf der Lyngshalvøya, aber auch die fast 100 kleinen Kargletscher im Gebiet der nordschwedischen Sarek- und Stora-Sjöfallet-Nationalparks und in der Kebnekaise-Region, die allerdings bereits östlich der Wasserscheide liegen, gezählt.

Die norwegischen Gletscher zeigen gegenwärtig eine regional recht differenzierte Dynamik: Die im ozeanischen Klimamilieu gelegenen Gletscher West- und Nordnorwegens weisen eine positive Massenbilanz und ein Vorrücken der Gletscherfronten auf. Dies ist am Nigardsbre, einem östlichen Auslassgletscher des Jostedalsbre, sehr deutlich (Abb. 26, Bild 28):

Von seiner Position im Jahr 1989, die über 4,6 km innerhalb des Maximalstandes zur Zeit der Kleinen Eiszeit (1784) lag, ist er mittlerweile wieder um weit mehr als 200 m vorgestoßen. Am Briksdalsbre im Westen dieses Eisplateaus war dies bis vor kurzem ebenfalls festzustellen; gegenwärtig (2001/02) zieht er sich zurück. Hier machen sich die über Jahre hinweg verstärkten winterlichen Schneeniederschläge bemerkbar. Die im kontinentaleren Klimamilieu gelegenen Gletscher, die weniger Winterniederschläge erhalten, allerdings in strahlungsreicheren und wärmeren Sommern höhere Abschmelzraten aufweisen, zeigen hingegen einen aktuellen Gletscherrückgang. Dabei weisen die Auslassgletscher des Jostedalsbre in Abhängigkeit von ihrer Größe unterschiedlich große Reaktionszeiten zu den Massenbilanz- bzw. Klimaveränderungen auf. Während die kleineren Gletscher bereits nach zwei bis drei Jahren mit Gletscherstandsschwankungen reagieren, dauert es beim längsten, dem Tunsbergdalsbre, 35 Jahre (Winkler et al. 1997). Dieses ozeanisch-kontinental differenzierte Verhalten gilt auch für die nordnorwegische Gletscherprovinz im Bereich des Polarkreises; nördlich von 69° N weisen die Gletscher jedoch ein davon abweichendes Muster auf (Winkler 2001). Dies ist eine Tendenz, die sich – setzt man die gängigen Klimaprognosen voraus (s. o.) – bei einer allgemeinen Erwärmung, die kräftiger in den kontinentaleren Regionen und dort im Sommer und zunehmenden winterlichen Niederschlägen in den ozeanischen Regionen stattfinden soll, verstärken könnte.

Auf Island, das mit einer Eisfläche von ca. 11 200 km^2 zu etwa 11 % der Landesfläche vergletschert ist, können drei glaziologisch verschiedene Gletscherprovinzen unterschieden werden (Björnsson 1979, vgl. auch Venzke 1985):

In der ozeanisch geprägten, mit z. T. bis zu 4000 mm Niederschlag pro Jahr versorgten südisländischen Gletscherprovinz liegen der Eyjafjalla- (ca. 77 km²), Mýrdals- (ca. 596 km²), Tindafjalla- (ca. 19 km²) und Torfajökull (ca. 15 km²), die südlichen Teile des Vatnajökull sowie verschiedene kleinere Gletscher des Ostlandes wie z. B. der Þrándar- (ca. 22 km²) und Hofsjökull. Hier liegt die Firnlinie zwischen 1000 und 1100 m ü. d. M. Da diese Eiskappen oft höher aufragenden aktiven Vulkanen aufsitzen, sind die südisländischen Gletscher besonders stark von subglazialen vulkanischen Aktivitäten betroffen; dies sind vor allem die Gletscherläufe, die überwiegend durch Eruptionen der Katla im Mýrdalsjökull und der Grímsvötn im Vatnajökull verursacht werden (s. o.).

Die zentralisländische Gletscherprovinz ist mit 1000 bis unter 400 mm Jahresniederschlägen kontinentaler geprägt und erhält im Vergleich zur südisländischen deutlich geringere Schneeniederschläge. Hier befinden sich der Þóris- (ca. 32 km²), Eiríks- (ca. 22 km²) und Langjökull (ca. 953 km²), Hrútafell und Ok, Hofs- (ca. 925 km²) und Tungnafellsjökull (ca. 48 km²) sowie die nördlichen Teile des Vatnajökull; auch der im Westen gelegene Snæfellsjökull (ca. 11 km²) kann dazu gerechnet werden. Die Firnlinie erreicht 1300 m ü. d. M. am Hofsjökull und mit über 1400 m ü. d. M. im Norden des Vatnajökull die höchsten Werte in Island. Lediglich am Snæfellsjökull liegt sie bei 1000 m ü. d. M.

Die Grenzziehung zwischen der südlichen und zentralen Gletscherprovinz verläuft also durch den Vatnajökull, was die glaziologische Heterogenität dieser mit 8300 km² größten außerpolaren Eismasse im nordatlantischen Sektor anzeigt. Der Vatnajökull ist eigentlich das Produkt von zusammengeflossenen Plateau- und Hochgebirgsvergletscherungen auf Öræfajökull, Esjufjöll und Breiðabungar im Süden und Bárðarbunga, Kverkfjöll und Grímsfjall im Norden. Bei einer mittleren Eisdicke von etwa 420 m ist er maximal etwa 1000 m mächtig; rund 70 % der Eisfläche liegen im Nährgebiet. Er weist in seinen Teileinzugsgebieten unterschiedliche Eigenschaften und Verhaltensweisen auf: Neben der tiefer gelegenen Firnlinie und den höheren Schneeniederschlägen im Süden (s. o.) treten hier auch höhere Fließgeschwindigkeiten und tiefer, z. T. bis fast ins Meeresniveau reichende Fronten der Auslassgletscher auf, wie z. B. bei den mächtigen Skeiðarár- und Breiðamerkurjökull oder den Gletschern der Landschaft Öræfi (z. B. Skaftafells-, Svína- oder Kvíárjökull).

Manche Auslassgletscher des Vatnajökull werden gelegentlich von plötzlich einsetzenden, sehr schnellen Gletschervorstößen, so genannten *surges*, betroffen. Dabei kommt es zu raschen Eismassenverlagerungen aus dem Nähr- ins Zehrgebiet, die z. T. große Einzugsbereiche innerhalb des Plateaugletschers mit einbeziehen. So beeinflusste z. B. der *surge* des Brúarjökull im Nordosten 1963/64 etwa 40 % des Vatnajökull; der Gletscher rückte mit Geschwindigkeiten von bis zu 5 m/Std. insgesamt etwa 8 km vor.

In der nordisländischen Gletscherprovinz sind sowohl die Eiskappe des Drangajökull (ca. 160 km³) auf dem nördlichen Ast der Nordwesthalbinsel mit seinen fast bis zum Meer hinabreichenden Auslassgletschern als auch die rund 115 kleinen alpinen Kar- und Talgletscher der Halbinsel Tröllaskagi zusammengefasst. Aufgrund der Ozeanität und der nördlicheren Lage ist die Firnlinie hier am stärksten abgesenkt und erreicht Werte von 1000 bis 550 m ü. d. M. am Drangajökull. Die zahlreichen Gletscher der Hochgebirgsregion von Tröllaskagi weisen im Allgemeinen eine Fläche von unter 1 km² auf und sind charakteristischerweise außerordentlich schuttreich bzw. sogar als Blockgletscher ausgebildet. Þverár-, Tungnahryggs-, Myrkár-, Gljúfurár- und Bægisárjökull sind die größeren und bedeutenderen. Zur nördlichen Gletscherprovinz gehörte auch der heute verschwundene Glámajökull auf dem südlichen Ast der Nordwesthalbinsel, der bis 1915 nahezu vollkommen abgeschmolzen war.

Auf der norwegischen nordatlantisch-arktischen Insel Jan Mayen ist der 2277 m hohe Vulkan Beerenberg weitgehend und z. T. bis hinab ins Meeresniveau vergletschert.

Die arktische Inselgruppe Svalbard (Spitzbergen) ist zu etwa 60 % vergletschert. Dabei sind die nordöstlichsten Inseln Kvitøya vollständig und Nordaustlandet mit dem etwa 2800 km² großen Vestfonna und den zusammenhängenden Sörfonna (ca. 2500 km²) und Austfonna (ca. 5500 km²) zu etwa drei Vierteln von einer reliefübergeordneten Plateauvergletscherung am stärksten vereist. Sie erreicht mit über 200 km Breite das Meeresniveau und bildet dort eine kalbende Gletscherfront. Die kleineren ostspitzbergischen Inseln Barentsöya und Edgeöya tragen ebenfalls beträchtliche Eiskappen. Aber auch die Hauptinsel Westspitzbergen weist mit den Plateauvereisungen im Nordosten, verschiedenen Eisstromnetzen der nordwestlichen und südlichen Inselteile und kleineren Kar- und Talgletschern im Andrée- und Nordenskiöldland eine insgesamt über die Hälfte der etwa 39 000 km² großen Insel bedeckende Vergletscherung auf. Im Westen der Insel erreichen allerdings nur wenige größere Gletscher das Meer, so vor allem im Hornsund, Kross- und Kongsfjord. Die aktuelle Schnee- bzw. Firnlinie steigt von etwa 300 m ü. d. M. an der Westküste auf über 500 m in zentralen Landesteilen an, um nach Nordosten wieder auf unter 100 m zu fallen. Die gegenwärtige Dynamik der Gletscher auf Svalbard ist durch ein flächenhaftes Niedertauen und einen dadurch verursachten allgemeinen Rückzug gekennzeichnet.

Die Vergletscherung von Grönland, die bereits vor etwa 7 Mio. Jahren im späten Miozän begonnen hat, weist eine ganz andere räumliche Dimension auf. Es werden das grönländische Inlandeis mit einer Eisfläche von ca. 1 736 000 km² und einem Eisvolumen von 2 600 000 km³ sowie verschiedene davon

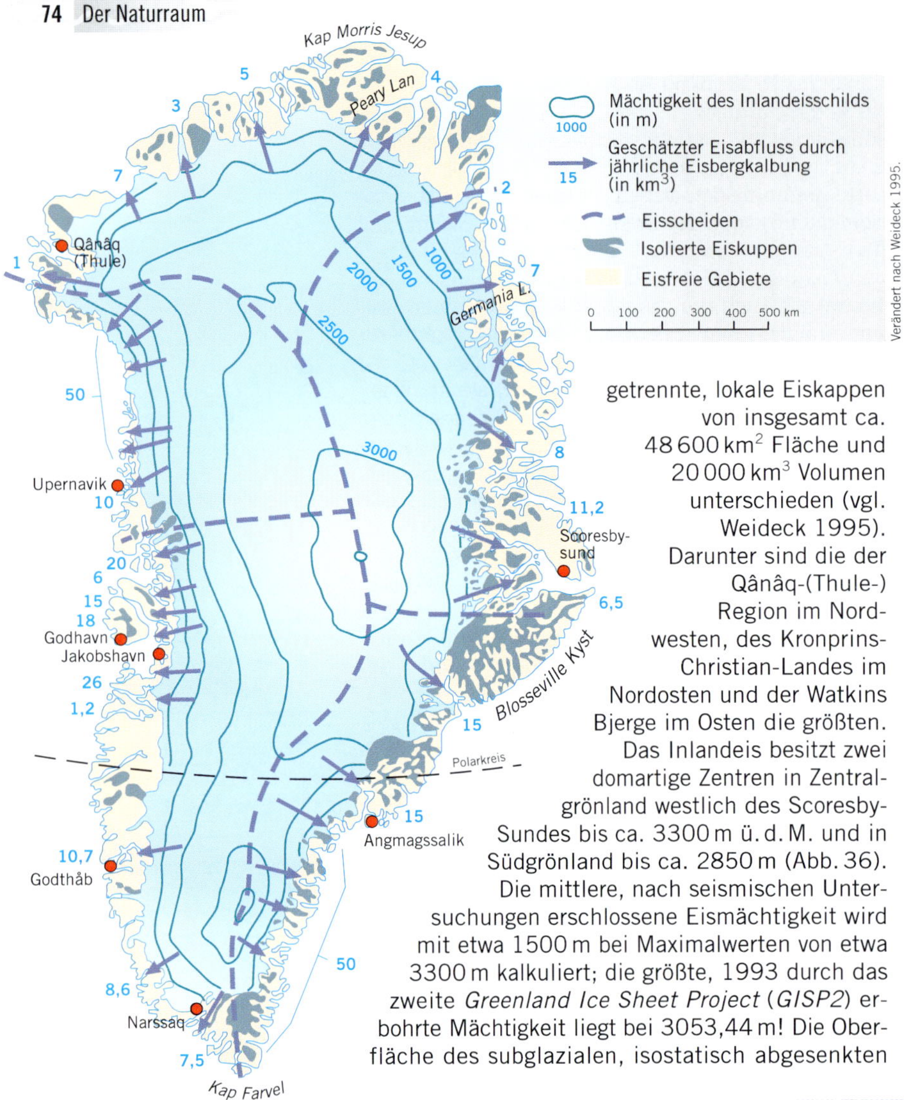

Abb. 36: *Glaziologische Verhältnisse in Grönland.*

getrennte, lokale Eiskappen von insgesamt ca. 48 600 km^2 Fläche und 20 000 km^3 Volumen unterschieden (vgl. Weideck 1995). Darunter sind die der Qânâq-(Thule-) Region im Nordwesten, des Kronprins-Christian-Landes im Nordosten und der Watkins Bjerge im Osten die größten. Das Inlandeis besitzt zwei domartige Zentren in Zentralgrönland westlich des Scoresby-Sundes bis ca. 3300 m ü. d. M. und in Südgrönland bis ca. 2850 m (Abb. 36). Die mittlere, nach seismischen Untersuchungen erschlossene Eismächtigkeit wird mit etwa 1500 m bei Maximalwerten von etwa 3300 m kalkuliert; die größte, 1993 durch das zweite *Greenland Ice Sheet Project* (*GISP2*) erbohrte Mächtigkeit liegt bei 3053,44 m! Die Oberfläche des subglazialen, isostatisch abgesenkten Festgesteinsreliefs befindet sich in etlichen zentralen Bereichen z. T. bis zu 250 m unter dem gegenwärtigen Meeresniveau.

Etwa 83 % der Inlandeisfläche gelten als Nährgebiet, in denen im Mittel eine mit 0,3 bis 0,4 m Wasseräquivalent positive jährliche Massenbilanz existiert. In den peripher gelegenen, verbleibenden 17 % herrscht in der Jahreseisbilanz die Ablation mit 1,0 bis 1,3 m Wasseräquivalent vor. Die jährliche Neueisproduktion wird auf 425 bis 630 km^3 geschätzt. Bei einer gegenwärtig nahezu ausgeglichenen Eismassenbilanz werden jährlich 150 bis 310 km^3 Eis in Form von Eisbergen von ins Meer kalbenden Auslassgletschern abgegeben (Bild 29); das ist das Zwei- bis Vierfache des Eisvolumens des Jostedalsbre! Dabei liegt das Hauptproduktionsgebiet grönländischer Eisberge im Südwesten des Landes. Einige das Meeresniveau erreichende Auslassgletscher weisen enorme Fließgeschwindigkeiten und Eistransportmengen auf: Der diesbezüglich mit Abstand beachtlichste Gletscher ist der Jakobshavn Isbræ im zentralen Westgrönland, der an der Eisfront Bewegungen von 5 bis 7 km/J und eine Produktion von kalbendem Eis von 26 bis 44 km^3/J aufweist! Bei anderen Auslassgletschern dieser Region liegen die Geschwindigkeiten zwischen 0,3 und 4,9 km/J, im besonders kalten Nordgrönland zwischen 100 bis 900 m/J. Das eigentliche Inlandeis fließt natürlich sehr viel langsamer.

Das grönländische Inlandeis ist nicht nur von großer globaler klimatologischer und hydrologischer Bedeutung, sondern auch ein „Klimaarchiv“. Aufgrund des im z. T. bis zu 200 000 Jahre alten Eis konservierten temperaturabhängigen Verhältnisses der Sauerstoff-Isotope im Niederschlag lässt sich das Paläoklima rekonstruieren.

Bild 29: *Ins Meer ausfließendes Inlandeis an der ostgrönländischen Küste (R. Lindemann).*

Vegetation und Böden

Die naturräumliche Ausstattung Nordeuropas, insbesondere die Verbreitung der Vegetation und der Böden sowie deren ökologische Interaktionen im Raum, wird durch die klimatischen Bedingungen und die z. T. davon abhängigen, regional differenzierten Bodenwasserhaushalte, die Nährstoffverhältnisse der verwitternden Ausgangssubstrate, die holozäne Entwicklung der landschaftlichen Ökosysteme (s. o.) und durch die Aktivitäten des Menschen in der Vergangenheit und Gegenwart bestimmt. Im Folgenden werden – weitgehend auf Dierßen (1996) und z. T. auf Kielland-Lund (1981) gestützt – die wichtigsten potenziell natürlichen Vegetationsformationen in ihrem landschaftsökologischen Rahmen und in ihrer Zuordnung zu den „klassischen" Vegetationszonen (vgl. dazu Sjörs 1965 und Ahti, Hämet-Ahti & Jalas 1968) vorgestellt.

Thermophile sommergrüne Wälder der nordeuropäischen Laubwaldzone

Die nemoralen Wälder Dänemarks und des küstennahen Südschwedens, Süd- und Westnorwegens ähneln trotz ihres eingeschränkten Arteninventars in ihrer Ökologie denen des temperierten Mitteleuropa. In ihrem ozeanisch getönten Verbreitungsgebiet ist es während der über etwa 200 Tage dauernden Vegetationsperiode so warm (minimale Mitteltemperatur des wärmsten Monats etwa 15 °C), dass Laubbäume, die im Sommer einen neuen Assimilationsapparat aufzubauen in der Lage sind und diesen jedoch wegen der Winterkälte im Herbst wieder abwerfen, dominant sind. Hier beherrscht auf frischen und relativ gut mit Nährstoffen versorgten Standorten die Rotbuche (*Fagus sylvatica*) die natürliche Waldvegetation. Sie hat die südbaltische Region allerdings erst vor ca. 2000 und ihre heutige Nordgrenze vor ca. 1000 Jahren erreicht und musste demzufolge von Beginn an mit dem Ackerbau treibenden Menschen um die günstigsten Standorte konkurrieren (Dierßen 1996, S. 138). Die verbreitetste natürliche Waldgesellschaft ist auf den Rendzinen und oberflächennah entkalkten Parabraunerden der dänischen Jungmoränenlandschaften und in Schonen der geophytenreiche Waldmeister-Buchenwald mit der Goldnessel (*Lamium galeobdolon*), dem Einblütigen Perlgras (*Melica uniflora*), Gelben Windröschen (*Anemone ranunculoides*), Bärenlauch (*Allium ursinum*) und Waldmeister (*Galium odoratum*) als häufigen Arten in der Krautschicht. Mull oder Moder sind typische Humusformen. Bei besonders günstiger Nährstoffversorgung und hohem Bodenfeuchtigkeitsgehalt treten zur Buche auch die Gemeine Esche (*Fraxinus excelsior*) und die Bergulme (*Ulmus glabra*) und im südöstlichen Jütland, auf den dänischen Inseln und im südlichsten Schonen auch die Hainbuche (*Carpinus betulus*); in der Strauchschicht dieses nur kleinflächig verbreiteten, Waldgersten-Buchenwaldes finden sich neben der namengebenden Waldgerste (*Hordelymus europaeus*) und dem Riesenschwingel (*Festuca gigantea*) auch der Waldziest (*Stachys sylvatica*) und das Waldbingelkraut (*Mercurialis perennis*). Dies sind die produktivsten Wälder in Nordeuropa; Nihlgård & Lindgren (1977, in Dierßen 1996, S. 142) stellen in einem 90-jährigen Bestand in Südschweden einen jährlichen oberirdischen Phytomassenzuwachs von 83 kg/ha fest – doppelt so viel wie in anderen südskandinavischen Buchenwäldern.

Auf nährstoffärmeren Standorten verliert die Buche an Konkurrenzkraft. Sie kann sich zwar im relativ artenarmen Drahtschmielen-Buchenwald, der sich in Westnorwegen vereinzelt bis nach Bergen verfolgen lässt, noch gegen die beigemischten Eichen (*Quercus robur* und *Qu. petraea*) durchsetzen. Aber auf armen Podsolen und podsoligen Parabraunerden der jütländischen Altmoränenlandschaften und Sandergeest und silikatischen Ausgangssubstraten in Südschweden und Südnorwegen gewinnt in den Buchen-Eichenwäldern vor allem die Traubeneiche (*Qu. petraea*) an Dominanz; Birken (*Betula pendula* und *B. pubescens*), Faulbaum (*Frangula alnus*), Eberesche (*Sorbus aucuparia*) und Espe (*Populus tremula*) treten hier ebenfalls in der Baumschicht auf. In der Bodenschicht zeigen die Drahtschmiele (*Deschampsia flexuosa*) und die Heidelbeere (*Vaccinium myrtillus*) die bodensauren Verhältnisse an.

Als Anzeiger besonders ozeanischer Klimaverhältnisse finden sich in diesen Buchen- und Eichenwäldern Südwestnorwegens, Südwestschwedens und Jütlands die Eibe (*Taxus baccata*), die Stechpalme (*Ilex aquifolium*), das Efeu (*Hedera helix*) und die Waldheckenkirsche (*Lonicera periclymenum*). Auch die westnorwegischen Heiden, deren

Abb. 37: *Höhenlagen der Vegetationsformationen im Nord-Süd-Profil durch die norwegischen Skanden.*

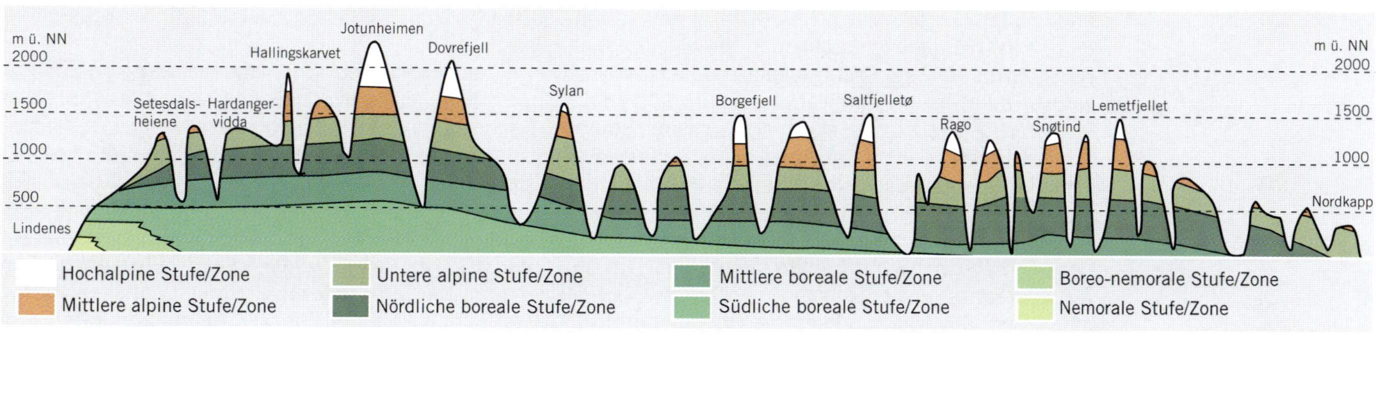

Verändert nach Moen 1999.

Baumarmut sowohl klimatische als auch anthropogene Gründe hat, sind mit der Glockenheide (*Erica tetralix*) oder der Grauen Heide (*E. cinerea*) sehr atlantisch geprägt.

Viele der durch Eichen bestimmten Wälder sind durch die lang andauernde menschliche Nutzung als Hudewälder wie z. B. in den Heideregionen Westjütlands geprägt worden. Häufig waren durch die jahrhundertelange Heidebauernwirtschaft sogar baumarme, stark bodensaure, deflationsgefährdete Heiden mit der Besenheide (*Calluna vulgaris*) als dominanter Art entstanden, die im Zuge der im späten 18. Jh. beginnenden Aufforstungsmaßnahmen häufig durch Kiefern-, aber auch standortfremde Fichten- und Lärchenforste ersetzt worden sind.

Diese ozeanisch geprägte, nordeuropäische Laubwaldzone wird kontinentwärts häufig durch das natürliche Auftreten der Gemeinen Fichte (*Picea abies*) begrenzt, was allerdings wegen der noch nicht abgeschlossenen holozänen Ausbreitung dieser überwiegend boreal verbreiteten Baumart (s. o.) und der starken anthropogenen Überformung der Wälder und Forste im südlichen Nordeuropa von manchen Pflanzengeographen als problematisch angesehen wird.

Nordeuropäische Mischwaldzone

Im Norden der durch wärmeliebende, sommergrüne Laubbäume gestalteten temperaten Waldzone schließt sich eine vor allem das südliche Schweden, aber auch Bereiche des südlichen Norwegens und südwestlichen Finnlands umfassende Region an, in der sich zunehmend boreale Arten in die immer noch im Wesentlichen durch Laubbäume bestimmten Wälder mischen. Diese hemiboreale oder boreonemorale Zone findet mit der nördlichen Arealgrenze der Stieleiche (*Quercus robur*) insgesamt ihren nördlichen Abschluss. Für diese Grenze wird in der pflanzengeographischen Literatur auch der Begriff *Limes norrlandicus* geführt.

In dieser Übergangszone dünnt das Laubbaumarteninventar nach Norden zunehmend aus; die Hainbuche, Rotbuche und Traubeneiche verschwinden zuerst, die Winterlinde (*Tilia cordata*), der Spitzahorn (*Acer platanoides*) und die Gemeine Esche dringen weiter vor. Wichtigste thermophile Waldgesellschaft ist der oft auf trockenen, flachgründigen Rankern oder Braunerden mit sauren Rohhumusdecken stockende Ulmen-Lindenwald mit der Winterlinde und der Bergulme sowie mit der Hasel (*Corylus avellana*) im Unterwuchs. In der Krautschicht finden sich anspruchsvolle Arten wie das Christophskraut (*Actaea spicata*), das Wunderveilchen (*Viola mirabilis*), die Frühlingsplatterbse (*Lathyrus vernus*) oder der Mittlere Lerchensporn (*Corydalis intermedia*). Häufig gesellen sich in der Baumschicht Fichte und Kiefer hinzu, und stellenweise kann die Strauch- und Moosschicht mit verschiedenen *Vaccinium*-Arten, dem Moosglöckchen (*Linnaea borealis*) und den Laubmoosen *Hylocomium splendens* und *Pleurozium schreberi* bereits deutlich boreal geprägt sein. Die (weltweit) nördlichsten boreonemoralen Mischwaldvorkommen mit charakteristischen Arten wie z. B. der Süßkirsche (*Prunus avium*), der Schlüsselblume (*Primula vulgaris*), dem Sanikel (*Sanicula europaea*) und dem Waldgilbweiderich (*Lysimachia nemorum*) finden sich im Bereich des regionalklimatisch begünstigten Trondheimsfjords (Moen 1999, S. 102).

Floristisch und ökologisch beachtenswert sind die durch klimatische und edaphische Trockenheit geprägten Karstgebiete Ölands und Gotlands, die so genannten Alvare, in deren großenteils anthropogen verursachter steppenartiger Vegetation Florenelemente sowohl südosteuropäischer Trockengebiete als auch der skandinavischen Hochgebirge und eine Reihe endemischer Sippen auftreten.

Während in Südschweden die artspezifischen nördlichen Arealgrenzen der Bäume wegen des flachen klimatischen Gradienten relativ weit auseinander liegen, drängen sich die Verbreitungsgrenzen der genannten Baumarten im südlichen und westlichen Norwegen reliefbedingt sehr viel dichter zusammen. Der natürlicherweise allmählich nach Norden größer werdende Koniferenanteil in den Mischwäldern ist heute durch die Aufforstungen mit Kiefern und besonders Fichten deutlich gesteigert. In Norwegen, vor allem in der Oslofjord-Region und entlang der Westküste, liegen die besten Ackerböden im hemiborealen Milieu, so dass hier der Wald stark zurückgedrängt ist.

Boreale Nadelwälder

Die flächenmäßig mit Abstand bedeutsamste Vegetationsformation in Nordeuropa stellt der boreale (oder nördliche) Nadelwald dar, der den Subkontinent vom *Limes norrlandicus* (s. o.) bis zur klimatisch bedingten subalpinen bzw. subarktischen Waldgrenze bestimmt. Die oberste bzw. nördliche Wald- und Baumgrenze wird im Allgemeinen vom Fjellbirkenwald gebildet (s. u.). Die ökoklimatischen Verhältnisse der borealen Waldregion sind durch Juli-Mitteltemperaturen von 10 bis 18 °C und eine Vegetationsperiode von 120 bis 200 Tagen (mit Tagesmitteltemperaturen von über 5 °C) sowie eine mehrmonatige winterliche Schneebedeckung gekennzeichnet. In den kontinentaleren Regionen Nordschwedens und Finnlands nimmt die sommerliche Gebietsverdunstung derart hohe Werte an, dass sie die in der Zeit von Mai bis August fallenden Niederschläge um bis zu 70 % übersteigt und somit ein klimatologisches Wasserdefizit auftreten kann. Unter diesen Bedingungen ist die natürliche Waldbrandgefahr nach Blitzschlag verständlicherweise stark erhöht.

Die nordeuropäische Nadelwaldregion ist der westliche Ausläufer des eurasiatischen borealen Landschaftsgürtels, der vor allem die russisch-sibirische Taiga umfasst. Ihr gegenüber sind die nordeuropäischen Borealwälder – von einigen Ausnahmen wie z. B. der petrographisch vielfältigen Oulanka-Region in Nordfinnland mit 429 Gefäßpflanzenarten und 49 Hybriden (Söyrinki & Saari 1980) abgesehen – aufgrund ihrer holozänen Landschaftsgeschichte deutlich artenärmer. Sie werden nur von zwei Koniferenarten, nämlich der Kiefer und der Fichte, aufgebaut. *Picea abies* interferiert und hybridisiert allerdings im nordfinnisch-karelischen Grenzgebiet mit der in Nordrussland verbreiteten Sibirischen Fichte *Picea obovata*. Die relativ schnellwüchsige, lichte oder halbschattige Standorte liebende und stärker feuerresistente, tief wurzelnde Kiefer besitzt eine recht große Toleranz gegenüber besonders bodenfeuchten, bodentrockenen und bodensauren Verhältnissen. Hier ist sie der Beschattung ertragenden, flach wurzelnden Fichte, die frische und besser mit Nährstoffen versorgte und nur schwach saure bis neutrale Standorte bevorzugt und besetzt, überlegen.

Die in der süd- und mittelborealen Subzone am weitesten verbreitete, von der Fichte beherrschte Waldgesellschaft ist der Moosglöckchen-Fichtenwald, der auf bzgl. der Bodenfeuchtigkeit und Nährstoffversorgung durchschnittlichen Standorten stockt und damit am meisten dem zonalen Vegetationstypus entspricht. Über podsolierten oder vergleyten Böden mit einer mächtigen Rohhumusauflage ist bei ihm eine flächendeckende Moos- und Zwergstrauchschicht mit der Heidel- und Preiselbeere (*Vaccinium myrtillus* bzw. *V. vitis-idaea*) sowie dem Moosglöckchen und dem Siebenstern (*Trientalis europaea*), bei sommerkühleren und feuchteren Verhältnissen mit farnreichen Aspekten, ausgebildet. Hier erreicht die Fichte bei mäßiger Wuchsleistung beträchtliche Höhen und ein recht hohes Alter. Für den ungestörten Aufbau eines stabilen Bestandes, der meist durch eine stufige Altersklassenstruktur gekennzeichnet ist, werden mindestens 200 Jahre kalkuliert, und der vollständige Abbau des Totholzes dauert ebenfalls ca. 200 Jahre. Demzufolge weisen Altbestände, die es überwiegend nur noch in Reservaten oder besonders im russisch-karelischen Grenzgebiet gibt, natürlicherweise einen hohen Anteil toter stehender Bäume auf, die wegen der Steigerung der Biodiversität einen hohen ökologischen Wert besitzen (vgl. Aksenov et al. 1999). Etwas wärmere und besser mit Nährstoffen versorgte Standorte mit meist podsolierten Braunerden besiedelt der Perlgras-Fichtenwald, der u. a. mit dem Waldhabichtskraut (*Hieracium sylvaticum*), dem Waldwachtelweizen (*Melampyrum sylvaticum*), der Walderdbeere (*Fragaria vesca*) oder dem Nickenden Perlgras (*Melica nutans*) krautreicher ist und in dem die Fichte optimale Wuchsleistungen erreicht.

Die wichtigste von der Kiefer bestimmte Waldgesellschaft ist der Flechten-Kiefernwald, der auf mageren, podsolierten Böden und unter sommertrockenen Klimaverhältnissen vor allem in Finnland und Nordostschweden vorherrscht. Über einer meist flächendeckenden Strauchflechtenschicht mit verschiedenen *Cladonia*-Arten (z. B. der Rentierflechte *Cladonia rangiferina* und *C. stellaris*), aber auch dem Isländischen Moos (*Cetraria islandica*), ist die Zwergstrauchschicht, oft mit der Immergrünen Bärentraube (*Arctostaphylos uva-ursi*), lückenhaft ausgebildet. Bei etwas besserer Bodenwasser- und Nährstoffversorgung, aber immer noch auf insgesamt armen und trockenen Standorten, tritt der Preiselbeer-Kiefernwald mit mehr Moosen und einer flächendeckenden Zwergstrauchschicht besonders mit der Preiselbeere und gelegentlich der Besenheide, bei lichtem Kronenschluss auch mit der Drahtschmiele, auf (Bild 32). Entsprechend der weiten ökologischen Amplitude der Kiefer beherrscht dieser Baum auch die nassen, sehr nährstoffarmen Moorwälder, die auf Anmoorgleyen oder Torfen stocken. Die Baumschicht ist hier sehr offen und auch bei hohem Bestandesalter nur niedrigwüchsig. Hier treten in der Moosschicht verschiedene Torfmoose (z. B. *Sphagnum angustifolium* oder *Sph. fuscum*) auf, in der Zwergstrauch- und Krautschicht finden sich Arten wie die Rauschbeere (*Vaccinium uliginosum*), die Moosbeere (*V. oxycoccos*), die Krähenbeere (*Empetrum nigrum*) und das Scheiden-Wollgras (*Eriophorum vaginatum*).

Natürlicherweise ist die boreale Landschaft durch ein Mosaik verschiedener Waldentwicklungsstadien geprägt, das die Folge von Waldbränden zu unterschiedlichen Zeitpunkten ist. Feuer spielt besonders wegen der Remineralisierung akkumulierter und für längere Zeit festgelegter Nährstoffe eine wichtige Rolle in borealen Ökosystemen. Bis zum 19. Jh., als die Waldbrandbekämpfung effektiv wurde, lag die Feuerfrequenz z. B. in Nordschweden bei etwa 80 Jahren (Zackrisson 1977). Somit finden sich in der Waldvegetation – z. T. sogar häufig – Sukzessionsstadien, die mit Hochstauden wie dem Schmalblättrigen Weidenröschen (*Epilobium angustifolium*) und besonders Birken, Espen (*Populus tremula*) und auch Ebereschen (*Sorbus aucuparia*) zeitlich vor dem Nadelwaldstadium stehen und die Biotopvielfalt in der Landschaft gewährleisten.

Durch die forstwirtschaftlichen Maßnahmen ist diese Lebensraumvielfalt und besonders die Existenz von alten, nach forstlichen Standpunkten überalterten Beständen sehr stark zurückgegangen. Ursprüngliche boreale Wälder dürften nur noch auf etwa 3 % der potenziellen Verbreitungsfläche existieren.

Südboreale Nadelwälder sind seit Anfang der 1970er-Jahre ebenso wie die Laubwälder der temperierten Zone Südnorwegens und -schwedens durch saure Niederschläge, die überwiegend aus West- und Mitteleuropa stammen, betroffen (s. o.). Die Waldschädigungen und auch die Versauerungen von Seen sind bedeutsamer in Einzugsgebieten mit wenig puffernden Substraten, z. B. geringmächtigen Böden über Graniten und Gneisen.

Boreale Moore

Weite Flächen der borealen Landschaftszone in Nordeuropa werden von verschiedenartigen Mooren eingenommen. Allein in Finnland, dem moorreichsten Land, finden sich ca. 10,4 Mio. ha Moorgebiete; das ist knapp ein Drittel der gesamten Staatsfläche (Vasander 1996, Bild 30). Neben den vom Grundwasser abhängigen, minero- und eu- bis mesotrophen Niedermooren sind es vor allem ombro- und oligotrophe Hochmoore, die sich durch das konkurrenzlose Wachstum von Torfmoosen (Sphagnen) und deren Vertorfung unter Luftabschluss – oftmals über

Bild 30: *Torfabbau zur Energiegewinnung in einer westfinnischen Moorlandschaft (E. Militz).*

ehemaligen Niedermooren – im Holozän entwickelt haben (s. o.) und die z. T. etliche Quadratkilometer große baumlose Flächen bilden.

Der wichtigste und am weitesten verbreitete mittel- und nordboreale Moortyp ist das so genannte Aapa-Moor, das als „Mischmoor" aus offenen, durch Grundwasser sehr nassen Senken, den so genannten *rimpis*, und höheren, trockeneren Torfsträngen besteht, die oft isohypsenparallel auftreten und durch frostdynamische Prozesse gestaltet sind. Während die Vegetation der Stränge und Bulten u. a. durch die Torfmoose *Sphagnum fuscum* und *Sph. magellanicum*, den Sumpfporst (*Ledum palustre*), die Torfgränke (*Chamaedaphne calyculata*), die Moltebeere (*Rubus chamaemorus*) sowie stellenweise auch die Zwergbirke (*Betula nana*) gekennzeichnet ist, treten in den nassen Flarken oder *rimpis* charakteristischerweise u. a. die Torfmoose *Sphagnum annulatum* und *Sph. cuspidatum* sowie die Schnabelsegge (*Carex rostrata*) und das Schmalblättrige Wollgras (*Eriophorum angustifolium*) aspektbildend auf.

Für südboreale Regionen, in denen der Mooranteil wegen der weniger ausgeprägten positiven klimatischen Wasserbilanz nicht so hoch ist, sind schildartige, den mitteleuropäischen Hochmooren ähnelnde, so genannte Kermi-Moore typisch, die durch nasse Schlenken und trockenere Bulten (*kermis*) gegliedert sind. Im Übergangsbereich von nordborealen zu subarktischen Gebieten treten so genannte Palsa-Moore auf, in denen – oft begünstigt durch die geländeklimatologischen Verhältnisse – lokale Dauerfrostböden und die charakteristischen Torfhügel mit Eiskern vorkommen (s. o.).

Da die Moore eingebettet sind in die boreale Waldlandschaft, existieren vielfältige Übergänge zu Waldgesellschaften, besonders zu den nassen, oligotrophen Kiefern-Moorwäldern (s. o.), aber auch zu den besser mit Nährstoffen versorgten Fichten-Moorwäldern, den so genannten *korpi*.

Nordboreal-subarktisch/subalpine Fjellbirkenwälder

Im Bereich der nördlichen bzw. der oberen Waldgrenze schiebt sich zwischen die boreale Nadelwald- und die subarktisch-arktische Tundrenzone bzw. alpine Höhenstufe eine in der Baumschicht von der Moorbirke (*Betula pubescens*) bestimmte Waldvegetationsformation, die Blüthgen (1960) als „Fjällbirkenwald" eindrucksvoll beschreibt (vgl. auch Thannheiser 1975 und 1977). Die Birken sind im ozeanisch geprägten Waldgrenzmilieu den Koniferen offensichtlich in der Konkurrenz überlegen, weil sie mit ihrem Blattapparat in der kurzen Vegetationsperiode dauerhaft besser Biomasse aufbauen können und zudem neben einer relativ großen generativen auch eine beachtliche vegetative Fähigkeit zur Aufrechterhaltung des Bestandes besitzt. Die Samen der Kiefern reifen dagegen aufgrund der geringen Sommertemperaturen oft nicht aus, und die Reproduktion unterbleibt somit häufiger. Unter subkontinentalen Bedingungen, z. B. in Nordnorwegen, ist die Keimfähigkeit der Kiefernsamen hingegen im Allgemeinen besser als die der Fichte oder Birke.

Allerdings darf bei der physiognomischen und floristischen Gestaltung und Verbreitung des Fjellbirkenwaldes der Einfluss von Beweidung mit Rentieren und der Holzentnahme nicht unterschätzt werden. Die obere Waldgrenze, die diese Vegetationsformation gegen die baumlose alpine Höhenstufe abschließt, ist vielerorts anthropogen herabgedrückt. Die klimatisch bedingte obere Waldgrenze liegt in den skandinavischen Gebirgen am höchsten im südnorwegischen Jotunheimen und erreicht dort Höhenlagen von über 1200 m ü. d. M. Der höchstgelegene Waldgrenzstandort wird dort von einem südexponierten Hang auf 1320 m ü. d. M. berichtet (Moen 1999). Zu Beginn des Atlantikums lag die höchste Birkenwaldgrenze bei 1400 bis 1450 m ü. d. M. Zur Küste und nach Norden fällt die Waldgrenze mit einem z. T. starken Gradient auf im Allgemeinen unter 500 m ü. d. M. ab. Im Norden der nordnorwegischen Insel Magerøy und der Nordkinn- und Varanger-Halbinsel verläuft sie im Meeresniveau, so dass dort arktische landschaftsökologische Verhältnisse vorliegen (Abb.37).

Die Moorbirke, die im nördlichen Nordeuropa stark mit *Betula nana* hybridisiert, bildet sowohl mono- als auch polykorme Bestände (Treter 1984), die meist nicht höher als etwa 5 m werden. In klimatisch relativ trockenen und damit auch schneearmen Regionen wie z. B. der nordnorwegischen Finnmarksvidda wird die bodendeckende Vegetation der verhältnismäßig offenen Birkenwälder überwiegend durch Strauchflechten (*Cladonia*- und *Cetraria*-Arten) aufgebaut, über denen eine Zwergstrauchschicht aus der Alpenbärentraube (*Arctostaphylos alpina*), Preiselbeere, Zwergbirke und besonders der Zwittrigen Krähenbeere (*Empetrum hermaphroditum*) stockt. Bei besserem winterlichem Schneeschutz und günstigeren sommerlichen Feuchteverhältnissen sind die Birkenwälder nicht mehr durch Flechten, sondern durch Moose wie z. B. dem aus den Nadelwäldern bekannten *Hylocomium splendens* und – neben den Zwergsträuchern – mehr Blütenpflanzen, die wie das Läusekraut (*Pedicularis lapponica*), der Waldwachtelweizen oder der Siebenstern eine mittlere Nährstoffversorgung benötigen, gekennzeichnet. Während in den Böden unter diesen Krähenbeer-Birkenwäldern meist Podsolierung vorherrscht, stocken die reichhaltigsten Fjellbirkenwälder, die hochwüchsigen Storchschnabel-Birkenwälder, auf frischen Pseudogleyen und Braunerden mit Mullauflage. In ihnen treten die Zwergsträucher zurück, und krautige Arten wie der Waldstorchschnabel (*Geranium sylvaticum*), der Eisenhut (*Aconitum septentrionale*), das Mädesüß (*Filipendula ulmaria*), der Schwedische Hartriegel (*Cornus suecica*), der Waldfrauenfarn (*Athyrium filix-femina*) oder der Wiesenschachtelhalm (*Equisetum pratense*) dominieren. Für die isländischen Birkenwälder ist darüber hinaus die Steinbeere (*Rubus saxatilis*) bestimmend (Glawion 1985).

Stellenweise kann der Fjellbirkenwald durch das massenhafte Auftreten des Grünen Spanners, der Raupe der Motte *Oporinia autumnata*, nachhaltig geschädigt werden, wie dies von Kallio & Lehtonen (1973) für die in den Jahren 1965 und 1966 von dieser Insektenkalamität betroffene Region um das nordfinnische Utsjoki dokumentiert wird.

Subarktisch-arktische Tundravegetation

Nördlich bzw. oberhalb der Waldgrenze schließen sich Vegetationsformationen an, in denen baumartige Wuchsformen fehlen, weil bei Juli- und August-Mitteltemperaturen von 6 bis 10 °C die niedrigen Wärmesummen in der Vegetationsperiode eine ausreichende Produktion von Biomasse und reproduktionsfähigen Samen nicht zulassen und es bei den tiefen winterlichen Temperaturen für höher in den Luftraum ragende Pflanzen keinen isolierenden Schneeschutz gibt. Somit ist die arktische Tundra- bzw. die alpine Fjelltundravegetation von einer artenarmen Kryptogamen- (Moos-, Flechten-) und einer Zwergstrauchschicht, z. T. mit verschiedenen krautigen bodennahen Pflanzen, geprägt.

Das landschaftliche, oft kleinräumige Muster der Tundravegetation wird im Wesentlichen von der winterlichen, vom Wind gestalteten Schneeverteilung bestimmt (Bild 31):

Auf schneearmen und im Sommer trockenen und deflationsgefährdeten Kuppenstandorten existiert eine wenig deckende Strauchflechtenvegetation mit der tiefe Fröste ertragenden Dreispaltigen Binse (*Juncus trifidus*), Ährenhainsimse (*Luzula spicata*) und Alpenheide (*Loiseleuria procumbens*). Landschaftsteile mit einer mittleren Schneedecke von wenigen Dezimetern tragen eine Zwergstrauchtundra aus der Rauschbeere, Zwittrigen Krähenbeere, Zwergbirke und Blauheide (*Phyllodoce caerulea*) mit einer flächendeckenden Moosschicht. An Hängen mit mächtigeren Schneeablagerungen können sich höhere Gebüsche aus Weiden und Erlen entwickeln. In Senken, in denen sich der Schnee sehr lange bis in den Sommer hält und damit die Vegetationsperiode extrem verkürzt, tritt eine Schneetälchen-Vegetation auf, in der die Krautweide (*Salix herbacea*) bedeutend ist und u. a. das Schneegras (*Phippsia algida*), die Schuppenheide (*Cassiope hypnoides*), der Schneehahnenfuß (*Ranunculus nivalis*), die Polarweide (*Salix polaris*) und der Gelbling (*Sibbaldia procumbens*) auftreten.

Tundragebiete weisen wenig entwickelte Böden auf, in denen neben den niedrigen Temperaturen der hohe Bodenwassergehalt und der deshalb geringe Stoffumsatz bestimmende ökologische Größen sind. Somit herrschen Rohböden (*råmark*) und Gleye vor, die meist nur wenig Nährstoffe für die Vegetation bereithalten; gelegentlich kommen arktische, z. T. podsolierte Braunerden vor. Im Norden Spitzbergens und auf Grönland, aber auch in den höchsten alpinen Bereichen der skandinavischen Hochgebirge geht die subarktische Tundra in die so genannte Frostschuttzone über, in der die Vegetation nur noch einen geringen Flächenanteil besitzt und die ausgedehnten Blockschuttflächen lediglich einen Krustenflechtenbesatz tragen.

Auf dem nordeuropäischen Festland existieren arktische Vegetationsverhältnisse nur relativ wenig verbreitet im äußersten Norden. Die bedeutendsten Tundragebiete, deren Ökologie und Geomorphologie schon seit längerem – nicht zuletzt von deutschen Wissenschaftlern (s. Einblicke) – intensiv erforscht werden, kommen auf Spitzbergen vor (Möller 2000).

Bild 31: *Tundralandschaft mit Pingo auf Nordenskiöldland in Westspitzbergen (K.-D. Meier).*

In der isländischen subarktischen Vegetation sind zwei Formationen zusätzlich herauszustellen: Zum einen tritt auf den sehr wasserdurchlässigen, glazialen und vulkanischen Substraten des isländischen Hochlandes, wo trotz klimatisch humider Verhältnisse edaphische Wüsten ohne nennenswerte Bodenbildung (Schwarzbach 1964; Venzke 1982) vorherrschen, eine sehr schüttere, nur aus wenigen Polsterpflanzen wie der Felsenschaumkresse (*Cardaminopsis petraea*), Grasnelke (*Armeria maritima*) und dem Stängellosen Leimkraut (*Silene acaulis*) sowie Strauchflechten der Gattung *Stereocaulon* aufgebaute, so genannte *Melur*-Vegetation (Venzke 1987) auf. Zum anderen werden die ausgedehnten jungen Lavaströme, auf denen sich ebenfalls noch kein autochthoner Boden hat entwickeln können, von sehr einfach strukturierten Moosheiden, überwiegend mit den Zackenmützenmoosen *Racomitrium lanuginosum* und *R. canescens*, überzogen (Jónsdóttir Svane 1963; Bjarnason 1991).

Verändert nach Nordisk Ministerrådet 1984.

Abb. 38: *Naturräumliche Haupteinheiten.*

Die Karte der naturräumlichen Haupteinheiten (Abb. 38) orientiert sich zwar stark an der Karte der „naturgeographischen Regionen“, die bereits vor etwa zwanzig Jahren von einer Arbeitsgruppe des Nordischen Ministerrates entwickelt worden ist (Nordiska ministerrådet 1984) und der Übersicht über die Landschaftsformen Islands (Gläßer & Schnütgen 1986). Es ist darin allerdings wegen des kleineren Maßstabs stärker generalisiert worden.

Die Ausweisung der großräumigen Landschaftskomplexe erfolgt im Wesentlichen nach geomorphologischen und vegetationsgeographischen Kriterien und ist in das Schema der klimatisch definierten Vegetationszonen von Ahti, Hämet-Ahti & Jalas (1968) eingepasst:

1. Subozeanisch-temperate, saalezeitliche Altmoränen-, weichselzeitliche Sander-, holozäne Marschen-, Sandküsten- und Wattlandschaften Westjütlands sowie überwiegend mit podsoligen bzw. gleyigen Böden
2. Leicht subozeanisch-temperate, weichselzeitliche Jungmoränenlandschaften Jütlands, Ostdänemarks und Südschonens mit Endmoränenzügen und hügeligem Grundmoränenrelief sowie Podsolen bzw. z. T. lessivierten Braunerden
3. Subozeanisch-temperate, weichselzeitliche Grundmoränen- und holozäne, marin gestaltete Landschaften Nordjütlands mit podsoligen und gleyigen Böden
4. Leicht ozeanisch-temperate Landschaften Zentralschonens und Bornholms aus kambrosilurischen und mesozoischen Sedimentgesteinshorsten, z. T. mit lehmigem Grundmoränenschleier sowie Braunerden
5. Leicht ozeanisch-temperate, präkambrische Gneis- und Granitlandschaften Nordschonens und Blekinges, z. T. tektonisch-strukturell gegliedert, mit Moränenbedeckung sowie Podsolen und Braunerden
6. Subozeanisch-temperate bis -hemiboreale, westschwedische (Halland, Bohuslän) und südnorwegische Küstenlandschaften mit präkambrischen Graniten und Gneisen, im Oslo-Fjord auch permischen vulkanischen Gesteinen, Festgesteinsoberflächen oder sandigen marinen Ablagerungen sowie meist podsoligen Böden
7. Hochozeanisch-temperate bis -hemi- und -südboreale, westnorwegische (Vestlandet) Küstenebene und Schärenlandschaften mit kaledonischen Metamorphiten und Intrusiva, Festgesteinsoberflächen und stellenweise marinen Lockersubstraten sowie podsoligen Böden
8. Ozeanisch-temperate bis -hemi- und -südboreale, westnorwegische (Vestlandet) Fjordlandschaften mit kaledonischen Metamorphiten und Intrusiva, Festgesteinsoberflächen, hoher Reliefenegie, stellenweise flachgründiger Moränenbedeckung sowie podsoligen Böden und besonderen klimatischen Gunstlagen in den inneren Fjordbereichen
9. Leicht subozeanisch-hemiboreales und -südboreales, südschwedisches Bergland (überwiegend Småland) mit präkambrischem Grundgebirge und Grundmoränenschleiern oberhalb des spätglazial-holozänen Meereseinflusses sowie relativ armen Podsolen
10. Ozeanisch-kontinentale, hemiboreale Inseln (Öland, Gotland) mit kambrosilurischen, z. T. verkarsteten Sedimentgesteinen und lehmiger Lockersubstratbedeckung sowie Braunerden oder Festgesteinsoberflächen
11. Leicht ozeanisches bis kontinentales, hemiboreales, zentralschwedisches Tiefland mit präkambrischem Grundgebirge, Grundmoränen- und lehmiger, mariner Lockersubstratbedeckung sowie Podsolen und Braunerden, darüber hinaus großflächigen limnischen Ökosystemen des Väner- und Vättersees
12. Leicht ozeanisches bis kontinentales, hemiboreales, z. T. höhenstufendifferenziertes, südnorwegisch-westschwedisches Bergland mit präkambrischem Grundgebirge und stellenweise permischen Vulkaniten, überwiegend Festgesteinsoberflächen ohne bedeutsame Lockermaterialauflagen sowie Podsolen und Lithosolen

13. Leicht ozeanisches bis kontinentales, hemiboreales, ostzentralschwedisches Tiefland mit präkambrischem Grundgebirge, z. T. tektonisch-strukturell gegliedert, lehmiger, mariner Lockersubstratbedeckung sowie Braun- und Parabraunerden, darüber hinaus großflächigen limnischen Ökosystemen des Hjälmar- und Mälarsees
14. Leicht ozeanische bis kontinentale, hemiboreale, ostschwedisch-südwestfinnische Küsten- und Schärenlandschaften (mit Åland-Inseln), überwiegend mit präkambrischem Grundgebirge, Festgesteinsoberflächen sowie Lithosolen
15. Ozeanisch-kontinentales, hemi- bis südboreales Übergangstiefland im nordöstlichen Zentralschweden um den *Limes norrlandicus* mit präkambrischem Grundgebirge und Moränenbedeckung sowie Podsolen und Braunerde
16. Ozeanisch-kontinentales, hemi- bis südboreales Flachland in Südwestfinnland um den *Limes norrlandicus* mit präkambrischem Grundgebirge, Moränenbedeckung oder lehmigen marinen Sedimenten sowie Podsolen und Braunerden
17. Ozeanisch-kontinentales, südboreales Hügelland im nördlichen Zentralschweden mit präkambrischem Grundgebirge und Moränenbedeckung sowie Podsolen
18. Ozeanisch-kontinentale, südboreale Tallagen im südwestlichen Norwegen mit kaledonischen Metamorphiten und leichter Moränenbedeckung sowie Podsolen
19. Ozeanisch-kontinentale, südboreale Seenplatte in Südfinnland mit präkambrischem Grundgebirge, Moränenbedeckung und glazial-akkumulativem Formenschatz sowie Podsolen und zahlreichen Flachseeökosystemen
20. Ozeanisch-kontinentales, süd- bis mittelboreales Flachland des westfinnischen Österbotten mit präkambrischem Grundgebirge und Moränenbedeckung sowie Podsolen und Lithosolen auf sandigen marinen Sedimenten im Küstenbereich
21. Leicht ozeanisches bis leicht kontinentales, mittel- bis nordboreales Hügelland in Nordschweden und Nordfinnland mit präkambrischem Grundgebirge und Moränenbedeckung sowie Podsolen, z. T. mit Vermoorungen
22. Leicht ozeanisches, mittel- bis nordboreales, verebnetes Hügelland im schwedischen Jämtland mit kambrosilurischen Gesteinen und schluffig-toniger Auflage sowie Braunerden
23. Ozeanisch-kontinentale, mittelboreale Moorregion des mittelfinnischen Suomenselkä mit präkambrischem Grundgebirge, Moränen- und Moorbedeckung sowie Podsolen und Histosolen
24. Leicht kontinental-mittelboreale, hügelige Vaara-Region im östlichen Mittelfinnland mit präkambrischem Grundgebirge und Moränenbedeckung sowie Podsolen
25. Ozeanisch-kontinentales, mittelboreales Flachland des nördlichen Österbotten im westlichen Mittelfinnland mit präkambrischem Grundgebirge, Moränen- und Moorbedeckung sowie Podsolen und Histosolen
26. Ozeanisch-kontinentale, mittelboreale Küstenebene in Nordschweden und -finnland mit präkambrischem Grundgebirge, Moränenschleiern und lehmigen marinen Sedimenten sowie überwiegend Podsolen
27. Hochozeanische, süd- bis mittelboreale Küstengebirgsregionen des nordnorwegischen Nordlands und Troms mit hoher Reliefenergie, kaledonischen Metamorphiten und Festgesteinsoberflächen sowie Rohböden
28. Ozeanisch-süd- bis -mittelboreale, montane bis alpine Regionen des nordnorwegischen Nordlands und Troms mit Höhenlagen bis 1000 m ü. d. M., hoher Reliefenergie, kaledonischen Metamorphiten und Festgesteinsoberflächen sowie Rohböden und stellenweise Podsolen
29. Ozeanische bis leicht kontinentale, nordboreale, montane Regionen um das norwegische Dovrefjell und in der norwegisch-mittelschwedischen jämtländischen Senke mit kaledonischen Metamorphiten und Moränenbedeckung sowie Podsolen
30. Ozeanische bis leicht kontinentale, nordboreale, montane Regionen in Höhenlagen bis 1000 m ü. d. M. und relativ hoher Reliefenergie an der norwegischen und schwedischen Ostabdachung des skandinavischen Gebirges mit präkambrischem Grundgebirge und Moränenbedeckung sowie Podsolen
31. Leicht kontinental-nordboreale, montane Regionen in Höhenlagen bis 500 m ü. d. M. und mäßiger Reliefenergie an der nordschwedischen Ostabdachung des skandinavischen Gebirges und des nördlichen Finnisch-Lappland mit präkambrischem Grundgebirge, Moränen- und Moorbedeckung sowie Podsolen und Histosolen
32. Leicht kontinental-nordboreale Beckenlandschaft um den nordfinnischen Inarisee mit präkambrischem Grundgebirge und Moränenbedeckung sowie Podsolen, darüber hinaus dem großflächigen limnischen Ökosystem des Inarisees
33. Ozeanische, arktisch-alpine, glazial-erosiv gestaltete Küstenregion der nördlichen Finnmark in Norwegen mit kaledonischen Metamorphiten, Festgesteinsoberflächen und relativ hoher Reliefenergie sowie Rohböden und stellenweise Podsolen
34. Ozeanisch-kontinentale, nordboreale bis arktisch-alpine Fjellregionen des nordschwedisch-norwegisch-finnischen Lappland mit präkambrischem Grundgebirge und Moränenbedeckung sowie Podsolen, um den Varangerfjord mit lokalen Permafrostvorkommen im Meeresniveau
35. Ozeanisch-kontinentale, alpine Fjellregionen der südlichen und mittleren Skanden in Norwegen und Schweden überwiegend mit kaledonischen Metamorphiten, Festgesteinsoberflächen und verschiedenen Plateau- (s. 45) und Kargletschern sowie Rohböden und Podsolen
36. Ozeanisch-kontinentale, alpine Fjellregionen der nördlichen Skanden in Norwegen, Schweden und Finnland mit kaledonischen Metamorphiten, Festgesteinsoberflächen und Moränenbedeckung, relativ hoher Reliefenergie und verschie-

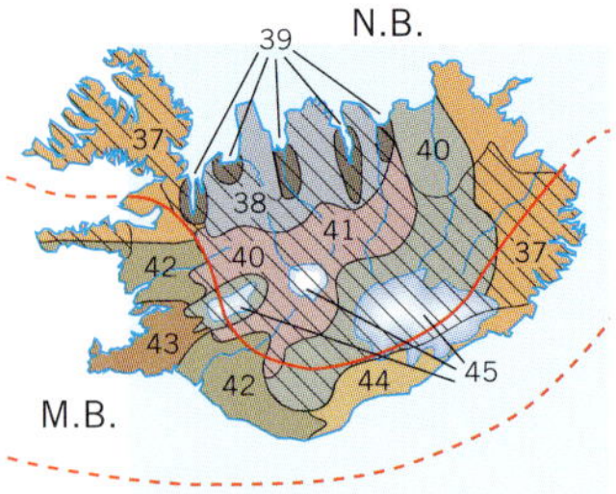

denen Plateau- (s. 45) und Kargletschern sowie überwiegend Rohböden

37. Ozeanische, nordboreale bis arktisch-alpine Plateaulandschaft in Nordwest- (Vestfirðir) und Ostisland (Austfirðir) mit tertiären Basalten, glazialer, z. T. tektonisch-strukturell bestimmter Trogtal- und Fjordgestaltung und Festgesteinsoberflächen sowie Rohböden
38. Ozeanische, nordboreale bis arktisch-alpine Hochgebirgslandschaft in Nordisland (besonders Tröllaskagi) mit tertiären Basalten, glazialer Trogtalgestaltung, kleinflächiger Karvergletscherung und Festgesteinsoberfächen sowie überwiegend Rohböden
39. Ozeanische, nordboreale Trogtallandschaften in Nordisland mit tertiären Basalten, glazifluvialen Sedimenten sowie Vermoorungen
40. Ozeanisch-kontinentales, arktisch-alpines Hochland in Zentralisland mit pleistozänen und holozänen vulkanischen Ablagerungen und Formen, z. T. mit glazialer Überformung, sowie Rohböden
41. Ozeanisch-kontinentales, arktisch-alpines Hochland im westlichen Zentralisland mit glazialen Ablagerungen und Formen sowie Rohböden
42. Ozeanisch-mittelboreale Tiefländer in West- und Südwestisland mit tertiären Basalten und stellenweise holozänen Laven sowie überwiegend Histosolen
43. Ozeanisch-mittelboreale Vulkanlandschaft der südwestisländischen Halbinsel Reykjanes mit holozänen vulkanischen Ablagerungen und Formen sowie überwiegend Rohböden
44. Ozeanisch-mittelboreale Sanderlandschaft der isländischen Südküste mit glazifluvialen Sedimenten sowie Rohböden
45. Plateaugletscher in Island und Norwegen mit jungholozänem glazialem Formenschatz im Umland sowie arktisch-alpinem Klimamilieu

Nationalparks in Nordeuropa

Bekanntlich wurde in den US-amerikanischen Rocky Mountains das Gebiet um den Yellowstone River 1872 als der weltweit erste Nationalpark unter besonderen Naturschutz gestellt. Kurz danach – 1880 – forderte der schwedische Polarforscher Adolf Erik Nordenskiöld, auch in Schweden und ganz Skandinavien entsprechende Schutzgebiete einzurichten. Jedoch erst etwa 30 Jahre später kritisierte der schwedische Reichstag auf Initiative des Abgeordneten Karl Starbäck, inspiriert von einem Vortrag des deutschen Botanikprofessors Hugo Conwentz über die Gefährdung der Naturlandschaften, den dieser 1904 vor der *Schwedischen Gesellschaft für Anthropologie und Geographie* gehalten hatte, „den von der momentanen Gewinnsucht diktierten rücksichtslosen Eingriff des Menschen" in die Natur und beschloss ein Naturschutzgesetz, in dessen Folge 1909 neun Nationalparks – die ersten in Europa – eingerichtet wurden. Dabei handelte es sich vor allem um die Fjellgebiete Abisko, Pieljekaise, Sarek und Stora Sjöfallet im norrbottnischen Lappland und Sånfjället in Härjedalen sowie um das kleine Urwaldgebiet Hamra in Dalarna (Bild 32), die Kulturlandschaften Garphyttan und Ängsö und einen Teil der Ostseeinsel Gotska Sandön (Hanneberg & Löfgren 1998).

Bild 32: *Urwaldartiger borealer Kiefern-Fichten-Mischwald im Hamra-Nationalpark, Dalarna, Schweden (J. F. Venzke).*

1911 kauften in die USA ausgewanderte Dänen südlich von Ålborg ein Stück jütländischer Heidelandschaft, nämlich die Rebild Bakker, schenkten es 1912 dem Staat und schufen damit einen so genannten Nationalpark in Dänemark, der seinerzeit von König Christian X. eröffnet wurde und heute allerdings „nur" den Status eines Naturschutzgebietes genießt. Die Gründung von Nationalparks erfolgte in den anderen nordeuropäischen Staaten erst deutlich später: 1928 wurde in Island der Þingvellir-Nationalpark, allerdings nicht aus naturschützerischen, sondern aus nationalhistorischen Gründen, geschaffen. In der Zeit bis zum Zweiten Weltkrieg kamen weitere schwedische und mit dem Pallas-Ounastunturi- und Pyhätunturi-Nationalpark die beiden ersten finnischen Nationalparks hinzu. Erst in den 1950er- und 60er-Jahren erfolgte auch in Norwegen, darüber hinaus aber auch weiterhin in Schweden und Finnland, die Ausweisung von Nationalparks. In Finnland entwickelte sich das heutige

Nationalparksystem vor allem nach 1976, als auf Empfehlung des Nationalparkkomitees 1982 21 neue Parks gegründet wurden. Neben der Erholung der Bevölkerung und der wissenschaftlichen Forschung stellt selbstverständlich der Naturschutz das wichtigste Motiv für die Einrichtung von Nationalparks dar; dieses Ziel wird in allen Ländern ergänzt durch verschiedenartige andere Schutzgebietstypen wie Naturschutzreservate oder – speziell in Finnland – Moorschutzgebiete.

Mittlerweile sind in allen Nordischen Staaten etliche Nationalparks unterschiedlicher Größe eingerichtet und ältere vergrößert worden (Tab. 9 u. Abb. 39).

Das gilt auch für Spitzbergen, wo mit drei Nationalparks und zusätzlichen Naturreservaten und so genannten Pflanzenschutzgebieten insgesamt ca. 60 % der Archipelfläche unter Naturschutz stehen. Vom norwegischen Festland sind heute ca. 4,25 %, in Schweden knapp 1,5 % und in Finnland ca. 2,15 % der Landesfläche als Nationalparks unter Schutz gestellt. Der mit großem Abstand weltweit größte Nationalpark wurde 1974 auf Grönland eingerichtet, um die arktischen Eislandlandschaften vor Nutzung und anthropogener Veränderung zu schützen; er umfasst etwas weniger als 1 Mio. km², eine Fläche, die fast der des europäischen Nordeuropa entspricht und immerhin knapp die Hälfte der grönländischen Insel darstellt. Lediglich in Dänemark existieren noch keine Nationalparks; zurzeit wird zwischen den Naturschutzbehörden und dem Touristenverband über die Einrichtung von sechs Parks, u. a. dem bereits genannten Rebild-Bakker-Park, diskutiert – worin sich auch die Grundsatzdebatte über Naturschutz und Vermarktung und die Schwierigkeit der Etablierung von Nationalparks in alten Kulturlandschaften mit zahlreichen konkurrierenden Raumansprüchen ausdrückt.

Der aktuellste Nationalpark in Nordeuropa ist der um den Snæfellsjökull in Westisland, eröffnet am 28. Juni 2001. Für die nähere Zukunft sind in Norwegen gemäß des *Neuen Landesplanes für Nationalparks und andere großflächige Schutzgebiete* bis 2008 u. a. die Erweiterung von 14 alten Nationalparks und die Schaffung von 17 neuen vorgesehen, so dass dann 10 bis 15 % der Landesfläche einen entsprechenden Schutzstatus tragen werden. Auch der Plan des schwedischen Staatlichen Amtes für Umweltschutz (*Naturvårdsverket*) von 1989, 20 neue Nationalparks zu begründen (fünf neue Nationalparks zwischen 1989 und 1997), soll in den kommenden zehn Jahren umgesetzt werden.

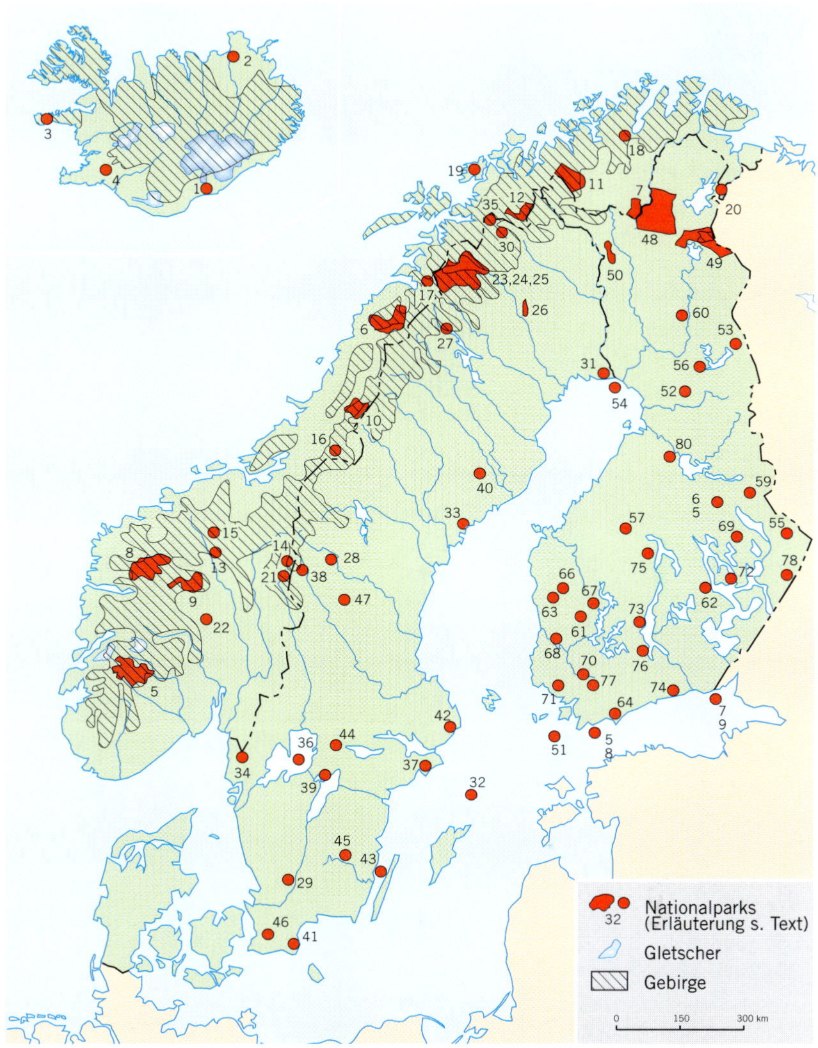

Eigene Zusammenstellung.

Abb. 39. *Nationalparks in Nordeuropa.*

Die Verteilung der Nationalparks und ihre Größe zeigen sehr deutlich, dass sich in den nördlichen und z. T. vergletscherten Gebirgsregionen Nordeuropas sehr viel mehr Nationalparks und Nationalparkfläche befinden als im Süden. Darin drückt sich nicht nur die besondere Schutzwürdigkeit nordborealer und subarktisch-alpiner Ökosysteme, sondern natürlich besonders auch die größere Schwierigkeit der Einrichtung von Schutzgebieten in dichter besiedelten, „älteren" Kulturlandschaften aus. Dies wird z. B. auch deutlich durch die Flächenanteile von naturgeschützten Gebieten in den schwedischen Provinzen: Während in den nordschwedischen Provinzen Norrbotten und Västerbotten 22,5 bzw. 14,7 % der Fläche Naturschutzgebiete verschiedener Kategorie darstellen, sind in *Östergötlands län* nur 0,8 %, in *Kronobergs län* nur 0,9 %, aber auch in den küstennahen Provinzen *Västernorrlands* und *Gävleborgs län* nur 0,8 % bzw. 0,3 % der Fläche naturgeschützt (Bernes & Grundsten 1991).

Entlegenere Nationalparks unterliegen trotz aller Schutzbestrebungen allerdings auch dem Druck anderer Raumansprüche: So wurde der schwedische Nationalpark Stora Sjöfallet 1919 – zehn Jahre nach seiner Einrichtung – um ca. 10 % reduziert, um den See Akkajaure zur Energiegewinnung zu nutzen.

Von besonderer landschaftsökologischer Bedeutung sind die Verbünde von mehreren Nationalparks mit anderen Schutzgebieten – z. T. über Ländergrenzen hinweg –, die in den nördlichen Landesteilen verwirklicht worden sind: Als *Lapponia* bezeichnet wird der 1996 von der UNESCO als Weltnaturerbe anerkannte Zusammenschluss der schwedischen

Island		
1. Skaftafell		1967
2. Jökulsárgljúfur		1973
3. Snæfellsjökull		2001
4. Þingvellir		1928
Norwegen		
5. Hardangervidda	3422 km²	1981
6. Saltfjellet-Svartisen	2105 km²	1989
7. Øvre Anarjåkka	1399 km²	1975
8. Jostedalsbreen	1230 km²	1991
9. Jotunheimen	1145 km²	1980
10. Børgefjell	1107 km²	1963
11. Reisa	803 km²	1986
12. Øvre Dividal	743 km²	1971
13. Rondane	572 km²	1962
14. Femundsmarka	390 km²	1971
15. Dovrefjell	265 km²	1974
16. Gressåmoen	182 km²	1970
17. Rago	167 km²	1971
18. Stabbursdalen	98 km²	1970
19. Ånderdalen	69 km²	1970
20. Øvre Pasvik	67 km²	1970
21. Gutulia	19 km²	1968
22. Ormtjernkampen	9 km²	1968
Schweden		
23. Padjelanta	1984 km²	1963
24. Sarek	1970 km²	1909
25. Stora Sjöfallet	1278 km²	1909, 1919
26. Muddus	493 km²	1942
27. Pieljekaise	153 km²	1909, 1913
28. Sånfjället	104 km²	1909, 1988
29. Store Mosse	79 km²	1982
30. Abisko	77 km²	1909
31. Haparanda Skärgård	60 km²	1995
32. Gotska Sandön	45 km²	1909, 1963, 1988
33. Skuleskogen	30 km²	1984
34. Tresticklan	29 km²	1996
35. Vadvetjåkka	26 km²	1920
36. Djurö	24 km²	1991
37. Tyresta	20 km²	1993
38. Töfsingdalen	16 km²	1930
39. Tiveden	14 km²	1983
40. Björnlandet	11 km²	1991
41. Stenshuved	3 km²	1986
42. Ängsö	1,9 km²	1909, 1988
43. Blå Jungfrun	1,9 km²	1926, 1988
44. Garphyttan	1,1 km²	1909
45. Norra Kvill	1,1 km²	1926, 1994
46. Dalby Söderskog	0,4 km²	1918
47. Hamra	0,3 km²	1909
Finnland		
48. Lemmenjoki	2855 km²	1956, 1971, 1982
49. Urho Kekkonen	2538 km²	1983
50. Pallas-Ounastunturi	515 km²	1938
51. Schärenmeer	500 km²	1983
52. Syöte	294 km²	2000
53. Oulanka	270 km²	1956, 1982, 1989
54. Perämeri	157 km²	1991
55. Patvinsuo	100 km²	1982
56. Riisitunturi	77 km²	1982
57. Salamajärvi	60 km²	1982
58. Ekenäs-Archipel	52 km²	1989
59. Hiidenportti	45 km²	1982
60. Pyhätunturi	43 km²	1938, 1982
61. Seitseminen	42 km²	1982, 1989
62. Linnansaari	37 km²	1956, 1982
63. Lauhanvuori	37 km²	1982
64. Nuuksio	37 km²	1994
65. Tiilikka	35 km²	1982, 1992
66. Kauhaneva-Pohjankangas	32 km²	1982
67. Helvetinjärvi	30 km²	1982
68. Puurijärvi-Isosuo	26 km²	1993
69. Koli	26 km²	1991, 1996
70. Torronsuo	25 km²	1990
71. Kurjenrahka	25 km²	1998
72. Kolovesi	23 km²	1990
73. Isojärvi	19 km²	1982
74. Valkmusa	17 km²	1996
75. Pyhä-Häkki	11 km²	1956, 1986
76. Päijänne	10 km²	1993
77. Liesjärvi	9 km²	1956, 1982
78. Petkeljärvi	7 km²	1956
79. Östlicher Finnischer Meerbusen	6 km²	1982
80. Rokua	4 km²	1956
Grönland	972 000 km²	1974
Dänemark		
noch keine Nationalparks; seit 1912 Rebild Bakker mit Status „Naturschutzgebiet"		

***Tab. 9:** Nationalparks in den Nordischen Ländern.*

Nationalparks Padjelanta, Sarek, Stora Sjöfallet und Muddus sowie der Naturreservate Sjaunja und Stubba, der auf insgesamt etwa 9400 km² die ganze Bandbreite norrländischer Naturlandschaften wie Gletscher, alpine Fjelltundra, Birkenwälder, Nadelwälder, Moore, Flüsse und Seen umfasst. Hier tritt auf norwegischer Seite der Rago-Nationalpark hinzu. Im finnisch-norwegischen Lappland bilden die Nationalparks Lemmenjoki und Øvre Anarjåkka ein zusammenhängendes Schutzgebiet von über 4200 km². Mit dem finnischen Oulanka- und dem russischen Paanajärvi-Nationalpark existiert auch hier eine grenzüberschreitende Kooperation im Bereich des Naturschutzes. Des Weiteren ist bemerkenswert, dass in verschiedenen, überwiegend seit den 1980er-Jahren in Schweden und Finnland eingerichteten Nationalparks nicht nur terrestrische, sondern auch marine Ökosysteme geschützt werden.

Die Fischwirtschaft

Bild 33: *Husavík, Fischereistandort in Nordisland mit hoch technisierten Fangschiffen und moderner Fischverarbeitungsindustrie (J. Schwackenberg).*

Überblick

- Der Nordostatlantik und seine Nebenmeere, die räumlich eng mit den Nordischen Ländern verzahnt sind, werden seit Jahrhunderten als unverzichtbarer wirtschaftlicher Ergänzungsraum genutzt, wobei der Fischfang eine dominierende Rolle spielt.
- Die gewaltige Biomasse-Produktion der nördlichen Meere liefert die Nahrungsgrundlage für reiche Fischbestände mit sehr hoher Individuenzahl. Die marinen Ökosystem-Bedingungen werden im Wesentlichen geprägt durch ausgedehnte Schelfregionen, das Aufeinandertreffen von warmen und kalten Meeresströmungen sowie den Jahresgang der Wassertemperaturen.
- Fischer und Verarbeitungsindustrie müssen auch in Zukunft mit einer instabilen und langfristig nur schwer kalkulierbaren Ressourcensituation leben. Während sich die Bestände wichtiger Schwarmfische wie Hering und Makrele in den letzten Jahren erholt haben und relativ sicher in beträchtlichem Umfang befischt werden können, sind die Laicherbestände des Kabeljaus u. a. Dorschartiger rückläufig, so dass deren fischereiliche Nutzung stark reduziert werden muss.
- Den Nordischen Ländern steht im Nordatlantik ein äußerst reiches fischereiliches Potenzial zur Verfügung. Für weite Küstenregionen, Landesteile und sogar Länder wie Island bieten sich zzt. keine ökonomischen Alternativen zu Fischfang, -verarbeitung sowie Aquakultur. Die Nordatlantikstaaten arbeiten intensiv an Fischereimanagement-Systemen zur nachhaltigen ökologischen und ökonomischen Bewirtschaftung der marinen Ökosysteme.

Die nordischen Meere im Überblick

von Johann Schwackenberg

Die Festlandflächen der Nordischen Länder, die sich in zahlreiche Halbinseln, Inseln und Inselgruppen auflösen, sind auf das Engste räumlich verzahnt und wirtschaftlich verknüpft mit dem Nordostatlantik und seinen Nebenmeeren. Als Beispiel sei nur die norwegische Küste erwähnt, die mit ihrer 25 148 km langen Küstenlinie (einschließlich Fjorde und Buchten) an die Nordsee, das Europäische Nordmeer und die Barentssee grenzt. Darüber hinaus erreicht die Uferlinie der vorgelagerten Inseln eine Länge von 58 133 km. Dabei ist das festländische Areal mit 323 758 km^2 kleiner als das der Bundesrepublik Deutschland (Statistisk Sentralbyrå 2002).

Ähnlich wie das Europäische Mittelmeer seit der Antike das verbindende Element eines bedeutenden Kulturraumes ist, sind die Meere des Nordens keineswegs trennende Wasserflächen, vielmehr ermöglichten sie erst die Besiedlung und Bewirtschaftung ausgedehnter Küsten- und Insellandschaften durch nordgermanische Seefahrer seit dem 8. und 9. Jh. Die Ausdehnung der Wikingerreiche basierte auf der Beherrschung der Meere mit ihren schnellen Langschiffen und Knorren und damit der Macht zur See. Die Spuren der Wikinger als Kolonisatoren, Staatengründer, Händler und Bauern prägen bis heute den Kulturraum Nordwesteuropas.

Vom 12. bis 17. Jh. beherrschte die Hanse als „Brücke zwischen den Märkten“ weitgehend die nördlichen Meere. Mit Hilfe der Kogge festigten die Hansekaufleute ihre Handels- und Machtinteressen in der Ostsee, der Nordsee und im Europäischen Nordmeer. Die Meerorientierung zeigt sich bis heute allein in der Tatsache, dass sich alle Hauptstädte des Nordens sowie die wichtigsten Kultur- und Handelszentren in herausragend exponierter Küstenlage befinden. Im Norden zeichnen die Uferlinien keineswegs eine scharfe Grenze der Ökumene, vielmehr sind die Meere seit jeher wichtige Ergänzungsräume, deren ökonomischer und geopolitischer Wert sich in naher Zukunft noch steigern wird.

Europäisches Nordmeer, Barentssee, Nordsee und Ostsee bedecken eine Fläche von ca. 5 Mio. km^2, die zu etwa 90 % als exklusive Wirtschaftszonen (200-Seemeilen-Zone) mit ihrer Oberfläche, ihrem Wasserkörper, dem Meeresboden sowie dem submarinen Untergrund einer vielfältigen, differenzierten ökonomischen Inwertsetzung den Anliegerstaaten zur Verfügung stehen.

Die zunehmenden Fangaktivitäten in den produktiven küstennahen Schelfgebieten durch teilweise weltweit operierende Fernfischereiflotten und die daraus resultierende Gefahr der Überfischung zwangen einige Küstenstaaten, Maßnahmen zum Schutze ihrer lebensnotwendigen Ressourcen zu ergreifen.

Island war einer der Vorkämpfer für die Einrichtung nationaler Fischerei- und Wirtschaftszonen (s. u.). Nachdem jahrhundertelang das Prinzip des Mare liberum akzeptiert worden war und nur eine 3-Seemeilen-Zone als Hoheitsgebiet galt, wurde seit 1977 die 200-Seemeilen-Zone als so genanntes Gewohnheitsrecht anerkannt, doch erst 1982 wurden die exklusiven Wirtschaftszonen (Exclusive Economic Zones, EEZ) der Küstenstaaten von der Seerechtskonferenz der Vereinten Nationen im Völkerrecht verankert (Abb. 40).

Für eine 12-Seemeilen-Zone können sogar die Hoheitsrechte geltend gemacht werden. Wenn die Distanzen zwischen zwei Ländern geringer als 400 Seemeilen sind, werden diese Meere, wie die Nordsee und die Ostsee, nach dem Mittellinien-Prinzip aufgeteilt. Nach Schätzungen der FAO sind weltweit 23 % der Meeresflächen bzw. 84 Mio. km^2 unter die nationale Bewirtschaftung der Küstenstaaten gestellt. Da die Schelfmeere besonders produktiv sind, unterliegen somit über 90 % der wichtigsten Fischressourcen den Verwaltungen der Meeresanrainer (Hubold 2000).

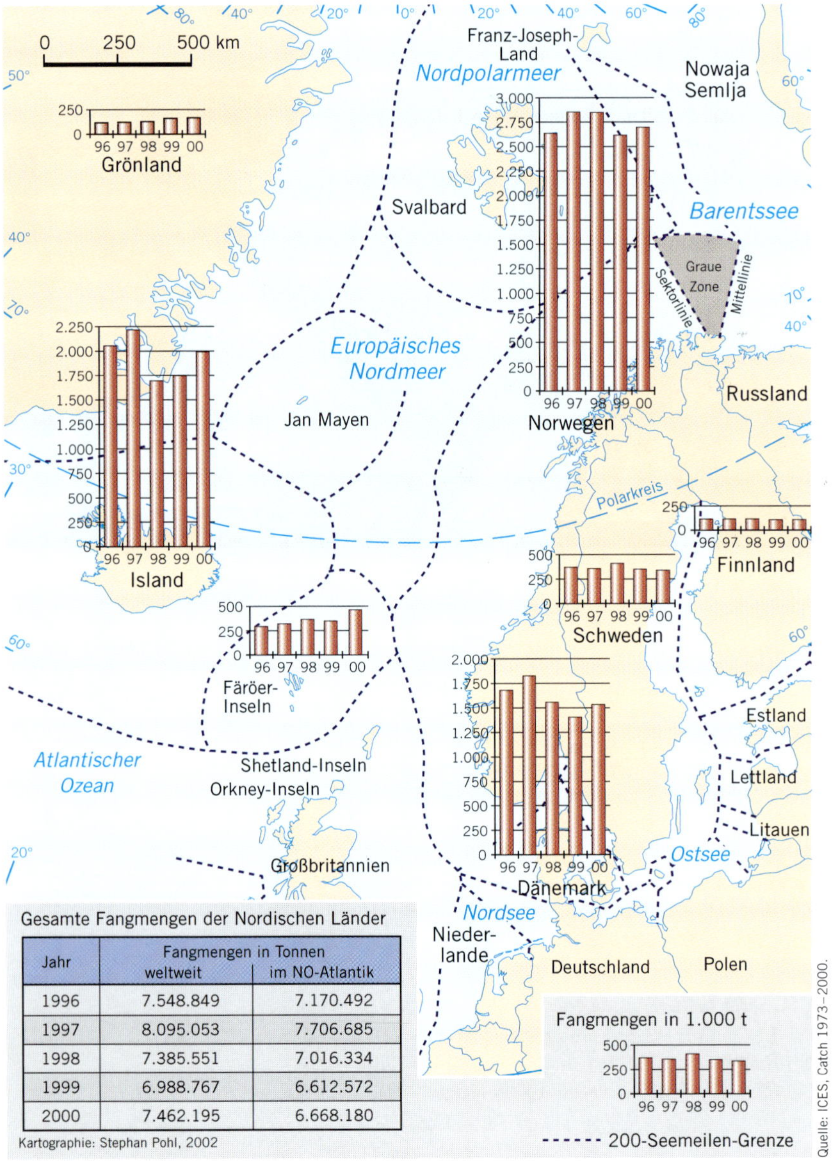

Gesamte Fangmengen der Nordischen Länder

Jahr	Fangmengen in Tonnen weltweit	im NO-Atlantik
1996	7.548.849	7.170.492
1997	8.095.053	7.706.685
1998	7.385.551	7.016.334
1999	6.988.767	6.612.572
2000	7.462.195	6.668.180

Abb. 40: Die 200-Seemeilen-Wirtschaftszonen und Fangmengen der Nordischen Länder im Nordostatlantik.

Ozeanographie der nordeuropäischen Meere

Das *Nordpolarmeer*, auch Arktisches Mittelmeer genannt, ist ein interkontinentales Mittelmeer, das durch die nördlichen Küsten Amerikas, Asiens und Europas begrenzt wird. Seine Oberfläche ist ganzjährig mit einer Packeisschicht bedeckt, die durchaus von offenen Wasserflächen unterbrochen wird oder sich zu mehreren Metern hohen Eistrümmern aufschichten kann. Das Meer hat eine mittlere Tiefe von etwa 1100 m; in den vier großen Tiefseebecken werden Maximalwerte von über 5000 m erreicht. Mit diesen Bedingungen entzieht sich das Nordpolarmeer einer fischereilichen Nutzung, aber seine kalten Wassermassen, die vor allem im Ostgrönlandstrom in das Europäische Nordmeer vordringen, treffen nördlich von Jan Mayen sowie nördlich und westlich von Island auf warme, salzhaltigere Wassermassen des Nordatlantischen Stromes (Ausläufer des Golfstromes). Die Ausdehnung und Lage der kalten Polarwassermassen im Nordostatlantik können über die Menge der Planktonproduktion und damit über die räumliche Platzierung und den Umfang von Fischbeständen entscheiden (s. u.).

Die *Barentssee*, zwischen Nordnorwegen/Nordrussland, Svalbard und Nowaja Semlja gelegen, wird als Randmeer des Nordatlantiks oder als Randmeer des Nordpolarmeeres bezeichnet. Es bedeckt eine Fläche von 1,4 Mio. km^2 und gehört zu den Schelfmeeren, wobei es mit einer mittleren Tiefe von 230 m aber deutlich tiefer ist als Nord- und Ostsee. Zwischen Svalbard und Nowaja Semlja treffen von Südwesten kommende atlantische Meeresströme auf kalte, arktische Wassermassen aus Nordosten, so dass einerseits instabile Temperaturverhältnisse mit kurzzeitlichen Schwankungen auftreten, andererseits aber auch eine reiche Phyto- und Zooplanktonproduktion ermöglicht wird. Das Zooplankton erreicht (einschließlich des Krills) eine jährliche Biomasse von etwa 30 Mio. t (Havforskningsinstituttet 2002). Das ist die Nahrungsgrundlage großer Bestände pelagischer Fische wie Lodde und Hering, die wiederum als Futterbasis für reiche Dorschbestände dienen. Durch Analyse der Mageninhalte konnte ermittelt werden, welch ungeheure Mengen an Fisch diesem Ökosystem zur Verfügung stehen. Grönlandrobbe, Grindwal (Vågehval), Seevögel und Dorsch verspeisen pro Jahr ca. 8 Mio. t Fisch! Die Bestände und die davon abhängigen Fangmengen sind beträchtlichen Fluktuationen unterworfen. So schwankten die Loddefänge in den 1990er-Jahren von 0 bis über 1 Mio. t pro Jahr.

Zwischen Grönland und Norwegen liegt das *Europäische Nordmeer*, ein Randmeer des Nordatlantiks (Abb. 41). Im Norden reicht es bis Svalbard; seine Südgrenze wird durch den meist weniger als 500 m tiefen submarinen Rücken zwischen Grönland und Schottland markiert. Mit einer West-Ost-Distanz von ca. 1500 km bedeckt dieses Meer eine Fläche von 2,6 Mio. km^2. An der norwegischen Küste, vor Ostgrönland, um Island, die Färöer-Inseln, Jan Mayen und nördlich der Shetland-Inseln liegen ausgedehnte Schelfgebiete und damit bedeutende Fischfangregionen des Nordens. Zwischen Island und Svalbard reichen allerdings auch mehrere Becken bis über 3000 m Tiefe.

Das herausragende Charakteristikum dieses Meeres ist seine Beherrschung durch zwei große Meeresströmungen. Im Osten fließt der Norwegische Strom, als Ausläufer des Nordatlantischen Stroms, der wiederum Teil des gewaltigen Golfstromsystems ist, von Südwest nach Nordost und transportiert 7×10^6 m^3 sec^{-1} warmes, salzhaltiges Wasser über den Wyville-Thomson-Rücken zwischen den Färöer- und Shetland-Inseln. Ein Abzweig des Nordatlantischen Stromes dringt als Irmingerstrom an der Westküste Islands in das Europäische Nordmeer ein (2×10^6 m^3 sec^{-1}, Dietrich 1975). Das relativ warme Wasser des Norwegischen Stroms hält das Europäische Nordmeer und die Barentssee ganzjährig eisfrei und ermöglicht somit eine hohe biologische Produktion. Doch schon leichte Veränderungen im Zufluss der

Quelle: Atlas of the living resources of the seas, FAO; Havforskningsinstituttet.

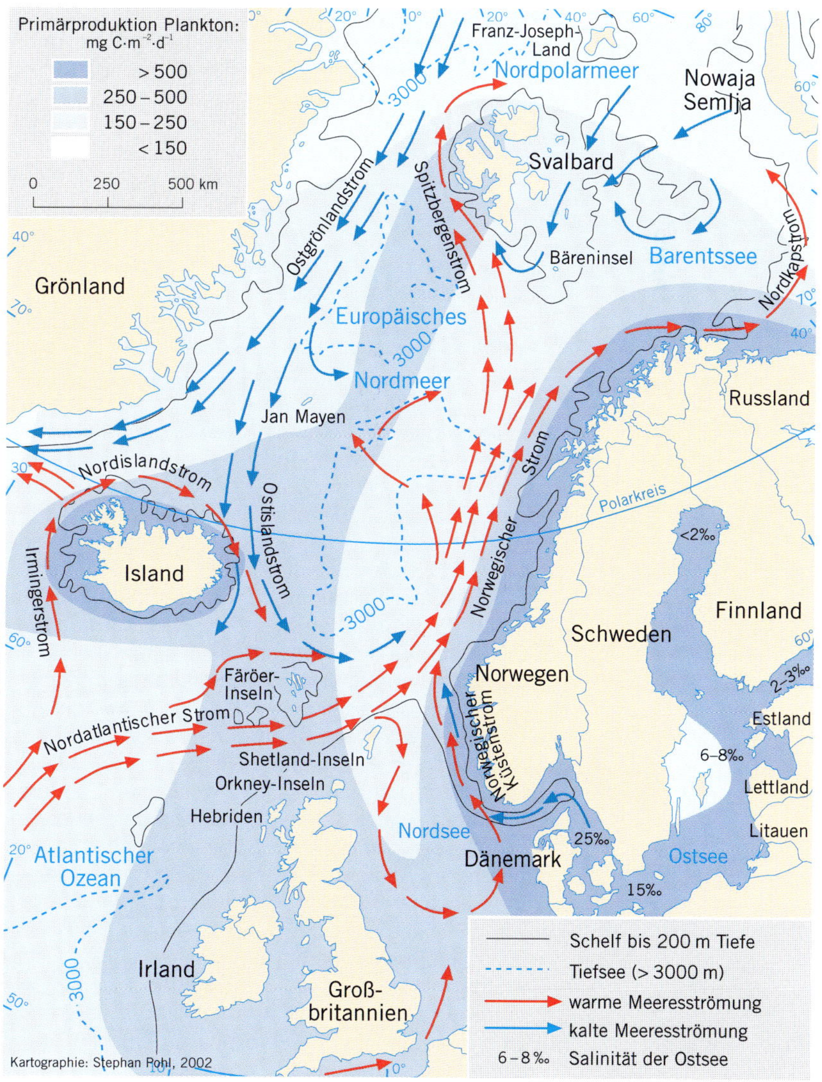

Abb. 41: *Meeresströmungen, Schelfe und Primärproduktion in den Meeren des Nordens.*

warmen Meeresströmungen beeinflussen das Laichverhalten und das Wachstum der Fischbestände an der norwegischen Küste und in der Barentssee.

An der Ostküste Grönlands fließt der kalte, weniger salzhaltige Ostgrönlandstrom als Gegenströmung nach Südwesten. Allerdings schwallt nördlich von Island ein kalter Zweig nach Osten, der an der Nord- und Ostküste Islands auf die Ausläufer des warmen Irmingerstromes trifft. Dieser kalte Ostislandstrom hat sich seit den 1960er-Jahren dermaßen verstärkt, dass die Planktonproduktion auf den nord- und ostisländischen Schelfbänken stark reduziert wurde. Als dramatische Folge für zahlreiche isländische Küsten- und Fischerorte verschwand der atlantoskandische Hering (*norsk vårgytende sild*) von seinen Weideplätzen. Hier muss ergänzt werden, dass auch starke Überfischung durch Norweger und Isländer zu einer drastischen Schwächung dieses Bestandes geführt haben. Nach jahrzehntelangem absolutem Fangstopp hatte sich Anfang der 1990er-Jahre dieser Heringsstamm erholt und kann heute wieder in beträchtlichem Umfang befischt werden (s. u.). Seine Futterplätze liegen aber gegenwärtig südlich und westlich von Svalbard. Unter den jetzigen ozeanographischen Bedingungen, d. h. unter dem dominierenden Einfluss des Ostislandstromes, ist nicht mit einer Rückkehr des Herings zu seinen küstennahen isländischen Weideplätzen zu rechnen (Havforskningsinstituttet 2002).

Vertikale Durchmischungen des Wasserkörpers sind für den Fischreichtum eines Meeres von grundlegender Bedeutung. Nährstoffreiches Tiefenwasser muss in die oberflächennahe, euphotische Zone gelangen, damit dort die Primärproduktion, d. h. die Bildung von Phytoplankton als Grundlage für jegliche Futterbasis, erfolgen kann. Solche Durchmischungsbereiche existieren im Nordostatlantik in so genannten Konvergenzzonen, wo Oberflächenströme mit unterschiedlichen Temperaturen zusammentreffen. Auch in Turbulenzen, ausgelöst durch die ständig auftretenden Zyklonen an der ozeanischen Polarfront, gelangen nährstoffreiche Tiefenwasser an die Oberfläche. Die genannten Durchmischungen sind vor allem auf den Schelfgebieten zu beobachten.

Von größter Bedeutung für das fischreiche marine Milieu der nördlichen Meere ist die thermohaline Konvektion. In den mittleren bis höheren Breiten erfolgt eine tiefreichende Durchmischung in Abhängigkeit vom Jahresgang der Oberflächentemperatur. Im Winter, wenn das Oberflächenwasser stark auskühlt, sinkt es aufgrund der Dichtezunahme ab und wird durch nährstoffreiches Wasser aus tieferen Schichten ersetzt. Durch die Konvektion werden tiefere Wasserschichten mit Sauerstoff versorgt, und die oberen Schichten erhalten Nährstoffe (Nitrate und Phosphate) für die Planktonproduktion (Torsvik u. a. 1995). Das reiche Nahrungsangebot beschert dem Europäischen Nordmeer einen gewaltigen Fischreichtum, vor allem an pelagischen Fischen wie Lodde und Hering. Der atlantoskandische Hering kann in guten Rekrutierungsphasen einen Bestand von mehr als 10 Mio. t erreichen (s. u.).

Im Südosten des Europäischen Nordmeeres liegt zwischen den Britischen Inseln, Südwestnorwegen und dem europäischen Festland ein weiteres Randmeer des Atlantischen Ozeans: die *Nordsee*. Vom Ärmelkanal bis 62° N erstreckt sich über 0,575 Mio. km^2 ein flaches Schelfmeer mit einer Durchschnittstiefe von 94 m. Nur die Norwegische Rinne, die sich vor der Südküste Norwegens bis in das Skagerrak erstreckt, erreicht eine maximale Tiefe von über 700 m. Atlantische Wassermassen mit hohem Salzgehalt und beträchtliche Mengen von Süßwasserflüssen zirkulieren entgegen dem Uhrzeigersinn und verlassen als Norwegischer Küstenstrom die Nordsee im Bereich der Norwegischen Rinne.

Die Nordsee ist ein sehr nährstoffreiches Meer mit einer besonders intensiven Planktonblüte im Frühjahr, wenn mehr Licht für die Primärproduktion zur Verfügung steht. Im Süden und Osten befinden sich Aufwachsgebiete für Hering und Dorsch, im nördlichen Teil, mit Tiefen von über 100 m, und in der Norwegischen Rinne findet man adulte Arten von Hering, Dorsch, Köhler sowie Makrele. Einerseits sind die physischen Verhältnisse der Nordsee stabiler und der Artenreichtum ist größer als in den nördlicheren Randmeeren des Atlantiks, andererseits wird aber hier das marine Ökosystem – trotz umfangreicher Programme und Nordseeschutzkonferenzen – durch anthropogene Einflüsse gestört. So führen immer noch zu große Einträge von Nährsalzen durch die Intensiv-Landwirtschaft zu einer schädlichen Algenvermehrung. In Teilen der Nordsee ist die Schadstoffbelastung sowohl des marinen Lebensraumes als auch der Organismen beunruhigend hoch. Es ist durchaus bemerkenswert, dass die Fischbestände unter diesen Lebensbedingungen und dem jahrzehntelangen hohen Fangdruck nicht stärker zusammenbrechen.

Die *Ostsee* gehört zum Typus der intrakontinentalen Mittelmeere, im deutschen Sprachgebrauch auch als Binnenmeer bezeichnet. Es ist durch die skandinavische Halbinsel, Jütland und die dänischen Inseln vom Atlantik getrennt. Nur durch das Skagerrak und das Kattegat kann ein Wasseraustausch mit der Nordsee stattfinden, so dass das Baltische Meer (Mare Balticum), wie die Ostsee auch genannt wird, ein ausgesprochenes Brackwassergebiet ist. Die Salinität, die in der Nordsee bei etwa 35 ‰ liegt, schwankt zwischen 15 und 25 ‰ an den Ostseeausgängen, 6 – 8 ‰ in der zentralen Ostsee und weniger als 2 ‰ in den inneren Bereichen des Finnischen und Bottnischen Meerbusens (Rheinheimer 1996).

Einschließlich Kattegat bedeckt die Ostsee eine Fläche von 0,415 Mio. km^2. Sie ist ein extrem flaches Schelfmeer mit einer mittleren Tiefe von 52 m; nur vor der schwedischen Ostküste bildet das Landsorttief mit 459 m eine Ausnahme. Der geringe Wasseraustausch mit dem Atlantik und dadurch bedingter Sauerstoffmangel in tieferen Schichten, ein sehr großer Zufluss von Süßwasser durch Flüsse (etwa 480 km^3 pro Jahr, Rheinheimer 1996) und daraus resultierendes Brackwassermilieu sowie ein kontinental geprägtes thermisches Regime, das zur

Vereisung der nördlichen und östlichen Bereiche führt, charakterisieren die ozeanographischen Bedingungen dieses Binnenmeeres.

Trotz eines relativ hohen Fischereiaufwandes bleiben die Fangerträge deutlich hinter denen der Nordsee zurück und erreichen weniger als 50% pro Flächeneinheit. Das liegt an den sehr unterschiedlichen Lebensverhältnissen, die vor allem in den nördlichen und inneren östlichen Bereichen keine reichen Fischbestände ermöglichen (s. Salinität und Sauerstoffarmut). Am Gesamtfang haben die beiden pelagischen Arten Hering und Sprotte sowie als bodennaher Fisch der Dorsch den größten Anteil. Dazu kommen äußerst differenzierte Küstenfischereien in sehr unterschiedlichen marinen Milieus, deren Erträge aber eher begrenzt sind. Nicht zuletzt hat der hohe Nutzungsdruck durch die dichte Besiedlung der Küstengebiete immer noch umweltschädigende Einflüsse, obwohl auch hier durch die Helsinki-Konvention alle Anrainerstaaten Schutzmaßnahmen für die sensiblen marinen Ökosysteme der Ostsee zugesagt haben.

Ressourcen und Grundstrukturen der nordischen Fischereien

Seit den 1960er-Jahren sind die Warnungen vor Überfischung der meisten Nutzfischarten nicht mehr verstummt. Schaut man sich aber die allgemeinen Fangzahlen des Nordostatlantiks an, fallen zwar z. T. erhebliche Schwankungen auf, doch die Gesamtentwicklung scheint in den letzten 30 Jahren eher auf eine weniger dramatische Allgemeinsituation der Fischressourcen hinzuweisen. Die FAO schätzt, dass weltweit ca. 30 % der 200 wichtigsten Nutzfischarten überfischt sind (Hubold 2000). Verfolgt man allerdings die Anlandungsmengen einzelner Fischbestände, werden teilweise bedrohliche Entwicklungen und Fluktuationen deutlich.

Einen besonders dramatischen Verlauf erzählt die Fanggeschichte des atlantoskandischen Herings (in der älteren Literatur: Winterhering, norweg.: *norsk vårgytende sild*), im Folgenden als Norwegischer Frühjahrshering bezeichnet. Dieser Hering (*Clupea harengus*) ist einer der wichtigsten norwegischen „Brotfische", der gewöhnlich in den Spätwinter- und Frühjahrsmonaten zum Laichen in die westnorwegischen Küstengewässer zieht. Seit Jahrhunderten sind seine Fluktuationen bekannt und gefürchtet. In reichen Heringsperioden, die mehrere Jahrzehnte andauern können, brachte der Hering – auch das Silber des Meeres genannt – bescheidenen Wohlstand in die Fischer-Bauern-Siedlungen und Handelsstädte. Blieb der Hering aus oder verlagerte er seine Laich- und Futterwanderungen, bedeutete das bittere Armut für die ländliche Küstenbevölkerung und Verlust der Handelsmöglichkeiten für die Kaufleute. In der überaus reichen Heringsperiode des 19. Jh.s (1808–1870) begründeten die vielfältigen Aktivitäten, die an den Heringsfang, an Verarbeitung, Transport, Handel und Kommunikation gebunden waren, den größten Entwicklungsschub im vorindustriellen Norwegen. Das gilt sowohl für den technischen Bereich, wie die Einführung neuer Fangboote und -geräte, als auch in sozioökonomischen Feldern, wie der Gründung von Fischereigenossenschaften zur Abwehr der ausbeuterischen Übermacht der Kaufleute oder Stadtgründungen wie Haugesund. In manchen Jahren war bis zu einem Drittel der gesamten arbeitsfähigen männlichen Bevölkerung der Westküste im Heringsfang engagiert (Bild 34 u. 35). Hier spricht man bis heute von einem „Heringsjahrhundert" (Myrstad 1996).

Dieser euphorische Aufbruch basierte allerdings auf härtester Arbeit in kalten, nassen Wintermonaten, in offenen Booten auf einem gefährlichen Meer. An der äußeren Küste und auf den Inseln lebten die Fischer in saisonalen Siedlungsplätzen (norweg.: *fiskevær*) mit ihren Fanggemeinschaften in einfachsten Behausungen. Das Bild wohlhabender Küstenregionen, das dem Reisenden heute allenthalben begegnet, gründet nicht nur auf den allzu geldwertigen Ölaktivitäten, sondern auch auf der jahrhundertelangen Aufbauleistung der Fischer und Bauernbevölkerung.

In den 1950er- und 60er-Jahren erlebte die norwegische Westküste wieder eine große Heringsperiode (Schwackenberg 1985). Ein nach heutigem Wis-

***Bild 34:** Heringsanlandungen in Måløy, Provinz Sogn og Fjordane, 1920–1930 (Fylkesarkiveti Sogn og Fjordane).*

Bild 35: *Heringsfang an der Küste der Gemeinde Sula, Provinz Sogn og Fjordane, 1928–1929 (Fylkesarkivet i Sogn og Fjordane).*

Um eine nachhaltige Bewirtschaftung der Fischressourcen zu gewährleisten, werden jährlich Gesamtfangmengen (TACs, Total Allowable Catches) für den Norwegischen Frühjahrshering und die meisten Nutzfischbestände im Nordostatlantik festgelegt. Die Experten der Anrainerstaaten erarbeiten im Internationalen Rat für Meeresforschung (ICES) Bestandsanalysen auf der Grundlage von akustischen Messungen, Markierungen und Probefängen sowie Zählungen von Heringslarven, um den Laicherbestand (Spawning Stock Biomass) bewerten zu können. Da aber der Hering bezüglich seines Migrationsverhaltens, seiner Gewichtszunahme und seines Laichverhaltens beträchtliche Schwankungen zeigt, ist eine exakte Bestandsberechnung sehr schwierig. Gegenüber der Heringsperiode der 1950er- und 60er-Jahre haben sich die Laichgründe von der Westküste mehr zur mittelnorwegischen Küste, nördlich der Halbinsel Stadlandet, verschoben. Die Überwinterungsgebiete liegen im Bereich des Vestfjordes bei den Lofoten und die Hauptweidegebiete der adulten Heringe haben sich aus färöischen und isländischen Gewässern weiter nach Norden verlagert und befinden sich gegenwärtig südlich und westlich von Svalbard.

sensstand geschätzter Laicherbestand des Norwegischen Frühjahrsherings von 14 Mio. t um das Jahr 1950 versprach reiche Fänge (Abb. 42).

Bis Anfang der 1960er-Jahre schwankten die jährlichen Fangmengen zwischen 1 und 1,5 Mio. t. Technische Weiterentwicklungen von Booten, Ortungsverfahren und Fanggeräten sowie der Einsatz von hydraulischen Netzwinden u. a. m. ließen den Fangdruck auf die Heringsbestände in nie gekannte Dimensionen wachsen. So verdoppelten sich die Fänge von 1963 bis 1965 auf ca. 2 Mio. t. Im scheinbar grenzenlosen Jagderfolg hatte man keine Rücksicht auf die Laicherbestände genommen, die – wiederum nach heutigen Schätzungen – bereits 1963 auf etwa 2,5 Mio. t gesunken waren. Als Ergebnis dieses krassen Missverhältnisses zwischen Ressourcenbasis und Fangmenge sanken die Anlandungen bis 1970 auf nahezu Null.

Nach 20-jährigem totalem Fangstopp hatte sich der Laicherbestand des Norwegischen Frühjahrsherings wieder auf 4 Mio. t erhöht, so dass eine erneute Befischung zugelassen werden konnte. Von 1992 bis 2001 wurden insgesamt wieder 8,8 Mio. t Frühjahrshering im Europäischen Nordmeer gefangen. Jetzt allerdings unterliegt der Fischereieinsatz einer strikten Kontrolle durch NEAFC (North-East Atlantic Fisheries Commission).

Abb. 42: *Laicherbestand (Spawning Stock Biomass) des Norwegischen Frühjahrsherings 1950–2001.*

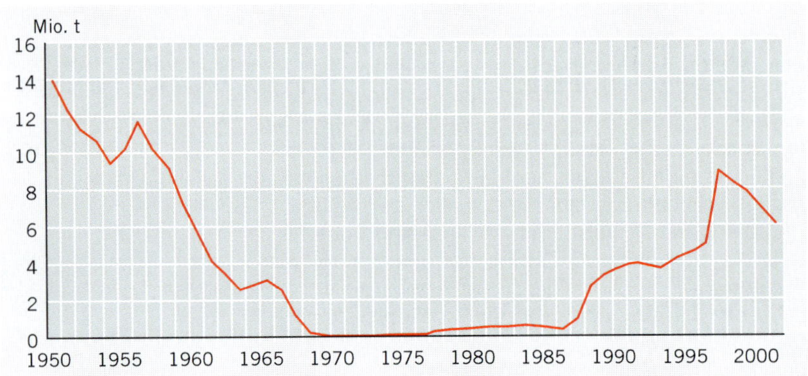

Da sich der wandernde Bestand des Norwegischen Frühjahrsherings in den nationalen Wirtschaftszonen verschiedener Länder aufhält, wird er gemeinsam von den Färöer-Inseln, Island, Norwegen, Russland und der EU verwaltet. Diese verteilen die jährlichen TACs als Quoten auf die einzelnen Länder.

Aufgrund neuer völkerrechtlicher Vereinbarungen dürfen die Küstenstaaten auch die Fangmengen in freien Gewässern bestimmen, die dann von der NEAFC an Drittländer verteilt werden können. So erhält z. B. Polen eine geringe Fangmenge in nicht nationalen Gewässern zugesprochen mit der Maßgabe der Kontrollzulassung und des Fangrapports.

Die Gesamtfangmengen für 2001 und 2002 liegen bei jeweils 850 000 t. Angesichts der enormen Schwankungen strebt man eine langfristige Befischungsstrategie an. So soll die „fischereiliche Sterblichkeit" (F) des Norwegischen Frühjahrsherings unter F = 0,125 liegen, d. h., bei einem Laicherbestand von 6–7 Mio. t kann man eine Fangmenge von 850 000 t verantworten, will man die Ressource nicht gefährden. Sinkt der Laicherbestand unter 5 Mio. t, soll die Gesamtfangmenge drastisch reduziert werden. Bei einem Laicherbestand von 2,5 Mio. t – wie 1963 – liegt der TAC bei nur noch 125 000 t. Bei dieser Art des Fischerei-Managements geht es nicht nur um eine biologische Bestandserhaltung, sondern auch darum, den Fischern und der Fischindustrie eine ökonomisch kalkulierbare Basis langfristig zu sichern.

Einige grundlegende Probleme der Bestandsbewirtschaftung (*fishery management*) sollen exemplarisch am zweiten großen norwegischen „Brotfisch", der vor allem in den nördlichen Küstenregionen dominiert, dargestellt werden. Der Nordostatlantische Kabeljau (*Gadus morhua*, norw.: *norsk-arktisk torsk*) wird auf hoher See in seinen Aufwachs- und Weidegebieten in der Barentssee, bei Bjørnøya/Svalbard und in nordnorwegischen Gewässern gefangen.

Eine enorme Bedeutung und Berühmtheit erlangte dieser Bestand durch seine Laichzüge zu den Lofoten. Dort wird der Laichkabeljau (norw.: *skrei*; Kabeljau ist der laichreife Dorsch) seit Jahrhunderten gefangen und, nachdem er auf Holzgestellen getrocknet worden ist, als Stockfisch exportiert. Durch Salzen und Trocknen erhält man den so genannten Klippfisch. Vor allem in katholischen Regionen des Mittelmeerraumes spielen beide Produkte als Fastenspeise auch heute noch eine wichtige Rolle. Der Stockfisch war ein wertvolles Handelsgut der Hansekaufleute des Kontores in Bergen. Im frühen 19. Jh. wurde die Lofotfischerei vom neu etablierten norwegischen Parlament als „Norwegens wichtigste Goldgrube" bezeichnet (Berge 1996).

Bis in die 1950er-Jahre hinein zogen jährlich 20–30 000 Fischer zu den Lofoten, um dort von Januar bis April mit mehreren tausend offenen Booten und unter härtesten Bedingungen den Laichkabeljau zu fangen. In schlechten Jahren wurden 20 000 t Kabeljau zum Trocknen aufgehängt und in seltenen guten Jahren konnten über 100 000 t getrocknet werden (Historisk Statistikk 1968).

Zurzeit geben die Bestandssituation und die Befischungsintensität Anlass zur Sorge. Nach den aktuellen Bestandsanalysen befindet sich der Nordostatlantische Kabeljau außerhalb so genannter „sicherer biologischer Grenzen". Das heißt nicht, dass der Bestand vom Aussterben bedroht ist – wie oft fälschlich dargestellt –, wohl aber, dass eine ökonomische Befischung gefährdet ist. Nach Empfehlungen des ICES sollten die Gesamtfangmengen 2000 auf 110 000 t und 2001 auf 263 000 t beschränkt werden, um den Laicherbestand kurzfristig wieder aufzubauen. Die tatsächlich festgesetzten Quoten der Fischereiverwaltungen, die oft als „politische Quoten" verstanden werden müssen, lagen dagegen deutlich über den empfohlenen TACs. 2000 erreichten die Fänge sogar das Vierfache der ICES-Empfehlungen (Abb. 43).

Verfolgt man die Entwicklung des Kabeljaubestandes seit 1946, so wird deutlich, dass die derzeitige Situation bereits in den 1980er-Jahren gegeben war und gleiche Tendenzen sich über Jahrzehnte hinweg verfolgen lassen, d. h., die Fischressource wird zu stark befischt und als Konsequenz wird der Bestand drastisch reduziert. Auf der einen Seite belegt diese Entwicklung ein durchaus defizitäres Fischereimanagement, das oft durch politische Maßgaben beeinflusst wird, wie z. B. Zugeständnisse für strukturschwache Regionen oder Interessensverbände. Auf der anderen Seite spiegelt sie die Problematik der Bestandsbewertung wider. Vor allem die geringe Erforschung der Meere erweist sich als großes Problem. So werden immer wieder neue Modelle zur Bestandsanalyse entwickelt, die die hohe Komplexität der marinen Ökosysteme berücksichtigen sollen.

Der ICES sieht heute seine Bestandsschätzungen bis in die 1980er-Jahre hinein als zu optimistisch an. Gewichtsschwankungen, Zeitpunkt der Geschlechtsreife und zunehmender Kannibalismus bei abnehmendem Beutefischbestand, wie Lodde und Hering, waren nicht berücksichtigt worden. Aufgrund differenzierterer Schätzungen empfiehlt der ICES für 2002 einen TAC von 181 000 t. Norwegen und Russland, die den Bestand gemeinsam verwalten, erklären immer wieder, dass zur Sicherung der Fischwirtschaft in den peripheren Küstenregionen des Nordens der Bestand des Nordostatlantischen Kabeljaus unbedingt wieder aufgebaut werden müsse. Gleichzeitig legen sie aber eine erlaubte Fangmenge von 395 000 t plus 40 000 t Küstenkabeljau fest. Damit bleibt der so wertvolle Kabeljaubestand auf absehbare Zeit außerhalb „sicherer biologischer Grenzen".

Alle Dorsch- bzw. Kabeljaubestände im Nordostatlantik sind wegen des enormen Fangdruckes seit vielen Jahren überfischt. Wie das Beispiel des Nordostatlantischen Kabeljaus zeigt, reichten die Schutzmaßnahmen in den letzten 20 Jahren bei weitem nicht aus, um die Bestände innerhalb „sicherer biologischer Grenzen" zu halten.

2000 waren alle Fänge niedriger als im Durchschnitt der vorangegangenen Jahre. Die empfohlenen Gesamtfangmengen sind vom ICES für 2002 nochmals drastisch reduziert worden. Bei sechs von elf Beständen liegt der TAC sogar bei Null. Von der EU und den Nordischen Atlantik-Anrainerstaaten sind Aufbauprogramme ins Leben gerufen worden. Für die Fischerei bedeutet das in erster Linie Reduzierung des Fischereieinsatzes bzw. Verringerung der Fangmengen über mindestens fünf bis zehn Jahre oder einen erheblich längeren Zeitraum hinweg, je nach Umwelteinflüssen wie Temperaturveränderungen, Meeresverschmutzung, Entwicklung der Beutefischbestände u. a. m. So gilt z. B. bereits seit 1994 ein totaler Fangstopp für den Kabeljau vor Neufundland, trotzdem befinden sich die Bestände dort immer noch in einem schlechten Zustand.

Fischer und Verarbeitungsindustrie der nordischen Küstengebiete – vor allem auch in den Inselstaaten Island, Färöer und Grönland – müssen

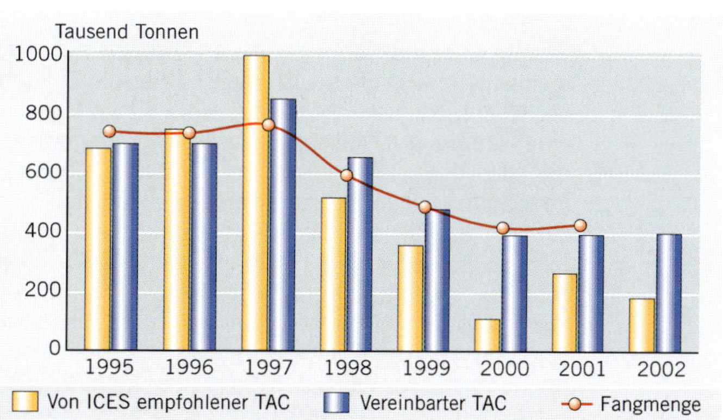

Quelle: Havforskningsinstituttet, Bestandssituasjonen for villtorsk 2002.

Abb. 43: *Empfohlene und vereinbarte Gesamtfangmenge (TAC) des Nordostatlantischen Kabeljaus 1995–2002.*

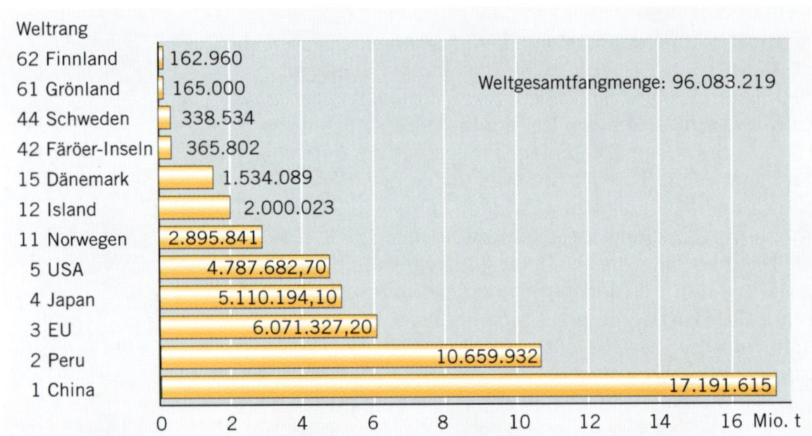

Quelle: FAO, Capture production 1970–2000.

Abb. 44: *Fangmengen der Nordischen Länder nach Weltrang 2000 (zum Vergleich: dieTop Five).*

weiterhin mit einer instabilen und nur schwer kalkulierbaren Ressourcensituation leben.

Günstiger sehen dagegen die allgemeine Situation und die Entwicklung der meisten pelagischen Bestände wie Norwegischer Frühjahrshering, Nordseehering oder Makrele aus. Für eine Vielzahl von Beständen empfiehlt der ICES jedoch weiterhin eine strikte Einschränkung der fischereilichen Intensität, um die stark überfischten Bestände mittelfristig wieder aufzubauen. Denn nur auf der Grundlage gesicherter mariner Ressourcen haben die wirtschaftsschwachen und monostrukturierten Peripherräume des Nordens eine ökonomische Perspektive.

Den Nordischen Ländern steht im Nordostatlantik und seinen Nebenmeeren ein ökonomisch äußerst werthaltiges fischereiliches Potenzial zur Verfügung. Die Fangmengen lagen in den letzten 30 Jahren bei etwa 6–7 Mio. t pro Jahr, entsprechend 60–70 % der gesamten Fischfangerträge aus dem Nordostatlantik. Länder wie Norwegen, Island und Dänemark gehören mit jährlichen Fangmengen von 1,5 Mio. t bis 3 Mio. t seit Jahrzehnten zu den 15 größten Fischereiländern der Welt (Abb. 44)

In den dänisch-autonomen Gebieten Färöer-Inseln und Grönland liegen die Fangmengen zwar nur bei 150 000 t bis 350 000 t pro Jahr, doch bei den sehr geringen Bevölkerungszahlen von jeweils ca. 50 000 ergibt sich daraus natürlich eine erhebliche national-ökonomische Bedeutung. In Grönland erreichen Fischfang und Fischverarbeitung mit 25 % aller Arbeitnehmer den höchsten Beschäftigungseffekt des Landes. Bis zu 98 % der Gesamtausfuhren der Färöer-Inseln entfallen auf Fische und Fischprodukte. Nur in Schweden und Finnland, deren Küstenlinien den größten Teil der weniger fischreichen Ostsee umschließen, ist die Fischerei eher von geringerer bzw. lokal begrenzter Bedeutung.

Dänemark – Die Gemeinsame Fischereipolitik der EU und die Industriefischerei

In Folge der weltweiten Festlegung der 200-Seemeilen-Zonen (EU seit 1977) entschied die Europäische Gemeinschaft 1983, alle Fischereien der Mitgliedsländer dem Regime einer „Gemeinsamen Fischereipolitik“ (GFP) zu unterstellen. Sie umfasst die *Ressourcenpolitik* wie den Zugang zu den Fischereizonen, Festlegung und Verteilung von Fangmengen (TACs und Quoten), Maßnahmen zur Erhaltung der Bestände und Kontrollrechte, die *Strukturpolitik* wie Kapazitätsabbau und Modernisierung der Flotten, Ausbau der Fischereihäfen und der fischereilichen Infrastrukturen sowie die *Marktpolitik*, wozu die Festlegung von Handelsnormen, Verbesserung der Verbraucherinformationen, Unterstützung von Branchenorganisationen, Preisfestlegung und Handel mit Drittländern gehören (Gläßer, Schwackenberg, Seidel 2000).

2001 hat die Kommission der Europäischen Gemeinschaften in einem „Grünbuch über die Zukunft der Gemeinsamen Fischereipolitik“ Vorschläge für eine Reform der Zielsetzungen der GFP vorgestellt, die zurzeit von den politischen Entscheidungsträgern konträr diskutiert und verhandelt werden. Die zukünftige GFP soll berücksichtigen, dass Fischfang, Aquakultur und Fischverarbeitung als Wirtschaftsbasis und kulturhistorische Identifikationsmerkmale für viele Küstenregionen nicht ersetzbar sind und dass die Marktversorgung der EU mit Fisch immer noch sehr defizitär ist. Darüber hinaus sollen die nachhaltige Bestandsbewirtschaftung und die Sicherung der Wettbewerbsfähigkeit der EU-Fischereien durch die neue GFP gesichert werden (Europäische Gemeinschaften 2002).

Mit einer Fangmenge von ca. 6 Mio. t liegt die EU weltweit an dritter Stelle. Die Fischereiproduktion wird noch ergänzt durch 1,3 Mio. t aus der Aquakultur. Dänemark allein fängt jährlich ca. 1,4 Mio. t und ist mit einem Anteil von 22 % (zum Vergleich: Deutschland 3,7 %) der EU-Gesamtfänge rein mengenmäßig die größte Fischfangnation innerhalb der Europäischen Union. Wertmäßig behaupten die dänischen Anlandungen mit etwa 400 Mio. € allerdings nur Platz 5. Auch bei anderen Strukturzahlen, wie Beschäftigungseffekt, Anzahl und Tonnage der Fangschiffe, erreicht Dänemark nur mittlere Werte innerhalb der EU (Europäische Gemeinschaften 2001).

Der relativ geringe Anlandewert liegt in erster Linie an der Spezialisierung der dänischen Fischerei auf den Industriefischfang. In der Industriefischerei werden bestimmte Arten, die meistens nicht für die Konsumfischerei zu gebrauchen sind, und Fischabfälle zu Fischmehl und -öl verarbeitet. Innerhalb der EU dominiert Dänemark diesen Fischereitypus mit einem mengenmäßigen Anteil von über 80 %. 2000 wurden mehr als 1,1 Mio. t Industriefisch, das entspricht 81 % der gesamten dänischen Anlandungsmenge von 1,4 Mio. t, gefangen.

Im Rahmen der Neuorientierung der GFP sieht sich die dänische Industriefischerei massiver Kritik ausgesetzt. Dagegen wehrt sich Dänemark und betont die intensive Überwachung dieser Fischerei sowie die Bedeutung der Endprodukte als Futterbasis für die Aquakultur. Das dänische Landwirtschaftsministerium ist überzeugt, dass die Industriefischbestände nachhaltig befischt werden und die Eingriffe in die marinen Ökosysteme begrenzt bleiben. Die Sterblichkeit der wichtigsten Industriefischarten Sandaal, Sprotte und Stintdorsch wird nur zu 25 % von der Industriefischerei verursacht, d. h., 75 % der Entnahme gehen als Beute auf Kosten größerer Fische, Seevögel und Meeressäuger. Dagegen erreicht die fischereiliche Sterblichkeit bei Konsumfischarten wie Dorsch und Köhler z. T. 75 % der jährlichen Produktion. Nach ICES befinden sich die Bestände von Sandaal, Stintdorsch und Sprotte deutlich innerhalb „sicherer biologischer Grenzen". Die Beifänge von wertvollen Konsumfischen, früher oft ein schwer kalkulierbares Problem des Industriefischfangs, konnten in den letzten Jahren deutlich reduziert werden.

Von West- und Nordjütland aus gehen 300 Fangschiffe mit ca. 1000 Fischern auf Industriefischfang. Ihre Hauptfanggebiete liegen vorwiegend in der EU-Zone der Nordsee und des Skagerraks, der norwegischen Nordsee (südl. 62°) und in der Norwegischen See. 2000 konnten die vier großen Fischmehlfabriken in Esbjerg, Thyborøn, Hanstholm und Skagen 1,48 Mio. t Fisch-Rohware – inklusive der Fischabfälle aus der Konsumfischproduktion – verarbeiten. Im Durchschnitt ergeben 100 kg Fisch 20 kg Fischmehl und 2–10 kg Fischöl. Durch verschiedene Prozesse des Kochens, der Separation und des Trocknens wurden 311 000 t Fischmehl und 100 800 t Fischöl produziert. Fischmehl wird im Wesentlichen als Eiweißlieferant für Tierfutter verwendet. Fischöl kommt in der Margarineproduktion zur Anwendung und ist ein unverzichtbarer Bestandteil des Futters für die Aquakultur. 2000 wurde ein Exportwert der Industriefischprodukte von 215 Mio. € erzielt, das entspricht 10 % der dänischen Gesamtexporte von Fischen und Fischerzeugnissen (Ministry of Food, Agriculture and Fisheries, Denmark 2001).

Für die west- und nordjütische Küste ist die Industriefischerei von erheblicher regionalwirtschaftlicher Bedeutung und kann in diesen peripheren Standorten kaum substituiert werden. Somit ist Dänemark darum bemüht, die Rahmenbedingungen für die Industriefischerei in der zukünftigen GFP im Sinne einer nachhaltigen Bewirtschaftung der Ressourcen und Stabilisierung der Produktion und Vermarktung festzuschreiben.

Die Färöer-Inseln – Fischerei als sichere Wirtschaftsgrundlage?

Die enorme Bedeutung der Fischwirtschaft für die Färöer-Inseln wird mit grundlegenden Strukturdaten im Kapitel „Regionalentwicklung" über die atlantische Inselgruppe dargestellt. Obwohl die Färöer-Inseln zum dänischen Königreich gehören, erlauben ihre Autonomierechte, dass sie nicht Mitglied der EU sind und somit nicht wie Dänemark der Gemeinsamen Fischereipolitik unterworfen sind.

Bis in die 1970er-Jahre hinein lagen die wichtigsten Fanggründe der färöischen Flotte in so genannten fernen Gewässern bei Grönland, Kanada, Nordnorwegen, Island und in der Nordsee. Im Zuge der Festlegung der 200-Seemeilen-Zonen verlagerten sich die färöischen Fangaktivitäten mehr in ihre eigene Zone rund um die Inselgruppe, in der im Jahre 2000 ca. 38 % der Fangmengen und sogar 60 % des Anlandewertes erzielt wurden. Hier werden vor allem die wertvollen Konsumfischarten Kabeljau/Dorsch, Schellfisch und Köhler gefangen, die fast ausschließlich den färöischen Fangschiffen vorbehalten sind.

Aufgrund der küstennahen Fanggründe konnte nun eine größere Menge Frischfisch angelandet werden. In relativ kurzer Zeit wurden zahlreiche neue Fischverarbeitungsanlagen – meist zur Filetproduktion – verstreut über die ganze Inselgruppe errichtet. Um die Fischfabriken mit Rohstoffen zu versorgen, wurden zusätzlich neue Fangschiffe gebaut bzw. gekauft. Insgesamt bedeutete das gewaltige Investitionen mit großem Kapitalbedarf und enormer Verschuldung. Ab Anfang der 1980er-Jahre konnten die neu geschaffenen Produktionskapazitäten der Fischfiletfabriken von insgesamt 175 000 t pro Jahr nicht mehr ausreichend mit färöischen Fängen bedient werden. Der Konsumfischfang war von 1984 bis 1994 von 150 000 t auf 75 000 t gesunken. In den 1980er-Jahren lagen die Fangmengen, insbesondere die des wertvollen Kabeljaus, aufgrund der ökonomisch-finanziellen Zwänge, z. T. erheblich über den empfohlenen Total Allowable Catches, so dass der färöische Brotfisch in seinem Bestand immer weiter dezimiert wurde. Sowohl die Ressourcenlage als auch die Strukturen der Finanzierung, der Verarbeitung und Vermarktung waren Ursache für eine schwache Position der färöischen Fischwirtschaft, die dann letztlich zur großen Wirtschaftskrise Anfang der 1990er-Jahre führte.

Durch eine ganze Reihe einschneidender Veränderungen wurde Mitte der 1990er-Jahre ein recht umfassender Strukturwandel des gesamten Fischereisektors eingeleitet. Die Regulierung des Fischereieinsatzes durch ein Gesetz zur erwerbsmäßigen Fischerei war eine der ersten und wichtigsten Maßnahmen. Zielsetzung ist die ökologisch und ökonomisch nachhaltige Bewirtschaftung und langfristige Sicherung sowohl der Fangbestände innerhalb der eigenen Wirtschaftszone als auch der migrierenden gemeinsamen Bestände mit der EU, Norwegen, Grönland und Russland. Die färöische Verwaltung reguliert den Fangeinsatz durch ein „Fangtage-System". Den verschiedenen Fangtypen, differenziert nach Bootsgröße und Fanggeschirr, wird eine festgelegte Anzahl von Fangtagen zugeteilt, die sich aus den

TACs für die einzelnen Bestände ergeben. Innerhalb der jeweiligen Fangtypen erhält dann jedes einzelne Fischerboot eine bestimmte Anzahl von Fangtagen zugewiesen. Die Schiffseigner können mit diesem Instrument ihren Fangeinsatz kalkulieren und organisieren. Die Fischereiaufsicht muss allerdings darauf achten, dass durch technische Maßnahmen die Fangeffektivität nicht gesteigert wird zum Nachteil der Fangmengenbegrenzung. Die Regulierung wird darüber hinaus durch Sperrzonen und zeitliche Fangverbote, z. B. in Laichgebieten, ergänzt. Nachdem bis in die Mitte der 1990er-Jahre die Gesamtfänge der färöischen Flotte gesunken waren, konnten sie in den letzten Jahren doch wieder erheblich gesteigert werden.

Bild 36: *Tvøroyri – der wichtigste Fischereistandort auf Suðuroy, der südlichsten Insel der Färöer (J. Schwackenberg).*

Vor allem die Fänge der für die Filetindustrie wichtigen Bodenfischarten wie Kabeljau und Schellfisch erlebten deutliche Zuwachsraten. Allerdings zeigen die vergangenen Jahre aber auch wieder schwankende Fangmengen. Aufgrund der Erfahrungen des letzten Jahrzehnts ist man sich auf den Färöer-Inseln bewusst, dass die Gesamtentwicklung keineswegs auf sichere Bestandsgrößen hinweist und dass die Bewirtschaftung weiterhin mit äußerster Vorsicht betrieben werden muss. So wird man heute nicht mehr eine deutliche Überschreitung der TAC wagen wie noch in den 1980er-Jahren beim Kabeljau.

Eine weitere einschneidende Maßnahme zur Konsolidation der Fischwirtschaft war die Umstrukturierung des Verarbeitungssektors. Mit umfangreicher finanzieller Unterstützung der dänischen und färöischen Regierungen wurden 1993 von den 21 Filetfabriken 19 in der Gesellschaft „Føroya Fiskavirking“, deren kommerzieller Name „United Seafood“ lautet, zusammengefasst. Zwölf Verarbeitungsanlagen, vor allem kleinere Betriebe in peripheren Standorten, wurden stillgelegt und die Produktion auf sieben Fabriken konzentriert. Daneben arbeiten noch fünf private Konsumfischanlagen sowie eine Fischmehl- und -ölfabrik, die im Wesentlichen Futtermittel für die Lachszucht herstellt.

Nachdem jahrzehntelang nur die lokalen Interessen der einzelnen Inseln und Kommunen Fischfang und -verarbeitung prägten, wird nun zentral von Tórshavn aus der größte Teil der Konsumfischproduktion gesteuert. Durch diese Konzentration wird es eher gelingen, von der Funktion des reinen Zulieferers ausländischer Fischproduzenten wegzukommen. „United Seafood“ bemüht sich intensiv um weitreichendere Veredlung der Fischrohware und Diversifizierung der eigenen Produkte. Der Export der Fischprodukte und die Erschließung neuer Märkte erfolgen vorwiegend über die selbständige Verkaufsorganisation „Faroe Seafood Prime“, die 2000 Fischprodukte für mehr als 800 Mio. DKR (106 Mio €) in die wichtigsten Märkte EU, Japan, USA und China geliefert hat. Heute besitzt „Faroe Seafood Prime“ Tochtergesellschaften in Dänemark, Großbritannien und Frankreich.

Um die Rohstofflieferungen für die färöische Verarbeitungsindustrie zu sichern, bestimmt ein Gesetz von 1997, dass bis zu 25 % der Fänge der färöischen Schiffe in ausländischen Häfen angelandet werden dürfen. Bei Überschreitung dieser Begrenzung droht eine Kürzung der zugeteilten Fangtage (Rigsombudsmanden på Færøerne 2001).

Das Resümee des Strukturwandels und die Einschätzung der gegenwärtigen Entwicklungstendenzen innerhalb der färöischen Fischwirtschaft lassen – zumindest mittelfristig – eine positive Bewertung zu:

- Nachhaltige Bewirtschaftung der Ressourcen durch Regulierung es Fischereieinsatzes,
- Reduzierung der Fangkapazitäten,
- hohe Qualitätsstandards und Diversifizierung der Fischproduktion,
- Investitionen in neue und moderne Fischverarbeitungsanlagen, wie die erste Tiefkühl- und Verarbeitungsfabrik der Färöer für pelagische Arten in Kollafjøðrur (seit 2002) und die hochmoderne Lachsverarbeitungsanlage auf Suðuroy, der südlichsten Insel (Bild 36),
- eine gut ausgebaute Lachs- und Forellen-Aquakultur,
- dynamische, global orientierte Verkaufsorganisationen
- und schließlich der Ausbau zu einem leistungsfähigen Dienstleistungsstandort für eigene und internationale Fischereifangschiffe im Nordostatlantik sichern den Färöer-Inseln eine stabile und ausbaufähige Wirtschaftsbasis.

In ihrer langfristigen Perspektive ist jedoch die monostrukturelle Abhängigkeit vom Fisch nicht zu beurteilen. Denn die Entwicklung der komplexen und vielfach interdependenten Bestimmungsfaktoren im höchst sensiblen marinen Ökosystem – wie z. B. globale Klimaschwankungen und deren Auswirkungen auf das Golfstromsystem oder die z. T. erheblichen mengenmäßigen und räumlichen Fluktuationen der Fischbestände – ist nicht berechenbar.

Grönland – Von der Robbenjagd zum Fischfang

Eine subsistenznahe Wirtschaft mit Robbenfang, ergänzt durch Tauschhandel und sporadische Verkäufe von Robben- und Walprodukten, blieb die wichtigste Lebensgrundlage der grönländischen Gesellschaft auch noch lange nach Beginn der dänischen Kolonisierung im Jahre 1721. Die dänische Handelsgesellschaft KGH (Den Kongelige Grønlandske Handel) begann 1911, Fisch aufzukaufen und den Kauf von Fanggeräten und Fangbooten zu unterstützen. Aber nur sehr langsam wandte sich die traditionelle Jäger- und Fängergesellschaft der Fischerei zu. Erst die Entwicklungen nach dem Zweiten Weltkrieg führten zu einem nachhaltigen Wandel. Nach der amerikanischen Besatzungszeit war der Kolonialstatus nicht mehr akzeptabel, und Grönland wurde gleichberechtigter Teil des dänischen Königreiches. Im Zuge der daran anknüpfenden dänisch-europäisch gestalteten „Modernisierung" der grönländischen Gesellschaft sollten Fischfang und Fischverarbeitung zur wichtigsten wirtschaftlichen Säule der Insel ausgebaut werden. In den 1960er-Jahren wurde die Fischerei – nachdem das private Engagement nur sehr zurückhaltend gewesen war – intensiv durch öffentliche Investitionen in größere Fischtrawler, Häfen und Verarbeitungsanlagen gefördert und entwickelt. 1960 beliefen sich die grönländischen Fangmengen lediglich auf etwa 33 000 t, während ausländische Flotten jährlich 300 000 bis 400 000 t wertvollen Kabeljau vor den Küsten Grönlands fingen.

Der Übergang zur Fischerei hatte denn auch einschneidende Veränderungen für die grönländische Gesellschaft zur Folge. Zahlreiche kleinere Siedlungsplätze wurden aufgegeben und die Bevölkerung auf größere Siedlungen mit besserer Infrastruktur konzentriert. Der Selbstversorgungsgrad sank deutlich; fellbespannte Kajaks und die größeren Frauenboote wurden durch Fischereiboote aus Holz ersetzt. Der allgemeine Umbruch verursachte tiefgreifende soziale Verwerfungen bis hin zum Identifikationsverlust.

Als Dänemark 1972 der EG beitrat, wurde Grönland ebenfalls Mitglied der Gemeinschaft, obwohl 70 % der Grönländer gegen einen EG-Beitritt gestimmt hatten. Man wollte die grönländischen Gewässer, d. h. die Fischressourcen innerhalb der eigenen 200-Seemeilen-Wirtschaftszonen (die damals vor der allgemeinen Anerkennung standen), aus Furcht vor Überfischung durch die großen Fangflotten der EG-Staaten nicht in ein gemeinschaftliches EG-Meer einbringen. Nachdem bereits 1980 die selbständige Verwaltung der Fischressourcen eingeleitet worden war, übernahm die Autonomieregierung mit dem Austritt Grönlands aus der EG 1985 endgültig die Kontrolle über die Fischerei in der eigenen 200-Seemeilen-Wirtschaftszone (Boisen/Nielsen 1996).

In den 1970er-Jahren waren die Fangrechte fremder Fischereiflotten in grönländischen Gewässern drastisch eingeschränkt worden, so dass seit 1980 die grönländischen Fänge deutlich überwiegen.

Anders verhält es sich in den Gewässern Ostgrönlands, die durch den kalten Ostgrönlandstrom geprägt sind und für die Fischerei nur eine geringere Bedeutung haben. Grönland selbst nutzt diese Fanggründe erst seit 1995 in nennenswertem Umfang mit jährlich ca. 10 000 t Tiefseegarnele, Schwarzem Heilbutt und Lodde.

Mitte der 1980er-Jahre änderte sich die Zusammensetzung der Fangarten. Die wertvollen Konsumfischbestände des Kabeljaus sanken, aufgrund von Temperaturänderungen und Überfischung, drastisch von ca. 45 000 t auf nur noch 5000 t. Um 1990 erholten sich die Kabeljaubestände zwar kurzfristig, doch um die letzte Jahrhundertwende gingen die Fänge nunmehr gegen Null (Abb. 45).

Im Gegensatz dazu konnten im gleichen Zeitraum die Fänge an Tiefseegarnele und Schwarzem Heilbutt in erheblichem Umfang gesteigert werden. Die Tiefseegarnele dominiert seit Mitte der 1980er-Jahre die Gesamtanlandungen mit einem Anteil von 50 bis 70 %, entsprechend 60 000 bis 80 000 t. Der Schwarze Heilbutt erreichte in den letzten Jahren 20 000 t bis 30 000 t. Seit Anfang der 1990er-Jahre wartet man auf eine Erholung der Kabeljaubestände, doch – wie auch das Beispiel Neufundland zeigt – können keine zuverlässigen Prognosen gewagt werden.

Die Hauptfanggebiete liegen an der Westküste Grönlands. Südlich und nördlich der Hauptstadt Nuuk werden 75 % der Tiefseegarnelen gefangen. Der Schwarze Heilbutt kommt dagegen zu über 80 % aus den Gewässern nördlich von Ilulissat bzw. der Diskobucht.

Die seit den 1960er-Jahren aufgebaute Fischereiflotte besteht aus ca. 440 Schiffen und etwa 5000 kleinen, offenen Booten, die auch für diverse Freizeitaktivitäten genutzt werden. Ende der 1990er-Jahre waren 26 Hochseefangschiffe im Einsatz, meistens Trawler mit über 80 BRT, die auf den Fang von Tiefseegarnelen mit bordeigener Verarbeitung spezialisiert sind. Aufgrund ihres Einsatzgebietes vor der Südwestküste Grönlands sind etwa 20 in der Hauptstadtregion stationiert. Diese ganzjährig operierenden Schiffe sind auf sichere Häfen mit gut

Abb. 45: *Gesamtanlandungen der grönländischen Fischerei nach wichtigsten Arten (ohne Lodde) 1989–1999.*

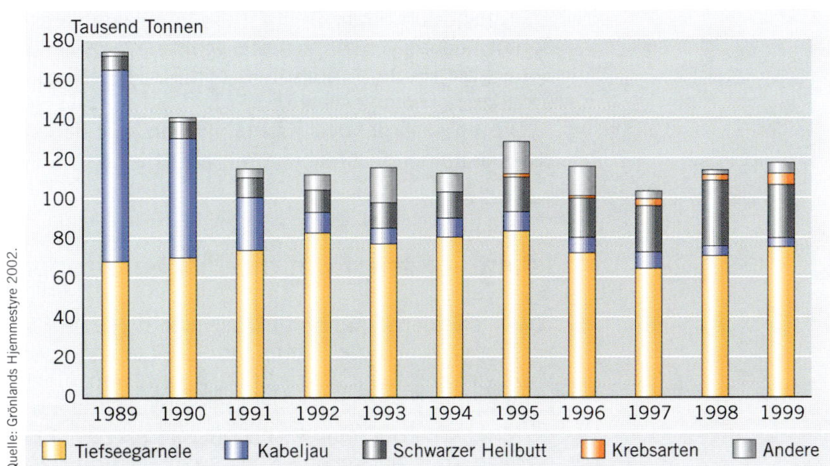

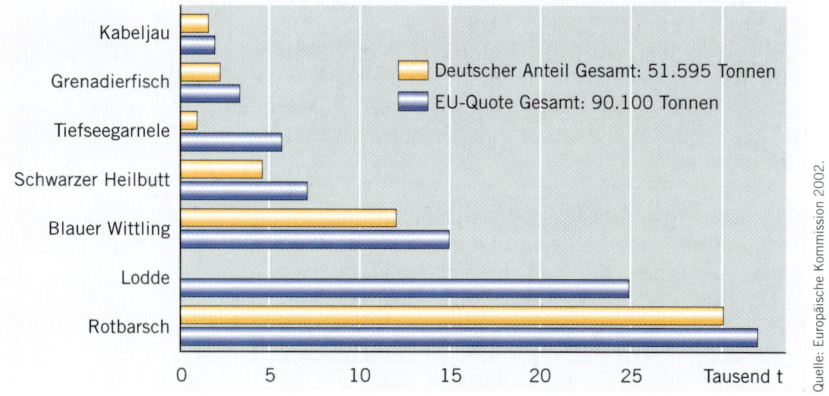

***Abb. 46:** EU-Quoten in grönländischen Gewässern und Anteil der deutschen Fangflotte 2002.*

ausgebauter Infrastruktur und umfangreichen Serviceleistungen angewiesen, die nur in den städtischen Siedlungen angeboten werden können.

Von den etwa 280 Booten der Küstenfischerei zwischen 5 und 80 BRT, die meist nur Tagesfangreisen unternehmen, sind etliche in der Diskobucht (100), in Südgrönland (60) oder wenige auch in Qaanaaq/Thule und in Ammassalik an der Ostküste stationiert. Sie können von kleineren Siedlungen aus fischen und ihre Fänge direkt an Fischfabriken oder so genannte Annahmestationen liefern. Viele dieser kleineren Fangboote arbeiten nicht rentabel und müssen renoviert werden. Die 130 bis 150 kleinen Boote unter 5 BRT gehen vor allem von peripheren Siedlungen, nördlich der Diskobucht, aus auf Fischfang.

Die Fisch verarbeitende Industrie, der einzige nennenswerte Industriezweig in Grönland, wird durch die Gesellschaft „Royal Greenland A/S", die zu 100 % der grönländischen Selbstverwaltung gehört, beherrscht. Alle großen Trawler sowie fast die gesamte landbasierte Fisch verarbeitende Industrie mit zehn Fabriken und einer Reihe von kleineren Gefrier- und Annahmestationen gehören zu „Royal Greenland A/S". Mit 2500 bis 3000 Mitarbeitern ist die Gesellschaft der größte Arbeitgeber in Grönland. Ihr Engagement erstreckt sich auch auf Europa, wo drei Fabriken in Dänemark und eine in Deutschland sowie Verkaufskontore in den wichtigsten Märkten betrieben werden. 1999 konnte „Royal Greenland A/S" insgesamt über 55 000 t Fischrohware verarbeiten, davon 35 000 t Tiefseegarnele, 18 000 t Schwarzer Heilbutt, aber nur noch 126 t Kabeljau (Grønlands Hjemmestyre 2002).

Die entscheidenden Problemfelder, mit denen sich die grönländische Fischwirtschaft zurzeit auseinander setzen muss und die ihren zukünftigen Erfolg bestimmen werden, stellen sich wie folgt dar:

- Eine nachhaltige Bewirtschaftung der Garnelenbestände muss über zuverlässige TACs und kontrollierte Fangtätigkeiten gewährleistet werden. Eine ähnliche Reduzierung der Bestände wie beim Kabeljau würde dramatische Folgen für die gesamte Wirtschaft Grönlands nach sich ziehen.
- Neue Bestände an Fischen, Krustazeen und Weichtieren, wie Seewolf, Krebse und Kamm-Muschel, können für die Konsumfischerei intensiver genutzt werden.
- Die eigenen Rohwarenanlieferungen sollten intensiver bzw. in größerem Umfang veredelt werden. Die Produktpalette bedarf, in Anlehnung an anspruchsvolle Märkte, einer stärkeren Diversifizierung.
- Neue Märkte, vor allem in Asien und Nordamerika, sollen erschlossen werden.
- Die Produktionskosten müssen gesenkt werden. Ein großer Teil der Fischfabriken verfügt über erhebliche Überkapazitäten, so dass bis zu 50 % der Betriebe geschlossen werden könnten. Da aber „Royal Greenland A/S" ein staatliches Unternehmen ist, werden nicht nur wirtschaftliche Bewertungskriterien zugrunde gelegt. In vielen Standorten sind die Fischverarbeitungsanlage oder das Kühlhaus die einzigen Arbeitgeber und die alleinigen Abnehmer der Fänge der Küstenfischerei.
- Von besonderer Bedeutung bleibt das Fischereiabkommen Grönlands mit der Europäischen Union. Als Grönland 1985 die Gemeinschaft verließ, wurde der grönländischen Fischwirtschaft zollfreier Zugang zum EG-Markt gewährt, im Gegenzug zu Fangrechten für die EG in der grönländischen 200-Seemeilen-Zone, vorwiegend vor Ostgrönland. Als weiteren Ausgleich erhielt Grönland bis 2000 jährlich 280 Mio. DKR (37 Mio. €). Für die Zeit von 2001 bis 2006 wurde das Fischereiabkommen verlängert und in einigen Punkten geändert. Vor allem die Fangquoten der EU in grönländischen Gewässern sollen kurzfristig, in Anpassung an die Bestandsentwicklung, flexibel gestaltet werden (Abb. 46).

Das Abkommen ermöglicht auch die Zusammenarbeit von Fischereiunternehmen und in Fischereiforschungsprogrammen, um die grönländische Fischerei weiterzuentwickeln. Die finanzielle Zuwendung der Gemeinschaft an Grönland beläuft sich auf jährlich 42,82 Mio. € (Europäische Kommission 2002).

Island – Kampf um die Fischereizonen

Wie in Grönland und den Färöer-Inseln ist die Fischerei in Island die dominierende Grundlage der Volkswirtschaft. Im Jahre 2001 konnte mit einer Fangmenge von 2 Mio. t ein Erstverkaufswert von 60 Mrd. ISK (690 Mio. €) erzielt werden. Der Exportwert an isländischen Fischen und Fischprodukten betrug 100 Mrd. ISK bzw. 1,15 Mrd. €, das sind 73 % des Gesamtexportes; 12 % des BIP wurden durch Fischfang und Fischverarbeitung erwirtschaftet. Die Fischwirtschaft beschäftigt ca. 10 % der Erwerbstätigen, doch darüber hinaus sind zahlreiche Jobs in Werften, technischen Diensten und diversen

Bild 37: *Grundarfjörður, Fischereihafen in Westisland. Im Vordergrund: Fangboote der Küstenfischerei. Im Hintergrund: Fischverarbeitungsanlagen (J. Schwackenberg).*

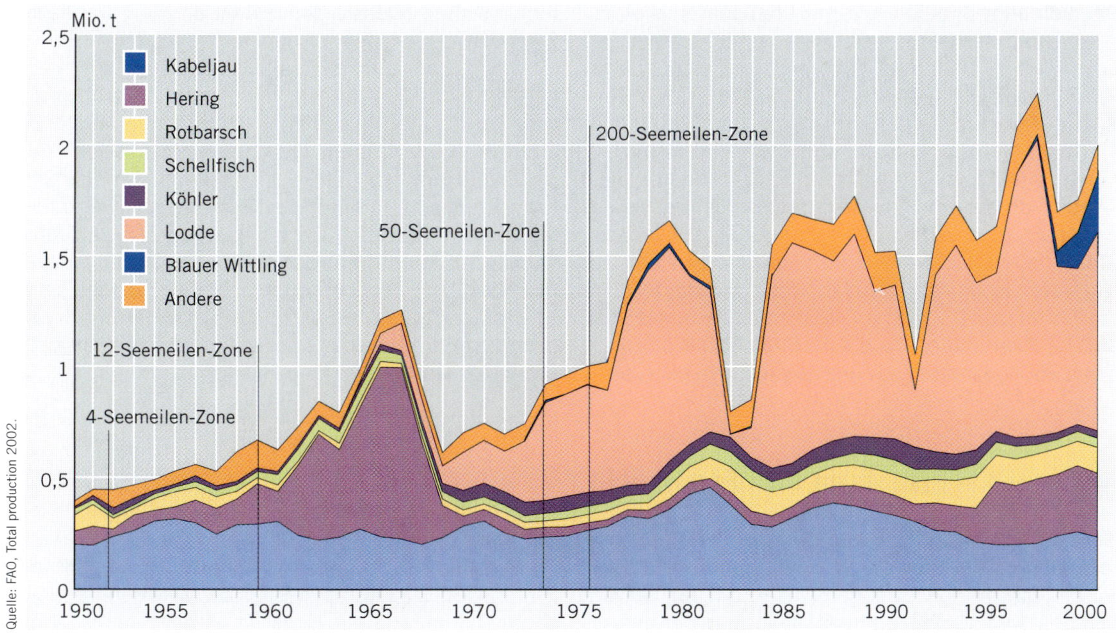

Abb. 47: *Fangmengen Islands nach wichtigsten Arten 1950–2000.*

Dienstleistungen aufs Engste mit der Fischerei verbunden (Bild 37).

Grundlage aller fischwirtschaftlichen Aktivitäten sind die reichen Fanggründe in den Gewässern rund um die Insel, wo über dem Schelf warme und kalte Meeresströmungen zusammentreffen und für ein fruchtbares marines Milieu sorgen.

Seit Ende der 1970er-Jahre – etwa seit der Einführung der 200-Seemeilen-Zone – liegen die Fangmengen bei jährlich 1,5 bis 2 Mio. t, womit Island zu den größten Fischereinationen der Welt zählt (Abb. 47).

Bei genauerer Betrachtung der Fangstatistiken wird deutlich, dass die Steigerung der Fangmengen im Wesentlichen auf die pelagischen Arten wie Lodde, Blauer Wittling und z. T. auch Hering beruht, die als so genannter Industriefisch zu Fischmehl und -öl verarbeitet werden. Demnach ist der Fangwert (15 % Anteil) entsprechend geringer als derjenige der wertvollen Konsumfischarten wie des Kabeljau und anderer Dorschartiger. Während der Fangmengenanteil der Konsumfische bei knapp über 20 % liegt, erreicht deren wertmäßiger Betrag über 75 % des gesamten Erstverkaufswertes. Allein die

Kabeljauprodukte erzielen über 40 % des gesamten Fischexportes (Icelandic Fisheries in Figures 2002).

Wie in allen Fangregionen des Nordatlantiks sind die Kabeljaufänge Islands rückläufig. Aufgrund der schwachen Rekrutierungsjahrgänge Ende der 1990er-Jahre, die z. T. die niedrigsten seit 50 Jahren waren, musste der TAC für 2001/2002 auf weniger als 200 000 t begrenzt werden (zum Vergleich: Der Durchschnitt der letzten Jahre betrug 340 000 t Kabeljau). Erfreulich dagegen haben sich die isländischen Heringsbestände (Isländischer Frühjahrshering und Isländischer Sommerhering) entwickelt, die schon seit den 1980er-Jahren die Fangmengen ansteigen ließen. Seit Mitte der 1990er-Jahre erhält Island auch wieder einen erheblichen Fanganteil am wiedererstarkten Norwegischen Frühjahrshering, der zwar noch nicht die isländischen Gewässer aufsucht, aber durch verschiedene Wirtschaftszonen des Nordostatlantiks wandert.

Island versucht heute, seine reichen Fischressourcen in der eigenen 200-Seemeilen-Wirtschaftszone durch ein differenziertes Fangmanagement nachhaltig zu nutzen. Doch gerade Island musste einen langen und harten Kampf um die exklusiven Fangrechte rund um die Insel führen. Zahlreiche Fischereiflotten – aus Norwegen, Großbritannien, Deutschland, Spanien u. a. m. – befischten die reichen Gewässer bei Island. Bereits 1901 hatte Island, noch zu Dänemark gehörend, eine Schutzzone von 3 Seemeilen festgelegt, die jedoch keinen Einfluss auf die Fischerei nehmen konnte. Erst als die Fernfischereiflotten nach dem Zweiten Weltkrieg immer effektivere Ortungs- und Fangtechniken einsetzten, drohte eine Überfischung der isländischen Gewässer, so dass Island – nunmehr als souveräner Staat – allein aus Selbstschutz gezwungen war, zu reagieren. Noch sehr zurückhaltend erweiterte man die Schutzzone 1952 auf 4 Seemeilen und 1959 auf 12 Seemeilen. Da die Fernfischereiflotten in den 1960er-Jahren ihre Fangtätigkeit erheblich steigerten und die Anzeichen für Überfischung immer deutlicher wurden, sah sich Island nun einem Überlebenskampf ausgesetzt. Die Fischressourcen in den inselnahen Gewässern waren die einzige ökonomische Basis für das Land. Sie durften nicht weiter durch fremde Flotten, auf die man keinen Einfluss bezüglich der Fangbeschränkungen nehmen konnte, zerstört werden. Die totale Erschöpfung des atlanto-skandischen Herings war ein warnendes Beispiel.

So erweiterte Island seine Fischereischutzzone 1972 auf 50 Seemeilen. Damit erreichte man nun die Fanggründe der ausländischen Flotten. Vor allem die Briten, die vordergründig gegen das Prinzip eines „Mare clausum“ protestierten, ließen ihre Trawler im ersten „Kabeljau-Krieg“ von Kriegsschiffen begleiten. Der Konflikt konnte zunächst durch Verhandlungen beigelegt werden. Doch schon 1975 proklamierte Island eine 200-Seemeilen-Fischereizone, die den zweiten „Kabeljau-Krieg“, wiederum unter Einsatz drohender britischer und isländischer Kriegsschiffe, auslöste. Doch bereits in der zweiten Hälfte der 1970er-Jahre wurden die 200-Seemeilen-Zonen, nicht zuletzt unter dem Eindruck reicher Ölvorkommen in der Nordsee, die man unbedingt nationaler Souveränität unterstellen wollte, allgemein anerkannt und 1982 im internationalen Seerecht (United Nations Convention on the Law of the Sea, UNCLOS) festgeschrieben.

Island, das heute 80 bis 90 % seiner Fänge in eigenen Gewässern tätigen kann, hat die Verantwortung für den Erhalt seiner Fischbestände im Nordatlantik übernommen. Durch den „Fisheries Management Act“ von 1990 wird jedem isländischen Fangschiff eine individuelle Quote zugewiesen, die sich aus den jährlich festzulegenden TACs errechnet. Damit konnten in den vergangenen Jahren die Fischbestände ökonomisch effizient genutzt werden, so dass der gesamte Sektor der Fischwirtschaft zur Grundlage eines erfolgreichen wirtschaftlichen Aufschwungs wurde.

Norwegen – Fischfang und Fischzucht

Norwegen ist seit Jahrzehnten eine der erfolgreichsten Fischereinationen der Welt. Die produktiven Gewässer vor der norwegischen Küste, um Jan Mayen und Svalbard sowie die enge Verzahnung der ausgedehnten Küstenlinie des Festlandes und tausender von Inseln mit dem Meer ermöglichen eine reiche Fangfischerei und eine höchst profitable Aquakultur. Die beiden wichtigsten Bestände, die die norwegische Fischerei über Jahrhunderte hinweg geprägt haben, der Norwegische Frühjahrshering an der Westküste und der Kabeljau bei den Lofoten, wurden bereits weiter oben beschrieben. Mit Fangmengen von ca. 2,5 Mio. t pro Jahr werden über 10 Mrd. NOK (1,35 Mrd. €) im Erstverkauf erzielt (Abb. 48).

Die Aquakultur produziert etwa 500 000 t, das entspricht der doppelten Menge der Kabeljaufänge und übertrifft bereits im Jahre 2000 mit 12 Mrd. NOK (1,6 Mrd. €) den Erstverkaufswert der gesamten Fangfischerei (s. u.). Im weltweiten Export von Fisch und Fischprodukten erzielte Norwegen im Jahre 2000 31,5 Mrd. NOK (4,25 Mrd. €) und liegt damit an zweiter Stelle hinter Thailand. Innerhalb der norwegischen Exportwirtschaft werden die Fischausfuhren, die einen Anteil von 9 % am Gesamtexport erreichen, nur noch vom Wert der Rohölausfuhren (38 %) übertroffen.

Das gegenwärtige erfolgreiche Bild der norwegischen Fischerei ist erst seit den 1970er-Jahren aus einer tiefgreifenden Strukturkrise hervorgegangen. Die jahrhundertealte Kombinationswirtschaft von küstennaher Landwirtschaft und ergänzendem saisonalem Fischfang hatte sich zu Gunsten einer ganzjährigen, professionellen und industriellen Fischerei aufgelöst. Es gab zu viele kleine, veraltete und unrentable Einheiten im Fang-, Verarbeitungs- und Exportbereich, die über die weit ausgedehnte

Küste verstreut lagen. Darüber hinaus waren wichtige Bestände, wie der Norwegische Frühjahrshering, überfischt worden.

Durch den unermüdlichen Einsatz zahlreicher dynamischer Akteure aus der Fischwirtschaft und eine verantwortungsvolle Fischereipolitik konnte sich die Fischerei aus der Krise befreien. Mittlerweile behauptet sich die Fischwirtschaft auf der Grundlage eines weitgehend effektiven Fangmanagements sowie einer modernen exportorientierten Fischverarbeitung als die tragende ökonomische Basis in weiten Küstenabschnitten des Vestlandes und Nordnorwegens. Nur etwa zehn dominierende Fischereistandorte werden durch den immer weiter steigenden Kapitaleinsatz in einem damit verbundenen unvermeidlichen Konzentrationsprozess übrig bleiben, wie Egersund, Austevoll und Karmøy im Südwesten, Bergen (nur Verwaltung und Forschung), Måløy und Ålesund im Westen sowie Lofoten, Tromsø, Hammerfest und Båtsfjord in Nordnorwegen.

Zu einem entscheidenden Standbein der zukunftsorientierten Küstenwirtschaft hat sich die Aquakultur entwickelt. Anfang der 1970er-Jahre begann die Erfolgsgeschichte der Produktion von atlantischem Lachs (*Salmo salar*) und der ursprünglich aus dem Nordostpazifik stammenden Regenbogenforelle (*Oncorhynchus mykiss*) in Meereskäfigen, nachdem die Reproduktion unter künstlichen Bedingungen in geschlossenen Systemen beherrschbar geworden war. 1971 wurden 100 t Lachs und 433 t Regenbogenforelle aus den ersten Mastanlagen geschlachtet. 1990 waren die Mengen bereits auf 158 000 t Lachs und 3500 t Regenbogenforelle gestiegen. Heute produzieren über 800 Meeresfarmen mit einem eingehegten Wasservolumen von 10 Mio. m³ nahezu 500 000 t Zuchtfisch, davon 440 000 t Lachs und 50 000 t Regenbogenforelle.

Die Mastanlagen, die auf jeweils 12 000 m³ Wasservolumen begrenzt sind, liegen in geschützten Buchten und Fjorden der äußeren Küste und Inseln, verstreut zwischen Rogaland im Südwesten und Finnmark im Norden, allerdings mit deutlichem räumlichem Schwerpunkt in Hordaland und Nordland. 2000 wurden 131 Mio. Exemplare Lachs-Smolt und 29 Mio. Forellen-Smolt, das sind die an das Salzwasser adaptierten Satzfische von ca. 100 g Gewicht, die in 245 Fischbrutanstalten produziert worden waren, in die Mastkäfige ausgesetzt.

Die extrem schnell aufgebaute Aquakultur war begleitet durch unzureichende Grundlagenkenntnisse in der Tiermedizin und in den Haltungssystemen. In den 1980er-Jahren mussten in dieser Massentierhaltung bis zu 50 t Antibiotika eingesetzt werden, die den Ruf der norwegischen Lachsproduktion nachhaltig geschädigt haben. Heute dagegen wird jeder einzelne Fisch geimpft, und seit Jahren schon werden die Meeresfarmen durch ein umfassendes Kontrollsystem überwacht. So kann gegenwärtig die Antibiotika-Menge, bei erheblich gesteigerter Produktion, auf insgesamt ca. 500 kg pro Jahr begrenzt werden (Fiskeridirektoratet 2001).

Norwegen dominiert nicht nur weltweit die Zuchtlachsproduktion mengenmäßig mit über 50 %, sondern ist darüber hinaus auch auf den verschiedensten Ebenen der Aquakulturindustrie engagiert, wie z. B. in der Entwicklung von Produktionstechniken, im Servicebereich, in der Forschung und nicht zuletzt in den Bereichen Finanzierung und Kapitalbeteiligungen (Bild 38 u. 39).

Anfang des 21. Jh.s ist zwar eine gewisse Marktsättigung für Lachse und Lachsprodukte zu beobachten, die Produktionsmenge sank 2001 gegen-

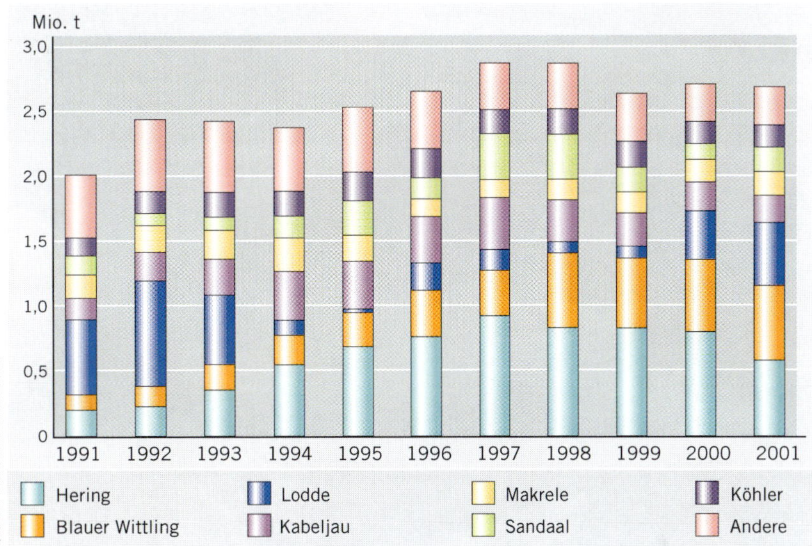

Abb. 48: *Fangmengen der norwegischen Fischerei nach wichtigsten Arten 1991–2001.*

Bild 38: *Aquakulturproduktion – Atlantischer Lachs bei Ytre Oppedal im westlichen Sognefjord in Norwegen (J. Schwackenberg).*

*Bild 39: Der Atlantische Lachs (*Salmo salar*) ist der wichtigste Fisch der marinen Aquakultur im Nordostatlantik. 2001 produzierte die Aquakultur hier über 600 000 t Lachs. Dagegen konnte die Fangfischerei nur 2000 t anlanden (J. Schwackenberg).*

über dem Vorjahr, dennoch sind die norwegischen Produzenten optimistisch, die Schlachtmenge schon in wenigen Jahren auf 700 000 t steigern zu können. Dafür muss allerdings die Futterversorgung gesichert werden, und die Produktpalette verlangt eine stärkere Diversifizierung als bisher, wo 70 % der Lachse als Frischfisch und 10 % als Tiefkühlware exportiert werden. Andere Fischarten, wie Dorsch (rückläufig), Seesaibling, Heilbutt, Steinbutt und einige Schalentiere, werden bisher nur in sehr begrenztem Umfang von 2500 t in Meeresfarmen gezüchtet. Die Aquakultur birgt allerdings ein immenses Potenzial, z. B. für die pharmazeutische Industrie, das durch die Lachszucht erst in Ansätzen erschlossen worden ist.

In den regionalen Darstellungen mag insgesamt eine positive Entwicklung der Fischereien in den Nordischen Ländern zu erkennen sein, doch harrt nunmehr seit Jahrzehnten immer noch ein entscheidendes Problemfeld einer grundlegenden Lösung: das Verhältnis zwischen Fangkapazitäten und Bestandssituationen. Die Überkapazitäten der großen Fangflotten und die Migration von Fischbeständen in verschiedene nationale Wirtschaftszonen verlangen verbindliche internationale Abkommen über komplexe Fangmanagement-Systeme zur nachhaltigen ökologischen und ökonomischen Bewirtschaftung der marinen Ressourcen. 2001 hatte Island, zusammen mit der FAO und Norwegen, zu einer großen Konferenz zum Thema: „Verantwortliche Fischereien in marinen Ökosystemen“ nach Reykjavík eingeladen, an der Vertreter aus 60 Ländern sowie zahlreiche NGOs und Wissenschaftler teilgenommen haben. Dort wurde die so genannte Reykjavík-Deklaration angenommen, die weltweit die nachhaltige Nutzung der marinen Ökosysteme einfordert (www.refisheries2001.org). Sie stärkt die Hoffnung auf eine langfristige Sicherung der Fischressourcen – zumindest in den Fangregionen der verantwortungsbewussten Länder des Nordatlantiks – so dass die Fischereien und die Aquakultur eine grundlegende wirtschaftliche und kulturelle Basis weiter Küstenregionen der Nordischen Länder bleiben wird.

Agrarwirtschaft und ländliche Siedlungen

Bild 40: *Marktfrucht- und Industriepflanzenanbau (hier Rapsfelder auf Fünen, Dänemark) (E. Gläßer).*

Überblick

- Die agrarwirtschaftlichen Aktivräume Nordeuropas konzentrieren sich naturgemäß vor allem auf die südlichen Landesteile. Während in Dänemark etwa zwei Drittel der Staatsfläche auf vollkultiviertes Land entfallen, sind es in Norwegen unter 3 %, Schweden und Finnland jeweils knapp 9 % sowie in Island nur 1 %. Allerdings spielen seit jeher die nichtkultivierten Flächen (Naturweiden) eine nicht zu unterschätzende Rolle für das viehwirtschaftlich orientierte nordische Bauerntum.
- Gerade in der Peripherie mit ihren durchweg ungünstigen agrarwirtschaftlichen Betriebs- und Altersstrukturen sind Agrar- und Sozialpolitik eng aufeinander abgestimmt. Zahlreiche Subventionsmaßnahmen verfolgen das Ziel, jene marktfernen Problemräume wirtschaftlich und sozial am Leben zu erhalten. Diesbezüglich praktizieren vor allem Norwegen und Island als Nicht-EU-Länder eine vielfach protektionistische Landwirtschaftspolitik.
- Die agrarwirtschaftliche Sonderstellung Dänemarks rechtfertigt ein intensiveres Eingehen auf die dortigen Landwirtschaftsformen. Denn die hohe Produktivität der dänischen Landwirtschaft ist keine zufällige Erscheinung, sondern das Resultat vieler positiver Produktionsfaktoren, die von den naturräumlichen Voraussetzungen bis zu einer klugen, seit langem praktizierten Siedlungs- und Agrargesetzgebung reichen.

Einführung

von Ewald Gläßer
und
Rolf Lindemann

Landwirtschaftliche Gunsträume findet man in Nordeuropa außer in Dänemark und Schonen, auf die etwa ein Drittel des gesamten Ackerlandes Nordeuropas entfällt, insbesondere in den glazialen und marinen Sedimentationsbereichen. Für Norwegen sind diesbezüglich die Randlandschaften des Oslograbens, des Trondheimsfjordes sowie die südwestliche Küstenlandschaft Jæren hervorzuheben, für Schweden der ganze Bereich der Mittelschwedischen Senke mit einem Ausläufer entlang der Bottnischen Küste und für Finnland vornehmlich die südwestlichen Küstenlandschaften.

Alle diese Regionen haben relativ nährstoffreiche Böden und eine hinreichend lange Vegetationsperiode. Die fast rein weidewirtschaftlich geprägte isländische Landwirtschaft hat ihre Gunsträume im südwestlichen Landesteil und in geringem Maße auch entlang der nördlichen Fjordarme. Während in Dänemark weit über 50 % des Staatsgebietes auf Ackerland entfallen, sind es in Norwegen nur 3 % (mit Schwankungen zwischen 20 % rund um den Oslograben und 0,2 % in Finnmark) sowie in Schweden und Finnland 6 bzw. gut 7 %. Der isländischen Agrarwirtschaft stehen lediglich 1,2 % der Landesfläche als Ackerland zur Verfügung (Tab. 10).

Die abgesehen von Dänemark kleinen Anteile an kultivierter Landwirtschaftsfläche geben jedoch ein unklares Bild von der räumlichen Wirksamkeit der nordeuropäischen Agrarwirtschaft. Denn seit jeher waren die nichtkultivierten Flächen, d. h. die großen Utmarken oder die weiten Staatsallmenden, ein unentbehrlicher Ergänzungsraum für das vorwiegend viehwirtschaftlich orientierte nordische Bauerntum. Damit erscheinen die in Tab. 11 verzeichneten kleinbäuerlichen Besitzstrukturen vor allem für Norwegen, das nördliche Schweden, Finnland und Island insofern etwas irreführend, als die Statistiken jeweils nur die kultivierten Flächen, die so genannten Innmarken, erfassen. Nicht genannt werden die häufig sehr großen Utmarken bzw. Waldweideflächen, die gerade in der Peripherie oft mehrere 100 ha pro Betrieb umfassen können.

Ein weiteres Kennzeichen der nordeuropäischen Landwirtschaft ist das Faktum, dass viele Betriebe seit jeher mit anderen Erwerbszweigen verknüpft sind bzw. waren. An den Küsten Islands und Norwegens waren die dortigen kleinen Hofstellen traditionell mit der Fischwirtschaft verbunden. Im Zuge der Agrarintensivierung und des Industrialisierungsprozesses sind jene Kombinationsformen allerdings weitgehend verschwunden. Von einem Fischer-Bauerntum kann man heute nur noch in Einzelfällen sprechen. Demgegenüber ist die Verbindung von Land- und Forstwirtschaft für die inneren Waldregionen Finnlands, Schwedens und des südöstlichen Norwegen noch von großer Bedeutung. Schließlich sind heute in weiten Landesteilen, besonders im näheren Einzugsbereich städtischer Siedlungen, die Kombinationsformen von Industriearbeit oder sozialen Dienstleistungen auf der einen sowie Nebenerwerbslandwirtschaft auf der anderen Seite verbreitet.

Schon infolge der ungünstigen Betriebs- und Altersstrukturen vieler peripherer, marktferner Landwirtschaftsgebiete sind in Nordeuropa Agrar- und Sozialpolitik vielfach aufeinander abgestimmt. Zahlreiche Subventionsmaßnahmen zielen darauf hin, die Problemräume wirtschaftlich und sozial am Leben zu erhalten, vor allem unter dem Aspekt einer weitgehenden Bewahrung des Siedlungs- und Landschaftsbildes in der Peripherie. Auch eine protektionistische Wirtschaftspolitik zum Schutz der eigenen Agrarproduktionsformen spielt, wenn man von den EU-Mitgliedern Dänemark, Schweden und Finnland absieht, immer noch eine beachtliche Rolle. Schließlich sollte an dieser Stelle auch erwähnt sein, dass die agraren Wirtschaftszweige in allen Nordischen Ländern von genossenschaftlichen Verbänden und Systemen geprägt werden.

		Dänemark	Norwegen	Schweden	Finnland	Island	Deutschland
Gesamtfläche (1000 km²)		**42,4**	**307,5**	**411,6**	**304,6**	**100,3**	**248,7**
Acker (Anteil %)	1964	64,7	2,7	7,5[3]	8,9	0,3	31,7
	1974	62,8	2,5	7,3	8,7	1,2	30,5
	1984	62,0	2,9	7,2	8,0	1,3	29,1
	1999	54,2	2,7	6,0	7,4	1,2	33,0
Dauergrünland (Anteil %)	1964	10,3	0,5	1,1[3]	0,3	23,6[4]	23,1
	1974	6,5	0,3	1,7	0,2	23,6[4]	21,3
	1984	5,4	0,3	1,4	0,4	–	18,4
	1999	8,9	0,5	1,0	0,3	17,1	29,8
Wald (Anteil %)	1964	10,3[1]	22,8[2]	45,3[3]	62,9	0,0	28,9
	1974	11,1[1]	27,0[2]	45,1	62,5	0,0	28,9
	1984	11,6	21,7	55,2	66,0	0,0	29,6
	1999	10,3	21,7	50,0	59,2	1,3	29,4

[1] 1951 und 1965; [2] 1957 und 1967; [3] 1966; [4] einschl. Naturweiden

***Tab. 10:** Die intensiver nutzbare Agrarfläche und die Waldverteilung 1964–1999.*

Eigene Berechnungen nach Nordisk Statistisk Årsbok 1975, 1985; Statist. Jahrb.; Statist. Jahrb. über Ernährung, Landwirtschaft u. Forsten 2000.

Der Rückgang der Klein- und Kleinstbetriebe ist wie in anderen hoch entwickelten Staaten allgemein auf Veränderungen in den Lebensverhältnissen und speziell auf agrar- und marktwirtschaftliche Umorientierungen zurückzuführen. Beispielsweise existierten in Schweden Ende der 1990er-Jahre nur noch 30 % der Hofstellen von 1951, auch wenn wie in den Nachbarländern eine erhebliche Zunahme der Betriebszahlen mit über 20 ha kultivierter Fläche stattgefunden hatte. Besonders im südlichen Schweden, z. B. in Småland, wurden und werden auch weiterhin zahlreiche Landflächen, die im Laufe der Kulturlandschaftsgeschichte mühsam gerodet worden sind, wieder bewaldet. Selbstverständlich vollzieht sich der agrare Strukturwandel in den einzelnen Ländern und Regionen sehr unterschiedlich.

So hat z. B. in Finnland aufgrund der nachkriegszeitlichen Kolonisationsprozesse im nördlichen Landesteil die Betriebsanzahl wenigstens bis in die 1970er-Jahre hinein noch zugenommen. Ein ähnlicher Anstieg gilt für das weidewirtschaftlich bestimmte Island.

Regionen mit mehr oder minder reinem Dauerackerland herrschen nur in den wenigen, bereits genannten anbaugünstigen Gebieten vor, speziell in Dänemark und Schonen. Ansonsten sind stark variierende Rotationen zwischen Anbau- und Grünland, insbesondere Schnittwiesen zur Heu- und Silagegewinnung, kennzeichnend. Innerhalb des Ackerlandanteiles dominiert in Dänemark und Südschweden, im norwegischen Östland und Trøndelag sowie im südwestlichen Finnland der Getreideanbau, hauptsächlich Sommergerste und z. T. auch Winterweizen auf den nährstoffreichen Böden. Auf Island gibt es heute keinen Getreideanbau mehr, wenn man von den Gersteanbauversuchen der letzten Jahrzehnte absieht. In Finnland, Island, Norwegen sowie im mittleren und nördlichen Schweden nehmen Futterpflanzen (vornehmlich Grassorten) den größten Teil der kultivierten Ackerfläche ein. Damit ist der nordeuropäische Ackerbau primär auf die Viehwirtschaft hin ausgerichtet. Man kann demzufolge von einer

Land	Jahr	Zahl der der Landwirtschaftsbetriebe >2 ha
Dänemark	1951	184 518
	1994	69 346
	1996	64 426
	1998	59 761
	1999	57 831
Finnland	1950	261 750
	1994	163 799
	1996	135 909
	1998	139 094
	1999	132 913
Island	1963	5 507
	1994	5 600
	1996	4 277
	1998	4 277
	1999	4 277
Norwegen	1949	143 433
	1994	78 131
	1996	74 958
	1998	72 064
	1999	67 572
Schweden	1951	282 187
	1994	90 102
	1996	90 488
	1998	85 307
	1999	80 119

Quelle: Nordisk Statistisk Årsbok, versch. Jgg.

Tab. 11: Landwirtschaftsbetriebe in den Nordischen Ländern.

		Landwirtschaftliche Betriebe (ha)					
		<10	10,0–19,9	20,0–29,9	30,0–49,9	50,0–99,9	≥100
1960	**Dänemark Gesamtzahl**	**91 486**	**54 541**	**26 612**	**17 087**	**5 123**	**1 227**
	Inseln östl. des Gr. Belt (%)	31,2	18,0	20,5	21,5	16,5	38,1
	Fünen (%)	15,6	8,0	8,2	6,7	6,1	10,3
	Jütland (%)	53,6	74,0	71,3	71,7	77,4	51,6
1975	**Dänemark Gesamtzahl**	**38 462**	**36 341**	**23 021**	**19 238**	**8 222**	**1 870**
	Inseln östl. des Gr. Belt (%)	29,3	18,7	18,2	18,5	18,7	31,6
	Fünen (%)	14,8	9,4	8,1	6,9	6,7	9,6
	Jütland (%)	56,0	71,9	73,7	74,6	74,7	58,8
1999	**Dänemark Gesamtzahl**	**11 454**	**11 545**	**7 552**	**9 611**	**11 511**	**6 158**
	Inseln östl. des Gr. Belt (%)	27,3	21,7	22,1	20,2	17,9	21,6
	Fünen (%)	11,9	9,0	9,1	8,3	8,0	8,1
	Jütland (%)	60,7	69,3	68,8	71,5	74,0	70,3
Veränderung	Dänemark (%)	–87,5	–78,8	–71,6	–43,8	124,7	401,9
1960 bis 1999	Inseln östl. des Gr. Belt (%)	–89,0	–88,0	–87,0	–86,0	–85,0	–84,0
	Fünen (%)	–90,4	–76,3	–68,5	–30,1	196,3	293,3
	Jütland (%)	–85,8	–80,2	–72,6	–43,9	114,8	583,9

Quelle: Nordisk Statistisk Årsbok, versch. Jahrg.

Tab. 12: Landwirtschaftliche Betriebsgrößen in Dänemark 1960, 1975 und 1999.

		Pferde	Rinder gesamt	Kühe	Schafe	Ziegen	Schweine	Federvieh
Dänemark	1950	502	3053	–	61	–	3235	24548
	1970	45	2842	1153	70	–	8361	17847
	1984	33	2750	1010	55	–	8717	14415
	1999	40	1887	762	143	–	11626	21010
Norwegen	1950	191	1237	766	1812	130	442	4985
	1970	35	943	424	1753	84	642	3710
	1984	16	976	387	2351	101	781	4407
	1999	26	1031	–	2322	51	99	3181
Schweden	1950	419	2565	–	237	8	1161	10181
	1970	61	1926	758	335	–	2074	7836
	1984	–	1878	656	437	–	2593	6730
	1989	18	950	341	2187	8	661	3666
	1999	80	1713	437	437	–	2115	7850
Finnland	1950	409	1782	1110	1220	–	448	5009
	1970	90	1873	889	189	–	1047	8264
	1984	36	1658	660	110	–	1382	7958
	1989	40	1347	507	108	–	1401	6338
	1999	55	1087	–	107	8	1351	4387
Island	1950	42	45	32	415	–	1	97
	1970	33	53	34	736	–	1	134
	1984	52	73	33	713	–	2	302
	1989	78	75	29	490	–	4	399
	1999	77	75	–	490	0	4	191
Zum Vergleich:								
BRD	1999	418	14896	5560	1958	123	22572	85371

***Tab. 13:** Haustierhaltung 1950–1999 (in 1000 Stück).*

Quellen: Nordisk Statistisk Årsbok 1985 u. 2000 und Stat. Jahrb. der Länder.

ausgesprochenen Veredelungswirtschaft sprechen. Immerhin stammten in den letzten Jahren über 70 % aller Einnahmen der nordeuropäischen Agrarproduktion aus der Tierhaltung.

In Tab. 13 zeigen sich Parallelen zur gesamteuropäischen Viehwirtschaft. Beispielsweise hat die Großviehhaltung, wenn man von Island absieht, generell zugenommen. Die Überproduktion von Milch und Milcherzeugnissen wenigstens in bestimmten Landesteilen hat zu einer Umorientierung auf verstärkte Fleischerzeugung (besonders Schweinemast) geführt.

In Dänemark, dem bei weitem führenden nordischen Agrarland, entfielen in den letzten Jahrzehnten etwa 50 % der Viehwirtschaftserträge auf die Schweinemast sowie rd. 45 % auf die Rinderhaltung. Schon vor dem EU-Anschluss gelangten mehr als 70 % des dänischen Exportes an Fleisch und Lebendvieh auf den EU-Markt. Insgesamt gesehen steht in allen Nordischen Ländern die Viehwirtschaft an erster Stelle der Agrarproduktion, wobei in der Peripherie, besonders auf den großen Naturweideflächen Norwegens und Islands, der Schafhaltung noch eine traditionelle Funktion zukommt.

Die gerade für die inneren Bauerntalungen einst lebenswichtige Almwirtschaft, in Norwegen Seter-Wirtschaft (Bild 41) und in Schweden Fäbod-Wirtschaft genannt (auf Island bis in das 19. Jh. hinein die Sel-Wirtschaft), ist in den Nachkriegsjahrzehnten – ähnlich wie im alpinen Raum – stark zurückgegangen bzw. ganz aufgegeben worden. Almwirtschaften existieren nur noch in verkehrsgünstigen Bereichen und auch dort nicht mehr in der klassischen Form.

Für die extensivere Schafhaltung gibt es noch die traditionelle Form der Transhumanz. So werden im südwestlichen Norwegen noch heute jährlich über 100 000 Tiere zur Sommerweide von den Küstenregionen auf die inneren Fjellheiden verschickt. Auch auf Island betreibt man eine derartige Fernweidewirtschaft, indem von Mai/Juni bis September viele tausend Schafe auf die entfernt liegenden inneren Hochweideflächen (isl. afréttir) getrieben werden.

Die bekannteste Form der Fernweidewirtschaft in Nordeuropa, d. h. in den Nordprovinzen Norwegens, Schwedens und Finnlands (Nordkalotte), ist zweifellos die Rentierwirtschaft.

Von dieser leben heute allerdings nur noch etwa 10 % der samischen Bevölkerung in Norwegen sowie maximal 20 % der schwedischen und 30 % der finnischen Samen. Als marktorientierter, aber von staatlicher Seite auch subventionierter Agrarwirtschaftszweig ist die heutige Rentierhaltung in Norwegen innerhalb der ausgewiesenen Weidegebiete (Frühjahrs-, Sommer-, Herbst- und Winterweiden) per Gesetz nur den Samen vorbehalten; dagegen in Schweden solchen Samen, deren Eltern oder Großeltern schon Rentierwirtschaft betrieben haben. In Finnland gelten keine derartigen Sonderrechte. Andererseits gibt es jedoch in allen drei Ländern bezüglich der Organisation und Durchführung der Rentierhaltung viele gemeinsame und tradierte Züge, so z. B. in den Besitzverhältnissen, indem sich die Weideflächen in Staats- bzw. Gemeinschaftsbesitz befinden, während Tiere, Unterkünfte usw. Privateigentum sind. Für die Mitte der 1980er-Jahre kann man den Rentierbestand in Norwegen mit rd. 187 000 Stück angeben, wobei die Anzahl Rene je Haupterwerbsbetrieb wenigstens in Norwegen bei durchschnittlich 300 Stück lag (vgl. Bronny, Hemmer, Sokki 1985, S. 532). Bei der Kosten-Nutzen-Analyse der heutigen, fast rein auf Fleischproduktion ausgerichteten Rentierhaltung sollte man berücksichtigen, dass die Weiden größtenteils auf anderweitig nicht nutzbaren Fjellflächen liegen und somit Vergleichsmöglichkeiten mit anderen Erwerbszweigen von vornherein entfallen. Weiterhin haben die Rationalisierung und Mechanisierung in den letzten Jahrzehnten (Einsatz von Motorschlitten zum Treiben der Rene oder die Entwicklung mobiler Schlachtanlagen) erhebliche Arbeitser-

Bild 41: Alm- bzw. Seterwirtschaft im inneren Trøndelag, Norwegen (E. Gläßer).

leichterungen gebracht. Wenn die heutige Rentierwirtschaft in ökonomischer Sicht noch keine optimalen Ergebnisse vorweisen kann, so ist sie doch gerade in der Peripherie schon aus Arbeitsplatzgründen von großer Bedeutung. Und was von besonderer Wichtigkeit ist: Sie dient dem ethnischen Selbstbewusstsein der samischen Volksgruppe. Nicht ungefährlich für die Zukunft dieser Lebens- und Wirtschaftsform sind die zunehmenden räumlichen Einschränkungen der Weidewirtschaft durch Verkehrsausbauten, Tourismus und Wasserkraftausbau.

Eine nicht unerhebliche Rolle in der Agrarproduktion spielen die Sonderkulturen wenigstens in bestimmten Teilen der Nordischen Länder, insbesondere der Obst- und Gemüseanbau sowie die Glas- bzw. Gewächshauskulturen. Größere Obst- und Gemüseanbaugebiete konzentrieren sich auf Insel-Dänemark (vor allem Fünen und Seeland), auf das südschwedische Schonen sowie in Norwegen auf die inneren Fjordarme an der Westküste und auf das Mjøsaseegebiet. Eine wohl einzigartige Stellung nehmen diesbezüglich die inneren Fjordarme von Vestland und Trøndelag ein. Hier hat sich vom Boknfjord im Süden über das Hardangerfjordsystem bis zum Trondheimsfjord im Norden ein intensiver Stein- und Beerenobstanbau entwickelt, wie er in dieser Breitenlage (59° bis 64° N) einmalig auf der Welt ist. Diese Tatsache lässt sich vor allem auf die „Warmwasserheizung" der Nordatlantikdrift sowie auf die günstigen Einstrahlungsverhältnisse der sonnenexponierten Fjordtalungen zurückführen. Im südwestlichen Landesteil, besonders auf den Boknfjordinseln, den sog. „Tomateninseln", sowie in Jæren südlich Stavanger, ist zudem eine Fülle von leistungsstarken Glashausbetrieben lokalisiert, vornehmlich auf der Basis des Tomaten- und Gurkenanbaus. Die isländischen Glashauskulturen, so unter anderem in Hveragerði südöstlich des Hauptstadtbereiches, werden auf der Grundlage der reichlich vorhandenen Geothermalenergie betrieben. Schon Anfang der 1980er-Jahre erzielte die isländische Gewächshausproduktion einen Selbstversorgungsgrad mit Gemüsearten wie Gurken, Tomaten u. a. m. von etwa 70 %.

Die Sonderstellung Dänemarks

Der im internationalen Vergleich sehr hohe Entwicklungsstand der dänischen Landwirtschaft ist hinreichend bekannt. Folgende Charakteristika mögen diese Tatsache verdeutlichen:

Dänemark gilt als der größte Exporteur von Schweinefleisch, der drittgrößte von Butter und der viertgrößte von Käse. Weiterhin ist Dänemark Großexporteur von Konserven, von bratfertigem Geflügel und vielen anderen veredelten Agrarerzeugnissen. Damit nimmt Dänemark in der internationalen Lebensmittelproduktion zweifellos eine Sonderstellung ein. Dies berechtigt jedoch nicht zu der Schlussfolgerung, Dänemark als Agrarstaat einzustufen, auch wenn noch fast drei Viertel der Landesfläche von der Agrarwirtschaft eingenommen werden und Dänemarks Agrarausfuhr lange Zeit die wichtigste Einnahmequelle war. Von der erwerbstätigen Bevölkerung Dänemarks sind mittlerweile nur noch rd. 3 % in der Landwirtschaft tätig, die jedoch Nahrungsmittel für etwa 15 Mio. Menschen produzieren. Somit werden rd. zwei Drittel der Agrarerzeugnisse ausgeführt.

Die hohe Intensität der dänischen Landwirtschaft ist das Resultat vieler positiver Produktionsfaktoren. Diesbezüglich sind neben den günstigen naturräumlichen Voraussetzungen zu nennen: die enorme Betriebs- und Kapitalintensität, eine kluge und seit langem praktizierte Siedlungs- und Agrargesetzgebung und schließlich die Fähigkeit der dänischen Landwirte, sich rasch auf neue Marktverhältnisse umstellen zu können. Weiterhin müssen die auch im übrigen Nordeuropa ausgeprägte genossenschaftliche Zusammenarbeit, die Verbandstätigkeit und das gut ausgebaute Beratungswesen genannt werden.

Schon vor Jahrhunderten wurden große Mengen Lebendvieh, hauptsächlich Rinder, z. B. über die so genannten Ochsenwege aus Jütland zu den Absatzmärkten in Mitteleuropa, speziell in Deutschland, ausgeführt. Als dann Europa vor über einem Jahrhundert plötzlich von preiswertem amerikanischem Getreide regelrecht überschwemmt wurde und die meisten europäischen Staaten ihre eigene Agrarproduktion mit einer verschärften Zollpolitik zu schützen versuchten, öffneten gerade die Dänen für ihren Markt die billigen Getreideimporte, um diese Futtermittel über die Viehwirtschaft zu veredeln. Damit waren die dänischen Landwirte schon frühzeitig im Stande, Milch- und Fleischprodukte im Ausland zu konkurrenzfähigen Preisen zu verkaufen. Die dänische Agrarwirtschaft, die bis dahin vornehmlich auf Getreideanbau basierte, stellte sich somit aufgrund der neuen Marktsituation auf die Viehhaltung um, insbesondere auf die Produktion von Butter, Käse, Eiern, Fleisch und Speck bzw. Schinkenspeck. Dieses Erfolgsrezept gilt im Grunde auch noch für die heutige dänische Agrarproduktion. So wurden in den letzten Jahren fast neun Zehntel der Gesamternteerträge über die Viehhaltung veredelt. Kennzeichnend ist die in enger Relation zum wechselnden Markt- und Konsumgeschehen stehende Spezialisierung auf bestimmte Produkte und deren Veredelung. Zum besseren Verständnis dieser Situation seien im Folgenden kurz einige Entwicklungsaspekte skizziert.

Die Anfänge der so genannten Bauernbefreiung gehen bis auf das Jahr 1682 zurück. Ein Jahrhundert später, 1788, hob der König für ganz Dänemark die Schollenpflichtigkeit und den Flurzwang auf und gab dem Bauernstand die persönliche Freiheit zurück. Letztlich war es das Ziel dieser Reformen, das bisherige, meist grundherrschaftliche Landwirtschaftsareal in das Eigentum der Bauern zu überführen. Dies geschah in Dänemark früher als etwa in den mittel- und westeuropäischen Staaten. Weiterhin war man bestrebt, einen rascheren Übergang von der extensiven Dreifelderwirtschaft zu intensiveren Bodenbewirtschaftungsformen zu erreichen, wobei Bodenmeliorationen und steigende Agrarproduktpreise in den Jahrzehnten um 1800 diese Entwicklung förderten.

Durch Gesetzgebungen gegen Ende des 19. Jh.s konnte auch die bis dahin schwierige Lage der Häusler und Landarbeiterschichten verbessert werden, indem nun planmäßig Nebenerwerbs- und später auch Kleinbauernstellen geschaffen wurden. Beispielsweise wurden auf Initiative der 1866 gegründeten Dänischen Heidegesellschaft neben umfangreicheren Aufforstungsmaßnahmen ca. 70 % der etwa 1 Mio. ha großen jütischen Heideflächen kultiviert und mit 25 000 neuen Hofstellen besetzt. Die gesamte kultivierte Agrarfläche Dänemarks vergrößerte sich damit um etwa 33 %. Allerdings musste die Politik der Bildung und Erhaltung von kleinbäuerlichen Betrieben bald auf ihre Grenzen stoßen, vor allem in den Jahren nach dem Zweiten Weltkrieg mit der nun sich herausbildenden neuen Marktsituation.

Die zahlenmäßige Verschiebung der landwirtschaftlichen Betriebe unter 10 ha LF (Landwirtschaftliche Nutzfläche) zugunsten größerer Betriebseinheiten ist somit auch als Ausdruck der agrarpolitischen Erkenntnis anzusehen, dass es zur Sicherung eines angemessenen Einkommens eben notwendig war und ist, die Betriebsfläche der Kleinbauernstellen – wenn sie überhaupt erhalten werden sollen – wesentlich zu vergrößern. So wurden im Jahre 1949 Gesetze erlassen, die den Erwerb zusätzlicher Flächen für die Kleinbetriebe ermöglichen bzw. die Zusammenlegung von Betriebseinheiten fördern sollten. Eine derartige Zusammenlegung war nämlich bis dahin nicht möglich. 1962/63 sah man in Dänemark nur noch Betriebe mit mindestens 21 ha LF als lebensfähig an. Natürlich wurde auch die dänische Agrarwirtschaft nach dem Zweiten Weltkrieg von dem Preisverfall für Agrarprodukte (Preisverfall wenigstens im Vergleich zu anderen Gütern) erfasst, was auch hier zu einer relativen Einkommensminderung der Landwirte führte. Da der Export in die damaligen EWG-Staaten abnahm und auch das EWG-Preisniveau für Agrarprodukte erheblich über dem Dänemarks lag, drängte die dänische Agrarwirtschaft auf eine Mitgliedschaft in der EG. Zusammen mit Großbritannien und Irland wurde die Aufnahme am 1.1.1973 vollzogen. Seitdem hat sich die ökonomische Situation der dänischen Agrarwirtschaft wieder erheblich verbessert, obwohl alle direkten Subventionen eingestellt werden mussten und neue Steuern erhoben wurden.

Betriebsgrößen und -formen

Die gewaltigen Veränderungen innerhalb der dänischen Agrarbetriebszahlen und -größen während der letzten Jahrzehnte lassen sich wie folgt konkretisieren (Tab. 14). Um 1880 zählte man rd. 180 000 Betriebe mit mehr als 0,5 ha LF. 1946 war dann in Folge der skizzierten agrarpolitischen Maßnahmen der maximale Wert von 208 000 Hofstellen erreicht. Danach nahmen die Betriebszahlen ständig ab, so dass 1999 nur noch knapp 58 000 Hofstellen gezählt wurden.

Umgekehrt hat eine bedeutende Zunahme der Betriebsgrößen über 50 ha LF stattgefunden. Diesbezüglich sind natürlich regionale Unterschiede zu beachten. So liegen z. B. die Betriebsgrößen im Amt Kopenhagen mit den Gemeinden Kopenhagen und Frederiksberg sowie im Amt Südjütland als auch in den westjütischen Ämtern Ribe und Ringköbing bedeutend höher als der Landesdurchschnitt. Im Amt

		Landwirtschaftliche Fläche der Betriebe (ha)												
		unter 10		10,0–19,9		20,0–29,9		30,0–49,9		50,0–99,9		≥100		Durchschnittl. LF pro Betrieb in ha
	Ämter	abs.	%	abs.	%	abs.	%	abs.	%	abs.	%	abs.	%	
Inseln östl. d.	Kopenhagen	117	2,0	52	0,9	15	0,3	19	0,3	20	0,3	22	0,4	33,2
Gr. Belt (insb.	Frederiksborg	537	9,3	413	7,1	200	3,5	223	3,9	174	3,0	104	1,8	31,9
Seeland, Lol-	Roskilde	374	6,5	295	5,1	166	2,9	192	3,3	155	2,7	118	2,0	38,7
land u. Falster)	Westseeland	1323	22,9	1018	17,6	618	10,7	698	12,1	677	11,7	397	6,9	40,6
	Storström	620	10,7	584	10,1	573	9,9	658	11,4	870	15,0	595	10,3	60,1
Bornholm	Bornholm	161	2,8	147	2,5	84	1,5	147	2,5	170	2,9	75	1,3	43,2
Fünen	Fünen	1367	23,6	1036	17,9	687	11,9	800	13,8	926	16,0	497	8,6	42,2
Jütland	Südjütland	518	9,0	673	11,6	534	9,2	798	13,8	1432	24,8	781	13,5	58,1
	Ribe	533	9,2	815	14,1	589	10,2	791	13,7	980	16,9	428	7,4	47,1
	Vejle	851	14,7	888	15,4	586	10,1	659	11,4	804	13,9	396	6,8	42,5
	Ringköbing	737	12,7	1140	19,7	819	14,2	1210	20,9	1432	24,8	704	12,2	49,5
	Århus	1346	23,3	1375	23,8	842	14,6	997	17,2	1015	17,6	609	10,5	42,7
	Viborg	1329	23,0	1481	25,6	868	15,0	1137	19,7	1215	21,0	488	8,4	39,1
	Nordjütland	1641	28,4	1628	28,2	971	16,8	1282	22,2	1650	28,5	944	16,3	47,3
	Dänemark ges.	**11454**	**14**	**11545**	**14,3**	**7552**	**9**	**9611**	**12**	**11511**	**14**	**6158**	**8**	**45,7**

Tab. 14: Landwirtschaftliche Betriebsgrößen in den dänischen Ämtern 1999.

Eigene Berechnungen nach Landbrugsstatistik 1999 DS, Kopenhagen 1999.

Kopenhagen mit seiner vergleichsweise geringen Betriebsanzahl hat aufgrund der ausgeprägten Flächenkonkurrenzen und der besseren Verdienstmöglichkeiten in den sekundären und tertiären Erwerbssektoren schon früh eine Aufgabe der Kleinbetriebe und im Zusammenhag damit ein Konzentrationsprozess zu relativ wenigen großen Hofstellen stattgefunden. Die durchweg größeren Betriebseinheiten in Süd- und Westjütland sind dagegen mehr auf die hier ungünstigen Bodengüten und naturräumlichen Voraussetzungen überhaupt zurückzuführen, indem auf den vorherrschenden Altmoränen- und Sanderflächen im Gegensatz zu Ostjütland und Insel-Dänemark die Weidewirtschaft stärker in den Vordergrund tritt.

Was die Eigentums- und Pachtverhältnisse betrifft, so lässt sich gerade für Dänemark herausstellen, dass die Pachtbetriebe nur eine geringe Rolle spielen. Mehr als 90 % aller Hofstellen werden auch heute noch von den Eigentümern bewirtschaftet, und diese Situation besteht praktisch schon seit Beginn des 19. Jh.s. Trotz einer geringen Zunahme des Pacht- und Verwalterwesens dominiert bei weitem der Familienbetrieb in Eigenbesitz mit Vollerwerbscharakter. Von großer Bedeutung dagegen ist heute die Zupacht von landwirtschaftlicher Nutzfläche. So hatten die verpachteten Flächen Ende der 1990er-Jahre einen Anteil von 25 % an dem gesamten Agrarareal Dänemarks.

In Folge der zunehmenden Boden-, Betriebs- und Kapitalintensität, aber auch mitbedingt durch die Abwanderung von Arbeitskräften in andere Erwerbszweige, wurde auch die Mechanisierung gerade der dänischen Agrarwirtschaft vorangetrieben, und zwar insbesondere seit den 1950er-Jahren. Vor allem ist ein Anstieg von speziellen Landwirtschaftsmaschinen zu konstatieren, seien es Mähdrescher, Korntrocknungsanlagen oder Melkmaschinen und Milchtanks. Insgesamt gesehen ist der Mechanisierungsprozess in der Bodenproduktion weiter vorangetrieben worden als in der Viehwirtschaft. Landwirte, die nur über einen geringen eigenen Maschinenpark verfügen, können auf ein gut organisiertes System von Maschinenstationen zurückgreifen. Schon 1972 existierten in Dänemark 375 derartige Stationen; hinzu kamen gut 750 Landwirte, die in Verbindung mit ihren eigenen Betrieben eine Maschinenverleihstation unterhielten. Diese Institutionen stellen hauptsächlich große und spezialisierte Maschinen wie Vollerntemaschinen oder Tankwagen für Gülle mit und ohne Fahrer zur Verfügung. Weiterhin haben der gemeinsame Kauf und die gemeinschaftliche Nutzung von Spezialgeräten an Bedeutung gewonnen, und zwar besonders bei den mittleren Betriebsgrößenklassen zwischen 20 und 40 ha. Hierbei fällt auf, dass vor allem jüngere Landwirte zu einer derartigen Kooperation neigen.

Anbau- und Viehhaltungsformen

In der Pflanzenproduktion ist der Getreideanbau (vornehmlich Sommergerste und Winterweizen) verständlicherweise vorherrschend; sein Anteil beträgt etwa 50 % (1999) des dänischen Landwirtschaftsareals gegenüber etwa 47 % im Jahre 1960 (Abb. 49).

Der Grünlandanteil (Gras und Grünfutterpflanzen) hat sich verringert und liegt derzeit bei ca. 16 %. Allerdings ist die Grünlandwirtschaft zu einem großen Teil mit in den Fruchtwechsel der Anbaufläche einbezogen. 1999 waren nur knapp 13 % der gesamten dänischen Agrarfläche Dauergrünland, wobei sich die besten Weideflächen auf den Marschensaum des südwestlichen Jütland konzentrieren. Mit rd. 5 % Anteil an der gesamten landwirtschaftlichen Nutzfläche sind die Hackfrüchte (besonders Zuckerrüben und Kartoffeln) vertreten, die 1960 noch gut 18 % einnahmen. Neben den Getreide-, Hackfrucht- und

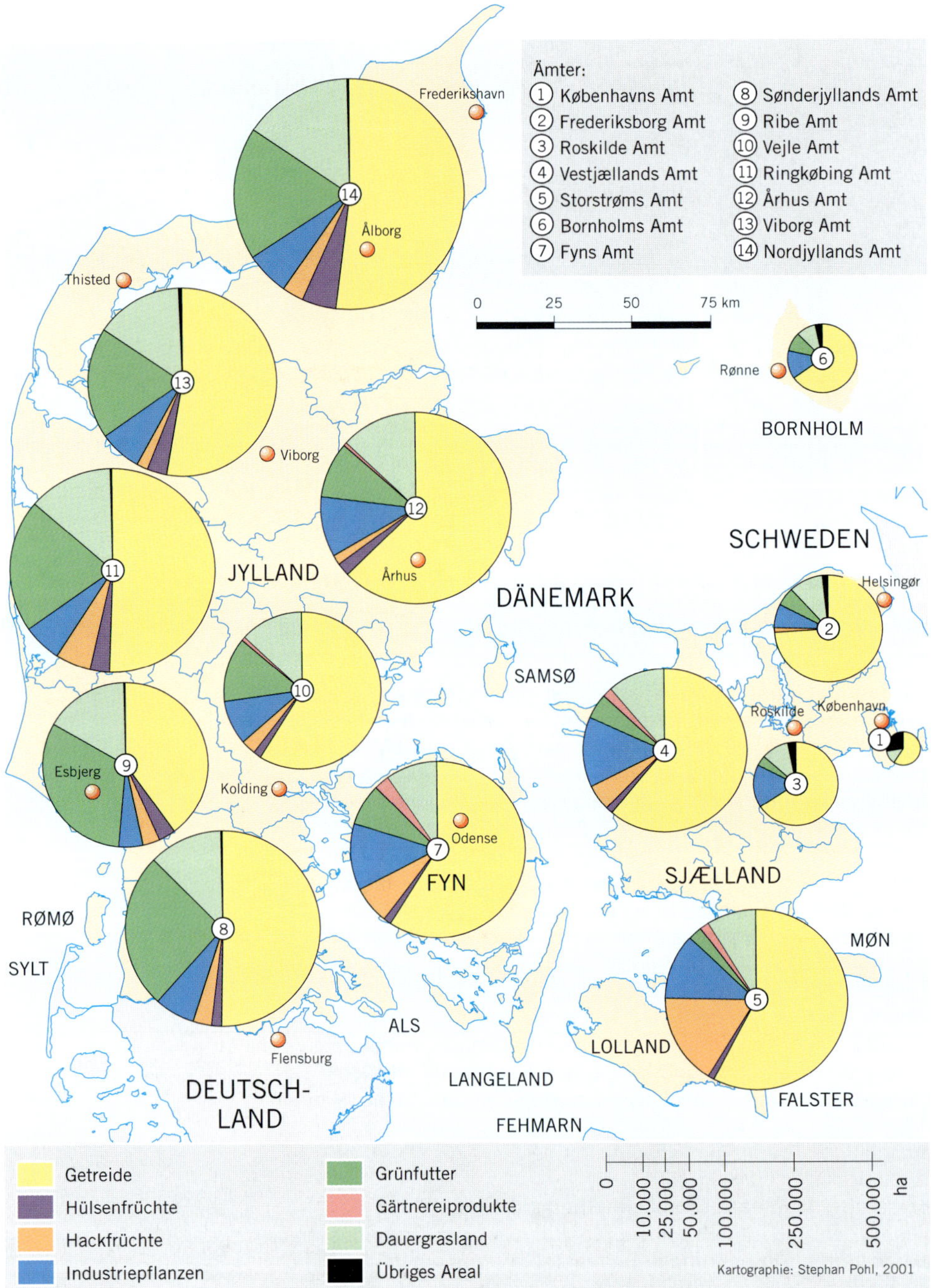

Abb. 49: *Die Pflanzenproduktion Dänemarks 1999.*

Grünlandflächen wären hier der Vollständigkeit halber noch einige Spezialkulturen zu nennen, wie etwa Saatgutvermehrung oder der Anbau von Industriepflanzen (vor allem Raps) sowie von Freilandgemüse und Obst.

Beim Getreideanbau dominiert schon seit Jahrzehnten die Gerste, und zwar hauptsächlich als Futtergetreide für die Schweinemast. Bis in die Zeit des Zweiten Weltkrieges hinein wurde Gerste fast ausschließlich auf den schwereren, nährstoffreicheren Böden des östlichen Dänemark, also östlich und nördlich der Hauptstillstandslinie der letzten Vereisung, angebaut. Danach hat im Zuge von Neuzüchtungen, des verstärkten Kunstdüngereinsatzes, aber auch infolge des Ausfalles von Importfuttermitteln während der Kriegsjahre eine Ausbreitung des Gersteanbaus ebenfalls auf den relativ nährstoffarmen Sandböden Westjütlands stattgefunden.

Verständlicherweise konzentriert sich in allen dänischen Agrarregionen der Gersteanbau vorwiegend auf die mittleren und größeren Betriebseinheiten, während die arbeitsintensiveren Anbauformen, wie z. B. bestimmte Hackfrüchte oder Sonderkulturen und Gärtnereiprodukte, mehr den kleineren Hofstellen vorbehalten sind. Die herausragende Bedeutung der Gerste zeigt sich auch indirekt in den Berechnungsmodalitäten der Ernteerträge, und zwar zählt man die gesamte Pflanzenproduktion Dänemarks nach Ertragseinheiten, wobei eine Ertragseinheit 100 kg Gerste entspricht. Die jährliche Erntemenge an pflanzlichen Agrarprodukten schwankt zwischen 160 und 170 Mio. Ertragseinheiten, von denen rd. 60 % auf Getreide entfallen. Aus den bisherigen Ausführungen geht hervor, dass der absolut größte Teil der Pflanzenproduktion

	Viehwirtschaftserzeugnisse (1000 t)					
	1950–54 ø	1965	1975	1985	1995	1999
Milch	5281	5367	4918	5099	4676	4655
Butter	171	166	139	93,8[1]	54	48
Käse	79	114	152	259,6[1]	311	290
Rind- und Kalbfleisch	190	245	259	252	200	173
Schweinefleischprodukte	445[2]	803	772	1132	1582	1781
Geflügelfleisch	20	66	90	115	184	206
Eier	131	90	75	80	95	78

[1] 1988; [2] Schweinefleisch und -speck

Tab. 15: *Produktion wichtiger Viehwirtschaftserzeugnisse 1950–1999.*

Quelle: Mogensen 1975 u. Danmarks Statistik, Kopenhagen 1999.

über die Viehwirtschaft veredelt wird. Heute sind es etwa 90 % des Pflanzenertrages, die zur direkten Verfütterung bzw. zur Herstellung von Futtermitteln dienen. Es handelt sich hier also um eine ausgesprochene Veredelungswirtschaft (Abb. 50).

Noch in den 1970er-Jahren entfielen etwa 45 bis 50 % der Viehwirtschaftserträge auf die Rinderhaltung, davon 30 % auf Milch- und 15 bis 20 % auf Schlachtvieh. Weitere 45 % wurden von der Schweinemast sowie 6 bis 7 % von der Geflügelhaltung getragen. Dann begann seit den 1980er-Jahren eine rapide Steigerung der Schweinefleischproduktion, und zwar um über 40 % auf knapp 1,8 Mio. t im Jahre 1999 (Tab. 15).

Umgekehrt sank die Milchproduktion im gleichen Zeitraum um 10 % auf 4,4 Mio. t, was u. a. auf das Milchquotensystem in der EU zurückzuführen ist. Der Bestand an Milchkühen wurde um 30 % reduziert, wobei allerdings ein Anstieg der Milchmenge pro Kuh (über 7400 l pro Jahr) den Rückgang wenigstens teilweise kompensiert hat. Die Abnahme der Milchviehhaltung ist aber auch in Zusammenhang mit der Tendenz zu arbeitsextensiveren Betriebsformen zu sehen, welche schon aufgrund der andauernden Abwanderung von Arbeitskräften sowie der steigenden Arbeitslöhne auch im agraren Bereich bedingt waren.

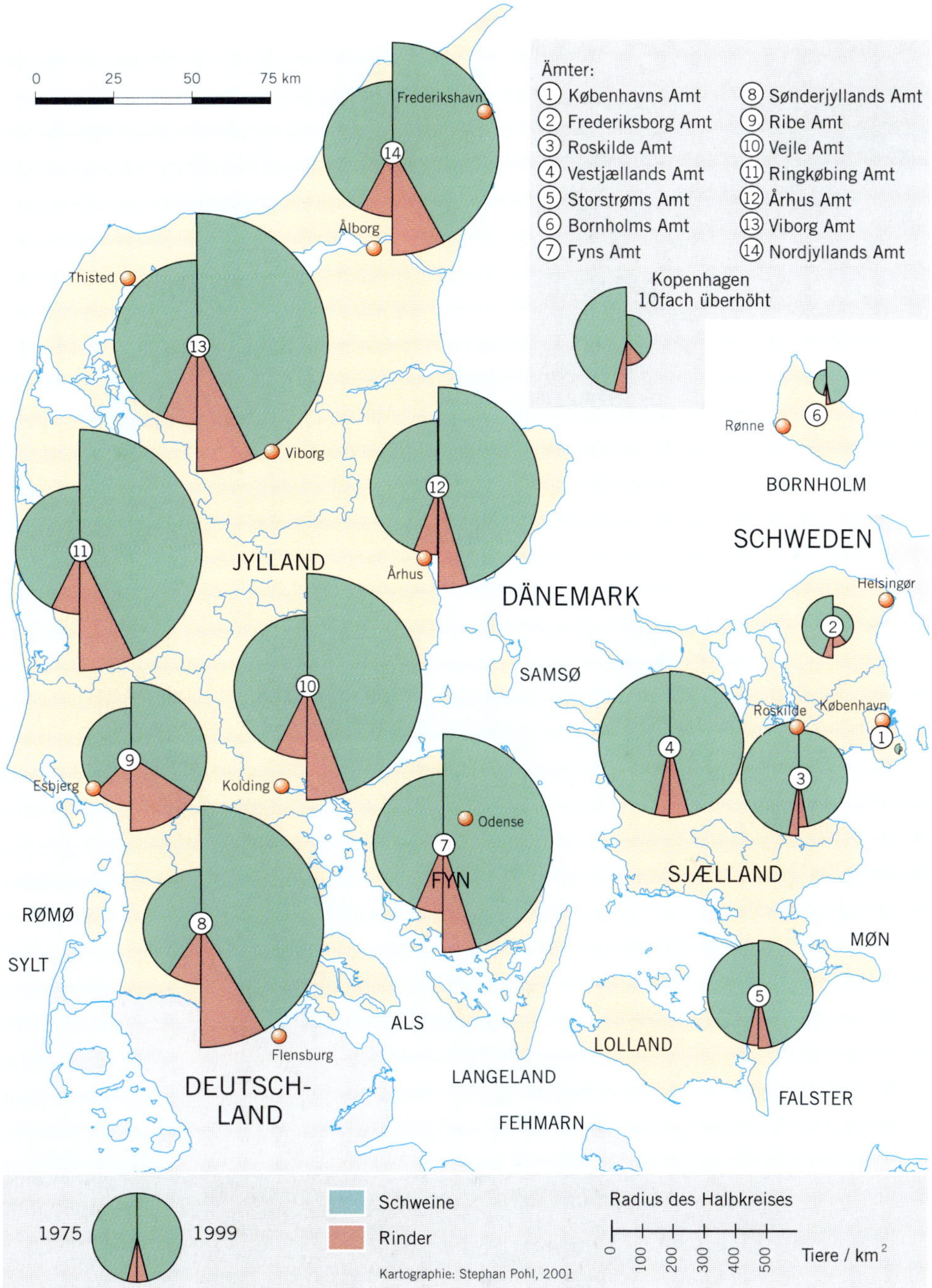

Nach Statistik om landbrug, gartneri og skovbrug 1999.

__Abb. 50:__ Schweine- und Rinderbestände Dänemarks 1975–1999.

Dänische Agrarorganisationen

Die Leistungsstärke der dänischen Landwirtschaft wird nicht nur auf die günstige Agrarstruktur, sondern in erheblichem Maße auch auf die genossenschaftliche Zusammenarbeit, auf das gut durchorganisierte Verbandswesen sowie auf die umfangreiche Beratungstätigkeit zurückgeführt. Fast alle dänischen Landwirte sind entweder Miteigentümer oder mitbestimmend in einer oder mehreren Genossenschaften, deren Entstehung in das ausgehende 19. Jh., und zwar auf Initiativen hin, zurückdatiert werden kann. In den letzten Jahrzehnten wurden etwa die Hälfte der Betriebsmittel einer Hofstelle durch Genossenschaften geliefert und mehr als 75 % der Produktion durch genossenschaftliche Einrichtungen veredelt und vermarktet.

Die Tätigkeit der dänischen Genossenschaften konzentriert sich darüber hinaus auf verschiedenste Dienstleistungen, z. B. auf Beratungen, Finanzierungen, Düngungsmaßnahmen oder Maschinenausleihe. Die wichtigsten Branchen innerhalb der Veredlungs- und Versorgungsinstitutionen bilden eigene Landesverbände. So sind etwa die Molkereien im „Zentralverband der Dänischen Molkereivereine" oder die Schlachtereien im „Gesamtverband der Dänischen Schweineschlachterei-Genossenschaften" verankert. Diese und andere Hauptorganisationen bilden den „Gesamtverband Dänischer Genossenschaften".

Daneben existiert der „Landwirtschaftsrat", eine gemeinsame Vertretung aller Landwirtschaftsvereine und Genossenschaften, die die Belange der dänischen Landwirte gegenüber der Regierung, dem Folketing oder auch dem Ausland vertritt. Dem „Landwirtschaftsrat" untersteht auch der „Absatzausschuss der Landwirtschaft". Letzterer hat die Aufgabe, durch Marktforschung, Werbungen, Ausstellungen und Auslandsbüros den Absatz dänischer Agrarprodukte zu forcieren. Die zweite wichtige Agrarorganisationsform, die der „Landwirtschaftlichen Vereine", sieht ihre Haupttätigkeit in der Information und Beratung ihrer Mitglieder. Dies zeigt sich in einem gut ausgebauten Netz moderner, zentraler Beratungsstellen mit Konsulenten für den Pflanzenbau, die Tierhaltung oder die Betriebsorganisation (z. B. hinsichtlich der Aufstellung von Düngungs- und Anbauplänen). In den letzten Jahren nahmen ca. 70 % aller Mitglieder die Dienste dieser Institutionen in Anspruch.

Aktiv- und Passivräume – Das Beispiel Norwegen

Im Vergleich zu den Flachlandgebieten Mitteleuropas oder Dänemarks ist die norwegische Agrarwirtschaft aufgrund der naturräumlichen Voraussetzungen vor allem in den inneren und nördlichen Landesteilen sehr benachteiligt. Lediglich gut 3 % von Fest-land-Norwegen werden als kultiviertes Agrarareal ausgewiesen, während über 47 % auf das Kahlfjell (snaufjell) oberhalb der Waldgrenzen und etwa 23 % auf produktive Waldflächen entfallen (Abb. 51).

Diese Durchschnittswerte variieren in den einzelnen Provinzen und Regionen natürlich sehr stark. Während die kultivierten Landwirtschaftsflächen (LF) z.B. in den Provinzen Vest- und Östfold jeweils rd. 20 % einnehmen, liegen die entsprechenden Werte für Nordland, Troms und Finnmark bei rd. 2, 1,5 bzw. 0,2 %.

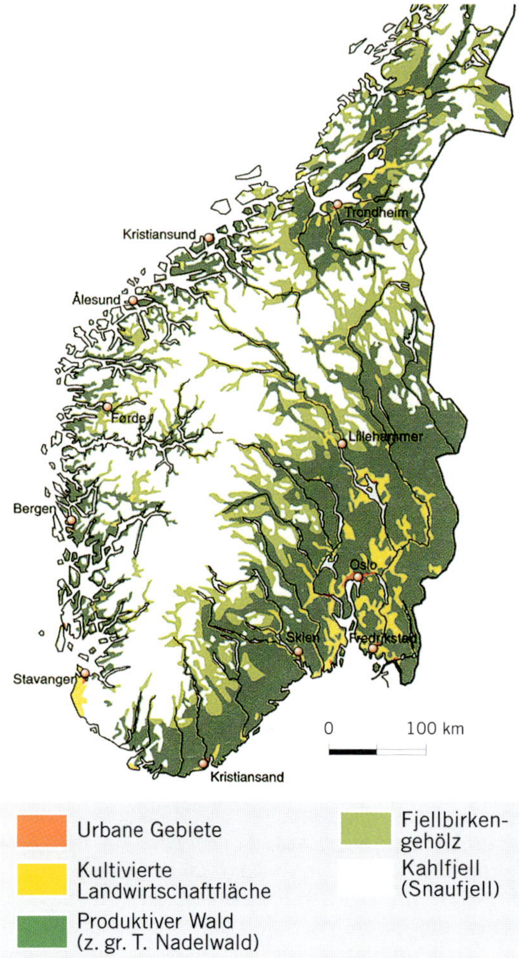

Abb. 51: *Land- und waldwirtschaftlich genutzte Flächen in Süd- und Mittelnorwegen.*

Besondere Beachtung verdient in diesem Zusammenhang die Tatsache, dass das kultivierte Agrarareal von 1959 bis 1998 trotz aller Flächennutzungskonkurrenzen nicht abgenommen hat, wenn man von dem Einbruch in den 1970er-Jahren absieht (Abb. 52). Zu erklären ist dieses Faktum allem Anschein nach mit den von staatlicher Seite unterstützten Rodungs- bzw. Meliorationsmaßnahmen vor allem in der Peripherie.

Einheitlich strukturierte Landwirtschaftsregionen

Versuche einer Aufstellung einheitlich strukturierter Agrarregionen in Norwegen sind nicht neu. Eine Differenzierung nach „natürlichen Landwirtschaftsgebieten" wurde zum ersten Mal 1929 vom Statistischen Zentralbüro vorgenommen und in den späteren Publikationen der Landwirtschaftszählungen ausgebaut. Die einzelnen Landesteile, d. h. Östland, Sörland, Vestland, Trøndelag und Nordnorwegen, werden dabei in 20 verschiedene Bezirke aufgeteilt, die nach naturräumlichen Gesichtspunkten mehr oder weniger einheitliche bzw. natürliche Agrarregionen verkörpern sollen. Auch die vom „Norsk institutt for landbruksökonomisk forskning" (NILF) vorgeschlagene Gebietseinteilung, wie sie in den alljährlich erscheinenden „Driftsgranskinger i jord- og skogbruk" („Betriebsforschungen in der Land- und Waldwirtschaft") zum Ausdruck kommt, ist wie die Einteilung seitens des Statistischen Zentralbüros in besonderem Maße auf die natürlichen Eignungsverhältnisse für die Landwirtschaft, d. h. vor allem auf die morphographischen, klimatischen und edaphischen Faktoren zugeschnitten. Dabei werden acht Landwirtschaftsregionen unterschieden:

1. die Flachlandbezirke von Östland und Trøndelag,
2. die produktiven Waldbezirke,
3. die inneren Tal- und Fjellregionen,
4. die Agderprovinzen,
5. Jæren und die Boknfjordregion,
6. Fjord- und Binnenbezirke von Vestland,
7. die übrigen Küstenbezirke sowie
8. Nordnorwegen mit den Provinzen Nordland, Troms und Finnmark.

Nun werden, wie hinreichend bekannt, die Produktionsstrukturen der modernen Landwirtschaft nicht nur bestimmt von den Naturraumpotenzialen, sondern auch von einer Reihe sozioökonomischer Faktoren, z. B. den wirtschaftspolitischen Eingriffen (in Norwegen vor allem Unterstützungsordnungen), der Marktnähe bzw. -ferne, den Verbrauchergewohnheiten, der Verkehrsinfrastruktur usw. An diesen Kriterien kann ein räumlicher Differenzierungsversuch des heutigen Agrargeschehens keineswegs vorbeigehen. Andererseits wäre es falsch, bei der agrarräumlichen Gliederung die naturräumlichen Eignungsverhältnisse vernachlässigen oder gar ausklammern zu wollen. Ein solches Vorgehen würde gerade im Fall der norwegischen Agrarproblematik schnell zu Fehlinterpretationen führen.

Den genannten Abgrenzungsversuchen und Kriterien liegt Abb. 53 der Landwirtschaftsregionen zugrunde, wobei hier Nordnorwegen unberücksichtigt bleibt. Allerdings erscheint es unzulänglich, den nördlichen Landesteil – wie häufig gesehen – als eine in sich geschlossene Agrarregion anzusehen. Schon Sömme (1954) hat die Provinzen Nordnorwegens wie den südlichen Landesteil agrargeographisch in die äußeren Küsten- und Inselbezirke, die Fjord- und Talregionen sowie die Binnenbezirke (Finnmarksvidda und östliche Grenzgebiete von Troms bzw. Nordland) unterteilt.

Die fünf Agrarregionen des südlichen Norwegen lassen sich wie folgt charakterisieren: Die drei anbaugünstigen Flachlandbezirke, nämlich a) rund um den Oslograben und nördlich davon bis Toten und Hedemarken am Mjøsasee, b) beiderseits des Trondheimsfjordes und c) die südwestliche Küstenlandschaft Jæren vereinigen auf sich rd. 40 % des kultivierten norwegischen Agrarlandes, obwohl sie nur 8 % der Landesfläche einnehmen. Über 60 % der norwegischen Getreide-, Kartoffel- und Futterpflanzenproduktion werden hier erwirtschaftet. Verantwortlich dafür sind im Wesentlichen die günstigen Primärpotenziale, insbesondere die guten Anbauböden auf der Grundlage mariner und glazialer Sedimente. Während sich der Getreideanbau vornehmlich auf die entsprechenden Flachlandbezirke von Østland und Trøndelag konzentriert, ist Jæren schon seit Jahrzehnten das Zentrum einer arbeits- und kapitalintensiven Groß- bzw. Milchviehhaltung. Eine gravierende Benachteiligung für die norwegische Landwirtschaft und die auf ein Mindestmaß an Selbstversorgung ausgerichtete Agrarpolitik ist nun die Tatsache, dass alle drei landwirtschaftlichen Kernräume erheblichen Flächennutzungskonkurrenzen ausgesetzt sind, indem sich hier in wachsendem Maße nicht-agrare Siedlungs- und Wirtschaftsformen etablieren. Diese Entwicklung zeigt sich am deutlichsten in den Randlandschaften des Oslograbens und in der Jærenebene, was auf die Dauer trotz aller Raumplanungsstrategien zu unglücklichen Konsequenzen für das an gutem Agrarareal arm ausgestattete Land führen kann.

Der zur Provinz Rogaland gehörende Küstensaum Jæren erstreckt sich mit einer Länge von etwa 70 km und einer Breite von bis zu 15 km südlich der Ölmetropole Stavanger. Gemessen an der Flächen-, Arbeits- und Kapitalintensität gilt die Jærenebene heute als die agrarintensivste Region Norwegens (Bild 42). Mit weniger als 3 % Anteil an der kultivierten Landwirtschaftsfläche Norwegens erbrachte Jæren in den letzten Jahrzehnten über 8 % der Agrarproduktion des Landes.

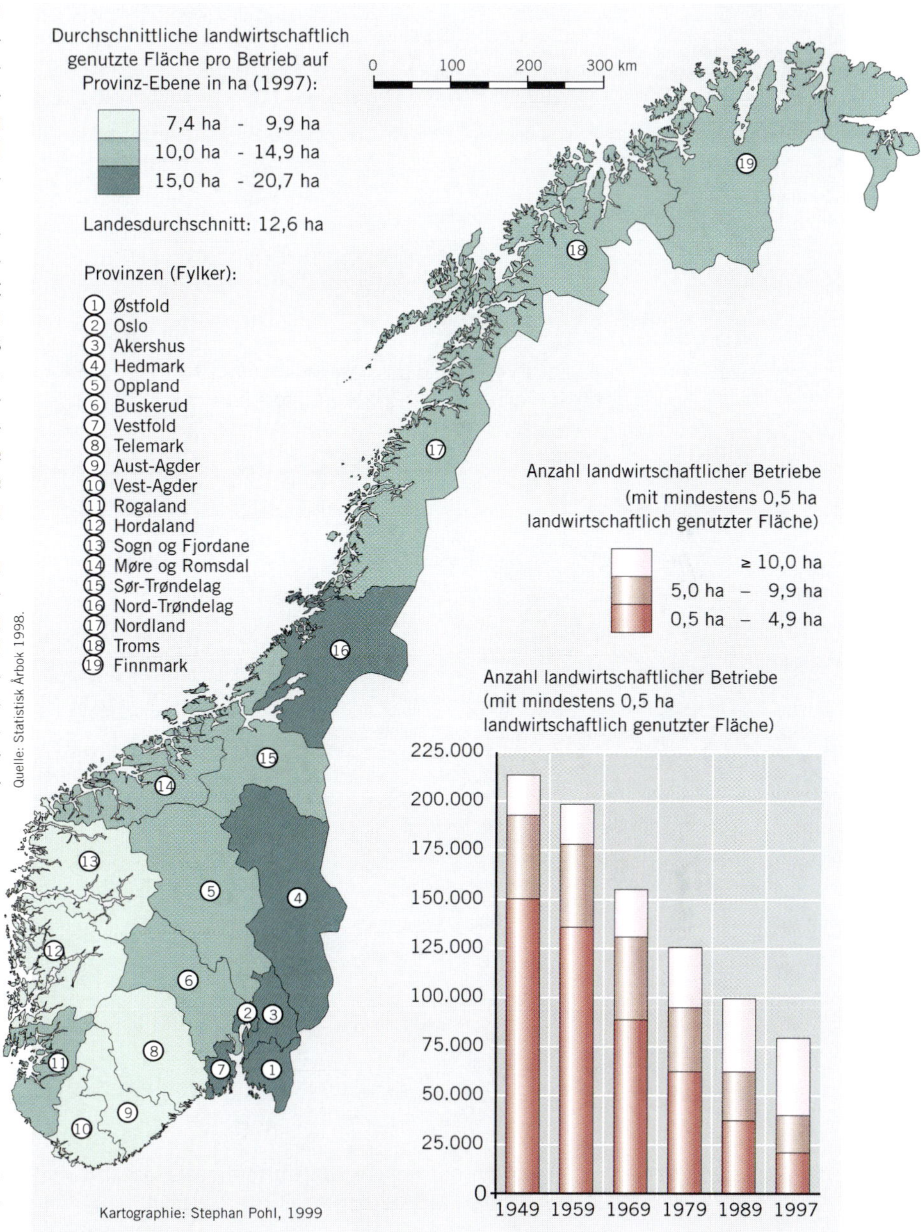

Abb. 52: Durchschnittliche landwirtschaftlich genutzte Fläche pro Betrieb auf Provinz-Ebene in Norwegen 1997.

Ableiten lässt sich der Name Jæren von altnorwegisch *jadar*, das soviel wie „Kante" oder „Rand" bedeutet. Von alters her wird hiermit das ganz andersartige Aussehen der Jærenebene („Klein-Jütland") gegenüber dem benachbarten Ryfylke oder dem unwirtlichen, kaum besiedelten Dalane zum Ausdruck gebracht. Während früher Jæren als Kornkammer für andere Landesteile Norwegens galt, spielt im modernen Agrarlandschaftsbild der Futterpflanzenanbau (vor allem Schnittwiesen auf kultiviertem Land) die dominierende Rolle, was schon indirekt auf den wichtigsten Landwirtschaftszweig, nämlich die Milchviehhaltung, hinweist. Die relativ kleinen Betriebsgrößen mit durchschnittlich zwischen 15 und 20 ha kultivierter Landwirtschaftsfläche (*innmark*) zählen häufig 30 bis 50 Stück Milchvieh, was

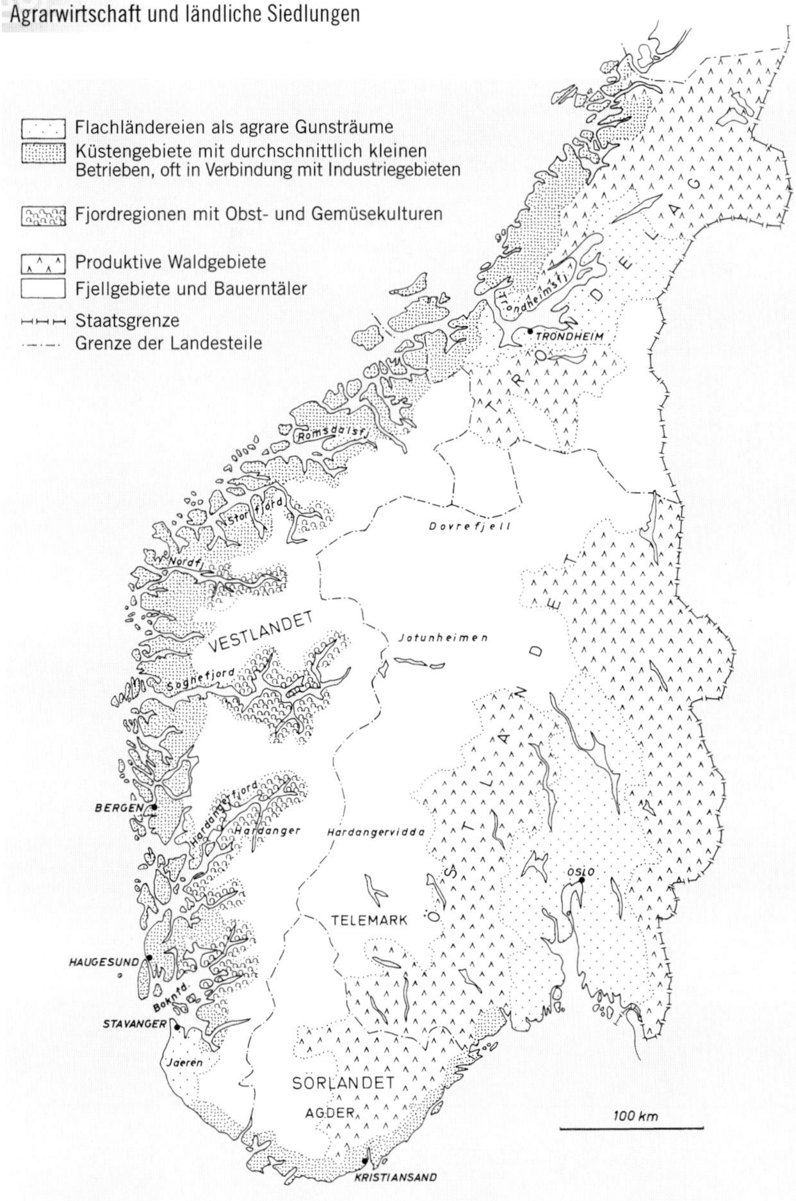

Quelle: Gläßer, E. 1993.

***Abb. 53:** Landwirtschaftsregionen im südlichen Norwegen.*

natürlich mit hohem Kraftfuttereinsatz bezahlt werden muss. Mit Quotenregelungen und Subventionsabbau versucht die norwegische Agrarpolitik die Produktionsmengen vor allem in diesem Landesteil zu begrenzen. Ein gut ausgebautes Netz an Veredlungsbetrieben sorgt für die Verarbeitung der Milchmengen. So gilt die Nærbö-Meierei in der gleichnamigen städtischen Siedlung (*tettsted*) seit Jahren als der größte Käseproduzent Nordeuropas. Schließlich sei hier noch hervorgehoben, dass viele Agrarbetriebe der Jærenebene sowie der benachbarten Boknfjordregion zusätzlich oder ausschließlich auf andere Produktionszweige spezialisiert sind, vor allem auf Gewächshauskulturen (vornehmlich Tomaten und Gurken) und auf Freilandgemüseanbau.

Die durch Buchten und Fjordmündungen sowie zahllose Inseln und Schären zerlappten Küstengebiete von Sörland bis Trøndelag nehmen ca. 15 % des kultivierten Agrarareals ein. Rechtfertigen lässt sich die Herausstellung als eigene Landwirtschaftsregion vor allem aus folgenden Gründen: Physiogeographisch gesehen ermöglichen die makroklimatischen Verhältnisse, vor allem die milden Winter, bedeutend längere Weidezeiten, was sich demzufolge positiv auf die Rindvieh- und Schafhaltung auswirkt. Hauptgrundlage des flächenmäßig zurücktretenden Anbaulandes (hauptsächlich Futterpflanzenproduktion) bilden die marinen Sedimentationsgebiete sowohl im vestländischen Strandflatebereich als auch an der felsigen Sörlandküste. Insgesamt werden allerdings die Anbaumöglichkeiten in den Küstenstrichen infolge des meist unmittelbar anstehenden Grundgebirges stark eingeengt. Charakteristisch für die sör- und vestländischen, aber auch für die nordnorwegischen Küstensäume ist weiterhin, dass die hier ansässigen, selbst für Norwegen kleinen Betriebseinheiten häufig verknüpft sind mit nicht-landwirtschaftlichen Erwerbszweigen.

Eine einzigartige Stellung innerhalb der norwegischen Landwirtschaftsregionen nehmen die inneren Fjordgebiete von Vestland ein. Hier findet man in mehreren Bezirken vom Boknfjord im Süden über den Hardangerfjord, Sognefjord, Nordfjord, Storfjord bis zum Trondheimsfjord im Norden einen intensiven und flächenhaften Obst- und z. T. auch Gemüseanbau, wie er in der Breitenlage von 59 bis 64° n. Br., d. h. der gleichen Breitenlage wie Südgrönland, einmalig auf der Welt ist. Diese Tatsache lässt sich vor allem auf die „Warmwasserheizung" der Nordatlantikdrift sowie auf die günstigen Einstrahlungsverhältnisse der sonnenexponierten Fjordtalungen zurückführen. Weiterhin bieten die Leelage sowie Terrassenbildungen an den Enden der inneren Fjordarme günstige Voraussetzungen für den größtenteils gewerbsmäßig betriebenen Obstanbau. Vor allem Hardanger mit seinen tief eingeschnittenen Fjordarmen ist als Obstbaulandschaft in Norwegen und darüber hinaus bekannt geworden.

In der Hardanger- und Sognefjordregion betreibt man hauptsächlich Winterapfel-, Kirschen- und Birnenkulturen. Hinzu kommen in allen Fjordregionen beträchtliche Mengen an Beerenobst, d. h. Johannisbeeren, Himbeeren, Stachelbeeren und Erdbeeren, wobei die Erdbeerkulturen sich insbesondere auf Süd-Trøndelag (vor allem Lensvik) konzentrieren. Mehr als 30 % aller Hofstellen in der Hardanger- und Sognefjordregion erzielen einen bedeutenden Teil ihrer Einkünfte aus dem Obstverkauf. In diesem Zusammenhang sollte aber auch erwähnt werden, dass mehrere Östlanddistrikte, so am Mjøsasee und im östlichen Buskerud, einen wenigstens für norwegische Verhältnisse beachtlichen Obst- und Freilandgemüseanbau aufweisen.

Eine neuere Untersuchung über die Obstbaukulturen in Hardanger liegt seitens Repstad und Hammer (NILF-rapport 1998, S. 7) vor. Danach ist die Zahl der dortigen Obstanbaubetriebe in den letzten Jahren zwar gesunken, jedoch sind die Flächengrößen der verbliebenen Sonderkulturbetriebe bedeutend gestiegen; derzeit betragen sie im Durchschnitt 3,3 ha pro Betrieb. Die Untersuchung basiert im Wesentlichen auf Zahlenmaterial von 1988 bis

Bild 42: *Küstenlandschaft Jæren (südlich Stavanger). Jæren gilt als Norwegens intensivstgenutzte Agrarregion (E. Gläßer).*

1996, bezogen auf die Gemeinden Ulvik und Ullensvang in Hardanger. Wenn auch 60 % aller Betriebe mit Obstanbau in den genannten Gemeinden weniger als 50 % ihrer Nettoeinkünfte aus den Sonderkulturen erzielen, so darf doch die regionalökonomische Bedeutung dieses Erwerbszweiges keineswegs unterschätzt werden.

Die produktiven Wald- und Holzwirtschaftsgebiete ordnen sich halbkreisförmig um die Flachlandbezirke von Østland und Trøndelag an. Immerhin entfallen über 50 % der norwegischen Nadelholzproduktion auf diese Waldregionen, die zudem ca. 17 % des kultivierten Agrarareals einnehmen. Ausgeprägte Walddistrikte im forstwirtschaftlichen Sinne findet man vor allem in Aust-Agder (besonders im unteren Setesdal) und im südwestlichen Telemark, im unteren Hallingdal bis östlich zum Randsfjord, in Hedmark beiderseits des Österdals sowie in Nord-Trøndelag, d. h. im inneren Namdal und in Lierne. Naturräumlich gesehen gehören die genannten Waldwirtschaftsdistrikte zu den Norwegen bei weitem beherrschenden Grundgebirgsflächen mit ihren meist anstehenden Tiefengesteinen und nur gering ausgeprägter Bodenbildung. Die ländlich-agrare Wirtschaft in diesen Waldregionen ist natürlich eng mit der Forstwirtschaft verbunden; der Wald wird hier zu einer bedeutenden Einnahmequelle. Beispielsweise besitzen rd. 80 % aller Betriebe Aust-Agders, eine der ausgeprägtesten norwegischen Waldprovinzen, produktive Waldflächen von durchschnittlich 60 ha pro Hofstelle.

Traditionell sind in den produktiven Waldgebieten die Land- und Holzwirtschaft eng miteinander verbunden, ähnlich wie früher Landwirtschaft und Fischerei in den vestländischen Küstenbezirken. Welcher der beiden Wirtschaftszweige Land- oder Forstwirtschaft das Haupteinkommen erbringt, lässt sich für die herausgestellten Waldregionen generell kaum beantworten. Für sehr viele landwirtschaftliche Kleinbetriebe vor allem in Sörland erbringt die saisonale Waldarbeit zweifellos den größeren Teil des Gesamteinkommens. Andererseits weisen mehrere Waldwirtschaftsdistrikte besonders in den unteren Abschnitten der östlichen Bauerntäler und in Teilen Trøndelags relativ gute Anbau- und Viehhaltungsbedingungen auf, so dass hier beide Wirtschaftszweige, die Agrar- und Forstwirtschaft, die Einkommensverhältnisse bestimmen. Heute liegt die ungefähre Grenze des forstwirtschaftlich beanspruchten Waldes in Östland bei etwa 600 bis 800 m und im westlichen Teil von Sörland bzw. in den östlichen Grenzregionen von Vestland bei ca. 400 bis 600 m.

Die Tal- und Fjellregionen besitzen etwas mehr als 10 % der kultivierten Agrarfläche des Landes, wobei sich dieses Landwirtschaftsareal vornehmlich auf die großen südnorwegischen Taltröge mit ihren alten Bauernkulturen konzentriert. In erster Linie sind hier von Osten nach Westen das Österdal, Gudbrandsdal und Valdres, Hallingdal, Numedal sowie die das Sörland durchziehenden Talzüge Setesdal und Sirdal zu nennen. Die an sich sehr unterschiedlichen Landschaftseinheiten Tal und Fjell waren seit jeher wirtschaftlich eng miteinander verflochten. So ist die agrare Kulturlandschaftsentwicklung in den norwegischen Bauerntälern nicht vorstellbar ohne die wirtschaftliche Grundlage der benachbarten Fjellbereiche; man denke z. B. nur an die extensive Waldweidewirtschaft und die mannigfaltigen Futtergewinnungsarten oder an die Formen der Fernweidewirtschaft (*seterbruk*).

Über die Formen der Alm- bzw. Seterwirtschaft sei hier bemerkt, dass ohne deren Grundlage ein bäuerliches Leben in den Tal- und Fjelldistrikten bis ins 20. Jh. kaum denkbar gewesen wäre. Nach Untersuchungen von Reinton (1955) bewirtschafteten in den typischen Setergebieten des südlichen

***Bild 43:** Schaftranshumanz in Südwestnorwegen (Øvre Sirdal) (E. Gläßer).*

und mittleren Norwegen um die Mitte des 19. Jh.s nahezu alle Hofstellen einen oder mehrere Seter, auf denen neben der Milchwirtschaft die Winterfuttergewinnung (*slåtteseter*) im Vordergrund stand. In diesem Zusammenhang sei auch die Fernweidewirtschaft mit Milchziegen erwähnt, wobei hier enge Verbindungen zur Seterwirtschaft bestehen. Noch heute wird auf diese Weise in einigen Regionen vornehmlich von Vest- und Sörland Ziegenkäse (*geitost*) produziert.

Schließlich seien als ein interessantes Phänomen des südwestlichen Landesteiles die sommerlichen Schafwanderbewegungen genannt, und zwar eine Fernweidewirtschaft bzw. eine Art Transhumanz, die sich seit der ersten Hälfte des 19. Jh.s entwickelt hat (Bild 43). Auch heute noch werden von den Küstenlandschaften Rogalands und Hordalands viele Tausende Schafe alljährlich zur Sommerweide (Anfang Juni bis Mitte September) in die Sirdal- und Setesdal-Fjellhochflächen gebracht. Diese Transhumanz liegt in der Hand organisierter Weidegenossenschaften; der Hin- und Rücktransport der Tiere geschieht per Lastwagen.

Beim Fjell-Bauerntal-Typus handelt es sich nach modernen betriebswirtschaftlichen Kriterien um Problemgebiete mit zahlreichen Regressionserscheinungen, deren Agrarproduktion nur mit Hilfe der staatlichen Subsidienpolitik am Leben erhalten werden kann. Zwar ziehen diese Marginalräume wegen ihrer landschaftlichen Reize, ihres hohen Freizeitwertes und ihres kulturhistorischen Erbes zahlreiche Touristen an; sie stehen aber sozioökonomisch in einem starken Gegensatz zu den küstennäheren Flachlandgebieten. Folgende Merkmalsgruppen sind jenen peripheren Problemgebieten gemeinsam:

1. die relative physiogeographische Ungunst der landwirtschaftlich intensiver genutzten Flächen u. a. hinsichtlich der Reliefierung, der Bodengüte und des Geländeklimas (Grenzertragsböden);
2. die kleinen Betriebsgrößen in puncto kultivierter Landwirtschaftsfläche, wobei hier vor allem das Größenverhältnis zwischen dem kultivierten Land (*innmark*) und den weiten, heute nur noch extensiv genutzten Fjellweiden (*utmark*) zu beachten ist;
3. die nach heutigen verkehrsgeographischen Gesichtspunkten periphere Lage abseits der Veredlungs- und Vermarktungszentren;
4. die mangelnden Neben- und Zuerwerbsmöglichkeiten in außerlandwirtschaftlichen Bereichen, was immer mehr jüngere Landwirte zur Hofaufgabe bewegt.

Für Nordnorwegen treffen die oben genannten Merkmalsgruppen – von einigen küstenorientierten Distrikten abgesehen – in mehr oder minder gleichem Maße zu. Mit ca. 113 000 km^2 umfasst der nördliche Landesteil zwar ein Drittel der gesamten Landesfläche, aber unter 10 % des kultivierten Agrarlandes. Gerade für Nordnorwegen ist die hohe Anzahl an Zu- und Nebenerwerbsbetrieben kennzeichnend.

In edaphischer Sicht ist Nordnorwegen besser ausgestattet als der südliche Landesteil, aber die klimatischen Gegebenheiten bzw. die kurze Vegetationsperiode setzen der Agrarproduktion engere Grenzen. Bei genauerer Betrachtung lässt sich auch Nordnorwegen in verschiedene Agrarräume untergliedern, von denen die wichtigsten stichwortartig die folgenden sind:

1. die anbaugünstigen Küstenstriche im äußeren Helgeland (zum großen Teil innerhalb des Strandflatebereiches) mit einer relativ leistungsstarken Großviehhaltung;
2. die anschließenden Fjord- und Talregionen in Helgeland und Salten (Provinz Nordland). Hier dominierten einst die Kombinationsformen Landwirtschaft und Fischerei, heute mehr die Verbindungen von Industriearbeit mit Nebenerwerbslandwirtschaft;
3. die Binnenregionen von Nordland und Troms, in deren südlichen Talzügen (vor allem Dunderlandsdalen und Saltdalen) noch Kombinationen von Land- und Forstwirtschaft häufig anzutreffen sind;
4. die Insel- und Fjordregionen im nordwestlichen Nordland und südlichen Troms, die die Lofoten, Vesterålen bis etwa Kvaløy bei Tromsø einschließen, mit einst ausgeprägter Kombinationswirtschaft Fischerei/Landwirtschaft;
5. die Fjordregionen im nördlichen Troms, insbesondere um den Lyngenfjord mit einer geringen landwirtschaftlichen Produktivität;
6. die Insel- und Küstenregionen Finnmarks von Loppa im Westen bis Vardø im Osten. Hier liegen nur noch wenige ländlich-agrare Siedlungen, wenn man von dem Südsaum der Varangerhalbinsel absieht. Die größtenteils im Nebenerwerb betriebene Landwirtschaft basiert auf einer extensiven Schafhaltung. Nur in den dichter besiedelten Küstensäumen, besonders um Vadsø, Vardø, Kirkenes oder auch Nesseby, spielt die Milchviehhaltung auf Voll- bzw. Haupterwerbsbetrieben eine gewisse Rolle;
7. die inneren Fjordgebiete und Flussmündungsbereiche im nordöstlichen Troms und Finnmark, d. h. etwa vom Kvænangen bis Sör-Varanger. Diese verkehrsgünstigen und mit guten Anbauböden ausgestatteten Bezirke bieten die besten agrarwirtschaftlichen Voraussetzungen Finnmarks, wobei vor allem Tana und Lakselv sowie Alta und Sör-Varanger zu nennen sind. Die Milchviehhaltung ist hier für die Selbstversorgung von Bedeutung;
8. die weiten Rentierwirtschaftsflächen Finnmarks. Sonstige Agrarbetriebsformen sind in der Finnmarksvidda praktisch bedeutungslos.

Die Agrarpolitik Norwegens

Die norwegische Landwirtschaftspolitik in der Nachkriegszeit versuchte mehrere Ziele miteinander zu verbinden. Vor allem sollte die Landwirtschaft möglichst effektiv produzieren, um die Versorgung der einheimischen Bevölkerung wenigstens mit Grundnahrungsmitteln in hohem Maße zu ermöglichen. Zum andern sollte sie wie sonstige Primärwirtschaftszweige (Fisch- und Waldwirtschaft) zur Erhaltung des Siedlungsmusters im Lande beitragen, und zwar insbesondere in den strukturschwachen peripheren Regionen. Diese Landwirtschaftspolitik mit ihren protektionistischen Zügen (durch zahlreiche zollpolitische Eingriffe gegenüber ausländischen Agrarimporten entstand ein geschützter Sektor) konnte längere Zeit zwar durchaus regionalpolitische Erfolge aufweisen, sie hat aber andererseits ein äußerst kompliziertes und räumlich stark variierendes Subventions- bzw. Subsidiensystem mit sich gebracht, das mittlerweile in finanzieller Sicht an seine Grenzen stößt und sich zunehmend der öffentlichen Kritik ausgesetzt sieht.

Anfang 1993 wurden vom norwegischen Parlament (*Storting*) neue Richtlinien für eine zukünftige Landwirtschaftspolitik verabschiedet. Hauptzielsetzung war danach die Schaffung einer „robusten Landwirtschaft", die sich unter anderem auf den zunehmenden Wettbewerb auf dem internationalen Markt besser einzustellen habe und zugleich zum Erhalt einer intakten ländlich-agraren Kulturlandschaft (*levende bygder*) beitragen sollte. Erreicht werden soll dieses Ziel durch ein gegenüber früher niedrigeres Produktionskostenniveau in der Landwirtschaft, einen mehr wettbewerbsfähigen Umsatz und Veredlungsprozess von Agrarprodukten, einen besseren Ausnutzungsgrad der Marktmöglichkeiten (unter anderem zur Einschränkung der Überproduktion) sowie durch eine Reduzierung der Kluft zwischen norwegischen Verbraucherpreisen und den Nahrungsmittelpreisen in den benachbarten Staaten (vgl. NILF, Utsyn over norsk landbruk, 1999).

Mitte der 1990er-Jahre wurden die Erzeugerpreise in der norwegischen Landwirtschaft im Zuge der jährlichen Verhandlungen zwischen Regierung und Bauernverbänden (Norges Bondelag und Norsk Bonde- og Småbrukarlag) nach und nach gesenkt, um zum einen die Überproduktion vor allem im Milchsektor zu begrenzen und zum andern niedrigere Verbraucherpreise zu gewährleisten. Betroffen hiervon waren in stärkerem Maße auch die Getreidepreise, was sich wiederum auf die Kraftfutterpreise und damit auf die Milch- und Fleischerzeugung kostengünstig auswirkte. Allerdings wurde der Trend zu reduzierten Erzeugerpreisen dann 1997 und 1998 durch eine gegenläufige Entwicklung wiederum durchbrochen.

Nach der Lockerung der Importschutzverordnungen erhalten die norwegischen Bauern nunmehr weitere Unterstützungen unterschiedlichster Art, so direkte Zuwendungen (z. B. Preiszuschüsse auf Produkte oder produktionsunabhängige bezogen auf Tier- und Flächengrößenzahlen), Investitionsbeihilfen, indirekte Hilfe durch Forschungs- bzw. Beratungsinstitutionen oder steuerpolitische Vergünstigungen (z. B. Steuererleichterungen). Die Zuschüsse pro Betrieb lassen sich differenzieren nach der jeweiligen geographisch-topographischen Region, nach den Produktionsformen und nach den Betriebsgrößen. Damit ist in der norwegischen Landwirtschaft – trotz aller Reformbemühungen – erneut ein äußerst kompliziertes agrarpolitisches Instrumentarium entstanden, das zumindest für den Außenstehenden kaum durchschaubar ist und das in den kommenden Jahren – schon unter dem Gesichtspunkt der immer wieder genannten Globalisierung der Märkte – sicherlich weiterer Reformprozesse bedarf.

Ländliche Siedlungen in Nordeuropa

Die Verbreitung der ländlichen Siedlungen Nordeuropas war und ist eng an die naturräumlichen Voraussetzungen angelehnt. Von jeher sind die marinen Transgressionsbereiche, die mit glazialem Lockermaterial angefüllten Taltröge (besonders die sonnenexponierten Talhangmitten, Abb. 54 u. Bild 44), die Seeterrassenränder bis etwa 700 – 800 m Höhe oder auch die flachen Buckel der westnorwegischen Küstenplattform bevorzugte Siedlungsstandorte gewesen.

Daneben spielte die Nähe des fließenden Wassers und die von Wald- bzw. von Waldweideflächen eine entscheidende Rolle. Das heutige ländlich-agrare Kulturlandschaftsbild in allen Nordischen Ländern ist größtenteils durch Einzelhöfe geprägt. Dennoch ist die Siedlungsgenese im Einzelnen sehr differenziert und komplex, was später an einigen Beispielen genauer dokumentiert werden soll.

Die wichtigste funktionelle Einheit der norwegischen, westschwedischen und isländischen Agrarlandschaften ist bzw. war der *gard* (pl. *gardar*). Dieser ist nicht nur eine Hofstelle (*bruk*, *tún*), sondern häufig eine Hofgruppe. Genaue Auskünfte hierzu geben die Flurbereinigungskarten des 18. und 19.Jh.s. Die gardar mit mehreren Hofstellen bzw. bruk (oft zehn und mehr in Westnorwegen) zur Zeit der großen Flurbereinigungen weisen nur eine rein formale Ähnlichkeit mit den mitteleuropäischen Weilern oder Dörfern auf. Denn die zahlreichen bruk sind durch Teilungsprozesse im Laufe der Jahrhunderte aus einem Gehöft, aus einem gard mit nur einer Hofstelle, hervorgegangen. Dabei wurden die Teilungsprodukte, d. h. die bruk mit ihren in Gemengelage liegenden innmark-Parzellen (intensiv genutztes Land in Nähe der Betriebe; isl. *tún*), auch weiterhin in der Einheit gard festgehalten; u. a. war auch die Nutzung des utmark-

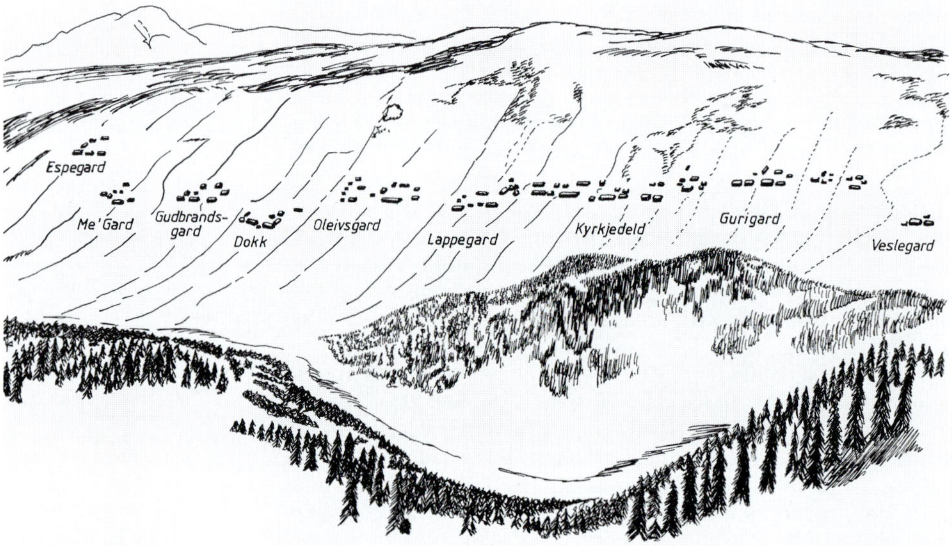

Quelle: Gläßer, E. 1993.

Abb. 54: Typische Siedlungslage entlang der Talhangmitte.

Bild 44: Charakteristische Lage der Bergbauernhöfe entlang der sonnenexponierten Talhangmitte (Gem. Midtre Gauldal, Trøndelag) (E. Gläßer).

Landes (oft riesige Wald- und Fjellbereiche) weiterhin gemeinschaftlich. Noch heute befindet sich manche utmark (unserer früheren Gemeinen Mark gleichzusetzen) besonders in den Binnen- bzw. Abseitsregionen unaufgeteilt in Gemeinschaftsbesitz.

Das wesentliche Charakteristikum dieser westskandinavischen ländlichen Siedlungen ist das gänzliche Fehlen obrigkeitlicher Regulierungen. Positiv ausgedrückt heißt das, dass sich diese Siedlungen bis ins 19. Jh. hinein nur nach den wirtschaftlichen Möglichkeiten und nach den naturgeographischen Einschränkungen entwickelten und vermehrten. Zur Abstinenz der Obrigkeiten, sich in die Entwicklung der Agrarlandschaft einzumischen, mag einerseits die weite Streuung der Betriebe beigetragen haben, die ein Zusammenfassen mehrerer Einheiten etwa zu einem Gut unmöglich machten. Vor allem aber gab es in Norwegen das Odalsrecht, das bei einem Verkauf oder einer sonstigen Veräußerung den Erben das Recht (und die Pflicht) gab, den Hof zurückzukaufen. Ursprünglich galt dieses Rückkaufrecht für mehrere Generationen. Es besteht auch heute noch, ist aber auf wenige Jahre eingeschränkt.

Im Gegensatz zu Norwegen und Island scheint es in Dänemark und Schweden schon seit der Frühzeit Dörfer gegeben zu haben. Dabei gibt es nur in wenigen Gebieten Planformen, wie etwa das dänische Fortadorf, bei dem sich die Hofstellen um einen meist rechteckigen, dem mitteleuropäischen Anger vergleichbaren Platz regelmäßig gruppieren, eben die forta (Abb. 55).

Beginnend am Ende des 13. Jh.s wurde in weiten Teilen Dänemarks und in Schweden eine Flurordnung durchgeführt, die unter dem Namen *solskifte* bekannt wurde. Dabei wurden die Parzellen der einzelnen Betriebe in den Gewannen so angeordnet, wie die Betriebe im Dorf lagen, nach dem Lauf der Sonne (daher der Name). Dieser sehr radikale Eingriff in die Autonomie der Dörfer ist auch in Teilen Finnlands durchgeführt worden (Åland, Egentliga Finland, Tavastland), nicht aber in Värmland, Dalarna (wo es übrigens, gänzlich abweichend vom sonstigen Skandinavien, Realteilung gab) und in Jämtland und Härjedalen.

Die wichtigsten Veränderungen in der Struktur der ländlichen Siedlungen erfolgten aber im 18. und 19. Jh. Innerhalb weniger Jahrzehnte gab es in Schweden vier Umlegungen (schwed. *skifter*), die das Bild der Agrarlandschaft völlig veränderten. Während die ersten beiden nur eine Neuordnung der Flur betrafen, konnte bei der *enskifte* 1783 jeder Bauer verlangen, aus dem Dorf auszuziehen und auf seinem arrondierten Besitz neu zu siedeln. Das entsprach der seit 1781 in Dänemark durchgeführten *udskiftning*. Während in Dänemark jedoch Dörfer erhalten geblieben sind, ist Schweden mit der Ausnahme von Dalarna und von Norrland ein Land der Einzelhofsiedlungen geworden. Helmfrid weist darauf hin, dass diese Umsiedlung zu einem gewaltigen Anwachsen der Fläche des kultivierten Landes führte. Sie stieg von 0,8 Mio. ha (1800) auf 2,5 Mio. ha (1860) und 3,7 Mio. ha (1910).

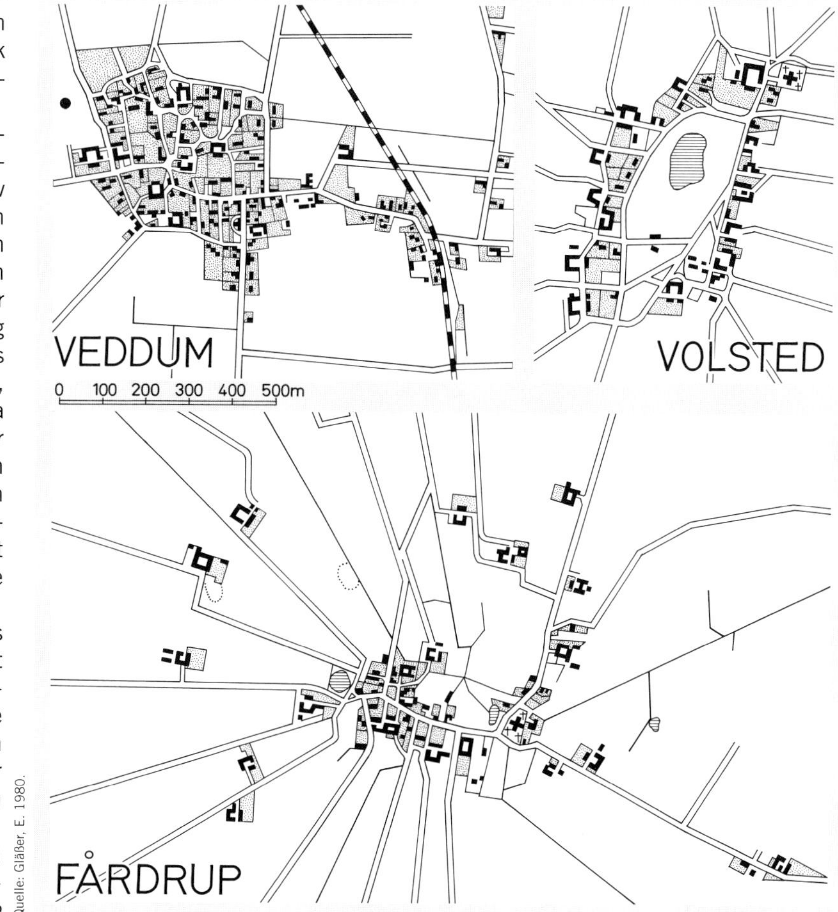

Abb. 55: *Dänische Dorfformen.*

Erste Verdichtungen erfuhren Gruppensiedlungen und Einzelhoflandschaften ähnlich wie die gardar Westskandinaviens oder auch die mitteleuropäischen Dörfer seit mittelalterlicher Zeit durch das verstärkte Ansetzen jüngerer, besitzärmerer Siedlerschichten. Jene Häusler (u. a. als *husmenn* bezeichnet) nahmen besonders im 18. und 19. Jh. stark zu. Die ungünstige sozioökonomische Situation dieser Gruppe fand in den Auswanderungswellen vor allem nach Nordamerika ihren Ausdruck.

Die großen Flurbereinigungen der letzten 200 Jahre führten in allen Nordischen Ländern zu einem völlig neuen ländlich-agraren Siedlungsbild und einer entsprechenden Wirtschaftsstruktur. Allerdings bevorzugte man bei den jüngsten Kolonisationsvorgängen in Nordfinnland wiederum die dörfliche Besiedlungsweise. Sie stärkt die notwendigen Nachbarschaftsbindungen in den Randbereichen der Ökumene. Auch die Haus- und Gehöftformen haben sich im Zuge der oben genannten Umstrukturierungen gewandelt. Reste der alten bäuerlichen Wohn- und Wirtschaftsgebäude findet man heute nur noch in den Abseitsregionen, etwa in den oberen Teilen der norwegischen Bauerntäler (Abb. 56).

Im Zuge der landwirtschaftlichen Intensivierungsprozesse, der großen Orts- und Flurumlegungen und des Übergangs von der autarken zur markt-

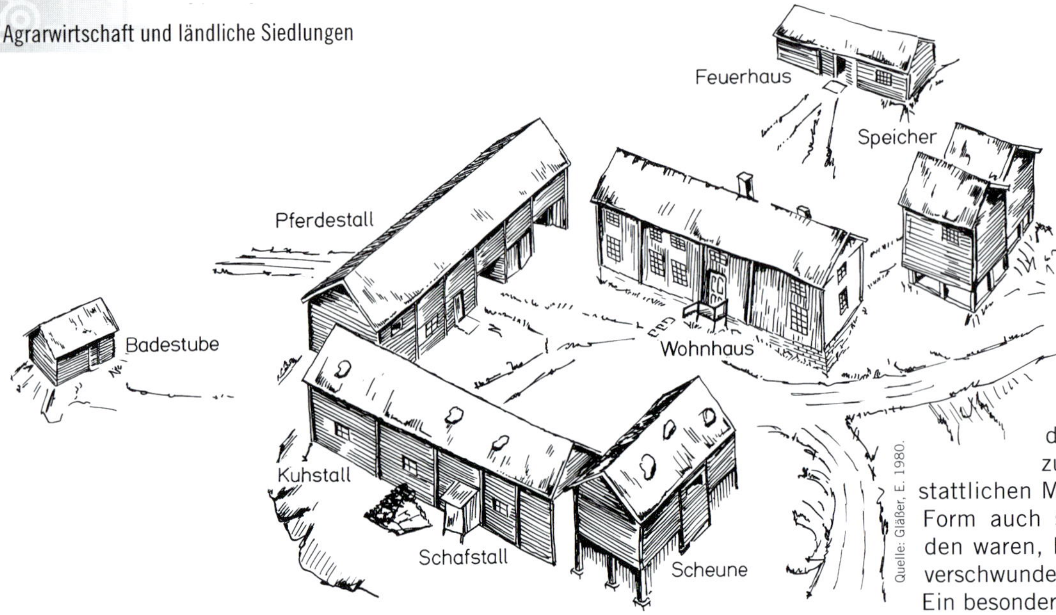

Abb. 56: Der gard Bakken in Budal (Sör-Tröndelag) um 1880.

orientierten Landwirtschaft sind die alten Haus- und Gehöftformen in den agraren Gunstgebieten reinen Zweckbauten gewichen (Bild 45).

Dabei ist meist auch eine grundsätzliche Trennung von Wohn- und Wirtschaftsteil erfolgt. Die Wirtschaftsgebäude, meist ein großer zusammenhängender Wirtschaftstrakt pro Gehöft, sind in ihrer Konstruktion und Raumaufteilung den Bedürfnissen der modernen Landwirtschaft angepasst. Die Einförmigkeit dieser Gehöftformen ist weitgehend auf die staatliche Landwirtschaftspolitik und die damit verbundenen Subventionen zurückzuführen, aber auch auf Planlösungen, die von bäuerlichen Genossenschaften erarbeitet und bei der Kreditgewährung als Voraussetzung behandelt werden.

In Norwegen gehörte es sich bis weit ins 19. Jh. hinein für einen Bauern, der etwas auf sich hielt, möglichst viele Einzelhäuser, bis zu 20 und mehr, auf seinem Hof zu haben. Dies änderte sich schlagartig, als gegen Ende des 19. Jh.s die Feuerversicherungen dazu übergingen, nicht mehr den gesamten Hof, sondern das einzelne Gebäude darauf zu versichern. Daher sind die stattlichen Mehrhausgehöfte, die in dieser Form auch schon im Mittelalter vorhanden waren, bis auf einige Museen nahezu verschwunden.

Ein besonderes Charakteristikum der Nordischen Länder sind die periodischen Siedlungen. Die heute schon fast vergessenen Wirtschaftsweisen in den weiten Waldgebieten, im Fjell oder entlang der Küstensäume verlangten eigene Wohn- und Wirtschaftsgebäude, die von den Heimhöfen oft weit entfernt lagen. Periodische Siedlungen waren insbesondere bei der Alm- bzw. Seterwirtschaft (schwed. *Fäbod-* und isl. *Sel*-Wirtschaft), bei der Wildheugewinnung, der Jagd und Fischerei sowie im Bergbau notwendig. Die Almwirtschaft ist in den letzten Jahrzehnten wie in Mitteleuropa sehr stark zurückgegangen. Die meisten Setergebäude, die früher in einem bestimmten Turnus vom Frühsommer bis Herbst bewohnt wurden, sind heute zerfallen. Viele sind in den letzten Jahrzehnten auch zu Freizeithäusern umgebaut worden. Die Wochenend-

***Bild 45:** Moderner Agrarbetrieb in Mittel-Jæren (Südwestnorwegen) (E. Gläßer).*

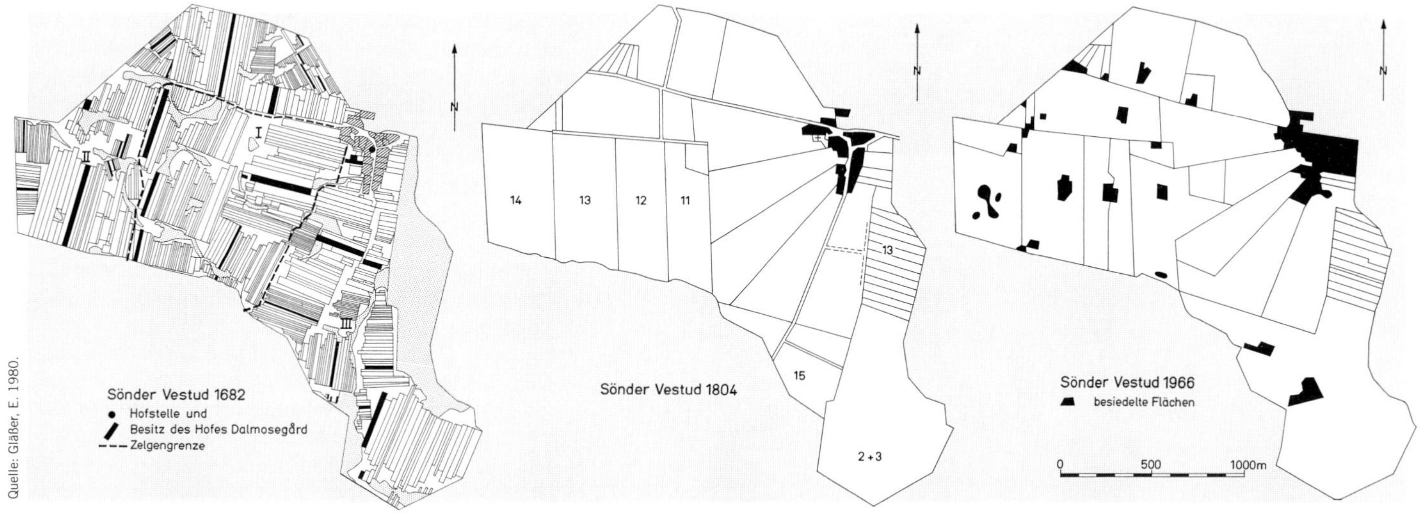

Abb. 57: Die agrar-bäuerliche Siedlung Sönder Vestud (Mön) 1682, 1804 und 1966.

bzw. Ferienhäuser bilden somit das jüngste Glied der periodischen bzw. episodischen Siedlungen.

Das Beispiel Sönder Vestud

In Dänemark waren vor den gegen Ende des 18. Jh.s einsetzenden Agrarreformen weithin Dorfsiedlungen (sog. *landsbyer*) vorherrschend. Noch heute sind die einstigen Dorfkerne vielerorts schon rein physiognomisch anhand einiger verbliebener Hofstätten oder einzelner zentraler Einrichtungen, z. B. alter Kirchen, lokalisierbar. Mit den genannten Flurbereinigungen kam es dann zur Auflösung der dörflichen Siedlungen mit ihren Gewannflursystemen zugunsten der heute dominierenden Einzelhofsiedlung. Dabei lassen sich auch in Dänemark, ähnlich wie im mitteleuropäischen Raum, unterschiedliche Dorftypen differenzieren.

Die Siedlung Sönder Vestud in Nachbarschaft des alten Kirchortes Borre auf der dänischen Insel Mön ist in ihrer Entwicklung seit dem Ende des 17. Jh.s von Kampp und Frandsen (1968) untersucht worden. Sie konzentriert sich auenorientiert auf den Rand der einstigen Meeresbucht der Borre-Senke, die heute bis ein Meter höher liegt als zur Zeit der Litorina-Transgression im Postglazial. Wie in vielen anderen Teilen Dänemarks und Mitteleuropas gelangte die Gemarkungsfläche auch dieser alten Siedlung im Mittelalter in Adelsbesitz, was zu den bekannten Abhängigkeitsverhältnissen der jeweiligen Hofbewirtschafter führte. Zur Zeit der Kartenaufnahme von 1682 bestand Sönder Vestud aus 19 Gehöften und einer Häuslerstelle. Die Gemarkung selbst zeigt deutlich das Bild einer Gewannflur mit Gemengelage der Besitz- bzw. Nutzungsparzellen (Abb. 57).

Insgesamt wurden 1076 Streifenparzellen registriert. Weiterhin waren die Gewannfluren aufgeteilt in drei große Komplexe, die man wohl nur mit unseren mitteleuropäischen Zelgensystemen gleichsetzen kann. So waren 1682 die Zelge I mit Roggen und Zelge II mit Gerste (vielleicht vermischt mit etwas Hafer) bestellt, während die Zelge III brachlag. Nur der Ostrand der Gemarkung in Richtung der ehemaligen Meeressenke wurde von nicht-streifenförmig unterteiltem Moor- und Grasland eingenommen. In der Regel verfügte jede Hofstelle über wenigstens eine Streifenparzelle pro Gewann, sodass das gute und weniger gute Land in etwa gleich verteilt war. Jedenfalls sollten alle Vollbauernstellen über etwa den gleichen Anteil an „Hartkornfläche" verfügen. Das Hartkorn, d. h. die seinerzeit wichtigsten Getreidearten Gerste und Roggen, nahm wohl die besten Böden in Anspruch, während Hafer, Buchweizen und seltener auch Menggetreide mit den schlechteren Böden vorlieb nehmen mussten.

Was die weitere Entwicklung betrifft, so lässt sich zunächst festhalten, dass Sönder Vestud 1804 nur noch 13 Gehöfte, jedoch mittlerweile 16 Kleinbauern- bzw. Häuslerstellen umfasste. Zu dieser Zeit wurde die große Flurbereinigung durchgeführt, die neben der Besitzarrondierung dazu führte, dass eine Reihe von Hofstellen aus dem alten Dorfkern heraus in ihre neuen Betriebsflächen umsiedeln musste. Damit war das im Mittelalter entstandene Gewannflursystem zu Gunsten einer weitgehend arrondierten Flur mit eingehegten Besitzparzellen endgültig aufgelöst. Zugleich hielten neue Bodenbewirtschaftungs- und auch Viehhaltungsformen ihren Einzug. Eine weitere Veränderung in der Bodennutzung trat dann ein, als gegen Ende des 19. Jh.s der Anbau von Zuckerrüben auf den nährstoffreichen Grundmoränenböden einsetzte. Ein Vergleich des Orts- und Flurbildes von 1804 mit dem von 1966 zeigt, dass sich in dieser Zeitspanne im Siedlungs- und Parzellengefüge nur relativ wenig verändert hat, in der Flurnutzung natürlich schon, indem nur Gerste, Weizen, Zuckerrüben und weniger Hafer und Roggen das Anbauland bestimmen.

Die Hofstelle Dalmosegård bewirtschaftete 1682 über 11,7 ha Pflugland, das auf 38 Streifenparzellen verteilt war. Nach der großen Flurbereinigung und der Aussiedlung der Hofstelle aus dem bisherigen Dorfverband (Nr. 13) verfügte der Betrieb über 25,4 ha, und das bisherige Pachtverhältnis wurde um 1850 wieder zugunsten des Privateigentums aufgelöst. Heute handelt es sich um einen reinen Familienbetrieb, der im Vollerwerb bewirtschaftet wird.

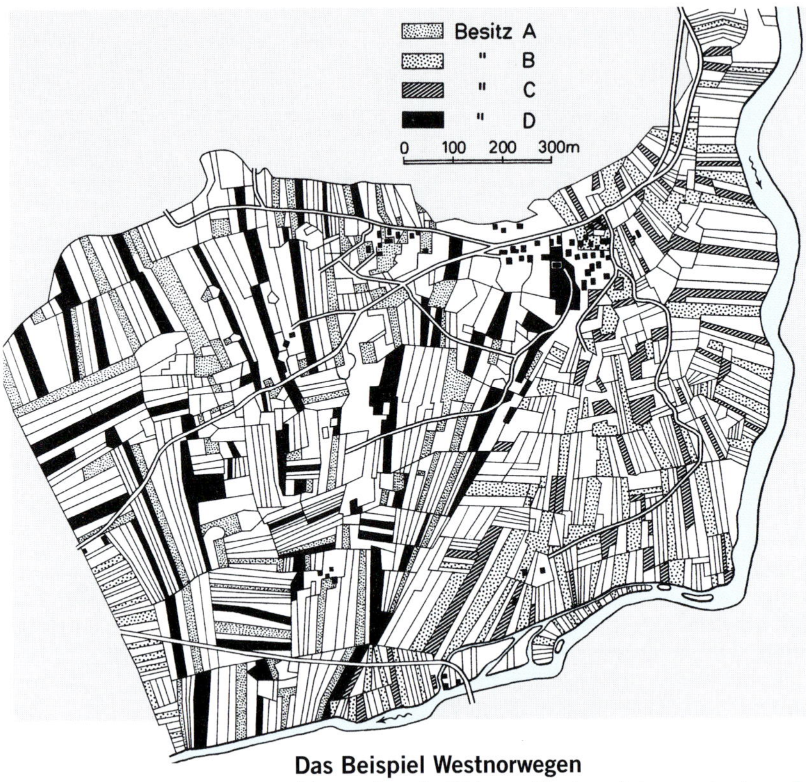

Quelle: Gläßer, E. 1980.

Abb. 58: Flurkarte des gard Björhofde (Sogn og Fjordane) aus dem Jahre 1861.

Das Beispiel Westnorwegen

Die großmaßstäbigen Flurbereinigungskarten des 19. Jh.s sowie die seinerzeitigen Matrikellisten zeigen für das westliche Norwegen gardar in Form von Gruppensiedlungen, die oft aus über zehn, meist eng zusammenliegenden Hofstellen bestanden. Letztere sind – wie schon an früherer Stelle erwähnt – als Teilungsprodukte aus ursprünglich nur einem Gehöft, dem gard, anzusehen. Aber die jeweiligen bruk mit ihren in Gemengelage liegenden Innmarkparzellen wurden in Westnorwegen auch weiterhin von der Bevölkerung wie von der Administration als Einheit gard aufgefasst. Im östlichen Norwegen, genauer gesagt im eigentlichen Østland mit Telemark sowie auch im inneren Trøndelag, verlief die siedlungsgeographische Entwicklung eigenartigerweise anders als im westlichen Landesteil. Hier entstanden im Gegensatz zum Vest- und Sörland nicht mehrere bruk innerhalb eines gard. Vielmehr bekam im östlichen Norwegen jede durch Teilung neu entstandene Hofstelle ihre kultivierte und intensiver genutzte Betriebsfläche (innmark) in arrondierter Form, so dass es bei dieser echten Grenzteilung zu keiner Gemengelage der Innmarkparzellen mit gewannartigem Charakter wie im westlichen Norwegen kam. Damit zusammenhängend wurde in Ostnorwegen schon vor den großen Flurbereinigungen der Besitz eines jeden Bauern als Einheit gefasst und gard genannt, während im westlichen und südwestlichen Landesteil die geteilten Hofstellen bzw. bruk innerhalb der Siedlungseinheit gard verblieben. Die vielen Brukteilungen in der Neuzeit haben in Westnorwegen zu einer äußerst starken Besitzzersplitterung geführt, indem zunächst die innmark in meist streifenförmige Parzellen mit Gewannflurcharakter aufgeteilt wurde.

Im Gegensatz zur kultivierten innmark befand sich die utmark im Gemeinschaftsbesitz aller bruk des betreffenden gard. In den agrarwirtschaftlich günstigen Gebieten insbesondere des südlichen Landesteiles wurden die weiten Utmarken vor allem zu Beginn des 20. Jh.s unter den einzelnen bruk je nach Höhe der Nutzungsberechtigungen aufgeteilt; in einigen Binnen- bzw. Abseitsräumen befinden sie sich noch heute in Gemeinschaftsbesitz.

Wie kompliziert die Besitz- und Nutzungsrechte innerhalb eines gard im Einzelnen sein konnten, möge das Beispiel Björhofde am Nordfjord in der heutigen Provinz Sogn og Fjordane veranschaulichen (Abb. 58).

Der 1875 in 14 bruk geteilte gard verfügte über eine Innmarkgröße (das extensiv genutzte Markenbzw. Utmarkland nicht mitgerechnet) von 98 ha, die sich gewannflurartig auf rd. 270 verschiedene Streifenparzellen verteilten. Die Hofstelle B bewirtschaftete 105 in Gemengelage liegende Parzellen, bruk A 85 und bruk D sowie bruk C 75 bzw. 70. Hinsichtlich der Eigentumsrechte in der Gemarkung war es durchaus gewöhnlich, dass auf ein und derselben Parzelle die Heugewinnung einem oder mehreren bruk zustand, die Weide mit einer oder verschiedenen Haustierarten einem anderen bruk gehörte sowie das Gehölz auf dieser Parzelle auf unterschiedliche Weise verteilt war, indem die Holzarten auch nutzungs- wie besitzrechtlich verschiedenen bruk zugehörig waren. Zur Zeit der Flurbereinigung lässt sich der gard mit seinen 14 bruk in zwei Siedlungs- und Flurteile gliedern, was sich schon in der Besitzverteilung der bruk A bis D deutlich widerspiegelt. Das häufig unmittelbare Zusammenliegen der Parzellen von A und D im westlichen sowie B und C im östlichen Gemarkungsteil lässt auf jüngere Brukteilungen schließen. Einige kleinere Hausstellen liegen abseits des Gardkerns im Südteil der Gemarkung verstreut, wobei es sich hier allem Anschein nach um Husmannplätze handelt. Im Zuge der großen Flurbereinigungen in der zweiten Hälfte des 19. Jh.s kam es dann zur Aufteilung der westnorwegischen gardar, indem nun die jeweiligen bruk ihre Hofstellen auf den neu zugewiesenen Parzellen errichten mussten.

Das Beispiel Island

Islands ländlich-agrare Siedlungen, die so genannten *sveitir*, reichen wenigstens heute, von einigen bewohnten „Hochlandinseln" abgesehen, nicht über die 200-m-Isohypse. Man kann allerdings davon ausgehen, dass zumindest zur Landnahmezeit die Siedlungsgrenzen in Island höher lagen. Die Hauptgründe für den Rückzug der agrar-bäuerlichen Bevölkerung und damit für gravierende Wüstungsprozesse sind die naturräumlichen Negativwirkungen auf die Agrarlandschaft (Klimaverschlechterungen, Vulkanausbrüche und deren Folgeerscheinungen z. B. in Form der Gletscherläufe u. a. m.), die Vernichtung von Gehölz- und Weideflächen durch die wirtschaftenden Menschen (Desertifikationsprozesse) und schließlich die sozialökonomisch bedingte

Bevölkerungsumverteilung in der jüngsten Zeit vom Lande in die städtischen bzw. stadtähnlichen Siedlungen an der Küste.

Grob gesehen lassen sich drei Hauptphasen der Siedlungsentwicklung in Island unterscheiden, nämlich erstens die Landnahme und der Landesausbau im frühen und hohen Mittelalter (vom Siedlungsbeginn bis ca. 1300 n. Chr.), zweitens die spätmittelalterlich-frühneuzeitlichen Wüstungsvorgänge (vom 14. bis 18. Jh.) sowie drittens der moderne Landesausbau seit dem 19. Jh., wobei Letzterer besonders durch eine Siedlungskonzentration mit parallel verlaufenden partiellen Wüstungsvorgängen bestimmt wird. Die erste Hauptphase, die die Landnahmezeit seit 874 n. Chr. sowie die Ausbauperiode von etwa 930 bis 1300 n. Chr. umfasst und häufig als das „Goldene Zeitalter" Islands umschrieben wird, lässt sich kennzeichnen durch einen relativ hohen Wohlstand, der eine auf längere Zeit positiv verlaufende Bevölkerungsentwicklung und damit zugleich eine ausgeprägte Siedlungstätigkeit ermöglichte. So wurden die Siedlungsgrenzen von den Küsten- und Fjordsäumen zunächst in die anschließenden Tieflandstreifen und danach auch in das Hochland vorgeschoben.

Im Spätmittelalter begannen dann jene Rückschläge mit ihren katastrophalen Folgen in demographischer und damit auch siedlungsgeographischer Sicht, wie sie bereits an früherer Stelle beschrieben wurden. Mit dem rapiden Rückgang der Bevölkerungszahl verlief parallel ein Wüstungsprozess, wie er nur annähernd rekonstruierbar ist. So mussten Hunderte von bäuerlichen Siedlungen mit ihren Gemarkungen, und zwar vornehmlich auf den Hochflächen und in den oberen Talzügen, aufgegeben werden. Die Wüstungsvorgänge vor allem im 15. Jh. zeigen zwar deutliche Parallelen zu entsprechenden Prozessen in den mitteleuropäischen Kulturlandschaften; sie nahmen in Island jedoch aufgrund der dortigen spezifischen, vor allem der naturräumlichen Gegebenheiten einen besonders heftigen Verlauf. Wichtige Wüstungsursachen in Island sind neben den genannten Naturkatastrophen verheerende Seuchen (Pest, Pocken u. a.) sowie die politische und wirtschaftliche Unselbständigkeit seit der zweiten Hälfte des 13 Jh.s, welche zur Resignation und Verarmung führten. Aber auch die Negativwirkungen des wirtschaftenden Menschen, so die Vegetationszerstörungen und der daraus resultierende Verlust von Agrarland, haben besonders am Rande der vertikalen Ökumenegrenze zu Wüstungen geführt. Hinzu kommt, dass in der Landnahmezeit – allerdings auch unter anderen klimatischen Voraussetzungen – die Binnengrenze der Besiedlung wohl zu weit landeinwärts vorgeschoben worden war. Erste exakte Angaben über bewohnte und wüstgefallene Siedlungen gibt die Volkszählung von 1703. Seinerzeit standen 4059 bewohnten Hofstellen etwa 3000 bekannte wüstgefallene Höfe gegenüber. Die bäuerlichen Siedlungen, in der Regel Einzel-, hier und da auch Doppelhofsiedlungen, lagen weit verstreut und umgeben von ihren kleinen, voll kultivierten Parzellen (isl. *tún*)

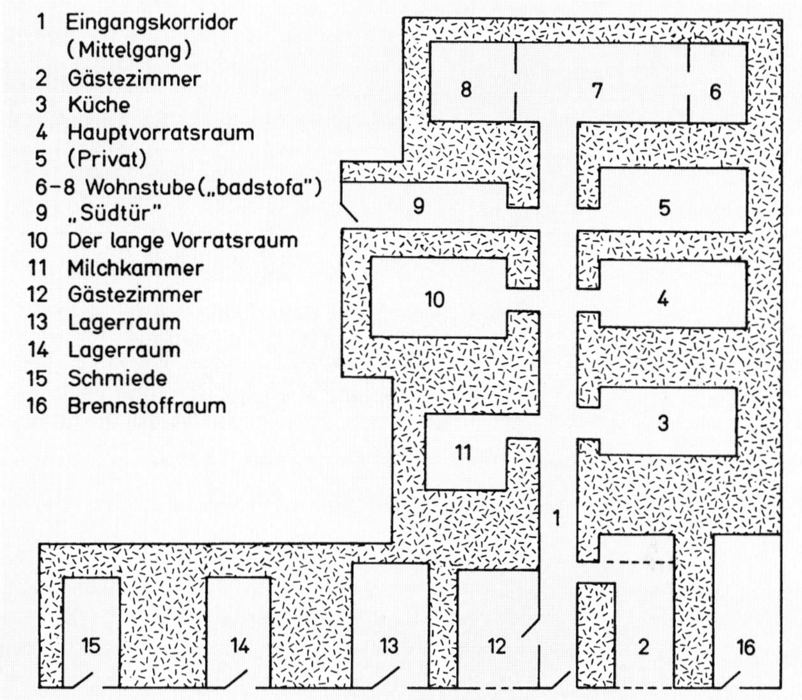

Quelle: Gläßer, E. u. A. Schnütgen 1986.

***Abb. 59:** Das Gehöft Glaumbær – Grundriss und Ansicht.*

entlang der Küstensäume. Im Zuge der wirtschaftlichen und sozialen Aufwärtsentwicklung sowie der damit parallel verlaufenden Bevölkerungszunahme seit dem 19. Jh. vollzogen sich zwar erneute binnenwärtige Siedlungsverlagerungen, die heute allerdings auch schon wieder großenteils von Wüstungen betroffen sind. Die grundlegenden Wandlungen im Erwerbsleben, der Urbanisierungsprozess u. a. m. haben aus den Marginalräumen wiederum Rückzugsgebiete werden lassen.

Am Beispiel des viel besuchten Hofes Glaumbær südlich Saudárkrókur in Nordisland sei der klassische isländische Gehöfttyp etwas detaillierter vorgestellt (Abb. 59).

Der lange auch als Priestersitz mit Pfarrkirche dienende Hof war bis 1938 bewohnt; in der heutigen Funktion als Museum ist er weitgehend in seiner ursprünglichen Form erhalten. Die insgesamt 16 Gebäudeteile des Gehöftes sind in mehreren Zeitabschnitten des 18. und 19. Jh.s entstanden, und zwar vornehmlich aus Grassoden und Torfplaggen, zu einem geringeren Teil auch aus Stein und Holz. Getrennt werden die einzelnen Gebäudeteile, deren Giebel mit dünnen, importierten Holzbrettern versehen sind, durch bis zu zwei Meter dicke Wände aus Torf. Grassoden und Torfplaggen dienten auch zur Dachabdeckung. Die Aufteilung dieses für Island klassischen Gehöfttypes in einzelne und funktional gesehen sehr unterschiedliche Gebäude wird auch darauf zurückgeführt, dass es eben sehr schwierig ist, größere und zusammenhängende Häuser in Torf- bzw. Grassodenbauweise zu errichten. Langstämmiges Bauholz zum Stützen und Tragen größerer Dachkonstruktionen war Mangelware bzw. fehlte weitgehend.

Wie zweckmäßig jener Baustil dem isländischen Naturraum angepasst war, mag folgende Aussage im Reisebericht von Ólafsson 1774/75 (zit. n. Wille 1971, S. 80) unterstreichen: „Für Island ist diese Bauart die allerdienlichste, sie hält die Kälte besser ab als Zimmer- und Mauerwerk und widersteht dem schlechten Wetter und dem Erdbeben besser als jenes. Man hat viele Beispiele, dass Häuser unbeschädigt geblieben, wenn das Erdbeben so stark gewesen, dass Menschen auf dem Felde davon umgefallen."

Die rückseitigen Räumlichkeiten des Gehöftes Glaumbær sind durch einen zentralen, etwa 13 Meter langen Korridor bzw. Mittelgang miteinander verbunden, während man die Lager- und Werkzeugräume (Schmiede u. a. m.) der Vorderfront nur von außen durch Zwischentüren erreichen konnte (Reihenquerbau). Diese Besonderheit ist wohl hauptsächlich darauf zurückzuführen, dass man die eigentlichen Wohnräume vor dem Eindringen kalter Luft schützen wollte. Das älteste Gebäude von Glaumbær ist die Küche (Nr. 3), die wahrscheinlich aus der Mitte des 18. Jh.s stammt; sie diente u. a. auch als Räucherkammer, in der also das geräucherte Fleisch (*hangikjöt*) aufgehängt war. Wichtigste Brennmaterialien waren Torf und getrockneter Schafdung. Den größten und wichtigsten Raum, die sog. *baðstófa*, kann man als eine Art Wohnzimmer kennzeichnen, das Aufenthalts-, Arbeits- und Schlafraum in einem war. Im Fall des Großhofes Glaumbær findet sich eine Unterteilung der baðstófa in drei Teile (Nr. 6 bis 8), die insgesamt 22 Schlafplätze boten. Erwähnt werden sollten schließlich noch die Nebengebäude, wie sie in Form von Viehställen, Heuschuppen oder Bootshäusern zu fast jedem Hof gehörten.

Ein Gehöft wie Glaumbær konnte bis drei Generationen mit den unverheirateten Geschwistern, dem Gesinde und den Tagelöhnern beherbergen. Eine derartige Großfamilie bildete eine wirtschaftliche und soziale Einheit, die in vielem ein nahezu autarkes Eigenwesen in ihren landwirtschaftlichen und handwerklichen Tätigkeiten verkörperte.

Verdrängt wurden jene traditionellen Gehöftformen, wie sie am Beispiel Glaumbærs beschrieben wurden, nahezu vollends im 20. Jh., als im Zuge der Umstrukturierung im wirtschaftlichen und sozialen Leben Islands auch im ländlich-agraren Bereich neue Gehöftformen und vor allem andere Baumaterialien ihren Einzug hielten. Holz, Stein und Beton ersetzten nun die früheren Baustoffe Grassoden und Torfplaggen. Auch das Wellblechdach, das zunächst in den Hafen- und Handelsplätzen Verwendung fand, breitete sich rasch im ländlich-agraren Bereich aus. Mit der Umstellung auf eine marktorientierte, d. h. auf die städtischen Siedlungen ausgerichtete Agrarproduktion entstanden zugleich größere Wirtschaftsgebäude. Reste der einstigen Bausubstanz findet man heute höchstens noch in Form kleiner Nebengebäude, die dann als Vorratsräume oder Stallungen dienen. Das „moderne" Gehöft, meist in Einzelhoflage mit arrondiertem Besitz – wenigstens was das kultivierte und intensiv genutzte Land (*tún*) betrifft –, präsentiert sich auch in Island als ein nüchterner Zweckbau mit einer strikten Aufteilung in Wohn- und Wirtschaftsgebäude.

Wald- und Forstwirtschaft

Bild 46: *Holzschleppzug (140 Reihen à 9 Bündel) auf einem Kanal südlich von Kuopio, Finnland (J. Schwackenberg).*

Überblick

- In der Wald- und Forstwirtschaft spielen Finnland und Schweden eine dominierende Rolle. Beide Länder haben auf dem Weltmarkt eine starke Position für holzwirtschaftliche Halbfabrikate. Eine hohe Technisierung und Rationalisierung sind kennzeichnend. Weiterhin charakteristisch für die Forstwirtschaft in Nordeuropa war und ist die häufige Kombination mit der traditionellen agrarbäuerlichen Wirtschaft. 1999 gehörten 62 % der finnischen und etwa 50 % der schwedischen Wälder Privatpersonen.
- Derzeit liegen in Finnland, Schweden und Norwegen die jährlichen Holzzuwachsquoten bedeutend höher als der Holzeinschlag. Hauptgründe hierfür werden in umfangreichen Forstprogrammen und in neuen, nachhaltigen Waldbewirtschaftungsformen gesehen. Auch im relativ waldarmen Dänemark nehmen die Forstflächen stetig zu, was im Wesentlichen auf Aufforstungsmaßnahmen auf den nährstoffarmen Böden West- und Mitteljütlands zurückzuführen ist.

Einführung

von Ewald Gläßer

Auf dem Weltmarkt haben besonders Finnland und Schweden eine starke Position für holzwirtschaftliche Produkte (Abb. 60).

Etwa 66 % der finnischen Landfläche sind mit produktivem Wald (fast ausschließlich borealer Wald) bestanden; in Schweden sind es gut 55 %, in Norwegen etwa 22 % und in Dänemark nur 11 % (vorwiegend Aufforstungsflächen in Jütland). Mit der Bezeichnung „produktiver Wald" sind hier jene Holzbodenflächen gemeint, die eine Mindestzuwachsrate an Festmetern Holz pro Vegetationszeit und Flächeneinheit erreichen müssen, nicht dagegen die Fjellbirkenzonen, die vornehmlich als extensive Weideflächen herangezogen werden bzw. wurden. Insgesamt macht die Forstfläche der fünf Nordischen Länder nur 1,3 % derjenigen der Erde aus, aber hier werden immerhin 3–4 % des globalen Einschlags erwirtschaftet. Nähere Angaben über die Waldwirtschaft in Nordeuropa bietet Tab. 16.

Zwar wachsen die Wälder besonders in den nördlichen Landesteilen bedeutend langsamer als etwa in Mitteleuropa, jedoch ist die Holzqualität in der Regel besser. Beispielsweise variieren die jährlichen Holzzuwachsraten in Schweden von 8,2 m^3/ha in Schonen bis 1,9 m^3/ha in Schwedisch-Lappland. Die Arbeit im Wald war bis in die 70er-Jahre des vorigen Jahrhunderts hinein vor allem in den peripheren Gebieten Nordeuropas ein fester Bestandteil des bäuerlichen Arbeitskalenders. Sie konnte im Winter verrichtet werden, wenn die landwirtschaftlichen Arbeiten weitgehend ruhten. Im Frühjahr während der Schneeschmelze kam dann noch die Flößerei hinzu. Diese Kombinationsmöglichkeiten haben viele Gebiete mit kargen Agrarressourcen erst besiedelbar gemacht. Sie wurden von der Forstwirtschaft her aufgebrochen, die zum einen immer maschinenintensiver wurde und zum anderen Arbeitseinsätze von Fachkräften das ganze Jahr über erforderte. So sind viele Landwirte Nordeuropas heute zwar Eigentümer von Wäldern, arbeiten aber nicht mehr in ihnen. Insgesamt ist die derzeitige Forstwirtschaft in Nordeuropa sehr hoch entwickelt. Eine hohe Technisierung und Rationalisierung sind kennzeichnend, auch wenn zahlreiche Waldgebiete vor allem in der Peripherie in einem überalterten Zustand sind. Die einst vorherrschende Flößerei auf dem dichten Fluss- und Seennetz ist weitgehend vom Lastwagen- und Eisenbahntransport verdrängt worden. Ein großer Teil der anfallenden Holzmasse geht in die Zellstofffabriken. Neben der Papierherstellung wird Holz in steigendem Maße als Grundstoff für die chemische Industrie herangezogen. Im Jahre 2000 waren die Holz verarbeitenden Industrien, insbesondere der Papiersektor, in Finnland mit 26 % am Gesamtexport vertreten. Für Schweden lag der entsprechende Wert immerhin noch bei 13 %. 1996 lag Schweden auf Platz sieben der Produzenten von Papier und Pappe, aber auf Platz drei unter den Exportländern dieser Produkte. Finnland nahm die Plätze sechs bzw. zwei ein.

Probleme erwachsen der nordeuropäischen Forstwirtschaft aus der Zunahme der Umweltverschmutzung. Schadstoffe, die überwiegend aus Mittel- und Westeuropa herangetragen werden, bewirken bereits deutlich sichtbare Waldschäden. Die geringmächtigen und wegen der granitischen Gesteine sauren Böden können weitere Säureeinträge nicht abpuffern. Am stärksten betroffen sind die Gebirgsbereiche Nordschwedens, wo die Bäume auch klimatischem Stress ausgesetzt sind. Hier zeigen schon mehr als 25 % aller Fichten auffällige Kronenverlichtungen.

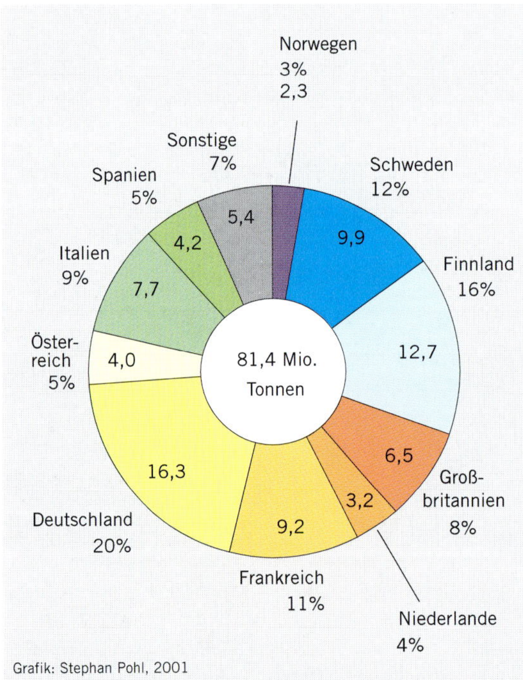

Abb. 60: Produktion von Papier und Karton in Westeuropa 1998 nach Ländern.

Land	Waldfläche (1000 ha)	davon in Privatbesitz (%)	Holzvorrat (Mio. m^3)	Nettozuwachs (Mio. m^3/Jahr)	Bruttoeinschlag (Mio. m^3/Jahr)
Dänemark	440	45	54,0	3,2	2,2
Finnland	20675	63	1867,0	72,5	54,3
Norwegen	6609	78	671,4	22,0	11,6
Schweden	21236	51	2566,5	85,4	66,1

Tab. 16: Waldwirtschaft in den Nordischen Ländern 2000.

Quelle: www.svo.se/fakta/stat.

Finnland – Die größte Waldausstattung Europas

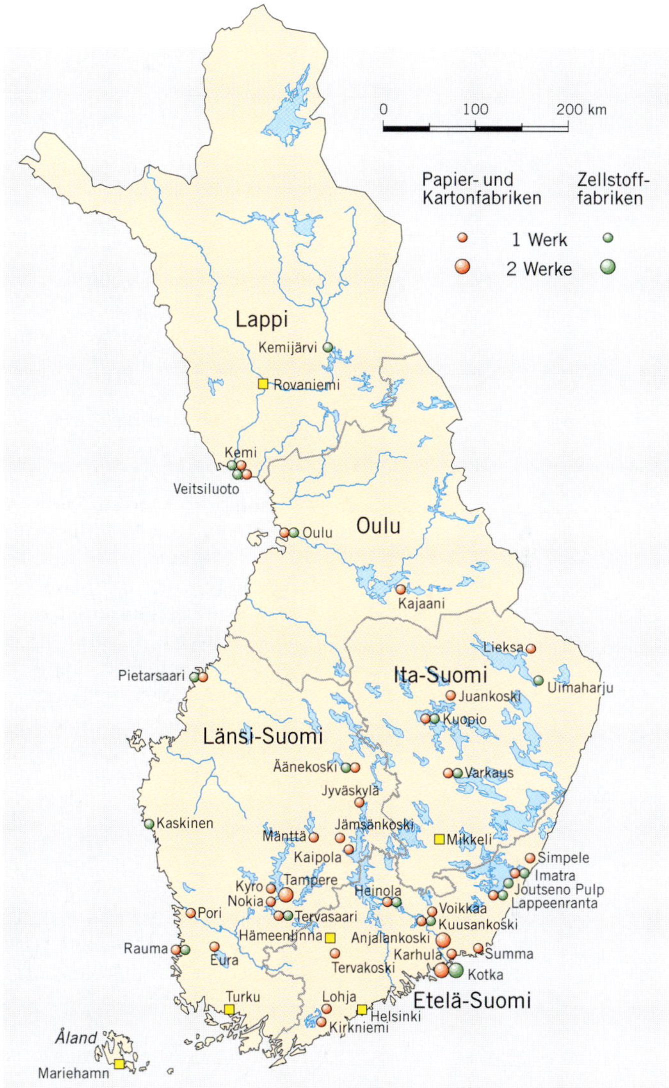

Abb. 61: *Überregional bedeutende Sägewerke und Plattenindustrieanlagen in Finnland 1998.*

Abb. 62: *Überregional bedeutende Papier- und Zellstofffabriken in Finnland 1998.*

Wie bereits angemerkt, verfügt Finnland von allen europäischen Staaten über die größte Waldausstattung. Die finnischen Forsten setzen sich zu 45 % aus Kiefern, zu 36 % aus Fichten und zu 14 % aus Birken zusammen. Bezieht man den nicht-produktiven Wald mit ein, dann kann man die Wald- bzw. Gehölzareale auf 75 % der Landesfläche beziffern. Finnland hatte 1996 weltweit den höchsten Exportwert von Holzprodukten pro Kopf der Bevölkerung. Er betrug 1800 € gegenüber 1100 € in Schweden. Derzeit beläuft sich der jährliche Holzzuwachs auf ca. 75 Mio. m^3, dem ein Abgang von 60 Mio. m^3 gegenübersteht (zu diesen und den folgenden Zahlen vgl. Finnisches Ministerium für Landwirtschaft und Forsten sowie Verband der Finnischen Forstindustrie). Hauptgründe für den starken Zuwachs werden in umfangreichen Forstprogrammen und in neuen, nachhaltigen Waldbewirtschaftungsformen gesehen. Der Wert des jährlich durch Einschlag gewonnenen Holzrohstoffes beläuft sich auf etwa 1 bis 1,7 Mrd. €, von denen ca. 80 % auf Privatwaldbesitzer entfallen. Im Jahre 1999 gehörten 62 % der finnischen Wälder Privatpersonen, während der staatliche Anteil bei 24 % und der der Holz verarbeitenden Betriebe bei 9 % lag. Die Waldflächen der etwa 440 000 Privateigentümer betragen allerdings im Durchschnitt nicht mehr als 20 bis 30 ha. Dennoch stellt der Privatwald für die meisten seiner Eigentümer eine wichtige Einnahmequelle dar, wurden doch in den letzten Jahren durchschnittlich 420 bis 570 € Jahresertrag pro Betrieb aus Holzverkäufen erzielt.

Die Holz- und Papierindustrie verkörperte lange Zeit das wirtschaftliche Rückgrat der finnischen Volkswirtschaft. Darüber hinaus verhalf diese Industriebranche als Abnehmer des produzierten Rohstoffes Holz zum Erhalt von Arbeitsplätzen in der Peripherie und damit zugleich zum Erhalt von Siedlungsplätzen. Andererseits hat sich gerade in den letzten Jahrzehnten ein Konzentrationsprozess der großen Holz verarbeitenden Firmen in Südfinnland (Seenplatte und Küstenbereiche, Abb. 61 u. 62) vollzogen.

Hier sind nicht nur eine Fülle von Sägewerken und Plattenindustrieanlagen lokalisiert, sondern auch über 30 Papier- und Kartonfabriken sowie knapp 20 Zellstoff erzeugende Werke. Mittlerweile beschränkt sich die finnische Holz- und Papiererzeugung nicht mehr nur auf inländische Standorte; vielmehr hat sie sich auch auf den Auslandsmärkten etabliert. So zählen die Unternehmen UPM-Kymmene, Stora Enso und Metsäliitto weltweit zu den führenden der Branche.

Um die Jahrhundertwende befanden sich allein im europäischen Ausland 46 Papier- und Kartonfabriken in finnischem Besitz, davon 15 in Deutschland.

Derzeit verbraucht die finnische Holz- und Papierindustrie pro Jahr etwa 50 Mio. m^3 inländisches Rundholz, davon ca. 30 Mio. m^3 für Halbstoff und 20 Mio. m^3 für die Produktion von Schnittholz, Furnieren, Sperrholz und andere Holzerzeugnisse. Zell- und Holzstoff werden zu Papier und Karton verarbeitet, und aus Holzhalbwaren entstehen u. a. Bauelemente. An dem Gesamtausfuhrwert von Holz und Papier hatten 1998 allein die Sparten Zellstoff und Papier einen Anteil von vier Fünfteln. Die Massivholz be- und verarbeitenden Betriebe waren mit etwa einem Fünftel am Ausfuhrwert der Holz verarbeitenden Industrie vertreten. Ihre Produkte konzentrieren sich mehr und mehr auf Spezialsperrholz, wärmebehandeltes Holz und Holzkomponenten für den Möbelbau. Die Bestrebungen gehen dahin, den Veredlungsgrad in diesen Bereichen zu erhöhen. So ist in Finnland ein neues Imprägnierungsverfahren entwickelt worden, das einheimisches Holz so haltbar machen soll wie z. B. Tropenhölzer.

Insbesondere mit der Halbstofferzeugung sind Umweltprobleme verbunden, um deren Minimierung man sich in Finnland schon seit Jahrzehnten bemüht. Zunächst stand die Gewässerbelastung im Vordergrund der Diskussion. Durch gezielte Maßnahmen, vor allem durch die Reduzierung des Frischwasserverbrauchs und eine effizientere Abwasserreinigung, konnte man die Umweltbelastungen vermindern. Seit den 1980er-Jahren richtete sich dann die Aufmerksamkeit auf die Luftverunreinigungen, die besonders bei der Zellstoffherstellung (Schwefelemissionen) entstehen. Mit dem Einbau von Filtersystemen konnte – nach Angaben des Finnischen Ministeriums für Landwirtschaft und Forsten – auch diese Schadstoffquelle erheblich reduziert werden.

Finnland verfügt seit längerem über ein breit strukturiertes Programm zur Betreuung und Förderung einer nachhaltig ausgerichteten Forstwirtschaft. Mit im Vordergrund steht dabei eine umfassende fachliche Beratung der Waldeigentümer. Landesweit etwa 250 Waldpflegevereine nehmen jene, auch gesetzlich verankerten Aufgaben wahr. So betreuen qualifizierte Mitarbeiter in Kooperation mit dem Zentrum für forstliche Entwicklung die Privatwaldbesitzer in wirtschaftlichen, ökologischen und sozialen Belangen. Eine große Bedeutung kommt in diesem Kontext dem 1999 seitens der Regierung verabschiedeten „Nationalen Forstprogramm 2010" zu. Danach soll die finnische Holz- und Papierindustrie bis zum Jahre 2010 ihren Einsatz an einheimischem Rundholz um 5 bis 10 Mio. m^3 steigern sowie der Holz be- und verarbeitende Sektor den Wert seiner Exporte verdoppeln. Weiterhin sollen die ökologische Verträglichkeit der Forstwirtschaft im Rahmen eines entsprechenden Umweltprogramms gewährleistet sowie der weitere Bedarf an Waldnaturschutz festgelegt werden. Das Forstprogramm 2010 impliziert zudem Aspekte der multifunktionalen Waldwirtschaft, d. h. die Berücksichtigung auch anderer Waldleistungen neben der Holzproduktion, so etwa den Fremdenverkehr, die Jagd, die Rentierwirtschaft oder das Sammeln von Naturprodukten.

Schweden – Führender Produzent in Europa

Über die Hälfte der Fläche Schwedens wird – wie bereits an früherer Stelle betont – von produktiven Wäldern eingenommen, wobei sich die relativ geschlossensten Forsten auf Mittelschweden und die anschließenden südlichen Teile Nordschwedens konzentrieren. Nadelhölzer, jeweils zur Hälfte Kiefern und Fichten, machen 85 % des Gesamtbestandes aus. Vor allem die schwedische Kiefer ist aufgrund ihrer Qualität und ihrer günstigen Verarbeitungseigenschaften (dicht gemusterte Jahresringe und kleine Astmarken) sehr nachgefragt seitens der Holz verarbeitenden Industrie, speziell der Möbelherstellung (Bild 47).

Im Gegensatz zu früheren Wirtschaftsepochen ist der Holzeinschlag in Schweden im gesamten 20. Jh. geringer als der Zuwachs gewesen, was u. a. auf die gesetzlich vorgeschriebenen Wiederaufforstungsmaßnahmen zurückgeführt wird (Bild 48).

Schätzungen besagen, dass die schwedischen Holzvorräte bis weit in das 21. Jh. hinein weiter zunehmen werden (vgl. Skole 1997). Auch in Schweden entfällt mit etwa 50 % der größte Waldanteil auf Privatbesitzer, während Industrieunternehmen mit 38 % und der Staat mit 5 % vertreten sind. Im südlichen Landesteil machen die privaten Eigentümer sogar 80 % der Waldbesitzer aus.

Bis zum Zweiten Weltkrieg waren die meisten Privatwälder in agrar-bäuerlicher Hand. Heute wohnt der überwiegende Teil der privaten Waldeigentümer jedoch in weit entfernt liegenden Siedlungen, wobei die anfallenden Forstarbeiten in der Regel von genossenschaftlichen Waldbesitzervereinen oder von ähnlichen Unternehmen ausgeführt werden. Die Waldbesitze der großen Holzindustriebetriebe konzentrieren sich vorwiegend auf den mittelschwedischen Raum und das nordschwedische Küstenland. Ähnlich wie in Finnland gehören die Holz verarbeitenden Industriezweige Schwedens, die sich in den letzten Jahrzehnten auch außerhalb des Landes etablieren konnten, zu den führenden auf der Welt. So

Bild 47: *Holzernte bei Örnsköldsvik in Västernorrland, Schweden. Die moderne Vollerntemaschine schneidet und entastet den Stamm und speichert u. a. die Daten (C. Scheele).*

zählt Schweden neben den USA, Kanada und Finnland zu den größten Exporteuren von Holzprodukten, unter denen Zellstoff und Papier die größten Anteile haben. Neben einigen Großkonzernen wie Svenska Cellulosa AB (SCA, ca. 1,7 Mio. ha Waldfläche), Stora (1,6 Mio. ha Waldfläche in Schweden und 1 Mio. ha in Finnland – seit 1968 mit der finnischen Enso-Gutzeit verschmolzen und heute zweitgrößter Hersteller von Papier, Pappe und Packpapier weltweit) – und MODO (1 Mio. ha Waldfläche) besteht eine Vielzahl an Kleinfirmen; einschließlich der Sägewerke sind es etwa 7000, von denen die meisten weniger als zehn Beschäftigte haben. Die großen schwedischen Holzkonzerne, wie auch die finnischen, sind heute weltweit aktiv. So sind heute mehr als 50 % der Beschäftigten bei SCA im Ausland tätig; umgekehrt ist der Anteil der Beschäftigten, die im Sold ausländischer Gesellschaften stehen, mit 2 % äußerst gering. Damit unterscheiden sich die Nordischen Länder deutlich z. B. von Kanada.

Die Holzindustrie hat für Schweden auch heute noch eine enorme sozioökonomische Bedeutung, auch wenn ihr Anteil am BSP 2000 bei nicht mehr als 4,8 % lag. Diese Rolle spiegelt sich zudem auf dem Arbeitsmarkt wider, denn die schwedische Forstwirtschaft verschafft etwa 200 000 Menschen direkt oder indirekt Arbeit. Hinzu kommen ca. 400 000 Waldbesitzer, davon allerdings 50 000 mit weniger als 5 ha Waldfläche, die zumindest Teile ihrer Einkommen aus der Forstwirtschaft beziehen.

Bild 48: *Überdachte Baumschule bei Örnsköldsvik in Västernorrland, Schweden (C. Scheele).*

Grundzüge einer Gesetzgebung über Waldbesitz und Holzwirtschaft lassen sich in Schweden bis weit in die mittelalterliche Zeit zurückverfolgen. Die heutige, rechtlich verbindliche Forstpolitik, die 1993 vom Schwedischen Reichstag beschlossen wurde, gründet auf der Voraussetzung, dass auch in Zukunft eine hohe Nachfrage an nachwachsenden Produkten bestehen wird und dass die schwedischen Wälder auch weiterhin eine wichtige Rohstoffquelle sein werden, wobei Letztere auf einem ökologischen Kreislauf basiert. Es wird also sowohl dem Produktions- als auch dem Umweltaspekt Rechnung getragen. Erklärtes Ziel ist die Erhaltung der biologischen Vielfalt und eine Mehrfachnutzung der Waldgebiete. Demzufolge impliziert die Gesetzgebung eine Reihe von Bestimmungen, durch die z. B. wichtige Biotope für Flora und Fauna, bestimmte Laubwaldareale, Gehölzregionen an der Baumgrenze im Hochfjell oder Moor- bzw. Sumpfwälder geschützt werden. Weiterhin gelten für Wälder mit niedriger Produktivität (ca. 4 Mio. ha) besondere Bestimmungen, nach denen lediglich eine extensive Nutzung gestattet ist.

Um eine erfolgreiche Vernetzung der ökonomischen und ökologischen Ziele bemühen sich in Schweden zahlreiche Institutionen mit unterschiedlichen Arbeitsbereichen. Die Hauptverantwortung kommt hierbei dem Ministerium für Wirtschaft zu, während die Realisierung der forstpolitischen Vorgaben eine Aufgabe der schwedischen Forstverwaltung ist. Letztere besteht aus dem Zentralamt für Forstwirtschaft mit Sitz in Jönköping und den 24 Provinzialforstwirtschaftsämtern in den jeweiligen Provinzen. Darüber hinaus gibt es auf lokaler Ebene noch eine Reihe weiterer entsprechender Institutionen. Die privaten Waldeigentümer sind in acht genossenschaftlichen Vereinigungen organisiert; teilweise haben diese Genossenschaftsvereine auch eigene Holz verarbeitende Unternehmen aufgebaut. Schließlich ist noch der Verband der Großunternehmen der Holz verarbeitenden Industriezweige hervorzuheben, dem 16 Großbetriebe angeschlossen sind, welche primär auf Zellstoff, Papier und Schnittholz ausgerichtet sind. Zu den Aufgaben dieses Verbandes gehört u. a., die Interessen der Mitgliedsunternehmen im Ausland zu fördern.

Insgesamt gesehen wird der Forstwirtschaft Schwedens, dem führenden Produzenten zumindest in Westeuropa, eine gute Zukunft prophezeit. Die Holzvorräte steigen laufend, da nur 65 % bis 70 % des Zuwachses derzeit eingeschlagen werden. Hinzu kommt die anerkannt gute Qualität der Nadelhölzer, die die Basis für eine breite Angebotspalette bilden. Schließlich ist der europäische Markt leicht zu erreichen über ein eingespieltes Transport- und Logistiksystem, zumal es gravierende Handelshindernisse oder starke bürokratische Reglementierungen seit dem EU-Beitritt nicht mehr gibt.

Norwegen – Holzhandel mit langer Tradition

In Norwegen ordnen sich die mehr oder minder geschlossenen Forstwirtschaftsgebiete halbkreisförmig um die Flachlandbezirke von Östland und Trøndelag an. Mit rd. 78 % befindet sich der größte Teil des produktiven Waldareals (mit über 80 % Fichten und Kiefern) in Privatbesitz, d. h. in diesem Falle in agrar-bäuerlicher Hand. Knapp 9 % sind Staats- und 3 % Kommunalbesitz sowie 4 % das Eigentum von Aktiengesellschaften. Die restlichen 6 % entfallen im Wesentlichen auf andere Formen des Gemeinschaftsbesitzes. Auch in Norwegen haben Holzhandel und Holzausfuhr eine lange Tradition. So war schon im 15. und 16. Jh. der Holzhandel zunächst mit den Niederlanden, später auch mit England und Schottland von Bedeutung. Um jene Zeit wird wohl auch der Hauptteil der Laubwaldungen in den südlichen und südwestlichen Küstendistrikten abgeholzt worden sein. Häufig brachten die südnorwegischen Bauern ihre Holzfrachten auf eigenen Schiffen ins Ausland, so vor allem in die Niederlande. Wie bedeutsam diese Handelsaktivitäten waren, mag man aus einer Anordnung des Reichsrates von 1490 entnehmen. Darin wurde festgelegt, dass kein Ackerbauer mit Waldwirtschaft ein größeres Schiff als drei bis vier Lasten für den eigenen Gebrauch an der Küste halten dürfe, um somit den zunehmenden Versäumnissen in der eigentlichen Landwirtschaft entgegenzutreten.

Heute liegt auch in Norwegen, ähnlich wie in Finnland und Schweden, die jährliche Holzzuwachsquote beträchtlich höher als der Holzeinschlag. 18 % des Einschlags werden zu Schnittholz und der absolut größte Teil in der Zellulose- und Papierindustrie verarbeitet. Etwa 80 % der Papier- und Zelluloseprodukte werden exportiert, und zwar hauptsächlich in die EU-Staaten.

Die norwegische Holzindustrie setzte 2000 18,3 Mrd. NOK (2,3 Mrd. €) um, die vor allem im nordwestlichen Südnorwegen beheimatete Möbelindustrie zusätzlich noch einmal 12,3 Mrd. NOK (1,6 Mrd €), das waren 2,1 % des BNP. Am Export waren diese Gruppen mit 3,1 % beteiligt. Direkt in der Wald- und Forstwirtschaft, also im primärwirtschaftlichen Teil dieser Branche, sind heute ca. 5500 Personen (Anfang der 1950er-Jahre noch rd. 50 000) beschäftigt, während die Holz verarbeitenden Industriezweige 25 400 Arbeitsplätze stellen.

In den 1970er-Jahren verlor die norwegische Holzindustrie den Anschluss an die weltweit führenden Industrien Schwedens und Finnlands. Gründe dafür waren einmal in fehlender Innovationsfähigkeit und darin zu suchen, dass man zu lange auf die falschen Technologien setzte (vgl. Moen, E. 1994), zum anderen aber auch darin, dass die Betriebe zu klein waren und nicht fusionierten. Das ist heute nachgeholt. Durch Aufkauf verschiedener anderer Firmen ist aus der früheren Nordenfjeldske heute die Norske Skog geworden, der drittgrößte Zeitungspapierhersteller der Welt, der zwar nur noch 51 % seines Umsatzes in Europa erwirtschaftet, dessen Beschäftigte aber immer noch zu 66 % in Norwegen ansässig sind (Zahlen für 2000).

Dänemark – Aufforstung und „Waldschonungspflicht“

Im Vergleich zu seinen nordischen Nachbarstaaten Finnland, Schweden und Norwegen ist Dänemark als ein waldarmes Land einzustufen. Nur etwa 11 % bzw. 4450 km^2 der Landesfläche werden von Wäldern eingenommen. Die einzelnen Waldbestände liegen relativ zerstreut und meist kleinparzelliert über die gesamte Landesfläche hinweg verteilt. Nur wenige größere und zusammenhängende Forstareale sind in Mittel- und Nordjütland (besonders Himmerland) sowie auf Bornholm anzutreffen. Während Jütland über rd. 70 % der Waldbestände verfügt, entfallen auf Insel-Dänemark etwa 30 %. Generell gesehen haben die bewaldeten Flächen Dänemarks in den letzten 120 Jahren stetig zugenommen, was hauptsächlich auf die kontinuierlichen Aufforstungsmaßnahmen auf den nährstoffarmen Böden Westjütlands zurückzuführen ist.

Während in Jütland um 1850 eine Waldfläche von lediglich 2% verzeichnet wurde, waren es hundert Jahre später schon wieder 10 % des Gesamtareals der Halbinsel (vgl. Gläßer 1980). Dieses Faktum ist vor allem den tatkräftigen Aufforstungsbemühungen der „Dänischen Heidegesellschaft“ (Det Danske Hedeselskap) zu verdanken. Bereits 1805 trat in Dänemark ein Forstgesetz in Kraft, das u. a. die so genannte Waldschonungspflicht verordnete, indem die Waldweide untersagt wurde. Damit war ein wesentlicher Anstoß für eine moderne, auf Holzproduktion ausgerichtete Forstwirtschaft gegeben. Der ökologische Wert des Waldes (z. B. Gehölzanpflanzungen in den dünenreichen Gebieten Westjütlands) sollte erst später im Zuge der Industrialisierung und Urbanisierung stärker zum Tragen kommen. Heute dominieren die eigentlich ortsfremden Nadelhölzer mit 56 % gegenüber den Laubbäumen mit 44 %. Allerdings werden in den letzten Jahren schon aus ökologischen Gründen vermehrt Laubhölzer zur Aufforstung herangezogen.

In diesem Zusammenhang sollte auch die forstpolitische Zielsetzung erwähnt werden, die dänischen Waldflächen im Laufe von rd. 100 Jahren zu verdoppeln, was neben den protektiven Funktionen des Waldes ursächlich mit der Überproduktion im Agrarsektor in Verbindung steht, indem stillgelegte Landwirtschaftsflächen für die Aufforstung herangezogen werden können. Größter Waldeigentümer ist der Staat, der etwa ein Drittel der gesamten Waldfläche verwaltet. Die dänische Forstwirtschaft im engeren Sinne beschäftigt derzeit rd. 3000 Personen und bildet eine wichtige Grundlage für 34 000 Beschäftigte in den Holz verarbeitenden Industriezweigen.

Ein interessanter und speziell für Dänemark typischer Forstwirtschaftszweig ist der der Weihnachtsbaumproduktion. Bereits 1980 wurden auf nur 2 % der dänischen Waldfläche mit Weihnachtsbäumen und Schmuckreisig 20 bis 25 % der Gesamteinnahmen der Forstwirtschaft erzielt. Heute sind ungefähr 5 % des dänischen Waldareals mit Christbäumen bestanden, und zwar vorwiegend mit der Nordmanns- und Nobilistanne sowie mit Fichtenarten. Zurzeit werden jährlich rd. 7 bis 8 Mio. Weihnachtsbäume und etwa 35 000 t Schmuckreisig mit einem Gesamtwert von 750 Mio. dKr (ca. 90 Mio. €) erzeugt. Von der Gesamtproduktion gehen ungefähr 80 % ins Ausland, vor allem nach Deutschland, aber auch nach Großbritannien, Frankreich und sogar in die Nachbarstaaten Norwegen und Schweden. In rein ökonomischer Sicht ist die Weihnachtsbaumproduktion für Waldbesitzer, die über entsprechende Flächen und ausreichendes Kapital verfügen, eine gute Möglichkeit, in einer relativ kurzen Zeit hohe Gewinne zu erzielen. Mittlerweile dürfen laut Gesetz (dänisches Waldgesetz von 1989, novelliert 1996) aber nur noch maximal 10 % eines Waldbesitzes mit Weihnachtsbäumen bepflanzt werden, um ökologische Nachteile dieser Monokulturen zu begrenzen.

Nordeuropa als Industriestandort

***Bild 49:** Offshore-Ölbohrplattform bei Stavanger, Norwegen (E. Gläßer).*

Überblick

- Die Industrialisierung erreichte die Nordischen Länder erst spät, sie führte nicht wie in Mittel- und Westeuropa zu größeren geschlossenen Industriegebieten.
- Die Industrialisierung verlief in den Nordischen Ländern anhand unterschiedlicher Entwicklungspfade, deren Wirksamkeit sich bis heute in der Industriestruktur der Länder zeigt. Typisch ist, dass sich die Länder jeweils auf einige Sparten konzentriert haben (Schweden und Finnland: Holzindustrie, Norwegen und Island energieintensive Industriezweige, Dänemark Nahrungsmittelindustrie). In der Gegenwart macht sich eine Diversifizierung und zugleich eine stärkere Ausrichtung auf IT-intensive Zweige bemerkbar.
- Eine Sonderentwicklung haben Dänemark und vor allem Norwegen durchlaufen, seit in der Nordsee die ersten Öl- und Gasvorkommen entdeckt wurden. Dabei ist es Norwegen gelungen, sich von einem reinen Förderland zu einem Land zu entwickeln, das in allen Zweigen der Öl-affinen Industrie weltweit zu den führenden Nationen gehört.
- Im Aufbau und bei der Steuerung der Industrie haben die jeweiligen Staaten eine bedeutsame Rolle gespielt. Das gilt auch für die Abwicklung bedeutsamer Industriezweige wie der Werftindustrie in Schweden, die mit bemerkenswerter Konsequenz und relativ kurzen Diskussionen durchgeführt wurde.
- Die Energiegrundlage der Nordischen Staaten ist sehr unterschiedlich. Norwegen und vor allem Island können in Zukunft noch erhebliche Energiemengen für Europa liefern.

Proto-Industrialisierung und Spezialisierung

von Rolf Lindemann

Die Industrielle Revolution erfolgte in Nordeuropa relativ spät. Man kann dies als weiteres Beispiel für das Nachhinken gegenüber West- und Mitteleuropa anführen, das sich in der Geschichte an vielen geistes- und sozialgeschichtlichen Prozessen nachweisen lässt, etwa dem Zeitpunkt der Christianisierung oder der Ausbreitung gesamteuropäischer architektonischer Stilrichtungen.

Als Grund für die späte Industrielle Revolution wird häufig der Mangel an jenen mineralischen Rohstoffen angeführt, auf denen sie sich in Kerneuropa gründete: Kohle und Eisenerz. Das ist zwar für das Vorkommen von Kohle richtig. Steinkohle wird heute in Nordeuropa nur auf Spitzbergen gefördert. Sehr geringe mesozoische Kohlevorkommen in Jütland und Schonen sind von sehr schlechter Qualität und wurden nur in Notzeiten genutzt. Die uralten Ablagerungen des Baltischen Schildes und der Kaledoniden weisen aber an vielen Stellen Eisenerze auf, die auch schon seit dem Mittelalter abgebaut wurden. Noch um 1950 erzeugte Schweden 10 % des Eisenerzes der Welt, heute ist dieser Anteil auf 2 % gesunken.

Die Industrialisierung gewinnt in den Nordischen Ländern erst im 20. Jh. an Fahrt, besonders nach 1920. Zu diesem Zeitpunkt waren erst 26 % aller Erwerbstätigen in Nordeuropa in der Industrie einschließlich Bauwirtschaft tätig, gegenüber 45 % im primären Sektor (Sømme [Hrsg.] 1968, S. 92). Selbst im Vorreiterland Schweden waren bis in die 1930er-Jahre noch mehr Personen in der Landwirtschaft als in der Industrie beschäftigt (Alvstam [Hrsg.] 1995, S. 10). Wenn andere Autoren den Beginn der Industriellen Revolution vor allem in Schweden z. T. schon früher ansetzen (Schön [1997] benennt die 1890er, Isacson [1988] die zweite Hälfte des 19. Jh.s), so liegt das einmal an der Komplexität des Begriffes „Industrielle Revolution". In Abb. 63 wurde ein möglicher Indikator benutzt, wobei vor allem die Werte aus dem 19. Jh. mit Vorsicht betrachtet werden sollten. Zum anderen ist es sehr schwer, die Industrie von der so genannten Proto-Industrie abzugrenzen. Darauf wird noch eingegangen.

Es wird zudem deutlich, dass die Industrie in Nordeuropa nie einen solchen Stellenwert eingenommen hat wie in Mittel- und Westeuropa. In keinem der Länder hat sie jemals 50 % der Erwerbstätigen umfasst.

Außerdem verlief die Industrialisierung in den Einzelländern durchaus unterschiedlich: In Finnland erfolgte sie erst sehr spät, nach dem Zweiten Weltkrieg. Dafür verlief sie dort aber auch sehr rasch. Ein Grund liegt darin, dass Finnland nach dem Zweiten Weltkrieg umfangreiche Reparationen an die Sowjetunion zu liefern hatte, und zwar vor allem an Industriegütern. Das Land stampfte daher sehr rasch – und sehr erfolgreich – die notwendige Industrie aus dem Boden. Lediglich die Holzindustrie Finnlands geht bis ins 19. Jh. zurück.

Dänemark nimmt insofern eine Sonderstellung ein, als hier die Nahrungsmittelindustrie immer schon eine große Rolle spielte. Schon im 19. Jh. versorgte sie den britischen Markt.

In der frühen Neuzeit lieferte Nordeuropa, damals vor allem Schweden und das zu jener Zeit zu Dänemark gehörende Norwegen, vor allem Rohmaterialien nach Mittel- und Westeuropa, nämlich Holz und Bergbauprodukte. Im 19. und zu Beginn des 20. Jh.s, bevor die eigene Industrialisierung in den Nordischen Ländern einsetzte, bestand die Gefahr, dass Nordeuropa auf dem Status eines kommerziell von Mittel- und Westeuropa abhängigen Peripherraums verharrte, denn schließlich waren im europäischen Zentrum Kapital und Kompetenz konzentriert. 1909 beispielsweise kontrollierten Ausländer 39 % des norwegischen Aktienkapitals, wobei der Prozentsatz in Schlüsselindustrien durchaus hoch lag, z. B. bei der chemischen Industrie (85 %), im Bergbau (80 %), in der Stromerzeugung (47 %) und in der Holzveredlung (44 %). Dass Nordeuropa nicht zu einer Wirtschaftskolonie absank, beruhte darauf, dass auch in Nordeuropa durchaus schon protoindustrielle Strukturen bestanden, die sich zum Teil in direkter Linie bis heute verfolgen lassen. Von Anfang an war – auch das gilt bis heute – der jeweilige Staat ein wichtiger Akteur, der auf vielfältige Weise in das „freie Spiel" der wirtschaftlichen Kräfte eingriff und es regulierte. Außerdem war der Bildungsstand der nordeuropäischen Bevölkerung schon damals vergleichsweise hoch. Dies war die Voraussetzung dafür, dass Einzelpersonen Produkte entwickelten und vermarkten konnten, die in bestimmten Nischen sehr erfolgreich waren (so genannte Genieindustrie, s. u.).

Neben dem Defizit an Kohle wurde der Industrieraum Nordeuropa durch seine geringe Bevölkerungszahl gehemmt. Die Bedeutung des Binnenmarktes war und ist relativ gering; erfolgreiche Produkte müssen immer auch für den Export entwickelt werden, was einerseits zu hoher Qualität zwingt, andererseits aber Abhängigkeit von außenbürtigen Faktoren mit sich bringt. All dies ist nicht nur von historischer Relevanz, sondern prägt die industrielle Struktur des Nordens bis heute. Darum sollen diese Faktoren etwas näher beleuchtet werden.

Schon in der Frühneuzeit lieferte der Norden nicht nur Rohmaterialien in Form von Erzen und

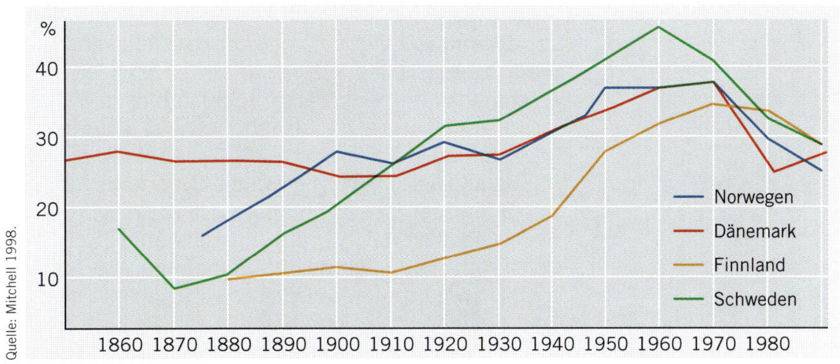

Abb. 63: Der Anteil der Industriebeschäftigten an der Gesamtzahl der Beschäftigten in den Nordischen Ländern im 19. und 20. Jahrhundert.

Holz nach Mitteleuropa; viele Bergbauprodukte wurden auch im Lande selbst verarbeitet und trugen damit zur Kapitalbildung und zur Entstehung protoindustrieller Strukturen bei.

Bergbau gab es vor 1800 im Norden nur in Schweden und Norwegen, wobei die schwedischen Bergwerke (Eisen und Kupfer) bis ins Mittelalter zurückgehen, die norwegischen (Kupfer und Silber) erst im Zeitalter des Merkantilismus (Christian IV. von Dänemark), im 17. Jh., gegründet wurden. In der zweiten Hälfte des 17. Jh.s entfielen 80 % des schwedischen Exports auf Eisen und Kupfer, während in Norwegen Holz und Fisch weit bedeutender waren.

Am ältesten dürfte dabei die Kupfermine in Falun in Schweden sein; sie wird 1288 zum ersten Mal erwähnt, der Abbau geht aber wohl schon bis ins frühe Mittelalter zurück. Im 17. Jh. produzierte Falun zwei Drittel der weltweiten Kupfererzeugung und war mit 6000 Einwohnern die zweitgrößte Stadt des Landes. Bis zur endgültigen Schließung 1993 wurden in dieser Grube mehr als 30 Mio. t Erz gefördert und 350 000 bis 400 000 t Kupfer produziert. Schon seit dem 19. Jh. war kein metallisches Kupfer mehr produziert worden, stattdessen baute man Schwefelkies, Zink und Bleierze ab. Die sehr gut erhaltene Anlage mit dem riesigen Tagebauloch wurde 2001 in die Liste des Weltkulturerbes aufgenommen.

Falun gehört zum frühneuzeitlichen Bergbau- und Verarbeitungsdistrikt von Bergslagen, einem Gebiet, das sich von Uppland bis nach Värmland erstreckt und zu verschiedenen Zeiten unterschiedliche Ausdehnung gehabt hat. „Bergslagen" ist kein geographisch-administrativer Begriff, sondern bezeichnet das jeweilige Gebiet, in dem spezielle Bergbaugesetze (Befreiung vom Militärdienst usw.) angewendet wurden. In dieser Region finden sich Eisenerzvorkommen, die abgebaut, mit Hilfe von reichlich vorhandener Holzkohle geschmolzen und in Hammerwerken an den vielen Bächen und Flüssen veredelt wurden. Einige Tausend Experten für diese Technologien wurden seit Anfang des 17. Jh.s aus der Gegend von Lüttich angeworben (Wallonen), die dafür sorgten, dass Schweden um 1750 40 % des Eisens der Welt produzierte. 1850 gab es in Bergslagen immer noch 213 Hochöfen und 440 Hammerschmieden (Kistemann 2001). Aber durch das in England seit 1784 angewandte Puddelverfahren war Schweden mengenmäßig weit zurückgefallen und spezialisierte sich auf Spezialstähle (Schwedenstahl). 1992 wurde in Dannemora die letzte mittelschwedische Eisenerzgrube stillgelegt. Die relativ kleinen Produktionsstätten waren als bruk organisiert, was nur unzureichend mit „Werk, Fabrik, Hütte" übersetzt werden kann. Zur Anlage zählte neben den Betriebsstätten auch die zugehörige Ansiedlung mit Arbeiterhäusern und Herrenhof. Sie spiegelt die patriarchalische Struktur dieser protoindustriellen Betriebe wider. Für die einsetzende Industrialisierung standen technische Kompetenz und eine beträchtliche Kapitalakkumulation bereit.

Solche protoindustriellen Industriezellen gab es auch in Norwegen, nämlich in den beiden Bergbaustädten Kongsberg (Silber) und Røros (Kupfer; vgl. Lindemann 1981), die 1624 bzw. 1646 gegründet wurden, ebenfalls Experten, nämlich Bergleute aus Deutschland, anzogen, die das nötige Know-how brachten, und die Staaten im Staat bildeten. Das hier akkumulierte Kapital stand zur Finanzierung der Industrialisierung Norwegens bereit.

Kapital hatte sich in bürgerlichen Kreisen Norwegens auch durch den Holzhandel akkumuliert, der seit dem 17. Jh. zunächst die Niederlande, später dann vor allem England mit diesem wichtigen Rohstoff versorgte. Von 1772–1789 importierte England 70,1 % seiner Planken (Deals) aus Norwegen, nur 10 % aus Schweden, zu dem damals auch noch das heutige Finnland gehörte. Trotz des weitaus größeren Waldreichtums der Ostseeanlieger Schweden und Finnland profitierte also Norwegen vom Holzhandel mit Westeuropa. Der Grund liegt darin, dass die norwegischen Flüsse noch nahe ihrer Mündung ins Meer und damit unweit von Verschiffungshäfen Wasserfälle bilden, an denen sich wassergetriebene Sägen aufstellen ließen.

In den Küstenebenen der Ostsee gibt es diese Wasserfälle nicht. Die Holländer und Engländer waren aber, um ihren Schiffsraum optimal ausnutzen zu können, ausschließlich an gesägtem Holz (Planken und Balken) interessiert. In Schweden konnte dieser Wirtschaftszweig erst wachsen, nachdem 1849 in Tunadal bei Sundsvall die erste dampfmaschinenbetriebene Säge eingerichtet wurde. Zwischen 1830 und 1860 versechsfachte sich der schwedische Holzexport; Ende des 19. Jh.s gab es rund um Sundsvall 100 Sägewerke, die weltweit höchste Dichte solcher Anlagen. Auch in Finnland verlief die frühe Industrialisierung auf dem Weg über die Holzindustrie, nachdem 1844 bis 1856 der Saimaa-Kanal zur wirtschaftlichen Erschließung des finnischen Binnenlandes gebaut worden war und der Zar 1860 das Verbot von Dampfsägen aufgehoben hatte. Zur Produktion von Schnittholz trat schon bald – ökonomisch lohnender – die von Papier und Zellstoff.

Das nordschwedische Eisenerz ist neben dem Holz der zweite große Rohstoff Schwedens. Es ist aber phosphorreich und konnte, obschon seit dem 17. Jh. bekannt, erst genutzt werden, als 1878 das Thomasverfahren erfunden wurde. Durch den Bau der Eisenbahnlinie Gällivare – Luleå 1888 und die technisch sehr aufwendige Errichtung der Strecke Kiruna – Narvik (1903) konnten die gewaltigen Erzvorräte exportiert werden. Die Bahnen wurden mit Elektrizität aus neu angelegten Kraftwerken im Norden (Porjus) versorgt. Der Ausbau des nordschwedischen Eisenerzreviers erforderte gewaltige Kapitalmengen, die neben dem Bahnbau auch für die Errichtung der völlig neuen Stadt benötigt wurden. 1900 überwinterte der erste Bewohner in Kiruna, 1910 zählte die Stadt schon 7500 Einwohner. Typisch für die damalige Zeit kam das Kapital dafür aus England. Doch als die Betreibergesellschaft schon bald Bankrott anmelden musste, sprang der Staat ein.

Und damit ist ein weiterer Akteur im Prozess der Industrialisierung angesprochen, der sich in allen skandinavischen Ländern keineswegs aus dem Wirtschaftsleben zurückhält und nur die Rahmenbedingungen ordnet, sondern der aktiv eingreift. Der Staat gründet Wirtschaftsunternehmen (z. B. Stahlwerke, wie Mo i Rana in Norwegen oder Luleå in Schweden) an Standorten, wo das regionalpolitisch geboten erscheint oder wenn man es aus allgemeinwirtschaftlichen Erwägungen heraus für notwendig hält (z. B. die norwegische Ölgesellschaft Statoil). Der Staat wickelt aber auch sehr rasch wichtige Betriebe oder sogar ganze Industriezweige ab, wie das Stahlwerk im norwegischen Mo i Rana oder die Werftindustrie in Schweden.

Neben der Erzeugung von Massengütern wie Erz und Holz findet sich in Schweden schon relativ früh die „Genieindustrie“, die auf der Erfindung eines Einzelnen beruht. Solche Einzelpersonen gründeten Firmen, die oft zu europäischer und sogar Weltgeltung aufgestiegen sind. Beispiele sind Sven Wingquist, der das Kugellager erfand (Firma SKF); N. G. Dalén, der das erste selbsttätige Blinklicht für Leuchttürme konstruierte (Firma AGA); Gustav de Laval, der den Separator, und L. M. Ericsson, der das Tischtelefon entwickelte. Am bekanntesten von ihnen ist sicherlich Alfred Nobel (1833–1896), der Erfinder des Dynamits und des Nobel-Zünders. Sein Vermögen machte er vor allem mit Erdöl in Russland. In seinem Testament überließ er alles einer Stiftung, die seit 1901 an jedem 10. Dezember, seinem Todestag, in Stockholm die Nobelpreise für verschiedene Wissenschaften und Literatur und in Oslo den Friedensnobelpreis vergibt.

Ähnliche Beispiele für Erfindergeist und anschließende geschickte kommerzielle Nutzung gibt es auch aus den anderen skandinavischen Ländern; so entwickelten die norwegischen Ingenieure K. Birkeland und S. Eyde ein Verfahren, mit Hilfe von Strom aus Luftstickstoff Salpetersäure, einen wichtigen Grundstoff für Pflanzendünger, zu gewinnen. Daraus entwickelte sich die Firma Norsk Hydro, heute u. a. weltgrößter Hersteller von Pflanzendünger.

Als Beispiele aus Dänemark für diese „Genie-Industrie“ lässt sich einmal die Firma Lego anführen, die dadurch entstand, dass der Tischler Ole Kirk Christiansen ab 1932 in Billund in Jütland begann, Holzspielzeug herzustellen. Erst 1947 benutzte er Plastik für die typischen Legosteine. Heute beschäftigt Lego 18 000 Mitarbeiter. Der Mechaniker Mads Clausen baute seit 1933 auf dem Dachboden seines Hauses auf Alsen Ventile zusammen. Daraus entwickelte sich die Weltfirma Danfoss.

Die Beispiele ließen sich vermehren. In diese Kategorie – innovative Idee, expansive Vermarktung, konsequente Ausnutzung einer Nische – kann man auch IKEA und Hennes & Mauritz einordnen, auch wenn es sich bei diesen Firmen nicht um Industriebetriebe handelt.

Basis für die Entstehung solcher Einzelfirmen wie auch der jetzt zu besprechenden lokalen und regionalen Agglomerationen war der schon im 19. Jh. hohe Bildungsstand in den Nordischen Ländern. An einzelnen Orten bildeten sich zu Beginn der Industriellen Revolution Cluster von Betrieben einer Branche, die personell und von den Arbeitsabläufen her stark miteinander vernetzt waren. Oft standen sie im Übergangsbereich zwischen Handwerk und Industrie. Dazu gehört in Schweden Eskilstuna, das man nicht zu Unrecht mit Solingen und Remscheid verglichen hat. 1910 betrug hier die durchschnittliche Betriebsgröße 35 Beschäftigte. Sie stellten Werkzeuge, Schlösser, Messer, Säbel, chirurgische Instrumente usw. her, die von Kaufleuten im Lande vertrieben wurden.

In diese Kategorie fällt auch Norrköping, Schwedens bedeutendster Textilstandort. Mitte des 19. Jh.s gab es dort 119 Wolltuchfabriken, die 84 % des schwedischen Bedarfs an Kleidung abdeckten (Kistemann 2001, S. 92). Bekannt nicht nur wegen seiner Produkte, sondern vor allem wegen seines kleinunternehmerischen Wirtschaftsgeistes ist Gnosjö im schwedischen Småland, wo 1850 150 Drahtziehereien und 30 Streckhämmer existierten. Deren Produkte wurden in Heimarbeit erfindungsreich weiterverarbeitet, z. B. zu Angelhaken u. dgl.

Auch regional gab und gibt es solche Cluster-Bildungen, etwa die Glashütten im schwedischen Småland, die Möbelindustrie in Sunnmøre in Norwegen oder die Textilindustrie im nördlichen Jütland (Dänemark).

Die Industrialisierung Nordeuropas verlief, wie oben dargestellt, zeitlich sehr unterschiedlich. Auch die Pfade, die von den einzelnen Ländern dabei beschritten wurden, waren sehr verschieden. Zusammenfassend lässt sich sagen, dass in Schweden und Finnland die frühe Industrialisierung von den Sektoren Holz und Metall gekennzeichnet war, in Norwegen prägten um 1850 die Sektoren Holz und Textil das industrielle Bild, dann kam der Schiffsbau dazu; 1870 gab es 200 Werften mit ca. 6000 Arbeitern. Noch später erfolgten dann der Ausbau der Wasserfälle und die Gewinnung von Elektrizität, die das Land den Weg zur kraftintensiven Industrie einschlagen ließen. Deren großer Anteil an der Industriestruktur ist auch heute noch für das Land charakteristisch.

Einen ganz anderen Verlauf nahm die Industrialisierung in Dänemark (Edquist & Lundvall 1993). Bis in die 1870er-Jahre exportierte das Land Brotgetreide nach England. Dann tauchten auf diesem Markt Russland und die USA als neue Konkurrenten auf, die erheblich billiger liefern konnten. Die Preise sanken von 1880 bis 1890 um 40 %. Dänemark stellte sehr rasch seine agrarische Produktion von Getreide auf Schweine- und Milchviehhaltung um. Es wurde eine schlagkräftige Lebensmittelindustrie aufgebaut, die ihre Produkte nach Großbritannien exportierte. 1910 bestanden 90 % des dänischen Gesamtexports aus veredelten Agrarprodukten wie Bacon, Butter und Käse. Neben der exportorientierten Lebensmittelindustrie versorgten die übrigen Industriezweige im Wesentlichen nur das Land selbst. Die Betriebe wurden, auch das eine Besonderheit in Nordeuropa, überwiegend in der Rechtsform der Genossenschaften geführt. Diese Spezialisierung auf die Lebensmittelindustrie hat Dänemark bis heute beibehalten.

De-Industrialisierung und Konzentration auf Kernbereiche

Wie die anderen Länder des OECD-Blockes sind auch die Nordischen Länder inzwischen in die post-industrielle Phase eingetreten. Konkret bedeutet das, dass die Zahl der Industriebeschäftigten zurückgeht und dass die Bedeutung der Industrie für die Volkswirtschaft zugunsten des tertiären Sektors sinkt. Dies lässt sich in allen Ländern nachweisen. Einige Beispiele mögen genügen:

So sank der Anteil der Industriebeschäftigten an allen Beschäftigten in Norwegen von 20,1 % (1980) über 15,2 % (1989) auf 13,3 % (1999), in Finnland lauten die entsprechenden Werte 27,2 %, 22,7 % und 16,5 %. Auch in Dänemark hat er markant abgenommen, von 26 % (1966) auf nur noch 16 % (2000). In Norwegen sank auch der Anteil der Industrie am BSP von 21,9 % (1972) auf 9,1 % (2000) ab. Die Nordischen Länder haben, was die Industriedichte anbelangt, also die Zahl der Industriebeschäftigten pro 1000 Einwohner, Werte erreicht, die sich nicht von denen anderer westlicher Länder unterscheiden (Tab. 17)

Der Rückgang der Industriebeschäftigten war besonders in den Hauptstädten spürbar. Im Raum Kopenhagen waren 1958 noch 48 % aller Industriebeschäftigten Dänemarks zu finden, 1980 nur noch 24 % und 1999 nur noch 13,0 %. Ähnlich auch im Raum Oslo (Fylker Oslo und Akershus). Hier waren 1966 noch 81 000 Personen in der Industrie beschäftigt, 1998 waren es nur noch 45 600. Und selbst innerhalb der jüngsten Vergangenheit (1988 bis 1998) sank der Anteil des Läns Stockholm an allen schwedischen Industriebeschäftigten noch einmal von 13,0 % auf 11,4 %. Es ist aber nun nicht so, dass die Industrie vom Zentrum in die Peripherie abgewandert ist, denn im gleichen Zeitraum ging die Zahl der Industriebeschäftigten in der Provinz Norrbotten, der periphersten Schwedens, von knapp 24 000 auf 18 000 zurück, der Anteil an allen Industriebeschäftigten sank von 2,5 auf 2,3 %. Finnmark, die nördlichste und peripherste Provinz Norwegens, liegt, was die Industriedichte angeht, 1998 genauso wie 1968 um ein Drittel unter dem norwegischen Durchschnitt, nur ist dieser Durchschnitt inzwischen erheblich gesunken.

Tykkyläinen (2002) hat jüngst die räumlichen Auswirkungen der De-Industrialisierung in Finnland untersucht. Dort ging die Zahl der industriellen Arbeitskräfte zuerst und am stärksten in den Industriestädten Helsinki, Tampere, Turku und Lahti zurück, während sie in den 1980er-Jahren in der Peripherie zunächst noch anstieg, sicherlich auch aufgrund von Regionalförderungsmaßnahmen, um dann auch dort abzusinken. Das räumliche Muster der De-Industrialisierung verläuft in Nordeuropa also nicht als Verlagerung industrieller Aktivitäten vom Zentrum in die Peripherie, sondern als Abnahme auf allen räumlichen Kategorien, aber am stärksten in den industriellen Ballungsräumen. Dort waren Produktivitätssteigerungen nur begrenzt möglich.

	Industriebeschäftigte pro 1000 Einw.
Dänemark	81,8
Finnland	81,5
Island	84,7
Norwegen	63,7
Schweden	84,6
Deutschland	76,8

***Tab. 17:** Industriedichte in den Nordischen Ländern 2000.*

Quelle: eig. Berechn. n. den Stat. Jahrbüchern.

De-Industrialisierung heißt branchenmäßig gesehen eine Umstrukturierung: Alte, unrentable Industriesektoren werden aufgegeben, neue aufgegriffen und ausgeweitet. Einer der ältesten Sektoren in Nordeuropa ist der Bergbau. Hier wurden nicht nur einzelne Bergwerke aufgegeben, was ja in diesem Zweig schon wegen der Erschöpfung von Vorkommen normal ist. Mit der Einstellung des Bergbaus in der Region Bergslagen wurde das gesamte Gebiet seiner wirtschaftlichen und auch seiner kulturhistorischen Wurzeln beraubt. Ein ähnliches Schicksal droht auch der nordschwedischen Eisenerzregion um Kiruna und Gällivare.

Auch in Kiruna kann von einer Erschöpfung der Vorräte absolut keine Rede sein. Der Eisengehalt des Erzes ist mit 60–70 % sehr hoch, er wird durch Sinterung noch angereichert. Das Flöz ist über 4 km lang, bisher bis in 2 km Tiefe untersucht und soll mindestens 2 Mrd. t an Vorrat enthalten. Seit man Ende der 1950er-Jahre zum Tiefbau übergegangen ist, gehört der Bergwerksbetrieb zu den modernsten und am stärksten rationalisierten der Welt. Heute baut man in 775 m Tiefe ab, untertage wurden 400 km fahrbare Wege angelegt. Der Abtransport des Erzes geschieht über die 1903 eröffnete Erzbahn nach Narvik (Norwegen), die 1923 elektrifiziert wurde. Auch der Transport ist stark rationalisiert: Jeder der fast vollautomatischen Züge besteht aus 52 Waggons und transportiert 4200 t Erz. Noch stärkere Züge werden erprobt. Aber während in den guten 70er-Jahren jährlich rd. 30 Mio. t Erz in Narvik verschifft wurden, ist es jetzt nur noch etwa die Hälfte.

Kiruna ist ein typisches Beispiel für die in Peripherräumen üblichen „one-company towns". Bis in die 1950er-Jahre trug die Bergwerksgesellschaft LKAB die Kosten für die Polizei und das Schulwesen in Kiruna, teilweise auch für das Gesundheitswesen. Schon 1910 waren die Schulmahlzeiten frei. Ende der 70er-Jahre waren in Kiruna 90 % der Bevölkerung direkt oder indirekt von der LKAB abhängig, die 1954 auch zu 80 % des Steueraufkommens der Gemeinde beitrug. Damals erhielt Kiruna als eine der ganz wenigen Gemeinden Schwedens keine Ausgleichsmittel. Bereits 1982 war das Steueraufkommen der LKAB auf weniger als 1 % der Gemeindesteuer gesunken. Trotz aller staatlichen Überweisungen, und obwohl der Staat LKAB übernommen hat und die Defizite ausgleicht, geht es mit Kiruna rapide bergab. 1976 hatte die Gemeinde 31 000 Einwohner, 2002 nur noch 24 000. Die Zahl der Beschäftigten bei LKAB sank von 8300 (1961) auf 3600 (2002).

In Norwegen ging die Zahl der im Bergbau Beschäftigten von 10 000 (1975) auf 3900 (2001) zurück. Geschlossen wurde auch der Eisenerztagebau in Bjørnevatn südlich von Kirkenes, obgleich er die einzige größere Beschäftigungsmöglichkeit im weiten Umkreis war. Große regionalpolitische Be-

Bild 50: Hafen-Revitalisierung in Göteborg. In Schweden wurde die traditionelle Werftindustrie in kurzer Zeit abgewickelt. In Göteborg wurde auf ehemaligem Werftgelände in unmittelbarer Nähe zur Innenstadt ein sehr attraktives neues Stadtviertel geschaffen, das neben Wohnungen auch Büros und Universitätsinstitutionen Raum bietet, z.T. unter Weiternutzung der alten Gebäude (A. Priebs).

deutung hatte auch die Eisen- und Stahlhütte in Mo i Rana, die 1946 als eine der ersten Nachkriegsmaßnahmen zur Förderung peripherer Regionen erbaut wurde und Erze aus der Nachbarschaft (Dunderlandsdalen) und Kokskohle aus Spitzbergen bezog. 1955 nahm das Werk den Betrieb auf und ließ den verschlafenen Ort zur drittgrößten Stadt Nordnorwegens anwachsen. Als das Werk, immer in staatlicher Hand, jedoch ab Beginn der 1980er-Jahre rote Zahlen schrieb und der Staat von 1980 bis 1989 5 Mrd. NOK (650 Mio. €) zuschießen musste, verringerte man zunächst den Personalbestand von 4200 (1980) auf 3000 (1988). 1988 beschloss das norwegische Parlament, das Stahlwerk in Einzelgesellschaften aufzuspalten und den größten Teil davon bis 1994 abzuwickeln. Heute wird in Mo i Rana noch etwas Stahl auf Schrottbasis erzeugt, doch auch diese Firma ist in Gefahr.

Das beste Beispiel für entschlossenes staatliches Handeln beim Abbau unrentabler Wirtschaftsbereiche in Nordeuropa ist die schwedische Werftindustrie (Bild 50; vgl. Sedlacek 1994). Sie war in der Nachkriegszeit ein Aushängeschild schwedischer Industrie. 1950 baute Schweden 10 % der Bruttotonnage der Welt und lag damit weltweit auf Platz zwei hinter Großbritannien (37,9 %). Die schwedischen Werften profitierten vor allem von einer engen Kooperation mit norwegischen Tankerreedereien. 1975 hatte sich das Bild aufgrund der komparativen Vorteile zugunsten des Fernen Ostens völlig verschoben: Großbritannien war auf 3,7 % zurückgefallen, Japan war mit 50,1 % absolut dominierend und in Schweden wurden gerade noch 6,9 % der Welttonnage erbaut.

Die Werftindustrie in Schweden war auf vier Standorte an der Westküste konzentriert: in Uddevalla (1946 errichtet), in Göteborg (Lindholmen, Eriksberg, Arendal und Götaverken), in Landskrona (Öresund-Werft) und in Malmö (die traditionsreiche Kockums-Werft). 1975 beschäftigten sie zusammen 27 500 Menschen. Nach dem Ölschock von 1973 brachen die Tankermärkte zusammen, zudem machte sich die ostasiatische Konkurrenz, die billiger produzieren konnte, immer stärker bemerkbar. Der Staat gab den Werften durch hohe Zuschüsse die Möglichkeit, Tanker „auf Halde“ zu produzieren, die man bei einer Wiederbelebung des Marktes verkaufen zu können hoffte. Als diese Wiederbelebung ausblieb, wurde zunächst 1976 Lindholmen stillgelegt. Der Staat gründete eine Holding (Svenska Varv AB, 1987 in Celsius AB umgenannt), in die nach und nach alle Werften eingebracht wurden, zuletzt 1979 Kockums. Sie wurden immer dann, wenn sich abzeichnete, dass sie keine Zukunftsaussichten mehr hatten, konsequent und rasch geschlossen. Als Letzte schloss die Kockums-Werft in Malmö 1988 ihre Tore, die noch zu Beginn der 80er-Jahre zu den weltweit produktivsten gezählt hatte. Seither gibt es im ehemals führenden Schiffbauland Schweden keinen Neubau kommerzieller Schiffe mehr. Nur eine Werft für Militärfahrzeuge existiert noch, auch Schiffsreparaturen werden noch ausgeführt.

Angesichts der Größe der Arbeitsmarktregion Göteborg bereitete hier die Freisetzung von Werftarbeitern kaum Probleme, schwieriger war die Lage an den anderen Standorten. In Uddevalla schnürte man ein „Paket“ aus privaten und staatlichen Initiativen zum Auffangen der Arbeitslosen, eine in Schweden auch an anderen Orten (Bergslagen) erfolgreiche Lösung. In das Uddevalla-Paket ging auch ein neues Volvo-Werk ein, das wegen seiner neuen Fertigungstechniken (Abkehr vom Fließbandsystem) internationales Aufsehen erregte, aber 1993 nach nur zwei Jahren wieder geschlossen wurde. Es wurde jedoch 1995 mit 1700 Beschäftigten und neuer Konzeption wieder eröffnet (Bau hochwertiger Exklusivmodelle).

Insgesamt lässt sich über die Industrie der Nordischen Länder sagen, dass sie sich in den letzten Jahren sehr stark auf ihre Kernbereiche konzentriert und solche Felder, auf denen sie nicht erfolgreich ist, sehr rasch und konsequent räumt (alle folgenden Zahlenangaben entstammen den Statistischen Jahrbüchern der Nordischen Länder).

So ist die Textilindustrie, die früher zumindest regional recht bedeutend war (Gebiet von Borås in Westschweden, Hinterland von Bergen in Norwegen), heute fast ganz verschwunden (in Norwegen trug sie 2001 noch 1,1 % und in Finnland 1,8 % [2000] zum industriellen Produktionswert und in Schweden 0,9 % zum Anteil der Industrie am Bruttosozialprodukt bei). Lediglich in Dänemark (2000: 3,0 %) hat sie etwas größere Bedeutung. Es lässt sich beobachten, dass solche Branchen einen Rückgang erleben, deren Anteil an den Industriebeschäftigten höher ist als ihr Anteil an der gesamten industriellen Wertschöpfung, die also – für nordische Verhältnisse – relativ arbeitsintensiv sind.

Kapitalintensive und das bedeutet heute vor allem IT-intensive Branchen legen dagegen stark zu. So ist etwa in Schweden die Sparte „Herstellung von Radio-, Fernseh- und Telekommunikationsgeräten“ allein im Zeitraum 1995 bis 2000 von einem Anteil von 5,0 % an der industriellen Bruttowertschöpfung auf 17,5 % und damit auf den höchsten Anteil einer Sparte überhaupt gestiegen. Dies geht natürlich auf den Markterfolg von Ericsson zurück, einer Gesellschaft, die allein 15 % des schwedischen Exports bestreitet (Haag 1999). Dieses Wachstum kehrte den langjährigen Abwärtstrend der verarbeitenden Industrie um; ihr Anteil am Bruttonationalprodukt stieg von 1995 bis 2000 von 20,4 % auf 22,5 %.

Auch in Finnland stieg der Anteil der verarbeitenden Industrie am BSP an: von 23,3 % (1990) auf 26,4 % (2000). Dort trug die Firma Nokia 1999 allein zu über 4 % des finnischen BSP und zu 23 % des finnischen Exports bei (Tykkyläinen 2002). Daraus ergeben sich auch räumliche Umverteilungen. Die weitgehend standortungebundenen IT-Industrien neigen zu Agglomerationen, deren Entstehung oft erst im Nachhinein rational zu erklären versucht wird (Silicon Valley in den USA, Cambridge in Großbritannien). In Nordeuropa gibt es ebenfalls solche Agglomerationen. In Schweden ist dies die Achse Stockholm – Uppsala entlang der E 4. Weitere Cluster gibt es in den Universitätsstädten Lund und Umeå. In Norwegen, das über keine „Leitfirma“ verfügt, siedelte sich die IT-intensive Industrie vor allem in der Provinz Vestfold am Westufer des Oslofjords an. In Finnland bildet sich eine städtische Achse Helsinki – Oulu heraus, mit Knotenpunkten in Tampere und Jyväskylä. Diese neue, sehr expansive, aber auch sehr anfällige und dem Weltmarkt extrem ausgelieferte Branche kehrt also auch das bisher gültige Raummuster der De-Industrialisierung um und verstärkt wiederum die Ballungsräume.

Die Verschlankung in der Spartenbreite und die Schärfung des Profils führten zu einer stärkeren industriegeographischen Differenzierung der Nordischen Länder.

Die Industrie Islands ist, wie das ja bei Kleinstaaten häufig der Fall ist, recht einseitig strukturiert: Mit 56,9 % des Produktionswertes (2000) dominiert ganz deutlich die Lebensmittelindustrie, die ihre Schwerpunkte in der Fisch- und Fleischindustrie hat. An zweiter Stelle, aber weit dahinter, folgen Herstellung und Verarbeitung von Metallen mit zusammen 21,6 %.

Auch in Norwegen hat die energieintensive Industrie noch einen wichtigen Anteil an der industriellen Wertschöpfung, nämlich 12,9 % (alle Zahlen für 2001). Dagegen ist die Holzindustrie weit zurückgefallen; sie stellt heute nur noch 7,7 % der Wertschöpfung; noch 1981 lag Norwegen auf Platz 11 der holz- und holzprodukteexportierenden Länder weltweit (vgl. Moen, E. 1994). Die Bedeutung, die Erdöl und -gas für die norwegische Wirtschaft haben, schlägt sich bei der industriellen Wertschöpfung nur gering nieder: Nur 11,9 % sind darauf zurückzuführen. Das liegt natürlich daran, dass diese Rohstoffe meist in un- oder wenig behandeltem Zustand exportiert werden.

In Schweden ist die traditionelle Holzverarbeitung wegen des raschen Anstiegs der Telekommunikationsindustrie auf den zweiten Platz zurückgefallen (2000: 16,4 % Anteil der Industrie am Bruttosozialprodukt, inkl. graphische Industrie). Bemerkenswert ist der geringe Anteil der Lebensmittelindustrie (6,7 %). Das liegt zum einen daran, dass Schweden im Gegensatz zu Island und Norwegen keine Fischverarbeitung besitzt, zum anderen lässt es sich dadurch begründen, dass sich Schweden, was Lebens- und Genussmittel angeht, weniger vom Weltmarkt abschottet als Norwegen.

Das gilt auch für Finnland, wo der Lebensmittelindustrie mit 5,9 % des industriellen Bruttoproduktionswertes ebenfalls nur geringe Bedeutung zukommt. Hier dominiert die Sparte „Elektrische Geräte“ mit 25,8 %, während die Holzverarbeitung mit 17,8 % zwar noch bedeutend ist, aber deutlich hinter der Elektronikindustrie zurückbleibt. Beeindruckend ist vor allem die Geschwindigkeit, mit der diese Sparte wächst: Setzt man die Produktion des Jahres 2000 gleich 100, so lag die Holz- und Papierindustrie 1995 bei dem Index 80, die elektrische Industrie dagegen erst bei 32. Wichtig sind in Finnland noch Maschinenbau (10,4 %) und chemische Industrie (10,1 %).

Im Branchenprofil der dänischen Industrie waren die Veränderungen in den letzten zehn Jahren relativ gering. Die forschungsintensiven Sparten Elektronik und Chemie, die auch die Pharmazeutik umfasst, vergrößerten ihren Anteil am gesamten industriellen Umsatz von 7 auf 11 % bzw. von 8 auf 10 % im Zeitraum 1993 bis 2000, aber offensichtlich fehlt in Dänemark ein Zugpferd. Dominierend ist aber die Lebensmittelindustrie, auch wenn ihr Anteil seit 1993 von 32 % auf jetzt 24 % gesunken ist.

Angesichts des Bekanntheitsgrades und des Markterfolges von Firmen wie Statoil, Nokia und Ericsson u. a. vergisst man leicht, dass es neben den großen Firmen vor allem die kleinen und mittleren Unternehmen (KMU) sind, auf denen die Industrie dieser Staaten beruht. In Schweden stellen große Unternehmen mit mehr als 200 Beschäftigten – mit dieser Zahl werden in Nordeuropa große und KMU voneinander abgegrenzt – nur 1,0 % aller Unternehmen, beschäftigen aber 60,4 % aller Industriearbeiter. In Norwegen liegen die entsprechenden Zahlen bei 2,0 und 32,7 %, in Finnland bei 0,3 und 22,4 %. Nun sind die wirklich großen Firmen recht ungleich in Nordeuropa verteilt. Eine Untersuchung, die Ende der 80er-Jahre durchgeführt wurde, also bevor die Globalisierung sich in Firmenzusammenschlüssen und -übernahmen niederschlug (ASEA und Brown-Boveri, SAAB mit General Motors, VOLVO mit Ford) und die großen Unternehmen ihre nationale Basis verloren, kommt zu dem Schluss, dass sich von den 500 größten Industriefirmen Europas 31 in Schweden, 2 in Dänemark, 4 in Norwegen und 6 in Finnland befinden (Edquist & Lundvall 1993, S. 289). Selbst wenn man in Betracht zieht, dass Schweden ja erheblich mehr Bevölkerung als die anderen Nordischen Länder hat und die Zahl der Firmen pro 1 Mio. Einwohner berechnet, steht Schweden mit 3,7 weit vor Finnland (1,2), Norwegen (1,0) und Dänemark (0,4). Doch kann die Erklärung für dieses Phänomen, die die beiden Autoren geben, nämlich dass in Dänemark die stärker genossenschaftliche Struktur der Lebensmittelindustrie dort das Aufkommen großer Unternehmen behindert habe, nicht befriedigen. Zum einen erklärt sie nicht, warum die anderen Nordischen Länder ebenfalls nur wenige Großunternehmen haben, zum anderen gibt es in der dänischen Lebensmittelindustrie eine beachtliche Konzentration: Die drei jeweils größten Unternehmen vereinen bei den Schlachtereien 72 % des Umsatzes auf sich, bei den Meiereien sind es 88 % und in der Tabakindustrie gar 94 %.

Das Industrieprofil der Nordischen Länder hat sich in den letzten Jahrzehnten nicht nur dadurch verändert, dass unproduktive Zweige aufgegeben und andere bestehende verstärkt wurden, sondern auch dadurch, dass ganz neue Industrien aufgebaut wurden. Dies betrifft insbesondere die Öl- und Gaswirtschaft in Norwegen.

Öl und Gas in Norwegen und Dänemark

Die letzten dreieinhalb Jahrzehnte des 20. Jh.s haben zu einer grundlegenden Verschiebung der ökonomischen Gewichte in Skandinavien geführt. Durch die Funde von Erdöl und Erdgas in der Nordsee und dann weiter im Norden in der Norwegischen See und schließlich in der Barentssee konnte Norwegen seine Wirtschaftskraft entscheidend verbessern (Bild 51).

Bild 51: *Das Erdgas- und Erdölzentrum Ekofisk in der Nordsee (Phillips Petroleum, Norway).*

Das Land – in geringerem Maße auch Dänemark, das in seinem Teil der Nordsee ebenfalls wichtige Erdöl- und Erdgasfunde machte – konnte sich weitgehend von den Konjunkturschwankungen im Europa des späten 20. Jh.s abkoppeln, leistete sich zweimal ein „Nein" zum Beitritt zur EG bzw. EU und dürfte dasjenige aller Nordischen Länder sein, das finanziell am besten gerüstet ins dritte Jahrtausend ging. So wuchs das norwegische Bruttoinlandsprodukt in den 1980er- und 90er-Jahren insgesamt um 80 %, das der EU nur um 50 %. Norwegen hat, betrachtet man seine Ölgeschichte im Nachhinein, fast alles richtig gemacht. Es hat sich von der Vorherrschaft der internationalen Ölkonzerne gelöst, es hat einen eigenen Öl-affinen Wirtschaftssektor aufgebaut, und es hat die Öleinkünfte zukunftssichernd angelegt.

Nach Angaben des Ministeriums für Öl und Energie (OED) lag Norwegen 2001 weltweit auf dem 6. Platz bei der Produktion, aber auf dem 3. beim Export von Öl, denn das Land exportiert 90 % des geförderten Öls. Beim Export von Gas durch Pipelines liegt Norwegen auf Platz 3 und deckt etwa 10 % des Gasverbrauchs in Westeuropa. Absolut gesehen und im Vergleich mit den Giganten im Nahen Osten ist Norwegens Produktion gering, beim Gas machte sie 2001 gerade mal 2 % aus. Doch muss bedacht werden, dass sich, im Unterschied etwa zu Großbritannien, die Einkünfte auf eine sehr kleine

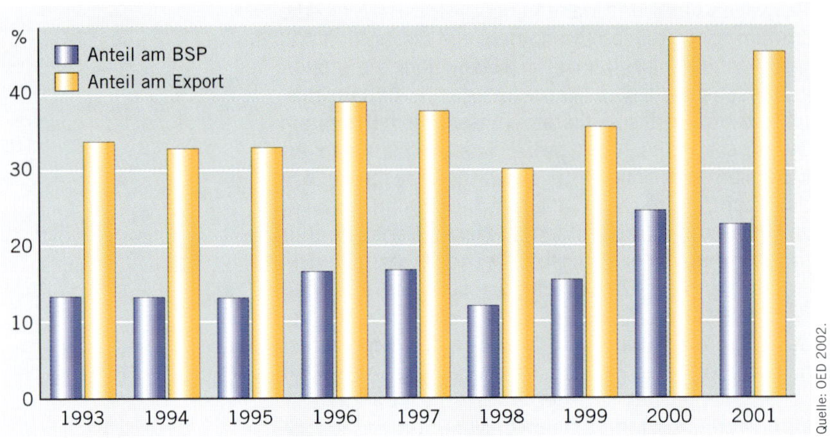

Abb. 64: *Die Bedeutung des Ölsektors für die norwegische Volkswirtschaft.*

Bevölkerung verteilen. Daher erklärt sich auch die hohe Bedeutung, die der Ölsektor heute im Lande hat (Abb. 64). In die dort dargestellten Werte gehen noch nicht die indirekten Wirkungen ein, die von den Öl-affinen Wirtschaftszweigen ausgehen.

Die Geschichte der norwegischen Öl- und Gasförderung begann 1958/59 weit südlich des Landes, in der niederländischen Provinz Friesland. Dort war bei Slochteren in der Nähe von Groningen ein für damalige Verhältnisse riesiges Gasfeld gefunden worden. Rasch wurden sich die Erdölgeologen darüber klar, dass sich ähnliche geologische Verhältnisse auch unter der Nordsee finden mussten. Bereits 1962 trat die international relativ unbekannte amerikanische Gesellschaft Phillips an die norwegische Regierung heran und bat um die gleichen Exklusivrechte für den gesamten norwegischen Schelf, wie sie A. P. Møller in Dänemark bekommen hatte. Dies wurde von der norwegischen Regierung abgelehnt. Erst 1965 wurden die ersten Blöcke, in die man das Areal inzwischen eingeteilt hatte, versteigert. An diesem für das Land sehr einträglichen Verfahren hat man seither festgehalten.

Zuvor musste das Seegebiet aber erst aufgeteilt werden. Hier stellte sich die britische Regierung auf den Standpunkt, dass Norwegen kein Anteil am Schelf der Nordsee zustände, da das Land durch die bis zu 725 m tiefe Norwegische Rinne im Skagerrak von diesem abgeschnitten sei. Hier kamen den Norwegern die Dänen zu Hilfe. Sie akzeptierten das Mittellinienprinzip auch im Skagerrak, so dass die britische Regierung einlenken musste. Ironie der Geschichte: Hätten sich die Dänen damals den britischen Standpunkt zu Eigen gemacht, so gehörte das Ekofisk-Feld heute ihnen. Nachdem die Verhandlungen mit den Nachbarländern abgeschlossen sind, ergibt sich, dass das „nasse“ Norwegen viermal so groß ist wie das festländische und dass ein Drittel des europäischen Schelfs zu Norwegen gehört. Unklar ist immer noch der Verlauf der Grenze zu Russland in der Barentssee, obgleich darüber schon seit Jahrzehnten verhandelt wird.

1969 – nach 32 „trockenen“ Bohrlöchern und am letzten Tag des letzten Versuches – wurde das Ekofisk-Feld entdeckt. Dieser Fund war nicht nur deshalb wichtig, weil er der erste größere Ölfund in der Nordsee überhaupt war und weil im britischen und im niederländischen Sektor der Nordsee bis dahin „nur“ Gas entdeckt worden war. Er erwies auch, dass auch das nordöstliche mesozoische Nordseebecken höffig war. Der Fund zog die Explorationsbemühungen der internationalen Gesellschaften in dieses Becken und damit in norwegische Gewässer hinein. Das Ekofisk-Feld zählte damals zu den 20 größten Feldern der Welt und katapultierte das rohstoffarme Norwegen mit einem Schlag unter die energieexportierenden Länder der Erde, und das zu einem Zeitpunkt, als kurz darauf (1973) die Energiepreise auf bis dahin unvorstellbare Höhen steigen sollten.

Die norwegische Regierung hat sich von Anfang an sehr intensiv um die Integration des Ölsektors in die Gesamtwirtschaft des Landes gekümmert, vor allem über das 1972 eingerichtete Öldirektorat mit Sitz in Stavanger. Hier sollen die wichtigsten Leitlinien der Entwicklung aufgezeigt werden:

Nachdem die ersten Vorkommen im äußersten Süden des norwegischen Sektors entdeckt worden waren, hat die Regierung mit dem Steuerungsinstrument der Konzessionsvergabe Exploration und Förderung nach Norden gezogen, zum einen, weil man die Industrie zwingen wollte, Technologien für die Produktion in diesen tieferen und raueren Gewässern zu entwickeln, zum anderen weil man hoffte, im relativ unterentwickelten Norden regionale Entwicklungsimpulse auslösen zu können.

Ziel der norwegischen Ölpolitik war von Beginn an eine möglichst weitgehende Norwegisierung des Sektors. Die ersten Konzessionen enthielten lediglich „Gentlemen's agreements“ mit den internationalen Ölgesellschaften, sich bei vergleichbaren Preisen norwegischer Anbieter zu bedienen. Später wurde diese Klausel bindend vorgeschrieben. Das Versteigerungsverfahren, bei dem sich der Staat nicht in die Karten schauen lässt, hat dazu geführt, dass zahlreiche Gesellschaften, um an die begehrten Felder zu kommen, sich gegenüber dem Staat „erkenntlich zeigen“, auch auf Gebieten, die mit Öl und Gas nichts zu tun haben. So hat etwa die deutsche Ruhrgas, die als Konsortiumsführer die Verhandlungen über das Gas aus dem Troll-Feld bestritt, mit großzügigen Stipendien den Austausch deutscher und norwegischer Historiker gefördert. Aus norwegischer Sicht werden die Ergebnisse von Simensen (1996) dargestellt.

Die Norweger konnten zunächst nur in Randbereichen des Ölbusiness Fuß fassen: etwa Catering und Versorgung der Bohrinseln mit Hubschrauber- und Schiffsverbindungen. Bald sah jedoch die norwegische Werftindustrie ihre Chance und entwickelte spezielle Versorgungsboote und bald auch sehr innovative Bohrinseln, die sich so verbreiteten, dass Aufträge an ausländische Werften vergeben werden mussten. Eine norwegische Eigenentwicklung waren auch die Förderplattformen aus Beton vom Typ Condeep, die sich seither zum Standard für die Nordsee und für viele Fördergebiete der Erde entwickelt haben. Sie werden für jeden Standort „maßgeschneidert“ im geschützten Wasser eines Fjordes gebaut und dann an ihren Einsatzort geschleppt. Das Paradestück dieser Förderanlagen ist die Troll-Plattform (s. u.).

Das starke Engagement norwegischer Firmen in der Technik geht nicht zuletzt darauf zurück, dass der Staat die Technische Hochschule in Trondheim rasch und intensiv in dieser Richtung ausbaute.

1972 wurde die staatliche Ölgesellschaft Statoil gegründet. Dank der positiven Diskriminierung durch den Staat wuchs sie rasch. In die Verträge mit den internationalen Ölgesellschaften wurde eine Klausel aufgenommen, wonach Statoil einen bestimmten Anteil bekommen sollte, wenn die Suchbohrungen erfolgreich wären („carried interest"). Die Multis fügten sich zähneknirschend. Dennoch war die Überraschung groß, als Statoil 1987 von BP das 1974 entdeckte hoch profitable Statfjordfeld übernahm und weiterführte. Da der Staat der Gesellschaft auch Rechte bei den Pipelines zusprach, entwickelte sich ein kräftig expandierender Konzern, der bald auch weltweit agierte. Heute verfügt Statoil beispielsweise über 2000 Tankstellen in neun Ländern und über eine Flotte von 50 Tankern. Allein Statoil wird den deutschen Gasmarkt im Jahre 2005 zu 18 % und den französischen zu 20 % versorgen.

Etwa zeitgleich mit Statoil stieg auch die mehrheitlich staatliche Chemie-Firma Norsk Hydro in das Ölgeschäft in der Nordsee ein. Auch sie erfreute sich positiver Diskriminierung bei der Vergabe von Konzessionen durch den Staat und entwickelte sich zu einem vollwertigen Ölkonzern bis hin zu einem eigenen Tankstellennetz in vielen Ländern. Sie besaß 2002 15 Förderinstallationen in zwölf Feldern im norwegischen Sektor und zeichnete für etwa 14 % der norwegischen Gesamtförderung verantwortlich.

Eine dritte norwegische Gesellschaft, Saga Petroleum, ein Zusammenschluss norwegischer Schifffahrtsinteressen, wurde 1999 von Norsk Hydro übernommen.

Schon Anfang der 1980er-Jahre wurden immer mehr Stimmen laut, die die allzu große Macht von Statoil anprangerten. Statt der Sieben Schwestern (die größten internationalen Ölgesellschaften) habe man sich den Großen Bruder ins Haus geholt. Der Staat gründete daraufhin eine neue Ölgesellschaft SDØE. Die meisten der Produktionskonzessionen, die in der Hand von Statoil waren, wurden zwischen Statoil und SDØE aufgeteilt. Das aktive Geschäft führt die SDØE über ihre 100-prozentige Tochter Petoro. SDØE überwies 2001 124,4 Mrd. NOK (16,2 Mrd. €) Nettoeinnahmen an den Finanzminister. Der Staat verkaufte 2001 15 % von SDØE an Statoil und 2002 weitere 6,5 % an private Anleger. Außerdem wurden 2001 18,2 % der Aktien von Statoil über die Börse verkauft.

Von Beginn des Ölzeitalters bestand in Norwegen die Befürchtung, der plötzliche Geldsegen werde zur Überhitzung der Konjunktur und des Arbeitsmarktes führen. Das hat sich nicht bewahrheitet. Heute arbeiten etwa 15 000 Beschäftigte im Wirtschaftsbereich Gewinnung und Transport von Öl und Gas. Das sind weniger als 1% aller Beschäftigten des Landes. Selbst wenn man die nicht genau zu beziffernde Zahl der Arbeitsplätze mitrechnet, die indirekt von der Ölproduktion abhängen, kann man nicht sagen, dass der Arbeitsmarkt des Landes maßgeblich durch diesen Sektor beeinflusst wäre. An einzelnen Ballungspunkten, etwa in Norwegens Ölhauptstadt Stavanger, mag das anders aussehen. Die Gefahr der Konjunkturüberhitzung hat die norwegische Regierung stets im Auge gehabt und ist ihr durch kluge Steuerung der Vergabegeschwindigkeit bei den Konzessionen begegnet. Sie hat sich massivem Druck der Regierung Reagan nicht gebeugt, das Troll-Feld schneller auszubauen und so die Abhängigkeit Westeuropas von russischen Gaslieferungen zu vermindern.

Seit den 1990er-Jahren diskutiert man auch in Norwegen Fragen der Nachhaltigkeit und insbesondere, ob es moralisch gerechtfertigt sei, dass die jetzige Generation die Schätze unter dem Meeresgrund verbrauche und für künftige Generationen nichts übrig lasse. Daraufhin beschloss das Storting 1990, einen Ölfonds einzurichten, in den Einnahmen aus der Öl- und Gasproduktion fließen sollten. Die ersten Einzahlungen von 50 Mrd. NOK (6,5 Mrd. €) erfolgten erst 1996. Das Gesamtvermögen des Fonds, der von der norwegischen Zentralbank verwaltet wird, die das Geld in ausländischen Aktien anlegt, betrug Ende 2001 614 Mrd. NOK (79,8 Mrd. €), d. h. 42 % des BSP des Landes 2000. Bis zum 30.09.2002 war der Bestand jedoch wieder wegen der Flaute auf den internationalen Aktienmärkten auf 604 Mrd. NOK (78,5 Mrd. €) gefallen. Es wird im Lande heftig diskutiert, ob diese Gelder nicht zumindest teilweise auch der jetzigen Generation zugute kommen sollten.

Abb. 65: *Die Öl- und Gasproduktion Norwegens 1992–2001.*

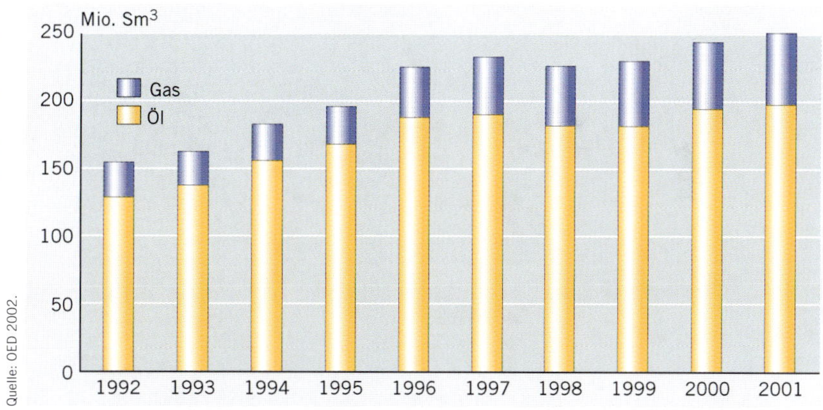

Die Produktion im norwegischen Sektor belief sich 2001 auf 251 Mio. Sm^3 o.e. Um die verschiedenen Kohlenwasserstoffe (Öl, Gas, Kondensat und NGL = Natural Gas Liquids) miteinander vergleichen zu können, werden sie auf Öläquivalente (abgekürzt o.e.) umgerechnet, die in Standardkubikmetern angegeben werden. 1000 Sm^3 Gas entsprechen 1 Sm^3 o. e.

Nachdem es bis 1996 einen recht kräftigen Anstieg gab, verläuft er seither eher gemäßigt (Abb. 65). Man rechnet damit, dass sich die Relation von Öl zu Gas verschieben wird. Der Gasanteil, jetzt bei gut 20 %, soll bis 2010 auf etwa 42 % steigen, in abso-

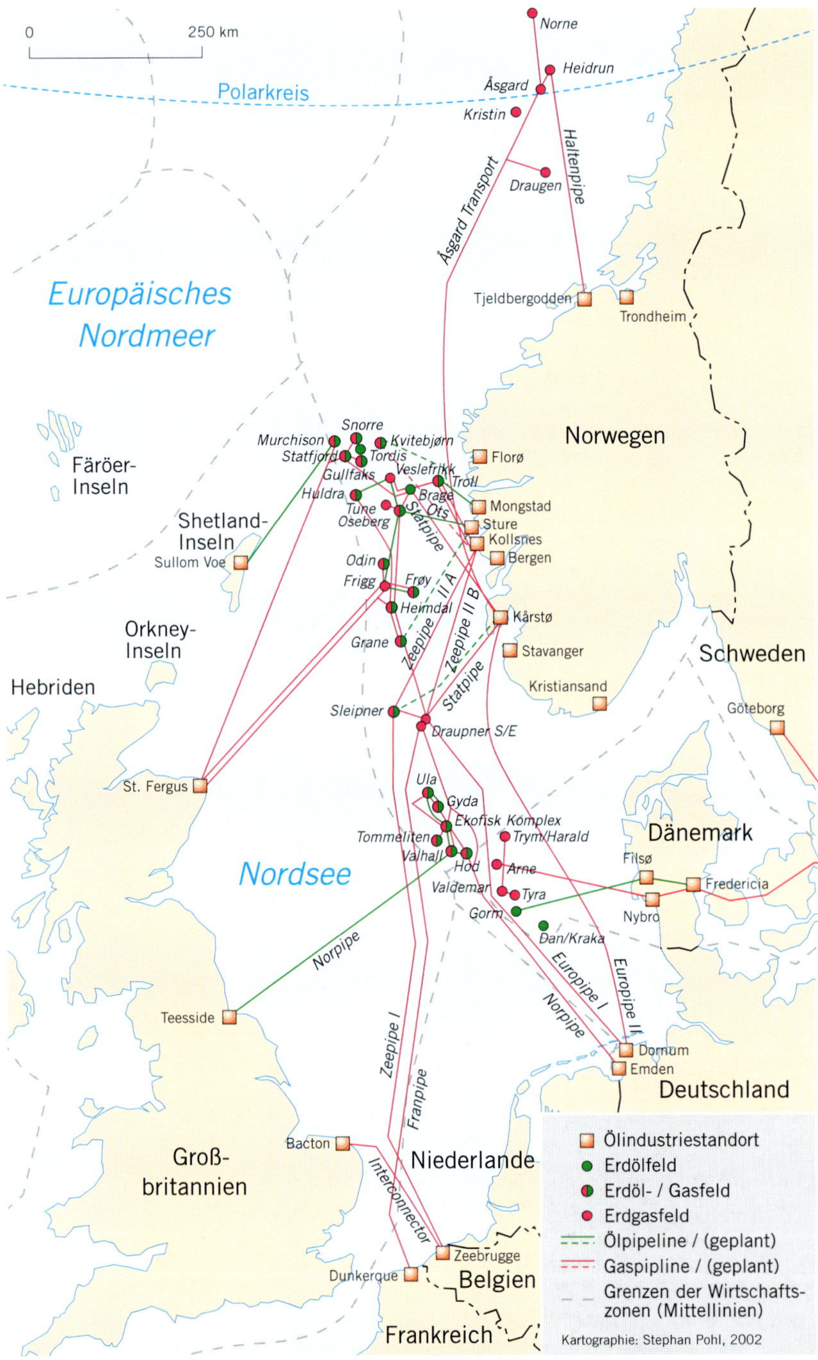

Abb. 66: *Erdöl- und Erdgasförderung im norwegischen und dänischen Sektor der Nordsee 2002.*

luten Mengen erwartet man eine Steigerung von jetzt 40–50 Mrd. auf etwa 100 Mrd. Sm^3. Beim Öl wird sich das jetzige Niveau noch einige Jahre halten lassen; danach wird es langsam abnehmen.

Die Tab. 18 gibt einen Überblick über die schon produzierten und die noch vorhandenen Mengen an Kohlenwasserstoffen im norwegischen Schelf. Dabei unterscheidet die norwegische Statistik zwischen „Reserven", noch in schon produzierenden Feldern vorhandenen Mengen, und „Ressourcen", solchen Mengen, von deren Existenz man weiß oder zu wissen glaubt, aus denen aber noch nicht produziert wird.

	Öl	Gas	NGL u. Kondensat
Nordsee			
gefördert	2 150	721	200
Reserven	1 224	1 740	181
Ressourcen	933	889	87
Norwegensee			
gefördert	218	9	4
Reserven	277	185	238
Ressourcen	570	1 831	144
Barentssee			
gefördert	0	0	0
Reserven	0	164	44
Ressourcen	328	723	4
Gesamt			
gefördert	2 368	730	204
Reserven	1 501	2 189	463
Ressourcen	1 830	3 655	235

[1] 100 Sm^3 Gas = 15 m^3 o.e.

Tab. 18: *Produktion, Reserven und Ressourcen von Kohlenwasserstoffen im Offshore-Bereich Norwegens 2002 (in Mio Sm^3 o. e.[1]).*

Quelle: eig. Berechn. nach OED 2002, S. 38.

Geht man von der Förderung des Jahres 2001 aus, so werden die Ölvorräte des Landes noch 18 Jahre, die Gasvorräte noch 110 Jahre reichen. Diese Rechnung enthält jedoch zahlreiche Unbekannte. Zum einen sind in der Norwegensee, vor allem aber in der Barentssee noch große Funde möglich, zum anderen lässt sich der Ausnutzungsgrad der Felder, der mit 44 % jetzt schon hoch liegt, noch steigern. Eine Kommission hält einen Wert von 57 % für möglich. Das ist jedoch umstritten.

Der norwegische Schelfbereich lässt sich geographisch und nach seiner historischen Produktionsentwicklung in drei Bereiche unterteilen (Abb. 66): die Nordsee, die Norwegensee und die Barentssee.

Die Karte über die Öl- und Gasvorkommen im norwegischen Teil der Nordsee und der Norwegensee ist inzwischen ziemlich unübersichtlich geworden, auch wenn in der Abb. 66 noch längst nicht alle Einzelfelder oder gar deren Satelliten aufgeführt sind.

Mittelpunkt der Aktivitäten in der Nordsee ist immer noch das Ekofiskfeld, das 1969 gefunden wurde. Produktionsbeginn war 1971, zunächst von einem riesigen Tank aus, von dem Schiffe das Öl abholten. Doch schon 1975 war der Tank eigentlich überflüssig, denn das Öl wurde durch eine 354 km lange Pipeline nach Teesside in Großbritannien geführt. Die 1977 in Betrieb genommene Gasleitung nach Emden ist sogar 440 km lang, damals Weltrekord für Unterwasser-Pipelines. Im Ekofisk-Komplex stehen heute 29 Plattformen; er entwickelt sich immer mehr zu einer zentralen Verteilerstelle für Öl und Gas.

Die Norweger haben recht lange gezögert, mit der Prospektion den 62. Breitenkreis zu überschreiten und damit in die Norwegensee vorzudringen. Die ersten Konzessionen wurden erst 1980 vergeben, die ersten Funde 1981 gemacht. Heute sind dort fünf Felder in Produktion, die Ausbaupläne für zwei weitere Felder sind genehmigt. Hier wurde auch 1997 mit Ormen Lange ein riesiges Gasfeld gefunden, dessen Vorräte auf 400 Mrd. Sm^3 geschätzt werden. Obgleich das Gasfeld in 1200 m tiefem Wasser liegt, soll es 2007 in Produktion gehen.

Gleichzeitig mit der Norwegensee wurden 1980 auch die ersten Konzessionen für die Barentssee vergeben. Hier wurde 2002 das Feld Snøhvit (Schneewittchen) für kommerziell nutzbar erklärt, im Jahr 2000 wurde auch ein größeres Ölfeld (Goliat) gefunden.

Im Folgenden sollen drei Felder und ihre Ausbauten etwas näher vorgestellt werden. Sie stehen für die drei norwegischen Erdölprovinzen, aber auch für den Wandel in der Ausbaukonzeption. Da ist zunächst einmal das Troll-Feld, das ca. 80 km nordwestlich von Bergen liegt und mehrere Konzessionsblöcke umfasst. Es wurde schon 1979 entdeckt, doch dauerte es bis 1986, bis die Produktionserlaubnis gegeben wurde, und dann noch einmal bis 1996, bevor das erste Gas floss. Der Grund für die Verzögerung ist die große Wassertiefe; sie liegt zwischen 303 und 335 m. Zudem ist die Struktur geologisch sehr kompliziert: Es handelt sich um eine sehr weite und sehr flache Antiklinale. Troll ist mit etwa 1300 Mrd. Sm3 das größte Offshore-Gasfeld Europas und enthält ein Viertel aller europäischen Reserven. Die Konzessionen sind zu 77 % in der Hand der beiden norwegischen Staatsgesellschaften, weitere 10 % hält Norsk Hydro.

Nach umfangreichen Planungen wurde in einem norwegischen Fjord die Troll-Plattform aus Beton gebaut. Sie hat eine Höhe von 472 m und wiegt 678 500 t. Sie ist das größte Bauwerk, das je von Menschen transportiert wurde. Einen Eindruck von ihren Dimensionen vermittelt der Größenvergleich in Abb. 67. Auf der Plattform gibt es 108 Unterkünfte. Dort werden aber immer nur 20 Personen arbeiten. Von dieser Plattform aus wurden 39 Produktionsbrunnen in das in etwa 1300 m Tiefe unter dem Meeresboden lagernde Gas getrieben.

Es erscheint gegenwärtig nicht vorstellbar, wie diese Plattform jemals wieder von ihrem Standpunkt entfernt und entsorgt werden soll. Dazu sind aber alle Ölgesellschaften vertraglich verpflichtet und der norwegische Staat hat als Konzessionsgeber nach den Auseinandersetzungen um die Brent Spar (1995) noch einmal auf diesem Punkt beharrt. Die Brent Spar war allerdings mit 14 500 t ein Zwerg gegen die Troll-Plattform; zudem schwamm sie und konnte daher leicht an einen anderen Ort gezogen werden. Die Troll-Plattform ist aufgrund ihres großen Gewichts etwa 30 m tief in den Schlick des Nordseebodens eingesunken.

Insgesamt rechnet man für das Troll-Feld, das in mehreren Phasen ausgebaut werden soll, mit Investitionen von 50,8 Mrd. NOK (6,6 Mrd. €) (Preisniveau 2002). Verkauft sind bereits 1000 Mrd. Sm^3 Gas, die in den nächsten 30 Jahren geliefert werden sollen. Der Gesamtumfang dieser Verträge, die als die umfassendsten Energielieferverträge der Weltgeschichte bezeichnet werden, beläuft sich auf 1420 Mrd. NOK (184,6 Mrd. €); vergleicht man diesen Wert mit den Investitionen, so wird deutlich, welche Gewinnspannen in diesem Wirtschaftszweig liegen.

Das Feld Norne, etwa 200 km vor der Küste von Helgeland gelegen, ist der erste kommerzielle Fund vor Nordnorwegen. Es wurde 1991 entdeckt und war damals der erste größere Ölfund seit zehn Jahren. 1997 ging es schon in Produktion. Wegen der großen Wassertiefe (380 m) und des im Vergleich zu Troll kleinen Vorkommens entschloss man sich zu einer Ausbaulösung, der wohl im norwegischen Bereich die Zukunft gehört: weg von den teuren Betongiganten, die wegen der steigenden Wassertiefen ingenieurtechnisch immer schwieriger werden, und hin zu fest verankerten Schiffen über dem Vorkommen, die für diesen speziellen Zweck gebaut sind. Durch den Einsatz eines Produktionsschiffes von 100 000 tdw konnten die Investitionen im Norne-Feld um 30 % gedrückt werden. Das Schiff hat Lagertanks für Öl an Bord und nimmt eine erste Aufbereitung des geförderten Gases vor. Das Öl wird von Tankern übernommen, das Gas über eine Pipeline abgeführt. Das Produktionsschiff bleibt während der gesamten Produktionsdauer des Feldes – um die 30 Jahre – an seinem Platz und kann in dieser Zeit nicht repariert werden. Auch in diesem Feld sind die beiden norwegischen Staatsgesellschaften mit zusammen 79 % die größten Anteilhaber, dazu kommt noch Norsk Hydro mit 8 %.

Es würde sich nicht rentieren, Rohrleitungen von Funden in der Barentssee zu den Verbrauchern in Mitteleuropa zu bauen. Deshalb ist man bei dem Feld Snøhvit, ca. 140 km nordwestlich von Hammerfest, das 1984 gefunden wurde und zu dem die weiteren Felder Askeladd und Albatross gehören, auf eine andere Lösung verfallen. Das Gas (insgesamt 164 Mrd. Sm^3 werden als gewinnbar angesehen) wird über sieben Kopfstationen gefördert, die auf dem Meeresgrund liegen. Von ihnen wird es bei Hammerfest an Land geführt und dort auf –163 °C abgekühlt. Es verflüssigt sich dann und kann über

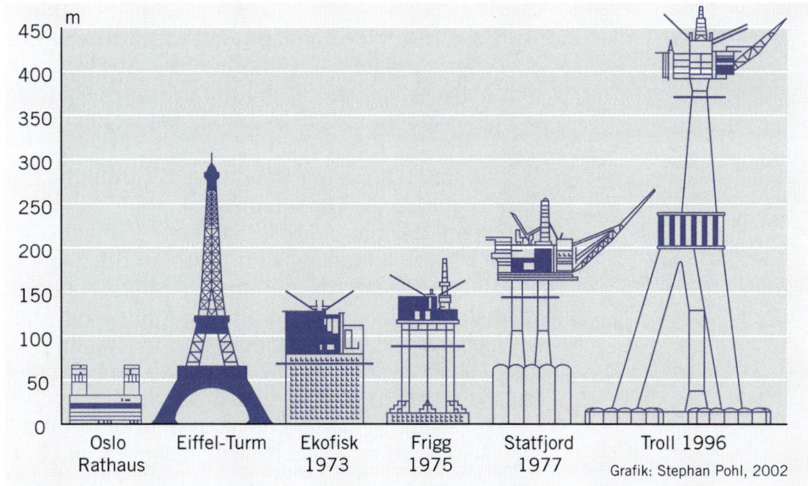

Verändert nach Holt-Jensen 1996.

Abb. 67: *Größenvergleich von Ölplattformen.*

Spezialschiffe abgeführt werden. Um an das mit 125 Mrd. NOK (16,3 Mrd. €) Wert veranschlagte Gas zu kommen, wären Investitionen von 40 Mrd. NOK (4,2 Mrd. €) nötig. Die Fabrik zur Verflüssigung wäre das größte Industrieprojekt, das jemals in der nordnorwegischen Provinz Finnmark verwirklicht würde, und böte in der Bauphase 1200 und in der Betriebsphase 200 Arbeitsplätze.

Zurzeit (Anfang 2003) ist nicht klar, ob und wann Snøhvit ausgebaut wird. Zwar hat das Storting 2002 zugestimmt, es gibt aber erhebliche, in diesem Umfang bisher unbekannte Proteste von Umweltschützern. Zudem explodieren offenbar die Kosten. Damit ist die Zukunft der norwegischen Ölindustrie in der Barentssee zunächst unsicher.

Im Vergleich zum Nachbarland Norwegen hat die dänische Produktion von Öl und Gas weniger Aufmerksamkeit in Wissenschaft und Publizistik erregt. Das liegt zum einen daran, dass diese Produktion einen geringeren Anteil am Bruttosozialprodukt hat, zum anderen haben aber die verhältnismäßig kleinen Vorkommen und die geringere Wassertiefe zu weniger spektakulären Installationen im Offshore-Bereich Anlass gegeben.

Ein weiterer Grund mag auch darin zu suchen sein, dass Dänemark bei der Vergabe der Such- und Förderlizenzen einen anderen Weg beschritten hat als Norwegen und Großbritannien. Als nach dem Gasfund von Slochteren 1958 auch im dänischen Teil der Nordsee Kohlenwasserstoffe vermutet wurden, suchte die dänische Reederei A. P. Møller bei der dänischen Regierung um eine Exklusivkonzession nach und bekam sie 1962. Sie gründete die Firma DUC (Dansk Undergrunds Consortium), in die internationale Ölgesellschaften mit relativ geringen Anteilen aufgenommen wurden. Sie stellten das nötige Know-how zur Verfügung. 1971 wurde das erste dänische Öl vom Dan-Feld geliefert, nachdem der Internationale Gerichtshof in Den Haag 1969 einige Teile des von Dänemark beanspruchten Nordseegebietes Deutschland zugesprochen hatte. Diese von Dänemark (und von den Niederlanden) abgetretenen Gebiete stellten sich wie der gesamte deutsche Sektor als unergiebig heraus.

Als der dänische Staat erkannte, dass das norwegische Verfahren der schrittweisen Konzessionsvergabe durch Auktionen viel einträglicher ist, drängten verschiedene dänische Regierungen das DUC, große Teile des Nordseegebietes zurückzugeben. Heute hat das DUC zwar nur noch kleine Areale, aber alle fördernden Felder. Die staatliche Gesellschaft DONG ist im Besitz der Öl-Pipeline aus der Nordsee nach Fredericia in Ostjütland und der Gas-Pipeline nach Nybro nördlich von Varde. Sie unternimmt außerdem eigene Untersuchungen in der Nordsee und um die Färöer und in Grönland, wo sie 50 % der grönländischen Ölgesellschaft Nunaoil hält. Bisher sind dort aber noch keine Funde gemacht worden.

Seit 1991 produziert Dänemark mehr Öl und Gas als es selbst verbraucht, nämlich etwa 20 Mio. m^3 Öl und 7,33 Mrd. m^3 Gas (2001) aus derzeit 16 produzierenden Feldern. Für Norwegen lauten die entsprechenden Zahlen: 181 Mio. Sm^3 an Öl und 53 Mrd. Sm^3 an Gas. Das dänische Produktionsniveau soll auch in den kommenden Jahren aufrechterhalten werden. Gas wird über ein Leitungssystem nach Südschweden geliefert; Pipelines nach England und Polen sind in der Planung. Der Nettoexportwert für Öl und Gas betrug 2001 ca. 13 Mrd. DKR (1,8 Mrd. €), die staatlichen Einkünfte aus Steuern und Abgaben und die Gewinne von DONG 10,2 Mrd. DKR (1,4 Mrd. €).

Bei der DUC hat man inzwischen erhebliches, auch international nachgefragtes Know-how bei der Behandlung kleiner, relativ dünner, aber über ein weites Areal sich erstreckender Vorkommen entwickelt, wie sie in der Kreide im dänischen Teil der Nordsee vorkommen. Vor allem auf dem Gebiet des Horizontalbohrens ist die DUC führend.

Bereitstellung und Verbrauch von Energie

Die Nordischen Länder haben einen sehr hohen Standard bei der Produktion von Primärenergie und vor allem bei der Erzeugung und im Verbrauch von Elektrizität (Tab. 19 u. 20). Gerade dieser letzte Wert wird ja häufig als Indikator für den Entwicklungsstand eines Landes gewertet.

Doch bei der Feststellung eines hohen Standards enden auch die Gemeinsamkeiten der Länder: Die Differenzen zwischen ihnen sind, betrachtet man nur die Zahlenwerte, doch sehr beträchtlich. Und vergleicht man die Produktions- und Verbrauchsstrukturen der Länder, so nehmen die Unterschiede weiter zu. Neben dem Verbrauch der Haushalte, der in allen Ländern schon aus klimatischen Gründen hoch ist, tritt in Finnland und Schweden die energieintensive Holzverarbeitungsindustrie. Für die Herstellung 1 t Zeitungspapier benötigt man etwa 1400 bis 2000 kWh. In Island und Norwegen haben sich Industriezweige angesiedelt, die nur wegen des reichlichen und billigen Elektrizitätsangebotes ihren Standort dort gefunden haben, nämlich Werke zur Erzeugung von Aluminium und Eisenlegierungen. Sie sind besonders energieintensiv: Für die Herstellung von 1 t Aluminium benötigt man 18 400 kWh. Die hohen Prokopfwerte beim Stromverbrauch kommen also ganz wesentlich durch die spezifischen Anforderungen der Industrie zustande.

2000 wurden in Island 64,5 % des erzeugten Stroms von der stromintensiven Industrie verbraucht, davon 78 % von der Aluminiumschmelze in Straumsvík westlich von Reykjavík (nach IEA [Hrsg.] 2002 b). In Norwegen verbrauchte die Industrie 2001 37,8 % der gesamten Primärenergie des Landes. 34 % der Stromproduktion wurden 2000 von der Aluminiumindustrie, weitere 14 % von der Holzveredlung benötigt. In Schweden zeichnete die Industrie für 37,9 % des gesamten Elektrizitätsverbrauches verantwortlich, die Holzverarbeitungsindustrie davon wieder für 42 %. Und in Finnland verbrauchte die Industrie insgesamt 1998 54 % des erzeugten Stroms, die Holzindustrie davon wieder 57,2 % (1998, nach Militz 2002, S. 50).

Vergleicht man nun die Werte der Nordischen Länder in der Primärproduktion von Energie und der Stromerzeugung miteinander, so fällt auf, dass Norwegen, das insgesamt nur die Hälfte der Energie Schwedens produziert, in der Elektrizitätserzeugung mit diesem Land gleichzieht. Das liegt daran, dass in Norwegen etwa das Doppelte an Hydroelektrizität zur Verfügung steht wie in Schweden. Eine ähnlich große Bedeutung wie in Norwegen hat die Wasserkraft in Island. In Finnland konnte die Wasserkraft 2001 nur zu 3,6 % zur Energieversorgung des Landes beitragen.

Damit ergibt sich eine Differenzierung der Nordischen Länder in Bezug auf Energieproduktion und Energieanwendung, die kurzgefasst so aussieht: Island und Norwegen haben in Produktion und Anwendung sehr hohe Werte, die auf ein reiches Angebot an Wasserkraft zurückzuführen sind. Sie haben zur Nutzung dieser Ressource kraftintensive Industrie angesiedelt. Schweden und Finnland besitzen mit ihrer Holz verarbeitenden Industrie „Energiefresser", deren Hunger nur zu einem größeren (Schweden) bzw. kleineren (Finnland) Teil durch Hydroelektrizität zu decken ist. Deshalb setzen diese beiden Länder als einzige in Nordeuropa Kernenergie ein. Dänemark hat keine besonders energieintensive Industrie. Es versucht mit der Nutzung der Windenergie einen eigenen Weg zu gehen, auf dem ihm die Nachbarstaaten bisher nicht folgen. Dieses Bild soll im Folgenden weiter ausgemalt werden.

Auf Norwegen fallen im Durchschnitt etwa 1500 mm Niederschlag im Jahr, doppelt so viel wie im übrigen Europa. Da davon nur rund 10 % verdunsten, ergibt sich bei der starken Reliefenergie des Landes ein großes Wasserkraftpotenzial. Dabei ist zwischen dem Westen des Landes mit großen Fallhöhen und relativ geringer Wasserführung der Bäche und Flüsse und dem Osten zu unterscheiden, wo es große Flüsse gibt, die aber nur geringe Fallhöhen aufweisen. An den technisch relativ einfach zu zähmenden Wasserfällen im Westen begann die Industrialisierung Norwegens. So wurde etwa 1907 bis 1911 der 104 m hohe Wasserfall von Vemork in Rjukan in Telemark in Turbinen gezwungen. Das war damals das weltgrößte Kraftwerk und kostete 50 Mio. NOK. Der norwegische Staatshaushalt belief sich zu dieser Zeit auf 20 Mio. NOK (nach Børtnes 2000). Nur mit schwedischem und französischem Kapital konnte dieser Kraftakt bewältigt werden. Der Strom wurde genutzt, um Salpeter aus der Luft zu gewinnen. Daraus resultierte der norwegische Mischkonzern Norsk Hydro, der sich bis heute rühmt, der größte Düngermittelproduzent der Welt zu sein.

Die damals noch sehr begrenzten Überführungskapazitäten größerer Strommengen führten zur Lokalisierung von Metallschmelzen in der Nähe der Wasserfälle, also in engen Fjordtälern. Dort waren sie nicht nur abgelegen; die Lage in tiefen Tälern führte zu häufigen Inversionswetterlagen, bei denen sich die industriellen Schadstoffe bedrohlich in den Siedlungen ansammelten. Dies Problem konnte erst in den 1960er-Jahren gelöst werden. Damals wurden drei neue Aluminiumschmelzen an der Küste in Südwest-Norwegen gebaut. So stieg die Aluminiumproduktion Norwegens von 1960 bis 1990 von 168 000 t auf 867 000 t. Gleichzeitig gelang es jetzt durch extensive wasserbautechnische Maßnahmen, bei denen neue Seen entstanden und Flüsse umgeleitet wurden, die Elektrizitätsproduktion vor allem im Westen des Landes gewaltig zu steigern. Norwegens Gesamtproduktion stieg von 31 TWh (1960) auf 121 TWh (1990).

Da diese Baumaßnahmen auf der unbewohnten Hardangervidda geschahen, erregten sie wenig Protest. Dort entstand der Blåsjö, ein Stausee mit 82 km² Fläche. Sein Wasserspiegel darf zwischen 930 und 1050 m ü. NN schwanken. Heute sind die Grenzen der Ausbaufähigkeit der norwegischen

Land	Primärenergie pro Kopf in t Öläquivalent	Elektrizität pro Kopf in kWh
Dänemark	3,64	6 484
Finnland	6,40	15 285
Island	12,20	26 221
Norwegen	5,70	25 182
Schweden	5,35	15 659
Deutschland	4,13	6 684

Quelle: IEA 2002a.

***Tab. 19:** Produktion von Primärenergie und von Elektrizität pro Kopf der Bevölkerung 2000.*

	Primärproduktion (Mio. toe)	davon erneuerbare Energien (%)	Stromproduktion (TWh)	davon erneuerbar (%)	davon Wasserkraft (%)	davon Erdwärme (%)	davon Wind (%)
Dänemark	19,46	10,1	36,2	16,8			88
Finnland	33,15	23,5	70,0	33,3	68		
Island	3,43	72,6	7,7	99,9	86	14	
Norwegen	25,62	52,8	142,4	99,7	99		
Schweden	47,46	31,7	145,9	57,1	90		

Quelle: IEA 2002c.

***Tab. 20:** Produktion von Primärenergie und Elektrizität 2000.*

Flüsse erreicht. Von den 104 größten Flüssen des Landes sind ⅔ ausgebaut, nur 4 von den 25 größten Seen und 4 der höchsten Wasserfälle sind nicht reguliert (Klemsdal 2000). Von den 187 TWh nutzbarer Wasserkraft, über die Norwegen verfügt, sind 118 ausgebaut. 37 TWh stehen unter dauerhaftem Schutz. Norwegen scheint damit an den Grenzen des eigenen Wasserkraftpotenzials angekommen zu sein. Diese Grenzen wurden den Norwegern im Winter 2002/03 schmerzhaft bewusst: Ein extrem trockener Sommer und ein früh einsetzender Winter, der durch Eis den Zufluss zu den Stauseen verhinderte, führten zu einem sehr geringen Füllungsgrad der Reservoire und exorbitanten Preissteigerungen bei Strom. Selbst die Aluminiumindustrie fuhr die Produktion zurück. Die prinzipiell mögliche und auch jahrelang genutzte Einfuhr von Elektrizität aus Schweden fiel fort, da Schweden unter der gleichen Misere litt: Dort wiesen die Reservoire am 1. Okt. 2002 den niedrigsten Wasserstand seit 50 Jahren auf.

***Bild 52:** Geothermal-Kraftwerk in Svartengi, Island. In Svartengi, einige Kilometer westlich von Reykjavík, befindet sich eines von bisher zwei Geothermal-Kraftwerken Islands. Das Abwasser, dem Heilwirkung nachgesagt wird, leitete man in einen künstlichen See, die „Blaue Lagune“. Sie ist zu einem viel besuchten Ausflugsziel geworden (R. Lindemann).*

In Norwegen werden derzeit zwei Alternativen diskutiert, um aus dem Energiedilemma herauszukommen: Die eine ist der Bau von Gaskraftwerken. Das würde aber Norwegens CO_2-Bilanz erheblich verschlechtern. Die zweite ist, größere Mengen regenerativen Stroms aus Island zu importieren. Dazu wird gerade eine Machbarkeitsstudie erstellt.

Ähnlich wie beim Erdöl hat Norwegen auch bei der kraftintensiven Industrie reagiert, indem es die Ausbeutung der Ressourcen nicht ausländischen Firmen überließ, sondern eigene Kompetenz aufbaute und diese dann wieder exportierte. Die norwegische halbstaatliche Firma „Norsk Hydro“ wurde 1986 durch Verschmelzung mit „Årdal og Sunndal Verk“ der fünftgrößte Aluminiumproduzent der Welt. Nachdem die Firma 2002 auch die deutsche VAW vom E.on-Konzern übernahm, rückte sie auf Platz eins in Europa und Platz drei in der Welt vor (33 000 Beschäftigte weltweit). Die Firma baut gerade die alte Aluminiumschmelze in Sunndal um. Sie soll 2004 in Dienst gehen und mit 234 000 t pro Jahr Europas größtes Werk dieser Art sein.

Ähnlich günstige Voraussetzungen für die Nutzung der Wasserkraft bietet Island, wobei diesem Land die noch dünnere Besiedlung zugute kommt. Hohe Niederschläge, ein unbesiedeltes Hochland und erhebliche Reliefenergie resultieren in einem Wasserkraftpotenzial, das auf 64 TWh geschätzt wird, davon sollen 45 TWh lohnend auszubauen sein. Die gegenwärtige Produktion belief sich 2000 gerade mal auf 6,3 TWh. Nach längeren Diskussionen hat man sich jetzt in Island für den Bau eines neuen Aluminiumwerkes in Reyðarfjørður in Ost-Island entschieden, nachdem die bisherige gesamte kraftintensive Industrie im Südwesten, im Einzugsbereich Reykjavíks, angesiedelt ist. Nachdem Verhandlungen mit Norsk Hydro scheiterten, wird das Werk jetzt von dem US-amerikanischen Aluminiumkonzern ALCOA gebaut, soll spätestens 2007 in Betrieb gehen und jährlich 320 000 t Aluminium erzeugen. Dazu wird das neue Kraftwerk Kárahnjúkar am Nordrand des Vatnajökull in völlig menschenleerem Gebiet gebaut, das 630 MW liefern soll.

Außer mit Wasserkraft ist Island aber noch mit einer weiteren, ebenfalls regenerativen Energieressource gesegnet und das ist die Erdwärme. Noch ist ihr Anteil an der gesamten Stromproduktion relativ gering (2000: 17 %), da es technisch einfacher ist, die Hydroenergie zu nutzen. Aber schon heute heizen 85 % aller Isländer mit heißem Wasser, fast alle Siedlungen haben große Schwimmbäder, die mit geothermalem Heißwasser gefüllt sind und in Reykjavík werden gar die wichtigsten Straßen und Plätze im Winter mit einer Art Fußbodenheizung eisfrei gehalten (Bild 52 u. 53). Das heiße Wasser wird in großen Gewächshäusern genutzt, so dass sich Island mit den wichtigsten Frischgemüsen selbst versorgen kann. Die oft abgebildeten Bananenstauden in den Gewächshäusern sind aber eher ein Gag und können keineswegs Islands Bananenversorgung decken.

Island sieht denn auch seine Zukunft als Energielieferant Europas. Die Hydroelektrizität ist noch stark auszubauen, die Geothermie ist fast unerschöpflich. Das Problem ist, diese Energie zum europäischen Kontinent zu bringen. Hochspannungsunterwasserkabel sind in der Entwicklung, wann sie aber in den tektonisch sehr labilen Meeresgründen um Island eingesetzt werden können, steht zurzeit noch dahin (Bothe u. Gläßer 2001).

In Schweden hat die Wasserkraft eine schwächere Stellung als in Island und Norwegen. Zum einen sind die Niederschläge geringer, zum anderen ist die Reliefenergie schwächer. Hinzu kommt noch, dass die großen Flüsse des Landes im Norden liegen, die Verbrauchszentren jedoch in Mittel- und Südschweden. Die Überführung hoher Spannungen über weite Entfernungen war erst seit den 1960er-Jahren ohne allzu große Verluste möglich. So wurden dann die nordschwedischen Flüsse in den 70er-Jahren mit Kraftwerkstreppen ausgebaut. Unter den neun ausgebauten Flüssen des Nordens nimmt der Luleälv mit 15 Kraftwerken und 14,1 TWh den ersten Platz ein, gefolgt vom Indalsälv (7,5 TWh) und dem Ångermanälv (5,5 TWh). Diese Werte beziehen sich auf das trockene Jahr 1966, sind also als Mindestwerte anzusehen. Insgesamt lieferte die Wasserkraft 1966 51,1 TWh, dagegen im feuchten Jahr 1993 74 TWh. Die Flüsse Vindelälv, Piteälv, Kalixälv und der Grenzfluss Torneälv, die zusammen etwa 15 TWh liefern könnten, sollen nicht ausgebaut werden.

Seit den frühen 1970er-Jahren setzt Schweden auf Kernkraft, um seine Energielücke zu schließen. 2001 wurden 43,9 % der Stromproduktion durch Kernkraft, 49,8 % durch Wasserkraft und nur 0,3 % durch Windkraft gedeckt. Schweden hat vier Kernkraftwerke mit zusammen elf Leichtwasserreaktoren (davon einige schwedischer Produktion), die 9787 MW Leistung aufbringen. Sie zeichnen sich durch eine ungewöhnlich hohe Zuverlässigkeit aus. Die vier Kraftwerke liegen allesamt im Süden des Landes, also relativ nahe beim Verbraucher. Natürlich ist auch in Schweden die Nutzung der Kernkraft nicht unumstritten. Schon 1980 stimmte die Bevölkerung unter dem Eindruck des Unglücks von Harrisburg (USA) für den Ausstieg, der Reichstag zeigte je nach Mehrheitsverhältnissen unterschiedliche Haltungen. Immerhin wurde 1999 einer der beiden Reaktoren des Kraftwerks Barsebäck geschlossen, nicht zuletzt auch auf Grund dänischer Proteste, denn Barsebäck liegt auf der anderen Seite des Öresunds in Sichtweite von Kopenhagen. Ob auch der zweite Reaktor in Barsebäck geschlossen wird, soll 2003 entschieden werden.

Schweden lagert seinen schwachradioaktiven Abfall im Granit unter dem Kraftwerk Forsmark in Uppland. Möglicherweise entsteht dort auch ein Endlager. Eine zweite Möglichkeit wäre der Granit unterhalb des Atomkraftwerkes Oskarshamn, wo man bereits einen 1000 m tiefen Versuchsschacht niedergebracht hat. Mit der Inbetriebnahme eines Endlagers ist aber frühestens 2015 zu rechnen.

Auch Finnland setzt auf die Nutzung der Kernkraft. Es gibt zwei Kraftwerke mit je zwei Reaktoren, die eine Gesamtkapazität von 2300 MW besitzen. Die beiden Reaktoren in Loviisa östlich von Helsinki sind russischen Ursprungs und vom Tschernobyl-Typ, wurden aber sicherheitsmäßig aufgerüstet. Die beiden anderen Reaktoren in Olkiluoto nördlich von Rauma sind schwedischer Herkunft (Militz 2002, S. 48). Derzeit wird in Finnland der Bau eines fünften Reaktors diskutiert, ein zustimmender Beschluss des Reichstags liegt vor. Die Sowjetunion hatte stets die abgebrannten Brennstäbe zurückgenommen, seit der Wende in Russland baut Finnland an einem eigenen Endlager bei Olkiluoto, das 2010 fertig sein könnte.

Die Wasserkraft hat in Finnland nur einen geringen Anteil von 3,6 % an der gesamten Bereitstellung von Energie. Die Niederschläge sind in Nordfinnland, wo es die größten Flüsse gibt, relativ ge-

Bild 53: *Reykjavík – eine Stadt ohne Schornsteine. Die Heizung aller Gebäude erfolgt mit natürlichem Heißwasser. Davon gibt es so viel, dass man unter die Hauptstraßen und -plätze der Stadt Rohrleitungen verlegt, um die Bildung von Glatteis zu verhindern (R. Lindemann).*

ring, das Relief ist ausgeglichen, so dass für Talsperren entsprechenden Ausmaßes große Flächen überstaut werden müssen. Eine Ausweitung der Energieproduktion aus Wasserkraft ist wohl nur noch im ganz geringen Umfang möglich.

Finnlands Primärenergieversorgung beruht daher weitgehend auf Importen. Öl trug 2001 mit 26,6 % zur Energiebereitstellung bei, Kohle mit 12,0 und Erdgas mit 11,3 %. Eine größere Rolle nimmt auch der einheimische Torf ein (5,8 %), der aber nur bedingt zu den nachwachsenden Rohstoffen gezählt werden kann. Bemerkenswert ist der hohe Anteil von Holz (19,7 %). Hierbei handelt es sich nicht nur um Brennholz, sondern vor allem um die so genannte Schwarzlauge, Lignine und Hemicellulosen, die bei der Zellstoffproduktion anfallen. Nach Militz (2002, S. 47) lieferte die Schwarzlauge 1999 10,9 % des gesamten Energiebedarfs des Landes und war mit 38 % der größte einheimische Energielieferant.

Im Gegensatz zu Finnland kann sich Dänemark seit 1997, was seinen Energiebedarf angeht, selbst versorgen. Das liegt natürlich an den Öl- und Gasvorkommen des Landes in der Nordsee. Dänemark hat von allen Nordischen Ländern den geringsten Anteil an Wasserkraft, bei der Kürze seiner Flüsse und Bäche und der geringen Reliefenergie nicht verwunderlich. Wasserkraft macht nur 0,1 % aller regenerativen Energien aus. Eine weit größere Rolle spielt die Windenergie; in der Tat ist Dänemark ja als das Land der Windkraftanlagen bekannt. Das stimmt aber nur bedingt. Dänemark ist zwar weltweit führend, weil es fast 17 % seines Stromverbrauchs durch Windkraft deckt, aber bei einer Rangfolge nach installierter Kapazität nimmt es nur Platz vier ein (mit 12,7 % der gesamten, weltweit installierten Kapazität). Hier führt Deutschland mit 33,1 % vor Spanien und den USA. Die Windenergie in Dänemark erbringt nur rund die Hälfte der Energiemenge, die durch Müllverbrennung gewonnen wird. Die 6200 Windkraftanlagen Dänemarks Ende 2000 mit ihrer Kapazität von zusammen 2417 MW verteilten sich einigermaßen gleichmäßig über das Land. Gewisse Ballungen lassen sich im Bereich des Limfjords (Jütland), auf Langeland und auf Lolland feststellen. In den anderen Nordischen Ländern wäre ein Ausbau der Windkraftanlagen sicherlich möglich, die naturgeographischen Voraussetzungen dafür sind gegeben. Einen nennenswerten Beitrag zur Energieversorgung leisten die vorhandenen Anlagen derzeit noch nicht, auch wenn ihre Zahl stark zunimmt. In Schweden und Finnland werden auch Versuche mit „Energiewäldern" gemacht, für die schnellwachsende Salix-Arten verwendet werden.

In Nordeuropa gibt es seit Jahrzehnten die Möglichkeit des transnationalen Austausches von Elektrizität. Er war immer recht bescheiden. Gegenwärtig befindet sich der transnationale Markt jedoch in einer Umbruchsituation, hervorgerufen durch die Privatisierung der Stromversorgungsunternehmen in Norwegen, Schweden und Finnland in den 1990er-Jahren und die Errichtung einer gemeinsamen Strombörse (Nord Pool), über die kurzfristig Strommengen verkauft werden können. Für die Zukunft ist zudem mit dem verstärkten Bau von Leitungen zum europäischen Kontinent und möglicherweise nach Island zu rechnen. Damit wird Nordeuropa in einen sehr viel größeren Markt einbezogen werden.

Nordeuropa als Dienstleistungsstandort

Bild 54: Der Forschungs- und Technologiepark IDEON, Lund. 1983 gegründet, beherbergt der Park auf einer Gesamtbürofläche von 85 000 m² 182 Unternehmen mit ca. 2000 Beschäftigten (2001) (IDEON).

Überblick

- Bei den Dienstleistungsbeschäftigungsquoten stehen die fünf Nordischen Länder im internationalen Vergleich allesamt unter den Top 15. Mit über 70 % liegen Schweden und Norwegen im Ranking weit vorne.
- Der nordische Weg in die Dienstleistungsgesellschaft ist aufs Engste mit dem (schwedischen) Wohlfahrtsstaatmodell verbunden, das einerseits auf der Schaffung einer umfassenden sozialen Infrastruktur mit kollektiv nutzbaren Einrichtungen und andererseits auf einer Vergesellschaftung des Alltagslebens mit einer Entprivatisierung und Professionalisierung im Erziehungs-, Bildungs-, Gesundheits- und Pflegebereich basierte.
- Seit den späten 1970er-Jahren setzen soziale, ökonomische und politische Veränderungen das Modell unter Druck. Während der industrielle ökonomische Erfolg als Voraussetzung für das Modell deutlich sank, wuchs der Bedarf an Wohlfahrts- und Verteilungsleistungen.
- Die Theorie der K-Gesellschaft gab Mitte der 1990er-Jahre eine Erklärung für die erkennbaren Veränderungen und sie zeigte einen Weg aus der Krise auf. Dieser lag in einer gezielten Förderung wissensintensiver Industrien und der damit verbundenen Forschung und Entwicklung.
- In den 1990er-Jahren gewann der Dienstleistungssektor noch etwas mehr an Gewicht, und gleichzeitig gab es innerhalb der produktionsorientierten Dienstleistungen Verschiebungen zu Privatunternehmen. Damit basiert die Dienstleistungsgesellschaft in den Nordischen Ländern sukzessive auch mehr auf einer Dienstleistungswirtschaft.

Die Bedeutung von „Dienstleistungen“

von Jürgen Aring

Als Dienstleistungen bezeichnet man eine heterogene Gruppe wirtschaftlicher Aktivitäten, die sowohl hochtechnologische und wissensintensive Sektoren wie auch arbeitsintensive, niedrig-qualifizierte Bereiche umfasst (OECD 2000, S. 7). Putzfrau, Burger-Bräter, Verkäuferin, Hotelier, Polizistin, Pilot, Physiotherapeutin, Lehrer, Ärztin, Mode-Trend-Scout, Rechtsanwalt, Finanzberaterin, Softwareentwickler, Grafik-Designerin und Import-Export-Agent haben eines gemeinsam – sie werden als Dienstleister bezeichnet.

Dienstleistungen erschienen bisher in der Systematik amtlicher Statistiken eher als Residualkategorie. Der tertiäre Sektor umfasst all das, was nicht der landwirtschaftlichen Produktion, dem Bergbau, der Energie- und Wassergewinnung (Primärsektor) und der industriellen Produktion (Sekundärsektor) zuzurechnen ist. Bei Statistikanalysen fällt immer wieder auf, dass die Systematik der industriellen Produktion differenzierter und tiefer gestaffelt ist als die der Dienstleistungen. Die statistische Systematik hat ihre Wurzeln in der Hochzeit der Industriegesellschaft und wird jetzt sukzessive angepasst.

Die amtlichen Statistiken nehmen bei der üblichen sektoralen Gliederung Bezug auf den Schwerpunkt der wirtschaftlichen Tätigkeit von Betrieben und nicht die Tätigkeiten der Individuen. Dies bedeutet: Eine Sekretärin bei einem Automobilproduzenten wird dem sekundären Sektor zugerechnet. Ihre wirtschaftliche Leistung taucht in der Statistik als Beitrag zum industriellen Bruttosozialprodukt auf, und sie wird zu den Industriebeschäftigten gezählt. Wechselt die Sekretärin ihren Arbeitsplatz und übt die gleiche Tätigkeit bei einer Bank aus, so wird sie in der Statistik als Dienstleistungsbeschäftigte geführt.

Damit ist auch schon illustriert, dass Produktion – d. h. die Basis für Export und Wohlstand in den hoch entwickelten Ländern Westeuropas – auf komplementäre Dienstleistungen angewiesen ist. Als „produktionsorientierte Dienstleistungen“ werden alle Tätigkeiten bezeichnet, die indirekt zur Herstellung eines Produktes beitragen: Forschung und Entwicklung, Design, Organisation und Planung, Verwaltung und Management, Werbung und Verkauf. Der Anteil dieser Tätigkeiten für die Produktion nimmt seit langem stetig zu. Man spricht hier auch von der Tertiärisierung der Produktion. Werden die Leistungen betriebsintern erbracht, so schlägt sich der Wandel in der amtlichen sektoralen Statistik aber nicht nieder. Werden entsprechende Leistungen jedoch in eigenständige Betriebe ausgegliedert (outsourcing) und extern eingekauft, dann registriert auch die sektorale Statistik den Tertiärisierungsprozess. Trotz der in den letzten Jahrzehnten umfassenden Deindustrialisierungsprozesse in den alten Industriestaaten ist die industrielle Wertschöpfung weiter gewachsen. Dies ist ein Effekt einer Umorientierung auf Produkte, bei denen die Material- und Montagekosten einen immer geringeren Anteil ausmachen, und die Wertschöpfung immer mehr auf „Wissen“ und auch auf „Service“ beruht. Am deutlichsten wird dies sicherlich im IuK-Sektor, wo die Entwicklung der Hardware wissensintensiv ist, die Produktion hochspezialisiert und rationalisiert ist, die Entwicklung der Software wiederum wissensintensiv und letztlich ohne Wartung, Service und Schulung keine effiziente Nutzung möglich ist. Ohne Wissen und Service kann die Branche nicht funktionieren. In der skandinavischen Literatur wird deswegen auch viel stärker eine Entwicklung zur „Wissensgesellschaft“ (*K-samhälle*) anstelle einer Entwicklung zur „Dienstleistungsgesellschaft“ thematisiert.

Auf ganz anderen Tätigkeiten basieren die unmittelbar vom Endverbraucher nachgefragten „konsumorientierten Dienstleistungen“. Sie umfassen haushaltsbezogene Leistungen, bei denen Hausarbeit in Form von Erwerbsarbeit bereitgestellt wird, sowie personenbezogene und Dienstleistungen, die unmittelbar Personen zu Gute kommen (z. B. Körperpflege, Bildung und Erziehung, Pflege und Betreuung). Alterung, Bildungsbedarf, zunehmender Wohlstand und knappe Zeitbudgets sind wichtige Triebkräfte für einen Bedarf an konsumorientierten Dienstleistungen. Mit der zunehmenden Auflösung fordistischer industriegesellschaftlicher Strukturen in Westeuropa seit den 1970er-Jahren und dem demographischen Wandel haben sich die Voraussetzungen für ein Wachstum der haushaltsbezogenen Dienstleistungen ebenfalls deutlich verändert.

Der nordische Weg in die Dienstleistungsgesellschaft: der Wohlfahrtsstaat

Die gesellschaftliche und volkswirtschaftliche Bedeutung der Dienstleistungen ist erheblich. Auf die Komplementarität von Produktion und Dienstleistungen in der neuen „Wissensgesellschaft“ wurde bereits hingewiesen. Hinzu kommt ihre zentrale Rolle am Arbeitsmarkt und damit auch für das Bruttosozialprodukt. In den meisten OECD-Ländern tragen die Dienstleistungen inzwischen 60–70 % zum nationalen Bruttosozialprodukt bei. In einigen Ländern liegt der Anteil bereits darüber. Ähnlich stellt es sich bei den Arbeitsplätzen dar.

1997 betrug in Schweden und Norwegen der Anteil der Dienstleistungen an den zivilen Beschäftigten bereits über 71 %. Dänemark lag mit 69,5 % nur geringfügig darunter. Finnland und Island lagen dahinter noch um einige Prozentpunkte zurück (je 65,5 %), was jedoch immer noch über dem Mittel der EU-15 lag. Gleichzeitig haben diese beiden Länder binnen eines Jahrzehnts mit einem Zuwachs von 7,1 bzw. 7,9 % aber auch unter den Nordischen Ländern am stärksten zugelegt (Tab. 21). Ganz ähnlich stellt es sich auch für den Beitrag der Dienstleistungen zum Bruttosozialprodukt dar (Tab. 22).

Land	Zivile Beschäftigte (%) 1987	1997	Veränderung
Dänemark	66,0	69,5	3,5
Finnland	58,4	65,5	7,1
Island	57,6	65,5	7,9
Norwegen	66,3	71,6	5,3
Schweden	66,3	71,3	5,0
zum Vergleich:			
Deutschland	55,4	60,2	4,8
Schweiz	57,5	68,6	11,1
Österreich	53,7	63,8	10,1
EU-15	59,0	65,2	6,2
OECD		64,1	

Quelle: OECD, The Service Economy 2000, S. 44.

Tab. 21: *Zivile Beschäftigte im Dienstleistungsbereich.*

	Dienstleistungen am BSP (%) Zeitraum	Jahr 1	Jahr 2	Veränderung
Dänemark	1987–1995	71,6	72,1	0,5
Finnland	1987–1996	61,6	66,3	4,7
Island	1987–1995	64,2	69,0	4,8
Norwegen	1987–1997	66,0	65,9	-0,1
Schweden	1987–1994	66,3	70,5	4,2
zum Vergleich:				
Deutschland	1991–1997	64,0	69,9	5,9
Schweiz	1985–1991	60,8	63,5	2,7
Österreich	1987–1996	64,1	68,2	4,1

Quelle: OECD, The Service Economy 2000, S. 41.

Tab. 22: *Anteil der Dienstleistungen am Bruttosozialprodukt.*

Wenn sich in den vergangenen Jahrzehnten die Nordischen Länder im internationalen Vergleich in den Dienstleistungsstatistiken ganz weit vorne platzierten, dann hängt dies auch unmittelbar mit der Staats- und Gesellschaftsform zusammen.

Der Weg zum Wohlfahrtsstaat wurde in Schweden mit dem Schulterschluss von Sozialdemokraten und Bauernbund 1933 sowie dem historischen Kompromiss zwischen den Arbeitergewerkschaften und Unternehmen (Abkommen von Saltsjöbaden) 1938 vorbereitet (Hadenius 1990, S. 36ff.). Das von den Schweden als „Volksheim“ bezeichnete Gesellschaftsmodell ist seit den 1940er-Jahren entstanden, wurde nach 1950 systematisch entwickelt und reifte bis in die 1970er-Jahre zum „Modell Schweden“ (Henningsen 1985). Aufgrund seines Erfolgs wurde es zumindest in Teilen von den nordischen Nachbarn adaptiert – in Norwegen und Dänemark mehr, in Finnland und Island weniger. Es macht deshalb Sinn, exemplarisch auf das schwedische Wohlfahrtsstaatmodell und seine Rolle für den Weg in die Dienstleistungsgesellschaft einzugehen.

Der schwedische Wohlfahrtsstaat basierte auf dem Grundprinzip der Sicherung wirtschaftlichen Wachstums und der Verteilung des wirtschaftlichen Erfolges bzw. des gesellschaftlichen Reichtums. Dabei galten Massenproduktion und Massenkonsum als die ökonomischen Säulen eines Wachstums, dessen Aufteilung ausgehandelt wurde. Das optimale Verhandlungsergebnis zwischen korporatistischen Organisationen von Arbeitgebern und Arbeitnehmern war dasjenige, welches das größte Wachstum für die Zukunft versprach. Der zweite zentrale Gedanke im Modell des Wohlfahrtsstaates war das Prinzip des Ausgleichs, zunächst im Sinne der vertikalen Lohnangleichung und später auch im Sinne einer ausgleichenden Regionalpolitik. Eine hohe Besteuerung minderte die Nettoeinkünfte und gab dem Staat Spielraum zum Aufbau einer umfassenden sozialen Infrastruktur mit kollektiv nutzbaren Einrichtungen. Die Wahlfreiheit war dabei beschränkt oder gar ausgeschlossen. Das Volksheim war kein Hilfsangebot für Bedürftige, sondern ein nivelliertes und nivellierendes Zwangsangebot für alle Bevölkerungsschichten.

Das hier knapp skizzierte Modell schuf die Bedingungen zur schwedischen bzw. nordischen Variante der Dienstleistungsgesellschaft. „Der Ausbau des Wohlfahrtsstaates in Schweden war nur durch die Integration der Frauen in den Arbeitsmarkt möglich, und die Integration der Frauen in den Arbeitsmarkt war nur durch den Ausbau der öffentlichen sozialen Dienstleistungen möglich, die den Hausfrauen Teile der Hausarbeit abnahm“ (Häußermann u. Siebel 1995, S. 74). Um den schwedisch-nordischen Weg in die Dienstleistungsgesellschaft darzustellen, muss man deshalb die Entwicklung des „öffentlichen Sektors“ und die „Integration der Frauen“ in den Arbeitsmarkt nachzeichnen. In den zwei Jahrzehnten zwischen Mitte der 1960er- und Mitte der 1980er-Jahre vollzogen sich hier die wesentlichen Entwicklungen.

Der öffentliche Sektor als Administration und Leistungserbringer in Schweden wurde bis zum Anfang der 1980er-Jahre intensiv ausgebaut. In Spitzenzeiten arbeitete etwa ein Drittel der Erwerbstätigen im öffentlichen Sektor. Seither pendelt die Quote knapp unterhalb des Spitzenwertes und ist in den letzten Jahren leicht rückläufig. In Norwegen, Dänemark und Finnland wurden Mitte der 1990er-Jahre immerhin Quoten von etwa 30 % erreicht (Abb. 68).

Anders als in den ehemals sozialistischen Ländern ist die staatliche Fürsorge weniger beim Staat, sondern bei den Kommunen angesiedelt. In Schweden ist man stolz auf die kommunale Selbstverwaltung, die in ihren modernen Grundzügen bereits 1862 etabliert wurde. Die Kommunen haben das Recht, ihre eigenen Angelegenheiten selbst zu besorgen. Als Pflichtaufgabe obliegt ihnen das Schulwesen, die Sozialfürsorge, die Altersfürsorge, Freizeit, Sport, Kultur, Flächennutzungs- und Bauleitplanung sowie die lokale technische Infrastruktur. Durch ihr breites Aufgabenspektrum sind die Kommunen vielerorts der weitaus größte Arbeitgeber.

Abb. 68: *Norden – Beschäftigtenstruktur (öffentlich – privat).*

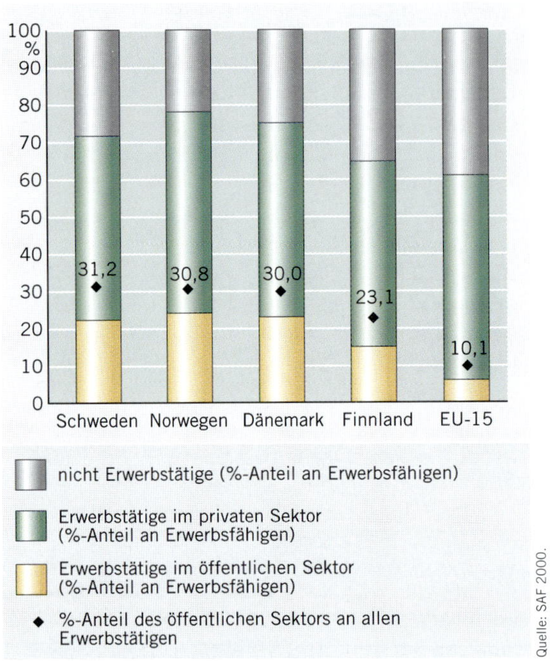

Land	Erwerbstätige (%) Frauen	Männer	Gesamt
Dänemark	76,1	85,0	80,6
Finnland	71,2	75,9	73,6
Norwegen	76,1	85,0	80,6
Schweden	76,0	80,9	78,5
Zum Vergleich:			
USA	70,7	84,0	77,2
Deutschland	62,3	79,7	71,2
Italien	45,6	73,7	59,6

[1] Erwerbstätigkeitsquoten bezogen auf die Bevölkerung im Alter von 15–64 Jahren (Norwegen 16–64 Jahre)

Tab. 23: *Erwerbstätigkeitsquoten[1] in den Nordischen Ländern 2000/2001.*

Quelle: SSB Norwegen / OECD Employment Outlook.

Die Ausweitung des öffentlichen Sektors – d. h. der Dienstleistungen im Rahmen des Volksheimes – war nur möglich durch eine weitreichende Einbeziehung der Frauen in das Erwerbsleben. Während man in Deutschland auch zu Beginn des 21. Jh.s immer noch über die Vereinbarkeit von Familie und weiblicher Berufstätigkeit diskutiert, ist in den Nordischen Ländern im Laufe der Jahre fast ein Zwang zur Kombination von Familie und Berufstätigkeit von Müttern entstanden. Die hohe Besteuerung und die Aufhebung des Ehegattensplittings zu Beginn der 1970er-Jahre führten dazu, dass vom Einkommen des Vaters allein eine Familie nur schwer ernährt werden konnte. Ohne erwerbstätige Ehefrau sank in Schweden das Familieneinkommen eines Durchschnittsverdieners bei einem vierköpfigen Haushalt unter die Grenze der Sozialhilfeberechtigung (Söderström 1988, zit. in Häußermann u. Siebel 1995, S. 78).

Die Erwerbsquote der Frauen liegt in Schweden mit 76 % nur 2,5 %-Punkte unter der der Männer (Tab. 23). Ganz ähnlich lauten die Zahlen für Norwegen und Dänemark. In Finnland liegt die Frauenerwerbsquote mit etwa 71 % zwar erkennbar niedriger, aber immer noch weit über mittel- und südeuropäischen Werten. Seit Anfang der 1990er-Jahre stellen die Frauen in allen Nordischen Ländern zwischen 46 und 48 % aller Arbeitskräfte. Seither sind die Quoten etwa stabil, während sie in den 1970er- und 80er-Jahren stetig angestiegen waren.

Es ist unmittelbar einleuchtend, dass die intensive Einbindung der Frauen in den Arbeitsmarkt – und zwar auch in der Kinder- und Familienphase – ein entsprechendes Angebot an öffentlichen Versorgungsleistungen erforderlich macht. Zu nennen sind hier Kinderbetreuung und Pflegebereiche. Diese und andere öffentlich garantierte Vorsorge- und Versorgungsleistungen wie Schul- und Gesundheitswesen werden auf den kommunalen Ebenen bereitgestellt. Und genau hier sind die vielen Frauenarbeitsplätze entstanden. Mehr als die Hälfte aller Frauen arbeitet in Schweden im öffentlichen Sektor, wo sie etwa drei Viertel aller Erwerbstätigen stellen. Bei den Gesundheits- und Bildungstätigkeiten sind sie deutlich überrepräsentiert.

Als wesentlichen Grundzug kann man festhalten: Der Ausbau des Wohlfahrtsstaates in den Nordischen Ländern war von den 1960er- bis in die 80er-Jahre geprägt durch eine Vergesellschaftung des Alltagslebens. Die Entprivatisierung und Professionalisierung im Erziehungs-, Bildungs-, Gesundheits- und Pflegebereich brachte den Frauen die Möglichkeit und den Zwang zur Erwerbstätigkeit. Gleichzeitig wurde die Arbeitsleistung in diesen Bereichen überwiegend von Frauen erbracht. Der nordische Weg in die Dienstleistungsgesellschaft ist also aufs Engste mit dem Wohlfahrtsstaatsmodell verbunden.

Die Krise der nordischen Dienstleistungsgesellschaften

In den späten 1970er-Jahren hatte das Modell Schweden seinen Zenit erreicht. Soziale, ökonomische und politische Veränderungen im Lande und in der Welt setzten es unter Druck. Der Schlüssel lag aber zweifelsohne im rapiden Strukturwandel der Industrie, die die Basis für Wohlstand und die nordische Form der Dienstleistungsgesellschaft gebildet hatte. Der Niedergang ganzer Industriezweige (Werften, Eisenindustrie) vollzog sich binnen weniger Jahre, und der Wirtschaftsstandort Schweden unterlag aufgrund seiner hohen Produktionskosten einem besonderen Attraktivitätsverlust. Das Bruttosozialprodukt wuchs seit etwa 1975 deutlich langsamer als das der EU oder der OECD-Staaten. Schweden fiel im internationalen Ranking beim BSP/Kopf von Platz 4 im Jahre 1970 auf Platz 17 im Jahre 1998 (z. B. hinter Irland, Platz 13).

Trotzdem blieben in Schweden zunächst die Arbeitslosenzahlen im internationalen Vergleich beneidenswert niedrig. Das schwedische Modell war nicht zuletzt aufgrund seiner umfassenden Konzeption in der Lage, eine aktive Arbeitsmarktpolitik zu betreiben, die den Prozess der endgültigen Freisetzung aus dem Arbeitsmarkt und der Abschiebung in die Langzeitarbeitslosigkeit verlangsamte. Die Arbeitslosenzahlen in Schweden lagen in den 1980er-Jahren nur bei 1–2 %. Eine doppelt bis dreifach so hohe Zahl an Erwerbsfähigen war zur gleichen Zeit in Arbeitsmarktmaßnahmen gebunden. Die Zahl derer, die nicht mehr direkt vom Konsens („Wirtschaftswachstum und gerechte Verteilung") profitierten, stieg in Schweden zunächst nur langsam. Doch zu Anfang der 1990er-Jahre vervierfachte sich die Zahl der Arbeitslosenzahlen binnen weniger Jahre. Insgesamt waren in Schweden in den 1990er-Jahren durchschnittlich etwa 600 000 Erwerbsfähige arbeitslos oder in Arbeitsmarktmaßnahmen (bei etwa 4 Mio. Beschäftigten).

Gleichzeitig wuchs im Zuge des wirtschaftlichen Strukturwandels und der Freisetzung von Arbeitskräften die Notwendigkeit zur Zahlung von staatlichen Transfereinkommen. In Schweden erhöhte sich der Anteil der Transferleistungen an den öffentlichen Ausgaben zwischen 1970 und 1989 von 36 % auf 52 %. Während der ökonomische Erfolg als Voraussetzung für das erfolgreiche Modell deutlich sank, wuchs der Bedarf an Wohlfahrts- und Verteilungsleistungen aus dem Modell.

Das Modell Schweden geriet jedoch nicht nur ökonomisch unter Druck. Die Nivellierung von Einkommen, die Vergesellschaftung weiter Teile des Alltagslebens und die Standardisierung der staatlichen Fürsorge waren zentrale Prinzipien des Volksheim-Konzeptes. Mit der Veränderung der Gesellschaft im Zuge der Auflösung fordistischer Industriestrukturen verloren die zentralen Prinzipien an Attraktivität. Der mit dem ökonomischen Wandel einhergehende Individualisierungsschub in den westlichen Gesellschaften hat bei einem wachsenden Teil der Bevölkerung dazu geführt, dass der fürsorgende und nivellierende Staat zunehmend als bieder und einengend empfunden wurde.

Im Ergebnis schwand die Basis für den gesellschaftlichen Wohlfahrtskonsens, weil immer weniger davon profitierten oder zumindest das Gefühl für seinen Nutzen verloren hatten. Die „Schwachen" sahen ein Staatsversagen, weil ihnen zu Arbeitslosigkeit und sozialen Problemen keine Alternativen aufgezeigt werden konnten. Die „Starken" sahen ein Staatsversagen, weil sie sich durch die hohe Staatsquote und die Nivellierung um die Früchte ihrer Arbeit und um Entwicklungschancen betrogen fühlten.

Das politische System – symbolisiert durch die Jahrzehnte regierende Arbeiterpartei – geriet unter Druck. Erhebliche Einschnitte in den Sozialstaat wurden vollzogen. So wurde die Belastung der Unternehmen mit Sozialabgaben reduziert, das Rentenalter wurde hochgesetzt, die Krankenversicherung führte einen Karenztag ein, Bauzuschüsse wurden abgeschafft und geplante Erhöhungen der Sozialleistungen wurden gestrichen. Auch Schweden vollzog in den 1980er-Jahren eine rechts-liberale Wende (ähnlich wie in den USA, Großbritannien und Deutschland).

Damit war die Expansion des öffentlichen Sektors, der bis dahin das Kernstück der nordischen Dienstleistungsgesellschaft darstellte, beendet. Die Anteile der Beschäftigten im öffentlichen Dienst pendelten im Zeitraum 1985–2000 zwischen 30 und 35 % mit einer leichten Tendenz nach unten in den letzten Jahren. Anders als in Ostdeutschland wurden aber die über öffentliche Ausgaben finanzierten Dienstleistungsarbeitsplätze für Frauen nicht einfach „abgewickelt". Das Modell Schweden und die darauf basierende Dienstleistungsgesellschaft brachen nicht zusammen, sondern wurden und werden weiter umgebaut. Aber ganz deutlich erkennt man seit den 1990er-Jahren, dass der private Sektor wieder an Gewicht gewinnt. Einer schrumpfenden, jedoch modernisierten Industrie und einem komplementären produktionsorientierten Dienstleistungssektor kommt dabei ein hohes Gewicht zu.

Bevor auf diese jüngste Entwicklung ausführlicher eingegangen wird, soll noch einmal auf Schwedens Nachbarn geschaut werden. Sie hatten sich in den Jahrzehnten zuvor erkennbar am Modell Schweden orientiert und waren doch auch eigene Wege gegangen. Der Strukturwandel der späten 1970er- und 80er-Jahre traf als internationales Phänomen auch Dänemark, Norwegen und Finnland. Anpassungen wie in Schweden wurden auch bei den Nachbarländern erforderlich. Doch gab es in den verschiedenen Nordischen Staaten neben einem einheitlichen Grundzug nationale Sonderfaktoren. Wie unterschiedlich die Länder sich in den letzten Jahrzehnten entwickelt haben und wie deutlich ihre relativen Positionen durcheinander gewürfelt wurden, zeigt sich am Indikator des Bruttoinlandsprodukts je Einwohner (Abb. 69).

Abb. 69: *Norden – Bruttoinlandsprodukt pro Kopf 1970–1998 (BIP/Kopf in Relation zum OECD-Durchschnitt [OECD = 100] bereinigt um Kaufkraftunterschiede).*

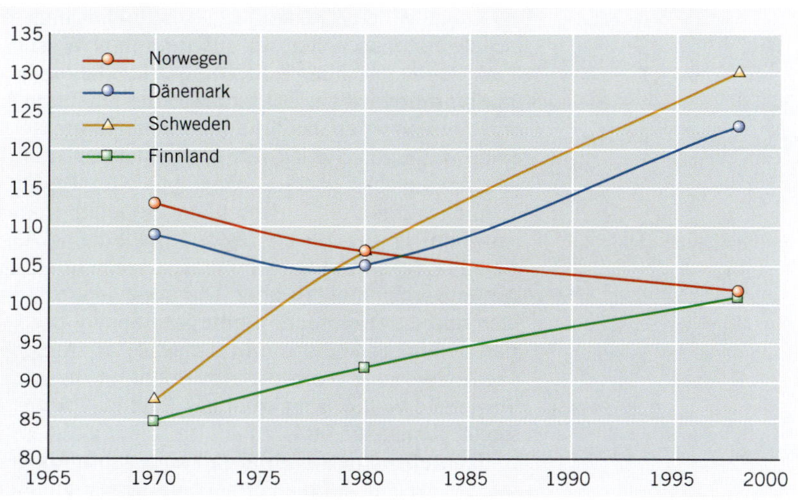

Quelle: SAF 2000.

In *Schweden* war das „Modell" perfektioniert worden, und folglich erschütterten hier der Strukturwandel und das relative Zurückfallen fast das nationale Selbstverständnis.

Dänemark hatte seit jeher kleinteiligere Industriestrukturen mit einem höheren Anteil an Leicht- und Verbrauchsgüterindustrie. Es gab einen kleineren Schiffbausektor, der unter den Druck der internationalen Konkurrenz geriet. Gleichzeitig ist Dänemark seit 1973 Mitglied der Europäischen Union, und die ökonomische Rendite der europäischen Integration kam auch Dänemark zugute – ungeachtet der weit verbreiteten emotionalen Euroskepsis.

In *Norwegen* waren durch die Öl-Ökonomie die wirtschaftlichen Voraussetzungen wiederum ganz anders. Dank des relativen öffentlichen Reichtums konnte Norwegen deutlicher aus dem großen Schatten Schwedens heraustreten und ein eigenes Erfolgsmodell kreieren. Aufgrund des staatlichen Wohlstandes konnten die Prinzipien staatlicher Fürsorge leichter beibehalten und zum Teil sogar noch ausgebaut werden. In den 1990er-Jahren konnten sich die Norweger als „die besseren Schweden" fühlen, denn anders als der größere Nachbar brauchten sie ihre Variante des Volksheims nicht drastisch zurückzubauen.

In *Finnland* schließlich wurde der Anpassungsdruck durch den Zusammenbruch der Sowjetunion noch erheblich verschärft, denn die ökonomischen Verflechtungen mit dem großen östlichen Nachbarn waren beträchtlich gewesen. Dass gerade Finnland die Krisen der 1990er-Jahre trotz sehr schwieriger Ausgangsvoraussetzungen überwunden hat, hat viele überrascht. Aber mit der entstehenden Wissensgesellschaft und den dafür erforderlichen neuen Dienstleistungen kam es zu neuen Erfolgsbedingungen.

Der schrittweise Umbau der Dienstleistungsgesellschaft

In den Nordischen Ländern brach mit dem Wegfall alter Industrien und der Krise des Wohlfahrtsstaates aber auch der Mechanismus zusammen, der die Tertiärisierung über Jahrzehnte vorangetrieben hatte. Voraussetzung für den Wohlstand und den nordischen Weg in eine Dienstleistungsgesellschaft war eine blühende Ökonomie gewesen. Mit dem Abbau alter Industrien geriet deshalb das ganze System unter Druck. Für neue Dienstleistungsprozesse musste ab Mitte der 1980er-Jahre erst ein neuer Motor entwickelt werden. Ein aussichtsreicher Ansatzpunkt war dafür eine beschleunigte Orientierung in Richtung der so genannten „Informationsgesellschaft". Wissen und Kreativität sind darin die wichtigsten Ressourcen.

In den 1980er-Jahren setzte sich die Wissenschaft intensiv mit der Thematik „ökonomischer Cluster" auseinander. Der Clusterbegriff wurde zentral für die Analyse wirtschaftlicher Konkurrenzfähigkeit (vgl. Sölvell, Zander u. Porter 1993), sowohl im Hinblick auf die Entwicklung von Volkswirtschaften wie von Regionen. In der Regionalforschung wurden „kreative Milieus" diskutiert, d. h. lokale und regionale Betriebscluster, die aufgrund ihrer Wissensorientierung und ihrer Vernetzung besonders kreativ und innovativ waren. Das Konzept der Forschungs- und Technologieparks, die heute in Nordeuropa einen wichtigen Stellenwert haben, ist fast unmittelbar aus diesen Überlegungen abgeleitet worden.

Auch wurden die Unterschiede zwischen Regionen nicht länger nur als regionalplanerische Ausgleichsaufgabe wahrgenommen, sondern auch als Wettbewerbsmotor. Gunnar Törnquist – einer der führenden schwedischen Kulturgeographen – publizierte 1984 gemeinsam mit dem Zukunftsforscher Åke Andersson ein provokantes Buch mit dem Titel 'Regionale Vielfalt zum Wohl des Reiches' (Andersson u. Törnquist 1984).

Ebenfalls in den 1980er-Jahren brachte Andersson den Wandel auf die Formel einer Transformation von der I- zur K-Gesellschaft (Andersson/Strömquist 1988). „I" steht dabei für Industrie und „K" für „Kunnskap" (Wissen), Kompetenz, Kreativität, Kommunikation und Kultur. In der Ökonomie der K-Gesellschaft basiert das Produktionssystem auf Zeit sparenden Warenflüssen (just-in-time), flexibler Produktion, einer Ökonomie der Produktvielfalt (economies of scope neben economies of scale) sowie auf Wissensproduktion (FoU). Die Bezüge zur internationalen Theoriediskussion über Flexibilisierung, information society und neue Regulationsmechanismen sind offensichtlich.

Eine gute Theorie ist aber kein Selbstzweck, sondern sie gibt Orientierung in komplexen Situationen. Die Theorie der K-Gesellschaft gab in den politischen Raum und in die öffentliche Diskussion hinein eine Erklärung für die erkennbaren Veränderungen, und sie zeigte Wege aus der Krise auf. Wichtig ist dabei, dass der Gedanke der K-Gesellschaft keinen Gegenentwurf zu den laufenden Trends darstellte, sondern eher eine gezielte Förderung einer zukunftsfähigen Basisentwicklung war. Dies zeigt sich bei einer Betrachtung der industriellen Wertschöpfung Schwedens, wenn sie in einen wissens-, kapital- und arbeitsintensiven Sektor unterteilt wird (Abb. 70). Die wissensintensiven Industrien hatten bereits seit den 1970er-Jahren eine überdurchschnittliche Entwicklung genommen, doch in den 1990er-Jahren setzten sie sich dann noch deutlicher von den „alten" kapital- und arbeitsintensiven Industrien ab. Gleichzeitig wurden die Ausgaben für Forschung und Entwicklung deutlich erhöht. Diese entsprachen in Schweden 3,85 % des BIP von 1985 bis 1987, in Finnland 2,78 %, in Dänemark 1,94 %, in Island 1,82% und in Norwegen 1,68 % (inflationsbereinigte Werte).

Die K-Gesellschaft wurde so zu einem Modernisierungsmodell in Schweden und auch den nordischen Nachbarländern. Natürlich war der Gedanke in der öffentlichen Diskussion nicht unumstritten, doch faktisch hatte er eine hohe Relevanz. Das bewusste Setzen auf Wissen, Kompetenz, Kreativität, Kommunikation sowie Kultur und die Förderung der entsprechenden Rahmenbedingungen (Hochschulen, Großstädte, Verkehrsinfrastruktur, Technologiezentren, FuE) war zweifelsohne wichtig, aber es wurde auch von einer Vielzahl anderer Maßnahmen flankiert. Dazu zählen Deregulierungen und Liberalisierungen, Privatisierungen, eine gewisse Rückwendung zu mehr persönlicher Eigenverantwortung und natürlich auch die verstärkte europäische Integration (Beitritt von Norwegen und Island zur EWU, Beitritt Finnlands und Schwedens zur EU).

Betrachtet man die Entwicklung in den einzelnen Dienstleistungssegmenten in den 1990er-Jahren, so zeigen sich deutliche Strukturverschiebungen. Der Sektor Finanzwesen, Immobilien, Versicherung und Beratung hat mit +2,5 % am stärksten zugelegt. Das ist der Sektor mit den Dienstleistungen, die von den „K's" und den Deregulierungen am deutlichsten profitieren. Deutlich weniger hat dagegen das Segment Handel und Tourismus zugelegt (+0,7 %). Und der Bereich der „sonstigen Dienstleistungen", in dem auch der öffentliche Dienst enthalten ist, hat eine Wellenbewegung durchlaufen. Zunächst gab es noch ein leichtes Wachstum, doch dann machten sich die Veränderungen im öffentlichen Sektor auch in der Beschäftigtenstruktur sichtbar.

Das Grundmuster hat sich in den 1990er-Jahren nicht verändert. Es zeigen sich aber klare Trends zu einer Modifikation der nordischen Dienstleistungsgesellschaften. Insgesamt gewinnt der Dienstleistungssektor noch etwas mehr an Gewicht, und gleichzeitig gibt es innerhalb der Dienstleistungen Verschiebungen zu Privatunternehmen – und zwar bei den produktionsorientierten Dienstleistungen. Damit basiert die Dienstleistungsgesellschaft in den Nordischen Ländern sukzessive auch mehr auf einer Dienstleistungswirtschaft.

Beim direkten Vergleich der Nordischen Länder zeigen sich neben den prinzipiell ähnlichen Trends wiederum nationale Besonderheiten. Im Sektor Finanzwesen, Immobilien, Versicherung und Beratung, der für die „neuen Dienstleistungsarbeitsplätze" steht, verlief die Entwicklung in Schweden seit Beginn der 1990er-Jahre stetig und deutlich nach oben (von 9 auf 13 % im Jahr 1999). In Norwegen und Island setzte der entsprechende Zuwachs erst in der zweiten Hälfte der 1990er-Jahre ein und erreichte 1999 ca. 10 %. Und in Finnland und Dänemark verlief die entsprechende Entwicklungskurve viel flacher, wies aber auch in der zweiten Hälfte der 1990er-Jahre leicht nach oben (von ca. 10,5 auf ca. 12 %).

Im Sektor „sonstige Dienstleistungen", der eher die „traditionellen Dienstleistungsarbeitsplätze" umfasst, bilden sich die bekannten Strukturunterschiede ab. Schweden (1999: 37 %), Norwegen (36,5 %) und Dänemark (fast 36 %) liegen relativ dicht beisammen. Finnland und Island hingegen, die das Modell Schweden weniger stark adaptiert haben, zeigen deutlich geringere Quoten (ca. 30 %). Allen Ländern gemeinsam ist aber eine Spitze im Zeitraum 1993–95 und nachfolgend eine Stagnation oder leichte Schrumpfung.

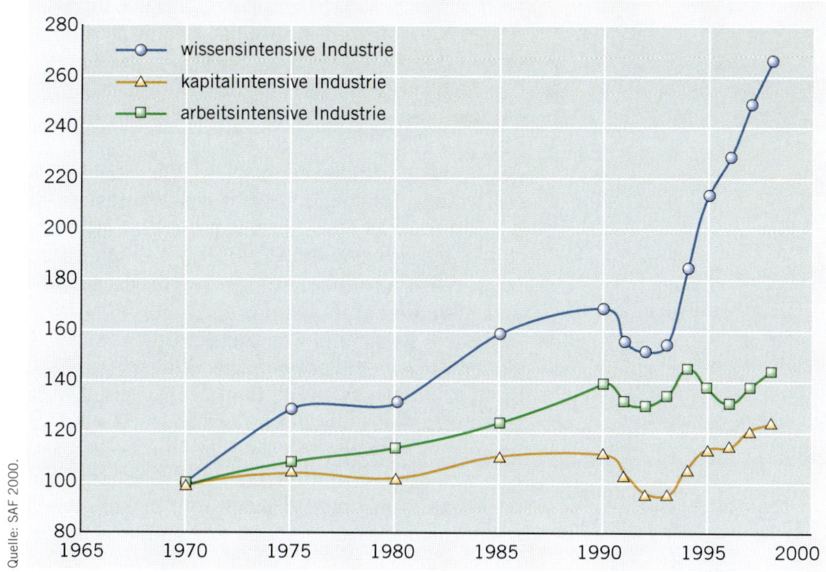

Abb. 70: *Schweden – Industrielle Wertschöpfung (Index 1970 = 100/inflationsbereinigte Werte).*

Regionale Aspekte der Dienstleistungsgesellschaft

In den Nordischen Ländern konzentriert sich ein großer Teil der Bevölkerung im Süden nahe der Küste. Nur wenige Stadtregionen erreichen mehr als 500 000 Einwohner. Dem gegenüber stehen weite dünn besiedelte Gebiete. Grenzertragslandwirtschaft, Fischerei, Bergbau und rohstoffverarbeitende Industrie bildeten eine begrenzte ökonomische Basis für eine kleine Bevölkerung. Im Zuge der Modernisierung der nordischen Gesellschaften und Ökonomien im 20. Jh. gerieten die peripheren Räume immer wieder unter ökonomischen Druck. Gleichzeitig hatte die Umverteilungsphilosophie des Wohlfahrtsstaates auch ihre regionale Seite. Was als Prinzip für den Ausgleich in der Gesellschaft galt, konnte auch für den Ausgleich im Raumgefüge des Staates gefordert werden. Regionalpolitik hatte deswegen in den vergangenen Jahrzehnten einen hohen Stellenwert.

Betrachtet man nun die regionalen Unterschiede der Dienstleistungsbeschäftigtenquoten, so zeigt sich folgendes Muster:

- In allen Ländern ist die Hauptstadtregion jeweils mit deutlichem Abstand auch die wichtigste Dienstleistungsregion (mit 76–88 % DL-Quote). Dies ist nicht nur auf eine Häufung von staatlichen Einrichtungen zurückzuführen. Vielmehr sind die Hauptstadtregionen auch die dominierenden wissenschaftlichen, kulturellen und ökonomischen Zentren, und dies schlägt sich auch im privaten Dienstleistungsbesatz nieder.

- Der Abstand zwischen den Regionen mit dem größten und geringsten Dienstleistungsbesatz liegt bei 22–31 %-Punkten. Am geringsten ist der Abstand in Schweden, dem „Weltmeister im regionalen Ausgleich". Am ausgeprägtesten ist die Differenz in Dänemark, wo die drei jütländischen Amtskommunen Ribe, Ringköbing und Viborg einen erheblichen Landwirtschaftsanteil und Industriebesatz haben.
- Periphere Regionen sind nicht automatisch Regionen mit einem geringen Dienstleistungsanteil. So liegt in Norwegen die Region Troms auf Platz 2, in Finnland Lappland auf Platz 2 und in Schweden Västerbotten auf Platz 3. Die auf dem Konzept des Wohlfahrtsstaates beruhende Form der Dienstleistungsgesellschaft mit einem großen öffentlichen Sektor und vielen Frauenarbeitsplätzen entfaltet hier ihre räumliche Wirkung. Setzt man das BIP/Kopf (als Maß für den Entwicklungsstand) und den Anteil der öffentlich Beschäftigten (als Maß für staatliches Ausgleichsbemühen) miteinander ins Verhältnis, so zeigt sich eine Korrelation. Tendenziell ist der Besatz an öffentlichen Arbeitsplätzen umso stärker, je geringer das BIP ausfällt.

Während die auf dem Wohlfahrtsstaat basierende Dienstleistungsgesellschaft also eher regional ausgleichend wirkte (oder sich zumindest um Ausgleich bemühte), erwartet man von den neuen Facetten der Dienstleistungsökonomie eine andere räumliche Wirkung. Entgegen allen politischen Ausgleichszielen wird hier eher eine Konzentration auf die Vorreiterregionen erwartet. „Die K-Gesellschaft wird eher geprägt werden durch räumliche Konzentration, denn die starken Regionen wachsen nun noch stärker, während die schwächeren schrumpfen. Den höchsten Nutzen erbringt die wissensorientierte Ökonomie in Stockholm. Auch internationale Erfahrungen zeigen, dass der Ausbau von Forschung und Entwicklung in Stadtregionen mit mehr als einer Million Einwohnern die deutlichsten Effekte zeigt" (Sörlin u. Törnquist 2000). Hier zeigt sich, dass der Umbau der Dienstleistungsgesellschaft über seine räumlichen Effekte noch viel politisches und gesellschaftliches Konfliktpotenzial in sich birgt. Einmal mehr wird damit nämlich am Nivellierungs- und Ausgleichsgedanken des Wohlfahrtsstaats gerüttelt. Dies erklärt auch den Widerstand, den das K-Konzept bei vielen hervorruft.

Die Räume der neuen K-Ökonomie

Den Umbau der nordischen Gesellschaften seit Mitte der 1980er-Jahre kann man nicht nur über Statistiken nachzeichnen und in öffentlichen Diskussionen wahrnehmen, sondern auch sehen. Für die neue Dienstleistungsökonomie werden Räume gebaut, die sie für ihr Entstehen und Funktionieren braucht und in denen sie sich verdichtet abbildet. Dazu zählen die Forschungs- und Technologieparks, die Büroviertel in den Großstädten und die großen Flughäfen und ihr Umfeld.

Forschungs- und Technologieparks

Seit den 1980er-Jahren entstand eine Vielzahl an Forschungs- und Technologieparks. Insgesamt findet man in den Nordischen Ländern etwa 70 Einrichtungen. Die meisten konzentrieren sich in Schweden (31) und Finnland (20). In Norwegen (12) und Dänemark (7) ist ihre Zahl geringer. Forschungs- und Technologieparks (Scienceparks) sind die gebauten Sinnbilder der Idee kreativer Milieus. Hinter dem Namen verbergen sich ein gemeinsamer konzeptioneller Kern, aber auch extreme Unterschiede. So reicht das Spektrum von Kleinsteinrichtungen mit nur einem Dutzend Kleinunternehmen und weniger als 100 Beschäftigten bis zu dem Giganten „Kista" in Stockholm mit 700 Unternehmen und 28 000 Beschäftigten.

Charakteristisch ist die Nähe zu einer Universität, Regionalhochschule oder anderen öffentlichen Forschungseinrichtungen. Kleinere Parks sind mit ihren Gebäuden oft in Hochschulkomplexe integriert oder unmittelbar angegliedert. Die größeren Parks sind räumlich eigenständig und bauen eher auf regionale Netzwerke zu Forschungseinrichtungen und spezialisierten Unternehmensclustern. Zu den Prinzipien des Parkkonzeptes gehört auch ein spezielles Raum- und Dienstleistungsangebot. So werden nicht nur Büroräume und Labors für die Einzelunternehmen angeboten, sondern auch zentrale Tagungs- und Serviceräumlichkeiten. Auch Beratungsangebote zu betriebswirtschaftlichen Fragen und Forschungsnetzwerken sind grundsätzlicher Bestandteil des Parkkonzeptes.

Die Technologieparks bedienen zwei Zielgruppen. Zum einen stellen sie Räumlichkeiten, Service und Beratung für junge Kleinunternehmen bereit, die als Neugründungen oder Spin-offs etablierter Unternehmen neue Produkte bzw. Dienstleistungen entwickeln oder universitäre Forschungsergebnisse zur Marktreife bringen wollen. Viele Parks bieten hierfür mit einer speziellen Einheit, dem Inkubator (Brutkasten), ein besonderes Angebot. Die kleineren hochschulnahen Einrichtungen konzentrieren sich oft auf die Inkubatorfunktion.

Die größeren Einrichtungen verstehen sich in viel stärkerem Maße auch als Standorte für Forschungs- und Entwicklungsabteilungen großer etablierter Industrieunternehmen, die im Forschungspark leichter die unternehmensübergreifende Vernetzung und den Zugang zu kleinen innovativen Unternehmen finden. Netzwerke sind also ein zentraler Gedanke der Forschungsparks, wobei gleichermaßen an das lokale

Milieu im Park (face-to-face) wie an nationale und internationale Beziehungen (Forschungspark als Knoten im internationalen Forschungsnetzwerk) gedacht wird.

Die Forschungs- und Technologieparks sind als Beitrag zur ökonomischen Innovation konzipiert. Das schlägt sich auch in ihren Profilen nieder. Immer wieder genannt wird die Informations- und Kommunikationstechnologie. Biotechnologie, Medizin- und Pharmatechnologie sind weitere Schwerpunkte. Daneben finden sich aber auch Parks, die sich auf die Zukunftsseite ihres regionalen Wirtschaftsstrukturprofils konzentrieren. So finden sich z. B. auch Parks mit einer Ausrichtung auf marine Biotechnologie, Forstwirtschaft, Lebensmitteltechnik oder Materialtechnik.

Der Forschungs- und Technologiepark IDEON, Lund

Der Forschungs- und Technologiepark „IDEON" in Lund wurde 1983 gegründet und zählt damit zu den ersten in Skandinavien. Im Zusammenspiel mit der Universität Lund und Ericsson Mobile Communications AB bildet IDEON inzwischen ein Zentrum für Hochtechnologie in Südschweden. In den 1980er- und frühen 90er-Jahren dominierten Biotechnologie und Lebensmittelforschung das Profil des IDEON-Parks. Inzwischen ist die IuK-Technologie der dominierende Zweig. Bis 2001 stieg die Zahl der Unternehmen im Park auf 182 mit knapp 2000 Beschäftigten. Insgesamt werden 85 000 qm Büro- und Laborflächen angeboten.

IDEON besteht heute aus drei konzeptionellen Teilen. Ein Inkubator bietet Kleinunternehmen für bis zu 3 Jahre besonders günstige Entwicklungsbedingungen. Die Mehrzahl der Flächen wird jedoch für bereits etablierte Unternehmen in Hochtechnologiesektoren bereitgestellt. Und schließlich gehört zum Konzept auch, dass Unternehmen den Park wieder verlassen und sich im Idealfall an anderen Orten in der Region etablieren. Diese haben dann zwar mit IDEON offiziell nichts mehr zu tun, prägen aber die regionale Erfolgsbilanz. Immerhin 450 Unternehmen sind seit der Gründung Mieter im IDEON gewesen. Allein ab 1998 gelang elf Unternehmen aus dem IDEON-Park der Gang an die schwedische Börse.

Der Ausgangspunkt des IDEON-Parks war jedoch eine Krise. Zu Beginn der 1980er-Jahre erlebte die schonische Wirtschaft mit dem Zusammenbruch der Werft- und Textilindustrie einen Niedergang. Wie in anderen altindustrialisierten Regionen sollte der neu gegründete Forschungspark den Keim für eine zukunftsträchtige Wirtschaft schaffen. Akteure bei der Gründung und Profilierung des Parks waren die Universität Lund, die Provinzverwaltung Malmöhus und die Stadt Lund. Auch schwedische Unternehmen konnten für ein Engagement gewonnen werden.

1983 zogen fünf Unternehmen in den ersten Bauabschnitt von IDEON ein. Darunter war damals Ericsson Mobile Communications AB mit 20 Beschäftigten, die sich mit der Entwicklung von Mobiltelefonen auseinander setzen. Heute sind am Standort Lund (außerhalb des IDEON) etwa 1500 Beschäftigte tätig, und Ericsson Mobile ist ein global player geworden. Im Zeitraum 1983–1987 wurden im IDEON 50 000 m^2 Büro- und Laborflächen gebaut, in denen bis 1988 etwa 100 Unternehmen Platz fanden. Bis 1996 blieb die Größe dann in etwa konstant. Dann bezog der bis dahin größte Mieter Ericsson einen eigenen Gebäudekomplex für etwa 750 Beschäftigte in der Nähe. Diese Standortentscheidung wirkte sich im Nachhinein als positiver Impuls für die weitere Entwicklung des IDEON-Parks aus. Nach einem umfassenden Umbau der Gebäude konnte in erheblicher Zahl an kleine Unternehmen neu vermietet werden, so dass binnen weniger Jahre die Räumlichkeiten wieder voll belegt waren und insgesamt etwa 160 Unternehmen im Park beherbergt wurden. Nach weiteren Ausbaumaßnahmen ist bis 2001 die Zahl der Unternehmen auf 180 und die Zahl der Beschäftigten auf 2000 gestiegen. Neben dem IDEON ist Ericsson Mobile Communications AB mit etwa 1500 Beschäftigten in eigenen Gebäuden aktiv.

In den Jahren des Bestehens sind insgesamt etwa 450 Unternehmen Mieter im IDEON gewesen, wovon etwa drei Viertel Netzwerkbeziehungen zur Universität Lund hatten. Dies unterstreicht, dass der Park nicht nur auf seine Binnenstruktur (kreatives Milieu, Büroräume, Beratung) setzen kann, sondern dass vielmehr die Einbindung in weiterreichende Forschungscluster sehr wichtig ist. Mit der Universität Lund, den Technologieunternehmen in Lund und dem Wissenschafts- und Forschungsmilieu in der zusammenwachsenden Öresund-Region gibt es dafür gute Voraussetzungen.

Die Büromärkte

Die modernen nordischen Hauptstädte sind immer auch Bürozentren für staatliche Verwaltungen, Verbände, Institutionen und die Hauptquartiere der großen nationalen Unternehmen gewesen. In den traditionellen Strukturen waren die Mietmärkte jedoch klein. Staat, Kommune, Unternehmen und Interessenorganisationen bauten sich Gebäude für ihre Verwaltungen. Mit den Strukturumbrüchen der 1980er-Jahre sind neue Nachfrager nach Büroflächen aufgetreten, die aufgrund der unternehmerischen Dynamik eher variablere Mietflächen bevorzugen. Gleichzeitig ist – wie überall in den westlichen Ländern – auch bei den etablierten Unternehmen ein Bewusstsein für die Kosten des Immobilienbesitzes entstanden. Dies hat zu einer ökonomischeren Bewirtschaftungsweise geführt, bei der auch Mieten und Vermieten im Vergleich mit Bauen und Selbstnutzen ein wachsendes Gewicht erhalten. Auf diese Weise sind in den vergangenen zwei Jahrzehnten in den nordischen Hauptstädten Stockholm (Bild 55), Kopenhagen, Oslo und Helsinki sowie in einigen anderen größeren Stadtregionen (Göteborg, Malmö) echte Büromärkte etabliert worden.

In den Listen der großen internationalen Makler zu den Büromieten der großen Dienstleistungsstädte werden die nordischen Hauptstädte inzwischen

***Bild 55:** Büromärkte in Stockholm. Mit über 10 Mio. m² weist Stockholm die größte Bürokonzentration unter den nordischen Hauptstädten auf (J. Aring).*

selbstverständlich geführt. Stockholm zählte im Jahr 2000 mit Spitzenmieten von 650 €/m²/Jahr zu den teuersten Standorten in Europa (nach London West-End 1400 €, Paris 700 € und vor Moskau 600 €, Frankfurt 550 €). Helsinki und Oslo liegen mit Spitzenmieten von 300 bzw. 350 € eher im Mittelfeld (Hamburg 310 €). Relativ günstig sind die Mieten in Kopenhagen mit etwa 250 € (JLL, Jones Lang LaSalle 2001, S. 4). Spitzenmieten sind gerne genutzte Informationen für Rankings. Letztlich ist ihre Aussagekraft aber nur begrenzt. Sie informieren über die Angebotsknappheit im sehr kleinen Segment der Spitzenimmobilien. Über die Größe und Dynamik der Büromärkte sagen sie hingegen nichts aus. Deswegen ist es sinnvoll, für die einzelnen Hauptstädte jeweils ein kurzes Profil zu zeichnen (Tab. 24).

Mit einem Bestand von geschätzten 10,0–10,8 Mio. m² Bürofläche weist *Stockholm* die größte Bürokonzentration unter den nordischen Hauptstädten auf. Der Mietmarkt hat inzwischen einen Anteil von etwa 30 %. Top-Bürolage ist zweifelsohne die City. Der CBD nördlich der historischen Altstadt hat nach den massiven Flächensanierungen der 1960er-Jahre in den 90er-Jahren umfassende Aufwertungen erfahren. So entstanden im Bereich um den Bahnhof viele neue Bürogebäude. Es wird geschätzt, dass hier in den nächsten Jahren weitere 300 000 m² Bürofläche zusätzlich gebaut werden können. Um den Innenstadtbereich sind die Stadtteile Östermalm, Södermalm und Kungsholmen ebenfalls wichtige traditionelle Bürostandorte, doch ist der Leerstand hier inzwischen überdurchschnittlich. Attraktiv ist hinge-

	Stockholm	Göteborg	Malmö/Lund	Kopenhagen	Oslo	Helsinki
Bürofläche gesamt (Mio. m²)	10,0	2,8	1,3	10,5	8,0	6,9
Fertigstellungen 2000 (m²)	255 000	6 600	26 500	230 000	238 000	208 000
Fertigstellungen 2001 (m²)	286 000	31 500	72 300	200 000	300 000	266 000
Fertigstellungen 2002 (m²)	519 000	83 600	102 800			
Leerstandsrate 2001 (%)	3,6	4,6	4,6	1,8	4,6	1,6
Mietpreise Min. (€/m²/Monat)	7,43	6,03	5,57	5,58	9,12	11,77
Mietpreise Max. (€/m²/Monat)	54,77	21,35	18,57	18,98	29,89	24,67

***Tab. 24:** Eckdaten zu den wichtigsten Büromärkten.*

Quelle: Jones Lang LaSalle, Nordic City Report 2001.

gen der Stadtrand geworden. Zur bevorzugten peripheren Bürolage hat sich der Technologiepark „Kista“ im Norden der Stadt entwickelt, wo über 400 000 m^2 Bruttogeschossfläche zusätzlich gebaut werden können. Allein im Zeitraum 2001–2003 sollen hier etwa 200 000 m^2 Fläche fertig gestellt werden. Das jährliche Neuvermietungsvolumen liegt in Stockholm bei etwa 300 000 m^2, wobei die Informations- und Kommunikationsbranche zu den wichtigsten Flächennachfragern zählt. Wie auch in den anderen Nordischen Ländern gibt es wenig spekulative Investitionen. Nach schlechten Erfahrungen zu Ende der 1980er-Jahre sind die Investoren wieder vorsichtig geworden. Die Planungen umfassen insgesamt etwa 1,7 Mio. m^2 Bürofläche, und der Neubau dürfte einigermaßen bedarfsgerecht erfolgen. Insgesamt besteht seit Jahren ein leichter Nachfrageüberhang, so dass die Mieten in den 1990er-Jahren kontinuierlich angezogen sind und inzwischen wieder das Niveau der Boomphase aus den späten 1980er-Jahren erreicht haben (HBV 2001; JLL 2001).

Die Region *Kopenhagen* ist mit einem Büroflächenbestand von geschätzten 8–10,5 Mio. m^2 (je nach Regionsabgrenzung) der zweitgrößte skandinavische Büromarkt. Neben der Innenstadt haben sich im Zuge der Hafenkonversion neue Standorte entwickelt. So gelten Sydhavn und Nordhavn als attraktive Zukunftsstandorte. Zwischen Flughafen und Innenstadt entsteht ein komplett neuer Stadtteil (Örestaden), der ebenfalls ein Büroschwerpunkt werden soll. Hier sollen in den nächsten Jahren und Jahrzehnten bis zu 50 000 Arbeitsplätze entstehen. Der neue S-Bahnhof *Örestaden* wurde bereits in Betrieb genommen. Das erste Teilstück der U-Bahn wurde im Oktober 2002 eröffnet.

In Kopenhagen belief sich die Neubautätigkeit für Mietflächen Ende der 1990er-Jahre auf ca. 125 000 m^2 jährlich. Die Flächennachfrage erreichte jedoch über 200 000 m^2, so dass der Markt eng wurde und der Leerstand nur bei ca. 2,2 % lag. Die wichtigsten Nachfragegruppen sind Unternehmen aus den Bereichen Information u. Kommunikation, Pharmazie, Medizintechnik und Biotechnologie. Mittel- bis langfristig können im Stadtgebiet rd. 1,5 Mio. m^2 zusätzliche Büroflächen entstehen. Da der dänische Büroflächenmarkt wenig spekulativ ist, dürften die Flächen einigermaßen bedarfsgerecht gebaut werden, so dass weder große Leerstände noch dauerhafte Nachfrageüberhänge erwartet werden. Der Mietanstieg belief sich im Zeitraum 1997–2000 auf 45 % (HBV 2001; JLL 2001).

Die Region *Oslo* weist mit etwa 8 Mio. m^2 Bürofläche ein ähnliches Volumen auf wie Kopenhagen. Traditioneller Bürostandort ist auch in Oslo die City. In den 1990er-Jahren kam es zu intensiven Aufwertungen und Neubaumaßnahmen am City-Rand (Aker Brygge und Zentralbahnhof). Auch die Achse um den Oslofjord (Oslo, Bærum, Asker, Sandvika) hat sich zu einem Bürokorridor entwickelt. Neue Standorte in Skøyen und Lysaker befinden sich in Planung. Die norwegische Wirtschaft durchläuft seit Jahren aufgrund der Öl-Ökonomie eine Sonderkonjunktur, die sich von derjenigen der Nachbarn abgekoppelt hat. Dies prägt auch den Büromarkt in Oslo. In den 1980er-Jahren kam es zu einem spekulativen Bauboom (Aring u. Priebs 1995), der in einer Immobilien- und Bankenkrise endete. Davon hat sich der Markt jedoch längst erholt. In der zweiten Hälfte der 1990er-Jahre wurden jährlich jeweils über 300 000 m^2 Bürofläche neu gebaut. Die Mietpreise für Top-Objekte haben sich zwischen 1993 und 2000 verdoppelt (JLL 2001).

Für die Region *Helsinki* ist von 6,9–7,5 Mio. m^2 Büroflächen auszugehen. Im Innenstadtbereich dominieren die Finanzdienstleistungen, Pharmazie, Unternehmensberatungen und Kanzleien. Daneben gelten auch noch zwei Vorstädte als besonders interessant. In Vantaa liegt 15 km nördlich der City der Flughafen. Hier ist ein Elektronik- und EDV-Cluster wichtigster Büroflächennachfrager. In Espoo rd. 15 km westlich der City von Helsinki liegt die Technische Universität, um die sich ebenfalls ein Cluster gebildet hat. Die Hauptflächennachfrager stammen hier aus den Bereichen Telekommunikation, EDV und Pharmazie.

Die Nachfrage nach Büroflächen im Raum Helsinki war in den letzten Jahren überdurchschnittlich. Genaue Zahlen zur Neubautätigkeit und zur Vermietungsleistung liegen aber nicht vor. Auch der finnische Büroflächenmarkt ist wenig spekulativ. Er wird von einer kleinen Anzahl einheimischer Unternehmen kontrolliert. Gemessen an der Nachfrage ist die Bautätigkeit vorsichtig, so dass Objekte bei Fertigstellung im Allgemeinen schon voll vermietet sind. Nach einem deutlichen Rückgang der Preise zu Anfang der 1990er-Jahre sind die Mieten danach wieder kontinuierlich gestiegen (HBV 2001; JLL 2001).

Flughäfen und Flufghafenkorridore

Der Flugverkehr hat in den Nordischen Ländern eine sehr hohe Bedeutung. Aufgrund der (mit Ausnahme von Dänemark) sehr großen Distanzen lassen sich nur so die Räume zeitgünstig erschließen. Und gleichzeitig ist auch der internationale Flugverkehr für die stark international verflochtenen Ökonomien sehr wichtig. Die gemeinsame schwedisch-dänisch-norwegische Fluglinie SAS hat dieser Situation schon in den 1990er-Jahren Rechnung getragen und ist Vollmitglied der strategischen Fluggesellschaftenallianz *Star Alliance* (u. a. mit Lufthansa) geworden. Damit sind Voraussetzungen geschaffen, dass auch in Zukunft von Nordeuropa aus interkontinentale Direktverbindungen bestehen. Außerdem werden die Umsteigeverbindungen in Europa optimiert. Die Alternative wäre die Rückentwicklung der SAS zu einer nordeuropäischen Regionalfluglinie gewesen. Auch die finnische nationale Fluggesellschaft *FINNAIR* hat inzwischen den Anschluss an eine internationale Allianz (*oneworld* mit *British Airways* als Partner) gesucht. Der Verbund ist aber noch nicht so weitreichend wie bei der *Star Alliance*.

Die Flughäfen in Stockholm und Kopenhagen zählten 2000 jeweils etwa 18 Mio. Passagiere, was

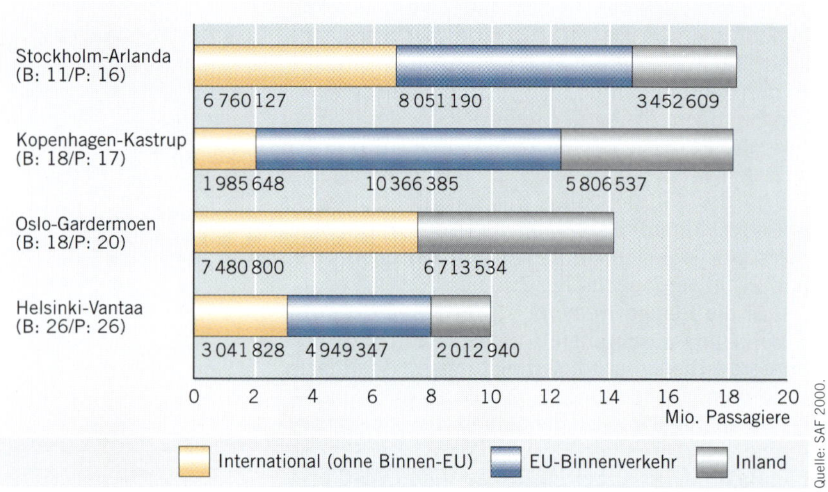

Abb. 71: Norden – Beförderte Passagiere. (Anmerkung: Die Zahlen unter den Flughafennamen geben die Ranking-Position unter den europäischen Flughäfen an. B = Flugbewegungen P = Passagiere.)

Bild 56: Flughafen Oslo. Der Flugverkehr hat wegen der großen zu überbrückenden Entfernungen eine beachtliche Bedeutung (J. Aring).

Platz 16 und 17 im Ranking der europäischen Flughäfen bedeutet. Oslo mit 14 Mio. und Helsinki mit 10 Mio. Passagieren haben ebenfalls noch bedeutende Flughäfen (Abb. 71). Die Rolle der einzelnen Flughäfen unterscheidet sich jedoch deutlich.

Der Flughafen *Kopenhagen* (Kastrup) ist das wichtigste Drehkreuz der SAS. Der dänische Hauptstadtflughafen, der nur wenige Kilometer vom Stadtzentrum Kopenhagens entfernt auf der Insel Amager liegt, ist mehr und mehr das Drehkreuz zwischen den Nordischen Ländern, Europa und Übersee geworden. Der Flughafen wurde auch in den 1990er-Jahren wieder erheblich ausgebaut. So wurde 1998 u. a. eine neue Abfertigungshalle in Betrieb genommen, aus der man einen direkten Zugang zur Bahnverbindung Kopenhagen (City) – Malmö (City) hat. Damit ist auch die regionale Einbindung optimiert worden, wodurch der Flughafen als attraktiver Standortfaktor für die Öresundregion noch besser zur Geltung kommt. Auch der Korridor zwischen Flughafen und der Innenstadt von Kopenhagen wird in Zukunft an Bedeutung gewinnen. Hier entsteht in den nächsten Jahren und Jahrzehnten die bereits genannte „Örestad".

Die Flughäfen in *Stockholm* (Arlanda) und *Oslo* (Gardermoen) haben im Vergleich mit Kopenhagen eine viel größere Bedeutung für den Inlandsverkehr, dessen Anteil bei 37 % bzw. 52 % liegt. Es gibt zwar auch einige Interkontinentalverbindungen nach Nordamerika und Asien, aber das Profil der Flughäfen ist eindeutig skandinavien- und europaorientiert. Beide Flughäfen liegen weit außerhalb der Städte (40–50 km). Der Flughafen Stockholm-Arlanda wurde hier bereits seit den 1960er-Jahren auf- und ausgebaut, während Oslo-Gardermoen in den 1990er-Jahren komplett neu gebaut wurde und den alten Stadtflughafen auf Fornebu ersetzte. Die Achsen zwischen den Flughäfen und der Innenstadt haben sich zu wichtigen Wirtschaftsstandorten entwickelt. Dabei sind die Korridore jedoch nicht durchgängige High-Tech-Achsen. Im Gegenteil handelt es sich überwiegend um ländliche Räume. Aber die Korridore sind eben auch Standorte der neuen Ökonomie. So liegt in Stockholm das Technologiezentrum Kista an dieser Achse. In Oslo wird für die kleine Stadt Lilleström ein Entwicklungsschub erwartet (Bild 56).

Der Flughafen *Helsinki* (Vantaa) ist nach Reykjavík der kleinste unter den nordischen Hauptstadtflughäfen. Sein Profil ist ähnlich wie das von Stockholm und Oslo durch Verbindungen ins Inland, zu den nordischen Nachbarländern und nach Europa gekennzeichnet. Der Flughafen liegt etwa 18 km nördlich vom Stadtzentrum entfernt. Die Flughafenstadt Vantaa ist neben Espoo (Nähe zur TU Helsinki) einer der attraktivsten Wirtschaftsstandorte in der Region. Die standortprägenden Branchen sind hier Elektronik, EDV und Bauwirtschaft.

Raumentwicklung und Verkehrserschließung

Bild 57: *Die skandinavische Eisenbahn auf dem Weg zum Hochgeschwindigkeitsnetz (NSB-Zug auf der Bergen-Bahn zwischen Voss und Bergen) (A. Priebs).*

Überblick

- Die regionalen Disparitäten in Nordeuropa verschärfen sich weiter. Während die Entwicklung der Großstadtregionen durch deutliches Wirtschaftswachstum, Akkumulation der Innovationspotenziale und hohen Bevölkerungszuwachs geprägt ist, war insbesondere in den nördlichen und anderen peripheren Regionen eine Abkopplung von der wirtschaftlichen Entwicklung zu beobachten.
- Für die Steuerung der räumlichen Entwicklung wird in zahlreichen Regionen Nordeuropas eine effiziente Regionalplanung betrieben. Dies betrifft prosperierende Stadtregionen (z. B. Kopenhagen, Stockholm, Helsinki), aber auch extrem ländliche Räume (z. B. das isländische Hochland).
- In allen nordeuropäischen Ländern sind intensive Diskussionen über eine Neuordnung der Regionen in Gang, die jedoch sehr heterogen verlaufen. Während in Finnland der Prozess der regionalen Neuordnung abgeschlossen ist und sich in Schweden erste Regionen neuen Typs konstituiert haben, ist die Entwicklung in den anderen Ländern noch nicht absehbar.
- Beim Ausbau der nordeuropäischen Verkehrsinfrastruktur geht es darum, die Nachteile der großen Distanzen sowie der naturräumlichen Besonderheiten zu überwinden. Auf regionaler Ebene hat die Erreichbarkeit der zentralen Orte (z. B. in Island und Norwegen durch Tunnelbau) Priorität sowie die Anbindung nordeuropäischer Wirtschaftsräume an das zentrale und neuerdings auch das östliche Europa.

Einleitung

von Axel Priebs

Im Folgenden werden die Probleme der regionalen Disparitäten, die Ansätze der räumlichen Planung und Entwicklung, die Diskussion um eine verbesserte regionale Steuerung sowie Maßnahmen der Verkehrserschließung erörtert. Bei der Breite dieses Themas können meist nur ausgewählte Beispiele vertieft werden, weil eine umfassende Behandlung in der gebotenen regionalen Differenzierung den Rahmen dieses Buches sprengen würde.

Nordeuropa weist eine Reihe von naturräumlichen Besonderheiten auf, die für die regionale Wirtschaftsstruktur, die Verkehrserschließung und die gesamträumliche Entwicklung erhebliche Auswirkungen haben. An dieser Stelle sollen im Hinblick auf die folgenden Ausführungen noch einmal ausdrücklich die langen, zum Teil stark gegliederten Küsten, das, mit Ausnahme Dänemarks, ausgeprägte Relief, die zahlreichen größeren und kleineren Inseln, die großen Entfernungen auch innerhalb der einzelnen Staaten, der hohe Anteil an für die Besiedlung kaum oder gar nicht geeigneten Gebieten sowie die z. T. extremen Klimabedingungen in Erinnerung gerufen werden.

Diese Faktoren sind für dieses Kapitel von besonderem Interesse, weil sie zu einem nicht unwesentlichen Teil Ursachen für die sozioökonomischen und infrastrukturellen Disparitäten darstellen, die – wenngleich in unterschiedlicher Ausprägung – in den letzten Jahren wieder verstärkt in das politische Bewusstsein gerückt sind. So finden sich in Nordeuropa zum Teil extreme Unterschiede zwischen prosperierenden (insbesondere städtischen) Räumen, die im europäischen und sogar globalen Maßstab wichtige Kristallisationspunkte der ökonomischen Entwicklung darstellen, traditionellen Agrarlandschaften, Gebieten der Fischwirtschaft, altindustrialisierten Gebieten sowie wirtschaftlich wenig erschlossenen Peripherräumen.

Im Folgenden sollen diese Disparitäten im Blick auf die Veränderungen des vergangenen Jahrzehnts dargestellt werden, bevor anschließend näher auf die regionale Planung und Steuerung eingegangen wird. Im letzten Abschnitt sollen ausgewählte Aspekte der Verkehrsinfrastruktur Nordeuropas vorgestellt werden, weil eine gute Verkehrsinfrastruktur und ein funktionierendes Transportsystem wesentliche Voraussetzungen dafür sind, die Auswirkungen der regionalen Disparitäten abzuschwächen.

Ungleichheiten zwischen Großstadträumen und Peripherie

In der zweiten Hälfte der 1990er-Jahre haben sich die ohnehin starken regionalen Disparitäten in den nordeuropäischen Staaten erheblich verstärkt. Wurde in den 1980er- und 90er-Jahren noch sehr deutlich auf die endogenen Entwicklungspotenziale der strukturschwachen, peripheren Regionen gesetzt, wird in jüngerer Zeit die sich verschärfende Polarisierung zwischen prosperierenden Großstadtregionen und benachteiligten Räumen thematisiert (vgl. Hanell, Aalbu u. Neubauer 2002). Die Entwicklung der prosperierenden Großstadtregionen (insbesondere der Hauptstadtregionen) ist nicht zuletzt wegen der großen Bedeutung des Dienstleistungssektors und der „kreativen“, wissensbasierten Branchen geprägt durch hohes Wirtschaftswachstum sowie eine Akkumulation der Innovationspotenziale. Dies erhöht wiederum die Attraktivität dieser Regionen insbesondere für Ausbildungssuchende und jüngere Erwerbstätige und führt zu einer Konzentration des Bevölkerungszuwachses.

Dagegen war insbesondere in den nördlichen und anderen peripheren Regionen Nordeuropas eine Abkopplung von der wirtschaftlichen Entwicklung mit hoher Arbeitslosigkeit im Vergleich zum nordeuropäischen Durchschnitt, eine stagnierende Wirtschaftsentwicklung sowie eine hohe Bedeutung des öffentlichen Sektors für die ökonomische Stabilisierung zu beobachten (Abb. 72). Allerdings weisen diese generellen Tendenzen in den einzelnen Staaten und Regionen charakteristische Eigenarten auf, die näher dargestellt werden sollen.

Dänemark ist das Land mit der ausgewogensten regionalen Entwicklung und dem geringsten Zentrum-Peripherie-Gegensatz unter den Nordischen Staaten. Allerdings ist auch hier die politische und kulturelle Dominanz der Hauptstadtregion unübersehbar. War ihre wirtschaftliche Dynamik über einen langen Zeitraum ungebrochen, hatte sie in den 1970er- und insbesondere in den 80er-Jahren mit deutlichen ökonomischen Problemen zu kämpfen. In diesem Zeitraum vollzog sich – nach den wachstumsintensiven Nachkriegsjahrzehnten – der endgültige Wandel von der Industrie- zur Dienstleistungsmetropole. Während sich der industrielle Schwerpunkt eindeutig nach Westen verlagerte und in den ländlichen Gebieten, z. B. in weiten Teilen Jütlands, ein Beschäftigungswachstum zur Folge hatte, führte in der Hauptstadtregion der schwierige und zum Teil schmerzhafte Umstrukturierungsprozess zu erheblichen Problemen am Arbeitsmarkt und bei der finanziellen Leistungsfähigkeit. Zusätzlich erschwert wurde dieser Prozess durch die Dezentralisierungstendenzen sowohl der öffentlichen und privaten Arbeitgeber als auch der Bevölkerung. Die Krisenstimmung im Raum Kopenhagen kulminierte Ende der 1980er- und Anfang der 90er-Jahre und führte zu einer Reihe von staatlichen Interventionen, da eine Schwächung der Hauptstadtregion nicht im nationalen Interesse sein konnte. Unter anderem setzte der Ministerpräsident eine Expertenkommission ein, die Vorschläge zur Zukunftssicherung Kopenhagens und seiner Region erarbeiten sollte. Obwohl bereits damals eine deutliche Verschärfung des Wettbewerbs zwischen den europäischen Agglomerationen erkennbar war, war dieser Kurs innenpolitisch wegen der in anderen Landesteilen vorherrschenden Befürchtung, dass zu viele öffentliche Mittel in die Hauptstadt fließen könnten, nicht unumstritten. Allerdings verzeichnet der Kopenhagener Raum seit Mitte der 1990er-Jahre wieder eine außerordentlich positive Entwicklung, die – ähnlich wie in anderen Großstädten Nordeuropas – erneut zu einer hohen Anziehungskraft mit entsprechender Zuwanderung und Engpässen am Wohnungsmarkt geführt hat. Insbesondere die Zukunftsbranchen (unternehmensbezogene Dienstleistungen, Medizin, Umwelt- und Informationstechnologie) sind im Kopenhagener Raum stark vertreten und sorgen für einen großen Abstand zur Region Århus mit der zweitgrößten Stadt Dänemarks und zu anderen Landesteilen.

Norwegen konnte während der 1990er-Jahre – wesentlich bedingt durch die norwegische Ölförderung in der Nordsee – ein starkes Wirtschaftswachstum verzeichnen, das zu einer entsprechend niedrigen Arbeitslosenzahl führte. Zwischen 1991 und 2000 erhöhte sich die Beschäftigung um 13 %. Immerhin 11 der 25 nordeuropäischen Regionen mit der niedrigsten Arbeitslosenquote gehörten zu Norwegen. Allerdings verlief die regionale Entwicklung in Norwegen außerordentlich ungleichmäßig. Neue Arbeitsplätze konzentrieren sich vor allem auf den Süden und Südwesten des Landes, d. h. die Hauptstadtregion und den Bereich um den Oslofjord, Agder, Rogaland und Hordaland. Als neuer Wachstumspol in Westnorwegen bildete sich die „Ölmetropole" Stavanger heraus. Die übrigen, traditionell stark von Landwirtschaft und Fischerei geprägten Regionen Norwegens konnten jedoch von dieser Entwicklung nur begrenzt profitieren. Zwei Drittel des norwegischen Festlandgebiets waren in den 1990er-Jahren geprägt durch Bevölkerungsrückgang, doch konnten die erheblichen Abwanderungen zu einem guten Teil durch im europäischen Vergleich sehr hohe Geburtenzahlen kompensiert werden. Einen Extremfall unter den norwegischen Regionen stellt die Finnmark dar, die mit einem durchschnittlichen jährlichen Bevölkerungsrückgang von 1,2 % im Zeitraum 1995–2000 die am stärksten von Abwanderung betroffene Region Nordeuropas war. Sie ist auch die einzige norwegische Region bzw. Fylke, in der in der zweiten Hälfte der 1990er-Jahre ein Rückgang an Beschäftigung zu beklagen war.

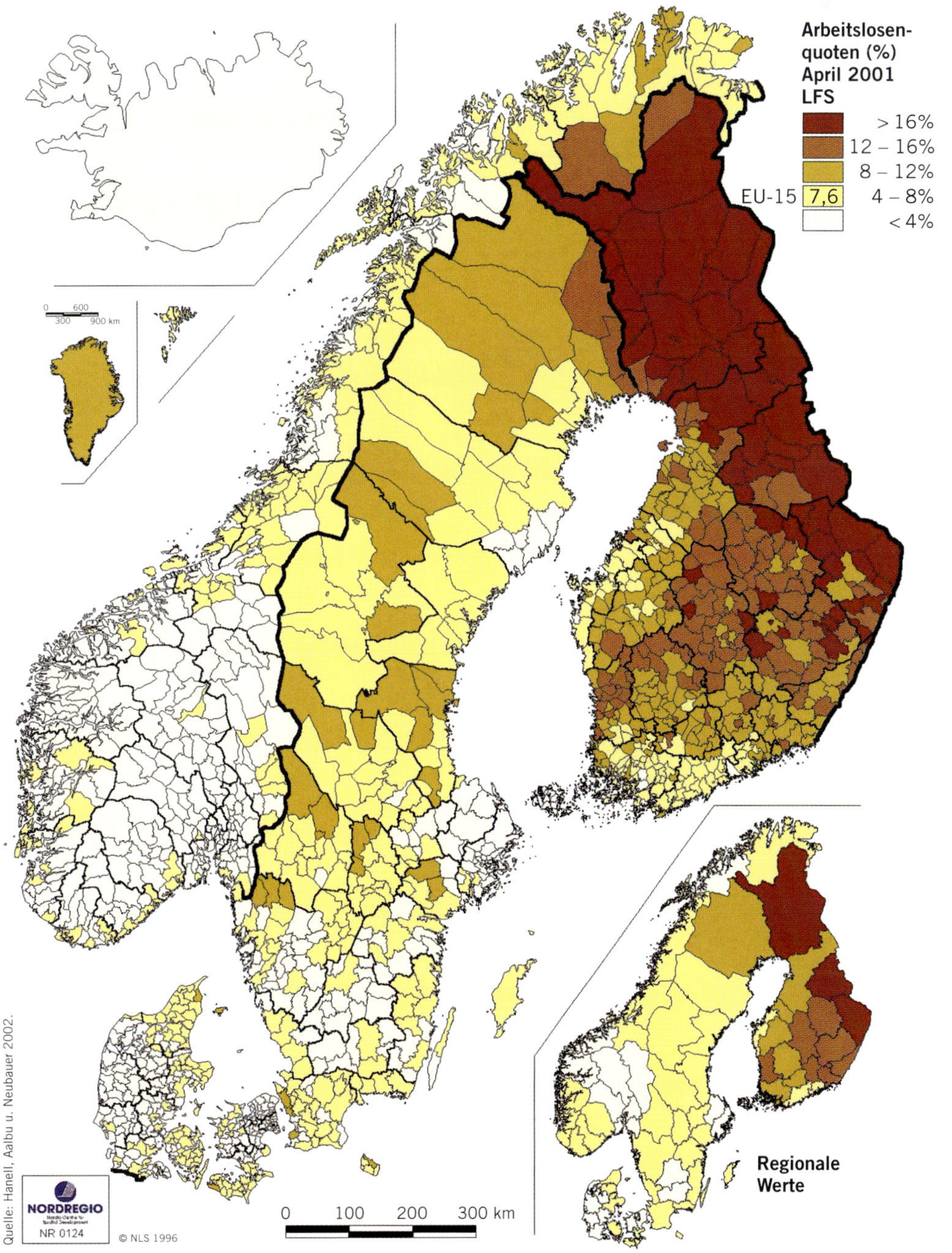

Abb. 72: *Arbeitslosenquoten in den Kommunen Nordeuropas 2001.*

Schweden ist das nordeuropäische Land mit der – nach Dänemark – ausgewogensten regionalen Struktur. Allerdings hatten die wirtschaftspolitischen Ereignisse des vergangenen Jahrzehnts tief greifende Auswirkungen auf die sektorale und die regionale Wirtschaftsstruktur des Landes gleichermaßen. Nachdem die schwedische Wirtschaft in den Nachkriegsjahrzehnten eine der weltweit höchsten Wachstumsraten zu verzeichnen hatte, zeigten sich in der zweiten Hälfte der 1980er-Jahre Überhitzungserscheinungen, die das Land schließlich Anfang der 1990er-Jahre in eine tiefe ökonomische Krise stürzten. Nach der Rezession der Jahre 1991–93 kam

Bild 58: *Das unwegsame Binnenland Islands – Eldorado für Geländewagenfahrer (A. Priebs).*

es zwar zu einer Erholung, doch war die zweite Hälfte der 90er-Jahre durch ein außerordentlich langsames Wachstum geprägt. Schweden konnte trotz hohen Exportwachstums, das neben Produktivitätssteigerungen besonders auf den Kursverfall der schwedischen Währung in den Jahren 1992/93 zurückzuführen war, nicht mit der Entwicklung in den Nachbarländern Schritt halten. So liegen die meisten nordeuropäischen Regionen, die in den Jahren 1994–1999 einen Beschäftigungsrückgang hatten, in Schweden. Zurückzuführen ist dies im Wesentlichen auf Betriebsverlagerungen und Betriebsstilllegungen. Bei einer genaueren Betrachtung der wirtschaftlichen Entwicklung zeigen sich allerdings auch in Schweden erhebliche regionale Unterschiede. Die Bevölkerungsverluste waren am höchsten in Västernorrland, was durch das Zusammenwirken der Abwanderungstendenzen und der besonders niedrigen Geburtenzahlen erklärlich ist. In Norrbotten war zwar die höchste Abwanderungsrate Schwedens vorzufinden, doch lag dort die Abwanderung trotzdem nur auf dem halben Niveau der benachbarten, extrem von Abwanderungen betroffenen norwegischen Finnmark. Während in vielen schwedischen Regionen die Bevölkerungsentwicklung stagnierte, nahm die Bevölkerung in den verstädterten Regionen Stockholm/Uppsala, Schonen und Halland/Göteborg zu. In diesem Zusammenhang ist auf die hohe Konzentration von Zukunftsbranchen einschließlich der beachtlichen FuE-Aktivitäten der schwedischen Industrie in diesen Räumen hinzuweisen.

In *Finnland* ist die Polarisierung deutlich stärker als in den bisher genannten Ländern und zeigt eine zunehmende Tendenz. Traditionelle Problemgebiete sind der Norden und der Osten des Landes mit niedriger Bevölkerungsdichte, einem Mangel an Städten sowie hoher Bedeutung der Landwirtschaft. Die Tragweite des Problems zeigt sich beispielsweise darin, dass in der Periode 1995–2000 in 90 % des Staatsgebietes ein Bevölkerungsrückgang zu verzeichnen war, während nur ganz wenige Regionen – neben der Hauptstadtregion auch Tampere und Turku – als prosperierend zu bezeichnen sind. Auch die Åland-Inseln gehören zu den prosperierenden Regionen, mit einer Quote von nur 1,5 % weisen sie die niedrigste Arbeitslosigkeit Finnlands auf. Große Teile des östlichen und nördlichen Finnlands wurden vom wirtschaftlichen Wachstum abgehängt und weisen unterdurchschnittliche Werte beim Bruttosozialprodukt sowie hohe Arbeitslosenquoten auf. Die 15 Regionen mit höchster Arbeitslosigkeit in Nordeuropa liegen ausnahmslos in Finnland, wobei die Arbeitslosigkeit im Jahr 2001 am höchsten in der Region um Kajaani (18,2 %) im mittleren Osten des Landes war. Gewisse Wachstumschancen erhofft sich der Südosten des Landes an der Grenze zu Russland durch die Wiederbelebung alter Verbindungen im karelischen Raum, die auch im Rahmen der unten noch genannten EU-Gemeinschaftsinitiativen gefördert wird.

Von einer starken Polarisierung ist auch die regionale Entwicklung *Islands* geprägt (Bild 58). Während das Landesinnere stets unbewohnt war, zeichnet sich der für isländische Verhältnisse fruchtbare und hafenreiche Küstensaum durch eine relativ dichte Abfolge von Siedlungen aus. Die Entwicklung der letzten Jahrzehnte ist allerdings geprägt von einer drastischen Landflucht und einem entsprechenden Wachstum des Raumes Reykjavík. Dieser wächst jährlich um fast 2 % seiner Bevölkerung und ist damit die am schnellsten wachsende Hauptstadtregion Europas. 62 % der isländischen Bevölkerung leben in der Hauptstadtregion. Obwohl die Arbeitslosenquote Islands die niedrigste in ganz Nordeuropa ist, konnten diese positiven Ausgangsdaten keine entsprechende Entwicklung in den Regionen außerhalb der Hauptstadtregion bewirken. Auch konnte trotz relativ hoher Geburtenzahlen der Bevölkerungsrückgang der Landdistrikte nicht gestoppt werden. Am markantesten ist der Rückgang der Arbeitsplätze in Nordwest-Island und den Westfjorden sowie im südlichen Teil der Ostfjorde. Bei dieser Entwicklung ist in Erinnerung zu rufen, dass in der traditionell für die Landbezirke sehr wichtigen Fischwirtschaft in großer Zahl Arbeitsplätze an Land wegfallen, weil der Fisch zunehmend auf den Fangschiffen in „schwimmenden Fischfabriken" verarbeitet und direkt zu den europäischen Märkten gebracht wird. Angesichts des Bevölkerungsrückganges in den Landdistrikten, der auch durch Zuwanderung aus dem Ausland (z. B. Bürgerkriegsflüchtlinge aus dem ehemaligen Jugoslawien) nicht dauerhaft aufgehalten werden kann, wird inzwischen offen die Frage diskutiert, ob die traditionelle Siedlungsstruktur aufrechterhalten werden kann oder ob die Entsiedelung bestimmter Teilräume unumkehrbar ist.

Regionale Planung und Entwicklung

In der klassischen Arbeitsteilung war die Raumordnung („physische Planung") vorrangig für die Festlegung von Zielen für die räumliche Ordnung und Entwicklung zuständig, während der regionalen Wirtschaftspolitik entwicklungspolitische Aufgaben, insbesondere die Förderung der hinter der allgemeinen Entwicklung zurückgebliebenen Teilräume zwecks Disparitätenabbau, oblag. Spätestens seit Anfang der 1990er-Jahre verwischen sich jedoch die Grenzen zwischen diesen klassischen Aufgabenfeldern zunehmend. Während die Europäische Union mit ihrer Verpflichtung, für die Einwerbung von EU-Mitteln regionale Entwicklungskonzepte vorzulegen, die Weiterentwicklung der Regionalpolitik von der konkreten Projektförderung hin zur integrierten Entwicklungspolitik fördert, hat die Raumordnung und damit insbesondere die regionale Planung begonnen, stärker an der Umsetzung ihrer Ziele im Sinne einer Projekt- und Entwicklungsorientierung zu arbeiten. Hinzu kommt eine stärkere Regionalisierung vieler Politikbereiche, die schon in den 1980er-Jahren einsetzte und geleitet war von der Überlegung, dass für die Lösung regionaler Probleme verstärkt die regionalen Kompetenzen und Ressourcen genutzt werden sollten. Entsprechend wurde in vielen europäischen Ländern damit begonnen, Verantwortung zu delegieren und Ansätze zu regionaler Selbststeuerung zu unterstützen. Auf diese Weise soll die regionale Ebene in die Lage versetzt werden, die notwendige Koordination und Integration der unterschiedlichen Fachpolitiken zu ermöglichen.

Obwohl also seit Anfang der 1990er-Jahre eindeutige Tendenzen zur Stärkung der regionalen Handlungsebene erkennbar sind, ist deren Ausprägung auch in den Nordischen Ländern sehr uneinheitlich und die organisatorische Struktur überwiegend zersplittert. Ohnehin weisen sowohl der Staatsaufbau als auch das Planungssystem in den einzelnen Nordischen Ländern markante Unterschiede auf. Entsprechend zeigt sich hinsichtlich der Bedeutung der „klassischen" überörtlichen Raumordnung in den 1980er- und 1990er-Jahren ein durchwachsenes Bild. Als gemeinsamer Zug ist lediglich zu erkennen, dass die Planung auf Gemeindeebene eine relativ starke Position hat. Einen Bedeutungszuwachs hat seitdem die eher strategische Leitbilddiskussion auf regionaler und nationaler Ebene zu verzeichnen. Vor dem Hintergrund der europäischen Integration, dem Beitritt zusätzlicher nordeuropäischer Länder zur EU sowie des verstärkten Engagements der EU für die räumliche Entwicklung der Gemeinschaft sahen sich die nordeuropäischen Länder veranlasst, ihre jeweilige Positionierung im neuen Europa zu finden und, darauf aufbauend, ein eigenes Leitbild der künftigen Raumentwicklung zu entwerfen. Gleichzeitig konnte damit eine Übersetzung supranationaler Konzepte und Erfordernisse auf die nationale und regionale Ebene erfolgen.

Als erstes nordeuropäisches Land hat sich Dänemark, wo die Raumordnung auf nationaler Ebene über Jahrzehnte eine relativ geringe Bedeutung hatte, 1992 im Landesplanungsbericht des Umweltministeriums, der den außergewöhnlichen Titel „Dänemark auf dem Weg in das Jahr 2018" trug, dieser Aufgabe unterzogen (vgl. Priebs 1992; Mehlbye 1993). Während die früheren Landesplanungsberichte eher den Charakter ministerieller Rechenschaftsberichte hatten, setzte sich die Regierung in diesem Dokument eingehend mit der Frage auseinander, wie sich Dänemark im europäischen Kontext auf die Zukunft vorzubereiten habe. Hierzu wurden zum einen die internationalen Trends und Entwicklungen in ihrer Relevanz für Dänemark diskutiert, zum anderen aber auch die Qualitätsziele für die Entwicklung der dänischen Städte und Landschaften formuliert. Konkret wurde – auf den Zeithorizont von 25 Jahren abstellend – eine Vision für das Jahr 2018 entwickelt, die an verschiedenen Beispielen auch auf die Mikroebene heruntergebrochen wurde. Als wichtigste Bausteine wurden definiert:

- Die Positionierung der dänischen Städte in Europa soll gestärkt werden.
- Die Öresundregion soll zur bedeutendsten Stadtregion Nordeuropas entwickelt werden.
- Schönheit und Sauberkeit sowie Leistungsfähigkeit der dänischen Städte sollen gesichert werden.
- Die dänischen Städte sollen effizient und umweltverträglich an die internationalen Verkehrsachsen angebunden werden.
- Die Vielfalt der dänischen Landschaften sowie die Lebensfähigkeit der ländlichen Räume sollen gestärkt werden.
- Die dänischen Küsten und Städte sollen ihre Individualität und Attraktivität als touristische Ziele erhalten.

Neben dem dänischen Dokument, das stark von einem ähnlichen niederländischen Dokument inspiriert worden war, rückten auch in den anderen nordeuropäischen Ländern im Laufe der 1990er-Jahre strategische Überlegungen ins Blickfeld der Politik. So wurde in Finnland 1993/94 durch die Regierung eine intensive Zukunftsdiskussion inszeniert, die sich freilich weit über die räumliche Entwicklung i. e. S. hinaus auf weite Teile der gesellschaftlichen Entwicklung erstreckte. In der zweiten Hälfte der 1990er-Jahre war insbesondere die sich über mehrere Jahre erstreckende und 1999 abgeschlossene gemeinsame mitgliedsstaatliche Erarbeitung des Europäischen Raumentwicklungskonzeptes (EUREK), das einen informellen Rahmen für die künftige europäische Raumentwicklung darstellen soll, Anlass für die Nordischen Länder, die eigene nationale und internationale Positionierung zu überprüfen und strategische Überlegungen für die künftige Raumentwicklungspolitik anzustellen. In Dänemark war dieses Thema wiederum Gegenstand eines Landesplanungsberichts. Unter dem Titel „Dänemark und europäische Planungspolitik" erfolgte im Berichtsjahr 1997 eine intensive Auseinandersetzung

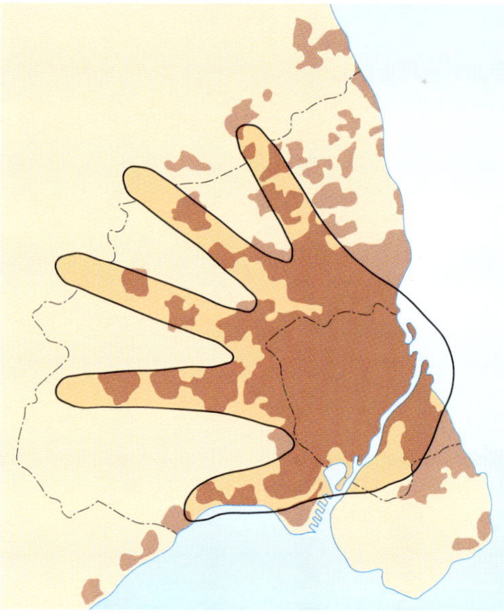

Abb. 73: *Der Fingerplan aus dem Jahr 1947 für den Großraum Kopenhagen.*

mit den Arbeiten am EUREK und den Konsequenzen für Dänemark.

Auf regionaler Ebene ist in einer Reihe von nordeuropäischen Teilräumen eine lange Tradition regionaler Planung anzutreffen. Allerdings zeigen sich die angesprochenen Unterschiede von Land zu Land hier besonders deutlich: Während in Dänemark flächendeckend eine verbindliche Regionalplanung betrieben wird, bestehen in Schweden nur bezüglich der Regionalplanung in der Region Stockholm ausdrückliche Reglementierungen. In Norwegen sind die Fylkeskommunen und in Finnland (seit 1994) die Regionalräte für eine umfassende Regionalplanung verantwortlich, doch ist der Durchgriff dieser Planungen auf die kommunale Ebene begrenzt. In Island wird Regionalplanung ausschließlich auf freiwilliger Basis betrieben, doch ist diese Planungsebene in den letzten Jahren von zunehmender Bedeutung gewesen. Hierbei ist nochmals in Erinnerung zu rufen, dass in den nordeuropäischen Ländern bis in die jüngste Vergangenheit sehr klar zwischen der „physischen", d. h. der räumlichen Planung im engeren Sinne, und der eher regionalwirtschaftlich ausgerichteten Entwicklungsplanung unterschieden wurde. Die „harte" raumordnerische Steuerung ist vorrangig gefragt in den großen Agglomerationen sowie anderen Wachstumsregionen. Ganz besonderem Wachstumsdruck sind naturgemäß die Hauptstadtregionen ausgesetzt. Deswegen überrascht es nicht, dass dort eine besondere Intensität der räumlichen Planung vorzufinden ist. Die intensivste und kontinuierlichste Regionalplanung dürfte in den Regionen Kopenhagen und Stockholm betrieben worden sein, weswegen auf diese Beispiele kurz vertieft eingegangen werden soll.

Der für den Großraum Kopenhagen 1947 entworfene „Fingerplan", der die Siedlungsentwicklung auf die von der Kopenhagener Innenstadt („Handfläche") ausgehenden S-Bahn-Achsen („Stadtfinger") konzentriert und die Zwischenräume als „grüne Keile" von Siedlungstätigkeit freihalten will, ist inzwischen ein Klassiker der Planungsgeschichte (Abb. 73).

Obwohl er relativ spät förmliche Verbindlichkeit erhielt, hat er doch über Jahrzehnte den Konsens über die gewünschte räumliche Entwicklung der Hauptstadtregion verkörpert. Mit einer Reihe von Modifikationen, insbesondere bezüglich der Stärkung konzentrischer Transportkorridore und ÖPNV-Verbindungen quer zur Achsengrundrichtung („S-Busse"), ist das dem Fingerplan zu Grunde liegende Konzept auch Basis des neuesten „Regionalplans 2001 für die Hauptstadtregion Kopenhagen", der im Jahr 2002 von dem im Vorjahr gebildeten Entwicklungsrat für die Hauptstadtregion (HUR), einem kommunal verfassten Regionalverband, verabschiedet wurde.

Auch dieser Plan sieht seine wesentlichen Handlungsbereiche – aufbauend auf dem Fingerplan-Prinzip – in der Steuerung der Siedlungsentwicklung, dem Erhalt der Freiräume (und hier insbesondere der Naherholungsgebiete) sowie der Lösung der Verkehrsprobleme. Die Förderung des ÖPNV und die Zuordnung neuer Gewerbe- und Wohngebiete auf ÖPNV-erschlossene Standorte haben klare Priorität. Da das dänische Gesetz die Träger der Regionalplanung verpflichtet, ihren Regionalplan in jeder Wahlperiode fortzuschreiben, sind bereits die Arbeiten für den Regionalplan 2005 angelaufen.

Im Großraum Stockholm wurde 1952 mit der Regionalplanung begonnen; der erste Regionalplan wurde 1958 beschlossen. Obwohl die Topographie im Stockholmer Raum eine gleichermaßen lineare Siedlungsentwicklung entlang radialer Achsen wie im Großraum Kopenhagen erschwerte, waren die Verkehrsachsen auch hier Leitlinien einer im Grundsatz sternförmigen Siedlungsstruktur. Auch im Großraum Stockholm war die Notwendigkeit einer regionalen Planung und einer Koordination der Nutzungsinteressen stets unstrittig. Seit 1971 liegt die Regionalplanung in der Verantwortung eines kommunal verfassten regionalen Organs (Stockholm läns landsting). Nachdem der letzte Regionalplan aus dem Jahr 1991 stammte, wurde seit Mitte der 1990er-Jahre an einem neuen Regionalplan gearbeitet, der als „Regionaler Entwicklungsplan 2001 für die Region Stockholm" (RUFS 2001) mit einem Planungshorizont bis zum Jahr 2030 („Stockholm Region 2030") vorgelegt wurde. Dieser Plan zeigt die oben angesprochene Annäherung von klassischer Raumordnung und Entwicklungsplan sehr deutlich. Zum einen erfüllt er die formalen gesetzlichen Anforderungen an einen Regionalplan – ein regionales Verkehrs-, Siedlungs- und Freiraumkonzept sind mithin seine tragenden Säulen. Zum anderen versteht er sich aber auch als integrierter strategischer Plan, der – aufbauend u. a. auf einer gründlichen Stärken-Schwächen-Analyse und einer breiten gesellschaftlichen Zukunftsdiskussion – Zielsetzungen für eine langfristige positive Regionalentwicklung erarbeitet. Ähnlich wie im Großraum Kopenhagen wird auch im Stockholmer Raum eine Ergänzung der auf das Zentrum ausgerichteten, hier sternförmig angeordneten Verkehrsverbindungen durch tangentiale Verbindungen angestrebt, um die Entwicklung leistungsfähiger „regionaler Kerne" außerhalb der Kernstadt und ihre Verbindung untereinander zu fördern.

Als Beispiel einer Region, in der die Erkenntnis bezüglich notwendiger regionaler Abstimmung in den letzten Jahren erheblich gewachsen ist, sei die isländische Hauptstadtregion Reykjavík genannt. Obwohl es bereits in den 1980er-Jahren Ansätze zu einer regionalen Planung gab, die 1986 in einem rechtlich nicht verbindlichen Regionalplan für die

Hauptstadtregion gipfelten, war die regionale Planungsebene vergleichsweise schwach ausgeprägt. Durch den gewaltigen Siedlungs- und Suburbanisierungsdruck und die Herausbildung einer bandstadtähnlichen Struktur, die fehlende Abstimmung hinsichtlich des Verkehrs sowie eine kontraproduktive interkommunale Konkurrenz – etwa beim großflächigen Einzelhandel – war jedoch eine Situation erreicht, in der der Ruf nach einem regionalen Planungskonzept unüberhörbar geworden war (Priebs 1999). Der Planungsprozess wurde als interkommunale Gemeinschaftsarbeit verstanden, d. h., die Steuerung des Prozesses lag bei einem Komitee, in das jede der acht Kommunen jeweils zwei Vertreter/-innen entsandte, während die eigentliche Planaufstellung durch externe Büros erfolgte. Inhaltliche Schwerpunkte des Plans sind die Verdichtung, das Zusammenführen von Wohnen und Arbeiten und die Stärkung des ÖPNV. Damit sollen eine optimale Entwicklung und die internationale Wettbewerbsfähigkeit der Hauptstadtregion gesichert werden. Ende 2002 wurde der Plan von der Landesplanungsbehörde genehmigt.

Regionalpläne mit erheblichen Unterschieden bezüglich der Regelungsdichte und der Verbindlichkeit liegen auch für zahlreiche andere nordeuropäische Regionen vor – allerdings muss dabei auch festgestellt werden, dass große Bereiche Nordeuropas immer noch „regionalplanungsfreie Zonen" sind. So findet in Schweden außerhalb des Großraums Stockholm keine eigentliche Regionalplanung statt. In Norwegen sind zwar die regionalen Selbstverwaltungskörperschaften (*fylkeskommuner*) für eine, relativ unverbindliche, Regionalplanung verantwortlich, doch wird in der Hauptstadtregion – trotz intensiver Planungsbemühungen in früheren Jahren – keine gemeinsame Planung für Oslo und seine benachbarten Fylkeskommunen betrieben. Dagegen zeigt das Beispiel des von Rogaland Fylkeskommune aufgestellten und 2001 in Kraft getretenen Teil-Regionalplans für die von besonders hohem Wachstums- und Veränderungsdruck geprägte Region Jæren mit der Ölmetropole Stavanger als regionalem Zentrum, dass auch in Norwegen durchaus die Notwendigkeit einer regionalen Siedlungssteuerung gesehen wird.

Während in den prosperierenden Verdichtungsräumen die ordnende Funktion für die Raumstruktur, d. h. die Lokalisierung regional bedeutsamer Arbeitsplatzschwerpunkte, die Wohnsiedlungsentwicklung, die Standorte des Einzelhandels und nicht zuletzt die Zuordnung zur Verkehrsinfrastruktur im Vordergrund steht, sind in den weniger besiedelten Regionen vor allem die klassische Koordinierungsfunktion sowie die Entwicklungsaufgabe der Regionalplanung zu sehen. Bei der Koordinierung der Raumansprüche werden insbesondere auf der Ebene der Regionalplanung die unterschiedlichen Ansprüche (Landwirtschaft, Naturschutz, Rohstoffsicherung, Grundwasserschutz, Tourismus- und Erholungsfunktion, Verkehrstrassen, Standorte für die Energieerzeugung usw.) gegeneinander und mit anderen öffentlichen Belangen abgewogen und in einem je nach Landesrecht mehr oder minder verbindlichen Regionalplan festgelegt und mit bestimmten Vorrängen versehen. Hierbei zeigt sich, dass auch in scheinbar entwicklungsschwachen Räumen die Zahl der Raumansprüche hoch ist und zumindest einer groben Abstimmung bedarf. Als Beispiel sei der Regionalplan für das zentrale Hochland in Island genannt. Hintergrund für die Erarbeitung dieses Plans für eine in weiten Teilen völlig unbesiedelte Region war, dass die Nutzungsansprüche (z. B. Erholung einschl. Sommerhausbau, Verkehr, Naturschutz, Energieerzeugung) so vielfältig und konfliktreich waren, dass eine Koordinierung und Regulierung erforderlich wurde. Mit diesem Regionalplan liegt nun erstmals eine geschlossene Entwicklungs- und Ordnungskonzeption für das gesamte Landesinnere vor, dessen Entwicklung noch bis vor einigen Jahren kaum einer staatlichen Beeinflussung unterlag.

Wie die aufgeführten Beispiele zeigen, wird eine Steuerung der Siedlungsentwicklung und eine Abstimmung der Nutzungsansprüche an den Raum in vielen Regionen nicht nur aus fachlicher, sondern auch aus politischer Sicht für notwendig gehalten. Gerade in schwächer strukturierten, peripheren Gebieten kommt aber der aktiven Entwicklungspolitik durch konkrete Projekte eine besondere Rolle zu. Gerade hier liegt eine Schwäche der klassischen Raumordnung, da die Verfügungsgewalt über die raumbedeutsamen Investitionen (zum Beispiel für Infrastruktur im Bildungs-, Verkehrs- und Sozialbereich) bei den Fachressorts liegt, die häufig danach streben, die Mittel nach eigenen Kriterien ohne Abstimmung mit anderen einzusetzen. Hier hat die Raumordnung, die vor allem auf rationale Kriterien setzt, nicht nur in Nordeuropa stets eine relativ schwache Position gegenüber den häufig auch (macht-)politisch motivierten Verteilungsegoismen der Fachressorts.

Im Gegensatz zu der schon früh mit dezentralen Entscheidungsstrukturen arbeitenden „physischen" Planung wurde die klassische regionale Wirtschaftspolitik bzw. Regionalpolitik in den meisten Ländern traditionell durch eine zentrale Behörde wahrgenommen, die für bestimmte festgelegte Fördergebiete Investitionszuschüsse und andere Hilfen gewährte. Härtling (1988) weist am Beispiel der Regionalpolitik in Schweden nach, dass dort eine bewusste Gestaltung und Förderung von peripheren Teilräumen des Landes bereits im 17. Jahrhundert betrieben wurde. Als Vorläufer der heutigen Regionalpolitik ist aber erst die regionale Wirtschaftsförderung für Nordschweden während der Weltwirtschaftskrise in den frühen 1930er-Jahren zu sehen. Härtling stellt fest, dass die Einführung der modernen Regionalpolitik im Jahr 1965 mit einer sukzessiven Stärkung der Bezirke verbunden war. Allerdings stand bei den Förderinstrumenten immer noch eine zentralstaatlich betriebene gezielte Ansiedlungspolitik im Mittelpunkt. Erst Mitte der 1970er-Jahre wandelte sich das regionalpolitische Leitbild tatsächlich – nunmehr sollten vor allem die endogenen Potenziale der Regionen ausgenutzt werden, um ein Wachstum unabhängig von den Zentren zu ermöglichen. Allerdings war dieser Paradigmenwechsel nicht nur Ergebnis neuer Erkenntnisse, sondern auch der knapper werdenden finanziellen Ressourcen. Mit dem Paradigmenwechsel war auch die notwendige Stärkung der regionalen Entscheidungskompetenzen in den Bezirken verbunden. Der Staat zog sich verstärkt auf eine beratende Rolle zurück, die heute durch ein eigenes Amt für den dünn besiedelten Raum (*Glesbygdsverket*) wahrgenommen wird. Es handelt sich hierbei um eine Fachbehörde, die dem Wirtschaftsministerium untersteht und der Regierung aktuelle Berichte und Analysen über die Entwicklung dieser Gebiete vorlegen soll. Das Amt ist auch für die Evaluierung des staatlichen Mitteleinsatzes in diesen Gebieten zuständig (Akademie für Raumforschung und Landesplanung et al. 2001).

Nicht nur in Schweden, sondern in allen nordeuropäischen Ländern ist seit den 1970er-Jahren, verstärkt aber in den 1990er-Jahren übereinstimmend eine Dezentralisierung der Kompetenzen zum Mitteleinsatz erkennbar gewesen. Dahinter stand auch die Erkenntnis, dass die regionalen und lokalen Akteure häufig besser wissen, wo die Stärken und Schwächen der jeweiligen Regionen liegen bzw. durch welche Maßnahmen die regionale Ökonomie am wirksamsten unterstützt werden könnte; die klassische Regionalpolitik wurde durch eine „regionale Regionalpolitik“ ersetzt (Asplund u. Fredriksson 1991). In Norwegen beispielsweise kam der Durchbruch zu einer regionalisierten bzw. dezentralisierten Regionalpolitik mit dem Konzept „Stadt und Land Hand in Hand“, das im März 1993 vom Kommunal- und Arbeitsministerium vorgelegt wurde und auf eine integrierte, d.h. Städte und ländlich geprägte Räume umfassende Entwicklungspolitik setzt. Auch der jüngste Regierungsbericht zur Regionalpolitik aus dem Jahr 2002 mit dem Titel „Wachstum – im ganzen Land“ setzt neben dem Disparitätenabbau stark auf diesen integrierten Ansatz.

War das Zusammenwirken zwischen Raumordnung und regionaler Wirtschaftspolitik früher nicht optimal, hat sich mit dem Aufkommen der EU-Strukturpolitik das Verhältnis von Raumordnung, Regionalpolitik und Fachplanungen teilweise entspannt. So ist die Raumordnung bei der Erstellung regionaler Entwicklungskonzepte häufig beteiligt, teilweise sogar federführend. Allerdings kommen die finanziellen Ressourcen, die in der Regel für eine nationale Kofinanzierung der EU-Fördermittel erforderlich sind, von den Fachressorts, was weiterhin für Spannungen sorgt. Unabhängig von derartigen Kompetenzfragen sind ohne Zweifel die Maßnahmen der EU-Strukturfonds in den nordeuropäischen Mitgliedsstaaten der EU von besonderer Bedeutung. Seit dem Beitritt Finnlands und Schwedens im Jahr 1995 sind auch deren periphere Regionen in die nach Zielen differenzierten Strategien der EU-Regionalförderung einbezogen. Dabei sind seit der Reform der letzten Strukturfonds insbesondere Maßnahmen nach

- Ziel 1 (Entwicklung und Strukturanpassung von Gebieten mit einem Pro-Kopf-Einkommen von weniger als 75% des Durchschnitts in der Gemeinschaft),
- Ziel 2 (Anpassung von Regionen, die vom Niedergang der industriellen Entwicklung besonders betroffen sind) und
- Ziel 3 (Förderung der Anpassung und Modernisierung der Bildungs-, Ausbildungs- und Beschäftigungspolitiken und -systeme)

in zahlreichen Regionen Dänemarks, Finnlands und Schwedens gefördert worden. Die Tab. 25 zeigt die anvisierte Verteilung der vorgesehenen Förderung aus den EU-Strukturfonds in Höhe von ca. 5,6 Mrd. € für die Jahre 2000 bis 2006 in den drei Nordischen EU-Mitgliedsstaaten.

Das thematische Spektrum der von der EU geförderten Projekte in Nordeuropa ist sehr breit und reicht von der Förderung der Informationstechnologie über grenzüberschreitende kulturelle Veranstaltungen bis zum Infrastrukturausbau. Charakteristisch für die vor allem auf die Einwerbung von EU-Fördergeldern angelegten regionalen Kooperationen ist, dass sie häufig programmbezogen entstehen, nicht primär auf langfristigen Bestand ausgerichtet sind und trotz der Einbindung in Konzepte häufig sehr projektorientiert arbeiten. Konkrete Beispiele zur Strukturförderung der EU in der finnischen Region Lappland hat Schulenkorf (2001) aufgearbeitet; neue Perspektiven von Grenzregionen im Norden Europas durch den Beitritt Finnlands und Schwedens zur EU zeigt Kunde (1999) auf.

Die Entwicklung Nordeuropas und seine Einbindung in einen weiteren europäischen Kontext profitiert insbesondere von den Gemeinschaftsinitiativen der Europäischen Union. Für den Zeitraum 2000–2006 ist insbesondere auf die Gemeinschaftsinitiative INTERREG III mit ihrem querschnittsorientierten (und nicht sektoralen) Ansatz zur Förderung der grenzüberschreitenden, transnationalen und interregionalen Kooperation hinzuweisen. Einbezogen sind zahlreiche Regionen Nordeuropas, wobei auch Gebiete außerhalb der EU-Grenzen erfasst werden. Dies gilt bereits für Norwegen, Grönland, die Färöer sowie die südlichen Ostseeanrainerstaaten, während Island sich bislang zurückhaltend gab. Allerdings ist auch hier eine zunehmende Aufgeschlossenheit

	Beiträge 2000–2006 (Mio. €)		
	Dänemark	Finnland	Schweden
Ziel 1	–	913	722
Ziel 2	156	459	354
Ziel 3	365	403	720
Fischereizonen, die nicht unter Ziel 1 fallen	199	31	60
Gemeinschaftsinitiativen	83	254	278
Pläne zur Entwicklung des ländlichen Raums, EAGFL	349	116	149
Gemeinschaftsbeiträge gesamt	1152	2176	2283

***Tab. 25:** Beiträge aus den EU-Strukturfonds 2000–2006.*

Quelle: Europäische Union 2001.

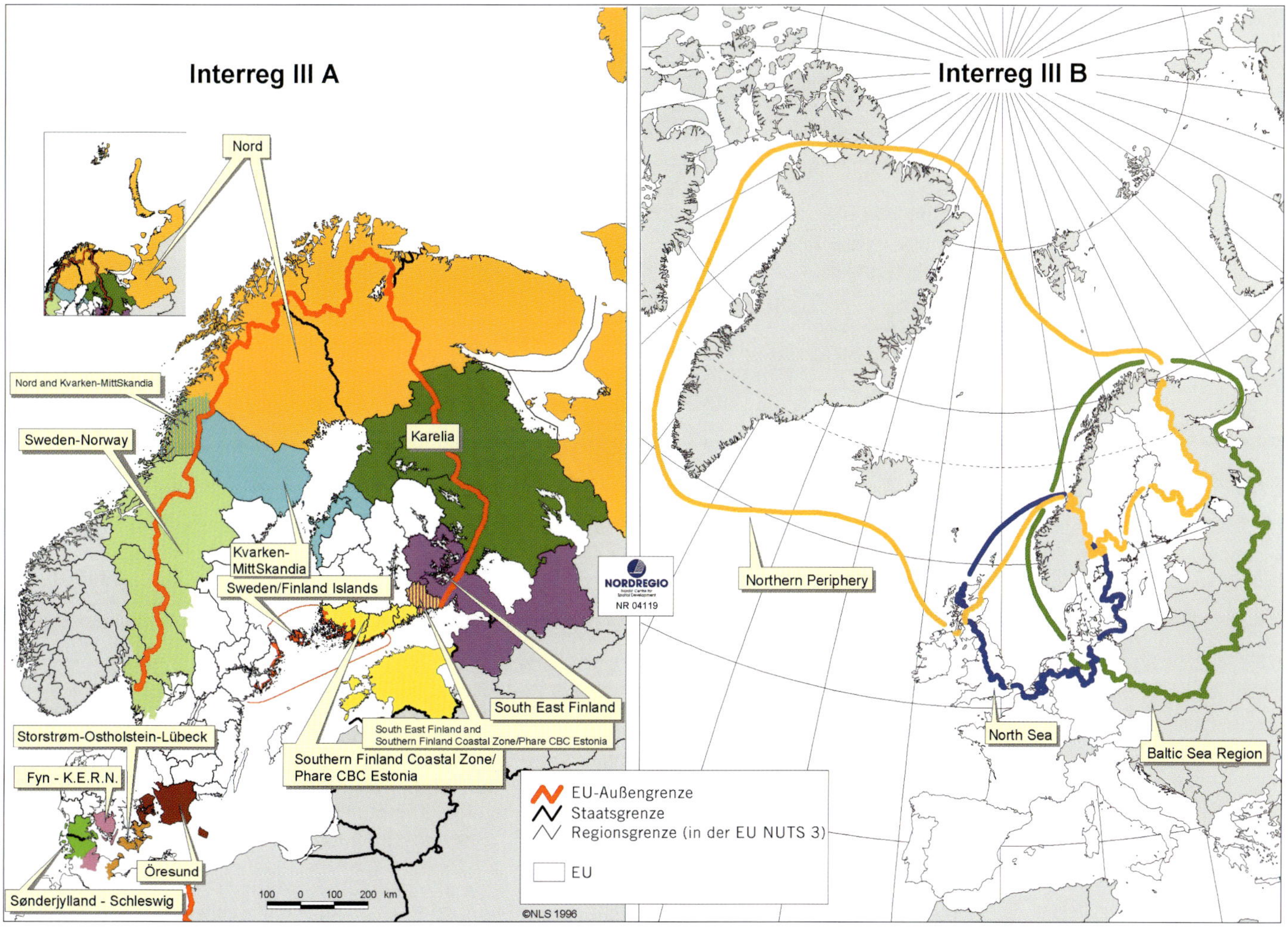

Abb. 74: Von der Gemeinschaftsinitiative INTERREG erfasste Regionen in Nordeuropa.

gegenüber den EU-Gemeinschaftsinitiativen erkennbar. Abb. 74 zeigt die beachtliche Ausdehnung der in die Gemeinschaftsinitiative INTERREG III einbezogenen Gebiete. Für die Regionalentwicklung sind innerhalb der INTERREG-III-Initiative vor allem folgende Programme von Bedeutung:

- INTERREG III A soll die grenzüberschreitende Kooperation zwischen benachbarten Regionen fördern und durch gemeinsame Entwicklungsstrategien zur Schaffung gemeinsamer sozialer und wirtschaftlicher Zentren beitragen. Einbezogen sind elf Programme; Beispiele sind die Programme für Karelien und Südost-Finnland (Finnland/Russland), den südfinnischen Raum und Estland, die dänisch-schwedische Öresundregion, den schwedischen und finnischen Küstenraum mit den Åland-Inseln, die Kooperation Schweden-Norwegen sowie den deutsch-dänischen Grenzraum Sønderjylland/Schleswig.
- INTERREG III B soll die transnationale Kooperation zwischen nationalen, regionalen und lokalen Behörden fördern. Nordeuropa ist in drei Programme einbezogen, nämlich die Programme für den Ostseeraum, die nördliche Peripherie und den Nordseeraum.

Die finanzielle Bedeutung der INTERREG-Programme wird aus Tab. 26 ersichtlich – die Förderung durch die EU in Höhe von 481 Mio. € führt einschließlich der öffentlichen und privaten Kofinanzierung zu einem Programmvolumen von insgesamt 1,1 Mrd. €.

Am Beispiel des 2001 abgeschlossenen grenzüberschreitenden schwedisch-finnischen Projektes „Bothnic Arc" hat sich gezeigt, dass unter dem Dach der INTERREG-Initiative sehr pragmatisch für die jeweilige Region relevante Fragen der Regionalentwicklung angegangen wurden, hier die Erarbeitung eines Entwicklungskonzeptes und die Bildung von grenzüberschreitenden Netzwerken zwischen Schweden und Finnland (und weiter nach Russland), die Förderung von Kommunikationssystemen sowie die Bereiche Tourismus und Umwelt. Das Projekt wurde im Rahmen des Vorläuferprogramms INTERREG II C (Ostsee-Programm) gefördert.

Als wichtiges Instrument der (nationalen) Regionalpolitik ist die Finanzausstattung der lokalen und – soweit vorhanden – regionalen Gebietskörperschaften zu sehen. Dabei ist in der Tendenz eine Abkehr von der staatlichen Projektförderung bzw. -finanzierung hin zu staatlichen Blockzuschüssen an die

	EU-Programm-Finanzierung (Mio. €)	Öffentliche und private Kofinanzierung von Mitgliedssaaten (Mio. €)	Anteil von Norwegen, Färöer und Grönland (Mio. €)	Gesamtes Programmbudget (Mio. €)
Kvarken-MittSkandia	23,9	27,1	5,7	56,7
Karelien	28,2	28,2	–	56,4
Südost-Finnland	21,8	61,1	–	82,9
Südfinnische Küstenzone	14,1	17,3	–	31,4
Nord	47,2	43,3	28,0	118,5
Øresund	30,8	30,8	–	61,6
Schweden-Norwegen	32,0	30,4	48,8	111,2
Schwedisch-Finnische Inseln	8,6	9,8	–	18,4
Fyn/K.E.R.N.	9,9	11,4	–	21,3
Sønderjylland/Schleswig	13,8	14,5	–	28,3
Storstrøms Amt/Kreis Ostholstein/ Hansestadt Lübeck	9,6	9,5	–	19,1
Ostsee-Region	97,1	85,4	12,0	194,5
Nördliche Peripherie	21,3	14,7	11,2	47,2
Nordsee	122,8	122,7	19,0	264,5
Gesamt	**481,1**	**506,2**	**124,7**	**1112,0**

***Tab. 26:** Budgets für Interreg-III-Programme in den nordeuropäischen Ländern 2001–2006.*

Quelle: Hanell, Aalbu u. Neubauer 2002, Tab. 3.2. Hinweis: Die lfd. Nummern 1–11 sind Interreg-III-A-Programme, die lfd. Nummern 12–14 Interreg-III-B-Programme.

Kommunen zu beobachten, was wiederum die Dezentralisierung politischer Entscheidungen mit sich führt. Als Besonderheit haben zum Beispiel die Kommunen in Dänemark – auf lokaler wie regionaler Ebene – das Recht, selbst Anteile an der Einkommensteuer zu erheben und damit selbst einen nicht unerheblichen Einfluss auf ihre Finanzausstattung zu nehmen. Die Rolle des Staates reduziert sich in Dänemark dadurch weitgehend auf den Ausgleich von unterschiedlicher finanzieller Leistungsfähigkeit, die aus der strukturellen Benachteiligung bestimmter Gebiete (z. B. peripherer Küstenräume oder altindustrialisierter Kommunen, aber auch bei Segregationsprozessen im Großraum Kopenhagen) resultieren.

Neuordnung der regionalen Ebene

Als nicht zu unterschätzender Beitrag zur regionalen Entwicklung ist auch die Verbesserung der administrativen Strukturen auf regionaler Ebene zu sehen. Eine leistungsfähige öffentliche Verwaltung stellt auch unter den Vorzeichen zunehmender ökonomischer Globalisierung eine wesentliche Infrastruktur für die wirtschaftliche Entwicklung der Regionen dar. Vor diesem Hintergrund sind die auch in Nordeuropa zu beobachtenden Ansätze zu sehen, die vorhandenen Verwaltungsstrukturen zu straffen und stärker auf die tatsächlichen regionalen Verflechtungen abzustellen. Ein Blick auf die jüngeren Entwicklungen zeigt, dass in allen nordeuropäischen Ländern intensive Diskussionen über eine Neuordnung der regionalen Handlungsebene in Gang sind, die jedoch einen sehr unterschiedlichen Stand und spezifische Ausformungen haben.

Am Beispiel Schwedens lässt sich zeigen, wie die Regionalisierungsdebatte auch einen Staat mit einem sehr stabilen Zwei-Ebenen-Aufbau, d. h. mit starkem Zentralstaat und starken Kommunen, erfasst hat. Begonnen hat die Diskussion Anfang der 1990er-Jahre. Das Innenministerium erteilte den Auftrag, den regionalen Staatsaufbau zu analysieren und mögliche Alternativen aufzuzeigen. Parallel sollte auch der räumliche Zuschnitt der staatlichen Regierungsbezirke (Län) in Westschweden überprüft werden. 1995 lag der Schlussbericht mit dem Titel „Regionale Zukunft" vor. Dieser Bericht sprach sich eindeutig für eine stärkere regionale Selbstverwaltung aus, während sich der Zentralstaat auf seine Kernaufgaben konzentrieren sollte. Gleichzeitig sollte der Zuschnitt der Regionen den funktionalen Erfordernissen angepasst werden (Civildepartementet 1995). Parallel zu dieser Regionalisierung „von oben" gab es entsprechende Diskussionen „von unten" in den Regionen. Besonders starkes Engagement für eine regionale Neuordnung zeigte sich dabei in Schonen (vgl. Aring 1997). Bereits im Juni 1992 beantragte der Bezirk Schonen bei der Regierung in Stockholm die Möglichkeit, einen Versuch mit mehr regionaler Selbstverwaltung durchzuführen. Schonen, Västra Götaland, die Region Kalmar und die Insel Gotland wurden von der Regierung als Versuchsregionen zugelassen, um in der Periode 1998–2003 die regionale Selbstverwaltung zu erproben. Dank der lebendigen Initiative „von unten" ist in der Region Schonen der regionale Selbstverwaltungsgedanke inzwischen am weitesten gediehen. Am 1.1.1997 wurde aus den früheren Provinzen Malmöhus Län und Kristianstads Län die Region Schonen gebildet. Die Region zählt etwa 1,1 Mio. Einwohner, wovon rd. 500 000 in der Stadtregion Malmö-Lund-Trelleborg leben. Im Zuge der Reform wurden Aufgaben aus der lokalen und vor allem der regionalen staatlichen Zuständigkeit an die neue regionale Selbstverwaltungsebene gegeben. Dazu gehören Wirtschafts- und Arbeitsmarktpolitik, Regionalentwicklung, Umwelt, Kommunikation, Gesundheit und Krankenhauswesen, Ausbildung und Forschung sowie Kultur und Tourismus. Damit wird die staatliche Zuständigkeit auf der regionalen Ebene auf hoheitliche Aufgaben zurückgefahren. Seit 1999 hat ein gewähltes Regionalparlament die politische Verantwortung übernommen. Auch in der 1,5 Mio. Einwohner zählenden Region Göteborg (Västra Götaland) in Westschweden wurde die Regionalisierung auf den Weg gebracht (vgl. Härtling 1999).

Auch in Dänemark steht die Ausformung der regionalen Verwaltungsebene zur Diskussion. Immer häufiger wird die Frage aufgeworfen, ob die im Zuge der großen Kommunalreform des Jahres 1970 entstandene Einteilung des Landes in 275 Gemeinden und 15 Ämter noch zukunftsfähig ist oder ob nicht die Zahl der Einheiten auf beiden Ebenen zu reduzieren wäre oder sogar die regionale Ebene völlig entfallen kann. Für die Insel Bornholm hat sich die Frage bereits beantwortet. Auf der Grundlage eines Referendums und einer darauf aufbauenden Gesetzgebung wurde hier zum Jahresbeginn 2003 eine Regionalkommune Bornholm gebildet, die sowohl die Aufgaben der bis dahin existierenden fünf Gemeinden als auch des ebenfalls aufgelösten Amtes Bornholm übernimmt. Hintergrund für diese tiefgreifende Reform waren die ökonomischen Probleme der Ostseeinsel und der Wunsch, die Kosten für die öffentliche Verwaltung zu reduzieren. Ob dieses Modell Schule macht oder eine spezifische Lösung für die geographisch abseits gelegene Insel bleiben wird, ist abzuwarten. Insbesondere in die Arbeit der im Sommer 2002 von der dänischen Regierung eingesetzten Expertenkommission werden hohe Erwartungen gesetzt.

Etwas anders verläuft die Entwicklung in Island, wo es nur ein zweistufiges Verwaltungssystem (Staat und Kommunen) gibt. Das Land war bis in die 1980er-Jahre hinein geprägt durch eine kleinteilige, über Jahrhunderte fast unveränderte Gemeindeeinteilung. Angesichts der drastisch gestiegenen Anforderungen an die lokale Verwaltung sowie der erheblichen Abwanderungen aus den ländlichen Kommunen wird seit einigen Jahren ein Zusammenschluss der Gemeinden zu leistungsfähigen Großkommunen diskutiert. Ein Vorschlag zur Vereinigung der 200 Kommunen zu nur noch 24 Kommunen fand jedoch keine politische Mehrheit. Deswegen soll ein Gemeindezusammenschluss nicht auf gesetzlicher Grundlage, sondern durch freiwillige Zusammenschlüsse erfolgen, wobei in allen betroffenen Gemeinden Volksabstimmungen durchzuführen sind. Der Prozess ist intensiv im Gange; das Ziel liegt nunmehr in der Schaffung von ca. 80 Kommunen. Obwohl diese Kommunen deutlich leistungsfähiger sind als die früheren Einheiten, wird trotzdem Bedarf an interkommunaler Kooperation sowie einer gemeinsamen Regionalplanung bestehen.

Auch in Norwegen und Finnland ist die Optimierung regionaler Aufgabenfülle ein intensiv diskutiertes Thema. Während in Finnland bereits 1994 im Vorfeld des EU-Beitritts eine Neuordnung erfolgt ist, mit der 20 kommunal verfasste Regionalräte mit bestimmten Planungs- und Entwicklungsaufgaben gebildet wurden und die Zahl der staatlichen Bezirksverwaltungen von zwölf auf sechs halbiert wurde, steht die Diskussion in Norwegen erst am Anfang. Dort wurde seitens der damals regierenden Arbeiterpartei Ende der 1990er-Jahre ein Reformvorschlag veröffentlicht, mit dem die bislang 19 Fylkeskommunen zu fünf Regionen zusammengefasst werden sollten. Durch den Regierungswechsel wurde dieser ministerielle Vorschlag nicht unmittelbar weiter verfolgt, doch hat eine Expertenkommission umfangreiche Vorschläge mit alternativen Organisationsmodellen der regionalen Ebene vorgelegt.

Dieser kurze Überblick macht deutlich, dass in allen nordeuropäischen Staaten intensiv an einem Um- und Neubau der Verwaltungsstrukturen gearbeitet wird. Am Ende dieses Neuorientierungsprozesses könnte ein klarer dreistufiger Verwaltungsaufbau in allen Ländern stehen, bei dem die regionale Ebene eine deutlich gestiegene Bedeutung hätte. Allerdings sind auch klare Bestrebungen erkennbar, wonach die ohnehin schon starken Gemeinden eher gestärkt werden sollen und auch die zentralstaatliche Ebene nicht zu viel Einfluss aus der Hand geben will. Deswegen werden auch Zwei-Ebenen-Modelle diskutiert, die aber in der Regel die Frage unbeantwortet lassen, wie die faktischen interkommunalen Verflechtungen und Herausforderungen am besten abgebildet werden.

Verbesserung der Verkehrsinfrastruktur

Wie bereits erwähnt, ist eine gut ausgebaute und funktionierende Transportinfrastruktur eine wichtige Voraussetzung für die Steigerung der Entwicklungsmöglichkeiten auch der peripheren und/oder schwach strukturierten Regionen. Dabei geht es in Nordeuropa darum, die aus den erheblichen räumlichen Distanzen sowie den eingangs genannten naturräumlichen Besonderheiten resultierenden Probleme und Nachteile zu überwinden. Dabei dient eine gute Verkehrsanbindung sowohl der regionalen Wirtschaft und Bevölkerung unmittelbar als auch dem Fernverkehr und dem Tourismus, der bekanntlich in einigen

***Bild 59:** Brücken ersetzen Fähren: Brückenverbindung zur Insel Langeland, Dänemark (A. Priebs).*

nordeuropäischen Regionen von erheblicher Bedeutung für die Wertschöpfung ist. In diesem Sinne haben der Straßen- und Eisenbahnbau, der Bau von Häfen, Brücken und Tunneln, die Anlage von Landeplätzen und Verkehrsflughäfen sowie die Einrichtung von Fährverbindungen lange Tradition.

Bei den Infrastrukturmaßnahmen sind unterschiedliche Ansätze und Planungsebenen zu unterscheiden. Auf regionaler Ebene hat die Verkürzung von Distanzen der ländlichen Ortschaften zu den zentralen Orten (so z. B. in Norwegen und Island durch den Bau von Tunneln unter Fjorden und in Gebirgen) besondere Priorität, wobei diese Maßnahmen, wie erwähnt, häufig auch dem Fernverkehr dienen. Auf der gesamtstaatlichen Ebene wird eine möglichst gleichmäßige innere Erschließung des Staatsgebietes angestrebt, so z. B. beim Bau der isländischen Ringstraße, der Realisierung innerdänischer Brückenverbindungen oder beim Ausbau der schwedischen Haupt-Eisenbahnstrecken. Von existenzieller Bedeutung für Beschäftigung und Wertschöpfung ist die verbesserte Anbindung nordeuropäischer Wirtschaftsräume an das zentrale Europa. Nach der politischen Wende in Osteuropa haben neben den Verbindungen nach Zentraleuropa auch die Beziehungen in das östliche Europa einen großen Stellenwert bekommen. So wird insbesondere in Finnland verbesserten Verkehrsverbindungen nach Russland und in die baltischen Staaten große Aufmerksamkeit geschenkt. In diesem Zusammenhang sind die entstehende Hochgeschwindigkeitsstrecke zwischen Helsinki und St. Petersburg, aber auch die bereits seit mehreren Jahren betriebene Schnellfähre von Helsinki nach Tallinn zu erwähnen. Die letztgenannte Verbindung sei im Übrigen stellvertretend genannt für den nach wie vor bedeutenden Stellenwert der Fährverbindungen im Ostseeraum. Auf diesem Verkehrsmarkt ist seit 1989 große Bewegung mit neuen Routen, verbesserten Fähren und verkürzten Fahrtzeiten zu beobachten. Nicht zu vergessen ist schließlich der Luftverkehr, der naturgemäß in besonderer Weise in der Lage ist, die Nachteile der geographischen Randlage und der großen Distanzen zu kompensieren.

Die verbesserte Anbindung der nordeuropäischen Wirtschaftszentren an das kontinentale Verkehrsnetz ist seit den 1980er-Jahren intensiv von der norwegischen und schwedischen Industrie betrieben worden. Insbesondere das Projekt „ScanLink“, in dem sich die wichtigsten Unternehmen und Banken Nordeuropas zusammengeschlossen haben, wird seit 1986 vorangetrieben. Hinter dieser Bezeichnung verbirgt sich ein Ausbau insbesondere der Straßenverbindungen aus Südnorwegen und Westschweden über Dänemark nach Deutschland. Allerdings war dieses Projekt aus ökologischen Gründen nicht unumstritten, wobei sich die Kritiker vor allem auf drei Punkte konzentrierten. Zum ersten wurde der Bau zusätzlicher Brücken wegen der Störung des Wasseraustausches und damit des ökologischen Gleichgewichts der Ostsee kritisch gesehen (Bild 59). Zum zweiten wurde der parallele oder gar bevorzugte Ausbau des Straßennetzes neben dem Schienennetz als ökonomisch und ökologisch unsinnig abgelehnt. Zum dritten sahen vor allem örtliche Bürgerinitiativen, so z. B. in den betroffenen Stadtteilen Kopenhagens, Probleme durch den notwendigen Eingriff in die Stadtlandschaft und die prognostizierte starke Erhöhung des Durchgangsverkehrs ohne direkten örtlichen Nutzen.

Kernprojekte in den Bemühungen zur engeren Anbindung Nordeuropas an den Kontinent sind die 1997/98 fertig gestellte Große-Belt-Querung in Dänemark, die 2000 eingeweihte feste Öresund-Verbindung sowie die noch ausstehende feste Querung des Fehmarn-Beltes. Einen Durchbruch für den internationalen Verkehr brachte die Einweihung der Öresund-Querung, weil seitdem die Eisenbahnnetze Dänemarks, Schwedens und Norwegens ohne Fähren miteinander verbunden sind. Diese Verbindung zeigt allerdings auch, wie lang der Vorlauf für derartige Projekte ist: Schon 1953 hatte sich der Nordische Rat für eine feste Öresund-Verbindung ausgesprochen. Konkrete Maßnahmen ließen aber, abgesehen von einer zehn Jahre später erarbeiteten gemeinsamen Denkschrift, auf sich warten. Auch der 1972 erfolgte EG-Beitritt Dänemarks und das gestiegene Interesse der schwedischen Regierung an dem Öresundprojekt brachten nicht den entscheidenden Impuls. Dieser ging vielmehr von der Industrie und dabei insbesondere dem Volvo-Konzernchef mit dem erwähnten ScanLink-Projekt aus. Die in Dänemark besonders ausgeprägten Widerstände konnten 1991 dadurch überwunden werden, dass statt einer Straßenverbindung eine kombinierte Eisenbahn-/Straßenbrücke geplant wurde, die im dänischen Parlament mehrheitsfähig war. Zu erwähnen ist bei diesem Projekt, dass auch die Lage der Öresund-Verbindung Ergebnis eines Kompromisses ist: Während eine weiter nördlich, etwa bei Helsingör/Helsingborg gelegene Verbindung kürzer und für den internationalen Verkehr günstiger gewesen wäre, wurde bezüglich der jetzt gefundenen Verbindung zwischen Malmö, der größten Stadt Südschwedens, und dem Süden Kopenhagens mit Flughafen und Entwicklungsschwerpunkt „Örestad" die regionalökonomisch wirkungsvollste Variante gewählt.

Die politischen Veränderungen in Mitteleuropa, die wirtschaftliche Globalisierung und der daraus resultierende intensivierte Wettbewerb der europäischen Wirtschaftsregionen, aber auch die Marktverluste gegenüber dem Flugverkehr führten schon Anfang der 1990er-Jahre zu einer verstärkten Zusammenarbeit der nordeuropäischen Eisenbahnen untereinander sowie mit den deutschen Bahnen. Schon 1992 legten die Vorstände der Eisenbahnen Deutschlands, Dänemarks und Schwedens eine gemeinsame Strategie „Bahnverkehr Skandinavien – Kontinent" vor, in dem für die folgenden 15 Jahre eine ehrgeizige Vision entwickelt wurde, mit der u. a. die Reisezeit mit der Bahn drastisch reduziert werden sollte. Kernelement der Planungen war der Ausbau der Verbindung zwischen Hamburg und Kopenhagen, u. a. durch eine feste Fehmarn-Verbindung, deren Eröffnung im Jahr 2005 seinerzeit für realistisch gehalten wurde. Ihre Fortsetzung fand diese Strategie drei Jahre später in einem gemeinsamen Papier der Eisenbahnen Dänemarks, Norwegens und Schwedens, das auf eine Beschleunigung des Zugverkehrs auf den beiden Hauptkorridoren (Hamburg) – Kopenhagen – Oslo/Stockholm abzielte, aber auch auf verbesserte Verbindungen zwischen den Städten vor allem im südlichen und mittleren Skandinavien. Im Februar 2000, kurz vor Eröffnung der festen Öresund-Querung, beschlossen die drei Eisenbahnverwaltungen die konkrete Verbesserung des Zugverkehrs zwischen den Hauptstadtregionen Kopenhagen, Oslo und Stockholm. Nunmehr sollte offensiv das Ziel angegangen werden, die Trendwende im Wettbewerb mit dem Flugzeug einzuleiten. Dieses Ziel erfordert in den kommenden Jahren eine ganze Reihe größerer und kleinerer Aus- und Umbaumaßnahmen im Schienennetz, u. a. eine völlige Neuplanung der Anlagen im Raum Malmö. Die erwähnte hohe Bedeutung der Fehmarn-Belt-Querung drückt sich u. a. darin aus, dass sie in das Netz der von der Europäischen Union besonders hoch priorisierten „Transeuropäischen Netze" aufgenommen wurde. In der Tat hat die Aufwertung der Strecke Hamburg – Kopenhagen zentrale Bedeutung für das ehrgeizige Ziel, die Fahrzeit mit der Bahn zwischen Stockholm und Hamburg von früher 14 auf 5 Stunden im Jahr 2010 zu verkürzen.

Auch die Finnischen Eisenbahnen sind in die Kooperation der nordeuropäischen Eisenbahn einbezogen. Allerdings hat in der finnischen Verkehrspolitik neben den traditionellen Verbindungen nach Skandinavien die Verbindung mit den Nachbarn in Russland und im Baltikum eine besondere Bedeutung. In diesem Zusammenhang ist der Ausbau der Strecke Helsinki – St. Petersburg zu erwähnen, der wiederum eine entscheidende Etappe in dem Bestreben ist, die Reisezeit mit der Bahn zwischen Helsinki und Moskau auf sieben Stunden zu reduzieren.

Inzwischen sind als Folge des Infrastrukturausbaus die ersten Verbesserungen im skandinavischen Zugverkehr erkennbar. Seit der Eröffnung der Große-Belt-Querung hat sich der innerdänische, aber auch der internationale Zugverkehr deutlich verändert. Bei den innerdänischen Verbindungen sind erhebliche Fahrzeitverkürzungen eingetreten (z. B. reduzierte sich die Fahrzeit zwischen Kopenhagen und Odense auf ca. eine Stunde); bei den internationalen Güter- und Reisezugverbindungen hat sich eine weitgehende Verlagerung von der Vogelfluglinie auf diese Route verlagert. Nur noch die direkten IC-Tagesverbindungen zwischen Hamburg und Kopenhagen (bzw. weiter nach Malmö) verkehren auf der Vogelfluglinie mit Fähre zwischen Puttgarden und Rødby. Durch die Eröffnung der Öresund-Verbindung ist der Kopenhagener Flughafen optimal mit einem unterirdischen Bahnhof an das Eisenbahnnetz Dänemarks und Südschwedens angebunden. Auch die Integration der Öresundregion hat durch die Verbesserung der Verkehrsverbindungen einen großen Schub erhalten (Geuckler 1997). Als Folge der Fahrtzeitverkürzung auf der Schiene haben 2002 die von einer Tochtergesellschaft der Eisenbahnen betriebenen Öresundfähren („Flugboote") zwischen Kopenhagen und Malmö ihren Betrieb eingestellt.

Ein Beispiel für eine verbesserte Anbindung insbesondere der peripheren Wirtschaftsräume Nordeuropas auf der Schiene ist das in Norwegen gestartete Projekt „Arctic Rail Express". Unter Ausnutzung der schwedischen Bahnstrecken erhalten hier die nordnorwegischen Standorte eine beschleunigte und zuverlässige Bahnanbindung zu den südlichen Landesteilen und damit auch nach Zentraleuropa. Auf der im September 1993 in Betrieb genommenen rund 1950 km langen Strecke zwischen Oslo und Narvik verkehren pro Woche sieben Züge, die jeweils für eine Strecke 27 Stunden unterwegs sind. Der Erfolg gibt diesem Konzept Recht – in den ersten Jahren stieg das Frachtaufkommen jährlich um durchschnittlich 30 %.

Während die genannten Beispiele dazu dienen, die Wettbewerbsfähigkeit der nordeuropäischen Wirtschaftsräume vor allem durch eine bessere Anbindung nach Zentraleuropa zu verbessern, dürfen auch die klassischen Erschließungsaufgaben in den peripheren Regionen Nordeuropas nicht vergessen werden. Als Beispiel soll hier auf die Entwicklung des Verkehrs in Island und insbesondere das über mehrere Jahrzehnte realisierte Ringstraßen-Projekt eingegangen werden. Bis zum Beginn des 20. Jh.s war das Lastpferd in Island das gängige Transportmittel. Das Kraftfahrzeug kam erst seit den 1920er-Jahren in nennenswertem Umfang zum Einsatz; seit der Gründung der Isländischen Fluggesellschaft im Jahr 1928 hat sich das Flugzeug als schnelles Verkehrsmittel im Inlanddienst durchgesetzt. Vergleichsweise konkrete Pläne zur Erschließung des Landes durch Eisenbahnen zerschlugen sich wegen jahrelanger politischer Kontroversen (Priebs 2001).

Bild 60: *Wichtiges Projekt bei der Beschleunigung des isländischen Verkehrs: Tunnel unter dem Hvalfjörður (Walfjord) (A. Priebs).*

Die bereits vor dem Zweiten Weltkrieg begonnene Straßenbautätigkeit wurde während des Krieges entsprechend den Anforderungen des US-Militärs intensiviert. In den ersten Nachkriegsjahrzehnten stand beim Straßenbau die regionale Erschließung in den einzelnen Teilen des Landes, vor allem die Erreichbarkeit der Mittelpunktorte mit dem Kraftfahrzeug, im Vordergrund. Nach 1960 richteten sich die Anstrengungen dann stärker auf den Bau der überörtlichen Verbindungen und die Befestigung der wichtigsten Strecken. Als erste Landstraße erhielt 1961 die Verbindung von Hafnarfjörður nach Keflavík einen festen Belag, es folgten von Reykjavík aus die Verbindung nach Norden (Vesturlandsvegur) und nach Osten (Suðurlandsvegur). 1967 war die Insel fast rundum erschlossen; eine Lücke von ca. 30 km bestand nur im Süden am Skeiðarársandur, wo breite Gletscherflüsse zu überwinden waren. Lange Zeit wurden die Möglichkeiten, hier eine feste Straße zu errichten, skeptisch beurteilt. Dennoch gelang es, pünktlich zur isländischen 1100-Jahr-Feier im Juli 1974 mit der Einweihung der Skeiðarár-Brücke das letzte Teilstück der ca. 1400 km langen Ringstraße zu eröffnen. Auch die Befestigung der Straße wurde zielstrebig vorangetrieben. Heute bildet die Ringstraße (Nationalstraße 1) das wesentliche Rückgrat des Landverkehrs. Nicht zuletzt der Tourismus profitiert von dieser Straße, die in den Sommermonaten auch durch Linienbusse befahren wird.

Speziell für Touristen wird ein Omnibuspass angeboten, der die „Umrundung" Islands per Bus mit beliebig vielen Unterbrechungen ermöglicht. 1996 wurde die Straße als Folge des Vulkanausbruchs unter dem Gletscher Vatnajökull zerstört, innerhalb kürzester Zeit jedoch wieder hergestellt. Abdämmungen und Tunnelbauten in verschiedenen Landesteilen zielen auf eine Verkürzung der Entfernungen ab, die vor allem durch die weit ins Land hineinreichenden Buchten und Fjorde vergrößert werden. Der spektakuläre Tunnelbau unter dem Hvalfjörður (Walfjord), der 1998 dem Verkehr übergeben wurde, verkürzte die PKW-Fahrtzeit zwischen Reykjavík und dem Westen und Norden des Landes um rund 30 Minuten (Bild 60). In deutlich größerem Umfang als in Island war der Bau von Tunneln in Norwegen von Bedeutung. Mit hohem finanziellem Einsatz, der durch die Einnahmen aus der Ölförderung in der Nordsee ermöglicht wurde, ist das Straßennetz verbessert und gestrafft worden. Als wichtiger Meilenstein wurde im Juni 1999 der längste Unterwassertunnel Europas, der 6870 m lange Nordkap-Tunnel, eröffnet. Der Tunnel, dessen tiefster Punkt 212 Meter unter dem Meeresspiegel liegt, war Teil einer 29 km langen Neubaustrecke, die auch weitere Landtunnel sowie Brücken umfasste. Diese Neubaustrecke war insbesondere erforderlich, um den touristischen Zugang zum Nordkap zu erleichtern.

Als interessantes touristisches Projekt zur inneren Erschließung und Verbindung der Nordkalotte sei die Barents-Straße erwähnt, die über vier Staaten – Norwegen, Schweden, Finnland und Russland – hinweg von einer Reihe kommunaler und anderer Institutionen gefördert wird. Über rund 1500 km von der Atlantikküste bei Bodö bis nach Murmansk an der Barentssee führt diese Route entlang des Polarzirkels durch eine vielfältige Natur- und Kulturlandschaft. Mit gemeinsamer Anstrengung soll es gelingen, diese Strecke für den internationalen Tourismus attraktiv zu machen. Auch eine Busbedienung ist im Aufbau.

Abschließend sei auf den Luftverkehr eingegangen, der heute und künftig von entscheidender Bedeutung für die wirtschaftliche Entwicklung und die Lebensqualität in Nordeuropa ist. Dabei kommt sowohl den international bedeutsamen Drehscheiben des nordeuropäischen Luftverkehrs (insbesondere Kopenhagen-Kastrup und Stockholm-Arlanda) als auch den für die Erschließung peripherer Gebiete bedeutsamen regionalen Flughäfen und örtlichen Landeplätzen eine besondere Bedeutung zu. In der historischen Betrachtung nahm der Luftverkehr in Nordeuropa, wie bereits am Beispiel Islands erwähnt, in den 1920er-Jahren seinen Anfang. Nach dem Zweiten Weltkrieg schlossen sich die führenden Luftfahrtgesellschaften Dänemarks, Norwegens und Schwedens aus strategischen Gründen zum SAS (Scandinavian Airlines System) zusammen, wobei als operative Basis der Kopenhagener Flughafen Kastrup ausgewählt wurde. Stand anfangs der Interkontinentalverkehr im Mittelpunkt, wurde wenig später auch der europäische Linienverkehr der Muttergesellschaften zusammengeführt. Im Laufe der folgenden Jahrzehnte hat das weltweit operierende SAS eine Reihe anderer Gesellschaften übernommen und zahlreiche strategische Partnerschaften mit anderen international operierenden Luftfahrtgesellschaften geschlossen, unter anderem 1996 mit der deutschen Lufthansa.

Die Bedeutung des Luftverkehrs für die innere Erschließung Nordeuropas bzw. der nordeuropäischen Staaten soll am Beispiel Schwedens vertieft werden. Hier nahm die Fluggesellschaft ABA, eine der SAS-Muttergesellschaften, 1924 den Flugverkehr auf und hatte bis zum Ende des Zweiten Weltkriegs die einzige Linienflug-Lizenz in Schweden. Nach Bildung des SAS deckte dessen Flugnetz auch wichtige Verbindungen innerhalb Schwedens, insbesondere zwischen den Städten Stockholm, Göteborg, Malmö, Luleå und Kiruna, ab. Um jedoch ein dichteres Netz innerschwedischer Flugverbindungen sicherzustellen, wurde 1957 die Fluggesellschaft Linjeflyg gebildet. Noch 1958 waren nur 14 Städte in das Inlandsflugnetz eingebunden. In den 1960er- und 70er-Jahren erfolgte eine stetige, aber immer noch relativ langsame Verdichtung des Inlandnetzes, das im Jahr 1976 immerhin 26 Städte mit regelmäßigen Flugverbindungen umfasste. Ein steiler Anstieg des Luftverkehrs war dann in den 1980er-Jahren zu verzeichnen. Vor allem aus regionalpolitischen Gründen wurden erhebliche Investitionen zum Ausbau der Regionalflughäfen getätigt. Die Verbindungen wurden stark auf Stockholm konzentriert, wo der zwischen Stockholm und Uppsala gelegene Flughafen Arlanda ab 1969 schrittweise auch die vorher über den Flughafen Bromma abgewickelten Inlandverbindungen übernahm. Der Flughafen Arlanda ist heute der zentrale Umsteigepunkt für alle innerschwedischen Flugverbindungen. 2001 wurden 18,1 Mio. Reisende gezählt. Arlanda wird von 59 Fluggesellschaften mit 163 Destinationen angeflogen. Auch die arbeitsmarktpolitische Bedeutung des Flughafens mit ca. 16 000 Beschäftigten ist erheblich.

Ungefähr gleichauf in der Zahl der Reisenden liegt der Flughafen Kopenhagen (Kastrup), der in Nordeuropa die größte Bedeutung für den Interkontinentalverkehr hat. Er ist weiterhin Hauptflughafen des SAS und wichtiger Umsteigeflughafen zu einer großen Zahl nationaler und regionaler Flugplätze nicht nur in Nordeuropa, sondern im gesamten Ostseeraum. In Kopenhagen bestehen Verbindungen nach 116 Destinationen, darunter sieben innerdänische Ziele, 22 in Nordeuropa, 67 im übrigen Europa und 17 interkontinentale Verbindungen. Insgesamt arbeiten auf dem Flughafen ca. 18 000 Menschen.

Die wichtigeren nordeuropäischen Flughäfen sind in den letzten Jahren verstärkt in das internationale Schnellverkehrsnetz der Eisenbahnen einbezogen worden oder über andere Schnellbahnen in ihrer Erreichbarkeit verbessert worden, wie schon am Beispiel des Kopenhagener Flughafens mit seinem Bahnhof an der Öresund-Verbindung erwähnt wurde. Eine interessante neue Schnellbahn wurde auch im Zusammenhang mit der 1998 erfolgten Eröffnung des neuen Osloer Flughafens Gardermoen gebaut, der 47 km von Oslo entfernt liegt und den alten Flughafen Fornebu ablöste. Die neue Flughafenstrecke ist 48 km lang und verbindet den Flughafen in nur 19 Minuten Fahrzeit mit der Innenstadt und allen Nah- und Fernverkehrsmitteln. Die neuen elektrischen Hochgeschwindigkeitszüge, die von einer Tochtergesellschaft der Norwegischen Staatsbahnen eingesetzt werden, erreichen eine Geschwindigkeit von bis zu 220 km/h und binden den Flughafen damit optimal an den Kern der Region Oslo an.

Der Überblick über die verkehrspolitischen Projekte in Nordeuropa zeigt, dass intensiv an einer Optimierung der internen Verkehrsverbindungen der nordeuropäischen Länder, aber auch an der Einbindung Nordeuropas in das internationale Verkehrsnetz gearbeitet wird. Dies ist ein sicherer Hinweis darauf, dass sich die lagebedingten Nachteile Nordeuropas weiter relativieren werden.

Fremdenverkehr und Freizeit

Bild 61: *Mitternachtssonne am Nordkap. Der nördlichste Punkt Europas ist immer noch ein mystifiziertes Reiseziel, das jährlich von über 200 000 Touristen besucht wird (J. Schwackenberg).*

Überblick

- Die Suche und Sehnsucht nach ursprünglicher Natur und Ruhe in den großartigen Landschaften des Nordens ist seit dem 19. Jh. das Hauptmotiv für Reisen in die Nordischen Länder. Heute ist der Norden von seinem romantisch-mystifizierten Bild befreit. Seine Tourismuswirtschaft entwickelt zielgruppenorientierte Angebote, die dem Reisenden die Natur- und Kulturschätze Nordeuropas erschließen.
- Nordeuropa wird auch in Zukunft im europäischen Vergleich im Tourismusbereich eine untergeordnete Rolle spielen. Der Wandel in der Tourismusindustrie wird sich eher durch eine räumlich differenzierte Ausprägung und zielgruppenspezifische Angebote auszeichnen als durch Massentourismus vollziehen.
- Einige besondere Tourismusformen sind charakteristisch für den Norden: Das Leben im Ferienhaus (*hytte* oder *mökki*) ist eine Freizeitaktivität mit langer Tradition. Das Erlebnis der Raumweite kann heute fast nur noch in den gering besiedelten Ländern Nordeuropas erfahren werden. Eine enorme Vielfalt bietet der Norden für naturnahe Aktivurlaube im Sommer wie im Winter.
- Große Potenziale liegen z. B. noch in der Erschließung der ausgedehnten Küstenlandschaften, wie der Gestaltung der attraktiven Wasserfronten in vielen Großstädten oder der Aufbereitung der ländlich-fischereilichen Küstenkultur.

Touristische Inwertsetzung des Nordens

von
Johann Schwackenberg und Axel Seidel

Reisen in den Norden blieben bis weit ins 19. Jh. hinein im Wesentlichen Abenteurern, Entdeckern und natürlich Kaufleuten vorbehalten, wobei sich nicht selten ihre Interessen gegenseitig überlagerten. Im Zuge der großen Entdeckungsfahrten seit Kolumbus geriet die Nordpolarregion ins zunehmende Interesse der Handelsnationen England und Niederlande. Man hoffte auf einen Seeweg von Europa nach China und Indien, entweder über die Nord-West-Passage oder über die Nord-Ost-Passage. Schon 1553 versuchten drei Schiffe unter der Leitung von Sebastian Cabot über Norwegen nach Osten zu gelangen. Die Tagebücher der verschollenen Schiffsbesatzungen lassen erkennen, dass sie bis zur russischen Insel Nowaja Semlja vorgedrungen waren.

Bis endlich die beiden Schiffspassagen – Nordenskjöld 1878/79 nach Nordosten und Amundsen 1903/06 nach Nordwesten – erfolgreich durchsegelt worden waren, haben Dutzende von Expeditionen mit den harten arktischen Lebensbedingungen gerungen, oft mit tragischem Ende. Bei diesen Seereisen wurden in erster Linie Meere, Küsten und Inseln des Nordens entdeckt und beschrieben sowie mit den Namen ihrer Entdecker belegt. Beispielhaft sei hier die Barentssee erwähnt, die nach dem holländischen Seefahrer Wilhelm Barents (zwischen 1594 und 1596) benannt wurde.

Der Norden – räumlich fokussiert auf Skandinavien und begrenzt auf touristische Interessen – rückt erst durch die romantische Nordlandschwärmerei des deutschen Kaisers Wilhelm II. gegen Ende des 19. Jh.s in den Gesichtskreis einer größeren Schar deutscher Reisender. Zwischen 1889 und 1914 reiste der Kaiser jedes Jahr mit seinem Schiff „Hohenzollern“ in den Norden, meistens in die Fjordlandschaften Westnorwegens (Zernack 1997). Sein mystisch-verklärtes Bild von Skandinavien spiegelt den Zeitgeist einer ganzen Epoche wider: Es war die Sehnsucht des von Industrialisierung und Urbanisierung bedrängten Mitteleuropäers nach unzerstörter Naturlandschaft und ursprünglichen Werten. Darüber hinaus bot sich dem wohlhabenden Bildungsbürgertum eine neue und spannende Alternative zu den klassischen Reisen nach Südeuropa.

Ende des 19. Jh.s waren die Reisebedingungen im Landesinneren Nordeuropas noch äußerst beschwerlich, so dass sich die erste „Reisewelle“ in den Norden auf Schiffsreisen konzentrierte. Die Hamburg-Amerika Linie und der Norddeutsche Lloyd in Bremen boten zahlreiche Nordlandfahrten an, die z. T. bis nach Spitzbergen und Island führten. Das Nordkap begann seine magische Anziehungskraft zu entfalten. Dies wurde forciert durch eine Steinpyramide, die Kaiser Wilhelm II. dort 1883 errichten ließ. Im selben Jahr noch begannen die Postschiffe der Hurtigrute ihre Küstenfahrt bei Honningsvåg zu unterbrechen, um den Touristen den beschwerlichen Weg zum Nordkapfelsen zu ermöglichen. Reisebeschreibungen und Informationen über den Norden wurden von etlichen neu gegründeten „Nordlandsvereinen“ verbreitet; 1911 wurde der Deutsch-Nordische Touristenverein gegründet (Büchten 1997).

Der Erste Weltkrieg unterbrach alle touristischen Reisen in die Nordischen Länder. Die Nationalsozialisten versuchten zwar Motive der nordgermanischen Mythologie zu vereinnahmen und betonten die völkisch-ethnische Verbundenheit mit dem Norden, doch der Zweite Weltkrieg und vor allem die Besetzungen Dänemarks und Norwegens führten zu einer tiefgreifenden Zäsur in den skandinavisch-deutschen Beziehungen.

In den 1960er-Jahren begann eine allmähliche touristische Wiederentdeckung des Nordens – ohne den politisch-ideologischen Ballast der vergangenen Epochen – zunächst durch Individualreisende, die nun in erster Linie mit dem Auto die mühsame Fahrt zum Nordkap oder zu den Fjorden nicht scheuten. Bis in die 1970er-Jahre hinein waren Skandinavienreisen noch mit einem Hauch von Abenteuer umgeben; dies bleibt heute noch allenfalls Grönland, Island und Spitzbergen vorbehalten. Das Gefühl der Weite hingegen ist ein touristisches Erlebnis, das für alle Länder des Nordens – mit Ausnahme vielleicht von Dänemark – gilt und geprägt ist durch die meist immense Nord-Süd-Erstreckung und durch die niedrige Bevölkerungsdichte (Bild 62 u. 64).

Doch auch im Zuge der rasanten Entwicklung der Ferien- und Reiseindustrie ist der Norden kein etabliertes Reiseziel für den Massentourismus geworden. Er kann im globalen Wettbewerb nur durch besondere Angebote, d. h. touristische Produkte, die sich deutlich von Mitbewerbern absetzen, bestehen. Die großartige Naturausstattung wird man – wie vor einhundert Jahren – selbstverständlich an erster Stelle nennen. Denn gleichzeitig gilt immer noch ein Hauptmotiv für Skandinavienreisen: die Suche nach Natur und Ruhe in den gering und dispers besiedelten Landschaften des Nordens. Das touristische Angebot kann sich jedoch heute nicht mehr – wie noch vor 30 oder 40 Jahren – auf eine einfache Hütte mit Außentoilette im Wald oder am Fjord beschränken.

Im Verlauf der Entwicklung zu modernen postindustriellen IT-Gesellschaften konnte sich der Norden von seinem romantisch-mystifizierten Bild befreien. In groß angelegten Imagekampagnen werben die skandinavischen Fremdenverkehrsämter für ihre landes- oder regionaltypischen Tourismusprodukte.

- Dänemark wirbt mit zwanglosem Familienurlaub und ausgefallenem Design,
- Norwegen mit Harmonie und Sicherheit,
- Schweden mit Moderne und Tradition,
- Finnland mit Individualität und Qualität.

Neben diesen sehr allgemeinen Labels wenden sich die zielgruppenorientierten Angebote in erster Linie an den gebildeten und relativ wohlhabenden Individualreisenden. Ihm sollen die Naturschätze und die Vielfalt der Kulturgüter des Nordens auch abseits der Städte durch vielfältige Aktivitäten als eine Erlebniswelt erschlossen werden. Eingebettet werden alle diese Angebote in eine gut ausgebaute soziale

Bild 62: *Menschenleere Landschaft bei Kvikkjokk im nördlichen Bereich der schwedischen Skanden. Hier verläuft der berühmte Wanderweg „Kungsleden" (J. Schwackenberg).*

und technische Infrastruktur, die ein hohes Maß an Komfort und Sicherheit gewährleistet.

Für die peripheren Räume des Nordens, insbesondere Gebirgsregionen, Insel- und Küstenbereiche, hat sich die Tourismusindustrie längst zu einer unverzichtbaren, ja oft einzigen ökonomischen Basis entwickelt. Im Jahre 2000 wählten 2,3 Mio. Deutsche die Nordischen Länder als Reiseziel, das sind immerhin 5,2 % aller deutschen Auslandsreisen. Damit wird etwa der gleiche Wert wie für das klassische Urlaubsland Frankreich erzielt (Forschungsgemeinschaft Urlaub und Reisen, Reiseanalyse 2001).

Gemeinsame Strategien im Tourismus

Die Tourismuswirtschaft in Nordeuropa spielt aus der europäischen Perspektive eine eher untergeordnete Rolle. Einzig Osteuropa hat noch geringere Touristenströme als Nordeuropa zu verzeichnen. Eine Ausnahme bildet Dänemark, welches durch seine Lage zu Deutschland die größten ausländischen Touristenströme des Nordens bindet (Abb. 75 u. 76).

Gründe für die geringe gesamteuropäische Bedeutung sind:

- relativ hohe Distanzen zu den Hauptagglomerationen in Europa,
- kurze Saisonzeiten für den Sommertourismus durch klimatische Voraussetzungen,
- kurze Helligkeitsphasen für den Wintertourismus,
- hohe Lebenshaltungskosten im Vergleich zu touristischen Konkurrenzländern,
- relativ geringe touristische Tradition und dadurch geringe Identifikation der Länder mit dem Tourismus,
- international ist der Norden als touristische Destination relativ unbekannt,
- kein gemeinsamer Marktauftritt als eine Tourismusregion sowohl nationalstaatlich als auch die Nationalstaaten übergreifend.

Diesen Schwächen des Nordens aus tourismuswirtschaftlicher Sicht stehen jedoch neben den natur- und kulturräumlichen Attraktionen folgende Pluspunkte der „Tourismusregion Nordeuropa“ entgegen:

- starke Exportindustrie, welche weltweite Bekanntheit schafft,
- sehr gut ausgebaute technische und soziale Infrastruktur,
- hohe Bekanntheit für internationale Konferenzen, Tagungen und Events (z. B. Olympische Winterspiele Lillehammer 1994),
- hoher Bildungsstand und gute Englischkenntnisse breiter Bevölkerungsschichten,
- geringe Kriminalität und große Sicherheit.

Diese Bedingungen haben dazu geführt, dass sich in Nordeuropa eine ganz spezielle Form des Tourismus entwickelt hat, die in den nachfolgenden Abschnitten noch differenziert dargestellt wird. Charakteristisch für den Tourismus in Nordeuropa sind ein hoher Anteil an Outdoor-Aktivitäten, ein hoher PKW- bzw. Wohnmobil-Anteil bei der Verkehrsmittelwahl, relativ kurze Aufenthalte und ein hoher Anteil von Individualreisenden.

Durch die oben genannten Rahmenbedingungen konnte und wird sich in Nordeuropa kein Massentourismus entwickeln, sondern ein Qualitätstourismus, der insbesondere für die peripheren Regionen des Nordens von immenser Bedeutung ist. Dieser Qualitätstourismus soll nach dem Willen des Nordischen Ministerrates der fünf Nationalstaaten und der drei unter Selbstverwaltung stehenden Regionen Åland, Färöer und Grönland in Einklang mit dem Leitbild einer „Nachhaltigen Entwicklung“ gebracht werden. Dieses ist die Grundlage für die vom Ministerrat eingesetzte so genannte Tourismus Ad Hoc Working Group, die Strategien für einen gemeinsamen Auftritt des Nordens als nachhaltiger Tourismusregion erarbeiten soll. In ihrem Bericht „Towards a sustainable Nordic Tourism“ (2001) analysiert diese Gruppe den Status quo des nordischen Tourismus. Sie beschreibt die vorhandenen Strategien innerhalb und zwischen den Staaten als äußerst heterogen, nicht abgestimmt und auf unterschiedlichste Zielgruppen ausgerichtet. Gleichzeitig stellt die Gruppe jedoch heraus, dass ohne eine gemeinsame Strategie aller Nordischen Regionen unter einem Dach mit durchaus unterschiedlichen lokalen Schwerpunkten zum einen nicht das Ziel einer nachhaltigen Tourismusentwicklung zu erreichen ist. Zum anderen kann nicht die wirtschaftliche Basis für eine dauerhafte und wachsende Tourismusindustrie geschaffen werden.

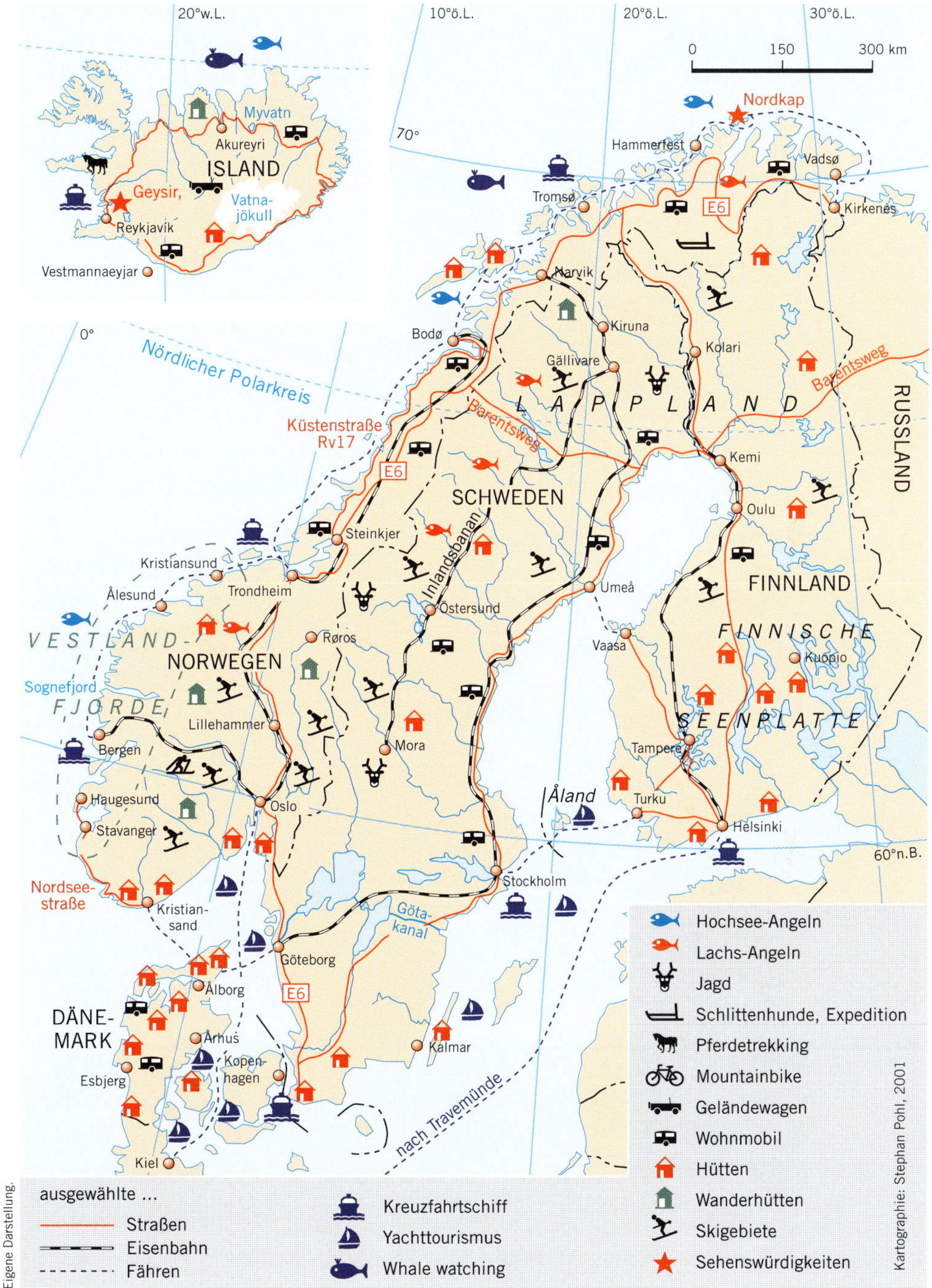

Eigene Darstellung.

Kartographie: Stephan Pohl, 2001

Abb. 75: *Tourismus.*

Um diese Gegensätze zwischen den einzelnen Strategien aufzubrechen, wurden zwei Meilensteine gesetzt: erstens eine kurzfristige Zielmarke, die bis 2004 durch Innovationen eine Marke, z. B. „Nordischer Tourismus“, schaffen soll, zweitens ein langfristiger Meilenstein, der sicherstellen soll, dass bis 2020 Informationen zu den Strategien an alle relevanten Stellen bis auf die lokale Ebene weitergegeben werden. Hiermit soll erreicht werden, dass ein integriertes und damit einheitliches Bild nach innen und nach außen kommuniziert wird. Über den gesamten Zeitraum liegt der Schwerpunkt bei der Ent-

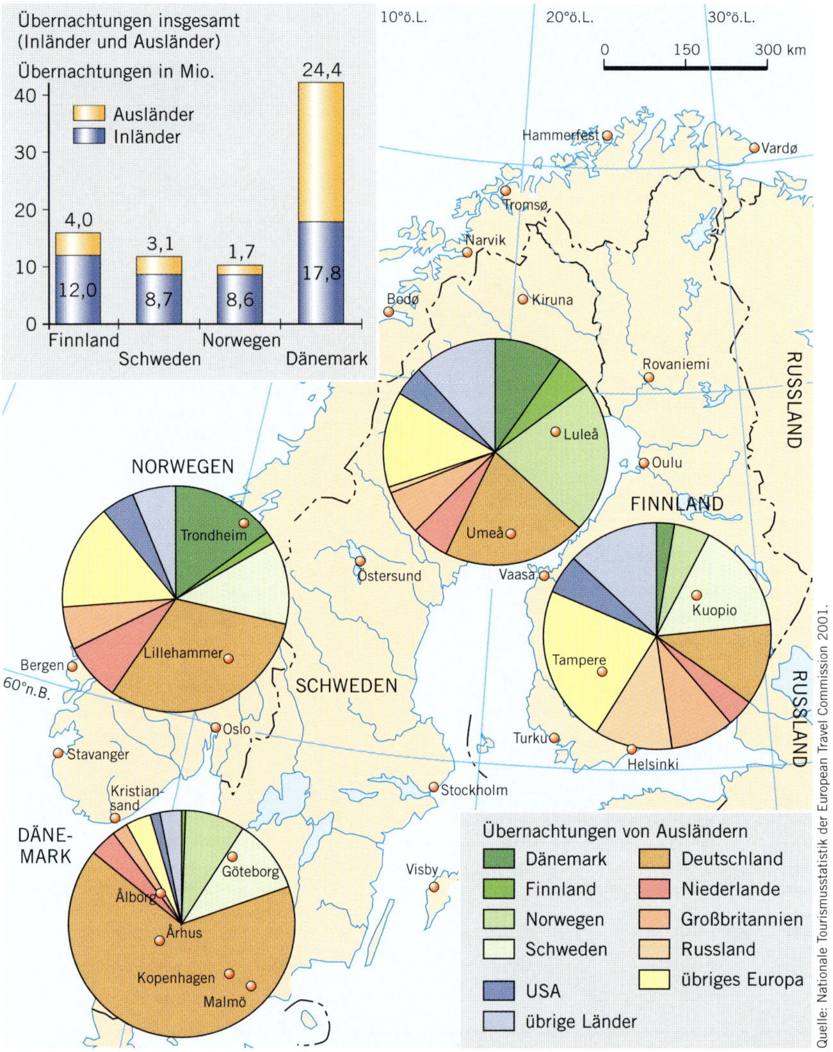

Abb. 76: Anteil der Übernachtungen nach Herkunftsländern.

wicklung einer gemeinsamen nachhaltigen Tourismusstrategie auf folgenden drei Aspekten:

1. Schaffung politischer Rahmenbedingungen für einen nachhaltigen Tourismus
2. Entwicklung von Kenntnissen und Fähigkeiten für umfassende Tourismusinitiativen
3. Produktinnovationen und Marketing.

Wirtschaftlich hat die Tourismusindustrie für Nordeuropa trotz ihres geringen Anteils an den gesamteuropäischen Tourismusströmen eine bedeutende Rolle. Nach Prognosen des WTTC (World Travel & Tourism Council) wird diese Bedeutung bis 2011 weiter zunehmen. Sind die direkten Einflüsse mit Anteilswerten zwischen 3–8 % am Bruttoinlandprodukt der einzelnen Nationalstaaten (Tab. 27) noch durchgehend einstellig, zeigt sich, dass der gesamtwirtschaftliche Anteil durch die Multiplikatoreffekte (direkte und indirekte Effekte) bis auf 21 % (Island) am Bruttosozialprodukt ansteigt. Weitere Zahlen verdeutlichen die hohe wirtschaftliche Bedeutung des Tourismussektors. So stellt die Tourismusindustrie mit fast 1,3 Mio. Arbeitsplätzen den zweitgrößten nordeuropäischen Arbeitgeber (Tab. 28). Insbesondere für Island spielen die Arbeitsplätze in der Tourismuswirtschaft eine besondere Rolle, denn sie bieten jedem zehnten Isländer eine wirtschaftliche Erwerbsquelle.

1999 wurden in den Nordischen Ländern fast 68 Mio. Übernachtungen gezählt. Die Touristen kamen jedoch zu fast 80 % (55 Mio. Übernachtungen) aus dem Norden selbst. Die Einzugsgebiete sind stark durch die Lage bzw. durch die kulturellen Verflechtungen geprägt. Beispielhaft sei hier nur Dänemark mit dem hohen Anteil deutscher und Finnland mit dem vergleichsweise hohen Anteil russischer Staatsbürger zu nennen.

Nach dem STA (Tourism Satellite Accounting) Research des WTTC ergibt sich durch den Tou-

Land	Anteil des Tourismus am Bruttoinlandsprodukt in %					
	direkt		+/–	direkt und indirekt		+/–
	2003	2013		2003	2013	
Dänemark	3,0	2,9	–0,1	8,6	8,6	0,0
Schweden	2,5	3,0	0,5	7,5	9,0	1,5
Norwegen	2,6	2,7	0,1	10,2	10,4	0,2
Finnland	3,6	3,6	0,0	11,1	12,7	1,6
Island	6,6	7,1	0,5	19,0	20,1	1,1

Tab. 27: Anteil des Tourismus am Bruttoinlandsprodukt der Nordischen Länder.

Quelle: World Travel & Tourism Council 2003.

Land	Anteil der Beschäftigten am Tourismus in %					
	direkt		+/–	direkt und indirekt		+/–
	2003	2013		2003	2013	
Dänemark	2,9	2,9	0,0	8,7	8,6	–0,1
Schweden	2,3	2,5	0,2	7,2	8,0	0,8
Norwegen	3,2	3,1	–0,1	13,4	12,8	–0,6
Finnland	3,6	3,9	0,3	11,6	14,0	2,4
Island	6,7	7,4	0,7	20,7	22,4	1,7

Tab. 28: Anteil der Beschäftigten am Tourismus der Nordischen Länder.

Quelle: World Travel & Tourism Council 2003.

rismus in den Nordischen Ländern eine direkte und indirekte Nachfrage im Wert von zusammen 110,54 Mrd. US-$. Diese Nachfrage wird sowohl direkt durch die Touristen verursacht als auch indirekt durch Investitionen in technische Infrastruktur wie etwa Straßen, Tunnels und Brücken sowie in soziale Infrastruktur, die von Touristen und von Nicht-Touristen genutzt werden. Des Weiteren ist ein Teil der Exporte des Nordens durch den Tourismus bedingt. Hier können es zum einen heimische Produkte sein, die ins Ausland exportiert werden, da der Tourist sie im Norden kennen gelernt hat und sie nun auch im Heimatland konsumieren möchte. Zum anderen können dies touristische Innovationen sein, die sich im Inland bewährt haben und nun ins Ausland exportiert werden.

Vergleicht man die einzelnen Marktsegmente, die als Nachfrager für die Tourismusindustrie auftreten, zeigt sich, dass der Ferien- und Freizeittourismus in Nordeuropa nur die Hälfte der Nachfrage generiert (Abb. 77).

Nimmt man jedoch die Exporte der Reisenden, d. h. die Souvenirs und sonstigen Einkäufe der Touristen hinzu, kommt die Dominanz des Freizeit- und Ferientourismus wieder deutlich zum Vorschein. Dennoch unterstreicht auch hier der hohe Anteil der Geschäftsreisenden am Nachfragevolumen, dass der Norden kein klassisches Touristengebiet ist, sondern der Ferien- und Freizeittourismus ein zwar wichtiges, jedoch nicht dominierendes gesamtwirtschaftliches Marktfeld ist.

Regionalwirtschaftlich hingegen ist der Ferien- und Freizeittourismus ein äußerst wichtiges wirtschaftliches Betätigungsfeld, da er gerade in peripheren Regionen eine der wenigen Erwerbsquellen bietet und durch seine Existenz die Siedlungsmuster und die Infrastruktur teilweise erst aufrechterhalten werden können.

Quelle: Nationale Tourismusstatistik der European Travel Commission 2001.

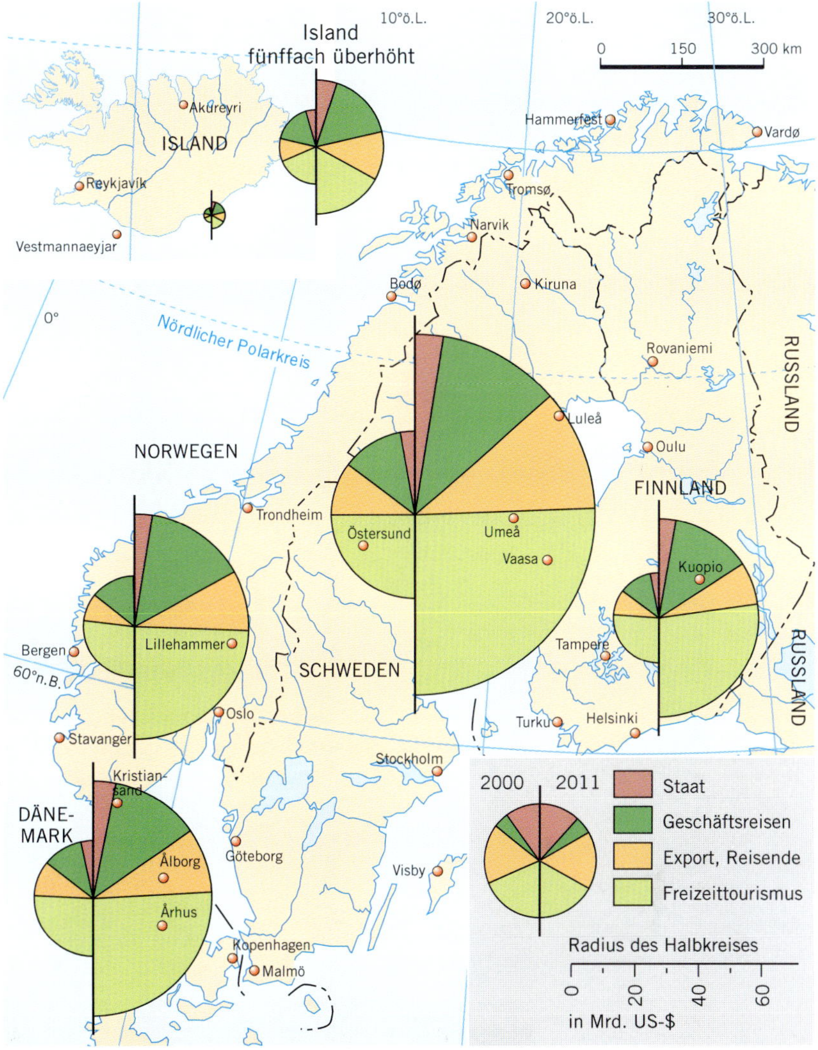

Abb. 77: *Tourismusnachfrage in Nordeuropa.*

Tourismusformen in den Nordischen Ländern

Das Ferienhaus – eine traditionelle nordische Tourismusform im Wandel

Bis in die Gegenwart hinein gehört das Ferienhaus essenziell zum Lebensgefühl und Lebensstil vieler Nordeuropäer. Bei 1,4 Mio. Ferienhäusern hat etwa ein Drittel aller Haushalte Zugang zu einem Freizeithaus, das *fritidshus*, *sommerhus*, *hytte* oder in Finnland *mökki* genannt wird (Bild 63).

Mit dem Beginn von Freizeitreisen seit Anfang des 19. Jh.s entwickelte sich die wohl typischste Form der Freizeitgestaltung in den Nordischen Ländern. Dabei waren Ferienhäuser zunächst nur einer reichen Oberklasse vorbehalten. Adelige nutzten ihre Landgüter als Freizeitsitze, oder reiche Kaufleute und z. T. auch Künstler errichteten Landsitze in reizvoller landschaftlicher Umgebung, aber in guter Erreichbarkeit von ihren städtischen Wohnsitzen. Mit zunehmender Urbanisierung entstand Ende des 19. Jh.s bei einer wohlhabenden Bürgerschicht der Wunsch nach Sommerhäusern außerhalb der immer enger werdenden Städte. Der Schärengarten vor Stockholm, die Ufer des inneren Oslofjordes oder die Küsten Seelands nördlich von Kopenhagen zeigen heute noch viele Beispiele dieser frühen Ferienhauskultur.

Zwischen den Weltkriegen erlebte der Freizeithausbau eine weitere räumliche und quantitative Verbreitung. Weniger begüterte Städter errichteten recht einfache Holzhäuser abseits der wohl bekannten und viel begehrten Küsten- und Seenstandorte. In den 1950er-Jahren existierten z. B. in Dänemark und Finnland jeweils 50 000 Ferienhäuser. Die große Expansion, d. h. die Entwicklung zum landschaftsgestaltenden und ökonomisch wirksamen Ferienhaustourismus, begann in den 1960er-Jahren. In Dänemark verdreifachte sich die Zahl der Ferienhäuser bis Anfang der 1970er-Jahre auf 150 000 (Cordes 1996); in Finnland verfünffachten sich die

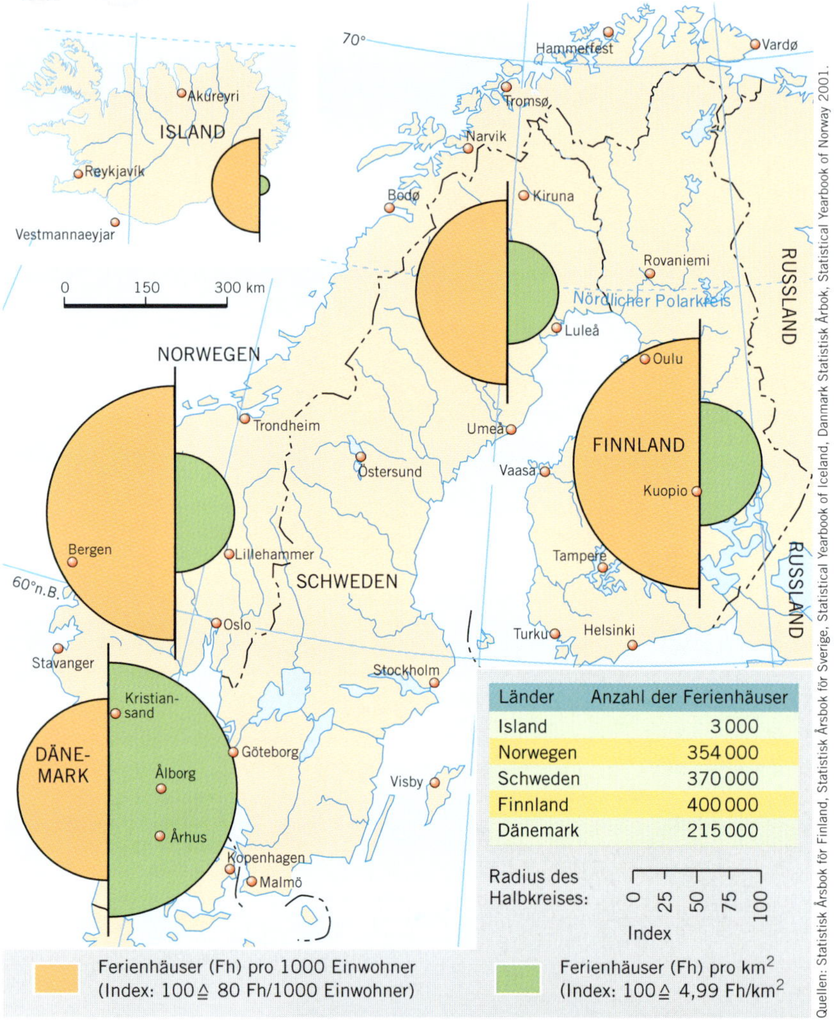

Länder	Anzahl der Ferienhäuser
Island	3 000
Norwegen	354 000
Schweden	370 000
Finnland	400 000
Dänemark	215 000

***Abb. 78:** Ferienhäuser in Nordeuropa.*

Ferienhäuser in diesem Zeitraum auf etwa 200 000 (Jäderholm-Vogel 1996, Abb. 78).

Die große Zahl der Ferienhäuser erklärt sich aus dem riesigen Raumangebot der Nordischen Länder. Doch darüber hinaus wirken noch andere Motive bis in die Gegenwart hinein. Saisonal genutzte Siedlungen und Wohnplätze sind typische Erscheinungen traditioneller Wirtschaftsformen in den weiten Räumen des Nordens mit ihren dispersen Siedlungsmustern. Die saisonalen Fischereien an den lang gestreckten Küsten ließen zahlreiche Fischerorte (norweg. *fiskevær*) entstehen. Die Waldweide und Jagd, die Seterwirtschaft, die Holzwirtschaft, Bergbau, Meiler und Eisenschmelzen und sogar abgelegene Kirchorte verlangten verschiedenste Formen von periodisch und episodisch genutzten Siedlungen. Zahlreiche Hofstellen, Fischerplätze, Seter u. a., die in den 1960er- und 70er-Jahren im Zuge der allgemeinen Rationalisierungsmaßnahmen und Strukturveränderungen aufgelassen wurden, werden heute von den Nachfolgegenerationen als Ferienwohnsitze genutzt. Bis heute spüren viele Skandinavier eine enge emotionale Bindung an „ihren" Hof oder an Inseln, Täler und Fjorde sowie an die Natur schlechthin, die von ihren Vorfahren einst unter schwersten Bedingungen besiedelt worden war.

In allen Nordischen Ländern liegen die größten Ferienhauslandschaften im Einzugsbereich der Hauptstädte. In Norwegen befinden sich 50 % aller Ferienhäuser im Südosten des Landes, d. h. in den Wald- und Fjellprovinzen nördlich von Oslo sowie am Oslofjord (Abb. 79).

Im Schärengarten vor Stockholm verteilen sich mehr als 40 000 Freizeithäuser auf 25 000 Inseln. Neben der Hauptstadtregion ist in Dänemark die Westküste der Halbinsel Jütland beliebter Standort

***Bild 63:** Sommerhaus bzw. Mökki in Südfinnland. See, Sauna und Boot gehören zur „unabdingbaren Grundausstattung" (J. Schwackenberg).*

für Ferienhäuser; in Finnland liegen die meisten Häuser an der Südküste sowie verteilt über die gesamte finnische Seenplatte; in Island werden mit wachsendem Wohlstand mehr und mehr Ferienhäuser östlich und südöstlich von Reykjavík errichtet; in Norwegen sind Fjordufer, die Südküste und Hochgebirgsregionen (*høyfjell*) besonders beliebt; in Schweden werden die Südostküste, Öland und die Bohuslänküste bevorzugt. Die Anbindung an Wasser – Meere, Fjorde, Seen oder Flüsse – sticht als ein gemeinsames Lagemerkmal besonders hervor.

Die gegenwärtige Entwicklung des Freizeithaustourismus ist durch einen deutlichen Wandel gekennzeichnet, der von komplexen Problemen und Grenzsetzungen begleitet wird. Während sich die traditionelle Ferienhauslandschaft durch eine sehr große Streuung der Holzhäuser auszeichnet, können heute kaum noch Häuser in Einzellage gebaut werden. Das Raumpotenzial ist in den bevorzugten Regionen bereits weitgehend erschöpft.

Die ökologische Belastung und der zunehmende Raumverbrauch durch den notwendigen Ausbau der Infrastruktur in sensiblen Küsten-, Seen- und Gebirgsregionen setzen einer weiteren freien und unkontrollierten Verbreitung von Ferienhäusern deutliche Grenzen. Raumordnungsmaßnahmen, wie z. B. das Freihalten von Uferstreifen oder Mindestgrößen von Grundstücken, haben in den letzten Jahren zu einer Verdichtung bestehender Freizeithausagglomerationen (*hyttegrend*) geführt.

Gerade für die hyttegrend spielen kommerzielle Aspekte mittlerweile eine zunehmende Rolle. Zwar werden die meisten Ferienhäuser in erster Linie privat genutzt, doch etwa 25 % (in einigen Ferienanlagen deutlich mehr) werden direkt oder durch Organisationen meist an ausländische Touristen vermietet. Die Tourismusbranche wirbt gerne mit der Kombination aus Natur, Aktivitäten und familiengerechtem Wohnen in einem Ferienhaus mit ansprechender bis luxuriöser Einrichtung.

Die Konzentration auf so genannte Ferienhaussiedlungen hat aber auch andere Gründe, die aus den allgemeinen sozioökonomischen Veränderungen in Nordeuropa resultieren. Der zunehmende Wohlstand in den modernen, postindustriellen Staaten führt nicht nur zu einer erhöhten Nachfrage nach Ferienhäusern, sondern auch zu einer deutlichen Veränderung der Ansprüche an Lage und Qualität sowie zu einem Wandel der Nutzungsmotivation. Der jüngeren Generation der IT-Gesellschaft stehen alle Angebote der internationalen Tourismusindustrie zur Verfügung. Die Bindungen an alte Siedlungswurzeln sind für viele Städter bereits verloren gegangen. Das bedeutet, dass die Hütte in peripherer und oft isolierter Lage nicht mehr den Ansprüchen an einen Urlaub gerecht werden kann. Vielmehr werden Freizeitwohnsitze nachgefragt, die von städtischen Ballungsgebieten in bequemer Distanz mit dem Auto auch am Wochenende erreichbar sind. Nach Möglichkeit sollen diverse Freizeitangebote und Aktivitäten – wie gut erschlossene Skigebiete, Häfen für Freizeitboote, eine gepflegte Gastronomie oder sogar Fun- und Erlebnisparks – in der Nähe sein. Der Trend, vor allem in den Ferienhausparks oder -anlagen, geht deutlich in Richtung hochwertiger Komfort- bzw. Luxushäuser, die nicht selten mit Indoorpool, Sauna, Solarium, Whirlpool u. a. m. ausgestattet sind. Die Lage wird dabei in erster Linie über eine günstige Erreichbarkeit bestimmt, nicht mehr über einen reizvollen Platz in der Natur. Teilweise sind Ferienhäuser schon zu einem Luxusgut geworden und stehen oft nicht mehr im Einklang mit der nordischen Tradition des einfachen Holzhauses in einer intakten Naturlandschaft. Ein wertvolles Stück skandinavischer Lebensart geht dabei leider verloren.

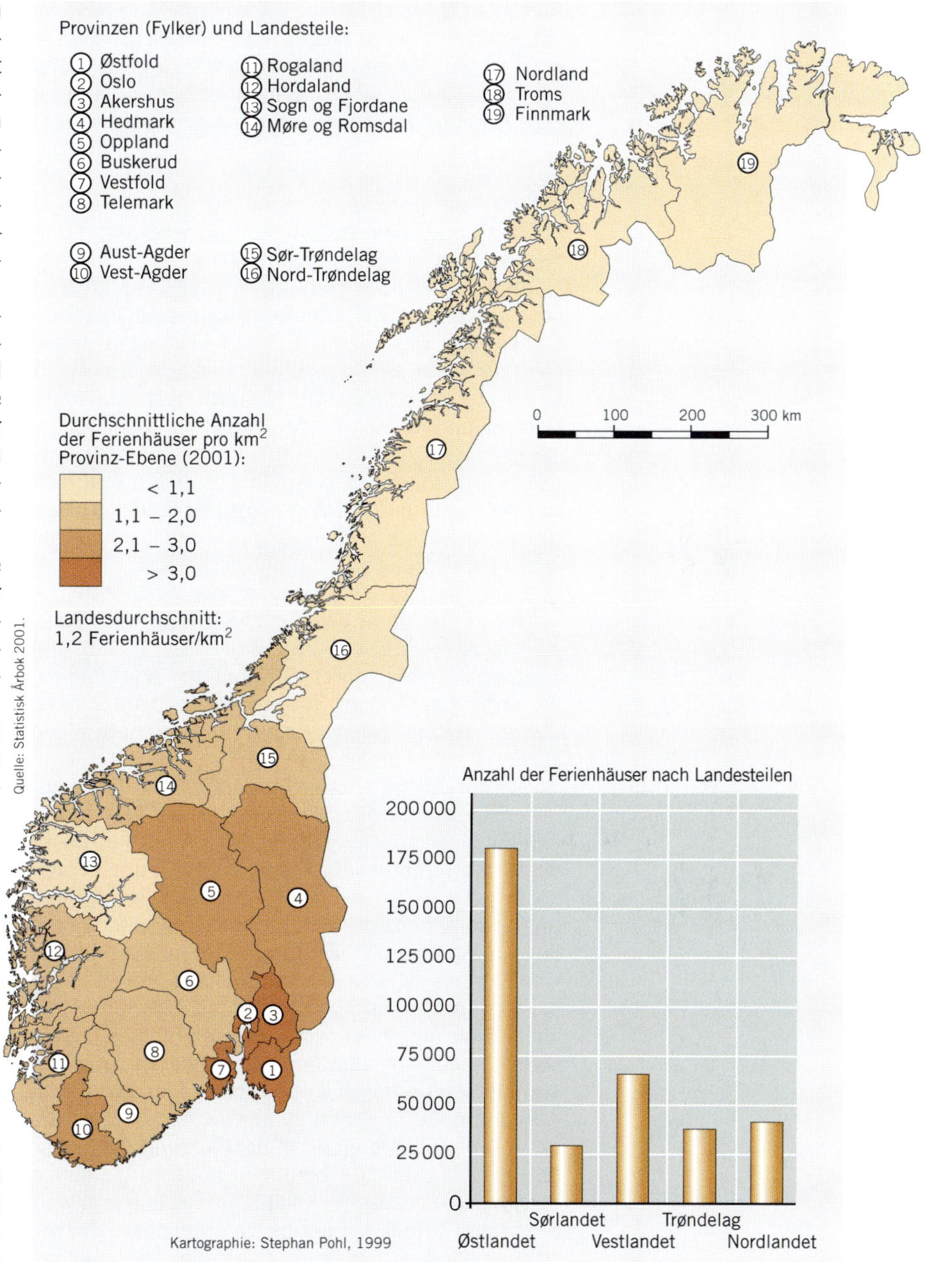

Abb. 79: *Anzahl der Ferienhäuser in Norwegen nach Landesteilen und Provinzen 2001.*

Reisen als Raumerlebnis – Traumstraßen im Norden
Nirgendwo im dicht besiedelten Europa ist die Erfahrung von Raumweite und Distanzüberwindung so nachhaltig möglich wie im Norden. Die über 80 000 km lange Küstenlinie Norwegens (einschließlich der Inseln), ausgedehnte Plateaufjelllandschaften in den Skanden und die relativ einheitliche Vegetation des borealen Waldes mit seinen Kiefern, Fichten und Birken lassen das Bild von weiten und monotonen Landschaften entstehen.

An der Südspitze Norwegens, dem Kap Lindesnes, weist ein Schild auf das Nordkap in 2518 km Entfernung. Das entspricht auch etwa der Distanz von Oslo nach Kirkenes an der russischen Grenze. In Finnland betragen die Entfernungen zwischen Helsinki und Kilpisjärvi oder Utsjoki in Lappland ca. 1500 km. Doch nicht nur die für europäische Verhältnisse großen Distanzen vermitteln den Eindruck von Weite, sondern auch die geringe Bevölkerungsdichte von 15 Einw./km^2 (ohne Dänemark), wobei große Landesteile wie Lappland oder die Skanden Dichten von lediglich 1–2 Einw./km^2 aufweisen.

Nur in den dicht besiedelten Haupt- und Großstadtregionen gibt es Autobahnen. Der größte Teil Skandinaviens ist durch Straßen gut erschlossen. Sie ermöglichen dem Reisenden einen intensiven Kontakt zu den Natur- und Kulturlandschaften des Nordens.

Die darauf basierende Tourismusform des Autoreisens oder Autowanderns, oft in Kombination mit Camping, ist in den letzten Jahren mehr und mehr durch den Wohnmobiltourismus und z. T. auch durch organisierte Busreisen ersetzt bzw. ergänzt worden. Individualität und Mobilität, die beiden bestimmenden Qualitäten des Wohnmobiltourismus, lassen sich in den großartigen Naturlandschaften des Nordens erlebnisreich erfahren. In den 1980er-Jahren stießen Wohnmobilreisende auf erhebliches Unverständnis bei der einheimischen Bevölkerung. Im Verhältnis zum Ressourcenverbrauch schienen die Ausgaben der Touristen zu gering. Außerdem kam es zu Missverständnissen in der Nutzung der Natur. Mittlerweile sind die Wohnmobilreisenden zu einem wichtigen Standbein der Tourismusindustrie geworden. Denn gerade die peripheren Regionen, die besonders auf den Tourismus angewiesen sind, werden von diesem Reisetypus gerne aufgesucht.

Das klassische Reiseziel für den Autotouristen ist, seit Einrichtung eines Straßenanschlusses im Jahre 1956, das Nordkap auf der Insel Magerøy bei 71°10'21'' Nord. Von den ca. 200 000 Besuchern pro Jahr, von denen rund 50 % aus Deutschland kommen, reisen 45 % mit Bussen, 25 % mit dem privaten Pkw oder Wohnmobil; jeweils 15 % kommen mit Kreuzfahrtschiffen oder mit Schiffen der Hurtigruten (Haubold 1999). Zur Förderung des Tourismus wurde 1999 ein 6,8 km langer Unterwassertunnel in Verbindung mit weiteren Straßenprojekten eröffnet, so dass man heute das Nordkap vom Kontinent aus ohne Fähre erreichen kann.

Kritische Stimmen beklagen allerdings landestypische Traditions- und Erlebnisverluste durch den Ausbau der Straßeninfrastruktur in weiten Teilen Nordeuropas, insbesondere in Norwegen.

Die ökonomische Abhängigkeit vom Tourismus zwingt dazu, gerade in peripheren Räumen neue Produkte auf dem Reisemarkt zu platzieren. So werden seit einigen Jahren Straßen als touristische Destinationen ausgewiesen, die sich über eigene Touristenwegsymbole, besonders ausgewiesene Unterkünfte, Restaurationen, Naturlandschaften, Sehenswürdigkeiten, Kulturdenkmäler und Aktivitäten definieren. Im Internet und in umfangreichen Reisehandbüchern werden diese Straßen vorgestellt und beschrieben. Einige herausragende Beispiele sind:

Die Ringstraße in Island (isl. *Hringvegur*, vgl. www.icetourist.de) umrundet in einem Kreis von 1400 km die ganze innere Insel als Straße S 1. Sie verbindet die größten Städte Reykjavík und Akureyri und führt zu zahlreichen attraktiven Naturlandschaften, wie dem Vatnajökull und Skaftafjell im Süden oder dem Hochthermalgebiet am Mývatn.

In Norwegen verläuft die Nordseestraße (norw. *Nordsjøvegen*, vgl. www.nordsjovegen.no) über 400 km von Kristiansand an der Südküste über die Ölmetropole Stavanger bis zur alten Fischerei- und Handelsstadt Haugesund. Da diese Region nicht zu den traditionellen Reisegebieten in Norwegen zählt, bemühen sich die anliegenden Kommunen durch Präsentation ihrer besonderen Küstenkultur, wozu interessante Küsten, weite Strände, alte Hafenensembles und Leuchttürme sowie Fischerei- und Seefahrtsmuseen gehören, Touristen anzuziehen.

In Nordwestnorwegen versuchen die Provinzen Nord-Trøndelag und Nordland, den Touristenstrom von der großen Nord-Süd-Achse, der E 6 (Bild 64), in die peripheren Küstenregionen zu verlagern. Ausgewiesen als *Kystriksveien* (Rv 17, vgl. www.rv17.no), verläuft diese Straße entlang der äußeren Küste über 700 km von Steinkjer nach Bodø. Zahlreiche Fähren zwingen den Reisenden auf dieser Strecke zum Verweilen und bieten Gelegenheit zur engeren Kontaktaufnahme mit der Küstenlandschaft.

In Nordschweden existiert bereits ein so genannter Inlandsweg (schwed. *Inlandsvägen*, vgl. www.inlandsvagen.org), der von Karesuando an der schwedisch-finnischen Grenze über Gällivare und Östersund nach Mora am Siljansee verläuft, großenteils parallel zur Inlandsbahn (s. u.). Diese Straße soll nun weiter nach Süden geführt werden über Kristinehamn am Vänersee nach Halmstad an der Kattegatküste bzw. nach Helsingborg und Malmö. Dadurch wären weite Bereiche des strukturschwachen schwedischen Binnenlandes über eine 1800 km lange Straße direkt mit der Öresundregion und Mittelwesteuropa verbunden. Der touristische Ausbau dieser Straße spielt in den Planungen eine große Rolle und ist im Nordteil, d. h. in Jämtland und Lappland, schon teilweise realisiert.

Ein sehr interessantes Straßenprojekt ist der Barents-Weg (schwed. *Barents Väg*, vgl. www.barentsroad.org und www.barentsregion.com) von Bodø über Luleå, Tornio und Rovaniemi bis nach Murmansk. Über 1500 km hinweg verläuft diese Straße

Bild 64: *Die E 6 nördlich von Karasjok, Norwegen. Die Fernstraße verläuft hier durch monotone Fjellbirkenwälder der Finnmarksvidda (J. Schwackenberg).*

nahezu parallel zum Polarkreis und soll zum Bindeglied innerhalb einer wichtigen überregionalen bzw. transnationalen Entwicklungsregion, der Barents Euro-Arctic Region (BEAR), werden. Der Tourismus, den diese Straße u. a. anziehen wird, kann wichtige Impulse zur Identifikation und zum Aufbau dieses Raumes liefern und die extrem peripheren russischen Gebiete der Halbinsel Kola und Ostkareliens enger an die Nordkalott-Regionen der Nordischen Länder binden; eine aus sozioökonomischer und politischer Sicht erstrebenswerte Perspektive.

Ein großes touristisches Nutzungspotenzial liegt in dem wenig bekannten nordeuropäischen Eisenbahnnetz, das über einige der attraktivsten Streckenführungen in Europa verfügt. Man denke nur an die Verbindung Oslo – Bergen über die Hardangervidda oder die Erzbahn von Kiruna über die Skanden nach Narvik. Alle Strecken können mit besonders günstigen, zeitlich begrenzten Tickets der Scanrail (vgl. www.scanrail.com) genutzt werden. Eine sehr schöne Strecke, nämlich die Inlandsbahn in Schweden (schwed. *Inlandsbanan*, vgl. www.inlandsbanan.se), wird bereits als touristisches Produkt vermarktet. Von Kristinehamn am Nordufer des Vänersees über Östersund nach Gällivare durchquert diese Bahnlinie über 1300 km das Innere Schwedens.

Das enorme Raumangebot des Nordens lässt den Schluss zu, dass noch große Reserven für die touristische Inwertsetzung vorhanden sind. Das gilt allerdings nur, wenn dem Tourismus von Seiten der lokalen Bevölkerung, und z. T. auch von staatlichen Institutionen, eine größere Akzeptanz entgegengebracht wird und dadurch Engagement und Servicebereitschaft zunehmen.

Aktivurlaub im erlebnisreichen Norden

Für den urbanisierten Mitteleuropäer ist es einerseits eine verlockende Vorstellung, in die grandiose Natur Nordeuropas zu reisen, andererseits bestehen aber große Unerfahrenheit und Unsicherheit im Umgang mit diesen fremden Landschaften. Neugierde und Spannung oder sogar Herausforderung können allerdings von der Tourismusindustrie genutzt werden, um Nischenprodukte zu entwickeln. Die reichlich vorhandenen, vielfältigen touristischen Ressourcen müssen dem naturentfremdeten Städter in entsprechend aufbereiteter Form zugänglich gemacht werden. Aufgrund mangelnder Marktanalysen und geringer Einsatzbereitschaft zeigten die Skandinavier in den vergangenen Jahren oft Unverständnis und Gleichgültigkeit gegenüber den Wünschen, Bedürfnissen und Ansprüchen der mitteleuropäischen Touristen. So wurden spektakuläre Gewässer-, Küsten- oder Gebirgslandschaften angepriesen, doch mögliche Nutzungen bzw. Aktivitäten wurden nur selten vorgeschlagen bzw. arrangiert.

Mittlerweile hat eine Reihe von Veranstaltern, vielfach aus Deutschland, die Chancen erkannt und zahlreiche Produkte, unter Berücksichtigung aktueller Freizeit- und Reisetrends, auf dem Tourismus-

Bild 65: *Zeltplatz am Vulkanmassiv der Askja in der „Missetäterwüste" (Ódáðahraun). Das Innere Islands ist nur mit Geländewagen zu bereisen (J. Schwackenberg).*

markt platziert. Neben den klassischen Destinationen wie Fjordnorwegen, Fjelllandschaften oder Lappland werden mehr und mehr die periphereren Regionen des Nordens erschlossen; dazu gehören die Küsten Westgrönlands, die Wüsten im Innern Islands, die sturmumtosten Färöer-Inseln, das hocharktische Spitzbergen sowie die noch weitgehend unbekannte Barents-Region.

Naturerlebnisse, Entdeckungsreisen, Expeditionen und Aktivurlaube sind die Produktlabels, unter denen die unterschiedlichsten Outdoor-Unternehmungen firmieren (Bild 65). Kompetente Führungen unter Vorgabe naturnaher, aber gleichzeitig auch sicherer touristischer Infrastrukturen sind entscheidende Voraussetzungen besonderer Betätigungen, wie Seekajak-Fahren im Nordmeer und Segeltörns auf den Spuren Fridtjof Nansens oder Wanderungen mit Packhunden durch die Finnmarksvidda und Pferdetrecking in Island, um nur einige Beispiele zu nennen.

Auch der Jagd- und Angeltourismus ist seit jeher ein wichtiges Standbein für die Peripherie des Nordens. Neu ist jedoch, dass die Potenziale heute aktiv genutzt werden. Die Anbieter, meist noch ausländischer Herkunft, sind von einer reaktiven Ausrichtung zu einer aktiven Marktbearbeitung übergegangen. Exemplarisch lässt sich diese Entwicklung an den Angeboten von Angelreisen aufzeigen.

Während in den 1980er-Jahren gerade einmal ein allgemeiner Hinweis auf Angelmöglichkeiten gegeben wurde, werden heute Reisepakete angeboten, die mit umfassenden Informationen und Unterweisungen bei Fang und Verarbeitung, mit umfangreichen technischen Ausrüstungen, wie Fanggeräten, Motorbooten mit Echoloten, Serviceeinrichtungen zum Ausweiden sowie Tiefkühlanlagen ausgestattet sind. Für derartig ausgearbeitete Angebote bestehen sowohl auf der Produkt- als auch auf der Nachfrageseite noch vielfältige und interessante Potenziale für den Norden.

Wintertourismus

In der südnorwegischen Provinz Telemark, im Ort Morgedal, rühmt man sich der „Wiege des Skisports". Norwegische Wörter wie Ski, Slalom (*sla* = Hang, *låm* = Skispur), Telemark und Loipe sind zu Schlüsselbegriffen des Wintersports geworden. Dennoch blieb der Norden bis in die 1990er-Jahre hinein als Wintersportdestination eher ein Exotenziel für Nischenanbieter. Das glazial überprägte, ausgeglichene Relief der Skanden galt lange Zeit als das klassische Langlaufterrain, das aber für die Funsportarten des alpinen Skilaufens wenig attraktiv war. Alte, manchmal etwas verstaubte Hochgebirgshotels (*høyfjellshotell*) und einfache, isoliert gelegene Hütten bzw. Freizeithäuser konnten die Bedürfnisse junger, erlebnishungriger Touristen aus Mittel- und Westeuropa nicht befriedigen (Bild 66).

Dieses Bild hat sich allerdings seit der Winterolympiade 1994 in Lillehammer und durch große Erfolge skandinavischer Alpinskiläufer in den letzten Jahren gewandelt. Vor allem in Südnorwegen, Mit-

***Bild 66:** Nordseter bei Lillehammer. Nordseter ist ein traditionelles Langlaufgebiet mit zahlreichen Hütten und bis zu 350 km gespurten Loipen (J. Schwackenberg).*

telschweden und Nordfinnland sind zahlreiche Alpin-Skizentren entstanden bzw. intensiv ausgebaut worden. Die größten Skiorte sind:

- in Norwegen: Trysil in Hedmark, östlich von Lillehammer, am 1130 m hohen Trysilfjell, mit 26 Lifts und 64 Pisten;
- in Schweden: Sälen in Darlarna, am 945 m hohen Transtrandsfjäll, mit 36 Lifts und 57 Pisten;
- in Finnland: Äkäslompolo und Ylläsjärvi in Lappland, am 720 m hohen Ylläsfjäll, mit 20 Lifts und 37 Pisten.

So nahm die Zahl der ausländischen Übernachtungen in Finnland zwischen 1993 und 2000 um 43 %, von 2,8 auf 4 Mio., zu. Dabei stieg der Wintertourismus um 97 %, während der Sommertourismus nur um 16 % anwuchs.

Die aktuellen Tendenzen spiegeln sich in den Strukturen und Entwicklungen des Skizentrums Hovden im oberen Setesdal, 215 km nördlich von Kristiansand. Die inneren Tal- und Fjellregionen Südnorwegens hatten schon seit den 1960er-Jahren auf der Grundlage ihrer traditionellen Wirtschaftsbasis, der Landwirtschaft, keine Überlebenschancen (vgl. Gläßer 1975). Der Ausbau des Fremdenverkehrs bot sich – wie in vielen Peripherregionen Skandinaviens – als einzige Alternative an.

1968 begann man mit dem Bau der ersten Liftanlage und seit den 1970er-Jahren erfolgte der Ausbau der wintersportlichen Infrastruktur, so dass heute hervorragende Bedingungen für Langlauf und Alpinskilauf angeboten werden können.

Hovden liegt auf 800 m ü. NN, wobei die umgebenden Fjellgebiete bis auf 1250 m ü. NN reichen und schon deutlich über der Waldgrenze liegen (www.hovden.com und www.skiinfo.no). Von Ende November bis in den Mai hinein stehen den Langläufern elf Loipen, eine beleuchtete Strecke und eine Langlaufarena zur Verfügung von insgesamt 150 km Länge. Für Alpinisten werden sechs Lifts mit zwölf Abfahrten betrieben. Neben einer beleuchteten Piste gehört ein Snowboard-Park mit Halfpipe, Funbox und Big Jump zu den Wintersportattraktionen in Hovden. Um den Spaßfaktor bzw. den Erlebniswert zu steigern, werden ein Funbad (Hovden Badeland), eine Natureisbahn, Kletterrouten, Fjellflüge u. a. m. angeboten. Durch die geplante Erschließung einer weiteren Fjellkuppe mit zwei neuen Lifts und zehn Abfahrtspisten wird Hovden zum sechstgrößten Skizentrum Norwegens.

Die Beherbergungskapazität mit insgesamt 2836 Betten teilt sich wie folgt auf:

- Hotels: 135 Zimmer mit 286 Betten;
- Hütten, kommerziell genutzt: 210 mit 1609 Betten;
- Ferienwohnungen, Apartments: 79 mit 446 Betten;
- Campingplätze, Campinghütten: 7 Anlagen mit 495 Betten;
- ca. 1600 private Hütten, die nur teilweise vermietet werden (Hovden Ferie AS, 2001).

Obwohl man ganzjährig Tourismusangebote zur Verfügung stellt, liegt das Hauptgeschäft in den Win-

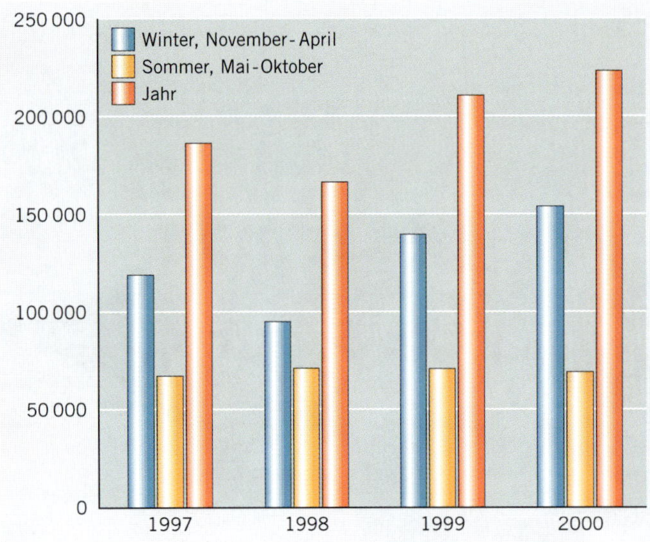

Abb. 80: *Übernachtungen in Hovden im Winter und Sommer 1997 bis 2000.*

termonaten November bis April, in denen 60–70 % aller Übernachtungen registriert werden (Abb. 80).

Als Herkunftsländer sind in erster Linie Norwegen mit fast 50 % aller Übernachtungen im Sommer und im Winter zu nennen. Des Weiteren kommen Touristen vor allem aus Dänemark (vorwiegend Wintergäste) und Deutschland.

Der Beschäftigungseffekt des Tourismus ist für die 400-Einwohner-Siedlung durchaus beachtlich. 1998 kamen 226 Beschäftigte auf 165 Vollerwerbsstellen im Unterkunfts- und Freizeitgewerbe, im Handel, Service und Handwerk. Mit einem jungen Team und mit Unterstützung der Gemeinde versucht „Hovden Ferie As“, die Attraktivität ihres Tourismusstandortes durch Diversifizierung der Freizeit- und Aktivangebote zu steigern, um damit die ökonomische Basis dieser Tal- und Fjellregion zu sichern.

Der Norden als Winterdestination entwickelt von Jahr zu Jahr neue ausgefallene Produkte, so auch in Grönland, Island, Lappland und in der Barentsregion.

Potenziale und Perspektiven

Die dargestellten Tourismusformen können nur exemplarisch die Vielfalt der Produkte darstellen, die der Norden anzubieten hat. Weitere Entwicklungspotenziale liegen z. B. in den Stadtlandschaften, die auf Grund ihrer Meeresorientierung höchst attraktive Waterfront-Gestaltungen realisieren konnten. Interessante Altstadtensembles, oft noch aus alten Holzhäusern bestehend, wurden in zahlreichen Städten, Handels- und Fischerorten revitalisiert. Gerade die enge Verzahnung zwischen Land und Meer sowie die Vielfalt an Seen und Flüssen bieten der Fremdenverkehrswirtschaft nachhaltige Möglichkeiten und Herausforderungen.

In diesem Zusammenhang muss auch der Yachttourismus genannt werden. Er spielt zum einen eine große wirtschaftliche Rolle, wenn man an die so genannte „Dänische Südsee“, Bornholm, Gotland, die Schären vor Stockholm, die Åland-Inseln oder ähnliche Segelreviere denkt. Zum anderen übernimmt er jedoch auch eine wichtige Pionierfunktion, indem er auch entlegene Regionen und Plätze erstmals touristisch erschließt. Der Yachttourismus liefert hier oft die Initialzündung für eine touristische Inwertsetzung. Es entstehen z. B. erste Versorgungs- und Serviceeinrichtungen, gefolgt von Restaurants und Kneipen, bis schließlich auch erste landfeste Beherbergungsbetriebe ihre Arbeit aufnehmen.

Der Tourismus ist heute bereits ein wichtiger und oft unverzichtbarer Wirtschaftsfaktor für zahlreiche Peripherräume des Nordens geworden. Bei weitem sind noch nicht alle Potenziale ausgeschöpft. Da aber das Tourismusgeschäft kein Selbstläufer ist, bedarf es großer Anstrengungen, die Produkte so aufzubereiten bzw. bereitzustellen, dass sie den Bedürfnissen des mittel-west-europäischen Marktes gerecht werden. Mit einer sensibleren Kundenorientierung könnten skandinavische Anbieter ihre Marktchancen signifikant verbessern.

Wie die letzten Jahre gezeigt haben, bleiben die Touristenzahlen für die Nordischen Länder begrenzt. Der Massentourismus wird weiterhin nach Sonne und Wärme verlangen, die der Norden aufgrund seiner geographischen Lage nur eingeschränkt zur Verfügung stellen kann. Das hohe Preisniveau, der niedrige Servicegrad und die relativ geringe Dienstleistungsbereitschaft sind weitere Hemmnisse im Fremdenverkehrsgeschäft. Aber gerade wegen des fehlenden Massentourismus können höchst attraktive Nischenprodukte entwickelt und einer anspruchsvollen Kundschaft angeboten werden.

Regionalentwicklung an Beispielen

Bild 67: *Kvivik im Westen der Insel Streymoy. Kvivik (etwa 500 Einw.) ist eine der ältesten Siedlungen der Färöer, belegt durch die Fundamentreste eines Langhauses aus der Wikingerzeit (10. Jh.). Im Hintergrund die Insel Koltur (J. Schwackenberg)*

Überblick

- Die folgenden Regionalstudien dienen primär dem Zweck, einige Aspekte in puncto Einheit und Vielfalt der Nordischen Länder aufzuzeigen, und zwar an konkreten Beispielen, die in vorhergehenden Kapiteln weniger zum Tragen kamen.
- Bei den ausgewählten Regionen handelt es sich um die teilautonomen Bereiche der Åland-Inseln, der Färöer-Inseln und Grönland sowie den zum norwegischen Hoheitsgebiet gehörenden Svalbard-Archipel (Spitzbergen), die allesamt gerade in der jüngeren Zeit einem gravierenden Strukturwandel unterliegen.
- Neben den wirtschaftlichen Entwicklungsprozessen sind dabei der demographische Wandel und die aktuelle geopolitische Situation von besonderer Bedeutung, was vor allem die Fallstudien Grönland und Färöer unterstreichen.

Die Åland-Inseln

von Ewald Gläßer

Der Åland-Archipel (finn. *Ahvenanmaa*) als autonome Region und zugleich westlichste Provinz Finnlands besteht aus etwa 6500 Inseln mit einer Landfläche von insgesamt 1527 km², wobei die zahllosen kleinen Schären und Riffe der eiszeitlich geprägten Inselwelt hier gar nicht mitgezählt sind. Die sechs größten, im Westen des Archipels gelegenen Inseln sind durch Brücken miteinander verbunden, und die anderen größeren Inseln werden im Fährverkehr angelaufen. Insgesamt sind nur 65 der Inseln von den etwa 26 000 Åländern ständig bewohnt. Aufgrund der klimatischen Gunst (auf Åland gibt es statistisch gesehen mit knapp 2100 die meisten Sonnenscheinstunden Finnlands) prägen die Inseln ein artenreiches und dichtes Vegetationskleid sowie weiterhin relativ gute landwirtschaftliche Möglichkeiten, was sich insbesondere im Getreide- und Hackfruchtanbau niederschlägt. Immerhin waren Ende der 1980er-Jahre auf den Åland-Inseln noch rd. 800 Bauernhöfe in Betrieb (Bild 68).

Entsprechend den günstigen Naturraumvoraussetzungen und der verkehrsgünstigen Lage können die Åland-Inseln auf eine lange, traditionsreiche Kulturlandschaftsgeschichte zurückblicken, was viele Funde und Bodendenkmäler aus der vor- und frühgeschichtlichen Zeit belegen. Immerhin war Åland schon im 7. Jh. eine der am dichtesten besiedelten Regionen Nordeuropas. Eindrucksvolle, oft auf ehemaligen Thingplätzen errichtete Natursteinkirchen, die ältesten Finnlands, zeugen von der Frühzeit des Christentums. Burgruinen erinnern an die einstige schwedische Herrschaft und die Festungsanlagen (besonders Bomarsund) sowie die Hauptstadt Mariehamn an die russische Epoche. Das knapp 11 000 Einwohner zählende Mariehamn, einst eine Seefahrerstadt und Heimathafen der weltweit operierenden Seglerflotte des Reeders Gustaf Erikson, wurde erst 1861 von Zar Alexander II. gegründet und nach seiner Gemahlin Maria benannt. Heute wird die sog. „Metropole der Ålands" oder „Stadt der tausend Linden" vor allem in den Sommermonaten geprägt von seinen Fähr- und Yachthäfen.

Obwohl die Zahl der Urlauber auf den Åland-Inseln die 1,5-Millionen-Grenze überschritten hat, kann man derzeit noch nicht von Massentourismus sprechen. Insbesondere für Segler bietet die Schärenwelt mit ihrem gut ausgebauten Netz von Gästehäfen geradezu ein Paradies. Neben den Einkünften aus den klassischen Fremdenverkehrsbranchen ist eine andere Art von Tourismus für Åland von besonderer volkswirtschaftlicher Bedeutung, nämlich der Tax-Free-Tourismus auf den Fährschiffen. Die Erlöse aus dem zollfreien Einkauf sind so hoch, „dass ohne sie die Wirtschaft der Provinz zusammenbrechen würde" (Militz 2001, S. 11). Demzufolge wurde im seinerzeitigen Beitrittsvertrag Finnlands zur EU auch der Fortbestand jener Einnahmequelle zugunsten Ålands zugesichert. Das heißt mit anderen Worten, dass die Åland-Inseln für die EU praktisch Zoll-Ausland wie ein Nicht-EU-Staat sind. Verständlich wird damit auch, dass heute nahezu alle Fährschiffe zwischen Schweden und Finnland in den åländischen Häfen Mariehamn bzw. Långnäs anlegen.

Åland hat entsprechend seiner Selbstverwaltung eine eigene Haushaltshoheit sowie das Recht, eigene Gesetze zu erlassen, die die inneren Angelegenheiten betreffen. Der gesetzliche Rahmen dieser Selbstverwaltung kann verfassungsgemäß nur vom Finnischen Reichstag und mit der Zustimmung des Åland-Parlaments (*Ålands Lagting*) geändert werden. Das

Bild 68: *Getreide- und Hackfruchtanbau auf Åland nördlich Mariehamn (E. Gläßer).*

Selbstverwaltungsgesetz impliziert vor allem die Bereiche Unterricht und Kultur, Gesundheitswesen und Krankenpflege, Wirtschaftsförderung und Verkehrswesen innerhalb Ålands, Gemeindeverwaltung, Polizei- und Postwesen sowie schließlich Radio und Fernsehen. Demgegenüber sind die finnischen Behörden u. a. für die auswärtigen Angelegenheiten, für das Gerichtswesen sowie für Zoll- und Münzangelegenheiten verantwortlich. Die Gesetze, die vom oben genannten Lagting beschlossen und von der åländischen Regierung (*Ålands Landskapsstyrelse*) umgesetzt werden, müssen dem finnischen Präsidenten, der sein Veto einlegen kann, vorgelegt werden. Allerdings gilt jenes Vetorecht nur für zwei Fälle, und zwar wenn das Åland-Parlament seine Kompetenzen überschritten haben sollte oder wenn die Gesetze die äußere und innere Sicherheit des Gesamtstaates betreffen.

Zur Frage nach den historischen bzw. geopolitischen Gründen der Selbstverwaltung bzw. der Bildung einer autonomen Region innerhalb des finnischen Staatswesens sei hier Folgendes bemerkt: Die Åland-Inseln gehörten lange Zeit zu Schweden, bis sie dann 1809 mit dem Friedensschluss von Hamina zusammen mit ganz Finnland an Russland abgetreten werden mussten. Mit dem Zusammenbruch des Zarenreiches 1917 beschlossen die Vertreter aller åländischen Gemeinden, eine Wiedervereinigung mit dem Mutterland Schweden anzustreben. Die Åländer beriefen sich hierbei auf das Selbstbestimmungsrecht der Völker. Gleichermaßen tat dieses Finnland, das sich Ende 1917 als selbstständige Republik ausrief. Auf finnischer Seite war man aber nicht bereit, jenes Recht der åländischen Bevölkerung zu gewähren, höchstens eine gewisse Form der Selbstverwaltung. So beschloss der Finnische Reichstag 1920 ein entsprechendes Selbstverwaltungsgesetz, das aber auf wenig Gegenliebe bei den Åländern stieß. Damit wurde die Ålandfrage zu einer internationalen Angelegenheit, die 1921 von dem neu gegründeten Völkerbund dahingehend entschieden wurde, dass Finnland die Souveränität über Åland erhalten sollte. Finnland musste sich allerdings verpflichten, der åländischen Bevölkerung ihre schwedische Sprache sowie ihre Kultur und Brauchtümer zu garantieren. Gleichzeitig entschied sich der Völkerbund für eine Demilitarisierung und Neutralisierung Ålands (seit 1956 in Kraft), um damit vor allem Schwedens Befürchtungen einer militärischen Bedrohung seitens des Åland-Archipels abzubauen. Nach der Vervollständigung des Selbstverwaltungsgesetzes (die letzte Novellierung erfolgte 1993) wurden 1922 die ersten Landtagswahlen auf Åland abgehalten.

Seit 1970 haben die Åland-Inseln auch eine eigene Vertretung im Nordischen Rat, in den sie zwei ihrer Abgeordneten wählen. Weiterhin ist die åländische Landesregierung in die Arbeit des Nordischen Ministerrates eingebunden. Mit dem EU-Beitritt Finnlands 1995 wurde Ålands besondere Stellung in einem Protokoll des Anschlussvertrages festgehalten. Damit trug man auch spezifischen gesetzlichen Regelungen auf Åland Rechnung, so z. B. der Problematik von Grund- und Bodenerwerb durch Auswärtige. Schließlich wird in dem genannten Protokoll Ålands völkerrechtliche Sonderstellung erneut bestätigt.

Die Färöer-Inseln

von Johann Schwackenberg

Lage und Naturraum

Auf halbem Wege zwischen Norwegen und Island liegt die Inselgruppe der Färöer. Sie führt den politischen Status einer sich selbst verwaltenden Volksgemeinschaft im dänischen Königreich. Kaum eine Gemeinschaft in Europa lebt räumlich so isoliert wie die Färinger in ihrer Inselwelt, eingeschlossen von den tosenden Strömungen des Europäischen Nordmeeres. Die nächstgelegenen Nachbarn leben auf den Shetland-Inseln, in 300 km Entfernung. Nach Island beträgt die Seestrecke 450 km und zur norwegischen Küste sind es 675 km. Zwischen den beiden Hauptstädten Tórshavn und Kopenhagen liegen 1300 km. Einmal in der Woche verbindet die einzige Autofähre zwischen dem Kontinent und Island auch die Färöer-Inseln mit Europa. Doch durch tägliche Flugverbindungen nach Kopenhagen sowie neue Medien und Informationstechnologien sind die Färöer mit „modernem“ europäischem Lebensstandard wohl vertraut. Seit den 1990er-Jahren spürt man, vor allem in der Hauptstadt Tórshavn, einen regelrechten Modernisierungsschub.

Inmitten des Nordatlantiks erheben sich 18 Inseln mit insgesamt 1399 km^2 aus dem Meer. Sie verteilen sich auf einer Nord-Süd-Strecke von 118 km sowie über 79 km von West nach Ost und erreichen eine Küstenlänge von 1117 km (Abb. 81).

Das relativ kleine Landareal wird aufgrund der geographischen Lage der Inseln und durch die weltweite Einführung der 200-Seemeilen-Zonen seit 1977 durch eine 275 000 km^2 große exklusiv nutzbare Wirtschaftszone im Nordatlantik ergänzt. Hier im Meer liegen die Zukunft und die Hoffnungen der Färinger, die ursprünglich als bäuerliche Gesellschaft die „Schafsinseln“ – wie die Färöer in wörtlicher Übersetzung heißen – besiedelten und sich gegen Ende des 19. Jh.s zu einer Fischergesellschaft entwickelten.

Nach überwundener Wirtschaftskrise Mitte der 1990er-Jahre sind relativ stabile Fischbestände sowie Erwartungen an Erdölressourcen in der eigenen 200-Seemeilen-Wirtschaftszone die ökonomischen Eckpfeiler, zwischen denen sich die Färöer zu einer modernen Dienstleistungsgesellschaft entwickeln. Optimistische Prognosen sehen für die Färöer eine völlige wirtschaftliche Selbstständigkeit noch im ersten Jahrzehnt des 21. Jh.s voraus. Als Konsequenz daraus entwickelt sich eine neue Selbstbe-

Quelle: Føroyar Topografiskt Atlas 1989 u. eigene Erhebungen 2000.

Abb. 81: *Die Färöer-Inseln.*

stimmung, die in das Bestreben nach vollkommener Souveränität mündet. Der 2000 von den Färöern faktisch eingeleitete Unabhängigkeitsprozess ist allerdings noch nicht entschieden.

Mit der Öffnung des Nordatlantiks im Alttertiär entstanden die Färöer-Inseln im Bereich der großen nordatlantischen Basaltzone, deren Reste sich noch in Nordwestschottland, in Nordwestisland sowie in Ost- und Westgrönland finden. Die Inselgruppe liegt auf einer submarinen Schwelle mit weniger als 500 m Wassertiefe. Von der Riftzone Islands unterscheiden sich die Färöer durch ihre Aseismizität, d. h., Erdbeben und Vulkanausbrüche treten hier heute nicht mehr auf. Der Untergrund besteht aus wechsellagernden, leicht nach Südost einfallenden Basalt- und Tuffschichten, die das Ergebnis von drei gewaltigen vulkanischen Perioden im Tertiär sind.

Im Nordwesten stemmen sich steile, oft mehrere hundert Meter hohe Kliffs gegen die gewaltige Brandung des Atlantiks, die bizarre Formen von Brandungspfeilern, -höhlen und -toren aus den Felsen herausgeschlagen hat (Bild 69). Ganz im Nordwesten der Insel Eysturoy, nahe den imposanten Steilküsten, liegt der höchste Berg der Färöer, der Slættaratindur mit 882 m über NN. Er befindet sich in der mittleren Basaltschicht, die den Nordwesten der Färöer einnimmt. Nach Südosten schließen sich in terrassenförmiger Abstufung die Basalte und Tuffschichten der obersten bzw. jüngsten Eruptionsserie an. An den Südostküsten der Inseln senkt sich das Land sanfter gegen das Meer. Dort befinden sich auch seit jeher die bevorzugten Siedlungsplätze.

Eine geologische Besonderheit zeigt die älteste Basaltserie, die nur ganz im Westen, auf den Inseln Mykines und Vágar sowie auf Suðuroy, der südlichsten Insel, ansteht. Hier liegen in einer Sedimentschicht, die sich in einer längeren Phase vulkanischer Ruhe bilden konnte, zwei Steinkohleflöze von 0,5 m bis 1,5 m Mächtigkeit. In den 1950er-Jahren betrug die jährliche Produktion noch 18 000 t, dagegen wird heute nur noch eine geringe Menge auf Suðuroy für den privaten Gebrauch gefördert (Arge 1997, S. 10ff.).

Im Südosten der Färöer, an der Wirtschaftszonengrenze zu Großbritannien, lassen die geologischen Strukturen auf potenzielle Erdöllagerstätten schließen.

Die heutige Oberflächengestalt der Färöer ist vornehmlich das Produkt der letzten Kaltzeit, in der die Färöer – wie auch Island – ein eigenes, regionales Vereisungsgebiet darstellten. Die Glazialerosion überprägte die tertiären Plateaubasalte und Tuffschichten und schuf die für das Landschaftsbild charakteristischen Formen, wie Kare in den höheren Regionen sowie Trogtäler, Fjorde und Sunde, die in Nordwest-Südost-Richtung verlaufen und das prägende Lagemuster der Inseln bestimmen.

Klima

Die Hauptstadt Tórshavn liegt zwar auf dem 62. Breitengrad Nord, was dem Süden Grönlands entspricht; doch das Klima der Färöer wird weniger durch die nördliche Lage geprägt als vielmehr durch die exponierte Situation zu zwei großen beherrschenden Systemen der Nordhalbkugel: Erstens durch den Atlantischen Strom bzw. die Golfstrom-Trift, eine warme Meeresströmung, die ihre größten Wassermassen zwischen Island und Schottland, also direkt entlang den Färöern, ins Europäische Nordmeer transportiert. Die nur sehr wenig im Jahresgang schwankenden Wassertemperaturen von 5 °C im Winter und 10 °C im Sommer sorgen für eine äußerst geringe Temperaturamplitude von 7°–8 °C. Daraus resultiert ein ausgesprochen ozeanisches Klima mit milden Wintern, bei mittleren Temperaturen von 3°–4 °C – den höchsten Wintertemperaturen im gesamten Norden – und kühlgemäßigten

Bild 69: Mykines, die westlichste Insel der Färöer. Die Steilküsten ermöglichen keine Hafenanlage. Die 19 ständigen Bewohner des einzigen Ortes leben von Schafhaltung und einem eher begrenzten Tourismus (J. Schwackenberg).

Sommern mit einem Julimittel von nur 11 °C sowie ganzjährig hohen Niederschlägen, die Jahressummen von 1500 mm erreichen.

Das zweite klimaprägende System ist die Frontalzone der atmosphärischen Zirkulation, die Wetterküche der gemäßigten und höheren Breiten. Hier treffen über dem Nordatlantik kalte Polarluftmassen auf warme Tropikluftmassen und verwirbeln zu Zyklonen, die allgemein als Islandtiefs bezeichnet werden. Sie sind verantwortlich für die äußerst lebhafte, oft unberechenbare Dynamik des Wettergeschehens im ozeanischen Nord- und Westeuropa. An die Tiefdrucksysteme sind ganzjährig hohe zyklonale Niederschläge, hohe Luftfeuchtigkeit und häufige Nebelbildung sowie starke Winde gebunden. In Tórshavn fallen die höchsten Niederschläge zwischen September und März, mit Monatssummen von 130–170 mm.

Bevölkerung und Siedlungen

Von 1970 bis 1989 verzeichneten die Färöer-Inseln ein stetiges Bevölkerungswachstum von 38 600 auf 47 800 Einwohner. Doch dann folgten im Rahmen der tiefgreifenden Wirtschaftskrise in der ersten Hälfte der 1990er-Jahre deutliche Bevölkerungsverluste, die die Gesamteinwohnerzahl auf 43 400 im Jahre 1995 sinken ließ. Mit dem neu einsetzenden Wirtschaftswachstum konnte die Bevölkerungszahl bis 2000 wieder auf 46 000 ansteigen.

Die färöische Hauptstadt Tórshavn liegt in geschützter Lage an der Südostspitze der Insel Streymoy (Bild 70). Sie ist mit 16 000 Einwohnern, das sind 35 % der färöischen Gesamtbevölkerung, das dominierende Zentrum der Färöer. Von 1977–1999 konnte die Hauptstadt ein Bevölkerungswachstum von 30 % verzeichnen.

Eine zweite städtische Siedlung ist Klaksvik mit ca. 5000 Einwohnern. Sie ist das Versorgungszentrum der Nordostinseln, die nur durch eine zeitaufwendige Fährverbindung und einen erheblichen Landweg an Tórshavn angebunden sind.

Im Südosten der Insel Eysturoy bildet sich ein dichteres Siedlungsband im Bereich Runavik heraus, mit Bevölkerungsgewinnen von 12 % zwischen 1977 und 2000. Mit nahezu 9000 Menschen ist das südliche Eysturoy die intensivstbesiedelte Region nach der Hauptstadt. Daneben verteilt sich die Bevölkerung auf über 50 Gemeinden, von denen die Hälfte weniger als 500 Einwohner zählt. Besonders die peripher gelegenen Kleingemeinden, die nicht mit Straßen und Brücken an Tórshavn angebunden sind, leiden unter erheblichen Abwanderungstendenzen – vor allem Siedlungen auf den Inseln Sandoy und Suðuroy (Hagstova Føroya 2000, S. 4f.).

Von Wikingersiedlungen zum souveränen Staat

Um 800 n. Chr. gelangten die Färöer im Zuge der Wikingerexpansionen in den Gesichtskreis des Nordens. Neben brandschatzenden und beuteheischenden Wikingern waren auch skandinavische Bauern auf der Suche nach neuem Siedlungsland. Auf den Inseln organisierten sie ihr Leben wie in Norwegen. Unabhängige Großbauern lebten mit ihren Familien und ihrem Gesinde auf weit verstreut liegenden Höfen, meist in Küstennähe. Die auf Subsistenz ausgerichtete Wirtschaft wurde durch sporadischen Tauschhandel mit Kauffahrteischiffen aus Norwegen und anderen Nordseeländern ergänzt. Wichtigste und

Bild 70: *Tórshavn, Färöer. Die färöische Hauptstadt (16 000 Einw.) verfügt über den größten Hafen der Färöer und ist das dominierende Verwaltungs- und Wirtschafts- und Kulturzentrum (J. Schwackenberg).*

einzige öffentliche Institution war – wie in allen Nordischen Ländern jener Zeit – das Thing. Bereits um 900 n. Chr. soll, noch vor dem berühmten isländischen Althing, eine Gesetz und Recht sprechende Versammlung auf den Färöern abgehalten worden sein.

Durch norwegischen und dänischen Einfluss erfolgte 1000 die Einführung des Christentums. Bereits 1067 wurde ein Bischofssitz eingerichtet, doch der Einfluss der Kirche blieb zunächst gering. Auch als die Färöer 1035 als Lehen unter die norwegische Krone kamen, änderte sich für die Bauern kaum etwas. Doch im Laufe des späten Mittelalters nahmen die Einflüsse der Kirche und der Krone ständig zu.

Im 12. Jh. wurde der Bischofssitz in Kirkjubøur südlich von Tórshavn eingerichtet. Dort steht heute noch die eindrucksvolle Ruine der nie fertig gestellten St.-Magnus-Kathedrale.

Mit dem Tod des letzten norwegischen Königs im Mittelalter, Haakons VI., im Jahre 1380 gelangten die Färöer – im Rahmen der dänisch-norwegischen Union – unter die Krone Dänemarks. Das ausgehende Mittelalter und die frühe Neuzeit brachten für die Färöer eine Verarmung des Bauernstandes und damit der gesamten Inselgemeinschaft. Bis zur Reformation hatte die Kirche über 40 % des Landes in Besitz genommen. Mit der Einführung der Reformation in Dänemark wuchs der Druck der weltlichen Macht. Der Bischofssitz in Kirkjubøur wurde aufgelöst, als Kirchensprache wurde Dänisch eingeführt und der Besitz der Kirche wurde konfisziert, so dass die Krone nun direkt über mehr als 50 % des Landes verfügte. Das freie Bauernland war inzwischen durch Erbteilung weit aufgesplittert worden; größere Höfe existierten nur noch als „Königshöfe", also als Pachthöfe der Krone.

Im 16. und 17. Jh. erlebten die Färinger Überfälle von Piraten aus den Seeräuberhochburgen des Mittelmeerraumes. Die dänische Krone vergab die Handelsrechte mit den Färöern an verschiedene Kaufleute, die wenig Interesse am Wohlergehen der Bevölkerung zeigten. Über Jahrzehnte hinweg beherrschten Hamburger Kaufleute den Färöerhandel. Schafwolle und Fisch wurden ausgeführt im Gegenzug für Getreide und Waren des täglichen Bedarfs. Wollsocken und so genannte Islandpullover wurden begehrte Produkte in den Hafenstädten der Nordsee. Ein altes färöisches Sprichwort belegt den großen Wert der Wolle für die Schafsinseln: „*Ull er føroyar gull* – Wolle ist das Gold der Färöer". Die dunkle Zeit der privaten Handelsmonopole endete 1709 mit der Übernahme des Handels und der Verwaltung durch den dänischen König.

Nach Beendigung der mehr als 400-jährigen Union zwischen Dänemark und Norwegen im Jahr 1814 blieben die Färöer – wie auch Island und Grönland – im dänischen Königreich, zunächst mit dem vagen Status einer Kolonie. Doch das 19. Jh. brachte einschneidende Veränderungen in den politischen, wirtschaftlichen und sozialen Strukturen. 1850 trat die neue Verfassung Dänemarks auch auf den Färöern in Kraft. Seit dieser Zeit dürfen die Färinger zwei Abgeordnete in das Kopenhagener Parlament, das Folketing, entsenden. Mit der Abschaffung des staatlichen dänischen Handelsmonopols 1856 konnten sich die Färinger endlich aus ihren mittelalterlichen agrarbäuerlichen Lebensformen befreien.

Die traditionelle Landwirtschaft, basierend auf Schafhaltung, konnte die zunehmende Bevölkerung nicht mehr aufnehmen, trotz einer erheblichen Erweiterung der Landwirtschaftsflächen durch Kultivierung der „*udmarken*". Zwischen 1801 und 1860 hatte sich die Bevölkerung von 5000 auf 9000 nahezu verdoppelt, bis 1901 hatte sie sich auf 15 000 verdreifacht. 1801 lebten noch 85 % der Bevölkerung von der Landwirtschaft und nur weniger als 1 % von der Fischerei. Dabei muss allerdings betont werden, dass die bäuerliche Wirtschaft auf einem integrierten System von Landbewirtschaftung und Viehhaltung sowie Fangrechten (Fisch- und Walfang), Strandrechten (Treibholz) und Vogelfang, die an den Landbesitz gebunden waren, basierte (Joensen 1987, S. 29ff.).

Erst in der zweiten Hälfte des 19. Jh.s begann der Übergang von einer Bauern- zu einer Fischergesellschaft. Der rasche Aufbau einer kommerziellen, exportorientierten Seefischerei (1872: 1 Hochseefangschiff, 1906: 128) bedeutete für zahlreiche Färinger sowohl die räumliche wie auch die sozialwirtschaftliche Loslösung vom Hof und vom angestammten Siedlungsplatz. Der Fischfang sowie die Fisch verarbeitenden Betriebe zogen landlose junge Leute in die größeren Orte, wie Tórshavn, Klaksvik oder Tvøroyri auf Suðuroy. 1901 gaben bereits 40 % der Bevölkerung den Fischfang als Haupterwerb an (Arge 1997, S. 26). Gegen Ende des 19. Jh.s war der Fischfang zur wichtigsten Wirtschaftsgrundlage der Färöer geworden, der alte Name „Schafsinseln" hatte seine ursprüngliche Bedeutung verloren.

Ende des 19. Jh.s war – wie auch in anderen Nordischen Ländern – eine Nationalbewegung erwacht, die zwei zentrale Ziele verfolgte: die Wiederbelebung der färöischen Sprache und die Stärkung der Färöer gegenüber der dänischen Einflussnahme. 1906 wurden zwei politische Parteien gegründet, die unterschiedliche Richtungen vertraten. Während die „*Sambandsparti*" den Status quo der Reichsgemeinschaft mit Dänemark bewahren wollte, drängte die „*Selvstyreparti*" auf ein größeres Mitspracherecht in Fragen der inneren Angelegenheiten der Färöer.

Im Zweiten Weltkrieg wurden die Färöer von britischen Truppen besetzt und Dänemark von den Deutschen. Damit waren die Färöer bis 1945 vom dänischen Mutterland abgeschnitten. Während der Besatzungsjahre übernahmen das färöische *Lagting* (das färöische Parlament) die Legislative und der „*Amtmand*" die Exekutive. Die färöische Sprache wurde nun auch als Rechts- und Gesetzessprache dem Dänischen gleichgestellt und die färöische Kreuzflagge (blau umrandetes rotes Kreuz auf weißem Untergrund) als Nationalflagge von den Briten anerkannt.

Die erfolgreiche Bewältigung der Kriegsjahre ließ ein neues politisches Selbstverständnis unter den Färingern entstehen, und eine Rückkehr zum Status quo ante war nach 1945 unmöglich geworden. Es kam zu strittigen Verhandlungen über den Verbleib im dänischen Königreich. Eine Volksabstimmung, in der sich 1946 eine knappe Mehrheit für die Trennung von Dänemark ausgesprochen hatte, wurde von dänischer Seite ignoriert. Doch konnten die Färöer 1948 eine Teilautonomie erringen.

Nach dem Gesetz über die färöische Selbstverwaltung (dän.: *Færøernes hjemmestyre*) sind die Färöer eine sich selbst verwaltende Volksgemeinschaft innerhalb des dänischen Königreiches. Die nationale, historische und geographische Sonderstellung sowie die färöische Sprache und Nationalflagge werden anerkannt. Als gesetzgebendes Organ fungiert das Lagting, die Exekutive wird von Færøernes Landsstyre wahrgenommen. Gesetzgebung und Exekutive unterliegen zwei verschiedenen Regimen: Die so genannten Sonderbereiche (dän.: *Særanliggender*), die ausschließlich die Färöer betreffen, folgen der färöischen Gesetzgebung und Verwaltung. Die Gemeinschaftsbereiche (dän.: *Fællesanliggender*), die Dänemark und die Färöer betreffen, werden von dänischen Gesetzen und dänischer Administration beherrscht. Zu den wichtigsten Gemeinschaftsbereichen gehören die Außen- und Sicherheitspolitik sowie die Rechtsprechung. Darüber hinaus unterliegen alle anderen Aufgabenbereiche bzw. Sachgebiete der färöischen Selbstverwaltung.

Über den rechtlichen Stellenwert der Selbstverwaltung gibt es unterschiedliche Auffassungen. Ein Standpunkt betrachtet die Selbstverwaltungsordnung nur als ein dänisches Gesetz, das den Färöern gewisse Rechte überträgt. Eine andere Auffassung, die von den meisten Färingern vertreten wird, sieht in der Selbstverwaltung das Resultat komplexer Verhandlungen zwischen den beiden Ländern. Danach müssten weitere Verhandlungen konsequenterweise in eine vollständige Souveränität der Färöer münden. Doch zurzeit lehnt die dänische Regierung diesen Standpunkt entschieden ab (Rigsombudsmanden på Færøerne 2000).

Der Weg in die Unabhängigkeit

1998 vereinbarten die Regierungen Dänemarks und der Färöer, Verhandlungen über eine Neuordnung der Beziehungen zwischen den beiden Ländern aufzunehmen. Von Anfang an erklärten die Färöer die volle Souveränität als ihre Zielsetzung. Sie wollen die uneingeschränkte Verantwortung über die Gestaltung und Entwicklung ihres Landes innerhalb der internationalen Staatengemeinschaft selbst übernehmen (Høgni Hoydal, Færøernes Landstyre, Tórshavn, pers. Mittlg. Juli 2000).

Die oben skizzierte Selbstverwaltungsordnung gibt den Färingern zwar eine sehr weitreichende Autonomie, sie erlaubt aber nicht die volle Kontrolle über entscheidende politische und ökonomische Angelegenheiten. Der Zugang zu internationalen Organisationen wird erschwert. Dänemark wird immer stärker in die EU integriert, ohne dass die Färöer Mitglied sind.

Innen- und wirtschaftspolitisch war die Abhängigkeit von Dänemark seit den 1950er-Jahren gewachsen. Dänische Investitionen und Fördermaßnahmen schufen eine Infrastruktur und einen öffentlichen Sektor, die weit über die Möglichkeiten eines kleinen Inselstaates hinausgingen. Durch Subsidien, hohe Kredite und Missmanagement geriet die Fischwirtschaft sowohl im Fang als auch im Verarbeitungsbereich in eine instabile Situation. Als Folge wuchs die Verschuldung der Färöer dramatisch und mündete in eine Bankenkrise in den frühen 1990er-Jahren. Die Krise verschärfte sich, weil durch Manipulationen eines dänischen Kreditinstitutes den Färöern ca. 1 Mrd. DKR (133 Mio. €) an Schulden zugewiesen wurden. Diese Krise zeigt einerseits deutlich die Abhängigkeit vom Mutterland und schürt andererseits ein tiefes, jahrhundertealtes Misstrauen gegenüber Bevormundung und Fremdbestimmung.

Nach dem Völkerrecht erfüllen die Färöer die Grundbedingungen für eine Souveränität, wie eine dauerhafte Bevölkerung und Besiedlung, ein abgegrenztes Territorium und eine eigene Verwaltung. Auch auf das Selbstbestimmungsrecht der Völker, das von den Vereinten Nationen 1966 verabschiedet wurde, können sich die Färöer berufen. Dort heißt es u. a., dass jedes Volk ein Selbstbestimmungsrecht hat und seine Politik, seine Wirtschaft sowie seine soziale und kulturelle Entwicklung frei bestimmen kann. Die Anerkennung als „Volk" sehen die Färinger im Selbstverwaltungsgesetz von 1948 erfüllt, in dem sie als „Volksgemeinschaft" (dän.: *folkesamfund*) im dänischen Reich bezeichnet werden. Nach färöischer Auffassung haben die Dänen im Rahmen der Neuordnung der färöisch-dänischen Beziehungen nach 1945 deutlich bekundet, dass sie dem Wunsch der Färöer nach uneingeschränkter Souveränität entsprechen werden.

In einer Debatte im Folketing äußerten die dänische Regierung sowie alle bedeutenden Parteien den Wunsch, dass das färöische Volk im Königreich Dänemark verbliebe, aber sie erklärten gleichzeitig, das Streben nach voller Souveränität der Färöer zu respektieren. Während die Färöer eine Trennung von Dänemark als reine färöische Angelegenheit betrachten, bestehen die Dänen darauf, dass eine Unabhängigkeit der Färöer unter Achtung der dänischen Verfassung verhandelt wird und vom Folketing akzeptiert werden muss (Steen Ryd Larsen, Statsministeriet, Kopenhagen, pers. Mittlg. März 2001).

Eine große Rolle bei den Diskussionen um die Selbstständigkeit der Färöer spielt auch die Frage, ob Dänemark bereit ist, die hohen Subventionen, die es an die Färöer zahlt (gegenwärtig etwa 1 Mrd. DKR [133 Mio. €] jährlich), auch nach der Unabhängigkeit der Inselgruppe aufrechtzuerhalten.

Wie auch immer die Entscheidung des färöischen Volkes ausfallen wird, so kann doch das zukünftige Verhältnis Dänemarks zu seinen Außengebieten Färöer und auch Grönland nicht unverändert bleiben. Die Fortsetzung einer Reichsgemeinschaft (dän.: *rigsfællesskabet*) von Dänemark, Färöer und Grönland, von vielen als ein anzustrebendes Modell favorisiert, wird in größerem Maße als bisher auf die besonderen soziokulturellen Verhältnisse der Inselstaaten Rücksicht nehmen müssen. Auch wenn sich zurzeit keine volle Souveränität durchsetzen lässt, wollen die Färöer zumindest im Rahmen einer erweiterten Autonomie die grundlegenden wirtschaftlichen und sozialen Belange weitgehend ohne Fremdbestimmung aus Kopenhagen in Eigenverantwortung bestimmen und gestalten.

Wirtschaftliche Grundlagen

Die Fischerei ist seit vielen Jahrzehnten der dominierende Zweig der färöischen Wirtschaft (Bild 71). Der Anteil von Fischen und Fischprodukten am Gesamtexport liegt bei etwa 96 %. Der Export von Konsumfischwaren (inklusive Aquakultur) erreichte 1999 einen Wert von 2,9 Mrd. DKR (385 Mio. €). Außerhalb der Hauptstadt Tórshavn, in der sich eine moderne Dienstleistungs- und IT-Wirtschaft entwickelt, ist die Abhängigkeit von der Fischwirtschaft nahezu vollkommen. Ende der 1980er-Jahre waren 8000 Färinger in der Fischerei und dem Fischverarbeitungs- und Vermarktungsbereich tätig. Auf dem Höhepunkt der Wirtschaftskrise 1994 sank die Zahl auf 4500. Anfang des 21. Jh.s liegt sie wieder bei ca. 6000. Allein Fischfang, Fischverarbeitung und Aquakultur – ohne die umfangreiche Zulieferer- und Serviceindustrie – erreichten 1999 einen Anteil am BIP von 26 %. Diese Zahlen unterstreichen einerseits die enorme Bedeutung der Fischerei, sie weisen aber auch darauf hin, wie verwundbar die Färöer durch ihre monostrukturierte Wirtschaft sind. Denn kaum ein Wirtschaftszweig ist in so hohem Maße durch Instabilität geprägt wie die Fischerei.

Ähnlich wie an der norwegischen Küste finden sich auch in der stark zergliederten Küstenlandschaft der Färöer sehr günstige Bedingungen für die Aufzucht bzw. Mast von Lachs und Forelle in Meereskäfigen. Nach einem kräftigen Start in den 1980er-Jahren, der mit 63 Produktionsanlagen seinen Höhepunkt fand, mussten zahlreiche Anlagen infolge von Preisverfall und teilweise auch Seuchenproblemen in den 1990er-Jahren schließen, so dass heute nur noch 17 Betriebe in 32 Produktionsstätten Lachse mästen. Die Produktion konnte allerdings deutlich gesteigert werden, von 2500 t in 1986 auf ca. 30 000 t im Jahre 2000. 1999 wurden 14,5 Mio. smoltifizierte Lachse (d. h. physiologisch an das Salzwasser adaptierte Fische) und 0,4 Mio. Forellen, beide aus rein färöischen Stämmen, in die Meereskäfige ausgesetzt. In den nächsten Jahren erwartet man eine Steigerung der Aquakulturproduktion auf über 50 000 t pro Jahr. Der Exportwert von Zuchtlachs und -forelle und deren Verarbeitungsprodukten betrug 1999 bereits 880 Mio. DKR (117 Mio. €), das sind immerhin 30 % der gesamten Konsumfischexporte. Die Fischzucht hat sich zu einem sehr wichtigen Wirtschaftsfaktor für die peripheren Siedlungen entwickelt. Private dynamische Unternehmer sind dabei, vertikal integrierte Firmen mit Fischbrutproduktion, Fischmast, Schlachterei, Herstellung und Entwicklung von Fischprodukten und Export zu etablieren. 2000 wurden bereits 25 % der Lachsproduktion auf den Färöern selbst verarbeitet. Hier sieht man noch ein größeres Potenzial durch Diversifizierung und Produktentwicklung (Rigsombudsmanden på Færøerne 2000, S. 82ff.).

Eine Besonderheit der färöischen Meereswirtschaft ist der Fang von Grindwalen und anderen Kleinwalen. Umweltschutzorganisationen überziehen die Färöer immer wieder mit dem Vorwurf, die Walbestände zu bedrohen und brutale Jagd- und Tötungsmethoden anzuwenden. Doch der Jagddruck liegt deutlich unter dem Wert von 2 %, den die Internationale Walfangkommission (IWC) vorsieht. 1998 wurden 815 Grindwale getötet, was 0,1 % der gesamten Grindwalpopulation von 800 000 Individuen entspricht. Nach alten, seit Jahrhunderten überlieferten Jagdmethoden werden ganze Walschulen mit vielen Dutzend Tieren mit kleinen Booten von der lokalen Bevölkerung in flache Buchten und an Strände getrieben, wo sie dann sofort getötet werden.

Walfleisch und -speck werden nicht vermarktet, sondern nach traditionellen Verteilungsschlüsseln an die Jagdteilnehmer und an die Bevölkerung der Region verteilt. Immerhin kann bis zu einem Viertel des färöischen Fleischkonsums durch Walfleisch gedeckt werden. Damit wird die Schaffleischproduktion, die bei ca. 500 t pro Jahr liegt, um das Doppelte übertroffen.

Dagegen hat der früher so wichtige Seevogelfang an Bedeutung verloren. Die Bestände von Lummen, Papageitauchern u. a. sind – nicht zuletzt wegen zu starker Befischung wichtiger Futterfische – erheblich zurückgegangen, so dass Fangbeschränkungen erlassen werden mussten.

Bis zum Ende des 19. Jh.s war die Landwirtschaft die wichtigste Lebens- und Erwerbsgrundlage auf den Färöer-Inseln. Doch 1999 lag ihr Anteil am BIP nur noch bei weniger als einem Prozent; die Fischwirtschaft erreichte zum Vergleich 26 %. In den letzten Jahren wurden allerdings mit der Zielsetzung eines höheren Selbstversorgungsgrades Investitionen in die Landwirtschaft, z. B. Kultivierung neuer Agrarflächen und Meliorationsmaßnahmen, vom Staat subventioniert. 1999 konnten 75 Viehhaltungsbetriebe mit insgesamt 1100 Milchkühen den gesamten Trinkmilchbedarf der Färöer decken.

Daneben ist immer noch die Schafhaltung der dominierende und vor allem landschaftsbeherrschende Zweig der färöischen Agrarwirtschaft. Mit ca. 70 000 Schafen, also zwei pro Einwohner, werden jährlich 500 t Fleisch produziert, womit der Konsum nur zu 40 % gedeckt werden kann.

Die Gemarkung der meisten kleinen Siedlungen ist noch deutlich geprägt von den traditionellen landwirtschaftlichen Strukturen. An den Siedlungsbereich schließt sich direkt die „*indmark*" (färöisch: *bøur*) an, das ist das voll kultivierte Landwirtschaftsareal. Wie auch in früheren Zeiten werden weit über 90 % der bøur als Mähwiese bewirtschaftet. Nur noch vereinzelt findet man hier heute kleine, wenige Quadratmeter große Garten-Parzellen mit Kartoffeln und Gemüse.

An die bøur grenzen die weit ausgedehnten „*udmarken*" (färöisch: *hagin*), die nicht kultiviert sind und ausschließlich als Weideflächen genutzt werden. Eine berühmte historische Quelle, welche die Bewirtschaftung der bøur und hagin detailliert darstellt, ist der Schafbrief (*Seyðabrevit*) von 1298, der mehrere hundert Jahre lang gültig war.

Bild 71: *Der Kabeljau (hier etwa 35 kg) – der Brotfisch der Färinger. Fischer auf der südlichsten Insel Suðuroy (J. Schwackenberg).*

In den 1980er-Jahren wurde der erste Versuch unternommen, im Süden der Insel Suðuroy nach Erdöl zu bohren. Ohne Erfolg durchbohrte man die mächtigen Basaltschichten. Doch in Anbetracht britischer Ölfunde bei den Shetland-Inseln begründen die Färöer ihre Hoffnung auf ähnlichen geologischen Grundstrukturen im südöstlichen Bereich ihrer eigenen 200-Seemeilen-Wirtschaftszone, zumal in dieser Region keine mächtigen Basaltschichten vorkommen. Ölkonzerne wie Statoil, Norsk Hydro, BP, Amoco, Texaco u. a. stehen bereits mit Niederlassungen auf den Färöern in Startposition.

Aber auch die färöische Autonomieregierung bereitet sich auf ein großes Ölabenteuer vor. 1992 wurden die Rechte an mineralischen Vorkommen im Untergrund von Dänemark an die Färöer übertragen. 1998 verabschiedete das Lagting ein „Kohlenwasserstoffgesetz" zur Regelung der Ölexplorationen und potenzieller Förderungen. Sogar konkrete Steuersätze auf gefördertes Erdöl sowie Umweltschutzbestimmungen sind schon in färöischen Gesetzen festgeschrieben. Anfang 2000 wurde die erste Konzessionsvergaberunde für intensivere Explorationen über 14 000 km² im Südosten der färöischen Offshore-Wirtschaftszone eröffnet. Falls Probebohrungen erfolgreich sein sollten und Erdöllagerstätten nachgewiesen werden können, kann frühestens in den Jahren 2005/2006 mit ersten Förderungen gerechnet werden (Rigsombudsmanden på Færøerne 2000, S. 24ff.).

Selbstverständlich sind die Färöer daran interessiert, ihre grandiose Naturlandschaft und ihre besondere Situation als nordischer Inselstaat mit über tausendjähriger Geschichte und eigener kultureller Prägung auf dem internationalen Tourismusmarkt als ein außergewöhnliches Produkt zu platzieren, zumal die monostrukturierte Wirtschaft auf jede Form der Diversifizierung angewiesen ist und für periphere Inselregionen der Tourismus ein letzter Rettungsanker bedeuten kann. 1999 wurden für Marketingzwecke 7,3 Mio. DKR (1 Mio. €) zur Verfügung gestellt. Die touristische Infrastruktur hat in den 1990er-Jahren erhebliche Fortschritte gemacht. Umfangreiche, fundierte Informationen über die Inselwelt der Färöer werden über Printprodukte und Internet (www.faroe-islands.com oder www.tourist.fo) angeboten.

Grönland

von Rolf Lindemann

Lage und Naturraum

Grönland, die größte Insel der Welt (2 415 100 km², davon nur 384 850 km² eisfrei), gehört geographisch zu Nordamerika; politisch ist das Land aber Teil der dänischen Reichsgemeinschaft (*rigsfælleskabet*), zu der auch die Färöer gehören. Grönland hat, wie die Färöer, innerhalb dieser Reichsgemeinschaft eine Teilautonomie. Die Entfernung zum amerikanischen Festland über die Naresstraße beträgt nur 26 km, dagegen die nach Island 220 km und nach Norwegen gar 1500 km.

Geologisch ist Grönland recht kompliziert gebaut: In einem südlichen archaischen Block finden sich einige der ältesten Gesteine der Erde, der Nordosten ist kaledonisch gefaltet, im mittleren Teil finden sich, offenbar unter dem Eis durchlaufend, mesozoische Gesteine und tertiäre Vulkanite, die im Zusammenhang mit der Öffnung des Nordatlantik und der Trennung Nordamerikas von Europa gefördert wurden.

Die geologische Vielfalt macht Grönland zu einem für die Suche nach Erzen und Mineralien sehr interessanten Gebiet. Von 1856 bis 1987 wurde im Südwesten bei Ivittuut Kryolith im Tagebau gewonnen, ein seltenes Mineral, das bei der Aluminiumherstellung gebraucht wird. Das Vorkommen ist erschöpft, ebenso wie die Blei- und Zinkmine in Maarmorilik bei Uummannaq, deren Förderung 1990 eingestellt wurde, nachdem sie beträchtliche Umweltschäden verursacht hatte. Steinkohle wurde in Grönland bis 1972 gefördert, dann wurde der Abbau auf der Disko-Insel aufgegeben, die Bevölkerung der Siedlung wurde vollständig nach Ilulissat umgesiedelt, so dass eine Geisterstadt zurückblieb. Die geologischen Strukturen sowie die wegen der Größe des Landes geringe Erkundungsdichte lassen für die Zukunft Funde erhoffen; gesucht wird vor allem nach Erdöl (off-shore vor Nuuk, on-shore auf der Nuussuaq-Halbinsel). Erfolge sind aber bisher ausgeblieben.

Bild 72: *Vor Ilulissat, der drittgrößten Stadt Grönlands, treiben riesige Tafeleisberge nach Norden, hier bei Mitternachtssonne fotografiert (R. Lindemann).*

Das Innere der Insel wird von dem bis zu 3500 m dicken Inlandeis eingenommen (Abb. 82, vgl. auch Abb. 36), dessen Volumen auf 2,7 Mio. km^3 geschätzt wird und das etwa 9 % des Süßwassers der Erde enthält. Unter dem Gewicht dieser Eismasse ist das Zentrum der Insel um etwa 700 bis 800 m nach unten gedrückt worden. Schmölze das grönländische Inlandeis, so würde sich der Weltmeeresspiegel um etwa 6 bis 7 m heben.

Von der Eisscheide, die asymmetrisch nach Osten versetzt ist und auch den höchsten Punkt, Summit mit ca. 3250 m ü. NN, umfasst, fließt das Eis Richtung Küste. Dort kalbt es entweder auf breiter Front ins Meer, z. B. im ca. 60 km breiten Humboldt-Gletscher im Nordwesten, schmilzt in oft imposanten Steilkliffs auf dem Land ab oder sammelt sich in einzelnen schmalen Gletscherzungen, die sich oft weit ins Inlandeis zurückverfolgen lassen. Der größte dieser Gletscher, der bei Ilulissat mündet, bewegt sich mit einer Geschwindigkeit von 7,5 km pro Jahr und produziert 15 km^3 Eis, die in einen Fjord kalben. Dieser Jakobshavner Gletscher (Jakobshavn ist der dänische Name für Ilulissat) ist der schnellste und produktivste der nördlichen Halbkugel (Bild 72).

Nach der Eiszeit, in der das Inlandeis weit über das heutige Grönland hinausragte, gab es einen wechselnd breiten Streifen Landes an der Küste frei, der deutlich glazial geprägt ist, z. B. durch lange Fjorde. Er erreicht maximal etwa 200 km Breite (zwischen Sisimiut und Kangerlussuaq) und bietet Pflanzen, Tieren und Menschen nur karge Lebensmöglichkeiten.

Das eisfreie Land ist an der Westküste Grönlands deutlich breiter als an der Ostküste. Dies beruht auf einer klimatischen Begünstigung, die sich auf die Grönland umspülenden Meeresströmungen zurückführen lässt. An der Ostküste führt der Ostgrönlandstrom kaltes Wasser nach Süden, daher erschwert dort Packeis bis weit in den Sommer hinein den Zugang zum Land. Die Westküste wird dagegen durch den Irmingerstrom beeinflusst, der sich südlich von Island vom Nordatlantikstrom abspaltet, die Südspitze Grönlands – Kap Farvel – umrundet und entlang der Westküste nach Norden fließt. Hier hält er die Küste bis nach Sisimiut hinauf das ganze Jahr über eisfrei und befahrbar, biegt dann nach Westen um und vermischt sich mit dem von Norden entlang der kanadischen Küste südwärts strömenden Labradorstrom.

Die ungleiche Begünstigung der West- und Ostseite des Landes macht sich nicht nur in Flora und Fauna bemerkbar, sondern zeigt sich auch in der Bevölkerungsverteilung: nur 5,8 % aller Grönländer leben an der Ostküste. Hier ist Ammassalik mit 2766 Einwohnern der größte Ort. Der Nordosten ist gänzlich unbesiedelt und bildet den größten Nationalpark der Welt.

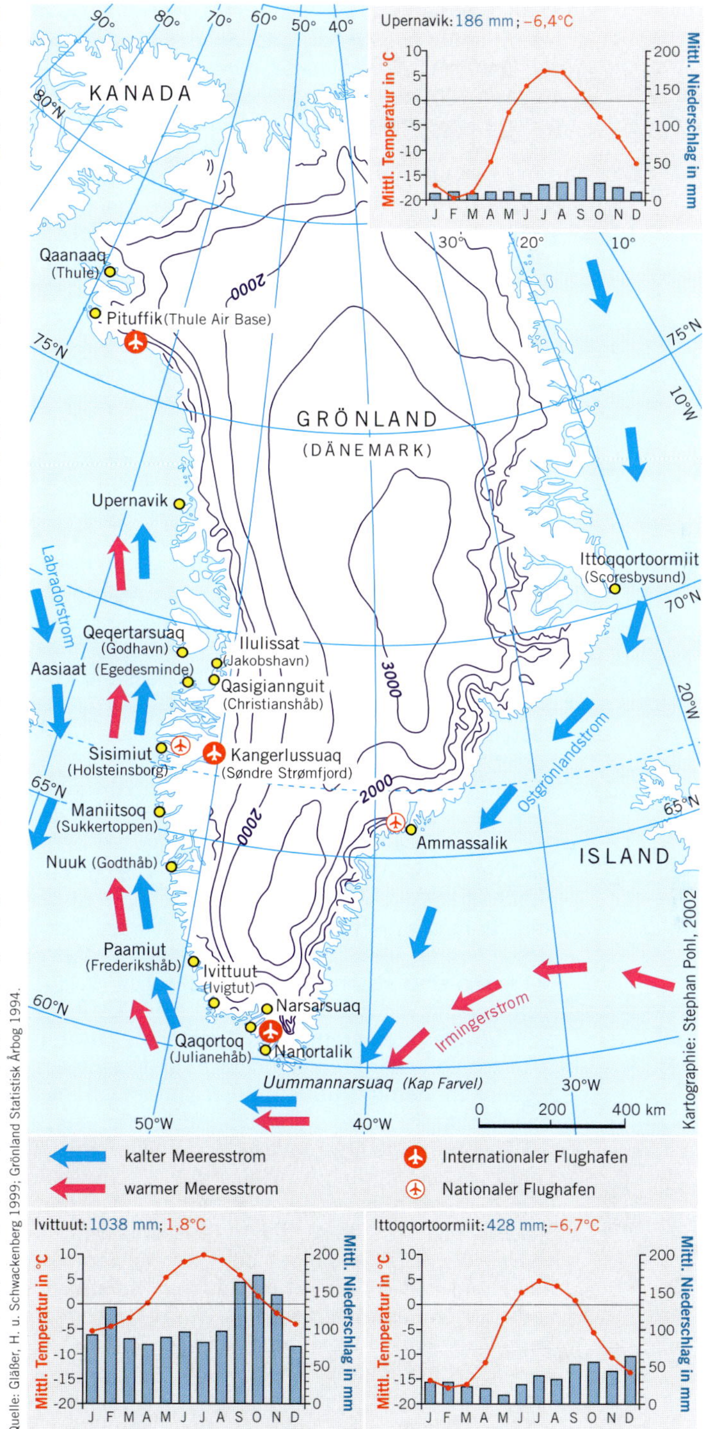

Abb. 82: *Grönland.*

Auf dem Weg zur Eigenstaatlichkeit

Seit etwa 2500 v. Chr. wanderten Menschengruppen von der kanadischen Arktis über die Nares-Straße ins nordwestliche Grönland und von dort entlang der Ost-, seltener der Westküste nach Süden. Sie waren in unterschiedlicher, oft hoch spezialisierter Weise an das Leben in der Arktis angepasst und starben bei Klimaänderungen oder infolge Überjagung der Beutetiere aus oder wurden von noch besser adaptierten Gruppen verdrängt. Um 985 n. Chr. erreichten Wikinger aus Island unter Erich dem Roten den Südwesten der Insel. 500 Jahre lang lebten sie als Viehzüchter in zwei größeren Siedlungen mit mehreren tausend Menschen. Warum sie untergingen, ist ein bis heute ungelöstes, aber viel diskutiertes Rätsel. Erst im 18. Jh. erinnerte man sich in Dänemark, zu dessen Krone Grönland seit dem Spätmittelalter gehörte, dieser Stammesbrüder und wollte sie missionieren. Zu diesem Zweck landete Hans Egede 1721 bei der heutigen Hauptstadt Nuuk. Da die erhofften Verwandten nicht auftauchten, machte er sich daran, von seinem Stützpunkt „Gute Hoffnung" (*Godthåb*) aus die Eskimos zum Christentum zu bringen und mit ihnen Handel zu treiben, denn die Mission sollte sich auf diese Weise selbst tragen. Godthåb wurde zum Muster zahlreicher dänischer Handels- und Missionsstationen (dän.: *kolonier*) entlang der langen Küsten. Wegen der geringen Wilddichte der Arktis und der ausgeprägten Saisonalität des Beuteaufkommens kannten die Inuit keine festen Siedlungen. Aus den gleichen Gründen kam es noch nicht einmal zu einer Stammesbildung, geschweige denn zu staatlichen Organisationen. Doch immer mehr Inuit siedelten sich für immer längere Zeiträume bei den Kolonien an. Die häufigen Kontakte mit Europäern – nicht nur Dänen, sondern auch Walfängern aus Holland und Norddeutschland – führten zu einer Vermischung, so dass sich die heutigen Grönländer zumindest zum großen Teil im Aussehen stark von den übrigen Inuit abheben. Ihre Sprache ist aber das Inuit geblieben.

Das patriarchalisch-paternalistische Verhältnis zwischen einer dänischen Oberschicht und den Grönländern währte bis 1953. Allerdings war deren Zahl von 11 893 (1901) auf 27 101 (1955) aufgrund verbesserter Hygiene und erheblich ausgeweiteter medizinischer Versorgung gestiegen. 1953 schlug nun die dänische Politik völlig um: Grönland wurde von einer Kolonie zu einer dänischen Provinz; man sprach von „Norddänemark" im Gegensatz zum 56-mal kleineren „Süddänemark". Um den Unterschied in der Entwicklung der Landesteile auszugleichen, den der Bericht einer Untersuchungskommission 1960 erbarmungslos aufdeckte, startete Dänemark eine beispiellose Modernisierungsaktion. Vor allem in die medizinische, die schulische und die Wohnungsversorgung wurde investiert, außerdem auch in die Wirtschaft (Ausbau der Fisch- und ab den 1970er-Jahren der Garnelenverarbeitung) und die Infrastruktur (Bau von Kaianlagen und Hubschrauberlandeplätzen). Insgesamt investierte Dänemark die damals gewaltige Summe von etwa 2 Mrd. DKR (266 Mio. €).

Diese Maßnahmen beschränkten sich natürlich auf die größeren Siedlungen. Daraus folgte eine bis heute anhaltende Konzentration der Grönländer auf diese (heute 17) so genannten „Städte", zu denen aber auch Illoqqortoormiut an der Ostküste mit 504 Einwohnern (2001) gehört. In ihnen lebten 1960 schon 61 % der Grönländer, heute sind es 82 %. Und innerhalb der Städte konzentriert sich die Bevölkerung immer stärker in der Hauptstadt Nuuk (1970: 12,4 % aller Grönländer, heute 24,6 %). Zahlreiche Kleinsiedlungen fielen wüst. 1970 gab es noch 149, heute nur noch 59. Bis heute sind die Siedlungen in Grönland oasenhaft in die Anökumene eingestreut. Es gibt keine Straßen zwischen ihnen. Jeder Verkehr muss mit Schiff oder Flugzeug/Hubschrauber stattfinden, im Winter auch mit dem Hundeschlitten. Schlittenhunde sind in Westgrönland nur nördlich des Polarkreises gestattet.

Mit dem Umzug in die Stadt musste der Grönländer natürlich seine althergebrachte Lebens- und Wirtschaftsweise aufgeben: Aus einem Jäger sollte ein Fabrikarbeiter werden. Die Grönländer wurden, wie man es leicht überspitzt formulierte, in einer Generation vom Iglu ins Internet katapultiert. Die traditionellen Werte einer arktischen Jäger- und Fängergesellschaft wurden in kürzester Frist irrelevant; die Transformation wurde noch dadurch erschwert, dass den Grönländern in der städtischen Welt nur die Rolle der Hilfs- und Zuarbeiter blieb. Da sie nicht genügend ausgebildet waren, wurden die verantwortungsvollen Tätigkeiten von oft nur für kurze Zeit ins Land gekommenen und hoch bezahlten dänischen Experten ausgeführt. Für die Grönländer kam also zum Gefühl der kulturellen Entwurzelung noch das der Minderwertigkeit hinzu.

Die grönländische Gesellschaft reagierte auf diese extreme abrupte Transformation einerseits mit Verweigerung und Frustration, deren Symptome erst jetzt, nach einer Generation, langsam abzuklingen beginnen. Darauf wird unten noch eingegangen.

Die andere Reaktion war der Beginn eines nationalen Erwachens und eines Nationalgefühls. Grönland vollzog damit etwas nach, was sich in Norwegen und Finnland im 19. Jh., in Island im 20. Jh. ereignet hatte: die Bildung einer Nation.

Ausgangspunkt war – auch dies nicht unähnlich dem übrigen Norden – die Sprache. Die dänische Expertenkommission von 1960 hatte vorgeschlagen, Grönländisch als Schul- und weithin damit auch als Umgangssprache durch das Dänische zu ersetzen. Dies war der entscheidende Funke zu einer breiten innergrönländischen Diskussion, in der die Stimmen, die Autonomie begehrten, immer lauter wurden. Und anders als bei den anderen „jungen" Nordischen Staaten sah die „Mutternation" Dänemark diese Entwicklung mit weitgehendem Verständnis. So kam es 1979 zur Teilautonomie. Sie sieht so aus: Grönland wählt ein Parlament (*Landsting*) und eine Regierung (*Landsstyre*) und übernimmt wichtige Politikbereiche von Dänemark, wobei der Zeitpunkt der Übernahme von Grönland festgelegt wird. So wurden schon 1980 Finanz- und Sozialwesen übernommen, aber erst 1992 das Gesundheitswesen und erst 1998 die Verwaltung der Rohstoffe. Einige Bereiche bleiben bei Dänemark, so die Verfassung (Oberhaupt Grönlands bleibt die dänische Königin), Währung, Justiz einschl. Polizei, Verteidigung und Außenpolitik. Eine völlige Unabhängigkeit Grönlands von Dänemark sieht das Gesetz nicht vor.

1973 trat Grönland, damals als Teil Dänemarks, der EG bei, obgleich mehr als 70 % der Grönländer gegen den Anschluss gestimmt hatten. 1985 trat das Land dann nach einer erneuten Volksabstimmung wieder aus – der erste und bisher einzige Fall in der Geschichte der EU. Grönland ist aber als „überseeisches Territorium" zollbegünstigt.

Seit 1985 hat Grönland auch eine eigene Flagge. Nach einer Volksabstimmung wählte man eine Darstellung, die die aufgehende Sonne symbolisiert; eine bewusste Ablehnung der ansonsten in Nordeuropa verbreiteten Kreuzflaggen.

Grönland heute

Die Bevölkerungspyramide Grönlands weist die höchsten Werte bei den 30–40-Jährigen auf. In den 1960er-Jahren erlebte das Land den Höhepunkt seiner demographischen Transformation mit TFR-Werten von 7, d. h., jede Grönländerin brachte im statistischen Durchschnitt sieben Kinder zur Welt. Dieser Wert sank dann aber sehr schnell auf drei (1971) ab, was sich auch in der Pyramide widerspiegelt. Heute liegt er immer noch deutlich über dem Erhaltungsniveau (1998: 2,393). Die starken jüngeren Jahrgänge erklären sich als Echo-Effekt der vor 30 bis 40 Jahren geborenen Generation. Der deutliche Männerüberschuss in den produktivsten Jahrgängen ist eine Folge der Auswanderung zahlreicher Personen dieser Altersstufe nach Dänemark, und zwar überwiegend Frauen. Man schätzt die Zahl der in Dänemark lebenden Grönländer auf etwa 10 000.

Die Bevölkerung Grönlands ist von 1990 bis 2000 nur um 1 % gestiegen (2001: 56 245). Dieser geringe Zuwachs erklärt sich aus zwei gegenläufigen Prozessen: Die Zahl der nicht in Grönland geborenen Personen – bis auf neun sämtlich Dänen – ist auf jetzt 6755 stark zurückgegangen: Zum einen stehen immer mehr gut ausgebildete Grönländer zur Übernahme auch höher qualifizierter Posten bereit, zum anderen ist es für dänische Experten finanziell nicht mehr interessant, nach Grönland zu gehen, seitdem die grönländische Regierung die positive Lohndiskriminierung für Dänen abschaffte und nach dem Grundsatz „Gleicher Lohn für gleiche Arbeit" verfährt.

Lebensstandard und Pro-Kopf-Einkommen in Grönland sind zwar hoch, liegen aber deutlich unter denen der anderen Nordischen Länder. Das Pro-Kopf-Einkommen ist etwa dem Spaniens vergleichbar (1998: 190703 DKR; 25 427 €). Dieser Wert ist allerdings trügerisch. Er wird dadurch künstlich erhöht, dass der dänische Staat auch weiterhin die Kosten für jene Politikbereiche zahlt, die er an Grönland abgetreten hat, also für Schulen, Krankenhäuser usw. Ihre Höhe ist schwer exakt anzugeben, da ja auch z. B. die Kosten für das dänische Militär in Grönland eingerechnet werden müssten. Die OECD geht von etwa 3 Mrd. DKR (400 Mio. €) aus, von denen 2,6 Mrd. von Dänemark 1998 als sog. Blockzuschuss, d. h. ohne ausgewiesene Zweckbindung, an die grönländische Regierung überwiesen wurden. Rechnet man diese Beträge heraus – sie wurden ja nicht in Grönland erwirtschaftet –, so sinkt das Pro-Kopf-Einkommen der Grönländer etwa auf den Stand der Türkei ab. Rechnerisch beteiligte sich jeder Däne 1998 mit 4800 DKR (640 €) an diesem Blockzuschuss, aus dem jeder Grönländer 46 000 DKR (6133 €) empfing.

Diesen „warmen Regen" aus Kopenhagen fängt zunächst die grönländische Verwaltung auf. Sie ist ungewöhnlich stark aufgebläht. Der Aufwand dafür verschlingt etwa 8 % des BSP, Dänemark liegt bei einem Wert von 1,8 %. Hoch ist auch die Staatsquote bei der Ausgabenseite der grönländischen Volkswirtschaft. Sie liegt bei 84 %, bei den anderen OECD-Ländern beträgt sie 40–50 %. Der grönländische Staat konkurriert also sehr stark mit Privatfirmen auf dem Markt. Da er relativ hohe Löhne zahlt, behindert er das Aufkommen kleiner und mittlerer privater Unternehmen und treibt die Preise in die Höhe. Sie liegen etwa 25 % über denen in Dänemark. Fachleute wie M. Paldam (1994) sehen in Grönland eine Subventionsmentalität heraufziehen.

Sorgen bereitet auch die extrem einseitige Ausrichtung des Exports. 2000 bestand die Ausfuhr wertmäßig zu 96,2 % aus Fischen und anderen Meeresprodukten. Dabei spielen Garnelen mit 63,2 % die größte Rolle. Es handelt sich um die Rote Tiefwasser-Garnele (*Pandalus borealis*), deren Lebensweise noch zu wenig bekannt ist, als dass Fangmengen festgelegt werden könnten, die den Bestand nicht gefährden. Viele Biologen sind heute der Ansicht, dass sie bereits überfischt wird. Bei den Fischen ist vor allem der Dorsch in seiner Bedeutung stark zurückgegangen. Statt der mehr als 400 000 t in den 1960er-Jahren fischte man 1999 gerade noch 2800 t. Der Rückgang dürfte nicht nur auf Überfischung, sondern auch auf Änderungen der Wassertemperatur zurückzuführen sein.

Die Probleme einer so starken Einseitigkeit des Exportes zeigten sich Mitte der 1990er-Jahre, als die Lieferungen nach Japan, das einer der wichtigsten Abnehmer grönländischer Garnelen ist, katastrophal einbrachen.

Die grönländische Regierung versucht mit verschiedenen Maßnahmen, die Einseitigkeit der Exportstruktur zu mildern. Zum einen bemüht sich der regierungseigene Fischverarbeitungskonzern Royal Greenland, die gesamte Produktionskette vom Fang bis zur Tiefkühlkost zu beherrschen und so auch die Veredlungsgewinne zu realisieren. Der Konzern hat inzwischen 2500 Mitarbeiter, ist weltweit tätig und besitzt u. a. auch eine Fischfabrik in Wilhelmshaven. Zum anderen verfolgt die Regierung verschiedene Diversifizierungsstrategien. Hier ist die intensive Suche nach abbauwürdigen Rohstoffen zu nennen, über die schon berichtet wurde. Außerdem möchte man den Tourismus stark ausbauen. 1990 beschloss das Parlament ein Entwicklungsprogramm, das für 2005 etwa 30–35 000 jährliche Touristen vorsah. 2000 besuchten immerhin schon 31 000 Touristen das Land, von denen etwa 14 000 echte Urlauber waren. Die Beschäftigungseffekte sind derzeit allerdings, u. a. wegen der ausgeprägten Saisonalität, noch gering. Zudem stößt eine Ausweitung des Tourismus auf enge infrastrukturelle Grenzen: Grönland hat nur zwei für den Überseeverkehr und vier für kleinere Maschinen geeignete Flughäfen. Die anderen Orte müssen sehr aufwendig mit Hubschraubern angeflogen werden. Dazu kommt, dass sich der

Fremdenverkehr auf einige wenige Orte beschränkt, da in der empfindlichen arktischen Natur bei einer Ausweitung des Tourismus ernste Umweltschäden befürchtet werden müssen. Zu einem wirklich bedeutenden Wirtschaftsfaktor wie in Island, mit dem man sich in Grönland gern vergleicht, dürfte der Fremdenverkehr in Grönland wohl nie werden, dazu gibt es zu wenige „Highlights“, deren Entfernung untereinander zudem abschreckend groß ist.

Heute mehren sich die Anzeichen, dass die grönländische Gesellschaft den Schock der abrupten Modernisierung langsam zu überwinden beginnt. Die Indikatoren dafür, dass das grönländische Gemeinwesen erheblichem Stress ausgesetzt war, die in den 1970er-, 80er- und 90er-Jahren erschreckende Werte zeigten (Lindemann 1996), beginnen sich zu normalisieren. So geht der Alkoholmissbrauch zurück. Zwar halten die Grönländer mit 13,2 Litern reinem Alkohol pro Kopf und Jahr immer noch den Spitzenwert aller Nordischen Länder, aber der Abstand zu den Dänen (11,6 Liter; Werte für 1999) ist geringer geworden. Die Zahl der Geschlechtskrankheiten (1983 wurden bei damals 49 773 Einwohnern pro Jahr 12 538 Fälle von Gonorrhöe registriert) ist sehr stark gesunken und heute kaum höher als in den anderen Nordischen Ländern. Noch immer aber hat Grönland eine der weltweit höchsten Suizidraten, die besonders bei den Männern zwischen 14 und 25 extrem ist. In der traditionellen Jäger- und Fängergesellschaft besaß jede Form von Individualismus, die Entscheidungsfreiheit des Einzelnen über sich und sein Leben, einen hohen Stellenwert. Das Sich-Kümmern um den anderen war dagegen weit weniger ausgeprägt. Bei der Bewältigung der mentalen Umbrüche der Modernisierung hat die grönländische Gesellschaft noch eine Strecke Weges vor sich.

Nach gut 20 Jahren Teilautonomie lässt sich konstatieren, dass Grönland dabei ist, zu einer vollwertigen Nation innerhalb der Nordischen Staaten zu werden. Es hat die politische Mündigkeit, seine Probleme zu meistern.

Svalbard (Spitzbergen)

von Martin W. Schmied

Lage und Naturraum

Svalbard (altnordisch „kalte Küste“) als norwegische Bezeichnung für Spitzbergen umfasst eine arktische Inselgruppe zwischen Nordpolarmeer, Barentssee und Europäischem Nordmeer, gelegen zwischen 74° und 81° nördlicher Breite sowie 10° und 35° östlicher Länge. Sie besteht aus der Hauptgruppe Spitzbergen (mit den Inseln Westspitzbergen, Nordaustlandet, Barentsøya und Egdeøya), der Bäreninsel (Bjørnøya), Hopen und einigen kleineren Inseln. Svalbard erstreckt sich über eine Fläche von insgesamt ca. 61 000 km², wovon mehr als die Hälfte (über 39 000 km²) auf Westspitzbergen entfällt (Abb. 83 u. Bild 73), das in der norwegischen Nomenklatur einfach als „Spitsbergen“ bezeichnet wird.

***Abb. 83:** Svalbards Weltlage.*

Verändert nach Büdel u. Imber 1972.

Nicht zu Svalbard gehört die 377 km² große Insel Jan Mayen, etwa 550 km nordöstlich von Island. Sie ist bis auf eine Wetterstation unbewohnt. Der 2277 m hohe Vulkan Beerenberg brach 1985 zum vorerst letzten Mal aus. Er ist der einzige aktive Vulkan Nordeuropas außerhalb Islands. Jan Mayen ist Teil Norwegens und heute vor allem wegen der ökonomischen Nutzungszone, die sich rund um die Insel erstreckt, und der damit verbundenen Fischereirechte von Wichtigkeit.

Als die bedeutendste norwegische Außenbesitzung im Nordpolarmeer geriet Svalbard ab etwa 1600 in den Blickpunkt der großen europäischen Walfangnationen, vor allem der Niederländer, die der Gruppe auch den Namen „Spitzbergen“ gaben. Verschiedenartige Ansprüche auf die wirtschaftliche Nutzung der Inselgruppe und ihrer Territorialgewässer standen sich seitdem gegenüber. Nachdem Anfang des 20. Jh.s auch mit dem Abbau von Steinkohlevorkommen begonnen wurde, lag es im Interesse der internationalen Diplomatie, auf friedlichem Wege eine langfristige Regelung für die politische Verwaltung des „Niemandslands“ zu finden. Nach langen Verhandlungen wurde am 9. Februar 1920 im Pariser Vorort Sèvres der Spitzbergen-Vertrag abgeschlossen, der administrativ Norwegen zunächst

Bild 73: *Zentral-Spitzbergen: Abbruch des Stubendorffbre in den Austfjord (E. Dege).*

die volle Gebietshoheit zuspricht, diese dann aber erheblich einschränkt. Die neun Signatarstaaten (USA, Großbritannien, Frankreich, Italien, Dänemark, Norwegen, Schweden, Japan und die Niederlande) erkennen darin Norwegen die „volle und uneingeschränkte Staatshoheit über die Spitzbergen-Gruppe“ (vgl. Treaty of 9 February, 1920, relating to Spitsbergen, Article 1) einschließlich der Bäreninsel zu. Dieses Svalbard-Traktat, dem bis zum heutigen Tag 41 Staaten beigetreten sind (u.a. Deutschland im Jahre 1925), umfasst zehn Artikel und basiert im Wesentlichen auf folgenden sechs grundlegenden Prinzipien (vgl. Østreng 1977, S. 14):

1. Die volle norwegische Souveränität soll, außer in den im Vertrag festgehaltenen Ausnahmen, Anwendung finden (Artikel 1).
2. Die Staatsangehörigen der vertragschließenden Parteien haben einen gleichberechtigten Zugang zu der Inselgruppe und dürfen uneingeschränkt in Schifffahrt, Fischerei, Industrie, Bergbau und Handel wirtschaftlich tätig werden (Artikel 3).
3. Norwegen verpflichtet sich, allen Staatsangehörigen der Signatarstaaten eine gleiche Behandlung zukommen zu lassen (Artikel 7).
4. Svalbard gilt fortan als entmilitarisierte Zone und darf weder von Norwegen noch von anderen Nationen zu Kriegszwecken benutzt werden (Artikel 9).
5. Steuern, Gebühren und Abgaben, die in Svalbard erhoben werden, dürfen in ihrer Verwendung ausschließlich dem Inselgebiet zugute kommen (Artikel 8).
6. Die bisherigen Rechte von Staatsangehörigen der Unterzeichnerstaaten werden als weiterhin gültig anerkannt (Artikel 6).

Nach dem Bergwerksgesetz von 1925 gilt Svalbard nicht nur als eine durch Norwegen verwaltete Dependance (wie dies für die Bouvet- und die Peter-I.-Insel in der Antarktis der Fall ist), sondern als Teil des norwegischen Königreiches. In Svalbard gilt somit auch die norwegische Rechtsprechung, die durch einen Gouverneur („Sysselmann“) ausgeübt wird.

Durch diese Regelung birgt Svalbard ein nicht zu unterschätzendes Konfliktpotenzial, zum Beispiel durch die Frage der Übertragbarkeit des Traktats von 1920 auf den Kontinentalsockel um Svalbard und die umliegenden Gewässer, was besonders für die Offshore-Förderung von Erdöl und Erdgas im Nordpolarmeer und der Barentssee von Relevanz ist. Schließlich ist die Lage des entmilitarisierten Archipels auch in strategischer Hinsicht einer der Gründe für seine weltpolitische Bedeutung.

Die Inseln haben im Westen alpinen Charakter mit starker Vergletscherung, im Innern und im Osten herrschen von Einzelbergen überragte eisbedeckte Hochflächen vor. Ungefähr 60 % der Landfläche Svalbards sind von Gletschern bedeckt (vgl. Hisdal 1987, S. 475f.). Das arktische Klima wird durch einen letzten Ausläufer der Nordatlantik-Drift etwas gemildert, der entlang der Westküste nach Norden verläuft und diese im Sommer eisfrei hält (vgl. Sömme 1974, S. 281). Weniger als 10 % der Landfläche Svalbards sind mit Vegetation bedeckt, hauptsächlich die Fjordgebiete an der West- und Nordküste. Trotz der ungünstigen Bedingungen findet sich auf der Inselgruppe eine vergleichsweise vielfältige Flora und mit Seevögeln, Polarfuchs, Rentier, Eisbär, Robben, Walen und reichhaltigen Fischbeständen (vorwiegend Kabeljau, Heilbutt, Lodde) auch eine relativ reiche Fauna.

Wirtschaft und Siedlungen

Bis zum Beginn des 20. Jh.s beschränkte sich die wirtschaftliche Nutzung auf Fisch-, Wal- und Robbenfang sowie auf die Pelztier- und Rentierjagd, die von vielen Seefahrtnationen betrieben wurden. Aber erst der industrielle Abbau der Steinkohle machte Svalbard zu einem geopolitischen Konfliktfeld.

Die ersten Bergbaugesellschaften wurden im Jahre 1900 gegründet und nahmen Gebiete im Bereich des Eisfjords (norw. Isfjord) zur Kohleförderung in Besitz. Dabei profitierte man zunächst von den günstigen Flözen, dem hohen Energiegehalt und dem geringen Anteil an Wasser, Asche und Schwefel in der Steinkohle, der fehlenden Wasserproblematik beim Abbau im Permafrostboden und dem nahezu eisfreien Hafen am Isfjord.

Obwohl der Aufbau der Bergbauindustrie zunächst von Kapitalgebern der verschiedensten Nationen, vor allem amerikanischen, britischen, deutschen, niederländischen, russischen, schwedischen und norwegischen Unternehmen geprägt war, waren letztendlich nur die Aktivitäten der Norweger und der Russen von langfristiger Bedeutung für die wirtschaftliche Entwicklung des Archipels. Die Existenz permanenter Siedlungen auf Svalbard beginnt in dieser Phase der Industrialisierung und ist somit auf den ersten Blick einzig durch den Abbau der Steinkohlevorkommen bedingt. Es entstanden sowohl auf russischer als auch auf norwegischer Seite monostrukturierte Grubenorte („One-Company Towns"), die bis heute auch niedrige zentrale Funktionen ausüben. Aus diesem Grund war auch von Anfang an die Beschaffung und Aufrechterhaltung einer dauerhaften Arbeiterschaft keine leichte Aufgabe.

Die Siedlungsstruktur Svalbards wird auch in ihrer Entwicklung nach dem Zweiten Weltkrieg in der Hauptsache durch den Steinkohlebergbau beeinflusst. Doch der Bergbau ist spätestens seit seiner Wiederaufnahme nach dem Krieg unrentabel und stellt nach herrschender Meinung für die Russen vielmehr einen Vorwand dar, ihre Niederlassungen auf dem Archipel aufrechtzuerhalten, vor allem aus militärpolitischen Gründen. Auch die Motive der norwegischen Präsenz auf Svalbard resultieren heute eher aus der Notwendigkeit zur Manifestierung ihrer Souveränität als aus dem Streben nach wirtschaftlicher Ausbeutung der Potenziale (vgl. Arlov 1994, S. 83ff.).

1998 bewohnten ca. 2600 Einwohner die Inselgruppe, von denen ca. 1400 norwegische Staatsangehörige sind, die sich auf die Siedlungen Longyearbyen (1300 Einwohner), Sveagruva Ny Ålesund (27) und Sveagruva (7) verteilen. Als Amtssitz des *Sysselmanns*, des Vertreters des norwegischen Staates auf Svalbard, ist Longyearbyen administratives Zentrum. Ansonsten ist die Gemeinde von Einrichtungen des norwegischen Bergbauunternehmens Store Norske Spitsbergen Kulkompani A/S geprägt. Die restlichen Bewohner des Archipels sind überwiegend Russen und Ukrainer. Sie leben in der weitestgehend eigenständigen Kommune Barentsburg (ca. 800 Einwohner). Pyramiden (früher ca. 650 Einw.) ist heute aufgegeben. Barentsburg ist Sitz des russischen Konsulats und der Verwaltung von Trust Arktikugol, der russischen Bergbaugesellschaft.

Betrachtet man die norwegischen Aktivitäten im Steinkohlebergbau etwas genauer, so stellt man zunächst fest, dass sowohl die Zahl der Beschäftigten in den Kohlegruben als auch die Fördermenge nach dem politischen Umschwung 1989 abgenommen haben und sich auf einem recht niedrigen Niveau einzupendeln scheinen. Die Beschäftigtenzahl, jahrzehntelang sehr beständig zwischen 700 und 800 Personen, fällt seit dieser Zeit stetig und war 1998 auf 189 Personen zurückgegangen, ca. 20 % aller norwegischen Beschäftigten. Die Fördermenge, die bis Mitte der 1980er-Jahre lange Zeit kontinuierlich über 400 000 t betrug, schwankte in den letzten Jahren sehr stark zwischen 230 000 t (1986) und 386 000 t (1998). Die Gründe für den Rückgang in Fördermengen und Beschäftigtenzahlen sind jedoch nicht etwa sich erschöpfende Steinkohlereserven, welche wohl noch einige Jahrzehnte reichen werden. Vielmehr sind es die mittlerweile hohen Förder-, Transport- und Lohnkosten, die den Bergbau auf Svalbard bei den derzeitigen niedrigen Rohstoffpreisen unrentabel gemacht haben und seine ökonomische Rechtfertigung stark in Frage stellen. Ausgeglichen wurden und werden diese Defizite durch erhebliche norwegische Subventionen von durchschnittlich rund 10 Mio. € pro Jahr während der 1990er-Jahre. Knapp 80 % der norwegischen Kohle gingen Ende der 1990er-Jahre in den Export, davon wiederum 30 % nach Deutschland (Angaben des Statistisk Sentralbyrå).

Auch die russische Kohleproduktion ist zusammen mit dem Personalbesatz stark zurückgefahren worden. Waren es 1994 noch 476 000 t, so wurden 1998 nur noch 246 000 t gefördert. Hauptabnehmer ist Dänemark mit rund 100 000 t.

Seit Ende der 1980er-Jahre gibt es erneut ein verstärktes Interesse an den Öl- und Gasvorkommen in den Polargebieten (vor allem in der Barentssee), einmal da die technischen Möglichkeiten im Laufe der Jahre vor allem für die Förderung in extremen Bereichen wie der Arktis weiter ausgereift sind, zum anderen weil der Spitzbergen-Vertrag ein einzigartig niedriges Steuerniveau garantiert, was sogar eine vergleichsweise teure Förderung rentabel machen könnte (vgl. Arlov 1994, S. 84).

Die Verkehrserschließung Svalbards hat durch die Eröffnung des Flughafens in Longyearbyen 1975 neue Dimensionen angenommen. Seitdem gibt es ganzjährig regelmäßige Flugverbindungen von und nach Tromsø und Murmansk. 1999 wurden 62 000 Personen abgefertigt. Dies stellt eine bedeutsame

Erweiterung der Transport- und Versorgungsmöglichkeiten dar, da die Schiffsverbindungen durch jahreszeitbedingte Vereisung der Küsten nur eingeschränkt nutzbar sind. Auch für den Verkehr innerhalb Svalbards sind deswegen vor allem Kleinflugzeuge und Hubschrauber von Bedeutung. Innerhalb der einzelnen Siedlungen werden auch Autos (in Longyearbyen gibt es ein Straßennetz von 40 km Länge) und insbesondere Schneescooter (1999: 1200) zum Personen- und Güterverkehr genutzt.

Eine relativ junge Branche mit ständig zunehmendem Stellenwert stellt der Tourismus dar. Von den rund 30 000 Touristen pro Jahr gegen Ende der 1990er-Jahre entfielen rund 22 000 auf Kreuzfahrer, 3500 auf Küstenfahrer, 2400 auf Pauschalreisende, 1000 Personen waren Individualreisende und 1100 Touristen waren Wissenschaftler. Die vier letztgenannten Gruppen profitieren vom Flughafen in Longyearbyen und von den verbesserten Übernachtungsmöglichkeiten in Longyearbyen und Barentsburg. Eine Sonderform des Tourismus stellen die Wissenschaftler dar, die am Forschungszentrum Ny-Ålesund Quartier beziehen (1200 Übernachtungen), sowie die Konferenztouristen in Longyearbyen. Dies ist eine stark wachsende Sparte des Spitzbergen-Tourismus mit fast 6000 Übernachtungen pro Jahr.

In Longyearbyen wurden 1998 fast 18 000 Gäste und 46 000 Übernachtungen gezählt, davon 1100 auf dem Campingplatz. 81 % aller Hotelübernachtungen in Longyearbyen entfallen auf norwegische Gäste, dann folgen Schweden mit 3 % und Deutsche mit knapp 3 %.

Umweltschutz

Negative Begleiterscheinungen des Fremdenverkehrs sind jedoch in neu entstehenden Gefahren für das labile ökologische Gleichgewicht des Polargebiets zu sehen. Die Arktis ist nach wie vor wenig verschmutzt. Meeres- und Luftströmungen sowie Flüsse können jedoch Schadstoffe aus industrialisierten Gebieten weit im Süden herantragen. Besonders Svalbard ist hier durch hohe Werte organischer Umweltgifte, zunehmende Wahrscheinlichkeit einer Ölverschmutzung und unsichere Lagerstätten für radioaktive Abfälle in Russland bedroht.

Besonders gefährlich sind die Persistent Organic Pollutants (POP). Bei ihnen handelt es sich um organische Umweltgifte, die nicht in der Natur abgebaut werden. Sie verdampfen leicht und können im Wind über weite Strecken transportiert werden. Bei sinkenden Temperaturen fallen sie herab, treiben aber bei wärmerem Wetter weiter. Im Bereich der Nordsee und über Nordsibirien wehen die Winde häufig in nördliche Richtung und nehmen dann solche Schadstoffe zur Arktis mit. Dort ist es kalt genug, dass die Gifte kondensieren und nicht weiter verdampfen. So wird die Arktis zur Endstation von POP aus weiten Teilen der Welt. POP sind fettlöslich. Sie werden vom Pflanzenplankton aufgenommen und in der Nahrungskette des Meeres bis an die Spitze weitergegeben. Auf Svalbard ist die Konzentration bestimmter Arten von POP in Eisbären,

Verändert nach Arlov 1996 u. Thannheiser 1996.

Abb. 84: Geschützte Gebiete auf Svalbard.

Polarfüchsen und Möwen besonders hoch (vgl. Königliches Norwegisches Ministerium für Auswärtige Angelegenheiten [Hrsg.] 1998, S. 26–27).

Um das einzigartige Naturparadies Svalbard wenigstens vor zunehmendem Tourismus, Bergbau, Erdöl- und Erdgasförderung zu schützen, wurde von der norwegischen Regierung in jüngster Zeit eine Reihe von Umweltschutzgesetzen und -verordnungen erlassen. Außerdem wurden in diesem Zusammenhang drei Nationalparks, zwei Naturreservate, drei Pflanzenschutz- und 15 Vogelschutzgebiete eingerichtet, deren Anteil an der Gesamtfläche Svalbards über 50% beträgt (vgl. Loland 1994; Abb. 84).

Die Geschichte des Archipels zeigt, dass vor allem zwei Aspekte entscheidend für die Entwicklungen des letzten Jahrhunderts waren: die wirtschaftliche Ausbeutung der Ressourcen zu Land und im Wasser sowie die strategische Bedeutung Svalbards, wobei beide Gesichtspunkte durch konkurrierende internationale Interessen gekennzeichnet sind. Fraglich ist indes, ob auch im 21. Jh. dieser Stellenwert fortbestehen wird oder ob die hocharktische Inselgruppe bei Wegfall der beiden Hauptgründe für ihre Besiedlung eventuell sogar wieder in politische und ökonomische Unbedeutsamkeit verfällt. Die wirtschaftlichen und geopolitischen Belange müssen in Zukunft jedoch gegenüber dem überragenden Ziel der Aufrechterhaltung einer intakten Umwelt in dieser polaren Zone in den Hintergrund treten.

Einheit und Vielfalt der Nordischen Länder

Bild 74: *Getreideanbau auf marinen Böden bei Vaasa, Finnland (E. Gläßer).*

Überblick

- Bei näherer Betrachtung weist der Raum Nordeuropa keineswegs die aus der Ferne so oft konstatierte Einheitlichkeit auf.
- Geologisch, geomorphologisch und klimatisch sind die Nordischen Länder sehr unterschiedlich, dazu noch in sich stark differenziert. Naturgeographisch lassen sie sich also überhaupt nicht zu einer Einheit zusammenfassen, außer dadurch, dass ihre nördliche Lage natürlich einige Gemeinsamkeiten mit sich bringt.
- Wirtschaftlich und politisch ist ebenfalls keine Einheit festzustellen, bestenfalls schwache Ansätze dazu. Die Volkswirtschaften der Länder entwickeln sich keineswegs konvergent, sondern es lässt sich eher eine Reihe von Eigenwegen konstatieren, die zum Aufsuchen einer gewissen Nischenposition führt. Dies gilt auch für das wichtige Thema der Energieversorgung.
- Die Gemeinsamkeiten der Nordischen Länder liegen im sozialgeographischen Bereich. Hier sind die jeweiligen Strukturen so ähnlich, dass es gerechtfertigt erscheint, von einer Region Nordeuropa zu sprechen.

Einleitung

von Ewald Gläßer, Rolf Lindemann und Jörg-Friedhelm Venzke

In den verschiedenen Kapiteln dieses Bandes ist immer wieder auf Unterschiede zwischen den Ländern Nordeuropas verwiesen worden. Von ihrer naturgeographischen Ausstattung her könnten die Nordischen Länder also kaum unterschiedlicher sein: Zwischen den uralten Gesteinen Finnlands, Norwegens und Schwedens, die bis auf die Wurzeln abgetragene Faltengebirge darstellen, und dem jungvulkanischen Island, zwischen den fruchtbaren, von Gerstenfeldern bedeckten dänischen Inseln und den kargen, vom Eis abgeschliffenen Felsen Grönlands bestehen keine Gemeinsamkeiten. Die drei großen Länder Norwegen, Schweden und Finnland weisen klimatisch einen starken Süd-Nord-Gegensatz auf, der allerdings im Falle Norwegens durch einen deutlichen West-Ost-Gradienten modifiziert wird. In Island ist eher der Gegensatz zwischen Küste und binnenwärtigem Hochland prägend, das Klima Dänemarks zeigt einen allerdings moderaten West-Ost-Gegensatz.

Lediglich die Lage in der nördlichen Peripherie Europas ist den Nordischen Ländern gemeinsam (Grönland sei hier einmal ausnahmsweise zu Europa gerechnet). Die Lage im Norden bedeutet erhebliche klimatische Widrigkeiten und daraus resultierend eine sehr geringe Bevölkerungsdichte, die lediglich in Dänemark den europäischen Durchschnitt erreicht.

Die Bevölkerungsdispersion über einen sehr weiten Raum bedingt große Probleme und hohe Kosten bei der Versorgung mit Infrastruktur, vom Straßennetz bis zur Ausstattung mit Schulen und Krankenhäusern. Der Übergang der Wirtschaftsweisen vom primären über den sekundären zum tertiären Sektor, in Nordeuropa spät, aber dann sehr rasch erfolgt und heute weit fortgeschritten, verbunden mit der Zunahme städtischer Lebensstile und -weisen, führte auch in Nordeuropa zu einer Konzentration der Bevölkerung in wenigen Zentren. Während dieser Wandel in allen westlichen Ländern zu beobachten ist und ähnliche Folgen zeigt, ist es spezifisch nordeuropäisch, dass aufgrund des schon zur „Agrarzeit" dünnen Siedlungsnetzes auch mengenmäßig geringe Abwanderungen zum Reißen dieses Netzes und zum Wüstfallen ganzer Landstriche führen können.

Die Lage in der europäischen Peripherie bedingte eine relativ späte Übernahme von kulturellen Innovationen, die in Europas Mitte entstanden waren. Beispiele lassen sich dafür vom Beginn der Christianisierung bis zur Industriellen Revolution finden. Einige gesellschaftliche Entwicklungen sind auch auf dem Weg vom Süden in den Norden stecken geblieben, wie die Leibeigenschaft der Bauern, die es in Dänemark, nicht aber in Norwegen gegeben hat. Gerade bei der spät erfolgten Industriellen Revolution hätte die Gefahr bestanden, dass die nordeuropäische ebenso wie die anderen randeuropäischen Peripherien in wirtschaftliche Abhängigkeit vom ökonomischen Zentrum geraten wären. Dass die nordeuropäischen Staaten dem Status des bloßen Rohstofflieferanten entgehen und eine eigene sich dann höher entwickelnde Industrie aufbauen konnten, zeichnet sie als Gruppe aus und unterscheidet sie von anderen peripheren Ländern Europas. Wesentliche Bereiche der nordischen Ökonomie weisen heute allerdings auch einen sehr hohen Entwicklungsstand aus.

Während die mediterrane, westliche und vor allem östliche Peripherie Europas auch heute noch einen erheblichen Entwicklungs- und Wohlstandsrückstand gegenüber dem Kern haben, hat sich das Gefälle zwischen dem zentralen Europa und seiner nordeuropäischen Peripherie im 20. Jh. verringert, auf vielen Feldern sogar umgekehrt. So belegen die nordischen Staaten nicht nur erste Plätze beim Bruttosozialprodukt pro Kopf der Bevölkerung, sondern sind auch in den Wirtschaftsbereichen führend, denen nach Meinung der Experten die Zukunft gehört, etwa der IT-Technologie. Die Armenhäuser des 19. Jh.s, die ihre im Elend versinkende Landbevölkerung nach Nordamerika schicken mussten, sind reiche, für Einwanderer höchst begehrte Länder geworden.

Die Dominanz des Kerns Europas gegenüber seiner Peripherie ist insofern bestehen geblieben, als Nordeuropa stärker auf Mitteleuropa angewiesen ist als umgekehrt. Viel höhere Prozentsätze des jeweiligen Exports gehen von Nordeuropa ins Zentrum als vom Zentrum nach Nordeuropa. Aber sehr viel mehr Firmen aus dem Norden sind in Mitteleuropa tätig als mitteleuropäische Firmen in Nordeuropa.

Nordeuropa bildet also durch seine Lage in der europäischen Peripherie und durch den Bedeutungswandel, dem diese Lage ausgesetzt war, eine Einheit. Aber ist es damit bereits eine geographische Region? Paasi (1986) beschreibt eine Region so: „In geographical discourse a region is commonly regarded as a part of the earth's surface which possesses a quality of *cohesion* derived from a consistent relationship between associated features" (Hervorhebung bei Paasi).

Was hält Nordeuropa also zusammen?

Die Region Nordeuropa: politisch und wirtschaftlich

Die Existenz, der Umfang und der Inhalt einer Region hängen von der jeweiligen Sichtweise dessen ab, der sie sieht. Und zwar sowohl dessen, der sie von außen betrachtet, wie dessen, der in ihr lebt. Würde man eine Umfrage unter Bewohnern Mitteleuropas machen, was unter „Nordeuropa" zu verstehen sei, so würde man wohl Einigkeit darüber erzielen, dass es eine solche Region gibt. Die Befragten würden Norwegen und Schweden sicher dazu zählen, Dänemark und Finnland wohl mit Einschränkungen. Ob Island und vor allem Grönland dazu gerechnet würden, wäre sehr zweifelhaft.

Eine ähnliche Umfrage unter Nordeuropäern würde eine sicher sehr viel höhere Akzeptanz der Vorstellung von einer Region Nordeuropa erweisen, vor allem, wenn man für „Nordeuropa" den Begriff „Norden" verwenden würde, der seit dem Zweiten Weltkrieg lanciert wurde und durch das bekannte länderkundliche Werk von A. Sømme (Erstauflage 1960) in geographischen Kreisen weite Verbreitung fand. Der dänische Soziologe Gundelach (2002, S. 16) zitiert aus einer repräsentativen Untersuchung von 1990, in der die Einwohner verschiedener europäischer Länder gefragt wurden, für welche Nation sie optieren würden, wenn sie nicht ihrer eigenen Nation angehören könnten. 39 % aller Dänen, 60 % aller Norweger und 57 % aller Schweden votierten für die jeweils anderen skandinavischen Länder.

In Nordeuropa wären auch die äußeren Grenzen „Nordeuropas" weit weniger umstritten als in Mitteleuropa. Zumindest über die Einbeziehung Dänemarks, Islands und Finnlands würde Einmütigkeit herrschen.

Das Ergebnis eines solchen Gedankenexperiments ist also, dass „Nordeuropa" die Forderung Paasis erfüllt, wonach eine Region „commonly" als Einheit betrachtet werden muss. Hierin dürfte sich Nordeuropa von anderen Großgliederungen Europas, etwa „Osteuropa" oder gar „Mitteleuropa", deutlich unterscheiden. Das Ergebnis, dass es eine Region „Nordeuropa" gibt, entbindet jedoch nicht von der Verpflichtung zu untersuchen, worin diese Einheitlichkeit, die *cohesion* (Paasi), besteht.

Im Folgenden soll der Versuch gemacht werden, auf den Ebenen der Politischen Geographie, der Wirtschaftsgeographie und der Sozialgeographie nach der Einheit Nordeuropas zu suchen, nachdem eine naturgeographisch definierte Region Nordeuropa bereits in der Einleitung dieses Kapitels als nicht existent abgelehnt wurde. Zum Teil werden hier Gedanken aufgegriffen, die auch schon im Einführungskapitel geäußert wurden.

Eine normative Region Nordeuropa im Sinne einer politischen Verwaltungsorganisation gibt es nicht. Verschiedene sehr zaghafte, seit dem Zweiten Weltkrieg gemachte Versuche in Richtung einer politischen Einigung scheiterten immer sehr schnell, zum einen am stark ausgeprägten Nationalbewusstsein der einzelnen Länder, zum anderen daran, dass Nordeuropa nach 1945 rasch in die wachsenden Spannungen des globalen Ost-West-Konfliktes geriet: Dänemark und Norwegen gehörten zu den Gründungsmitgliedern der NATO, Finnland war im Zweiten Weltkrieg von der Sowjetunion besiegt worden und musste danach mit dieser einen „Freundschaftsvertrag" abschließen. Dank einer bemerkenswert klugen Politik gelang es dem Land zwar, das Herabsinken auf den Status eines Satellitenstaates zu vermeiden, doch alle Westkontakte wurden vom großen Bruder im Osten mit Argusaugen beobachtet. Schweden verblieb neutral, schon, wie immer behauptet wurde, mit Rücksicht auf Finnland, dem gegenüber es sich als eine Art Beschützer fühlte, was wiederum von diesem nicht immer gern gesehen wurde.

Der Nordische Rat, häufig in der Literatur als Schritt auf dem Weg zu einer Einheit Nordeuropas gedeutet, wurde in der Tat im europäischen Vergleich sehr früh gegründet. Er trat 1953 zu seiner ersten Sitzung zusammen – noch ohne Finnland, das erst 1955 Mitglied wurde –, als das, was später zur heutigen übernationalen Einheit EU heranwachsen sollte, erst in der embryonalen Form der Montanunion existierte. Aber schon die Tatsache, dass der Nordische Rat erst 1971 ein permanentes Sekretariat erhielt, zeigt, dass seine politische Bedeutung relativ gering war und ist. Beschlüsse können bis heute nur einstimmig gefasst werden, er kann lediglich Empfehlungen an die betreffenden Regierungen aussprechen.

In deutlichem Kontrast zu seiner geringen politischen Bedeutung steht die Funktion als eine Art Clearingstelle zwischen den Nordischen Staaten. Er hat zahlreiche Abkommen initiiert, die das Zusammenleben der Bürger Nordeuropas einfacher machen. Aus dieser Liste seien genannt: 1954: Passfreiheit, 1954: gemeinsamer Arbeitsmarkt, 1955: soziale Sicherung, 1971: Kulturabkommen, 1972: Verkehrsabkommen, 1974: Umweltabkommen, 1977: nordische Gültigkeit für Rezepte, 1981: nordisches Sprachabkommen, 1981/94: Arbeitsmarktregelungen für Kranke, 1986: Arbeitsmarkt für Lehrer, 1988: Vermeidung von Doppelbesteuerung, 1994: Zugang zu höherer Ausbildung, 1995: Zusatzklausel zum Helsinkiabkommen: Gleichbehandlung der Bürger bei Gesetzen und sonstigen Bestimmungen. Die Liste könnte verlängert werden.

In der Gegenwart erscheint Nordeuropa von einer politischen Einheit weiter entfernt als je zuvor. Dänemark hatte sich bereits 1973 der erstarkenden EG angeschlossen, damals noch eine im Wesentlichen auf eine wirtschaftliche Einheit abzielende überstaatliche Institution, die dann immer stärker die Akzente in Richtung einer politischen Einheit setzte und sich deshalb auch zur EU umtaufte. Ihr schlossen sich 1995 Schweden und Finnland nach Volksabstimmungen an. In Norwegen sprach sich das Volk zweimal – 1972 und 1994 – gegen einen Anschluss des Landes an die EG/EU aus, Grönland ist wieder aus der EU ausgetreten. Die Chancen, dass sich Island zu einem Beitritt entschließt, sind minimal. Island und Norwegen bilden zusammen mit der Schweiz eine kümmerliche Rest-EFTA. Damit geht ein tiefer politischer Graben durch Nordeuropa. Mitteleuropa hat Teile des Nordens „eingefangen", dem Rest geht es wirtschaftlich trotz Nicht-Beitritts gut bis blendend; die Chance, zu einer politischen Region „Norden" zu gelangen, ist – zumindest vorerst – vertan.

Unter wirtschaftsgeographischem Blickwinkel kann man ebenfalls nicht von einer Region Nordeuropa sprechen. Die Länder des Nordens liefern, wie bereits mehrfach herausgestellt, immer noch in recht hohem Maße Rohstoffe nach Mittel- und Westeuropa, auch wenn diese hoch veredelt sind. Dabei konkurrieren aber in den meisten Fällen mindestens zwei Nordische Länder miteinander (bei Holzprodukten: Finnland und Schweden, bei Fischerzeugnissen: Norwegen, Island, Färöer, z. T. auch Dänemark). Damit kämpfen die Nordischen Länder als Konkurrenten gegeneinander; eine in sich geschlossene Wirtschaftsregion sieht anders aus. Lediglich bei Öl und Gas hat Norwegen – in weit geringerem Maße auch Dänemark – eine Alleinstellung und beliefert die anderen Länder. Ähnliches gilt auch für die verarbeitende Industrie. Von der stark geschrumpften Textilindustrie (schwedische gegen dänische und finnische Designerstoffe) bis hin zur IT-Branche (Ericsson gegen Nokia): Überall herrscht eine Ausrichtung auf den außernordischen Markt und ein Konkurrenzkampf der Länder Nordeuropas.

Die Abhängigkeit der Nordischen Länder von den südlichen Märkten und die relativ geringen Verflechtungen untereinander lassen sich an vielerlei Indikatoren festmachen. Es sei hier eine Befragung schwedischer Firmen angeführt, die Cederlund (1992) zitiert. Danach wurden 1990 1000 schwedische Firmen, die aufgrund ihrer Exportintensität ausgewählt wurden und zusammen etwa 200 000 Beschäftigte hatten, nach den Auslandsreisen ihrer Angestellten befragt. Nur jeweils 6 % dieser Reisen gingen nach Dänemark, Norwegen oder Finnland, aber 20 % nach Deutschland und 12 % nach Großbritannien. Ein ähnliches Bild erhält man, wenn man die Außenhandelsstatistiken der Nordischen Länder aufschlüsselt nach intranordischen und außernordischen Im- und Exporten (Abb. 85).

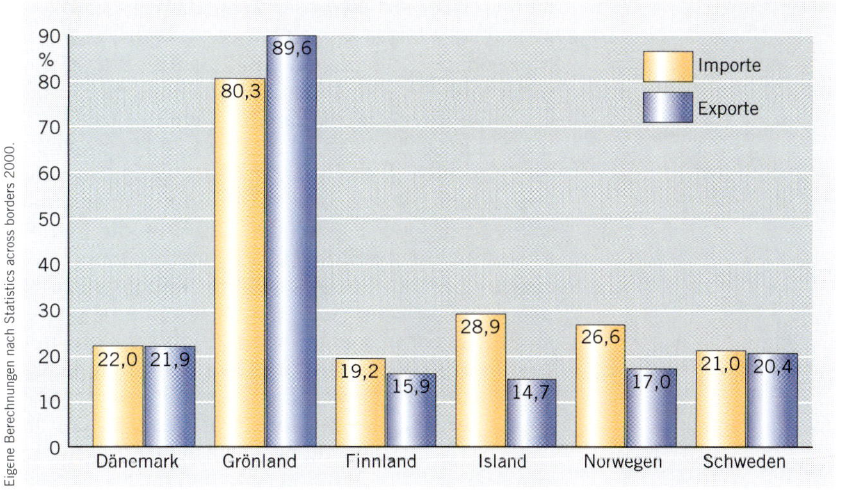

Abb. 85: *Anteil des intranordischen Handels am gesamten Außenhandel der Nordischen Länder.*

Der Außenhandel der Nordischen Länder untereinander ist außerordentlich gering, vor allem wenn man bedenkt, dass es sich ja schließlich um Nachbarn handelt. Bei Grönland ist zu berücksichtigen, dass der Außenhandel dieses Landes fast ausschließlich über Dänemark abgewickelt wird, in der Abbildung also als Handel mit Dänemark auftaucht.

Die Region Nordeuropa: sozialgeographisch

Die Länder Nordeuropas haben eine untereinander sehr ähnliche Sozialstruktur. Da sie sich von der anderer europäischer Räume z. T. deutlich unterscheidet, ist es berechtigt, von einem Sozialraum Nordeuropa zu sprechen. Da die Besonderheit im sozialstrukturellen Gefüge des Nordens von jedem aufmerksamen Besucher der Länder wahrgenommen wird, aber auch den Bewohnern des Raumes selbst bewusst ist, kann man bei Nordeuropa im Sinne von Blotevogel (1996) von einer Region sprechen.

Versucht man, die Sozialstruktur der Nordischen Länder analytisch zu betrachten, so wird man sie in einige Elemente und Bereiche zerlegen müssen (in Anlehnung an Schäfers 2000). Dazu gehören aus geographischer Sicht vor allem:

- die Bevölkerungsstruktur,
- das Siedlungsgefüge und sein Wandel,
- die Wirtschaft in ihrem Gefüge und ihrem Wandel,
- das politische System und seine Akzeptanz durch die Bevölkerung,
- die Struktur und der Wandel des Systems der sozialen Sicherheit, der Einkommens- und Vermögensstruktur,
- das Bildungssystem,
- das kulturelle System, insbesondere Normen und Werte, darunter auch religiöse Anschauungen und politische Kultur.

Die ersten Punkte dieses Kataloges wurden schon in eigenen Teilen dieses Buches behandelt. Im Folgenden soll vor allem der letzte Punkt analysiert werden, wobei das Schwergewicht darauf liegen soll, bei allen Unterschieden zwischen den Ländern das Gemeinsame und damit das spezifisch Nordeuropäische hervorzuheben. Bei einem solchen Thema lässt sich eine gewisse Subjektivität nicht vermeiden.

Die Nordischen Staaten gehören nach allen gängigen Kriterienkatalogen zu den am höchsten entwickelten Ländern der Erde. Im Human Development Index 1998 der UN nehmen sie die folgenden Ränge ein: Norwegen 3, Island 5, Finnland 6, Schweden 10 und Dänemark 18. Deutschland liegt auf Rang 19. Grönland, da nicht als UN-Staat geführt (für die Außenpolitik Grönlands ist Dänemark zuständig), taucht auf dieser Liste nicht auf. Der HDI berücksichtigt Kriterien wie Lebenserwartung, Alphabetisierungsgrad, BSP pro Kopf und Schulausbildungsgrad. Dieser letzte Punkt wurde 2002 auch durch die PISA-Studie bewiesen, in der die Nordischen Länder – ganz im Gegensatz zu Deutschland – hervorragend abschnitten.

Dies sind messbare Fakten. Aber vieles von dem, was die Bewohner der Nordischen Länder auszeichnet, ist nicht messbar, man kann es nur konstatieren. Dazu gehört etwa die geringe mentale Differenzierung zwischen Staat und Gesellschaft, die zu einem großen Vertrauen in den Staat und eine fast uneingeschränkten Identifikation mit ihm führt. Darauf beruht der große Erfolg der Vorstellung vom „Volksheim Schweden“ (*folkehemmet*), die der sozialdemokratische Ministerpräsident Schwedens Per Albin Hansson 1929 propagierte und die als Leitbild die wirtschaftliche und soziale Entwicklung des Landes bis in die Zeit nach dem Zweiten Weltkrieg bestimmte. Dieses Leitbild gab es in nur wenig abgewandelter Form auch in den anderen Nordischen Ländern. Die sozialdemokratischen Parteien des Nordens, die während des größten Teils des 20. Jh.s die Regierungen stellten, vertraten einen pragmatischen und sachorientierten Sozialismus, der wenig doktrinär und vor allem überhaupt nicht internationalistisch auftrat. Er vertrug und verträgt sich sehr gut mit dem in allen Nordischen Ländern stark ausgeprägten Nationalismus, der seine Wurzeln in der Romantik des 19. Jh.s hat. In Norwegen, das als Staat ja erst im 19. Jh. entstand und sich sogleich in einer „Zwangsehe“ mit Schweden wiederfand, war diese Nationalromantik besonders stark ausgeprägt. In Finnland wurden Romantik und Besinnung auf die kulturelle Eigenständigkeit besonders dadurch geprägt, dass das Land als Teil Russlands sich von diesem kulturell bedroht fühlte und deshalb seine Identität stark betonte. In allen Ländern führte die Romantik zur Wiederentdeckung und oft kritiklosen Verherrlichung der eigenen Geschichte, die als wichtiger Strang in den Nationalmythos eingeht.

Wichtig ist in diesem Zusammenhang, dass sich dieser Nationalmythos jeweils in Bezug auf das eigene Volk und den eigenen Staat entwickelte. Zaghafte Ansätze zu einem Skandinavismus fielen spätestens 1864 in sich zusammen, als die übrigen Nordischen Länder Dänemark in seinem Krieg gegen Preußen und Österreich um Schleswig-Holstein nicht, wie sie es versprochen hatten, zu Hilfe kamen.

Der Staat als Träger der nationalen Identität hat in Nordeuropa auch deswegen eine so hohe Stellung, weil er immer als Einheitsstaat auftrat und Regionalismen nie zuließ. Es gab und gibt in Nordeuropa keine separatistischen Bewegungen. Wo diesbezüglich Andeutungen auftauchen, haben sie oft etwas Komisches. Bürgerkriege hat es in Nordeuropa schon seit Jahrhunderten nicht mehr gegeben – mit einer sehr gravierenden Ausnahme: den blutigen Kämpfen zwischen den „Weißen“ und den „Roten“ in Finnland nach dem Ersten Weltkrieg. Das Trauma, das diese Auseinandersetzungen in Finnland hinterließen, führte dazu, dass sich auch die historische Forschung, geschweige denn der öffentliche Diskurs, dieser Frage jahrzehntelang kaum anzunehmen wagte. Erst in der Gegenwart ändert sich dies.

Die Einheitsstaaten mit ihrer starken Stellung der gesamtstaatlichen Ebene beruhen historisch auch auf der von oben, vom König, angeordneten Reformation und der Vereinigung von Staat und Kirche unter der Krone. Damit entfiel ein möglicher Widerpart. Ein zweiter entfiel durch die Einführung des Absolutismus und die Entmachtung des Adels.

Alle Länder Nordeuropas haben heute lutherische Staatskirchen, deren nominelles Oberhaupt der höchste Vertreter des Staates ist. Niemand wird bezweifeln, dass die jahrhundertelange Einwirkung des Protestantismus die Nordeuropäer grundlegend geprägt hat, von der Arbeitsethik bis zur Betonung des Individualismus. Gleichwohl ist heute der Einfluss der Staatskirchen sehr gering. 60 % aller norwegischen Männer und 50 % aller Frauen waren, so hat man 1995 festgestellt, in den letzten zwölf Monaten vor der Befragung nicht ein einziges Mal in einer Kirche. Dennoch gehören 94,5 % aller Norweger der Staatskirche an, deren Dienste sie aber zumeist nur bei Taufen, Beerdigungen und eventuell bei Trauungen in Anspruch nehmen. Für die übrigen Länder gilt Ähnliches.

Alle Länder Nordeuropas können als sehr stark säkularisiert bezeichnet werden. Neben, z. T. auch innerhalb der Staatskirchen existiert allerdings mancherorts ein beachtliches Sektenwesen. Als Kuriosum sei angemerkt, dass nach einer repräsentativen Untersuchung der Universität Reykjavík noch 1974 68 % aller Isländer die Existenz von Hügeln, die von Elfen bewohnt werden, für sicher oder zumindest für möglich hielten (zit. n. Rosenblad 1990; Bild 75). In einem Vorort Reykjavíks hat man eine Straße um einen solchen „Elfenhügel“ herumgeführt, da bei der versuchten Sprengung des Hügels unerklärliche Unfälle auftraten.

Der Individualismus, die Betonung der Eigenständigkeit des Einzelnen, die viele Beobachter als für die Menschen Nordeuropas charakteristisch ansehen, mag eine seiner Wurzeln im Protestantismus haben. Eine zweite liegt ganz sicher im Bauerntum, das in der Geschichte der Nordischen Länder eine zwar von Land zu Land unterschiedliche, aber im gesamteuropäischen Zusammenhang doch sehr bedeutende Stellung hatte. Alle Länder und Gesellschaften waren bis weit ins 20. Jh. hinein stark ländlich geprägt. Bewusst besannen sich Norwegen in seinem Suchen nach der eigenen, nicht städtisch-dänisch überprägten Kultur und Finnland in seinem Abwehrkampf gegen die Russifizierung auf das Bauerntum, wobei gewisse Glorifizierungen nicht ausblieben. Tatsache bleibt aber, dass die meisten Städter des Nordens sich ihrer bäuerlichen Wurzeln bewusst sind, viel stärker als das in Mittel- oder Westeuropa der Fall ist. Und Bauerntum bedeutete unter den naturgeographischen Verhältnissen Nordeuropas immer Kampf des Einzelnen um den Broterwerb und weite Abstände zum Nachbarn, also ideale Voraussetzungen für einen starken Individualismus. Der dänische Soziologe Gundelach sieht im Bauerntum nicht nur die Grundlage für den Individualismus, sondern auch für Hochschätzung von Gleichheit und Konsens: „Dies ist die Vorstellung vom kleinen Selbstständigen, der es selbst schafft. Daher auch eine Gesellschaft, in der der Individualismus eine starke Stellung hat. Eine Gesellschaft, geprägt von Gleichheit und Konsens und vom Protest gegen die Großen, seien dies die wirtschaftlichen oder intellektuellen Eliten – oder die nationalen oder internationalen Bürokraten“ (Gundelach 2002, S. 141, Übers. Lindemann). Das Zitat enthält zwei weitere Schlüsselwörter zur Charakterisierung der nordischen Gesellschaften: Gleichheit und Konsens.

Bild 75: *Felsbuckel in Kopavógur, Island. In Kopavógur, einem Vorort von Reykjavík, sollte ein Felsbuckel für den Bau einer Straße gesprengt werden. Weil dabei rätselhafte Unfälle auftraten, ging man davon aus, dass der Buckel von Elfen bewohnt war, und führte die Straße um den Fels herum. Ein anliegendes Grundstück blieb unbebaut (R. Lindemann).*

Bei aller Individualität sind die Nordeuropäer in ihrem Umgang miteinander sehr stark auf Konsens ausgerichtet. Das immer wieder zitierte Schlüsselwort ist das schwedische Adjektiv „*lagom*", was mit „vernünftig", „auf den Mittelweg oder Kompromiss ausgerichtet" nur unzureichend übersetzt werden kann. Von einigen Autoren wird dieses Konsensstreben geradezu als konstitutiv für das „Schwedische Modell" angesehen. Pettersson (1999, S. 45) definiert das Schwedische Modell folgendermaßen: „The belief in and legitimacy for broad consensus solutions as alternatives to legislative or market solutions."

Es hat sich in Nordeuropa eine hohe Kultur des Aushandelns entwickelt, die alle Lebensbereiche umfasst, in der Politik aber besonders deutlich wird. Nur auf dem Hintergrund einer solchen Kompromissbereitschaft ist es möglich, dass immer wieder auch über längere Zeiträume hinweg die Nordischen Länder von Minderheitsregierungen geführt werden, die sich ihre Mehrheiten von Fall zu Fall suchen müssen. Der Hang zum Aushandeln, zum Kompromiss hat – wie manche Beobachter meinen – zu einem Verkümmern der Streitkultur geführt. So sind Wahlkämpfe in Nordeuropa für ausländische Betrachter von unglaublicher Langeweile geprägt. Auch den Skandinaviern selbst scheint es manchmal zu sanft und unaufgeregt zuzugehen: So erklären sich die überraschenden Wahlerfolge gelegentlich auftretender provokanter Populisten, etwa des „Steuerrebells" M. Glistrup in Dänemark.

Ein weiterer Charakterzug der nordeuropäischen Gesellschaften ist der Trend zur Gleichheit. Er macht sich z. B. in der Einkommensverteilung bemerkbar, die sich einer Gleichverteilung in hohem Maße annähert. Es lassen sich dabei nur geringe Unterschiede zwischen den einzelnen Staaten erkennen. Hier ist allerdings zu konstatieren, dass die Einkommensunterschiede in den letzten Jahren stärker geworden sind. Die starke Progression bei den Steuern stößt bei der Bevölkerung auf große Zustimmung, nicht nur bei den sozialdemokratischen Parteigängern. Einzelne Ungerechtigkeiten, die vor allem Spitzenverdiener betrafen und über die sich Personen des öffentlichen Lebens wie I. Bergman und A. Lindgren in Schweden beschwerten, wurden rasch beseitigt. Gleichheit wird auch im menschlichen Miteinander angestrebt: Für Mitteleuropäer ist immer wieder überraschend, wie flach in Nordeuropa die Hierarchien sind. Und auch im täglichen Leben wird Gleichheit als positiver Wert betrachtet: Man zeigt seinen Reichtum nicht nach außen.

Das Streben nach Gleichheit zeigt sich auch in Solidarität mit den Schwächeren. Dies gilt für die Schwächeren in der eigenen Gesellschaft, dies gilt auch für die Schwächeren in fernen Erdteilen. Der Anteil des BSP, der für Entwicklungshilfe aufgewendet wird, ist ungewöhnlich hoch. Die UNO hat als Ziel 0,7 % gesetzt, die EU möchte als Durchschnitt bis 2006 den Wert 0,39 % erreichen. 2000 lagen nach OECD-Angaben die entsprechenden Werte für die skandinavischen Länder bei 1,06 % (Dänemark) und 0,80 % (Norwegen und Schweden). Zum Vergleich: In Deutschland lag der Anteil bei 0,27 % und in den USA bei 0,10 %.

Doch dieses Streben nach Gleichheit kann auch negative Seiten haben. Seit Axel Sandemoses Roman 'Ein Flüchtling kreuzt seine Spur' (1933, deutsch 1973) werden sie mit dem Begriff „Das Gesetz von Jante" bezeichnet (Jante ist eine Gemeinde im Roman). Gemeint ist ein Höchstmaß an sozialer Kontrolle, von Neid und Eifersucht. Darauf führen manche Kulturkritiker auch die ihrer Meinung nach geringe Toleranz und das Defizit an Pluralismus skandinavischer Gesellschaften zurück. Zumindest für Dänemark wird man diese Beurteilung wohl als zu hart ansehen müssen.

Die Nordeuropäer sind stolz auf ihren Staat, ihre Gesellschaft und ihre Geschichte. Negative Aspekte werden dabei oft übersehen oder verdrängt. Allgemein verbreitet ist der Glaube an den Vorbildcharakter des eigenen Gesellschaftsmodells, der gelegentlich zu Selbstüberschätzung und Überheblichkeit, auch zu Sendungsbewusstsein führen kann. Die Tatsache, dass die Nordischen Länder eine unverhältnismäßig große Zahl von Erfindern, Architekten, Romanautoren oder Sportlern hervorgebracht haben – unverhältnismäßig wenn man ihren Anteil an der Bevölkerung der Welt oder Europas zugrunde legt –, wird von den Nordeuropäern häufig als Beweis für die Überlegenheit ihres Gesellschaftssystems gegenüber anderen betrachtet. Dies wiederum wird ihnen von der Außenwelt als Nationalismus angelastet.

Besucher der Nordischen Länder sind immer wieder überrascht, wie häufig dort nationale Symbole, wie etwa die Nationalflagge, gezeigt werden. Dies wird dann als Beweis für den Nationalismus der Nordeuropäer gewertet. Das ist falsch. Das Flaggen wird im Norden als Teil der Alltags- (oder Sonntags-) Kultur angesehen. Angesichts der geringen Differenzierung zwischen Staat und Gesellschaft und dem hohen Maß an Identifikation mit beiden wird die Verwendung staatlicher Symbole im Alltäglichen verständlich. Aagedal (1997) berichtet, dass 1994 94 % aller Norweger den Nationalfeiertag 17. Mai gefeiert hätten, davon ¾ öffentlich. 87 % hissen an nationalen Feiertagen die Flagge, 43 % an privaten Feiertagen, 20 % sogar an privaten Trauertagen.

Diese enge Identifikation der Nordeuropäer mit ihrer Nation, ihrem Staat und ihrer Kultur scheint auch im Zeitalter der Globalisierung nicht zu schwinden, im Gegenteil, sie scheint sich noch zu intensivieren. In Norwegen nimmt der Besitz und Gebrauch von Trachten immer mehr zu; 54 % aller Norwegerinnen und 4 % aller Norweger haben bereits eine – sehr teure – Tracht. Und die Zunahme wird vor allem bei jungen Leuten beobachtet (Aagedal 1997). Kann man daraus schließen, dass sich die nordische Individualität – und zwar die jedes einzelnen der Nordischen Länder – noch verstärkt? In jedem Fall kann man die Frage nach der Einheit oder Vielfalt der Nordischen Länder mit dem Paradoxon beantworten, dass ihre Einheit gerade in ihrer Vielfalt liegt, oder, wie es Mead (1988, S. 40), ein großer Kenner des Nordens, ausdrückt:

„Zwischen den Ländern des Nordens herrscht Harmonie, aber jeder Staat bildet eine einzigartige Einheit, jeder ist voll von eigenen Mythen und die Einwohner jedes dieser Staaten tragen Gefühle in sich, die sich aus den ganz speziellen Erfahrungen innerhalb der Grenzen ihres eigenen Heimatlandes herleiten."

Wenn, im Sinne des oben angeführten Zitats von Paasi, die Kohäsion das entscheidende Merkmal einer geographischen Region ist, so lässt sich feststellen, dass in jedem der Nordischen Länder die soziale Kohäsion seiner Bewohner sehr stark ist, das Maß der Kohäsion des Nordens untereinander ist damit verglichen weit geringer. Aber die Prozesse, die Modelle und die Mythen, die die soziale Kohäsion schaffen, sind in allen Nordischen Ländern sehr ähnlich, fast identisch.

Einblicke

Territorialgeschichtliche Kennzeichen

Forschungsreisen und Forschungsreisende

Umweltprobleme auf der Kola-Halbinsel, Nordrussland

Das „Schwedische Modell“ oder der „Dritte Weg“

Territorialgeschichtliche Kennzeichen

von Ewald Gläßer

Dänemark gilt traditionell als ein Brückenland zwischen Mittel- und Nordeuropa. Diese Mittlerstellung hat den dänischen Staat bis in die unmittelbare Gegenwart entscheidend geprägt. Die Staatsbildung Dänemarks vom 9. bis 11. Jh., also zur Zeit der stürmischen Wikingerexpansion (Tab. 29), vollzog sich in einem Raum, der von jeher Hauptdurchzugsgebiet verschiedenster Menschengruppen zwischen Norden und Süden sowie Osten und Westen gewesen ist. Hauptstützen dieses Seereichs waren und sind Seeland und Jütland bzw. die Cimbrische Halbinsel. Zahllose vor- und frühgeschichtliche Funde und Bodendenkmäler geben Zeugnis von der Besiedlung und Bewirtschaftung Dänemarks lange vor der Staatswerdung. Anfang des 9. Jh.s begann man im Zuge der Staatsbildung mit dem Bau des berühmten Danewerks als Grenzwall gegen das sich ausdehnende Frankenreich. In dieser Zeit hatte auch der alte Siedlungs- und Handelsplatz Haithabu an der Schlei, gegenüber dem heutigen Schleswig, eine weithin überregionale Bedeutung.

Die dänischen Wikingerzüge waren vor allem westwärts über die Nordsee nach England gerichtet. So konnte Knut der Große zu Beginn des 11. Jh.s seine Eroberungen in England und im südlichen Norwegen mit Dänemark zu einem Großreich vereinigen, das jedoch nur kurzen Bestand hatte. Von der Christianisierung Dänemarks im 10. Jh., die zugleich die Kultur des mittelalterlichen Europa mit nach Dänemark brachte, zeugt der großartige Runenstein von Jelling, rd. 12 km nordwestlich Vejle. Von der Mitte des 12. bis Ende des 14. Jh.s erreichte Dänemark im Kampf um das Ostseegebiet eine bedeutende Machtstellung und Blütezeit, die sich u. a. in der Entwicklung der Stadtkultur und in der Errichtung der Domkirchen von Ribe, Viborg und Roskilde manifestiert.

ca. 870	Island wird von nordischen Wikingern besiedelt
930	Das isländische Althing wird errichtet
ca. 960	Der dänische König Harald Blåtann (Blauzahn) nimmt das Christentum an
ca. 1000	Leif Eriksson segelt von Grönland nach Nordamerika (Vinlandfahrten)
1103	Lund in Skåne (Schonen) wird Erzbischofssitz für große Teile Nordeuropas
1152/53	Nidaros (Trondheim) wird Erzbischofssitz für Norwegen
1164	Uppsala wird Schwedens Erzbischofssitz
1293	Der dritte „Kreuzzug" Schwedens nach Finnland festigt die dortige schwedische Herrschaft (u. a. Anlage von Viborg)
1350–1389	Pestepidemien in Nordeuropa
1397–1521	Kalmarer Union
1427	Dänemark führt den Öresundzoll ein
1427–1432	Krieg zwischen Dänemark und der deutschen Kaufmanns- bzw. Städtehanse
1471	In der Schlacht bei Brunkeberg wird der Unionskönig Christian I. von den Schweden unter der Führung von Sten Sture besiegt
1477	Gründung der Universität Uppsala
1479	Gründung der Universität Kopenhagen
1520	Der dänische König Christian II. erobert Schweden („Stockholmer Blutbad")
1523	Gustav Erikson wird zum König von Schweden gewählt (Gustav I., Vasa)
1536	Reformation in Dänemark und Norwegen
1555–1557	Krieg Russland gegen Schweden
1563–1570	Der Nordische Krieg
1602	Errichtung des dänischen Handelsmonopols über Island
1618–1648	Dreißigjähriger Krieg. Der schwedische König Gustav II. Adolf greift 1630 in das Kriegsgeschehen ein
1632	In der Schlacht bei Lützen siegt Gustav II. Adolf, wird aber selbst getötet
1645	Friede von Brømsebro. Dänemark tritt Gotland, Øsel und Halland sowie die norwegischen Gebiete Härjedalen und Jämtland an Schweden ab
1658	Mit dem Frieden von Roskilde muss Dänemark u. a. auch Skåne (Schonen), Blekinge und Bohuslän an Schweden abtreten
1668	Gründung der Universität Lund
1709–1720	Großer Nordischer Krieg zwischen Schweden und Dänemark-Norwegen
1743	Mit dem Frieden von Åbo (Turku) tritt Schweden große Landgebiete an Russland ab
1751	Die Nordgrenze zwischen Norwegen und Schweden wird in einem Vertrag zwischen Dänemark-Norwegen und Schweden festgelegt

Quelle: eigene Zusammenstellung.

1786/87	Gewaltige Vulkanausbrüche und Erdbeben suchen Island heim und verursachen eine große Hungersnot
1807	Krieg zwischen Dänemark und England
1808/09	Russisch-Schwedischer Krieg: Russland erobert Finnland
1809	Friede von Frederikshavn: Schweden tritt Finnland an Russland ab. Finnland wird ein autonomes Großfürstentum des Zaren
1812	Helsingfors (Helsinki) wird Finnlands Hauptstadt
1813	Gründung der Universität in Kristiania (Oslo)
1814	Mit dem Frieden von Kiel zwischen Dänemark und Schweden tritt die dänische Krone Norwegen ab, aber bekommt weiterhin Island und die Färöer zuerkannt. In Eidsvoll (nördlich Oslo) wird Norwegens Verfassung am 17. Mai beschlossen
1849	Das Dänische Grundgesetz wird verabschiedet
1854	Das Handelsmonopol bezüglich Island wird aufgehoben
1860er-Jahre	Die Massenauswanderung von Nordeuropa in die USA beginnt. Bis zum Ersten Weltkrieg wandern mehr als 2 Mio. Menschen aus, davon ca. 750 000 aus Norwegen, ca. 1,1 Mio. aus Schweden und ungefähr 300 000 aus Dänemark
1864	Mit der Niederlage im Krieg um Schleswig-Holstein muss Dänemark Schleswig, Holstein und Lauenburg an Preußen und Österreich abtreten
1874	Das isländische Althing erhält seine gesetzgebende Funktion zurück
1905	Ende der Union zwischen Schweden und Norwegen. Der dänische Prinz Carl wird norwegischer König und nimmt den Namen Håkon VII. an
1911	Gründung einer isländischen Universität
1917	Revolution in Russland. Finnland erklärt sich als ein selbstständiger Staat
1918	Nach dem 1. Weltkrieg wird Island ein selbstständiges Land in Personalunion mit Dänemark
1920	Nach einer Volksabstimmung wird Nord-Schleswig wieder dänisch, während Süd-Schleswig bei Deutschland verbleibt
1921	Der Streit um die Åland-Inseln zwischen Finnland und Schweden wird zugunsten Finnlands gelöst
1925	Die norwegische Oberhoheit über Svalbard wird staatsrechtlich anerkannt
1939/40	Winterkrieg zwischen Finnland und der Sowjetunion
1940/1945	Dänemark und Norwegen werden von Deutschland besetzt sowie Island und die Färöer von englischen Truppen
1941	Die USA errichten Militärbasen auf Grönland und Island
1944	Finnland vereinbart einen Waffenstillstand mit der Sowjetunion. Island kündigt die Personalunion mit Dänemark
1949	Verhandlungen über eine gemeinsame nordische Verteidigungspolitik scheitern. Dänemark, Norwegen und Island werden Mitglieder der NATO
1951	Die USA erhalten die Genehmigung zur Errichtung einer Militärbasis auf dem isländischen Flughafen Keflavík
1952	Der Nordische Rat wird ins Leben gerufen
1971	Der Nordische Ministerrat etabliert sich
1972	Die Volksabstimmung in Dänemark bezüglich einer EG-Mitgliedschaft spricht sich für einen Beitritt aus, während die Färöer und auch Norwegen mehrheitlich mit „Nein" votieren
1985	Grönland verlässt die EG
1992	Dänemarks Bevölkerung spricht sich mehrheitlich für ein „Nein" bezüglich des Maastricht-Abkommens aus
1994	Norwegens Bevölkerung votiert wiederum mehrheitlich gegen einen EU-Beitritt. Die dänische Bevölkerung entscheidet sich mehrheitlich für das Maastricht-Abkommen, allerdings unter Berücksichtigung schriftlich fixierter Vorbehalte
1995	Finnland und Schweden werden Mitglieder der EU
1998	Der Ostseerat, das höchste Gremium der Ostsee-Zusammenarbeit (11 Anrainerstaaten), eröffnet in Stockholm sein „Ostsee-Sekretariat"
1999	Eröffnung eines gemeinsamen Botschaftskomplexes der fünf nordischen Staaten in Berlin
2001	Beitritt der fünf nordischen Staaten (also auch der Nicht-EU-Mitglieder Norwegen und Island) zum Schengen-Abkommen

Tab. 29: *Chronologie der nordischen Geschichte (ausgewählte Daten).*

Von 1397 bis 1523, in der so genannten Unionszeit, waren die drei Nordischen Staaten Dänemark, Schweden und Norwegen in dänischer Hand vereinigt. In dieser Zeit besaß auch der weltliche und geistliche Adel eine große Machtfülle. In den dänisch-schwedischen Kämpfen um die Ostseevorherrschaft wurde dann Dänemark Schritt für Schritt zurückgedrängt; 1660 musste an Schweden u. a. auch das fruchtbare Schonen abgetreten werden. Eine neue Blütezeit erlebte Dänemark im 18. Jh. Kopenhagen stieg zu einer der führenden Welthandelsstädte auf. In der Landwirtschaft vollzogen sich tief greifende Veränderungen, u. a. die Befreiung der dänischen Bauern, der Übergang zu eigenem Grundbesitz sowie die durch große Flurbereinigungen bedingte Auflösung der mittelalterlichen Dorfgemeinschaften zugunsten einer ausgeprägten Einzelhofsiedlung. Damit war der Grundstein für die Entwicklung einer modernen, marktorientierten Landwirtschaft gelegt.

Nach den napoleonischen Kriegen verlor Dänemark Helgoland an England und Norwegen an Schweden, nach 1864 auch Holstein, Schleswig und Lauenburg an Preußen. 1920 fand gemäß dem Versailler Vertrag in Nordschleswig eine Volksabstimmung statt, nach der sich die dortige Bevölkerung (rd. 160 000 Menschen, davon 25 % Deutsche) bis zur heutigen Staatsgrenze für eine Rückkehr nach Dänemark entschied. Die infolge der Bevölkerungsminderheiten auf beiden Seiten der Grenze erwachsenden Spannungen sind heute im Zuge eines beiderseitigen Entgegenkommens praktisch ganz abgebaut.

Das Ende des Zweiten Weltkriegs brachte auch für Dänemark bedeutende politisch-territoriale Veränderungen mit sich. Island, das während des Krieges von Dänemark abgeschnitten war, kündigte die Personalunion mit Dänemark und wurde eine unabhängige Republik. Die Färöer erreichten eine mehr oder weniger autonome Verwaltung wenigstens der inneren Angelegenheiten.

Anders war es mit **Grönland**. Der Status der einstigen Kolonie wurde 1953 aufgehoben und die Insel dem dänischen Staat einverleibt. Aber schon bald verstärkte sich auf Grönland der politische Impuls zur Selbstverwaltung („Grönlandisierung"), und zwar vor allem im Zuge der Debatte um den EG-Beitritt Dänemarks Anfang der 1970er-Jahre und der Frage nach dem Recht auf die grönländischen Fischressourcen und Bodenschätze. Nachdem schon 1972 ca. 70 % der grönländischen Bevölkerung gegen die EG gestimmt hatten, verließ Grönland dann am 01.01.1985 die EG. Zuvor hatte sich bereits 1979 der Status der größten Insel der Welt geändert, indem Grönland ein selbstverwaltetes Land in Reichsgemeinschaft mit Dänemark geworden war. Auf der Grundlage der einheimischen Ressourcen gibt es auf Grönland Bestrebungen zur völligen Unabhängigkeit.

Der Name **„Norwegen"** als „Weg nach Norden" (ursprünglich Seeweg entlang der Küste) verdeutlicht einen der Hauptzüge der norwegischen Geschichte, indem viele Jahrhunderte hindurch die wechselseitigen Beziehungen entlang der Seewege zu den südlicheren und westlichen Ländern stärker waren als zu den östlichen Nachbarn. Die inneren siedlungsarmen Wald- und Fjellregionen gegen die schwedische Grenze haben trennender gewirkt als das Meer im Westen und Süden.

Die ältesten Spuren menschlicher Siedlungen in Norwegen hat man im hohen Norden, u. a. bei Komsa in Finnmark gefunden (Alter rd. 10 000 Jahre), wobei es sich um Jäger- und Fischergruppen handelte, die dem zurückweichenden Inlandeis folgten und deren Herkunft bis heute ungewiss ist.

Während der Wikingerexpansion, d. h. hauptsächlich in der Zeit von 800 bis 1000 n. Chr., gelangten norwegische Siedlergruppen bis nach Labrador und Neufundland, das so genannte Vinland des Leif Eriksson. Von Westnorwegen aus erfolgte schon im 9. Jh. eine Besiedlung Islands. In den altnordischen Chroniken, den Sagas, besonders dem berühmten Werk des Isländers Snorre Sturluson, werden diese Besiedlungsvorgänge beschrieben. Eigentliches Zentrum des hochmittelalterlichen Norwegen war Trondheim, dessen um 1300 fertig gestellter Nidarosdom mit dem Schrein des hl. Olav das Reiseziel großer Pilgerscharen aus ganz Norwegen und darüber hinaus war. Noch heute weisen die alten Pilger-, Handels- und Königswege z. B. vom Östland über das Dovrefjell hinweg nach Trondheim auf die alte Bedeutung von Nidaros, der Krönungsstätte der norwegischen Könige, hin.

Nach langen feindlichen Auseinandersetzungen zwischen den weltlichen und geistlichen Gewalten gelang es König Håkon IV. im 13. Jh., das Reich zu festigen. Zu Norwegen gehörten seinerzeit Island, Grönland, Teile von Schweden und zahlreiche Inseln. 1319 erhielt der norwegische König Magnus Eriksson auch die schwedische Krone. Die anschließende Personalunion Norwegens mit Dänemark (ab 1380) sollte bis 1814 dauern, um danach bis 1905 an Schweden zu fallen. Mit der Volksabstimmung von 1905 wurde Norwegen nach den langen Unionszeiten schließlich wieder ein selbständiges Königreich auf der Basis einer parlamentarischen Erbmonarchie, die auf der Eidsvoll-Verfassung von 1814 beruht. Nach dem Ersten Weltkrieg wurde Norwegen u. a. die Oberhoheit über Spitzbergen (Svalbard) und über die

Bäreninsel übertragen. Auch einige Gebiete im Südpolarraum wurden der norwegischen Oberhoheit unterstellt, was einmal auf die norwegischen Walfanginteressen und zum anderen auf die norwegischen Antarktisexpeditionen (bes. Amundsen 1911) zurückzuführen ist. Norwegens besondere strategische Lage sowie die Ausfuhr schwedischer Eisenerze über Narvik verstrickten das Land, das sich für neutral erklärt hatte, auch in den Zweiten Weltkrieg, in dem es von 1940 bis 1945 von deutschen Truppen besetzt war. Die Nachkriegspolitik führte Norwegen, nicht zuletzt infolge einer Bedrohung von sowjetischer Seite, in die NATO. 1960 trat das Land dann als Gründungsmitglied dem Europäischen Freihandelsgebiet, der EFTA, bei. Während der letzten Jahrzehnte stand und steht der norwegische EU-Beitritt zur Debatte. Diese Frage wird auch nach den ablehnenden Volksentscheiden 1972 und 1994 in den verschiedensten Bevölkerungskreisen heftig diskutiert.

In frühgeschichtlicher Zeit war **Schweden**, zumindest der südliche Landesteil, von verschiedenen Volksstämmen besiedelt, so von den Dänen in Schonen, den Götar in Götaland und den Svear um den Mälarsee und in Uppland. Letztere gewannen in der Mitte des 8. Jh.s das Übergewicht, so dass auch ihr Name (*Svearike* = Sverige) auf das ganze Land überging. Schwedische Wikinger drangen in den folgenden Jahrhunderten bis weit in das osteuropäische Tiefland ein, wo sie verschiedene „Staaten“ gründeten, zunächst am Ilmensee mit dem Hauptort Holmgard (dem späteren Nowgorod) und auch um Kiew. In der zweiten Hälfte des 12. Jh.s begannen die sog. „Kreuzzüge“ nach Finnland, womit die schwedische Herrschaft dort ihren Anfang nahm. In der Mitte des 13. Jh.s entstand Stockholm als Hauptzentrum des Landes. Nach der durch Gustav Vasa beendeten Unionszeit mit Dänemark (1397–1523) umfasste Schweden das heutige Mittel- und Nordschweden sowie Finnland. Hundert Jahre später erreichte Schweden unter Gustav (II.) Adolf eine Großmachtstellung, wobei jedoch die Verwirklichung eines Dominium maris Baltici, d. h. eines die Ostsee umfassenden Reiches, von Russland im späteren Nordischen Krieg (1700–1721) verhindert wurde. Nach dem Nordischen Krieg musste Schweden die Ostseeprovinzen, die Fürstentümer Bremen und Verden sowie Vorpommern abtreten; Anfang des 19. Jh.s verlor es auch Pommern und Finnland. Dem Ende der schwedischen Großmachtzeit folgte auch das Ende der starken Königsmacht, Schweden erhielt nun eine Verfassung, die dem Reichstag entscheidende Macht zuwies.

Auch Schweden hat im 19. Jh. tief greifende Reformen erfahren. So verursachten z. B. die Intensivierungsprozesse in der Landwirtschaft u. a. große Flurbereinigungen und die Auflösung der Dörfer und Gruppensiedlungen. Die Eisen- und Stahlindustrie sowie die Holz verarbeitenden Industriezweige entwickelten sich rasch. Trotzdem ist auch Schweden, wie sein Nachbarland Norwegen, von großen Auswanderungsbewegungen erfasst worden; zwischen 1850 und 1930 wanderten über 1 Mio. Schweden nach Nordamerika aus. Schwedens Entwicklung zu einem Wohlfahrtsstaat nach dem Zweiten Weltkrieg ist einerseits auf die enorme wirtschaftliche Entwicklung, andererseits auf eine Reihe sozialer Reformen und nicht zuletzt auch auf die lange Friedenszeit in diesem Land (Neutralität wurde zum Hauptgrundsatz der schwedischen Außenpolitik) zurückzuführen.

Finnland als Grenzland zwischen Russland und Skandinavien erfüllt eine ähnliche Brückenfunktion wie Dänemark. Ein Hauptunterschied zwischen dem finnischen Volk und seinen Nachbarn liegt in der Sprache. Allerdings ist Finnland zweisprachig, wobei jedoch nur weniger als 6 % der Gesamtbevölkerung Schwedisch als ihre Muttersprache angeben. Letztere werden im deutschen Sprachgebrauch zur Unterscheidung von den eigentlichen Finnen häufig als „Finnländer“ bezeichnet. Bei der Besiedlung des heutigen Finnland um 1000 v. Chr. durch die finnougrische Volksgruppe wurde die samische Urbevölkerung nach Norden zurückgedrängt. Ein eigenes Staatswesen haben die Finnen lange nicht bilden können. Seit dem 12. und 13. Jh. geriet Finnland unter die Herrschaft Schwedens, von dem es wesentliche Kultureinflüsse erhielt. Nach dem Ende der schwedischen Großmachtstellung im Ostseeraum konnte Russland Zug um Zug Finnland an sich binden, wobei Finnland den Status als Großfürstentum behalten konnte. Mit dem Sturz der zaristischen Herrschaft erhielt Finnland 1917 seine Unabhängigkeit. Im Zweiten Weltkrieg wurde die junge Republik zur Abtretung großer Teile Finnisch-Kareliens (u. a. auch der Raum Wyborg bzw. Viipuri) an Russland gezwungen; 1947 ging zudem der Petsamo-Distrikt, d. h. Finnlands einziger Zugang zum Eismeer, an die UdSSR verloren. Auf diese politisch-territorialen Vorgänge ist auch zum großen Teil die starke Landerschließung bzw. Binnenkolonisation nach dem Zweiten Weltkrieg vor allem im nördlichen Finnland zurückzuführen. Finnland musste nicht nur die rd. 420 000 Aussiedler aus seinen verlorenen Ostgebieten ansiedeln, sondern auch einen Ersatz für die rd. 260 000 ha verlorenen Ackerlandes schaffen.

In der Nachkriegszeit vollzog sich eine relativ günstige Entwicklung der Beziehungen zur Sowjetunion, was sich in mehreren Verträgen, in der Räumung des russischen Stützpunktes Porkkala unmittelbar westlich von Helsinki und auch in der 1968 erfolgten Freigabe des Saimaa-Kanals manifestierte. Weiterhin konnte Finnland auch eine Assoziierung an die EFTA erreichen. Nach dem Zusammenbruch der Sowjetunion trat Finnland 1995, wie 1994 in einer Volksabstimmung beschlossen, der EU bei.

Gegen Ende des 9. Jh.s wurde Island von Westnorwegen aus besiedelt. Damals muss Island seinen Siedlern bessere Wirtschafts- und Lebensbedingungen geboten haben, als es etwa im 19. Jh. der Fall war. Aus dem im 13. Jh. verfassten *Landnámábok* Islands sind wir über die erste Besiedlung gut unterrichtet. Kein Land in Europa ist so spät von siedelnden und wirtschaftenden Menschen in Besitz genommen worden wie Island. Vor der dauerhaften Besiedlung im Zuge der Wikingerexpansion waren allerdings schon iroschottische Mönche nach Island gekommen, die sich eine Zeit lang vornehmlich an der Südostküste niederließen, dann aber vor den nordischen Siedlern zurückwichen. Das *Landnámábok* berichtet von rd. 400 nordischen bzw. norwegischen Einwanderern oder besser gesagt von Einwandererführern. Diese nahmen sich in der so genannten Landnahmezeit (von 874 bis 930 n. Chr.) große Besitztümer vor allem entlang der weide- und fischwirtschaftlich günstigen Fjordarme im Westen und Norden der Insel. Ein entscheidender Schritt auf dem Wege zu einem geordneten Staatswesen erfolgte 930 mit der Gründung des Althings. Die 100 Jahre zwischen 930 und 1030 sind in die Geschichte Islands als Sagazeit eingegangen. Die Sagas, eine Art Familien- oder Sippengeschichten, geben u. a. Kenntnis von den berühmten Grönland- und Vinlandfahrten Eriks des Roten und seines Sohnes Leif Eriksson, der nahezu 500 Jahre vor Kolumbus Nordamerika entdeckte.

Ende des 11. Jh.s sollen schon über 4000 Bauernhöfe auf Island bestanden haben. Damit ist es wahrscheinlich, dass die Vulkaninsel um 1100 mehr Menschen ernährt hat als um 1700 und 1800, denn die Einwohnerzahlen waren 1700 und 1800 rd. 50 000 bzw. nur 47 000, während die Schätzungen für 1100 auf weit über 50 000 gehen. Für die relativ hohen Bevölkerungszahlen um 1100 werden vor allem günstigere Klima- und Vegetationsverhältnisse sowie politisch-territoriale Stabilität verantwortlich sein, während im Spätmittelalter und in der Neuzeit Naturkatastrophen (Vulkanausbrüche, Erdbeben), Epidemien, Hungersnöte usw. zu einer Bevölkerungsverminderung geführt haben. In den ersten Jahrzehnten des 19. Jh.s nahm dann die Bevölkerungszahl wieder konstant zu.

Die Geschichte des freien Island mit seinem berühmten, in Thingvellir zusammenkommenden Althing endete 1264 für sechs Jahrhunderte. Es kam zunächst an Norwegen und fiel dann mit Norwegen an die dänische Krone, so dass von nun an jene Personalunion zwischen Dänemark und Island begann, die bis in das 20. Jh. hinein fortdauern sollte. Insgesamt gesehen sind jene Jahrhunderte für Island als eine Zeit des wirtschaftlichen und sozialen Niedergangs einzustufen. 1944 löste sich Island schließlich von Dänemark und wurde eine selbstständige parlamentarische Republik. Ab 1992 wurde über einen möglichen Beitritt zur EU verhandelt. Die Konflikte um die Fischereirechte führten jedoch zu einer ablehnenden Haltung auf isländischer Seite.

Forschungsreisen und Forschungsreisende

von Jörg-Friedhelm Venzke

Gegen Ende des 19. und im ersten Drittel des 20. Jh.s hatten Wissenschaftler und Entdeckungsreisende aus Nordeuropa erheblichen Anteil an der geographischen Erforschung der Erde und vor allem der Polargebiete. Wichtige Ziele waren dabei die Erkundung der nördlichen Seewege von Europa nach Ostasien.

1878 befährt der 1832 in Helsinki im damals als Großfürstentum zum russischen Zarenreich gehörenden Finnland geborene *Adolf Erik Nordenskiöld* mit dem in Bremerhaven gebauten Dampfschiff „Vega" erstmals die Seegebiete nördlich von Sibirien und zeigt damit auf, dass dieser Weg unter bestimmten Bedingungen schiffbar ist (‚Die Umsegelung Asiens und Europas auf der *Vega*', dt. 1882). Nordenskiöld muss kurz vor der Umschiffung der Tschuktschen-Halbinsel noch einmal überwintern, so dass die freien Gewässer der Beringsee erst 1879 erreicht werden. Heute sind oft zwei Passagen pro Sommer von Murmansk bis zum pazifischen Fernen Osten möglich. – Nordenskiöld war zu diesem Zeitpunkt bereits seit zwanzig Jahren schwedischer Staatsbürger und Professor in Stockholm, wo er nach seiner Übersiedlung Geologie und Naturwissenschaften studiert hatte. Nach verschiedenen Spitzbergen- und Grönland-Expeditionen und Forschungsreisen in die nordsibirische Karasee hatte er den Plan zur Befahrung der sog. Nordostpassage entwickelt und die Unterstützung von Könighaus und Regierung gewinnen können.

Fünfzehn Jahre später beginnt eine der wagemutigsten, allerdings auch überlegtesten wissenschaftlichen Forschungsfahrten im Nordpolargebiet. 1893 tritt der 32-jährige Norweger *Frithjof Nansen* – unterstützt durch die norwegische Regierung und private Spender – mit dem eigens für diese Reise gebauten eisfesten Schiff „Fram" seine legendäre Eisdrift durch das Nordpolarmeer an. Nansen, promovierter Zoologe und 1888 bekannt geworden durch die erste Überquerung des grönländischen Inlandeises (‚Auf Schneeschuhen durch Grönland', dt. 1891), hatte der Fachöffentlichkeit, z. B. der Norwegischen Geographischen Gesellschaft in Kristiania (Oslo) und der Royal Geographical Society in London, seine Theorie von der Drift des nordpolaren Packeises von der sibirischen Küste zum Nordatlantik sowie seine Idee der notwendigen Beweisführung vorgestellt. Am 22. September wird das Schiff in der nördlichen Laptewsee vom Eis eingeschlossen. Anderthalb Jahre später wird mit 84°4' N die nördlichste Position erreicht. Am 14. März 1895 verlassen Nansen und sein Begleiter Hjalmar Johansen mit Schlitten und Kajak das Schiff in Richtung Nordpol. Die „Fram" driftet weiter, Nansen und Johansen kehren auf einer Position von 86°14' N um und nach einer Überwinterung auf Franz-Joseph-Land und mit Hilfe einer englischen Expedition im August 1896 nach Nordnorwegen zurück (‚In Nacht und Eis', dt. 1897/98). Die überragende Leistung und große Faszination der „Fram"-Expedition liegen in der Verifizierung von Nansens wissenschaftlicher Vision durch seine von exzellenter Vorbereitung, vorbildlicher Menschenführung und hoher Einsatzbereitschaft geprägten Forschungsreise. Die ozeanographischen, meteorologischen und meeresbiologischen wissenschaftlichen Erkenntnisse sind außergewöhnlich und begründen Nansens Renommee als führende Persönlichkeit in der Polarfoschung des frühen 20. Jh.s. Das jedoch vielleicht Beeindruckendste an Frithjof Nansen ist die Tatsache, dass er sich über seine wissenschaftliche Tätigkeit hinaus durch sein politisches und humanitäres Wirken, besonders auf dem Gebiet der Rückführung von russischen Kriegsgefangenen und Vertriebenen nach dem Ersten Weltkrieg, eine weltweit hohe Anerkennung erwerben kann, die 1922 mit dem Friedensnobelpreis gekrönt wird.

In vielen Darstellungen zwar oft „nur" als Nansens Begleiter bei dessen Grönlanddurchquerung oder als Kapitän der „Fram" während der legendären Eisdrift genannt, steht der 1854 im norwegischen Helgeland geborene *Otto Sverdrup* als Entdeckerpersönlichkeit dennoch mit in der ersten Reihe. Besonders nach seiner eigenen „Fram"-Expedition in den Jahren 1898 bis 1902, während der ausgedehnte Gebiete im Nordwesten von Grönland und um Ellesmere Island erforscht und kartographiert und damit der Inselcharakter Grönlands nachgewiesen werden konnten (‚Neues Land', dt. 1903), galt er um die Jahrhundertwende als der bedeutendste und erfahrenste Navigator in arktischen Eisgebieten.

Die zweite große norwegische Forscherpersönlichkeit, der 1872 geborene *Roald Amundsen*, war nie der „wissenschaftliche" Polarforscher wie sein Zeitgenosse Frithjof Nansen gewesen. Für ihn stand das Entdecken von Neuland im ursprünglichen Sinn des Wortes, das „Kreuzen der weißen Flecken der Karte", wie Nansen es 1928 in seiner Gedächtnisrede auf den verschollenen Amundsen ausdrückte, im Vordergrund (vgl. Venzke 1986). Nach seinem abgebrochenen Medizinstudium gelingt Amundsen in den Jahren 1903 bis 1906 als Erstem die Durchfahrung der sog. Nordwestpassage, der überwiegend eisverschlossenen Seeverbindung vom Nordatlantik durch den kanadisch-arktischen Archipel zum Nordpazifik, mit dem kleinen Fischkutter „Gjøa" und drei Überwinterungen (‚Die Nordwestpassage', dt. 1907). Den größten Triumph als Entdecker feiert Amundsen am 15. Dezember 1911, als er – wieder als Erster – nach einem spektakulären Wettlauf mit dem Briten Robert Falcon Scott den Südpol erreicht (‚Die Eroberung des Südpols', dt. 1912). Ursprünglich ist der Nordpol sein Ziel gewesen, doch als er von dessen Ersterreichung durch den Amerikaner Robert Edwin Peary 1909 erfährt, ändert er seine Pläne kurzfristig und steuert mit der von Nansen übernommenen „Fram" die Antarktis an. Weitere Entdeckungsreisen, z. B. die mit dem neu konstruierten Forschungsschiff „Maud" 1918 und 1922, zur Bezwingung der Nordostpassage, d. h. der Umfahrung des asiatischen Kontinents, sind weniger Aufsehen erregend.

Roald Amundsen kommt das Verdienst zu, schon sehr früh die Möglichkeiten der Fliegerei in der Erkundung der Polargebiete erkannt und eingesetzt zu haben; bereits 1914 legt er als erster Norweger die Zivilpilotenprüfung ab. In den Jahren 1923 und 1925 scheitern Versuche, von Alaska und von Spitzbergen ausgehend mit Wasserflugzeugen den Nordpol zu erreichen. 1926 schließlich überfliegt Amundsen zusammen mit Lincoln Ellsworth und Umberto Nobile im Luftschiff „Norge" den nördlichsten Punkt der Erde. Als Nobile im Juni 1928 mit seinem neuen Luftschiff „Italia" auf dem Flug zum Pol verunglückt, beteiligt sich Amundsen mit einem Flugzeug an der Suche. Er kehrt aus dem Nordpolargebiet nicht mehr zurück.

Hatte Roald Amundsen bei seiner Nordwestpassage bereits die besonders vom Islandstämmigen Kanadier Vilhjalmur Stefansson propagierte Methode, bei Polar-Expeditionen „vom Lande zu leben", d. h. so wenig wie möglich auf mitgenommene Versorgung angewiesen zu sein, praktiziert, wurde dieses Reisen vom 1879 in Grönland geborenen und mütterlicherseits von Inuit abstammenden Dänen *Knud Rasmussen* bei seinen Expeditionen perfektioniert. Nach dem Studium in Kopenhagen und der Teilnahme an einer Expedition nach Nordwestgrönland mit Überwinterung führt Rasmussen seit 1905 etliche eigene, meist völkerkundlich orientierte Forschungsreisen durch. Dabei führen seine sieben sog. Thule-Expeditionen, die von dem von ihm begründeten Handelsstützpunkt ausgehen, in die verschiedensten, bis zu dem Zeitpunkt weitgehend unbekannten grönländischen Landesteile. Von 1921 bis 1924 besucht Knud Rasmussen zusammen u. a. mit Peter Freuchen und Kaj Birket-Smith auf der längsten jemals durchgeführten Hundeschlittenreise nahezu die gesamte kanadisch-alaskische Arktis und stellt dabei umfangreiche vergleichende ethnologische Studien zur Kulturgeschichte der Inuit an (‚Von Grönland zum Stillen Ozean', dt. 1926).

So wie Amundsen von Nansens Grönland-Durchquerung fasziniert und motiviert war, inspirierte Nordenskiölds Nordostpassage den 1865 in Stockholm geborenen *Sven Hedin*, der sich allerdings in seinem Forscherleben nicht der Nordpolarregion widmete, sondern zum bedeutendsten Asienforscher seiner Zeit wurde. Nach ersten Reisen in Persien, Mesopotamien und Usbekistan und einem Studium der Geologie und Physischen Geographie in Stockholm und bei Ferdinand von Richthofen in Berlin sowie Promotion in Halle führt Hedin 1893 bis 1897 seine erste eigene Forschungsreise nach Zentralasien durch, die den Pamir, die Takla Makan, den Lop-Nor-See im Tarim-Becken und verschiedene Teile Tibets berührt (‚Durch Asiens Wüsten', dt. 1899). Von 1899 bis 1902 erforscht und kartographiert er weiterhin zentralasiatische Regionen. Seine dritte große Forschungsreise (1905 bis 1909) hat, von Persien und über Indien kommend, wieder Tibet und darüber hinaus den Oberlauf des Brahmaputra zum Ziel. Während Hedin seine ersten drei Reisen allein durchgeführt hat, organisiert er seine letzte Expedition (1927 bis 1935) zusammen mit chinesischen, schwedischen, deutschen und dänischen Wissenschaftlern international und interdisziplinär zur topographischen Landesaufnahme und sehr umfassenden Erforschung der Trockengebiete nördlich von Tibet mit Studien zur Geologie, Klimatologie, Botanik, Archäologie und Völkerkunde.

In dieser Zeit, in der zweiten Hälfte des 19. und im ersten Drittel des 20. Jh.s, hatten allerdings auch deutsche Wissenschaftler Anteil an der Erforschung nordeuropäischer Regionen, besonders des Nordatlantiks, Spitzbergens und Grönlands (Abb. 86).

August Petermann, seit Mitte des 19. Jh.s etablierter Kartograph und in Gotha Herausgeber der anerkannten ‚Geographischen Mitteilungen', bemühte sich bereits seit 1865 um die Ausrichtung einer deutschen Forschungsreise in die Nordpolarregion, in der er jenseits eines Packeisgürtels offenes Wasser vermutete. 1868 wird unter dem Kommando von *Karl Koldewey* der kleine Kutter „Grönland" auf die erste deutsche Nordpolarexpedition geschickt, die die Gewässer nördlich von Jan Mayen und im Nordwesten Spitzbergens erkundet und dabei auf einer Position von 81°5' N, der bis zu diesem Zeitpunkt nördlichsten jemals erreichten geographischen Breite, vor dem geschlossenen Packeis beidrehen muss (Venzke 1988). Auch wenn die wissenschaftlichen Ergebnisse eher spärlich ausfallen, ist diese Reise eine gute Vorbereitung für die zweite deutsche Nordpolarexpedition, die 1869 bis 1870 wieder unter der Führung von Koldewey steht und in deren Rahmen mit den Schiffen „Germania" und „Hansa" die nordostgrönländische Küste und die Errichtung einer Überwinterungsstation angestrebt wird. Die „Germania" erreicht ihr Ziel; und während des fast zwölfmonatigen Aufenthaltes auf der „Sabine Ø" wird eine große Fülle an verschiedenartigen naturwissenschaftlichen Beobachtungen und Messungen durchgeführt. Die „Hansa" dagegen wird bei der Annäherung an die ostgrönländische Küste vom Packeis zerquetscht und die havarierte Besatzung auf einer Eisscholle während einer über sieben Monate dauernden, dramatischen Driftreise bis nach Südgrönland verschlagen, wo sie vollzählig gerettet wird (Venzke 1990 a, b). Als Folge dieser erfolgreichen Forschungsexpedition begründet sich in Bremen der sog. „Verein für die deutsche Nordpolarfahrt", der die wissenschaftlichen Ergebnisse publiziert und der später in die „Bremer Geographische Gesellschaft" übergeht (Krause 1992).

Zunächst als privater Jagdausflug geplant, dann aber mit Forschungsaufträgen von August Petermann versehen entwickelte sich im Sommer 1870 eine Reise des *Grafen Waldburg-Zeil* und des Afrikaforschers *Theodor von Heuglin* mit dem gecharterten Schoner „Skjön Valborg" als erfolgreiche Erkundung Ostspitzbergens und dort besonders des Storfjords (Reinke-Kunze 1992).

Grönland blieb auch in der Folge Ziel deutscher Polarforschungsaktivitäten. So dient die von der Gesellschaft für Erdkunde in Berlin ausgerichtete und unter der Leitung des Geographen *Erich von Drygalski* stehende Westgrönland-Expedition 1892 bis 1893 überwiegend glaziologischen Forschungen am Karajak-Gletscher am Umanak-Fjord.

1906 kommt eine der bedeutendsten deutschen Forscherpersönlichkeiten erstmals nach Grönland. Der 1880 in Berlin geborene *Alfred Wegener* nimmt an der dänischen Ostgrönland-Expedition von Ludvig Mylius-Erichsen teil und widmet sich dabei überwiegend meteorologischen Fragestellungen. 1912 ist er mit Johann Peter Koch wieder in Grönland, überwintert an der Ostküste und überquert 1913 das Inlandeis. 16 Jahre später führt Wegener eine Vorexpedition zu seinen eigenen wissenschaftlich breit angelegten Forschungen zur Natur des

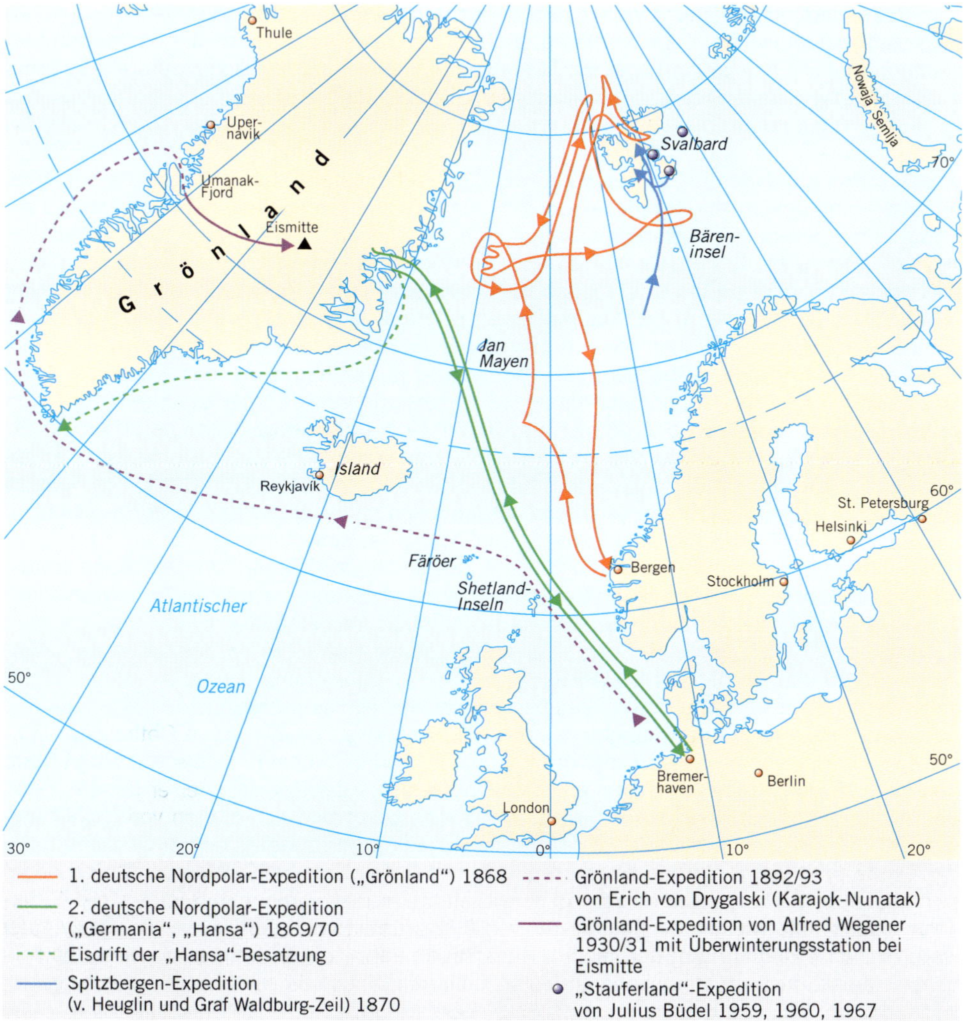

Quelle: J.-F. Venzke 1986.

Abb. 86: *Routen deutscher Forschungsreisen im nordatlantisch-grönlandischen Bereich im 19. und frühen 20. Jahrhundert.*

grönländischen Inlandeises, die 1930 bis 1931 stattfindet, durch. Zu seiner Mannschaft gehören bei dieser Kampagne, während der eine Weststation bei Umanak, eine Oststation im Scoresby-Sund und die Station „Eismitte“ auf ca. 3000 m ü. NN errichtet werden, u. a. Johannes Georgi, Ernst Sorge und Fritz Loewe. Bekanntlich kommt Alfred Wegener mit seinem grönländischen Begleiter auf dem Rückmarsch von Eismitte zur Westküste auf dem Inlandeis ums Leben. Wichtigstes Ergebnis dieser Expedition sind die grundlegenden Erkenntnisse über die Form und den Charakter des Inlandeises und seines Untergrundes.

Nach dem Zweiten Weltkrieg begann die deutsche Polarforschung wieder in Nordeuropa. In den Jahren 1959, 1960 und 1967 leitete der Würzburger Geograph *Julius Büdel* die sog. Stauferland-Expeditionen in verschiedene Regionen Spitzbergens. Sie waren überwiegend geomorphologischen Fragestellungen gewidmet und erbrachten nicht nur vielfältige wissenschaftliche Erkenntnisse und Publikationen, sondern prägten auch einen Großteil der seinerzeitigen Geographen-Generation. Anfang der 1990er-Jahre wurden mit den beiden von deutschen Geographen organisierten und geleiteten internationalen Geowissenschaftlichen Spitzbergen-Expeditionen (1990 und 1992) erneut komplexe physiogeographisch-landschaftsökologische Fragestellungen besonders im Bereich des Liefde- und Woodfjordes aufgegriffen.

Umweltprobleme auf der Kola-Halbinsel, Nordrussland

Die zu Russland gehörende Kola-Halbinsel kann aus physiogeographischen Gründen ohne weiteres zu Nordeuropa gerechnet werden. Und auch wegen der nicht an administrativen Grenzen Halt machenden Umweltprobleme spielt dieser Raum, der über etliche Jahrzehnte hinweg aufgrund der politischen Verhältnisse hermetisch abgeschlossen war, für die nördlichen Regionen besonders von Norwegen und Finnland eine große Rolle.

von
Jörg-Friedhelm Venzke

Bereits während des Ersten Weltkrieges entwickelte sich Murmansk trotz seiner peripheren Lage zum strategischen, auch im Winter eisfreien Hafen für das russische Zarenreich und wurde mit einer Eisenbahnlinie an die Metropole St. Petersburg angeschlossen. Als während des ersten sowjetischen Fünf-Jahres-Planes ab 1928 der Reichtum der Kola-Halbinsel an mineralischen Rohstoffen, besonders die ergiebigen Apatit-Nephelin-, Kupfer-, Nickel- und Eisenerz-Lagerstätten, entdeckt wurde, begann deren Erschließung und Ausbeutung. Die für diesen Entwicklungsschub der Region notwendigen Arbeitskräfte waren deportierte enteignete Bauern und politische Gefangene; auf der Kola-Halbinsel entstanden die ersten *gulags* der Sowjetunion, und die Bevölkerung verzehnfachte sich bis zum Beginn des Zweiten Weltkrieges auf über 300 000 Menschen. Während des Krieges waren Murmansk und die Murman-Bahn durch die über sie ins Land fließenden Rüstungsgüter der Alliierten von entscheidender militärischer Bedeutung. In der Nachkriegszeit setzte sich die industrielle Entwicklung fort. Die Erzförderung, u. a. in dem von Finnland als Reparationsabtretung erhaltenen Raum um Nikel, steigerte sich von 1950 bis 1990 von knapp 3 auf 55 Mio. t pro Jahr. Wegen des Mangels an fossilen Energieträgern wurden verstärkt die Hydro- und Kernenergiegewinnung ausgebaut. Parallel dazu spielte in der Zeit des Kalten Krieges der Ausbau der Halbinsel zur am stärksten aufgerüsteten Region der Erde u. a. mit der Stationierung eines Großteils der sowjetischen nuklear betriebenen und bewaffneten U-Boot-Flotte für die Gestaltung des Raumes eine überragende Rolle. Wegen des damit verbundenen hohen Sicherheitsbedürfnisses blieb die Kola-Halbinsel eines der verschlossensten Gebiete der Sowjetunion.

Zu Beginn der neunziger Jahre – nach dem Zerfall der UdSSR – wurde die Region sowohl für russische als auch für westliche Besucher zugänglicher. Somit wurde auch die wirtschaftliche und ökologische Situation auf der nordosteuropäischen Halbinsel bekannter (vgl. z. B. Cyffka & Zierdt 1994 und 1997; Kryuchkov 1992; Moiseenko 1994; Nilsen & Bøhmer 1994; Venzke 1996 und Zierdt & Cyffka 1998).

Während weite Bereiche besonders im Osten verkehrstechnisch kaum erschlossen und die dortigen Taiga- und Tundra-Ökosysteme noch relativ naturnah sind, hat sich entlang der Murman-Bahntrasse von Murmansk, der mit knapp 500 000 Einwohnern weltweit größten Stadt nördlich des Polarkreises und dem einzigen Oberzentrum der Region, bis Kandalaksha und den Abstechern nach Nikel, Apatity und Kovdor eine Bergbau- und Industrielandschaft entwickelt. Ihre Auswirkungen auf die natürliche Umwelt sind so katastrophal, dass russische Wissenschaftler von *technogenen Wüsten* sprechen (Kryuchkov 1992). Dies gilt in besonderem Maße für die Umgebungen von Nikel und Montchegorsk, wo bis zu Beginn der 1960er-Jahre Kupfer- und Nickelerz gefördert und verhüttet wurde. Seit 1964 werden dort wegen der weitgehenden Erschöpfung der lokalen Ressourcen überwiegend Erze aus dem nordsibirischen Norilsk, die zwar einen höheren Metall-, allerdings auch einen höheren Schwefelgehalt besitzen, mittels Röstung verarbeitet. Die dabei freigesetzten Schwermetallstäube und Schwefeldioxid-Emissionen haben in den 1980er-Jahren weitflächig Vegetation und Böden vergiftet. In der Zone der schlimmsten Degradation der landschaftlichen Ökosysteme, die bis zu zehn Kilometer um die Emissionsquellen herum reicht, gingen in den 1980er-Jahren 20 bis 30 t Schwefeldioxid pro km^2 und bis zu 6,5 t Schwermetalle wie Nickel, Kupfer, Mangan und Zink pro km^2 nieder. Der pH-Wert des Regenwassers lag bei 4,5, und die Kupfer- und Nickelgehalte in Fichtennadeln überschritten die letalen Dosen um das bis zu Zehnfache. Während knapp die Hälfte aller Oberflächengewässer durch den *Sauren Regen* deutlich belastet ist, treten in den Seen in der Nähe der Staubemittenten Schwermetallvergiftungen und besonders durch die phosphathaltigen Stäube bei der Apatit-Aufbereitung gravierende Eutrophierungseffekte auf, so dass z. B. beim ursprünglich oligotrophen Imandra-See die Gefahr des *Umkippens* besteht.

Etwa zwei Drittel aller Schadstoffausstöße sind dabei über die Grenzen der Halbinsel hinweg in Nordeuropa und in der Barentsregion verteilt worden. Mittlerweile konnten die Emissionen – nicht zuletzt durch massive finanzielle und technologische Unterstützung aus den betroffenen nordischen Nachbarstaaten – reduziert werden. Nach wie vor jedoch ist der ökologische und umwelthygienische Zustand von Siedlungen und Landschaften äußerst kritisch und auf längere Sicht nur schwer regenerierbar.

Zu dieser extremen Umweltbelastung aus Bergbau und Verhüttung kommen die Probleme der vielfältigen radioaktiven Verseuchung und Gefährdung. So wurden z. B. in den Chibiny-Bergen östlich von Kirovsk 1972 und 1984 insgesamt drei unterirdische Nuklearexplosionen von jeweils einer Kilotonne Sprengkraft zum Aufschließen der phosphathaltigen Apatit- und aluminiumhaltigen Nephtalin-Vorkommen ausgelöst und dadurch das Gestein kontaminiert.

Heute arbeiten in der Region der Kola-Halbinsel neben dem zwischen 1973 und 1984 gebauten und vier Reaktorblöcke umfassenden Druckwasser-Kernkraftwerk Polyarnij Zori nördlich von Kandalakscha noch etwa 180 Nuklearreaktoren an Bord von strategischen Unterseebooten, Überwasserkriegsschiffen und Eisbrechern. Für die darüber hinaus etwa 135 mittlerweile außer Betrieb gestellten U-Boot-Reaktoren bestehen nur sehr unzureichende Entsorgungspläne. Zum Teil liegt verstrahlter Reaktorschrott mehr oder weniger ungesichert auf militärischem Gelände und in Abwrackwerften. Zu diesen militärischen radioaktiven Gefahrenquellen gehören auch die Nuklearsprengköpfe an Bord von Schiffen, Flugzeugen und Raketen sowie im Sprengkopfarsenal bei Pala am Kola-Fjord. Zur Zeit der Hochrüstung Ende der 1980er-Jahre wurde der Gesamtbestand in der Region auf etwa 3500 nukleare Gefechtsköpfe geschätzt (Rees & Kapitsa 1994).

Unmittelbar nördlich der Kola-Halbinsel und östlich der Doppelinsel Nowaja Semlja werden seit 1959 bis in die Gegenwart hinein radioaktive Abfälle der Nordmeerflotte wie verstrahlter Festmüll, Reaktoren mit und ohne Brennstäben sowie Reaktorkühlwasser versenkt bzw. verklappt. Damit sind die Seegebiete der Barents- und Karasee mit etwa zwei Drittel aller weltweit im Meer versenkten radioaktiven Abfälle auch für die Zukunft „ökologische Zeitbomben“.

Die Bewältigung der Folgen des ökologisch vollkommen unangemessenen Wirtschaftens während der kommunistischen Ära und die Beseitigung der militärischen Altlasten sind die herausragendsten Zukunftsaufgaben für Politik, Wirtschaft, Wissenschaft und Bildung in der Kola-Region. Die notwendige ökonomische Umstrukturierung, die Grundlage einer entsprechenden Zukunftsgestaltung sein muss, sollte durch *industrielle Konversion* (Cyffka 2001) und Ausnutzung der vorhandenen guten Verkehrsinfrastruktur, Förderung neuer Formen der Inwertsetzung des Raumes z. B. durch den Tourismus und auch Revitalisierung traditioneller Wirtschaftszweige erfolgen. Dabei dürfte jedoch ein mangelndes Umweltbewusstsein in der großenteils nicht bodenständigen Bevölkerung einer ökologisch nachhaltigen Raumentwicklung zunächst entgegenstehen. Eine enge Kooperation mit den nordischen Nachbarn besonders bei Investitionen, Technologie-Transfer, Verkehrsanknüpfung an den nord- und mitteleuropäischen Wirtschaftsraum sowie bei der Umweltbildung dürfte hier allerdings die entscheidenden Innovationen bringen.

Das „Schwedische Modell“ oder der „Dritte Weg“

von Axel Seidel

Das „Schwedische Modell“ ist im Zusammenhang mit der gesamteuropäischen Wirtschaftspolitik in der Nachkriegszeit oft als Dritter Weg bezeichnet worden. Entstanden ist der Spielraum für einen eigenen schwedischen Weg durch die Systemkonkurrenz zwischen Ost und West. Seither gilt das „Schwedische Modell“ als theoretische Brücke zwischen Plankommunismus und Kapitalismus. Die Entstehungsgeschichte des „Schwedischen Modells“ beginnt in den 1930er-Jahren. Das Konzept wird seit seiner Entstehung von Wirtschaftswissenschaftlern, Journalisten und Politikern immer wieder neu bewertet und hat sich dementsprechend bis heute immer weiter verändert. Hieraus zu schließen, dass es sich nicht um ein Modell im theoretischen Sinne handelt, wäre zu kurz gegriffen. Denn bis heute wird der Begriff aus verschiedenen Blickwinkeln analysiert. Lundberg (1985, S. 2f.) identifiziert fünf Ebenen:

1. Wirtschaftstheorie,
2. Analyse der Politikziele und deren Überprüfung,
3. Wirtschaftsanalyse,
4. Analyse der politischen und sonstigen institutionellen Rahmenbedingungen und
5. Analyse der ideologischen Voraussetzungen des Modells.

Auf der Ebene der Wirtschaftstheorie wird der Begriff „Schwedisches Modell“ auch als Weg zwischen Keynesianismus und Monetarismus bezeichnet. Der Keynesianismus ist durch eine nachfrageorientierte Expansionspolitik geprägt und stärkt damit die Rolle des Staates, während der Monetarismus jedweden Eingriff durch den Staat zurückweist und nur mit Geldmengensteuerung operiert. Das Rehn-Meidner-Modell („Dritter Weg“) „stellt eine keynesianische Politik zur Verwirklichung von Vollbeschäftigung infrage, grenzt sich aber gleichzeitig vom Nichtinterventionismus der Monetaristen und deren einseitiger Hervorhebung der Preisstabilität ab“ (Erixon 1999, S. 51).

Diese modelltheoretische Diskussion soll hier jedoch nicht weiter vertieft werden; vielmehr wird im Folgenden nach der Darstellung einiger allgemein anerkannter Merkmale des „Schwedischen Modells“ die Entwicklung des schwedischen Wohlfahrtsstaates im 20. Jh. skizziert.

Das „Schwedische Modell“ kann, ungeachtet der Tatsache, ob es als Modell aus wissenschaftstheoretischer Sicht anerkannt wird oder nicht, folgendermaßen charakterisiert werden:

- Der Unternehmenssektor ist privatwirtschaftlich dominiert.
- Landwirtschaft und Wohnungsbau unterliegen staatlicher Intervention.
- Gesundheits-, Bildungs- und Sozialeinrichtungen unterliegen dem Versorgungsmonopol des öffentlichen Sektors.

- Steuer- und Transferpolitik zielen auf Angleichung der Lebensstandards.
- Es existiert ein ausgereiftes System aktiver Arbeitsmarktpolitik.
- Er herrscht nahezu Vollbeschäftigung.
- Tarifverhandlungen sind eingebettet in ein zentralisiertes System der Arbeitsmarktparteien ohne direkte staatliche Einflussnahme.
- Es existiert ein stark ausgeprägtes korporatives Verhandlungssystem und eine solidarische Lohnpolitik der Gewerkschaften.
- Es besteht ein sozialer und politischer Konsens, die Marktkräfte zu fördern, aber das erwirtschaftete Produkt umzuverteilen (Michelsen 1997, S. 19f.).

Zugrunde liegendes Ziel des „Schwedischen Modells" ist die Einheit von Markt, Wohlfahrt und Familie. Somit kann die Definition des Wohlfahrtsstaates folgendermaßen vorgenommen werden: Die Hauptaufgabe des Wohlfahrtsstaates besteht darin, für ein Mindestmaß an Einkommen, Gesundheitsvor- und -versorgung, Wohnstandard und Ausbildung zu sorgen. Diese Rechte werden staatlich geschützt und sind nicht als Fürsorge, sondern als politisches Recht im Wohlfahrtsstaat verankert (vgl. Henningsen 1986, S. 34).

Die Entwicklung des schwedischen Wohlfahrtsstaates lässt sich nach Johansson (1999, S. 24f.) in zwei Phasen einteilen. Danach kann die erste Phase der Politikentwicklung vom späten 19. Jh. bis zum Ende des Zweiten Weltkrieges als machtpolitische Legitimierungsphase der politischen und gewerkschaftlichen Akteure des Modells bezeichnet werden. Die zweite Phase der Entwicklung kann als Aufbauphase des „Schwedischen Modells" gekennzeichnet werden, da hier die eigentlichen Reformen und verteilungspolitischen Maßnahmen durchgeführt wurden, die den Wohlfahrtsstaat prägen.

Mit der Gründung des Schwedischen Gewerkschaftsbundes 1898 begann die erste Phase. Bis zu diesem Zeitpunkt gab es nur einzelne schlecht organisierte Arbeitergewerkschaften, die mit meist nur spontanen Streiks selten erfolgreich gegen das soziale Dumping und den Unterbietungswettbewerb aufgrund des Arbeitskräfteüberangebotes waren. Die gebündelten Kräfte im Gewerkschaftsbund sollten als Gegenpool zu den Arbeitgebern, die ihrerseits 1902 den Zentralverband Schwedischer Arbeitgeber gründeten, die Belange der Arbeitnehmer vorantreiben. Die Folgezeit war durch zahlreiche Arbeitskämpfe geprägt, die die wirtschaftliche Entwicklung nachhaltig hemmten (Arbeitslosenquote im Durchschnitt für 1928–1930: 10,9 %; 1931–1933: 20,8 %). Erst ab 1932, als die Sozialdemokratische Partei, die auf Engste mit dem Schwedischen Gewerkschaftsbund verwoben war, die Regierungsgeschäfte übernahm, entwickelte sich der schwedische Wohlfahrtsstaat (Regierungspartei von da an bis 1976). Als Meilenstein dieser Zeit ist die Vereinbarung von Saltsjöbaden aus dem Jahre 1938 zu sehen, die den schwedischen Arbeitsfrieden sicherte. Sie beendete die kräftezehrenden Streiks und Aussperrungen, welche die schwedische Wirtschaftsentwicklung hemmten.

In dieser ersten so genannten Macht- und Legitimierungsphase des „Schwedischen Modells" lag der Hauptfokus auf offener Kartellbildung und Wettbewerbsbeschränkungen zur Einschränkung der Marktwirtschaft. Es standen, aus den historischen Wurzeln begründet, die Ziele einer Interessenorganisation und Klassenpartei im Vordergrund. Ein wesentliches Instrument, das in dieser Zeit installiert wurde, war die Arbeitslosenversicherung, die auch heute noch als konstituierendes Element eines Sozialstaates gilt.

Die zweite Phase der Entwicklung des „Schwedischen Modells" war geprägt durch eine Ausweitung der Reformpolitik und eine Verstärkung der Verteilungspolitik. Diese Ausweitung mündete in einem immensen Ausbau des öffentlichen Sektors. Das Ziel der Vollbeschäftigung und der sozialen Führsorge führte zu einem kontinuierlichen Ausbau des Sozial- und Gesundheitssystems, wodurch die Staatsquote immer weiter anwuchs. In Zahlen ausgedrückt bedeutet dies, dass in der ersten Phase die Staatstätigkeit noch einen Anteil am Bruttosozialprodukt von maximal 20 % erreichte, seit 1946 bis 1991 dann jedoch auf nahezu 70 % anstieg. Dieser Anstieg war verbunden mit einer immer höheren Steuerlast, die Ende der 1970er-Jahre zur teilweisen Neubewertung des „Schwedischen Modells" führte. Aus Sicht der Kritiker war das „Schwedische Modell" nicht mehr finanzierbar und damit in dieser intensiven Form gescheitert.

Michelsen (1997, S. 96) führt die Krise des „Schwedischen Modells" auch auf den Wandel der Wirtschaft zurück. Danach entfallen die Grundlagen des auf autonomer Selbstregulierung beruhenden Tarifsystems, da mit der Abkehr von fordistischen Produktionsstrukturen die ökonomischen und politischen Voraussetzungen des politischen Handlungsmusters nicht mehr gegeben sind. Die großen Industriekonzerne wichen und weichen kleineren flexiblen Einheiten, die sich nicht mehr in zentralisierte Tarifverhandlungen einbetten lassen. Eine weitere Entwicklung des schwedischen Wohlfahrtsmodells ist in der Zukunft jedoch noch positiv zu beurteilen, nur darf der öffentliche Sektor nicht weiterhin überstrapaziert werden und muss sich dem ökonomisch Machbaren anpassen.

Literaturverzeichnis

Aagedal, O.: „Norge i rødt, hvitt og blått" – om bruk av nasjonale symbol og ritual, Tidskr. for samfunnsforskning 38, 1997, S. 502–528.

Ahlmann, H. W. (Red.): Norden i kart og tekst. Oslo, Stockholm 1976.

Ahti, T., L. Hämet-Ahti u. J. Jalas: Vegetation zones and their sections in northwestern Europe. Ann. Bot. Fennici 5, 1968, S. 169–211.

Aidt, L: Grønland. Brenderup 1998, 80 S.

Akademie für Raumforschung und Landesplanung, Nordregio, Blekinge Tekniska Högskola (Hrsg.): Deutsch-Schwedisches Handbuch der Planungsbegriffe. Hannover, Stockholm, Rönneby 2001.

Aksenov, D., Karpachevskiy, M., Lloyd, S. u. A. Yaroshenko: The Last of the Last. The Old-Growth Forests of Boreal Europe. Taiga Rescue Network, Jokkmokk 1999, 67 S.

Alexandersson, G. u. a.: Das städtische Siedlungssystem Nordeuropas. Geogr. Rundschau 37, 1985, S. 515–520.

Allardt, E.: Finland as a Nordic society. S. 212–226, in: Engman, M. u. Kirby, D. (Hrsg.): Finland: people, nation, state. London 1989.

Alvstam, C. G. (Hrsg.).: Manufacturing and Services, National Atlas of Sweden, Stockholm 1995, 176 S.

Andersen, J. K. u. J. L. Sollid: Glacial chronology and glacial geomorphology in the marginal zones of the glaciers Midtdalsbreen and Nigardsbreen, South Norway. Norsk Geografisk Tidsskrift 25, 1971, S. 1–38.

Andersson, Å. u. U. Strömquist: K-Samhällets Framtid. Värnamo 1988.

Andersson, Å., Törnquist, G., Snickars, F. u. St. Öberg: Regional mångfald till rikets gagn. En idébok från ERU. Stockholm 1984.

Andersson, M. u. N. Monastra: Stockholms Annual Rings. A glimpse into the development of the City. Stockholm, Uppsala 1998.

Andersson, R.: Socio-spatial dynamics: ethnic divisions of mobility and housing in post-Palme Sweden. Urban Studies 35, 1998, S. 397–428.

Andersson, R.: Etnisk och socioekonomisk segregation i Sverige 1990–1998. S. 223–266, in: Välfärdens förutsättningar. SOU 2000.

Arbmann, H.: Schweden und das Karolingische Reich. Studien zu den Handelsverbindungen des 9. Jahrhunderts. Stockholm 1937.

Arge, E.: Færøerne – mellom fortid og fremtid. Brenderup 1997.

Aring, J.: Der Ostseeraum. Eine Region im Aufwind? STANDORT – Zeitschrift für Angewandte Geogr. 1, 1991, S. 9–16.

Aring, J.: Stockholm Skarpnäck. S. 187–202, in: Nordica II: Regionale Studien zwischen Ostsee und Spitzbergen. Bremen 1995 = Schriftenreihe des AK NORDEN 10.

Aring, J.: Eine regionale Selbstverwaltung für Schonen. Hintergründe und Konzeption der politisch-administrativen Neuordnung in Südwestschweden. S. 11–18, in: Nordica III: Die Øresund-Region. Bremen 1997 = Schriftenreihe des AK NORDEN 12.

Aring, J. u. M. Geuckler: Südschwedens Chancen als Transitraum. Regionale und verkehrliche Perspektiven vor dem Hintergrund der aktuellen Entwicklung in Europa. Malmö 1990.

Aring, J. u. A. Priebs: Boom und Krise – Stadtentwicklung in Oslo 1980–1990. S. 165–186, in: Nordica II: Regionale Studien zwischen Ostsee und Spitzbergen. Bremen 1995 = Schriftenreihe des AK NORDEN 10.

Aring, J. u. A. Priebs: Die Öresundregion – Nordeuropas Zukunftsregion? Geogr. Rundschau 48, 1996, S. 298–304.

Arlov, T. B.: A short history of Svalbard. Norsk Polarinstitutt (Hrsg.). Oslo 1994.

Asplund, C. u. C. Fredriksson: Den regionala regionalpolitikens årtionde. Nord Revy 4/91, S. 12–15.

Bárðason, H. R.: Island. Porträt des Landes und Volkes. Reykjavík 1982.

Bartel, J.: Das Os, eine Leitlinie der Besiedlung in Schweden. Geogr. Rundschau 20, 1968, S. 59 – 65.

Barthelt, E., Busch, St. u. St. Sonntag: Svalbard. Kreuzfahrt in den arktischen Sommer. Eine Reise nach Spitzbergen. München 1999.

Berg, A.: Norske gardstun. Oslo 1967.

Berge, G.: Tørrfisk. Stamsund 1996.

Bergwitz, K.: Kongsberg. Oslo 1924.

Bernes, C. u. C. Grundsten: Miljön. Sveriges Nationalatlas, Stockholm 1991, 184 S.

Berthelsen, C. u. a.: Kalaalit Nunaat Greenland Atlas. Nuuk 1993. 127 S.

Bjarnason, A. H.: Vegetation on lava fields in the Hekla area, Iceland. Acta Phytogeographica Suecica 77, 1991, 110 S.

Björkvik, H.: Ødegårder og ny bosetning i de nordiske land i seinmiddelalderen. Oslo 1964.

Björnsson, H.: Glaciers in Iceland. Jøkull 29, 1979, S. 74–80.

Blom, G. A. (Red.): Urbaniseringsprosessen i Norden. 3 Bde. Oslo, Bergen, Tromsø 1977–1982.

Blom, S.: Residential concentration among immigrants in Oslo. International Migration 37, 1999, S. 617–641.

Blotevogel, H. H.: Auf dem Wege zu einer ‚Theorie der Regionalität': Die Region als Forschungsobjekt der Geographie. S. 44 – 68, in: Brunn, G. (Hrsg.): Region und Regionsbildung in Europa. Baden-Baden 1996.

Blüthgen, J.: Der skandinavische Fjällbirkenwald als Landschaftsformation. Petermanns Geogr. Mitt. 104, 1960, S. 119–144.

Boisen, P. und S. E. Nielsen: Grønland – Kontrasternes land. København 1996.

Borgegård, L.-E. u. a.: Population redistribution in Sweden – Long term trends and contemporary tendencies. Geogr. Annaler 77 B, 1995, S. 31–45.

Børtnes, K. F.: Taming the trolls – the story of hydro-electricity in Norway. Oslo 2000, www.odin.dep.no/odin/engelsk.

Bothe, D. u. E. Gläßer: Energiewirtschaft auf Island. Entwicklungsperspektiven unter nationalen und internationalen Aspekten. Geogr. Rundschau 53, 2001, S. 48–55.

Boucart, G.: L'exploitation forestière en Finlande. Ann. de Géographie 1999, S. 532–541.

Brandt, A. v.: Der Anteil des Nordens an der deutschen Geschichte im Spätmittelalter. Die Welt als Geschichte 23, 1963, S. 13–26.

Brandt, A. v., Johansen, P., Werveke, H. v., Kumlien, K. u. H. Kellenbenz: Die Deutsche Hanse als Mittler zwischen Ost und West. Köln, Opladen 1963 = Arbeitsgemeinschaft für Forschung des Landes NRW, 27.

Bronny, H, Hemmer, J. u. N. T. Sokki: Samische Rentierwirtschaft. Reliktform oder Wachstumsbranche? Geogr. Rundschau 37, 1985, S. 529–536.

Büchten, D.: Auf nach Norden! Deutsche Touristen in Skandinavien. S. 113 – 127, in: Henningsen, B. v. u. a. (Hrsg.): Wahlverwandtschaft. Skandinavien und Deutschland 1800 – 1914, Berlin 1997.

Büdel, J. u. W. Imber: Spitzbergen – Einsame Insel im Polarlicht. Bern 1972.

Butzin, B. (Hrsg.): Entwicklungs- und Planungsprobleme in Nordeuropa. Paderborn 1981 = Münstersche Geogr. Arbeiten 12.

Bylund, E.: Theoretical considerations regarding the distribution of settlement in inner North Sweden. Geogr. Annaler 42, 1960, S. 225–231.

Bylund, E.: Generationsvågor och bebyggelsesspridning. Ymer 1968, S. 64–71.

Byock, J.: Viking age Iceland. Harmondsworth 2001, 447 S.

Cabouret, M.: La transhumance du mouton dans le sudouest de la Norvège. Norsk Geografisk Tidsskrift 21, 1967, S. 3–38.

Cabouret, M.: La forêt suèdoise, un „modèle"? – Une contribution à l'étude géographique des ressources. Norois 46, 1999, S. 539 – 558.

Capelle, T.: Das fränkische Reich und der wikingische Norden. S. 199–208, in: „Sveagold und Wikingerschmuck". Mainz 1968.

Carstensen, R.: Bergen. Entwicklungsbild einer norwegischen Hafenstadt, besonders im Hinblick auf Bergens Beziehungen zur Hanse. Lübeck 1973 = Mitt. d. Geogr. Ges. in Lübeck 53.

Cederlund, K.: Svenska kontaktvägar i det europeiska stadslandskapet. S. 36–48, in: Matthisen, C. W. u. O. Wärneryd (Hrsg.): Øresundsforbindelsen. København 1992.

City of Helsinki: Major City Regions of Scandinavia. Facts and Figures. Helsinki 1992.

Civildepartementet: Regional framtid. SOU 1995: 27, Stockholm 1995.

Cordes, G.: Fremdenverkehrsraum Dänemark. Geogr. Rundschau 48, 1996, S. 292–297.

Cordes, G.: Ferienhaus-Tourismus in Dänemark. S. 47– 63, in: Nordica IV: Neue Beiträge zur Human- und Physiogeographie Nordeuropas. Bremen 1999 = Schriftenreihe des AK NORDEN 13.

Cyffka, B.: Möglichkeiten der dauerhaft-umweltgerechten Entwicklung einer stark belasteten Landschaft in Russisch-Lappland durch gezielten strukturellen Landnutzungswandel. Göttinger Geogr. Abhandlungen 108. Göttingen 2001, 211 S.

Cyffka, B. u. M. Zierdt: Umweltprobleme auf der Halbinsel Kola. Praxis Geographie 24, 1994, S. 32–36.

Cyffka, B. u. M. Zierdt: Industrieagglomerationen auf der Halbinsel Kola. Zeitschrift für den Erdkundeunterricht 49, 1997, S. 196–204.

Dale, B.: An institutional approach to local restructuring – The case of four Norwegian mining towns, European Urban and Regional Studies 9, 2002, S. 5–20.

De Geer, G.: A geochronology of the last 12 000 years. Comptes Rendus, 11th Intern. Geol. Congress, Stockholm 1912, S. 241–253.

Degn, C.: Schleswig-Holstein, eine Landesgeschichte. Neumünster 1994.

Degn, J. u. H. Koch (Red.): Danmarks Historie. 14 Bde. Kopenhagen 1963–1965.

Degn, O.: De nylagte byer og byudviklingen i Danmark 1600 – 1800, in: Urbaniseringsprosessen i Norden, Bd. 2, Oslo, Bergen, Tromsø, 1977, S. 9–48

Dencik, L.: Modern childhood in the Nordic Countries: ‚Dual Socialisation' and its implications, S. 105–119, in: Chisholm, L. (Hrsg.): Growing up in Europe. Berlin 1995.

Dierßen, K.: Vegetation Nordeuropas. Stuttgart 1996, 838 S.

Dietrich, G. u. a.: Allgemeine Meereskunde. Berlin, Stuttgart 1975.

Direktoratet for Naturforvaltning (Ministerium für Naturverwaltung) (Hrsg.): Nationalparks in Norwegen. Broschüre. Trondheim 1997.

Duffey, E. (Hrsg.): Naturparks in Europa. München 1982.

Edquist, Ch. u. B.-Å. Lundvall: Comparing the Danish and Swedish Systems of Innovation, in: Nelson, Richard R.: National Innovation Systems – A comparative Analysis, New York, Oxford 1993, S. 265 – 298.

Eidheim, H.: Aspects of the Lappish minority situation. Oslo 1989, 85 S.

Eimer, G.: Die Stadtplanung im schwedischen Ostseereich 1600–1715. Mit Beiträgen zur Geschichte der Idealstadt. Lund 1961.

Einarsson, Þ.: Geologie von Island. Gesteine und Landschaften. Mál og Menning, Reykjavík 1994, 304 S.

Ekholm, J., S. Kostet u. H. Salonen: Finnlands Nationalparks. Metsähallitus (Amt für Staatswälder). Helsinki 1995.

Ekre, R.: Lödöse – Stadt der Faktoreien. S. 167–190, in: Hanse in Europa. Köln 1973.

Ellmers, D.: Schiffslandepätze und Handelsorte im frühen Mittelalter, in: Quellen und Darstellungen zur hansischen Geschichte, N. F. Bd. XVII. Köln, Wien 1971, S. 21–40.

Erixon, L.: Das Rehn-Meidner-Modell: Ein dritter Weg zwischen Keynesianismus und Monetarismus. S. 51–84, in: Riegeler, C. H. u. O. Schneider (Hrsg.): Schweden im Wandel – Entwicklungen, Probleme, Perspektiven: Beiträge zur Wirtschafts- und Gesellschaftspolitik. Berlin 1999 = Nordeuropäische Studien, 15.

Esenwein-Rothe, I.: Einführung in die Demographie. Wiesbaden 1982, 400 S.

Europäische Gemeinschaften (Hrsg): Das Finanzinstrument für die Ausrichtung der Fischerei. Luxemburg 2002.

Europäische Gemeinschaften (Hrsg): Zahlen und Fakten über die GFP. Luxemburg 2001.

Europäische Kommission (Hrsg): Erneuerung des Fischereiabkommens zwischen der Gemeinschaft und Grönland. 2002, in: www.europa.eu.int (19.06.2002).

Europäische Kommission (Hrsg): TAC und Fangquoten 2002. www.europa.eu.int (19.06.2002).

Eyþórsson, J. u. H. Sigtryggsson: The climate and weather of Iceland. The Zoology of Iceland I (3), Kopenhagen, Reykjavík 1971, 62 S.

FAO (Hrsg.): Capture production 1970–2000. FAO, Fishstat Plus 2002.

FAO (Hrsg.): Total production 1950–2000. FAO, Fishstat Plus 2002.

FAO (Hrsg.): Atlas of the living resources of the seas. Department of Fisheries, Rome 1972.

Finnäs, F.: Finlandssvenskarna inför 2000-talet, en statistisk översikt. Helsingfors 2001, 63 S.

Finnisches Ministerium für Landwirtschaft und Forsten (Hrsg.): Finnlands Wald. Beschäftigung, Einkommen, Natur und Erlebnisse. Helsinki 1999.

Fiskeridirektoratet (Hrsg.): Fiskeristatistisk Årbog 2000. Danmark.

Fiskeridirektoratet (Hrsg.): Nøkkeltall fra norsk havbruksnæring 2000. Bergen 2001.

Fiskeridirektoratet (Hrsg.): Økonomiske og biologiske nøkkeltal frå dei norske fiskeria 2001. Bergen 2002.

Forschungsgemeinschaft Urlaub und Reisen (Hrsg.): Reiseanalyse 2001.

Fries, M.: The Late-Quaternary Vegetation of Sweden. S. 269–280, in: „The Plant Cover of Sweden". Acta Phytogeographica Suecica 50, Uppsala 1965.

Fullerton, B. u. R. Knowles: Scandinavia. London 1991, 186 S.

Geipel, R., Hägerstrand, T., Löhr, D. u. P. Moding: Kulturlandschaft und Freizeitraum in Schweden. Kallmünz, Regensburg 1989 = Münchener Geogr. Hefte 62.

Gerhardt, M. u. W. Hubatsch: Norwegische Geschichte. Bonn 1963.

Gerhardt, M. u. W. Hubatsch: Deutschland und Skandinavien im Wandel der Jahrhunderte. Darmstadt 1977.

Geuckler, M.: Die Öresund-Region. Verbesserung der innerregionalen und internationalen Verkehrsverbindungen als eine Voraussetzung für den Integrationsprozess. S. 1–9, in: Nordica III: Die Øresund-Region. Bremen 1997 = Schriftenreihe des AK NORDEN 12.

Gissel, S., Jutikkala, E., Österberg, E., Sandnes, J. u. B. Teitsson: Desertion and Land Colonization in the Nordic Countries c. 1300–1600. Stockholm 1981.

Gjermundsen, J. O.: Bosetning og jordbrukskrise i Lom i seinmiddelalder, Hovedfagsoppgave, Oslo 1975, 188 S.

Gläßer, E.: Südnorwegische Agrarlandschaften. Wiesbaden 1975 a.

Gläßer, E.: Aktuelle Wandlungen im Wirtschaftsleben der lappischen Minorität in Nordnorwegen. Geogr. Zeitschr. 63, 1975b, S. 139–149.

Gläßer, E.: Dänemark. Stuttgart 1980 a, 180 S. = Klett Länderprofile.

Gläßer, E.: Spezialisierungsformen einer marktorientierten Landwirtschaft in Norwegen. Gezeigt an Beispielen aus Mittel-Jæren. Erdkunde 34, 1980b, S. 245–256.

Gläßer, E.: Nordeuropa. S. 165–216, in: Fischer Länderkunde Europa, überarbeitete Neuausgabe. Frankfurt a.M. 1989.

Gläßer, E.: Siedlungs- und wirtschaftsgeographische Verflechtungen zwischen Deutschland und Nordeuropa im raum-zeitlichen Wandel. S. 1–71, in: Schriftenreihe des AK NORDEN 8, 1992.

Gläßer, E.: Kristiansand und sein südnorwegisches Hinterland. S. 153–178, in: Münster und seine Partnerstädte. Münster 1993 = Westfälische Geogr. Studien 43.

Gläßer, E.: Norwegen. Wiss. Buchgesellschaft. Darmstadt 1993, 273 S. = Wiss. Länderk. 14.

Gläßer, E. (Hrsg.): Nordeuropa. Dortmund 1994.

Gläßer, E.: Die Agrarlandschaften Norwegens. S. 53–69, in: Oldenburg 2000 = Oldenburger Geoökologische Studien 4.

Gläßer, E. u. H. Hovstad: Zur Bergbauernproblematik in Norwegen. Gezeigt an den Beispielen Fordal und Budal in Sör-Trøndelag. Erdkunde 43, 1989, S. 1–16.

Gläßer, E., Kolb, H.-J. u. J. Schwackenberg: Erdöl- und Erdgasförderung aus den Schelfgebieten Norwegens. Technische Entwicklung und wirtschaftliche Bedeutung. Geogr. Rundschau 48, 1996, S. 311–317.

Gläßer, E. u. A. Schnütgen: Island. Wiss. Buchgesellschaft, Darmstadt 1986, 315 S. = Wiss. Länderk. 28.

Gläßer, H. u. J. Schwackenberg: Die wirtschaftliche Entwicklung Grönlands. Praxis Geographie 29, 1999. S. 46–50.

Gläßer, E., Schwackenberg, J. u. A. Seidel: Fischwirtschaft in Deutschland. S. 2 – 18, in: Zeitschrift für Wirtschaftsgeographie 2000, H. 1.

Glawion, R.: Die natürliche Vegetation Islands als Ausdruck des ökologischen Raumpotentials. Paderborn 1985, 208 S. = Bochumer Geogr. Arb. 45.

Graba, C. J.: Tagebuch geführt auf einer Reise nach Färö im Jahre 1828. Hamburg 1830.

Grendahl, T. (Red.): Jordskifteverket gjennom 100 år 1859–1958. Oslo 1959.

Grønlands Hjemmestyre: Fiskeri. www.dk.nanoq.gl (03.02.2002).

Gundelach, P.: Det er dansk. København 2002. 151 S.

Guðmundsson, A.T.: Volcanoes in Iceland. 10000 Years of Volcanic History. Vaka-Helgafell, Reykjavík 1996, 136 S.

Haag, M.: Merger mania hits Sweden. www.sweden.se, 1999.

Hadenius, S.: Schwedische Politik im 20. Jahrhundert. Uddevalla, Stockholm 1990.

Hagstova Føroya (Hrsg.): Statistical Bulletin 2000. Argir 2001.

Hahn-Pedersen, M.: A. P. Møller og den danske olie. København 1997, 348 S.

Hald, M.: Climate Change and Paleoceanography. S. 281–290, in: Schäfer, P., W. Ritzau, M. Schlüter & J. Thiede (Hrsg.): The Northern North Atlantic. A Changing Environment. Berlin et al. 2001.

Hammer, C.: Lage und Entwicklung ausgewählter Fischbestände. Informationen für die Fischwirtschaft 48, 2001.

Hanell, T., Aalbu, H. u. J. Neubauer: Regional Development in the Nordic Countries 2002. Nordregio Report 2002, Stockholm 2002.

Hanneberg, P. u. R. Löfgren: Nationalparks in Schweden. Naturvårdsverket. Stockholm 1998.

Hansen, J. Chr. u. T. Selstad: Regional omstilling – strukturbestemt eller styrbar? Oslo 1999, 315 S.

Hantschel, A.: Weltgeschehen am Rande des Polarmeeres. Spitzbergen in der Weltpolitik. Würzburg 1964.

Härtling, A.: Regionalpolitische Maßnahmen in Schweden. Kieler Geogr. Schr. 70, Kiel 1988.

Härtling, A.: Verwaltungsreform in Westschweden. S. 31–45, in Nordica IV: Neue Beiträge zur Human- und Physiogeographie Nordeuropas. Bremen 1999 = Schriftenreihe des AK NORDEN 13.

Hartmann, Ch.: Liberalisierung, Deregulierung und Re-Regulierung des norwegischen Strom- und Energiemarktes, Dipl.-Arb. Köln 2002, 85 S.

Harttung, J.: Norwegen und die deutschen Seestädte bis zum Schlusse des 13. Jahrhunderts. Berlin 1977.

Haß, K.-Th. u. D. Thannheiser: Siedlungs- und Wirtschaftsstrukturen in Masi (Nordnorwegen). Hamburger Vegetationsgeogr. Mitt., H. 15, Hamburg 2002.

Hastrup, V.: Danske landsbytyper. En geografisk analyse. Århus 1964.

Haubold, A.: Entwicklung des Tourismus am Beispiel der Nordkap-Region Magerøya. Unveröff. Diplomarbeit. Fachhochschule Kempten, 1999.

Häußermann, H. u. W. Siebel: Dienstleistungsgesellschaften. Frankfurt 1995.

Havforskningsinstituttet: Havets Ressurser 2002. www.ssb.no (01.04.2002).

HBV Hypovereinsbank: Immobilienmarktanalyse. Büromarktanalyse und -prognose für Kopenhagen / Helsinki / Stockholm. 2001.

Helle, K.: Die Deutschen in Bergen während des Mittelalters. S. 137–156, in: „Hanse in Europa. Brücke zwischen den Märkten, 12. bis 17. Jahrhundert". Köln 1973.

Helle, K.: Neueste Forschungen über deutsche Kaufleute in Norwegen und ihre Rolle im norwegischen Außenhandel im 12. bis 14. Jahrhundert. S. 23–38, in: Hansische Geschichtsblätter 98, 1980.

Hemmer, I.: Die skandinavische Rentierwirtschaft nach Tschernobyl. Geogr. Rundschau 39, 1987, S. 324–327.

Hemmer, I.: Tschernobyl und kein Ende – Die Langzeitwirkung der Katastrophe auf die skandinavische Rentierwirtschaft. Praxis Geographie 19, 1989, S. 30–32.

Henningsen, B.: Der Wohlfahrtsstaat Schweden. Baden-Baden 1986 = Nordeuropäische Studien 2.

Henningsen, B.: Der Norden: Eine Erfindung. Das europäische Projekt einer regionalen Identität. Antrittsvorlesung am 29. Mai 1993, Humboldt-Universität zu Berlin, 50, 1995.

Henningsen, B., Klein, J., Müssener, H. u. S. Söderlind (Hrsg.): Wahlverwandtschaft. Skandinavien und Deutschland 1800 bis 1914 (Katalog). Berlin 1997.

Higelke, B.: Beiträge zur Küsten- und Meeresgeographie. Kieler Geogr. Schr. 97, Kiel 1998.

Hisdal, V.: Svalbard. S. 472–483, in: Norden – Man and Environment. Varjo, U. u. W. Tietze (Hrsg.), Berlin, Stuttgart 1987.

Historisk Statistikk 1968: Statistisk Sentralbyrå (Hrsg.). Oslo 1969.

Holt-Jensen, A.: Hva er en fjellbygd? Forsøk på en definisjon og avgrensning av det sørnorske fjellbygdområde. Norsk Geografisk Tidsskrift XIX, 1963/64, S. 113–141.

Holt-Jensen, A.: The sharing of petroleum resources, resource poverty and richness around the North European Seas with special reference to the Norwegian position. GeoJournal 39, 1996, S. 211–219.

Houben, H. H.: Der Ruf des Nordens. Abenteuer und Heldentum der Nordpolarfahrer. Berlin 1927.

Høydahl, E. et al.: Befolkning. S. 17–34, in: Sosialt utsyn 2000. Statistiske analyser 35, Oslo, Statistisk Sentralbyrå 2000.

Hubatsch, W.: Skandinavien und Deutschland im 19. und 20. Jahrhundert. S. 182–208, in: Der Ostseeraum im Blickfeld der deutschen Geschichte. Köln, Wien 1970 = Studien zum Deutschtum im Osten 6.

Hubold, G.: Nachhaltige Entwicklung der Hochseefischerei. Informationen für die Fischwirtschaft 47, 2000, S. 163–179.

Husso, K.: Universities and scientific research in the context of the national innovation system of Finland. Fennia 179:1, 2001, S. 27–54.

Icelandic Fisheries in Figures: Ministry of Fisheries (Hrsg.). Reykjavík 2002.

ICES (International Council for the Exploration of the Sea): Catch 1973–2000. FAO, Fishstat Plus 2002.

IEA (International Energy Agency) (Hrsg.): Key world energy statistics, Paris 2002a, 76 S.

IEA (Hrsg.).: Energy policies of IEA countries – Compendium 2002, Paris 2002b, 154 S.

IEA (Hrsg.): Renewables information 2002, Paris 2002c, 166 S.

Illeris, S.: Peripherality and European Integration: the Challenge facing the Nordic countries. S. 77–996, in: Illeris, S.: Essays on regional development in Europe. Roskilde 1994.

Imhof, A. E.: Grundzüge der nordischen Geschichte. Darmstadt 1970.

Isacson, M.: Proto-industriens och fabriksindustriens regionala utbredning i Norden – en översikt. Bebyggelsehistorisk tidskrift 16, 1988, S. 9–23.

Jäderholm-Vogel, K. u. W. Steingrube: Freizeitwohnsitze in Finnland. S. 119–130, in: Nordica II: Regionale Studien zwischen Ostsee und Spitzbergen. Bremen 1995 = Schriftenreihe des AK NORDEN 10.

Jäderholm-Vogel, K. u. W. Steingrube: Das finnische „Mökkiwesen" – Ein landestypischer Lebensstil im Umbruch? Erdkunde 50, 1996, S. 138–148.

Jankuhn, H.: Haithabu, ein Handelsplatz der Wikingerzeit. Neumünster 1963.

Jensen-Butler, Ch.: Rural industrialisation in Denmark and the role of public policy, Urban Studies 29, 1992, S. 881–904.

Jervell, S.: Norge foran oppbruddet. Oslo 1998.

JLL (Jones Lang LaSalle): Nordic City Report. Spring 2001. 2001.

JLL (Jones Lang LaSalle): Nordic City Report. Spring 2002. 2002.

Joensen, J. P.: Fra bonde til fisker. Tórshavn 1987.

Johannessen, Th. W.: The Climate of Scandinavia. S. 23–79, in: Wallén, C. C. (Hrsg.): Climates of Northern and Western Europe. World Survey of Climatology 5. Amsterdam, London, New York 1970.

Johannesson, A.: Die kulturellen Beziehungen zwischen Deutschland und Island. S. 3–18, in: Deutsch-Isländ. Jb. Köln 1960/61.

Johannesson, G.: Die Kirchenreformation in den nordischen Ländern. S. 48 – 83, in: XIe Congrès International des Sciences Historiques, Stockholm 1960. Göteborg, Stockholm, Uppsala 1960.

Jóhannesson, T., Jónsson, T., Källén, E. u. E. Kaas: Climate change scenarios for the Nordic countries. Climate Research 5 (3), 1995, S. 181–195.

Johansson, A. L.: Das Modell Schweden. Analyse einer umfassenden Konzeption. S. 23 – 49, in: Riegeler, C. H. u. O. Schneider (Hrsg.): Schweden im Wandel – Entwicklungen, Probleme, Perspektiven: Beiträge zur Wirtschafts- und Gesellschaftspolitik. Berlin 1999 = Nordeuropäische Studien 15.

John, B.: Scandinavia. A new geography. London, New York 1984, 365 S.

Johnsen, S. J., D. Dahl-Jensen, W. Dansgaard u. N. Gundestrup: Greenland palaeotemperatures derived from GRIP bore hole temperature and ice core isotope profiles. Tellus 47 B, 1995, S. 624–629.

Johnson, S. J., Dahl-Jensen, D., Dansgaard, W. u. N. Gundestrup: Greenland palaeotemperatures derived from GRIP bore hole temperature and ice core isotope profiles. Tellus 47 B (5), 1995, S. 624–629.

Jónsdóttir Svane, S.: Um mosaðembugróður [Über die Rhacomitrium-Heide auf Island]. Náttúrufræðingurinn 33, 1963, S. 233–263.

Joshi, R.: The North Sea saga. www.norwayonline.no, 2002.

Kallio, P. u. J. Lehtonen (1973): Birch forest damage caused by Oporinia autumnata (Bkh.) in 1965–66 in Utsjoki, N-Finland. Report Kevo Subarctic Research Station 9, Turku 1973, S. 55–69.

Kampp, A. H.: Die Dänische Agrarreform im 20. Jahrhundert. Geogr. Rundschau 6, 1956, S. 441ff.

Kampp, A. H.: A simplified agro-geographical division of Denmark. Geografisk Tidsskrift 75, II, 1976, S. 45–50.

Kampp. A. H. u. K. E. Frandsen: A Farm in the Village. Collected Papers Denmark, Københavns Universitets Geografisk Institut. 1968, S. 157–172.

Karppi, K.: Questions of symmetry: Programme experiences featuring Northern borderland development. Geogr. Annaler 83 B, 2001, S. 153–160.

Kellenbenz, H.: Die mittelalterliche Wirtschafts- und Sozialstruktur im Ostseeraum. S. 41ff., in: Der Ostseeraum im Blickfeld der deutschen Geschichte. Köln, Wien 1970.

Kiel, A.: Untersuchungen zum Abflußverhalten und fluvialen Feststofftransport der Jökulsá Vestri und Jökulsá Eystri, Zentral-Island. Ein Beitrag zur Hydrologie des Periglazialraumes. Göttingen 1989, 128 S. = Göttinger Geogr. Abhandl. 85.

Kielland-Lund, J.: Die Waldgesellschaften SO-Norwegens. Phytocoenologia 9 (1/2), 1981, S. 53–250.

Kistemann, E.: Industrielle Kulturlandschaften in Schweden: Nachhaltige Regionalentwicklung durch Kulturlandschaftspflege und Tourismus. Mitt. d. Geogr. Ges. Hamburg 91, 2001, S. 69 – 100.

Klemsdal, T.: Natural landscapes of Norway. Oldenburger Geoökol. St. 4, 2000, S. 5 – 52.

Københavns Kommune: Københavns Kommuneplan 1997. Kopenhagen 1997.

Københavns Magistrat: København! Hvorfor? Hvordan? Kopenhagen 1993.

Kommission der Europäischen Gemeinschaften (Hrsg.): Grünbuch über die Zukunft der Gemeinsamen Fischereipolitik. Kom. 2001. Brüssel 2001, 135 S.

Königliches Dänisches Ministerium des Äußeren (Hrsg.): Dänemark. Kopenhagen 1998.

Königliches Norwegisches Ministerium für Auswärtige Angelegenheiten (Hrsg.): Norwegen und die Polargebiete. Oslo 1998.

Korhola, A. u. K. Tolonen: The natural history of mires in Finland and the rate of peat accumulation. S. 20 – 26, in: Vasander, H. (Hrsg.): Peatlands in Finland, Finnish Peatland Society. Helsinki 1996.

Krause, R. A.: Die Gründungsphase deutscher Polarforschung, 1865–1875. Berichte zur Polarforschung 114, 1992, 375 S.

Krüger, J.: Glacial morphology and deposits in Denmark. S. 181–191, in: Ehlers, J. (Hrsg.): Glacial Deposits in North-West Europe. Rotterdam 1983.

Kryuchkov, V. V.: Maximal anthropogenic loading and condition of northern ecosystems. The Soviet Journal of Ecology 1992, S. 155–166.

Kuhn, H.: Das alte Island. Düsseldorf, Köln 1978.

Kumlien, K.: Königstein, Städte und Hanse in Schweden um die Mitte des 14. Jahrhunderts. S. 149–158, in: Städtewesen und Bürgertum als geschichtliche Kräfte. Gedächtnisschrift für Fritz Rörig. Lübeck 1953.

Kumlien, K.: Schweden und Lübeck zu Beginn der Hansezeit. Hansische Geschichtsblätter 78, 1960, S. 37–66.

Kumlien, K.: Bergbau, Bürger und Bauern im mittelalterlichen Schweden. Vierteljahresschrift f. Sozial- und Wirtschaftsgeschichte 52, 1965, S. 330–346.

Kunde, S.: Neue Perspektiven der Entwicklung von Grenzregionen im Norden Europas durch den Beitritt Finnlands zur EU. S. 129–145, in: Nordica IV: Neue Beiträge zur Human- und Physiogeographie Nordeuropas. Bremen 1999 = Schriftenreihe des AK NORDEN 13.

Küng, A. (Red.): Samemakt! Välfärd till döds eller kulturellt folkmord? Stockholm 1970, 174 S.

Laasanen, O.: Freeze-up, break-up, ice thickness and surface water temperature statistics in lakes and rivers in Finland. Publications of the Water Research Institute 47, Helsinki 1982, 67 S.

Länsstyrelsen i Stockholms Län: Fler bostäder, färre kontor? Rapport Nr. 10/1989. Stockholm 1989.

Leinbach, T. u. S. Brunn: National innovation systems, firm strategy and enabling mobile communications: The case of Nokia. Tijdschr. Econ. Zen Soc. Geogr. 93, 2002, S. 489–508.

Lieberman, S.: The industrialization of Norway 1800–1920. Oslo 1970, 222 S.

Liedtke, H.: Die nordischen Vereisungen in Mitteleuropa. Forschungen zur deutschen Landeskunde 204. Trier 1981, 307 S.

Liedtke, H.: Die Entwicklung der Ostsee als Folge ehemaliger Inlandeisbedeckung und anhaltender Hebung Skandinaviens. Geogr. Rundschau 44 (11), 1992, S. 620–625.

Lindemann, R.: Sozioökonomischer Strukturwandel und Regionalpolitik in Norwegen in der Nachkriegszeit. Das Fallbeispiel Røros. S. 113–133, in: Münster 1981 = Münstersche Geogr. Arb. 12.

Lindemann, R.: Die Landwirtschaft in Norwegen – Stand, Probleme und Entwicklungsmöglichkeiten. Z. F. Agrargeogr. 4, 1984, S. 357–372.

Lindemann, R.: Norwegen – Räumliche Entwicklungen in einem dünn besiedelten Land. Stuttgart 1987.

Lindemann, R.: Die Samen – eine Minderheit in Nordeuropa. Geographie heute 85, 1990, S. 28–31.

Lindemann, R.: Schweden. S. 225–256, in: Gläßer, E. (Hrsg.): Nordeuropa. Dortmund 1994.

Lindemann, R.: Grönland – Perspektiven eines Entwicklungslandes in der Arktis. Geogr. Rundschau 48, 1996, S. 280–284.

Lindemann, R. u. D. Soyez: Binnengewässer und Waldland – Bedrohte Reccourcen der skandinavischen Halbinsel. Geogr. Rundschau 37, 1985, S. 504–511

Linvald, S., Mentze, E. u. M. Friis Møller (Red.): Danmarks hovedstad fra landsby til storby. København 1948.

Löffler, J.: High Mountain Ecosystems and Landscape Degradation in Northern Norway. Mountain Research and Development 20, 2000, S. 356–363.

Löffler, J.: Ökologische Situation und Perspektiven der Rentierwirtschaft in Nord-Norwegen. S. 55–73. Bremen 2001 = Bremer Beiträge zur Geographie und Raumplanung 37.

Loland, H.: Svalbard – „Land der kalten Küsten". Nytt fra Norge (Hrsg.) für das Königliche Norwegische Außenministerium, Oslo 1994.

Lundberg, E.: The Rise and Fall of the Swedish Model. Journal of Economic Literature, XXIII, 1985, S. 1–36.

Lunden, K.: Hansaen og norsk økonomi i seinmellomalderen. Historisk Tidsskrift (norw.), 2, 1967, S. 97–129.

Manker, E.: Volk der acht Jahreszeiten. München 1964, 214 S.

Matthäus, W.: Der Wasseraustausch zwischen Nord- und Ostsee. Geogr. Rundschau 44 (11), 1992, S. 626–631.

Matthiessen, C. W.: Europäische Metropolen im Wettbewerb. Die Stadtregion Kopenhagen-Malmö-Lund. StadtBauwelt 12, 2001, S. 61–65.

Matuschewski, A.: Stockholm. Cityerneuerung durch Public-Private-Partnership. Geogr. Rundschau 49, 1997, S. 157–163.

Maurer, K.: Island von seiner ersten Entdeckung bis zum Untergang des Freistaates. München 1874.

Mead, W. R.: An historical geography of Scandinavia. London 1981, 313 S.

Mead, W. R.: „Norden" – Bestimmung und Schicksal. Geographie und Zivilisation. S. 15 – 40, in: Graubard, S. R. (Hrsg.): Die Leidenschaft für Gleichheit und Gerechtigkeit. Baden-Baden 1988.

Mehlbye, P.: Dänemark auf dem Weg zum Jahr 2018. Informationen zur Raumentwicklung 1993, S. 681–685.

Meidner, R. und A. Hedborg: Modell Schweden. Erfahrungen einer Wohlstandsgesellschaft. Frankfurt 1985.

Meier, K.-D.: Studien zur kaltklimatischen periglaziären Landschaftsformung in Nordenskiöldland, Spitzbergen. Courier Forschungsinstitut Senckenberg 143, 1991a, S. 1–67.

Meier, K.-D.: Permafrost- und Periglaziärerscheinungen in Finnmark, Norwegisch Lappland. Courier Forschungsinstitut Senckenberg 143, 1991b, S. 69–173.

Meier, K.-D.: Studien zur Periglaziärmorphologie der Varanger-Halbinsel, Nordnorwegen (mit einem Vergleich Finnmark – Nordenskiöldland, Zentrales Westspitzbergen). Bremen 1996 = Schriftenreihe des AK NORDEN 11.

Michelsen, K.: Die gescheiterte Transformation des Schwedischen Modells. Marburg 1997.

Militz, E.: Åland: Wasserland, Sonnenland – Sanfter Tourismus auf den Schären zwischen Finnland und Schweden. Praxis Geographie 31, 2001, S. 10–14.

Militz, E.: Helsinki Katanajokka. Geogr. Rundschau 48, 1996, S. 306–310.

Militz, E.: Finnland. Gotha 2002, 269 S.

Ministry of Food, Agriculture and Fisheries, Denmark: Facts on the Industrial Fisheries. København 2001.

Mirsky, J.: To the Arctic! The Story of Northern Exploration from Earliest Times to the Present. Chicago u. London 1970.

Mitchell, B. R.: International Historical Statistics, Europe 1750 – 1993, London 1998, 959 S.

Moen, A.: National Atlas of Norway: Vegetation. Norwegian Mapping Authority. Hønefoss 1999.

Moen, E.: Technological change and the decline of the traditional pulp and paper industry in Norway, 1950–1980, Scand. Econ. Hist. Review 1994, S. 257–278.

Moiseenko, T.: Acidification and critical loads in surface waters: Kola, Northern Russia. Ambio 23, 1994, S. 418–424.

Möller, I.: Pflanzensoziologische und vegetationsökologische Studien in Nordwestspitzbergen. 202 S. Hamburg 2000 = Mitt. d. Geogr. Gesellsch. Hamburg 90.

Morton, N.: The politics of non-renewable resource development in Greenland, North Norway and Svalbard. S. 215–230, in: Polar Record (Great Britain) 20, H. 126, 1980.

Müller, M. J.: Handbuch ausgewählter Klimastationen der Erde. Forschungsstelle Bodenerosion der Universität Trier 5, 1996, 400 S.

Murdie, R. A. u. L.-E. Borgegård: Immigration, spatial segregation and housing segmentation of immigrants in metropolitan Stockholm, 1960–95. Urban Studies 35, 1998, S. 1869–1888.

Myklebost, H.: Norges tettbygde steder 1875–1950. Oslo 1960. Ad Novas. Norw. Geographical Studies, No. 4.

Myklebost, H. u. E. Gläßer: Das norwegische Nein zur EU. Geogr. Rundschau 48, 1996, S. 285–291.

Myrstad, B.: Vestlandsfiske. Oslo 1996.

NAFO (Northwest Atlantic Fisheries Organization): Capture 1960–2000. FAO, Fishstat Plus 2002.

Nansen, F.: Eine Fahrt nach Spitzbergen. Oslo 1920.

Nehring, D.: Charakteristik der chemischen und biologischen Ozeanologie der Ostsee. Geogr. Berichte 114, 1985, S. 17–28.

Nielsen, A.: Dänische Wirtschaftsgeschichte. Jena 1933.

Nielsen, J. P.: Norwegen und Rußland – arktische Nachbarn, in: Nytt fra Norge. Oslo 1996.

NILF (Norsk institutt for landbruksøkonomisk forskning) (Hrsg.): Driftsgranskinger i jord – og skogbruk. Oslo, versch. Jahrgänge.

NILF (Hrsg.): Utsyn over norsk landbruk. Tilstand og utviklingstrekk. Oslo 1999.

Nilsen, T. u. N. Bøhmer: Sources to radioactive contamination in Murmansk and Arkhangelsk counties. Bellona Report 1. Oslo 1994.

Nordal, J. u. V. Kristinsson (Eds.): Iceland. The Republic. Reykjavík 1996.

Nordischer Rat (Hrsg.): Towards a sustainable Nordic Tourism. 2001.

Nordiska Ministerrådet: Naturgeografisk regionindelning av Norden. Arlöv 1984, 289 S.

Norges Fiskarlag: Hva De bør vite om Norsk Fiskerinæring. Oslo, Trondheim 2000.

Öberg, St. u. P. Springfeldt: The population. National Atlas of Sweden, Stockholm 1991, 176 S.

OECD (Organisation for Economic Cooperation and Development) (Hrsg.): OECD Economic Surveys 1993–1994 – Norway. Paris 1994.

OECD (Hrsg.): Greenland economy. A Strategy for the Future. www.anipi.gl/dk/oecd-rapporten_engelsk, 1999.

OECD (Hrsg.): The Service Economy. 2000.

OED (Olje- og energidepartementet) (Hrsg.): Fakta 2002 – Norsk petroleumsvirksomhet. Oslo 2002a, 214 S.

OED (Hrsg.): Faktaheftet 2002 om energi- og vassdragsvirksomheten. Oslo 2002b, 132 S.

Olsen, T.: Jeg er grønlender!- Om identitetsforvaltning i Nuuk. Oslo 1997, 112 S.

Østreng, W.: Politics in High Latitudes. London 1977.

Østreng, W.: Soviet-Norwegian relations in the Arctic. S. 866–887, in: International Journal (Canada) 39, 1984.

Østreng, W.: Die nördliche Seeroute und das neue Russland. Wirtschaftliche, völkerrechtliche und sicherheitspolitische Aspekte. Das norwegische Atlantische Komitee, sicherheitspolitische Bibliothek, Nr. 13, Oslo 1992.

Paasi, A.: The institutionalization of regions: a theoretical framework for understanding the emergence of regions and the constitution of regional identity. Fennia 164:1, 1986, S. 105–146

Pagel, K.: Die Hanse. Braunschweig 1965.

Paldam, M.: Grønlands økonomiske udvikling – Hvad skal der til for at lukke gabet? Aarhus 1994, 208 S.

Pedersen, E. H.: Drømmen om Amerika. København 1985, 320 S.

Petersen, R.: Colonialism as seen from former colonized area. Arctic Anthropology 32, 1995, S. 118–126.

Pettersson, L.: The Swedish model and manufacturing industry: a pattern of change. Scand. Econ. Hist. Rev. 47, 1999, S. 45 – 61.

Preyer, W. u. F. Zirkel: Reise nach Island im Sommer 1860. Leipzig 1862.

Priebs, A.: Dänemark auf dem Weg in das Jahr 2018. Raumforschung und Raumordnung 50, 1992a, S. 270–272.

Priebs, A.: Strukturwandel und Revitalisierung innenstadtnaher Hafenflächen – Das Fallbeispiel Kopenhagen. Erdkunde 46, 1992b, S. 91–103.

Priebs, A.: Zur aktuellen Situation der Raumordnung in Island. Raumforschung und Raumordnung 50, 1992c, S. 165–167.

Priebs, A.: Eine Hafen- und Werftstadt erobert sich das Wasser zurück – das Beispiel ‚Norra Älvstranden' in Göteborg. Die Erde 132, 1993, S. 147–163.

Priebs, A.: Die Entwicklung des Innenhafens von Kopenhagen im Kontext der historischen Stadtgeographie. Siedlungsforschung. Archäologie – Geschichte – Geographie 15, 1997, S. 131–152.

Priebs, A.: Siedlungsentwicklung in der Stadtregion Reykjavík – Welche Ansätze einer nachhaltigen Stadtentwicklungspolitik sind erkennbar? S. 65–76, in: Nordica IV: Neue Beiträge zur Human- und Physiogeographie Nordeuropas. Bremen 1999 = Schriftenreihe des AK NORDEN 13.

Priebs, A.: Eisenbahnprojekte und Schienenverkehr – nur ein kurzes Kapitel der isländischen Verkehrsgeschichte? S. 55–61, in: Nordica V: Aktuelle Beiträge zur Human- und Physiogeographie Nordeuropas. Bremen 2001 = Schriftenreihe des AK NORDEN 14.

Raab, M.: Tourismus als Entwicklungschance für den peripheren Raum? Das Beispiel Färöer. S. 115 – 128, in: Nordica IV: Neue Beiträge zur Human- und Physiogeographie Nordeuropas. Bremen 1999 = Schriftenreihe des AK NORDEN 13.

Ratzek, W.: Das skandinavische Potential. Ein Beitrag zum Technologietransfer. Frankfurt a.M., Bern, New York 1986 = Europäische Hochschulschriften, Reihe V, 725.

Redin, L.: Skanör, Falsterbo und die Hanse. S. 191–208, in: Hanse in Europa. Köln 1973.

Rees, W. G. u. A. P. Kapitsa: Industrial pollution in the Kol'skiy Poluostrov, Russia. Polar Record 30 (174), 1994, S. 181–188.

Reinke-Kunze, C.: Aufbruch in die weiße Wildnis. Die Geschichte der deutschen Polarforschung. Hamburg 1992.

Reinton, L: Sæterbruket in Norge. 3 Bde. Institutt for sammenlignende kulturforskning. Oslo 1955, 1957 u. 1961.

Repstad, K. u. T. Hammer: Fruktdyrking i Hardanger. Økonomisk utvikling 1978–1996. NILF-rapport 7, Oslo 1998.

Rheinheimer, G. (Hrsg.): Meereskunde der Ostsee. Berlin, Heidelberg 1996.

Richter, K.: Zum Wasserhaushalt im Einzugsgebiet der Jökulsá á Fjöllum, Zentral-Island. Ein Beitrag zur Hydrologie des Periglazialraumes. Göttinger Geogr. Abhandl. 78, Göttingen 1981, 101 S.

Rigsombudsmanden på Færøerne (Hrsg.): Beretning. Versch. Jgg. København.

Rist, S.: Íslenzk vötn. Raforkumálastjori/Vatnsmælingar. Reykjavík 1956, 127 S.

Rönneseth, O.: Agrar- und siedlungsgeographische Untersuchungen in Norwegen und die Anwendung ihrer Ergebnisse auf die siedlungsgeographische Problematik in Deutschland. a) Die Erde 3, 1964, S. 181–210 (Teil 1); b) Die Erde 4, 1964, S. 273–290.

Rosberg, G.: Malmö: Von der Hanse zur EU. Stadt-Bauwelt 12, 2001, S. 48–55.

Rosenblad, E.: Island i saga och nutid. Stockholm 1990, 418 S.

Rusanen, J. et al.: Hermit grid cells as an indicator of settlement structure in Sweden and Finland. North 9, H. 4/5, 1999, S. 17–22.

Ruud, M. u. I. Grötli: Svalbard and Jan Mayen: The Northern and Western Extremes of Norway. Das Norwegische Atlantische Komitee, Die sicherheitspolitische Bibliothek, Nr. 13, Oslo 1994.

SAF (Svenska Arbetsgivarföreningen): Facts about the Swedish Economy 1990. Lund 1990.

SAF: Facts about the Swedish Economy 2000. Lund 2000.

Samel, J.-U.: Der Wasserhaushalt der Flüsse im nördlichen und mittleren Schweden. Hydrographische Untersuchungen auf geographischen Grundlagen. Wissenschaftliche Veröffentlichungen des Deutschen Museums für Länderkunde, N. F. 5, Leipzig 1938, S. 99–140.

Sandblad, N. G.: Skånsk stadsplanekunst och stadsarchitektur intill 1658. Lund 1949.

Schäfer, K. H.: Transform Faults in Island. Geolog. Rundschau 61, 1972, S. 942–960.

Schäfers, B.: Artikel „Sozialstruktur". S. 330–333, in: Schäfers, B. (Hrsg.): Grundbegriffe der Soziologie. Opladen 2000.

Schön, L.: Internal and external factors in Swedish industrialization. Scand. Econ. Hist. Rev. 45, 1997, S. 203–223.

Schreiner , J.: Hanseaterne og Norge i det 16 århundrede. Oslo 1941.

Schreiner, J.: Bemerkungen zum Hanse-Norwegen-Problem. Hansische Geschichtsblätter 72, 1954, S. 64ff.

Schübeler, F. C.: Die Culturpflanzen Norwegens. Mit einem Anhange über die altnordische Landwirtschaft. Christiania 1862.

Schulenkorf, P.: Die Strukturförderung der Europäischen Union (1994–1999) im Gebiet des Regionalverbandes Lappland (Finnland), aufgezeigt an zwei Beispielen aus den Gebieten der Gemeinde Simo (Simon kunta) und der Gemeinde Narkaus (Rovaniemen maalaiskunta). S. 29–41, in: Nordica V: Aktuelle Beiträge zur Human- und Physiogeographie Nordeuropas. Bremen 2001 = Schriftenreihe des AK NORDEN 14.

Schunke, E.: Die Periglazialerscheinungen Islands in Abhängigkeit von Klima und Substrat. Abhandlungen der Akademie der Wissenschaften Göttingen, Math.-Naturwiss. Klasse 3 (30), Göttingen 1975, 273 S.

Schutzbach, W.: Island. Feuerinsel am Polarkreis. Bonn 1985, 272 S.

Schwackenberg, J.: Die Fischwirtschaft im norwegischen Vestland. Köln 1985.

Schwackenberg, J.: Die Färöer. S. 611–616, in: Gläßer, E. (Hrsg.): Nordeuropa. Dortmund 1994.

Schwackenberg, J.: Die Färöer – auf dem Weg in die Unabhängigkeit. S. 63–68, in: Nordica V: Aktuelle Beiträge zur Human- und Physiogeographie Nordeuropas. Bremen 2001 = Schriftenreihe des AK NORDEN 14.

Schwackenberg, J. u. E. Gläßer: Marine Aquaculture in Northern Europe – Structures and Perspectives of a Growing Coastal Industry. S. 319–340, in: Kelletat, D. H. (Hrsg.): German Geographical Costal Research. Tübingen 1998.

Schwarzbach, M.: Edaphisch bedingte Wüsten. Mit Beispielen aus Island, Teneriffa und Hawaii. Zeitschrift für Geomorphologie 4, 1964, S. 440–452.

Sedlacek, P.: Strukturumwandlung und Erneuerung in altindustriellen Standorten – Strategien und Erfahrungen in Schweden 1975–1990, Jenaer Geogr. Schr. 4, 1994, 190 S.

Semmingsen, I.: Norwegian emigration in the Nineteenth century. Scand. Econ. Hist. Rev. 8, 1960, S. 150–160.

Sieweck, J.: Die Wirtschaftsbeziehungen zwischen der Bundesrepublik Deutschland und Nordeuropa unter besonderer Berücksichtigung der wirtschaftsgeographischen Verflechtungen. Köln 1989 = Kölner Forsch. z. Wirtschafts- u. Sozialgeographie, XXXVII.

Simensen, J.: Internasjonalisering i historiefaget: Det tysk-norske stipendieprogrammet for historie (Ruhrgas), 1985–1995, Hist. Tidsskr. 75, 1996, S. 158 – 184.

Simonen, A.: Das finnische Grundgebirge. Geolog. Rundschau 60, 1971, S. 1406–1421.

Sjörs, H.: Forest regions. S. 48–63, in: The Swedish Phytogeographical Society (Hrsg.): The Plant Cover of Sweden, Acta Phytogeographica Suecica 50. Uppsala 1965.

Skavhaug, K.: Zum Nordkap. Berühmte Reisen von der Wikingerzeit bis zum Jahr 1800. Honningsvåg 1994.

Skole, R. (Red.): Invest in Sweden. Holzverarbeitung. Stockholm 1997.

Skonhoft, A.: Industrialisation and deindustrialisation in Norway, 1960 – 1990: Events, structure and causes, Scand. Econ. Hist. Review 46, 1998, S. 23 – 41.

Smed, P. u. J. Ehlers: Steine aus dem Norden. Geschiebe als Zeugen der Eiszeit in Norddeutschland. Berlin, Stuttgart 1994, 194 S.

SMHI – Sveriges meteorologiska och hydrologiska institut (Hrsg.): Vattenförening i Sverige. Stockholm 1979.

Sogner, B.: Trondheim bys historie, II, kjøpstad og stiftsstad 1537–1807. Trondheim 1962.

Sölvell, Ö., Zander, I. u. M. Porter: Advantage Sweden. Stockholm, Göteborg 1993.

Sömme, A. (Hrsg.): Die Nordischen Länder. Braunschweig 1967.

Sømme, A. (Hrsg.): A Geography of Norden. Oslo 1968, 343 S.

Sömme, A. (Hrsg.): Die Nordischen Länder. Braunschweig 1974, 344 S.

Sörlin, S. u. G. Törnquist: Kunskap för välstånd. Universiteten och omvandlingen av Sverige. Stockholm 2000.

Söyrinki, N. u. V. Saari: Die Flora im Nationalpark Oulanka, Finnland. Acta Botanica Fennica 114, 1980, 150 S.

Sprauten, K.: Die deutsche Einwanderung in Norwegen in älterer Zeit mit besonderer Betonung der Verhältnisse in Trondheim. Nordelbingen, 50. Heide in Holstein 1981.

Statistisk Sentralbyrå (Hrsg.): Minifakta om Norge 2002, in: www.ssb.no (01.04.2002).

Statistisk Sentralbyrå (Hrsg.): verschiedene Spezialstatistiken.

Statsministeriet (Hrsg.): Den økonomiske udvikling i Grønland. www.stm.dk (06.05.2002).

Steinberg, G.: Adam von Bremen, Hamburgische Kirchengeschichte. Leipzig 1926.

Steinþórsson, S.: On the age and immigration of the Icelandic flora. Vísindafélag Íslendinga 35, Reykjavík 1962, 157 S.

Stötter, J.: Geomorphologische und landschaftsgeschichtliche Untersuchungen im Svarfaðardalur-Skíðadalur, Tröllaskagi, N-Island. 166 S., München 1991 = Münchener Geogr. Abhandl. 9.

Stötter, J. u. M. Wastl: Landschafts- und Klimageschichte Nordislands im Postglazial. Geogr. Jahresbericht aus Österreich 56, Wien 1999, S. 49–68.

Sugden, D.: Arctic and Antarctic: a modern geographical synthesis. Oxford 1982.

Svahnström, G.: Das mittelalterliche Visby. S. 209–217, in: Hanse in Europa. Köln 1973.

Svalbard Næringsutvikling A/S (Hrsg.): Norsk Virksomhet på Svalbard 1994. Longyearbyen 1995.

Svalbard Næringsutvikling A/S (Hrsg.): Sysselsettingsbilde Longyearbyen 1989–1994 (+ Prognose 1997–2000). Longyearbyen 1995.

Svennung, J.: Scadinavia und Scandia – Lateinisch-nordische Namenstudien, Skr. utg. av K. Hum. Vetenskapssamfundet i Uppsala 44:1. Lund 1963.

Thannheiser, D.: Vegetationsgeographische Untersuchungen auf der Finnmarksvidda im Gebiet von Masi/Norwegen. Westfälische Geogr. Studien 31, Münster 1975, 178 S.

Thannheiser, D.: Subarctic birch forests in Norwegian Lapland. Naturaliste Canadien 104, 1977, S. 151–156.

Thannheiser, D.: Spitzbergen – Ressourcen und Erschließung einer hocharktischen Inselgruppe. Geogr. Rundschau 48, 1996, S. 268–274.

Thannheiser, D. u. S. Köntges: Der Tourismus auf Spitzbergen. S. 265–276, in: Higelke, B. (Hrsg.): Beiträge zur Küsten- und Meeresgeographie. Kiel 1998 = Kieler Geogr. Schr. 97.

The Governor of Svalbard: Svalbard – Experience Svalbard on Nature's Own Terms. Longyearbyen 1998.

þórarinsson, S.: Tefrokronologiska studier på Island. Geografiska Annaler 26, 1944, S. 1–217.

þórarinsson, S.: Tephrochronology and its application in Iceland. Jökull 29, 1979, S. 33–36.

Thormodsæter, A.: Regionale ulikheter in norsk jordbruk. Norges Landbruksøkonomiske Institutt. Oslo 1960.

Tietze, W. (Hrsg.): Luftbildatlas Nordischer Länder. Neumünster 1981.

Torbrand, D.: Befolkningsgeografi. Lund 1978, 121 S.

Torsvik, N. u. a. (Hrsg.): Fiskeribiologi. Bergen 1995

Treaty of 9 February, 1920, relating to Spitsbergen, Paris 1920.

Tress, G.: Die Ferienhauslandschaft: Motivation, Umweltbeeinträchtigungen und Leitbilder im Ferienhaustourismus in Dänemark. Diss., Universität Roskilde, 2000.

Treter, U.: Die Baumgrenzen Skandinaviens. Ökologische und dendroklimatische Untersuchungen. Wissenschaftliche Paperbacks. Wiesbaden 1984, 111 S.

Treue, W.: Einflüsse des westeuropäischen Merkantilismus auf Nord- und Osteuropa. Blick in die Wissenschaft, April 1948, S. 173ff.

Troll, C. u. K. H. Paffen: Die Jahreszeitenklimate der Erde. Erdkunde 18, 1964, S. 1–28.

Tuhkanen, S.: A circumboreal system of climatic-phytogeographical regions. Acta Botanica Fennica 127, 1984, 50 S.

Tykkyläinen, M.: Spatial turns of manufacturing since 1970, Fennia 180:1–2, 2002, S. 213 – 226.

Übereinkommen über das Küstenmeer und die Anschlusszone. 1. Genfer Seerechtskonferenz, Genf 1958.

Übereinkommen über den Festlandsockel. 1. Genfer Seerechtskonferenz, Genf 1958.

Umbreit, A.: Spitzbergen-Handbuch. Kiel 1996.

Varjo, U. u. W. Tietze (Hrsg.): Norden. Man and Environment. Berlin, Stuttgart 1987, 535 S.

Vasander, H. (Hrsg.): Peatlands in Finland. Finnish Peatland Society. Helsinki 1996, 168 S.

Venzke, J.-F.: Geoökologische Charakteristik der wüstenhaften Gebiete Islands. 206 S. Paderborn 1982 = Essener Geogr. Schriften 3.

Venzke, J.-F.: Überblick über die Gletscher Islands und deren Erforschung. ISLAND, Deutsch-Isländ. Jb. 9, Köln 1985, S. 83–96.

Venzke, J.-F.: 1986 – ein dreifaches Jubiläumsjahr für die Polarforschung. Naturwissenschaftl. Rundschau 39, 1986a, S. 525–526.

Venzke, J.-F.: Zur Intensität und Variabilität der Vegetationsperiode auf Island. Polarforschung 56 (1/2), 1986b, S. 79–92.

Venzke, J.-F.: On the ecology and plant-sociology of „melur"-vegetation in Iceland. Acta Botanica Islandica 9, Akureyri 1987, S. 3–18.

Venzke, J.-F.: Vor 120 Jahren: Die erste deutsche Nordpolar-Expedition. Polarforschung 58, 1988, S. 47–51.

Venzke, J.-F.: Erste Überwinterung einer deutschen Polarforschungsexpedition vor 120 Jahren. Naturwissenschaftl. Rundschau 43, 1990a, S. 106–107.

Venzke, J.-F.: The 1869/70 German North Polar Expedition. Arctic 43, 1990b, S. 83–86.

Venzke, J.-F.: Geschichte und heutige Umweltsituation der Kola-Halbinsel (Nord-Rußland). Geogr. Rundschau 48, 1996, S. 275–279.

Verband der finnischen Forstindustrie (Hrsg.): Fakten und Zahlen. Helsinki 1999a.

Verband der finnischen Forstindustrie (Hrsg.): Umweltbericht 1998. Helsinki 1999b.

Wahlström, E., Hallanaro, E.-L. u. S. Manninen: The Future of the Finnish Environment. The Finnish Environment Institute, Helsinki 1996, 272 S.

Wastl, M., Stötter, J. u. J.-F. Venzke: Gletschergeschichtliche Untersuchungen zum Übergang Spätglazial/Postglazial in Nordisland. S. 127–144, in: Nordica V: Aktuelle Beiträge zur Human- und Physiogeographie Nordeuropas. Bremen 2001 = Schriftenreihe des AK NORDEN 14.

Weideck, A.: Greenland. In: Williams, R. S., Jr., u. J. G. Ferrigno (Hrsg.): Satellite Image Atlas of Glaciers of the World. U. S. Geological Survey Prof. Paper 1386-C, Washington 1995, 141 S.

Whalley, W. B., Douglas, G. R. u. Æ. Jónsson: The magnitude and frequency of large rockslides in Iceland in the Postglacial. Geografiska Annaler 65 A, 1983, S. 99–110.

Wille, V.: Die isländischen Siedlungen (mit Ausnahme der Hauptstadt), funktionale Typen und Siedlungsgestalt. Diss. Bad Homburg v. d. H. 1971.

William-Olsson, W.: Stockholm. Structure and development. In: I. G. U. Congress 1960, Uppsala 1960.

Winkler, G. G.: Island. Seine Bewohner, Landesbildung und vulkanische Natur. Braunschweig 1861.

Winkler, S.: Neue Ergebnisse zur holozänen Gletscher- und Klimadynamik in Nordnorwegen. S. 115–126, in: Nordica V: Aktuelle Beiträge zur Human- und Physiogeographie Nordeuropas. Bremen 2001 = Schriftenreihe des AK NORDEN 14.

Winkler, S., N. Haakensen, A. Nesje u. N. Rye: Glaziale Dynamik in Westnorwegen – Ablauf und Ursachen des aktuellen Gletschervorstoßes am Jostedalsbreen. Petermanns Geogr. Mitteilungen 141, 1997, S. 43–63.

World Travel & Tourism Council (Hrsg.): Tourism Satellite Accounting, 2001.

Zackrisson, O.: Influence of forest fires on the North Swedish boreal forest. Oikos 29, 1977, S. 22–32.

Zernack, J.: Nordenschwärmerei und Germanenbegeisterung im Kaiserreich. S. 71–78, in: Henningsen, B. u. a. (Hrsg.): Wahlverwandtschaft. Skandinavien und Deutschland 1800 – 1914, Berlin 1997.

Zierdt, M. u. B. Cyffka: Der Einfluß der Ideologie auf das Landschaftsbild. Zeitschrift für den Erdkundeunterricht 50, 1998, S. 144–149.

Internetquellen

www.barentsregion.com
www.barentsroad.org
www.bfa-fisch.de
www.daenemark.dt.dk
www.dk.nanoq.gl
www.europa.eu.int
www.fao.org
www.faroeislands.com
www.finnland-ferien.com
www.finnland-winter.com
www.fisheries.is
www.fullveldi.fo
www.fvm.dk
www.gh.gl
www.greenland-guide.dk
www.hagstova.fo
www.hovden.com
www.ices.dk
www.icetourist.de
www.imr.no
www.inlandsbanan.se
www.inlandsvegen.org
www.mek.fi/de
www.nlh.fo
www.nordsjovegen.no
www.petroleum.fo
www.refisheries2001.org
www.rv17.no
www.scanrail.com
www.schweden-urlaub.de
www.skandinavien.de
www.skiinfo.no
www.sleipnir.fo
www.statsministeriet.dk
www.stm.dk
www.svalbard.net
www.tourist.fo
www.visitnorway.com

Ortsregister

Sachregister